中国の法と社会と歴史

小口彦太先生古稀記念論文集

［編集委員］
但見　亮
胡　光輝
長友　昭
文　元春

成文堂

小 口 彦 太 先 生

謹んで古稀をお祝いし
小口彦太先生に捧げます

執筆者一同

はしがき

　小口彦太先生は、2017年1月8日に古稀を迎えられました。この良き日をお祝いするため、先生に教えを頂いた私たちは、その学恩を思いつつ、また頂いた教えを後代に引き継いでいくために、再び参集して論文集を作成し、このめでたき日の記念として先生に差上げたいと思うに至りました。幸いにも、成文堂の阿部成一社長、そして編集にまさしく奔走してくださった飯村晃弘氏、そして松田智香子氏に一方ならぬご尽力を賜るとともに、ご縁のある先生方のご賛同とご協力を頂いて、法制史から現代中国法まで、日中の幅広い領域を覆う19本の論集からなる本論文集を刊行する運びとなりました。ここに、謹んで本論文集を小口先生に献呈差上げたいと存じます。

　小口先生は1969年に早稲田大学第一法学部を卒業された後に、早稲田大学の法学研究科に進学され、1971年には早稲田大学法学部の助手となり、74年には同専任講師、76年に助教授、そして1981年に教授に昇任されています。

　当初先生は法制史の道から中国法の研究を始められました。律令制度の精緻な法の世界で資料の渉猟と解読に傾注され、唐令拾遺の整理と分析など、日中のいずれにおいても広く注目を集める輝かしい成果を遂げられましたのは、ひとえに先生の学問に対する愛情と、脇目もふらず文書と対峙し続ける精神力によるものと存じます。

　そのような先生が、自らの研究の方向に迷い、出口の見えない苦しみの時期を過ごされたと伺ったとき、真に学びかつ思う者こそが直面するであろう惑いを見るとともに、ハーバード・ロースクールでやはり一心不乱に文献に当たられることによってそれを打ち破られたことには、正に「読書百遍意自ずから通ず」を身を以て示されたとの思いがいたします。

　ハーバードより戻られた後、先生は現代中国法の研究に邁進されました。その成果は刑事法、民商事法、憲法・公法・司法制度と幅広い領域に渡るも

のです。本書所収の論文が及ぶ範囲の広さは、正に先生の研究・教育の幅広さを如実に表すものと言えましょう。

　このような研究と教育におけるご活躍に加え、先生は教務部長、理事、国際部長、常任理事、渋谷シンガポール高校長、そしてアジア研究機構長と、早稲田大学の要職を歴任されました。これもまた、先生の大学に対する深い愛情と、誠実かつ忍耐強く問題解決に努められる精神力によるものというべきでしょう。その時期、しばしば極度に疲労された先生をお見かけするたび、学問と経営の間にある大学人のジレンマを教えられるとともに、私たちの不勉強に嘆息される先生のお気持ちを思い知らされました。

　正に重責に忙殺されながらも、先生はいつも学生たちと歓談し、また酒を酌み交わすときを何よりも大事にされていました。学問と研究にあれだけ慎重で謙虚な先生が、酒席では豪放磊落、しかもその野球談議は独断と偏見に満ち、西鉄とレッド・ソックス以外を全く受け入れないということに、我々は時にあきれながらも、その頑強な思想に論戦を挑むことをいつも心待ちにしていたものです。

　先生は早稲田大学を退職される間際まで、日中間の学術交流に尽力されました。とりわけ契約法の研究では、日中民法学の権威と言うべき方々と激しく議論を交わされ、双方の問題と可能性を析出する重要な成果を得られています。その姿は、先生のご指導を願う私たちの気持ちを否応もなく高めるものでした。先生がこれからも益々ご健勝で一層ご活躍なさいますこと、そして今後も私たちをご指導下さいますことを、心より祈念しております。

　2017 年 4 月 10 日

編集委員一同

目　次

はしがき

第1部　中国法の歴史

思想から見る近・現代中国における近代的法の受容
　——法の受容と伝統—— ………………………………… 王　　　前　3

律疏不応為箚記 ……………………………………………… 川村　　康　29

清代前期の丈量
　——康熙末年浙江省天台県の事例を中心として—— ……… 喜多　三佳　61

秦・漢における里の編成と里正・里典・父老
　——岳麓書院蔵秦簡「秦律令」を手がかりとして—— …… 水間　大輔　91

第2部　現代中国政治

「周辺外交」から「一帯一路」へ
　——習近平時代の中国外交—— ……………………………… 劉　　　迪　121

第3部　現代中国法

〔司法制度〕

中国における司法改革の系譜 ……………………………… 田中　信行　139

比較法的視野における人民陪審員制度改革 ……………… 丁　　相順
　　　　　　　　　　　　　　　　　　　　　　　　（訳）長　　友昭　165

〔刑事法〕

中国の実務における罪刑法定原則の展開と現在地
　　──「比較的多額」に至らなかった窃盗行為と
　　　　いわゆる金額型窃盗罪の成否を素材として── ············ 坂口一成　*191*

中国における直近の刑事立法の動態分析及びその評価
　　──刑法の「第8改正」及び「第9改正」の視点から──
　　·· 但見　亮・聞　志強　*227*

〔民商事法〕

契約法の基本原則
　　──体系構造、規範的機能及び応用・発展 ························ 韓　世遠
　　　　　　　　　　　　　　　　　　　　　　　　　　　（訳）胡　光輝　*253*

民法典編纂の若干問題
　　──いわゆる「脱法典化、非法典化」への応答も兼ねて──
　　·· 梁　慧星
　　　　　　　　　　　　　　　　　　　　　　　　　　　（訳）長　友昭　*277*

中国における環境損害論の生成と展開 ································ 牟　憲魁　*303*

中国法における公平責任原則 ·· 王　　成
　　　　　　　　　　　　　　　　　　　　　　　　　　　（訳）文　元春　*317*

民法典の時代的特徴及び編纂の歩み ···································· 王　利明
　　　　　　　　　　　　　　　　　　　　　　　　　　　（訳）但見　亮　*337*

中国における水利権流動化にみる
　　契約型資源管理手法に関する一考察
　　──甘粛省黒河流域の事例を中心として── ···················· 奥田進一　*363*

中国における営業秘密の保護について ································ 胡　光輝　*387*

日中民事訴訟における実体の問題と
　　手続の問題およびその判断構造 ······································ 小嶋明美　*427*

不動産売買における予約契約の法的性質をめぐる覚書
　——商品不動産家屋の予約契約の効力と販売許可の
　　有無をめぐる事例から考える—— ············· 長　友昭　451

中国不法行為法における公平責任についての実証的研究
　——123件の裁判例を素材にして—— ················· 文　元春　483

小口彦太先生　略歴・主要業績目録 ························· 517

第1部　中国法の歴史

思想から見る近・現代中国における近代的法の受容
―― 法の受容と伝統 ――

王　　　前
Qian WANG

　Ⅰ　中国の伝統的法律と西洋の衝撃
　Ⅱ　清朝末期における法律改正をめぐる議論
　　　――最初の本格的な法律論戦――
　Ⅲ　最近 30 年の中国における欧米法思想の受容
　Ⅳ　結び――未完の課題

Ⅰ　中国の伝統的法律と西洋の衝撃

　歴史上、中国社会において、法律はいったいどういう役割を果たしていたのか、そもそも西洋社会と同じような法律が存在していたのか？　これは法制史を研究する学者の大きな関心事であり、今日まで多くの研究者によって論じられてきた。その中で、歴史上の中国社会における法律のあり方、その役割などを最も的確に論じ、最も子細に分析したのは、現代中国を代表する法制史学者瞿同祖（1910-2008）であろう。東西の法制史に詳しい氏は名著の誉れが高い『中国法律与中国社会』の中で、このように中国社会における法律の存在を説明している。

　　いかなる社会の法律もその社会制度と社会秩序を維持し、強固にするために定められたもので、その法律を生んだ社会背景を十分に認識してはじめて、そ

（1）　そもそも、中国語にはもともと法律という言葉自体もなかった。違う意味を持つ法と律はあるが、法律自体は日本から輸入した言葉である。

れらの法律の意味と役割を知ることができる。中国古代の法律の主要な特徴は家族主義と階級概念に現れている。両者とも儒家イデオロギーの核心で中国社会の基礎をなしており、また中国の法律が重点的に維持する制度と社会秩序でもある。……法家を除いて、中国の法律の形成と発展の歴史から見れば、儒家の影響が一番強い。⁽²⁾

瞿同祖はイデオロギーにとらわれていない学者で、社会学や文化人類学の手法を使った彼の研究は客観的に中国の法律の歴史を分析したものと見て間違いないだろう。彼の上の叙述は中国の伝統的な法律が儒教と密接な関係にあることを示している。もちろん、最初から中国の法律が儒教の影響下に置かれたわけではない。周知のように、儒家はもともと諸子百家の一家であり、思想上の独占的な地位を獲得したのは、漢の武帝の時代からである。瞿同祖の研究によれば、漢代から徐々に法律の儒教化が始まり、魏晋南北朝よりさらに儒教化が強まり、三世紀半を経て、隋唐時代に完成したのである。⁽³⁾

儒教化された中国の法律は儒教からどういう影響を受けたのかというと、瞿同祖の考察によると、次のような点を挙げることができる。1) 法律は極めて礼を重視し、礼が法律の重要な部分を構成すると同時に、礼は合法性と強制力を持ち、有罪と無罪を判断する基準となる。2) 法律の役割は刑罰にあり、法律は基本的に刑法である。3) 法律の目的は政治・社会秩序の維持にある。つまり、主に君主の権力、父権と夫権を維持し、家族主義を守ることにある。4) 身分や儒教の原則を重視するので、責任と義務を強調し、個人の権利は重視しない。5) 法律は特殊主義（pariticularism）を強調するが、普遍主義（universalism）は強調しない。6) 身分の差別を重視するので、必然的に法律の発展は具体化につながる。7) 国家は犯人の身分および犯罪の具体的な状況に基づいて違う条文を作成する。⁽⁴⁾

法律の役割が刑罰にあるという特徴は、中国の伝統的な法律と古代ギリシャ・ローマの法律との大きな相違点である。これに関して、清末の啓蒙思想

（2） 瞿同祖『中国法律与中国社会』、中華書局、2003 年、1 頁。訳文は特に説明しない限り、すべて筆者の手による。
（3） 瞿同祖『瞿同祖論中国法律』、商務印書館、2014 年、「法律在中国社会中的作用――歴史的考察」、1-23 頁。
（4） 同上、9-14 頁。

家厳復（1854-1921）は、彼が訳したモンテスキューの『法の精神』の前書きにこう書いている。

> 李斯の督責書が言う法というものは、刑法に過ぎない。それは臣民を強制、束縛するが、君主は法の上に君臨している。君主の意思で法を用いてまた変更することができるが、法に拘束されることはない。このようにして、法はあるものの、実際は専制を生んだだけである。(5)

上のような瞿同祖の分析と厳復の論評は、我々が理解している中国の伝統的な法律のイメージとほぼ一致しているだろう。この中国の伝統的な法体系は隋唐時代に集大成を実現し、以後修正や変更がたびたび加えられたとはいえ、基本的にはその特徴を貫いて、アヘン戦争以降の清朝末期まで続いたのである。この法体系およびこれをもつ社会全体が欧米からの近代の衝撃に直面したとき、もうそのままでは続かないことが、どんな保守的な立場に立とうと、非常に明らかになったのが清朝末期の状況である。そのために、清朝末期、即ち帝政がまだ存在していた時期に、中国の伝統的な法体系にメスが入れられ、沈家本（1840-1913）のような優れた法律家が修訂法律大臣に任命されたわけである。

しかし、約二千年も続いた儒教の影響が極めて強く、その根が深いので、法律の修訂も思い通りにならなかった。清朝末期では、いかに日本を含む先進国の法律を見習いながら、中国の新しい法体系を作るべきかをめぐって、激しい論争が行われていた。不思議なことに、この問題は百年後の最近でも議論されている。「法律の本土資源」(自国の思想資源という意味)を重視すべきだとか(6)、「憲政」を確立すべきだとか(7)、対立する意見が続出し、まるで歴史の繰り返しという錯覚が生じる。百年たってもそのような議論が続いているとは、どういうことなのか、これこそ興味深い考察の対象となるだろう。

筆者から見れば、これは、アヘン戦争以降、中国がモダニティーの衝撃を

（5） 厳復、『厳復全集』（第四巻）、福建教育出版社、2014年、24頁。
（6） 元北京大学法学部長朱蘇力教授、『法治及其本土資源』（北京大学出版社、2015年第三版）参照。
（7） 同じ北京大学法学部教授張千帆による『憲政原理』（法律出版社、2011年）参照。事実、清朝末期に本当の動機はともかく、憲政を実施するという議論がなされていた。

受けて以来の課題とともに考えるべき問題である。つまり、単なる法律の問題だけでなく、それは中国文明全体が西洋文明からの衝撃に直面して以来の最も重要な文明再建の課題でもある。もし、アヘン戦争のような外部からの強い衝撃、言い換えれば巨大な外圧がなかったならば、そのまま中国の礼を柱とする法体系が今日まで続いているかもしれない。抗いがたい外圧によって、それが続かなくなったので、法体系を変えざるを得なくなったというのがまさに清朝末期の法律改正の本当の背景と理由である。外圧による変革であるが、同時に異文明の考察と比較によって、合理的な改善を目指す一面も見過ごしてはならないだろう。日本よりだいぶ遅れたとはいえ、清朝の重臣や高官の中にもそういった認識を持つ人が増えていたのである。

　百年後の今日の中国では、法律の条文を見る限り、ほかの近代国家とはほとんど変わらないような法体系の整備が進んでおり、かなり完備されているといっても過言ではない。清朝末期と比べたら、文字通り雲泥の差がある。その進歩は衆目の一致するところであろう。しかし、その実施の状況を見ていると、共産党の権力が強いのか憲法の権威が強いのか、といったような議論がいまだに後を絶たなく、憲法が軽視されているという批判も一部の法学者から出ている。普通の国民の法意識を考えると、まさに現実と法規が乖離している感は否めないだろう。[8]

　筆者は法律の専門家ではないが、人文社会科学の研究に携わるものとして、法の問題に常日頃興味を持っており、中国における西洋の法思想・法体系の受容に強い関心を持っている。昨今の中国における現代思想の受容を考察した拙著の中でそれに言及したこともある。[9]たとえば、1980年代以来、約20年の間、ハイエクの法思想と経済思想が大々的に中国に紹介され、多くの研究者の思想資源として使われている。しかし、中国の経済が大きな発展を成し遂げ、国力が増強されるにしたがって、「大国の台頭」というスロ

---

(8)　川島武宜は『日本人の法意識』(岩波新書、1967年) の中で、近現代日本におけるそのような乖離を指摘している (「第一章　問題」を参照されたい)。日中両国のそういった類似性は実に興味深いところである。川島氏が指摘したとおり、このような問題は日本のように西洋の圧迫によって開国をさせられた国々が直面する共通の問題である。日本においては、そのような乖離はかなり減っているのに対して、中国の場合は必ずしも同じレベルとは言えない。文化大革命が収束したあと、中国で法治社会を築くという目標がたてられたことはそれを物語っている。

(9)　『中国が読んだ現代思想』(講談社選書メチエ、2011年) の関連部分を参照されたい。

ーガンが暗示しているかのように、ハイエクの自由主義的な法哲学よりも、今度はカール・シュミットのような国家主義的法思想が学界において大々的に紹介され研究されるようになっている。多くの若い研究者もそれに引かれている。そういった現状を見ていると、いったい中国の法律はどのように先進国の法律体系から学ぶべきか、それとも一部の法学者の唱えるように、「法律の本土資源」をより重視すべきなのか、いまだに最終的な結論が得られていないようである。ましてや最近の中国において政府だけでなく、学界でも儒教をたたえたりして、礼を研究すべきだと主張する学者も現れている。

　筆者は本論文でこの問題をアヘン戦争以来の中国における近代思想文化の受容という大きな枠組みの中で考察してみたい。清朝末期の法律改革にさかのぼって、当初の激しく対立した立場を振り返りながら、今日の論争までを視野に入れて考察する。奇しくも両者の間に実に似ているところがある。中国が正真正銘の近代国家になるために、名実ともに法の支配が確立する国家になる必要があるということは基本的に異議がないことであろう。中国共産党の宣伝にも法治国家の文言が入っているので、誰もその必要性を否定できない。しかし、本当の意味での法治国家とは何なのか、そのためにはどうすればいいのか、未完の対局のような議論が続いているのを考えると、今はまさにそのプロセスの真最中にあると認識すべきで、そのプロセスの一つのスケッチとしてこの論文を位置づけたい。

II　清朝末期における法律改正をめぐる議論
——最初の本格的な法律論戦——

　辛亥革命百周年の前後、中国では清末の立憲改革を取り上げる書物や論文が多数出され、今まではただのパフォーマンスとしか評価されなかった百年前の政治の動きに新しいスポットを当てている動きがある。なぜならば、その後の暴力革命などの大激動は、あのときの立憲制へのシフトがスムーズに行けば、避けられたのではないかという後の祭り的な悔しさが論者の頭にあるからだろう。しかし、清朝はあくまでも不穏な情勢を安定させるためにや

っただけで、本格的な立憲制に移動する意思はなかったという説が根強くある[10]。もう一つの意見では、西太后を含め、清朝の権力の中枢は真剣に立憲制を打ち立てようと考えていた。その真相を求めることはさて置き、ここでは当時の法律改正をめぐる論争を考察したほうがより興味深く、また今日の状況と比べる意義があるだろう。

中国の近代史を振り返ると、清朝政府がなかなか政治的な改革に着手したがらなかったことは否みがたい事実である。福沢諭吉の中国批判を引用するまでもなく、アヘン戦争のような大敗北を喫したあとも、日本のようにいち早く舵を切り替えることができなかった。中国の歴史を知り尽くした東洋史の巨匠宮崎市定が言うように、近代化の波に乗り遅れたのである[11]。日清戦争を含む幾度の惨敗を経験しても、洋務運動のような物質の面での改革を重視する措置にとどまって、西太后まで北京から追い出された義和団蜂起のときにようやく政治的改革の必要性を認めざるを得なくなった。それが光緒26年（1900年）12月10日に発布された詔書で、変法の良法を求めるものである[12]。その具体的な措置として、光緒28年2月2日に、光緒帝によって、法律改定に関する詔書が発布され、沈家本や伍廷芳が法律の改定を任されたのが、中国法律の近代化の第一歩と今日では一般的にみなされている。ちなみに、沈家本を助ける法律学者として、日本の法学者（刑法専門）岡田朝太郎（1868-1936）がいた。

光緒30年（1904年）に修訂法律館が設けられ、法律修訂大臣沈家本の指揮のもとで、各国の法律を考察しながら、翻訳するなどして、多くの近代的な法律を作成した。その中でもっとも時間がかかって、またもっとも議論の的となったのは、『欽定大清刑律』である[13]。法制史研究者梁治平によると、こ

---

(10) "文化的中国"の代表的な存在である余英時プリンストン大学名誉教授はまさにこのような見解を持っている：http://www.canyu.org/n33794c10.aspx （2016.10.10 アクセス）。当時の清王朝が憂慮したのは、中国全体の運命というよりも、大清帝国の運命だったと見て妥当であろう。

(11) 宮崎市定『宮崎市定全集』第十六巻『近代』、岩波書店、1993年、51頁。また同氏の『アジア史論』（中公クラシックス）にある「世界史序説」「東洋史の上の日本」を参照されたい。

(12) 歴史的な事実に関しては、今日の中国を代表する法制史家の梁治平の近著『礼教与法律——法律移植時代的文化衝突』（広西師範大学出版社、2015年）に依拠することが多い。この著書はどちらかというと、当時の政治改革をよりポジティブに評価するのが特徴である。すなわち、保守派をかなり好意的に取り上げて、今までのように保守派イコール反動派という構図で描かないのが昨今の中国の学界の一つの傾向を表している。

の法律の草案の卓抜なところは、「伝統的な中国の法律のあり方を変え、西洋の法律をモデルにして、民事と刑事、実体法と手続法の区別を導入しただけでなく、さらに西洋近代刑法の基本的な範疇、概念、原則と技術を導入した。これによって、形式と内容両方において、二千年に亘る中国の法律と大きく趣を異にしている(14)」。

　本論文の冒頭で触れたように、隋唐のときに儒教の法律への影響が決定的となり、中国法律の儒教化が数世紀に亘る浸透によって、ようやく完成した。その最大の特徴は、礼による法律への影響といえよう。言い換えれば、礼によって、判決を言い渡し、法律の条文も礼によって規定されることが多々あった。このような性格を持つ中国の法律は一千年以上の歴史――否、まだ法家の影響が強く、儒学者が条文の解釈をいじることによって儒教の影響を与えた漢代にさかのぼれば、約二千年の歴史を持つので、清朝末期の法改正に際して、礼と法をめぐる論争が起こったのも不思議ではないだろう。実際、沈家本およびその指揮下にある役人によって作られた『刑事民事訴訟法』をめぐって激しく論争されることになった。

　たとえば、当時湖広総督を務め、「中学為体、西学為用」（中国の学問を基本とし、洋学を道具として使う。日本の「和魂洋才」と似たような発想である）を唱えた張之洞（1837-1909）は下記の上奏文を提出した。

　　大体西洋の法律を取り入れると、中国の法律の根源と異なるようだ。中国の国情に完全に合うわけではない。かえってそれによって訴訟が増える恐れがある。……そもそも法律を設けるということは、民にルールを守らせることにある。中国法律の本源は実は儒教の思想と表裏一体をなすものであり、其の最も代表的なものは、孝道のことであり、男女の別であり、これらは天地の大義であり、万古に亘って変わらないものである。しかし、本法律をよく読むと、親子は必ず財産を異にし、兄弟は必ず財産を分割し、夫婦も必ず資産を分かつ。乃至婦人女子が法廷の命令によって証人として出廷する。西洋の財産の制度を踏襲して、中国の儒教の役割を破壊し、また男女平等の流れを作ってしまい、これらは聖人の教えに悖るものである。また、儒教の綱領や律法を破るものであり、その隠れた問題は深刻である(15)。

---

(13)　同前、3頁。
(14)　同上、5頁。

張之洞は決して愚昧頑固な伝統的な士大夫ではなく、もう一人の重臣李鴻章（1823-1901）らと並んで、洋務運動を推進した大物政治家であったにもかかわらず、このような見解を示したのは、いわゆる近代的な法律を中国に導入するときにぶつかる壁の厚さを物語っているだろう。中国を文明の敗北から救うには、西洋のやり方を導入するしかないと張之洞はある同僚に宛てた書簡の中で語ったことがある。その彼の立場は、西洋の新しい文明を導入する必要性を認めるが、中国固有の立場も守りたいという一見矛盾したものである。要するに、西洋の法律を例としてみれば、それは個人主義と平等主義をベースにするものであるが、中国の場合は家族内部の差別化に基づく倫理体系を基準とする（いわゆる「礼教」というもの）。言い換えれば、中国では、法と礼との間に緊張が含まれる。この矛盾は西洋的な法律を移植する最初から存在するのであり、法律の具体的な条文をめぐる論争の背後には、ほかならぬ東西の文明における価値観の衝突があることは明らかである。西洋の法律を参照した条文を導入することによって、中国の伝統的な価値観と倫理観がそれによって破壊されることを張之洞のような文化保守主義の立場に立つ人たちが真剣に憂慮したのであろう。そのような懸念があるから、法理をより重視する沈家本のような人と儒教の礼を重視する人たちとの間の溝は簡単に埋められるようなものではない。

張之洞及び張之洞よりもっと中国の礼の伝統に立つ反対者の観点を論破するために、当時法律修正の大任を任された、政府特派員の楊度（1875-1931）は二つの立場を国家主義と家族主義と名づけて、次のように反論する。

> 天子が官吏を治め、官吏が家父長を治め、家父長は家族を治め、こうして家庭の統一を求め、すなわち社会の安定を求めることになる。ゆえに、中国の礼教と法律はすべて家族主義をその特徴とする。……これに対して、各国の礼教と法律は、国家主義をその精神とする。……故に、この二つの主義の違いは、ただ刑法の問題だけではなく、また刑法のいくつかの条文の問題でもない。これこそ中国が弱体化する根本的な原因で、その存亡にもかかわる大問題であ

---

(15) 『張之洞奏遵旨核議新編刑事民事訴訟法折』、懐効鋒編集代表『清末法制変革史料』（上巻）、400頁。中国政法大学、2010年。
(16) 「致西安鹿尚書」、『張之洞全集』、第十冊。前出梁治平の著書による。16頁。

(17)
る。

　この法理派の立場に立つ反論は、明らかに法律改正と国家の富強との関連で論じている。言い換えれば、中国の伝統的な法体系は中国の進歩を促進するどころか、生存の妨げにさえなっているという論法である。これに対して、保守派の陣営から異論が出ており、家族主義と国家主義が必ずしも両立しないとは限らないという反論もあるが、われわれから見れば、確かに家族主義が絶対に国家主義を妨げるとはいえないだろうが、当時の中国の情勢を考えると、むしろ法理派に軍配があがるだろう。

　このような中国の伝統的な法律体系を守る立場とそれを乗り越えようとする法理派との論争は清末の法律論争を特徴付けるものであるが、もう一つ今日の我々が知っておくべき法改正の背景は、清朝政府が領事裁判権を奪回することである。もちろん、これに関しては意見が一致していたが、欧米諸国および日本の法律から学ぶ基準とは一体何なのか、言い換えれば法律修正の基準は何かをめぐって儒教の原則を重視する保守派と法理を重視する法理派との間でまた激論が交わされたわけである。そのときに、最も便利な説得の理由として領事裁判権の撤回が良く使われていた。要するに、自国の法整備をきちんとしないと、列強から領事裁判権を奪回することができないという論法である。

　ただし、明治の日本と同じく、西洋の法律を見習って導入するとき、中国の伝統的な法律体系と新しい法律との間の整合性がないこと、また既存の制度と新しい法律が一致しないことは事実として避けられないことであろう。日本の立法者と同様、世界の法学の最先端の学説を導入しようと考えた結果、その導入された新しい法律と中国社会の間のギャップが非常に目立つわけである。要するに、法律を生み出す土壌が違うのに、どんどん西洋からの法学を導入する結果、現実と法律の乖離を否応なしに生じるわけである。これが新旧両派の論争する最も根本的な原因であり、今から振り返れば、保守派にはまったく理由がなかったわけでもない。

---

(17)　楊度、「論国家主義与家族主義之区別」、『楊度集』、529-533 頁。湖南人民出版社、1985 年。
(18)　この法律改正の動機は日本とまったく同じであることは、同じ西洋からの衝撃を受けた国に共通の運命というべきであろうか。前出川島武宜『日本人の法意識』第一章参照。

たとえば、保守派の労乃宣（1843-1921）は、「古い法律の意味に基づき、新しい法律の形を利用する」[19]と言う。要するに、立法は中国の伝統と習慣に従うべきだという意見である。しかし、そうする場合、古い法律が定めた非合理的なところはどう修正すべきかに関しては特に言及していない。結局法律における「和魂洋才」的な姿勢としか言いようがないだろう。これでは本格的な法律の改革に成るのか、という疑問が依然として残る。理屈として主体性を守りながら、法律の改革をするのが一番望ましいが、どういうところを守り、どういうところを変更すべきか、なかなか簡単に決められなかったようである。主体性を主張するあまり、場合によっては、反って変えるべきところを残してしまうことになりかねない。そのバランス感覚は相当難しいし、また高度な政治的な判断を伴うものである。

　もし、西欧と似たような社会発展の道を歩んだならば、中国も日本も西洋の法学を導入しやすかっただろう。実際は外圧によって国家の生存をかけて、その措置をとらざるを得なかったので、異質的な法学を導入するわけだが、これによってそれまでの自分自身の伝統をかなり否定することになる。幸か不幸か、これによって、中国社会の内部に深刻な変化をもたらすことは避けられない。

　20世紀にはいったあと、清朝政府が直面する情勢がさらに悪化して、保守派にしても改革派にしても、憲政を実施すべきという点に関してはようやく一致した見解を持つようになった。要するに、受身的とはいえ、その外圧による大変革が必要だと認識するようになった。そういう意味では、頑固な伝統主義者はだいぶ減ってしまい、本心はともかく、少なくとも口頭では変革を支持する発言をするようになった。1906年に清王朝は立憲の準備を宣言し、1908年には、『欽定憲法大綱』を発布した。

　清朝末期の法律改正を総括すると、変えなければいけないというのは、最終的に共通の認識となったと言っていいだろう。衝突するのは、主にその方法論である。完全に中国の伝統を捨てて西洋流に従えばすべてうまくいくという保障がないかぎり、そういった論争が起こるのも自然なことである。もちろん、前出の沈家本のような法理派も決して中国の伝統を無視して改革し

---

(19)　前出、梁治平『礼教与法律』、54頁。

ようと考えたわけではない。法律改正の理由として、儒教の古典を引用したりすることもあった。仮に中国の伝統的な法律を変える理由として、神様のような超越的なものが存在していれば話は簡単に片付けられるが、現実はそうではないので、どうしても中国の伝統を吟味した上で法律を改正せざるを得なかった。そういう意味では、我々はやはり異質な文明が衝突するという大きな枠組みの中でその是非を判断すべきである。黒船の来航によって門戸開放を迫られた日本と同じような状況に直面したのである。そのとき、個人の自由とか、デモクラシーとか、法治国家とか、これらの価値観を実現する目標は何かというと、国家の富強である。すべての価値判断の基準は、これを遂行するのに役に立つかどうかということである。これはそういった価値観が発祥した西欧とは文脈が違うので、当然現実との並々ならぬ軋轢を生じるわけである。ある意味では、作られた法律は先進的だけれども、現実とは離れているところがあり、そのうちに現実が追いつくだろうと想定されていたといってもいいくらいである。これは法律修訂大臣の沈家本自身が光緒帝への上奏文の中で認めていることである。彼ははっきりと法律を策定することによって、国民を教化することができるので、今までの風習が法律の役割を制限すべきではないと主張している[20]。

　沈家本に代表される法理派は、中国の国情に鑑みながら、かなり積極的に新しい西洋の法学を導入し、中国の古い法律体系に対して抜本的な改造を試みたのに対して、保守派或いは礼教派は、西洋の法律を導入する必要性自体は否定しなかったが、どちらかというと、伝統として二千年も君臨してきた儒教の礼を柱とする教義を否定されることを頑として受け入れられなかった。清王朝は立憲政治を試みようとしたが、改革と革命が競う中で、あまりにも統治集団の利権を重視し、古い伝統から抜け出せなかったために、ついに革命によって倒され、中国の政治運動はラジカルな一途を辿ることになってしまったのである。

---

(20) 同前、91頁。

Ⅲ　最近 30 年の中国における欧米法思想の受容

　中華民国になってから、一部の民国と抵触する法律を除き、民国政府はかなり清朝の法律を継承し、その後さまざまな修正を加えて、六法全書まで完成させた。清朝末期から始まった法律修正が本格的な近代国家の法律体系の樹立にかなり役立ったと見ていい。しかし、1949 年以降の中国の法律は、新しい政府によって中華民国政府の六法全書を廃止されたのを受け、大幅にソ連の法律に影響されて、階級闘争などイデオロギー色が濃厚な新しい法律体系となった。文化大革命の十年間は、司法全体が廃止された同然だった。ソ連が崩壊したあとも、今日までその影響が残っている。

　1970 年代の末までは中国が鎖国の時代に入っていたので、欧米の法思想の影響は皆無といってよい。しかし、改革開放という新しい開国の時代に入ったあとは、欧米の法思想を含むさまざまな思想が中国に怒涛のように入るようになった。筆者はここで主に二つの法思想について考察を加えたい。一つはハイエク（1899-1992）の法思想の受容、もう一つは「第三帝国の桂冠法学者」と呼ばれたことがあるカール・シュミット（1888-1985）の受容についてである。この二人の思想を選ぶ理由はというと、それは今日の中国で最も注目されている代表的な法思想で、また中国の進路に強い影響を与える可能性があるからである。

1　中国のハイエク主義

　古典的自由主義を擁護することで世界的に有名な経済学者・哲学者ハイエクは日本では昔からよく知られている。その主著『自由の条件』がアダム・スミスの『国富論』に比肩するとも言われている欧米第一級の思想家である。中国の学界は日本より遅れてはいるが、この二十数年来は精力的に彼の思想を紹介し、研究をしている学者が多数現れている。彼が最近 20 年の中国の思想界、学界に与えた影響は決して小さくない。なぜならば、「中国のハイエク主義」という言葉まで出来たからである。法学を中心に、その中国

---

(21)　その詳細は前出拙著、『中国が読んだ現代思想』（講談社選書メチエ、2011 年）に譲る。

の思想界における受容の歴史や理由等をここで探ってみたい。

　ハイエクの受容が始まった直後、彼の理論はまず多くの市場経済を擁護する経済学者によって称えられたが、その後少しずつ法哲学、社会哲学、政治哲学の観点から議論されるようになった。特に自由主義を唱える学者が彼のそういった思想に強い関心を示している。それはなぜかというと、やはり中国の現実を考えた上での選択と言える。つまり、中国の自由主義者にとって、ハイエクの理論の魅力的なところは、個人の自由、市場経済及び法治秩序等の角度から強力な思想の武器を提供していることである。今日の代表的なハイエク研究者高全喜（1962～）は中国におけるハイエクの思想の重要性を次のように語っている。

> ハイエク主義は1980年代末の中国に登場し、その自由、法治、憲政政治と法律に関する理論、計画経済、全体主義と政治的ユートピアについての解剖と批判、及び自生的秩序に関する社会生成メカニズムについての学説、知識の限界説を唱える知識社会学と理性の傲慢な独断論への厳しい批判、これらは五四運動以来の様々な自由主義の思想理論よりも豊かで、深みのある複雑で新しい社会政治理論を提供している。ほぼ15年間にわたって中国の知識界で主導的な地位を占め、中国における社会政治理論の知識体系が形成され始めたことを象徴している[22]。

　要するに、新しい憲政国家をつくるためには、どうすればいいかという問題を考える中国の学者にとって、ハイエクは貴重な思想資源を提供していると言える。そのようなスタンスを持つ学者から見れば、ラジカルな革命理論の代わりに、ハイエク理論のような伝統の改良と節度のある啓蒙を主張する思想はなかなか魅力的である。改革の中で伝統を保ち、漸進主義を通じて民度を高めていくというのが最も有効な社会を改造する方法とこれらの学者は考えている。言いかえれば、中国版保守的な自由主義はハイエクの思想の影響を受けて初めて生まれたのである。

　しかし、思想の移植の常というべきか、今日の中国ではハイエクはもはやそれほど流行らなくなった。その代わり、カール・シュミットやレオ・シュ

---

(22)　高全喜、「中国のコンテクストにおけるハイエク」、http://www.gmw.cn/02blqs/2008-02/07/content_769239.htm（2016.11.10 アクセス）。

トラウス（1899-1973）等がもてはやされるようになった。なぜならば、中国のハイエク主義者たちは幾つかの問題に関しては大した処方箋を出せなかったという指摘がある。一つは国家の問題。易姓革命の歴史が長い中国はどのように現代政治への移行をすべきか、その国家の在り方及び内政外交に関しては、中国のハイエク主義者は有力な提案が出来ていない。もう一つは、市場経済が万能ではないことが露呈してきたこと。今日の中国で「権貴資本主義」という新しい言葉がよく使われているが、それはつまり、権力と資本が一体化した資本主義のことである。それによって社会の正義が非常に損なわれているが、中国のハイエク主義者はこれに対しても特に有効な対策を考え出していない。

しかし、問題点があるとはいえ、もし法律と憲政の角度だけに限ってみれば、ロールズ（1921-2002）に代表される北米の自由主義とは明らかに違うハイエクの法思想と政治思想のほうが、中国のようなまだ法治社会になっていない社会にとっては、極めて重要な意味を持つと前出の高全喜は評価している[23]。なぜならば、現代社会が直面する問題に応えるために、ハイエクは古典自由正義の法治理論を基礎に、イギリスのコモン・ローの伝統と欧州大陸の法治国家理論を結びつけた新しい法治観念を打ち出したからである。ハイエクの言葉で言えば、法治は公法の形式を通じて、正当な行為の規則を実施することである[24]。言い換えれば、ハイエクは社会政治問題を法律の問題に置き換えることによって、基本理論の面において、法律と自由と正義の関係を説明できただけでなく、自由正義という法律秩序の背後にある価値のバックボーンも明らかにした。また、法律と自由と正義の三者の相互関係を法治と憲政の枠組みの中で具体化し、「コモン・ローの法治国家」という法治理念と三権五層（tier）という憲法の新しいモデルを打ち立てたことが中国にとっては重要な方向性を示したといってもいい[25]。

いうまでもなく、これはあくまでも学界の一つの代表的な声で、そのまま政治家によって取り入れられるものではないだろう。ハイエクの法思想が二

---

(23) 高全喜、『法律秩序与自由正義』、北京大学出版社、2006 年、9 頁。
(24) 同上、8 頁。
(25) 同上、9 頁。

十年近く中国の学界と論壇に強いインパクトを与えたあと、有力な法思想として中国で脚光を浴びているのは、現代法実証主義を発展させた『法の概念』を書いたハート（1907-1992）でもなく、またその法哲学を批判して新しい法哲学を作ったドウォーキン（1931-2013）でもない。日本に約80年前に紹介されたカール・シュミットである。

2 なぜ、今、シュミットなのか？

シュトラウス流の西洋古典の方法を精力的に紹介しながら、中国のシュトラウス学派を形成し、シュミット研究もリードしている劉小楓（1956～）という学者は、その紹介の必要性をこう語っている。

> もしシュトラウスがそのユダヤ思想という魔法の目（magic eye）を通して、西洋思想史における極めて隠微的な内部の衝突、即ちプラトン的な政治哲学とアリストテレス的・ローマ法的政治神学との衝突を発見したのが間違っていなければ、シュミットの著作はその深遠なローマ・カトリック的政治思想のルーツをたよりに、西洋政治思想の極めて隠微的な内部の問題を暴いたと言える。シュミットの政治法学の鋭い批判性は、もとより現代政治のジレンマと切っても切れない関係にあるが、その政治法学の問題表現は、どれも彼自身が属する思想伝統の再解釈に基づくものである。もし、中国語圏の学界がシュミットの政治法学の研究を通じて西洋政治思想史に内在する問題の奥の院まで突きとめないで、彼の政治的な生涯にこだわりすぎ、性急にその政治的論述に対して、保守的とか、新左派的な或いは自由主義的な批判を加えるのなら、慎重にかつ深く考える機会を失うことになる。(26)

シュミットの思想の重要性をかくも高く評価する劉小楓は、ほぼ全面的にシュミットの主権論を含む思想を援用して、自由主義、議会制民主主義特にその価値中立論を批判する。まず彼の著書『現代人及びその敵——公法学者シュミット入門』を中心に、関連論考も視野に入れて、その紹介と研究の全貌を一通り考察したうえで、その問題点を明らかにしたい。

欧米でのシュミットの評価は論客の立場によって、さまざまであるが、シュミットの最新伝記の著者Reinhard Mehring教授はシュミットのことを

---

(26) 劉小楓編集『施米特與政治法学』（上海三聯書、2002年）（『シュミットと政治法学』）、53頁。

「間違いなく新国家主義と反自由主義の父」と明確に位置付けている[27]。この評価は大方の同意を得られるだろうが、これに対して、シュミットの思想を基本的に継承する劉小楓はその国家主義と反自由主義の立場を特に批判することなく、むしろ肯定する姿勢を持っているのが印象的である。その理由として挙げられたのは、近代以降主流となった自由主義の理論では、国家の主権をきちんと理論付けることができないという、これも実はシュミット流の自由主義批判の根拠に基づくものである。具体的にいうと、近代化を推進する国において、国家の統一と強大を求める時は普遍的な権威に服従する必要があり、自由民主主義政治の価値観に基づいて国民国家を作ると成功の可能性が低いという見方である。ここに劉小楓の自由主義批判の主要な理由があり、彼もシュミットと同様に、自由主義の法学は国家の概念を考えてはいるが、実際は国家を法治秩序の傀儡とさせていると見ている。

『政治的なものの概念』のなかで、シュミットは今日の世界を多民族国家から構成されている多元的な倫理と政治の実体であると捉え、各民族間の生存闘争が現代の政治の現実であるという見方を展開している。劉小楓も基本的にこれを継承し、自由主義の政治学や法学は迂闊に個人の自由と権利を唱えるが、国家は抽象的な普遍的な原理ではなく、具体的な民族の政治実体であり、極端な状況の下で、誰が敵なのか、誰が味方なのかを決断できなければならないというシュミットの最も有名な論点に強く共鳴しながら、シュミットの理論を中国の読者に紹介する。自然な流れとして、彼はシュミットと論敵のケルゼンとの比較を通して、ケルゼンの純粋法学を批判し、現代の国民国家はどれも主権概念から生まれたもので、誰かが主権を決める権力を持っていれば、その誰かが国民国家を作る権力を持つという事実をケルゼンは見落としていると、ケルゼンの国家観を厳しく批判する。ケルゼンの純粋法学の理念を批判した上で、劉氏は主権こそ国民国家にとって根本的に重要なもので、国際的に普遍な正義は守るべきとは限らないとも主張する[28]。

議会制民主主義への批判をシュミットからほぼそのまま受け継いだ劉小楓

---

(27) Reinhard Mehring. *Carl Schmitt: Aufstieg und Fall: Eine Biographie*. München: C. H. Beck. 2009, S. 14.
(28) 劉小楓『現代人及其敵人―公法学家施米特引論』(『現代人及びその敵―公法学者シュミット入門』)、華夏出版社、2005 年、137–138 頁。

は、「例外状態」をめぐる対応についても論じ、それは国家の正当性の根拠付けの問題として捉えている。ここで彼は「政治的成熟」という言葉を使い、国家の敵と味方の区別ができなければ、政治的に成熟したとはいえなく、またその敵は宗教の敵でもなく、個人の敵でもなく、国家の敵であり、また実際の敵でもあるとシュミットの説を敷衍する。その説明の中で、劉氏はシュミットの『パルチザンの理論』を引用し、敵と味方の区別の重要性を1920年代にほぼシュミットと同じ時期に強調した毛沢東の考えを例としてあげ、毛沢東は政治のプロ中のプロであると称える。

　なぜここまで無批判に、シュミットの思想を紹介するのか。ドストエフスキーに関するある翻訳書の前書きで、劉小楓は中国の知識人が百年ぐらい前から西洋の啓蒙思想を輸入したが、その中にある「毒素」には気付かなかったと手厳しく批判する。このような批判が出来たのは、この十数年間のレオ・シュトラウスとカール・シュミットを研鑽した成果だろう。シュミットは『価値の専制』の中で、19世紀のニヒリズムを克服するために誕生した価値哲学の「価値思惟」を批判しているのは、いかにもカトリックの信仰を持つ彼らしい批判の展開であるが、その価値哲学の誕生とその変遷についての彼の分析にはなかなか鋭いところがあることは否めないだろう。その批判の射程はある意味では、フランクフルト学派の啓蒙批判と一致しているところがあるし、それよりもっと分析が鋭いところもある。特にその価値哲学が「反価値」などに通じる分析のプロセスは物事の本質を正確に押さえており、1960年代に発表された『パルチザンの理論』の中で展開されている絶対戦争に内在するロジックを見事に析出した手法と同じである。劉小楓はフランクフルト学派の批判が、啓蒙哲学の視座の内部における批判であるのに対して、シュミットのはローマ帝国に端を発した神学伝統に基づくもので、その啓蒙哲学への批判は古代神学と現代哲学との衝突を再度取り上げたものだと説明する[29]。しかし、問題はシュミットが理想とするローマ・カトリック教会の政治形態を取り戻すことで解決できるかである。チャールズ・テイラーが言うこの世俗的な時代（a secular age）にそもそもそれを取り戻すことができるだろうか？　ウェーバーはその知的誠実さを以て、神々の争いの現象に触

---

(29)　同前、72-73頁。

れたが、その解決策は簡単に見つけられるものではないだろう。正にシュミットが言うように、「マックス・ヴェーバーの記述があとに遺した悪夢なのである」。その「悪夢」にいかに対応すべきかに関しては、シュミット自身の政治的な挫折はともかくとして、理論的に見ても満足のいく答えを出したとは言えないだろう。

　劉小楓が心情的に共鳴しているもう一つのシュミットの観点は正に今触れたカトリックの政治的形態に関するものである。シュミットの『ローマカトリック教会と政治形態』は薄い小冊子であるが、彼が理想とする政治形態を明らかにした代表作である。シュミットは近代の技術理性の非政治化の特徴を厳しく批判しているが、カトリックの Katholizismus は根本的に政治的なものであり、本当の政治的な形式と位置付けている。彼から見れば、国民国家の主権論の中で、権力と正義の精神的倫理が完全に分かれているので、カトリックの政治形式のなかでこそ、ある程度国際法における両者の関連性が実現できるという。『ローマカトリック教会と政治形態』の中で、シュミットは何回も complexio oppositorum（対立複合体）というカトリックのキーワードを使ってカトリック教会の構造とその本質を説明している。この制度は貴族性と民主制の見事な結晶だと見る劉氏は、これこそ正真正銘のエリート・民主制と、シュミットに劣らない情熱を以て称えている。

　レオ・シュトラウスの紹介と研究も精力的に展開している劉氏は「高貴な嘘」の必要性も唱えているので、カトリック教会の政治形態をそのように高く評価するのは不思議ではない。彼の結論としては、「現代の民主政治において、政治的な抱負を抱いているエリートは神父が教区の中で修業をするのと同じように、民衆の中で自分を鍛えてから、直接選挙を通して国家のリーダーになるべきである。カトリックの制度の構造の中で、重要なのは神父の階層で、彼らは法王と平の信者を繋いでいる。この階層は彼らの天命を持っている——神様への贖罪（atonement）である。同じように、現代の民主政治がもし本当の政治を目指すならば、同じような階層を必要とする——ウェーバーが呼びかけたプロテスタント倫理を持つ政治家と同じように。もしこの

---

(30) シュミット『価値の専制』、『政治神学再論』所収（長尾龍一ら翻訳）、福村出版、1980年、201頁。

階層がテクノクラートに変わってしまったならば、本当の政治も消えてしまう」[31]。言い換えれば、現代の真正のデモクラシーはその問題点を克服するためには、カトリックの政治形態を見習うべきであろう。

『価値の専制』や『政治神学』などの著作には、シュミットの近代技術文明、経済思想への厳しい批判も沢山書かれている。ハイデガーの哲学にも詳しい劉小楓は明らかにシュミットの思想からも近代性の問題を発見したようで、レオ・シュトラウスの研究を通して悟った古典哲学への回帰と軌を一にしている。周知のごとく、『政治的なものの概念』へのシュトラウスのコメントは、シュミット自身にもその力量を認めさせたものである。シュトラウスはシュミットの自由主義批判は相変わらずその批判対象の視座の中にあると鋭く指摘した。シュトラウス自身が選んだ道は、西洋古典哲学への回帰であるが、これに強く感心した劉小楓は彼らの近代批判を共有しているので、啓蒙以降の近代性を主張する思想の諸流派を手厳しく批判しているわけである。そういう意味では、彼のシュミットへの共鳴は、本人も言ったように、西洋思想の深層、特にローマ・カトリック教会の政治形態——言いかえれば、「奥の院」に遡るものであり、単なる自由主義への憎悪に端を発するものではないようだ。

ここまでの考察を振り返ると、劉小楓がシュミットへ傾倒した理由はそう簡単に論破できないようだ。少なくとも世俗的な角度だけから判断するのは、彼に一蹴されるかもしれない。なぜならば、その背後に深い信仰が絡んでいるからである。筆者のような非信者はなかなかその真意を測るのが難しいが、少なくとも彼自身も一種の政治神学を持っているとは言えよう。問題は、カトリックなどの伝統がない中国において、どのようにその政治神学を展開するかが問題であろう。自由主義を擁護するかどうかは別として、日本を代表する法哲学者、シュミットとケルゼン両方の研究で知られる長尾龍一が言うように、「シュミットに関していえば、人間中心主義や経済的思考に由来する価値の概念が攻撃性をもち、闘争的であるとするのは、事実としても疑わしい。筆者はむしろ、超人間的権威や未来社会の楽園を信仰する宗教・擬似宗教の間の宗教戦争、神々の争いこそ最も苛酷で凄惨な闘争をもた

---

(31) 同 (28) 136頁。

らすのに対し、人間的世界、経済的打算の世界は妥協可能な世界であって、相対的には平和主義であるとするケルゼン流の思想のほうが、plausible に思われる」。極端な世紀である 20 世紀を振り返れば、このシュミットとケルゼン両方の思想に造詣が深い研究者の言葉に頷けるだろう。

この十数年の中国におけるシュミット受容の問題点を考えると、偏っているとの誹りを免れない面が存在しており、如何にもドイツの屈折した近現代政治史・思想史の理解に影響された自由主義批判がまず問題点であると言えよう。英米に代表される自由主義は決して価値に関して常に中立の立場を保つわけではないことは贅言を要しない。その理解の偏りのなかで展開された紹介と研究の問題性は看過できない。もっと具体的に言うと、ワイマル共和国は確かに失敗したが、だからといって、シュミットの自由主義批判がそれによってすべて合理化され、証明されたとは言い切れない部分も多々あるだろう。シュミットの思想を以て自由主義の国家理念や主権論を批判するのは大いに構わないが、その前に、そもそもシュミット自身の批判がどこまであたっているかを再考する必要もあるだろう。特にその政治神学的思考の問題性に注目すべきだろう。

またシュミットの理論を応用して、今日の中国における国家主義の台頭に加担し、国家主義的な法学を唱える危険性を顧みないことも批判すべきである。そもそもシュミットの理論と今日の中国の政治との整合性を考えると、その矛盾はどう解釈すべきかに関しては、基本的に触れずに応用するのは異様な感を禁じ得ない。国内政治及び国際政治をめぐるシュミットの発言や学説の鋭さは否定できないが、その問題性にいかに対処すべきかをも考えるべきであろう。すでに強力な国家機器を持っている現状を見て、シュミットの政治神学・法哲学と中国の文脈との本質的に異なるところはどう調整すべきか、これもよく慎重に考えるべき側面である。

筆者は中国の国家主義者たちによる熱心なシュミットの受容に対して疑問を抱いている一人だが、彼らの問題意識を一概に否定するつもりはない。中国における自由主義は、言説としては大学においても社会においてもある程度の市民権を得ているが、国家に関する哲学或いは国家論が欠如してい

---

(32) 同 (30)、『政治神学再論』訳者あとがき、256-257 頁。

とは確かに前出の高全喜も指摘した通り、その弱みの一つである。整合性のある国家論は英米のように紡がれていない。一部の中国の学者や論客がシュミットの国家・主権論に親近感を感じる事実の背後にはそのような中国の屈折の近現代史があると言えよう。但し、他の欧米の重要な思想家を導入する時と同じく、思想の脱文脈化と再文脈化はシュミットの場合も不可欠である。

Ⅳ　結び——未完の課題

　中国において近代的な法体系を導入する最初の時期と、つい最近の三十年の代表的な法思想の受容を取り上げる目的は、今となって完全に明らかになったといえよう。つまり、西洋の衝撃によって始まった近代中国の法体系の修正或いは創生はまだ終わっていないと主張したいのである。理論的な面でまだ課題が数多く残っているだけでなく、現実問題としても、法治国家の建設はまだ完成していないということである。

　清朝末期の近代的な法体系の受容は基本的に外圧によるものとはいえ、中国自身もその必要性を覚えたことも留意すべきである。つまり、列強からの衝撃によって、自分自身への再認識を迫られ、その衝突を通して、文明化への道を歩み始めた面も否定できないだろう。帝国主義による植民地化がすべて悪いといえばそこまでだが、しかし、中国文明自体の問題も直視しなければならない。これは前出の宮崎市定も著作の中でたびたび指摘したことである。[33] 宮崎氏が言う高度に発達した田舎文明である中国文明は、近代に入ってから産業革命によって劇的な進歩を遂げたイギリスなどの西洋列強の力に抗えなくなったのである。文明再建の一環としての法律改革という課題は清朝が滅んで、中華民国に入ったあとも引き継がれ、礼と法律をめぐって議論がなかったわけではないが、基本的に近代的な法体系が作られたのである。それを一変させたのが1949年の中華人民共和国の樹立である。その後の30年は、文化大革命の惨憺たる結果によって、その辿った道の誤りが事実によっ

---

(33)　宮崎市定『中国文明論集』（岩波文庫）所収、「素朴主義と文明主義再論」を参照されたい。岩波書店、1995年、359-365頁。

て証明され、1970年代の末から改革開放が実施された。これも実際清末の改革と似たような面がある。20世紀の後半、日本を始めとする資本主義の先進国が経済発展などの面で大きく中国をリードし、逆に文革直後の中国経済は崩壊の寸前まで来ていた。また文化などの面でも大幅に立ち遅れていたことも誰の目にも明らかである。その立ち遅れを取り戻すために、中国政府が経済改革を始めたわけであるが、同時に文革の教訓を汲むために、法律の修正や新しい立法も1980年代からたくさんなされてきた。ある意味では、1980年代の中国の法律に関するさまざまな措置は清朝末期の法律改正につながるものであるが、当然、簡単な回帰ではない。近代的な法律の特徴を持つと同時に、社会主義革命の時代の烙印も明らかである。しかし、評価すべきなのは、1980年代以降、中国の法学は基本的に階級闘争というパラダイムから解放された。

　本論文の最初で触れた、中国の法学は自国の思想資源を利用すべきという主張が出たのは、1990年代であり、また国家主義的な法哲学を講じる学者が出たのは2000年以降のことを考えると、いまだに清朝末期からの論争が完全に消えたとはいえないだろう。むしろ違う包装をして、新たに浮かび上がったというべきである。たとえば、普遍的な価値とは何か、人権は本当に普遍的なのか、といった論争がまたもや台頭している。21世紀の初頭に、訪中したハーバーマスもそのような議論に巻き込まれたのは、実に感慨深いことである。

　ハーバーマスは2001年4月に中国で「異文化間の人権問題について」というテーマで講演した。彼が提起した問題は、西洋で形成された政治の合法化の形式の一つである人権問題は、その他の文化において説得力を持ち得るかどうかである。彼が言うには、西洋でも最初から人権状態が良かったというわけでは決してなかった。長年の苦しい戦いを経て、ようやく労働者やユダヤ人、女性の権利が認められるようになった。人権問題の歴史性を認めたうえで、ハーバーマスはイデオロギーにおける人権問題を考える時、決して西洋中心主義への批判と人権問題についての弁明を混同してはいけないと強く主張する。彼の議論の出発点は、人権が西洋文化という特殊な文化的背景に基づくものではなく、むしろ現代の世界で展開されている近代化という特

殊な挑戦に対して負うべき責任である、ということである。

　人権の普遍性を主張するハーバーマスが俎上に載せたのは、アジア的価値観である。その言い分を簡単にまとめると、アジアには伝統的に個人よりも集団を重んじる特徴があるということである。しかし、これはハーバーマスから見れば、正に文化問題と絡めて議論したから間違った方向へ向かってしまったのである。経済の近代化を求めるアジア諸国は、個人主義を擁護する法律秩序を受け入れないわけにはいかない。なぜならば、この論争の中で肝心なのは、文化の次元の話ではなく、社会経済の次元の問題である。経済の近代化と個人の権利は表裏一体の問題であり、決してどちらか一個だけを選べば済むようなものではない。このように人権問題と文化伝統との関係に関する彼の主張を明確にしてから、貧困な暮らしを強いられている国民にとって、法の前での平等や言論の自由は生活を改善することほど喫緊の課題ではないという一部のアジアの指導者の主張を念頭に、ハーバーマスはそのような主張は規範的な論証によって支持することが出来ないと反論し、そのようなことを唱える指導者はむしろ家父長的なものを擁護する立場に立っているのであり、実際は個人の権利を守っていないと批判する。

　個人主義を擁護する現代の法律体系に対して、アジア的価値観を以て対抗する人たちに、ハーバーマスはまた学問と政治の二つの角度から反論を続ける。「民主的な政治の合法化こそ、そのような迅速な近代化と発展における独裁からの圧迫がもたらした矛盾と対立を克服できるのです。自由な政治文化の中で、国家の市民の団結によって形成されるその形式と基本的な権利の実現とともに存在します。こうしてはじめて、あらゆる極めて複雑な社会が解決を試みる一体化の問題が解決されうるのです」と彼は語る。正に急激に経済発展を続けていて、近代化の実現を求めている中国を含む発展途上国への助言である。

　講演におけるハーバーマスの議論を振り返ると、彼は明らかにアジア的な価値観、即ち個人よりも集団の利益を優先し、言論の自由や法の前での平等

---

(34) 『哈貝馬斯在華講演集』(『ハーバーマス中国講演集』)、北京人民出版社、2002年12月、中国社会科学院哲学研究所編集、5-6頁。
(35) 同上、9-10頁。

よりも経済発展を重視する主張に対して頑として異を唱え、民主主義と自由主義を擁護するスタンスをはっきりと表明している。社会の発展にとって、経済はもちろん重要であるが、その重要性に勝るとも劣らないのは、民主主義的なプロセスによって確立されるべき政治の合法性の問題であるとハーバーマスは強調したかったのであろう。

このようなハーバーマスの議論を総括しながら、筆者の念頭に浮かんできたのは清朝末期の礼と法をめぐる議論である。根本的なところでは、まだ問題が解決されていないといいたい理由である。中国の国情を優先すべきか、それとも普遍的な価値観を重視すべきか、そもそも普遍的価値観とは何か？ハイエクの紹介と研究で知られるもう一人の著名な法学者鄧正来（1956-2013）は「現代化範式与中国法学：1978-2008 ——中国法学向何処去」（近代化パラダイムと中国の法学：中国法学は何処へ？）という論文のなかで、1978年以降の中国法学の進歩を評価したうえで、その深刻な現状をも批判している。彼から見れば、最大の問題は、中国法律の理想的青写真を提供できていないことである。特に欧米からの法学を無批判に導入、援用することに対して厳しい批判の矛先を向けている。その背後には、何が中国であり、いかに中国を解釈すべきかという問題が隠れていると彼は言う。[36]

冷戦終結後、リベラル・デモクラシーの勝利が歴史の終焉を意味するとフランシス・フクヤマは主張したが、今日でも相変わらず説得力を持っているのか、今日の欧米先進国の情勢は、リベラル・マインドの終焉ではないかという論客もいる中で[37]、もともと西洋から来た法律を含むいわゆる普遍的な規範、価値観は、いったいどれぐらいの射程を持ち続けられるのか、このような課題は深刻な挑戦に直面している。反って清朝末期のほうが、比較の対象がもっとはっきりしていて、見習うべき先生がしっかりしていたというべきかも知れない。しばらく中国で脚光を浴びた中国モデルは、経済の不景気に伴って、一時期ほどの勢いはなくなったとはいえ、いわゆる普遍的な価値観への批判は、積極的に日本を含む先進国から学ぼうとした1980年代および

---

(36) 鄧正来、「現代化範式与中国法学：1978-2008 ——中国法学向何処去」、『中国人文社会科学三十年』所収。復旦大学出版社、2008年、71-100頁。

(37) John Gray, The Closing of Liberal Mind, http://www.newstatesman.com/politics/uk/2016/11/closing-liberal-mind（2016.11.10　アクセス）

1990 年代と比べて、昨今強まっている。そういう意味では、筆者から見れば、未完のプロジェクトとしての近代を唱えるハーバーマスの主張は、今日の中国にも当てはまるのではないかと思う。

　伝統文化を重視するのはいいが、本格的な法治国家を樹立するのは、洋の東西を問わず、近代国家としてのあり方にかかわる問題であろう。我々は国情という前提をしっかり見定めた上で、合理的な法体系を導入すべきであるが、警戒すべきなのは、むしろ国情を口実に近代化の先進国ですでに有効と証明された法律を拒否することであろう。欧米の法体系を唯一の正しい理念系と見る必要はまったくないが、重要な参照対象としてはいまだに学ぶべきものが多々あるだろう。いうまでもなく、西洋で発祥したからといって普遍性を持つとは限らない。西洋の伝統はまさに普遍的なものと特殊的なものとの軋みの中で誕生し、また発展してきたものである。普遍的なものを考えるとき、筆者から見れば、具体的な問題を具体的に見ないと一概には言えないが、何よりも重要なのは、古代ギリシャ哲学の理想、「知の愛」という「認識」の理念であろう。これはまさに超域的なもので、本当の意味で普遍性をもつものであろう。ヨーロッパ文明が世界に貢献した知的遺産の中で最も重要で最も普遍的な価値を持つものである。これをもって、西洋の伝統の普遍性と限界を認識すべきであり、この中国にあまりなかった知的伝統こそ、今でも吸収すべきであろう。また法の現実問題を思考するとき、東アジアの中で、同じく西洋的な法律からたくさん学んで種々の試行錯誤を経験してきた日本や韓国は中国にとって、今後も貴重な経験を学べる対象であるはずである。

---

(38)　George Steiner は新著 The Idea of Europe（Overlook Duckworth, 2015）の中で、ギリシャに起源を持つ哲学、数学、音楽をヨーロッパの最も重要な知的貢献として評価している。

律疏不応為箚記

川　村　　　康
Yasushi KAWAMURA

　　Ⅰ　はじめに
　　Ⅱ　不応為条の意義
　　Ⅲ　不応為条の適用事例
　　Ⅳ　おわりに

Ⅰ　はじめに

　「構成要件を特定せずにあらゆる軽犯罪を包括的にとらえる一条」と理解される不応為条は、おもに前近代中国における罪刑法定主義の存否との関係で論じられてきた。しかし不応為条の適用事例に関する実証的研究は、清代の刑案や判語の事案を対象とする中村茂夫氏の業績が今なお唯一の存在であり、唐の律疏の不応為条適用事例については仁井田陞、戴炎輝の両氏が一部を検討したにとどまる。律疏の事例が想定事例であることは言うまでもないが、不応為条適用のあり方を理解するためには軽視してよいものではない。本稿は律疏における不応為条適用事例の全般的検討を通して、不応為条適用

---

(1)　滋賀秀三［1960］74頁。
(2)　不応為条と罪刑法定主義の関係の研究については、中村茂夫［1983］3-4頁注（二）、佐立治人［2015］11-12頁を参照。
(3)　中村茂夫［1983］、仁井田陞［1959］278-279頁、戴炎輝［1964］11頁、136頁、29-30頁（註一一）（註一二）（註一三）。滋賀秀三氏は「軽度の幇助・教唆（精神的幫助）は共犯者中の従犯ともせずに、軽い比附や不応為で済ますことも多かったであろう」として、唐代の軽微な共犯に不応為条の適用を想定する（『訳註五』260頁、262頁）。

のあり方を再検証するものである。

II　不応為条の意義

唐律は不応為条を雑律 62 条に規定する。

> 諸そ応に為すを得べからずして之を為したる者は笞四十［律令に条なく、理に為すべからざる者を謂う］。事理重き者は杖八十。

律令に規定はないが情理に照らして許容されない行為を不応為軽として笞四十、その情状の重いものを不応為重として杖八十を科す。その意義づけは雑律 62 条疏が明らかにする。

> 雑犯の軽罪は触類弘多、金科玉条も包羅し尽し難し。其れ律に在り令に在りて正条あるなく、若し軽重相い明らかならず、文の以て比附すべきなければ、時に臨み処断し、情を量り罪と為せば、遺闕を補うに庶し。故に此の条を立つ。情軽き者は笞四十。事理重き者は杖八十。

律令に規定がなく、名例律 50 条「諸そ罪を断ずるにして正条なく、其の応に罪を出だすべき者は、則ち重きを挙げ以て軽きを明らかにす。其の応に罪を入るべき者は、則ち軽きを挙げ以て重きを明らかにす」に定める挙軽明重・挙重明軽、ならびに「法に明文のない事犯について、性質の類似する他の条項を量刑の尺度として借用する」[(4)]比附という、既存の規定をよりどころとする技法によっても刑名を擬定できない、雑多で軽微な悪しき行為にこれを適用する。情状の軽いものを不応為軽として笞四十、重いものを不応為重として杖八十を科すことにより、律令の規定の欠缺を補充する。詐偽律 24 条問答も同様の意義づけを述べる。

> 但だ重法を論じ、其の軽坐を略し、備さには言うべからず。別に挙重明軽及び不応為の罪あり。

律条は重大な罪を規定するのであり、軽微な悪行は省略して規定せず、挙軽

---

(4)　『訳註五』304 頁。比附事例の分析研究については、川村康［2016］49-50 頁注（3）を参照。

明重・挙重明軽や不応為条で対処する。要するに不応為条は、既存の規定に罪名も刑名も存在しない軽微な悪しき行為に不応為という罪名を与えて刑名を擬定する、欠缺補充の最後の手段として設けられた包括的処罰規定として意義づけられていたのである。

Ⅲ 不応為条の適用事例

雑律 62 条疏と詐偽律 24 条問答が示す不応為条の意義づけが、律疏の不応為条適用事例に具体化されたあり方を解明することが本稿の課題である。清代の刑案や判語の事案を分析した中村茂夫氏は、不応為条適用事例を「何程か近似した犯罪構成要件や罰条と比較衡量の上で」なされたものと、「当該行為を懲らしめ、叱り置くという意味合いを強く持ったもの」とに大別した。本稿は前者を比較衡量型、後者を叱責懲戒型と仮称し、律疏にもこれらのような不応為条適用のあり方が確認できるか否かを検証する。以下、律疏の不応為条適用事例を、あくまで形式的に、欠缺補充を明記する事例、欠缺補充を明記しない事例、純然たる欠缺補充とは言い難い事例の三類型に分けて読み解いてゆくことにする。

---

(5) 中村茂夫 [1983] 24 頁。
(6) 仁井田陞氏は、戸婚律 10 条疏（本稿【事例⑧】）、戸婚律 11 条問答第二（本稿【事例⑥】）、戸婚律 32 条疏（本稿【事例⑨】）、雑律 13 条疏（本稿【事例⑫】）を不応為条適用事例として例示する（仁井田陞 [1959] 278-279 頁）。戴炎輝氏は、戸婚律 29 条問答第一（本稿【事例④】）を例示するほか、形式的分類を加え、「不応為重と軽を併言するもの」として戸婚律 32 条疏（本稿【事例⑨】）、職制律 30 条問答第一・第二（本稿【事例⑬】）、闘訟律 56 条疏（本稿【事例⑩】）、戸婚律 10 条疏（本稿【事例⑧】）、雑律 13 条疏（本稿【事例⑫】）、賊盗律 49 条疏（本稿【事例⑭】）、詐偽律 26 条疏（本稿【事例⑱】）、断獄律 10 条疏（本稿【事例㉔】）、「不応為重を単言するもの」として戸婚律 45 条疏（本稿【事例⑤】）、廐庫律 11 条疏（本稿【事例㉒】）、擅興律 20 条疏（本稿【事例㉗】）、賊盗律 3 条疏（本稿【事例②】）、賊盗律 29 条疏（本稿【事例㉑】）、詐偽律 7 条疏（本稿【事例⑯】）、捕亡律 13 条疏（本稿【事例③】）、詐偽律 22 条問答（本稿【事例①】）、「未遂を処罰する条文がないために不応為条を適用して処罰する」ものとして衛禁律 23 条問答（本稿【事例⑪】）、衛禁律 16 条疏（本稿【事例㉓】）を掲げる（戴炎輝 [1964] 11 頁、136 頁、29-30 頁（註一一）（註一二）（註一三））。

1　欠缺補充を明記する事例

【事例①】詐偽律22条問答
　　問いて曰く。人あり、前人を嫌悪し、妄りに父母の身死したるを告ぐ。其の妄りに告げたるの人は、合に何の罪を科すべきや。
　　答えて曰く。父母亡ずと云えば、身に在りて極りなし。忽ち妄りに告ぐるあり、哀を挙げせしめんと欲す。若し告げたる者の情を論ずれば、過ちを為すこと浅からず。律令に正法なしと雖も、宜しく不応重に従い科すべし。

　詐偽律22条「諸そ父母死し、応に官を解くべきに、詐り餘の喪と言い解かざる者は、徒二年半。若し詐り祖父母父母及び夫の死を称し、以て假を求め、及び避くる所ありたる者は、徒三年。伯叔父母、姑、兄姉は徒一年。餘の親は一等を減ず。若し先に死し、詐り始めて死す及び患うと称したる者は、各おの三等を減ず」は、父母が死去して解官すべきところ他の親族の喪といつわって解官しない行為、親族の死亡をいつわって休暇を求め、任務を避ける行為、すでに死去した親族を死去したばかり、あるいは患っているといつわる行為の処罰規定である。しかし詐偽律22条問答は、詐偽律22条とは直接の関係をもたない。嫌悪している相手に、その父母が死亡したといつわって告げ、挙哀（声をあげて泣き哀悼の意を示すこと）させようとした者に、情において浅からぬ過ちを犯したものとして、「律令に正法なしと雖も」不応為重を適用したのである。

【事例②】賊盗律3条疏
　　若し口に逆・叛を欲するの言を陳ぶるあり、勘するに真実の状なければ、律令に既に条制なければ、各おの不応為重に従る。

　賊盗律3条「諸そ口に反を欲するの言を陳べ、心に真実の計なくして、状の尋ぬべきなき者は、流二千里」は、具体的な計画もなく口先だけで反を欲すると公言する行為の処罰規定である。大逆と叛を口先だけで公言する行為には、「律令に既に条制なければ」不応為重を適用する。不応為重としたのは、反の口陳の刑との比較の結果である。

【事例③】捕亡律13条疏
　若し官戸・部曲の亡げるを誘導したる者は、律に正文なければ、不応得為に当て重に従り杖八十。与に同行したる者は、過致資給の罪〔捕亡律18条〕に同じ。

　捕亡律13条「即し官私の奴婢の亡げるを誘導したる者は、盗に準じて論ず。仍お備償せしむ」は、官奴婢・私奴婢を誘導して逃亡させる行為を、奴婢の価額を贓額として準盗論、すなわち賊盗律35条「諸そ窃盗、財を得ざれば笞五十。一尺は杖六十。一疋ごとに一等を加う。五疋は徒一年。五疋ごとに一等を加う。五十疋は加役流」に準じて論ずる。官戸・部曲を誘導して逃亡させる行為には、「律に正文なければ」不応為重を適用する。奴婢の逃亡の誘導の刑は、価額一尺未満で杖六十、一尺以上一疋一尺未満で杖七十と、不応為重より軽いものがありうる。しかし捕亡律13条疏が「五疋は徒一年。五疋ごとに一等を加う」と例示するように、現実には価額五疋以上で徒刑以上を科すのが一般的であろう。それとの比較の結果、官戸・部曲の逃亡の誘導を不応為重としたのである。

【事例④】戸婚律29条問答第一
　問いて曰く。或は妻を以て媵と為し、或は媵を以て妻と為し、或は妾を以て媵と作し、或は媵を以て妾と作す。各おの何の罪を得るや。
　答えて曰く。闘訟律〔25条〕に拠るに「媵、妻を犯したれば、妾より一等を減ず。妾、媵を犯したれば、凡人に一等を加う。餘条、媵の文なき者は、妾と同じ」と。即ち是れ夫、媵を犯したれば、皆な妾を犯すに同じ。問う所、既に妻妾と媵と相い犯したるに非ざれば、便ち加減の条なし。夫、媵を犯したれば、例〔闘訟律25条注〕は妾を犯したるに依る。即し妻を以て媵と為したれば、罪は妻を以て妾と為すに同じ。若し媵を以て妻と為したるも、亦た妾を以て妻と為すに同じ。其れ媵を以て妾と為すは、律令に文なければ、宜しく不応為重に依るべく、合に杖八十たるべし。妾を以て媵と為すは、令〔戸令復旧

---

(7)　「準某罪論」は「以某罪論」とともに「特定の他の罪名を引拠するときに用いる言葉」。「準某罪論」が「準拠となる本罪について定まる主刑だけを取来って当該犯罪に対する刑とすることを意味」し「当該犯罪と本罪とを同視する意味をもたない」のに対して、「以某罪論」は「科刑上完全に真犯と同視する意味であり、附加刑その他すべての法的効果において本罪と同等とする」(『訳註五』317-318頁)。

31条〕に既に制あり、律に罪名なければ、止だ違令の罪〔雑律61条〕を科す。即し其の改換に因り、告身を以て廻換の人に与えたる者は、自から「假り人に官を与う」の法〔詐偽律9条〕に従う。若し妾を以て詐り媵と為して、媵の姓名を冒承し、始めて告身を得たる者は、詐偽律〔9条〕に依り、詐り功状を増加し、以て求め官を得たる者は、合に徒一年たるべし。

　戸婚律29条「諸そ妻を以て妾と為し、婢を以て妻と為したる者は、徒二年。妾及び客女を以て妻と為し、婢を以て妾と為したる者は、徒一年半。各おの還た之を正す」は、妻妾をめぐる名分の変動の罰則規定であり、媵（官品を有する妾）をめぐる名分の変動は対象としない。闘訟律25条「媵の妻を犯したる者は、妾より一等を減ず。妾の媵を犯したる者は、凡人に一等を加う」は、媵が妻に対して、妾が媵に対して犯す罪の刑の加減規定であるから、夫が媵に対して犯す罪には適用されない。この場合には闘訟律25条注「餘条、媵の文なき者は妾と同じ」が適用され、夫が妾に対して犯す罪と同罰となる。妻を媵とする行為は妻を妾とする行為と同じ徒二年、媵を妻とする行為は妾を妻とする行為と同じ徒一年半を科す。媵を妾とする行為は「律令に文なければ」不応為重とし、妾を媵とする行為は戸令復旧31条(8)に違反する違令罪として雑律61条「諸そ令に違いたる者は笞五十」により処断する。違令にもあたらない行為を不応為重とするのは、戴炎輝氏が言うように「貴を賤とすることは、賤を貴とする罪より重い。媵は貴であり妾は賤であるから、媵を妾とする罪は、妾を媵とする罪より重く罰すべきである(9)」からである。媵をめぐる名分の変動は、既存の律条により刑名を擬定できる妻を媵とする行為と媵を妻とする行為、既存の規定により刑名を擬定できないから不応為重とする媵を妾とする行為、違令として刑名を擬定できる妾を媵とする行為に分けられる。ここでは行為の軽重に応じて刑の軽重が段階づけられるべきであり、その比較衡量の結果、不応為重が適用されたのである。

【事例⑤】戸婚律45条疏
　凡そ「之を離す」「之を正す」と称する者は、赦の後も皆な合に離・正すべし。

（8）『拾遺』251頁、『拾遺補』541頁。具体的内容は不明。
（9）　戴炎輝［1964］29頁（註一一）。

名例律〔36条〕に云えらく「赦に会い、応に改正すべきに、簿帳を責むるを経て、改正せざれば、各おの論ずること本犯の律の如し」と。応に離すべきの輩は、即ち是れ赦の後も須らく離すべきに、仍お離せざる者は、律に罪条なければ、猶お不応得為に当て、重に従り、合に杖八十たるべし。若し離を判せられて離せざれば、自から姦の法に従る。

名例律36条「諸そ赦に会い、応に改正・徴収すべきに、簿帳を責むるを経て、改正・徴収せざる者は、各おの論ずること本犯の律の如し」によれば、官司への申告により成立する戸籍の不実記載などの罪は恩赦に会えば消滅し、再度の申告により新たに罪が成立しない限り処罰の対象とはならない[10]。律条に違反する婚姻の罪も官司への申告によって成立するから、恩赦に会えば消滅し、再度の申告により新たに罪が成立しない限り当該律条による処罰の対象とはならない。しかし戸婚律45条「諸そ律に違い婚を為し、当条に「之を離す」「之を正す」と称する者は、赦に会うと雖も、猶お之を離し、之を正す」によれば、律条に「離之」「正之」という文言のある婚姻については、恩赦に会っても、これを解消し、または原状回復をすべき違法状態は消滅しない。律条違反の婚姻を恩赦に会ったあとも継続し、それを官司に申告しない場合、当該律条による処罰はできないけれども、その婚姻の継続には可罰性があるから、「律に罪条なければ」不応為重を適用する。不応為重としたのは、律条に「離之」「正之」とされる婚姻（戸婚律27-30条、33-38条、42-43条）と、判決が解消を命じても婚姻を継続した場合に適用される姦（雑律22-26条、28条）の刑がおおむね杖九十以上であることとの比較の結果である。

【事例⑥】戸婚律11条問答第二
　又た問う。部曲、良人の女を娶り妻と為す。夫死し服満つるの後は、即ち合に情に任せ去住すべし。其れ去らんと欲して放たざるあり、或は因りて圧留し妾と為し、及び更に抑配し部曲及び奴に与う。各おの合に何の罪を得べきや。
　答えて曰く。服満ち放たざるは、律に正文なければ、不応為重に当て、仍お即ち去るに任す。若し元と当色を取り婦と為したれば、未だ是れ良人たらず、留

---

(10) 『訳註五』213-214頁、212-213頁注1。

め本色に充てるは、法に準じ罪なし。若し是れ良人の女たり、圧留し妾と為したれば、即ち是れ威逼する所あれば、不応得為重に従り科す。或は抑配し餘の部曲に与えたれば、「奴婢を放ち良と為したるに、却て圧し部曲と為す」に同じく、合に徒一年たるべし。如し配し奴に与えたれば、「奴の与に良人の女を娶る」〔戸婚律42条〕に同じく、合に徒一年半たるべし。「籍に上し婢と為したる者は流三千里」〔戸婚律42条〕。此等、転嫁し妻及び妾と為し、両ら和して情願したる者は、並びに合に罪を得るべからず。唯だ本と是れ良たる者は、願い賤人に嫁するを得ず。

戸婚律11条「諸そ部曲を放ち良と為し、已に放書を給したるに、圧し賤と為したる者は、徒二年。若し圧し部曲と為し、及び奴婢を放ち良と為したるに、圧し賤と為したる者は、各おの一等を減ず。即し圧し部曲と為し、及び放ち部曲と為したるに、圧し賤と為したる者は、又た各おの一等を減ず。各おの還た之を正す」は、いったん解放して良人とした部曲・奴婢を再び部曲・奴婢とする行為の処罰規定である。部曲の妻であった良人の女性は、夫が死去して喪があければ、その去就は本人の意思に委ねられる。部曲の主家が彼女の意思に反して留めた場合は、「律に正文なければ」不応為重を適用し、去就は彼女の意思に委ねる。その意思に反して妾とした場合も不応為重を適用する。その意思に反して他の部曲の夫とした場合は、戸婚律11条の解放して良人とした奴婢を部曲とする規定により徒一年とする[11]。その意思にかかわらず、奴の妻とした場合は戸婚律42条「諸そ奴の与に良人の女を娶り妻と為したる者は徒一年半」、さらに婢として戸籍に記載した場合は戸婚律42条「因りて籍に上し婢と為したる者は流三千里」により処断する。本来良人である女性を、その意思に反してではあるが良人として主家に留め、あるいは良人として妾とした場合は、異色婚に関する既存の律条を適用できないために不応為条を適用する。不応為重としたのは、奴の妻とする行為の徒一年半、他の部曲の妻とする行為の徒一年との比較の結果である。

【事例⑦】擅興律1条疏
　其れ擅に九人以下を発したれば、律令に文なければ、不応為に当て重に従る。

---

(11)　滋賀秀三氏は「これは比附の手法と言うべきである」（『訳註六』231頁注3）とする。

擅興律1条「諸そ擅に兵を発したれば、十人以上は徒一年。百人は徒一年半。百人ごとに一等を加う。千人は絞」は、発兵を要する事態でないのに、あるいは発兵を要する事態であってもその事情を上言することなく発兵する、ならびに兵馬を必要とする事態でないのに発兵を請求する擅発兵の処罰規定である。擅興律1条が定める刑の下限は擅発兵十人以上九十九人以下の徒一年であるが、その行為の重大性を勘案すれば九人以下であっても不可罰とすることはできず、「律令に文なければ」不応為重を適用する。不応為重としたのは、擅興律1条の刑の下限である徒一年との比較の結果である。

【事例⑧】戸婚律10条疏
　　雑戸、官戸を養い、或は官戸、雑戸を養いたれば、戸令〔復旧39条〕に依るに「雑戸・官戸は皆な当色にて婚を為す」と。此に拠るに、即ち是れ色を別てば、法に準じ相い養うを得ず。律は既に罪名を制せざれば、宜しく不応為の法に依るべし。男を養うは重に従い、女を養うは軽に従う。……若し客女及び婢を養い女と為したる者は、不応為軽の法に従い笞四十。仍お養子の法〔戸婚律10条注〕に準じ良に従うを聴す。

　戸婚律10条「諸そ雑戸の男を養い子孫と為したる者は徒一年半。女を養いたる者は杖一百。官戸は各おの一等を加う。与えたる者も亦た此の如し。若し部曲及び奴を養い子孫と為したる者は杖一百。各おの還た之を正す」は良人による賤人の養子収養の処罰規定である。戸令復旧39条「諸そ工楽雑戸・官戸は、皆な当色にて婚を為す」が雑戸・官戸の婚姻を当色間に限定する以上、それらの養子収養も当色間に限られる。雑戸と官戸の間での養子収養は、「律は既に罪名を制せざれば」不応為条が適用される。男女の別を軽重に反映させ、男子の収養を不応為重、女子の収養を不応為軽と段階づけるのは、戸婚律10条の趣旨と同じく、男子の収養が祖先祭祀と家産の継承に関わるのに対して、女子はそれらに関わらないからである。良人による部曲・奴の収養は杖一百であるが、戸婚律10条に規定のない客女・婢の収養は不応為軽である。この差は異色間の女子収養の刑名の均衡を図ったからである。

---

(12)　『拾遺』258頁、『拾遺補』545頁。

【事例⑨】戸婚律 32 条疏

若し夫の喪に居りて、応に嫁娶すべき人の与に主婚たりし者は、律に文なしと雖も、不応為重に従い合に杖八十たるべし。其れ父母の喪の内に、応に嫁娶すべき人の為に媒合たりせば、不応為重に従い杖八十。夫の喪は、軽に従い合に笞四十たるべし。

戸婚律 32 条「諸そ父母の喪に居り、応に嫁娶すべき人の与に主婚たりし者は、杖一百」は、父母の喪中に主婚となることを杖一百に処す。夫の喪中に主婚となることは「律に文なしと雖も」不応為重である。父母の喪中に媒人となることは不応為重、夫の喪中に媒人となることは不応為軽である。喪中に媒人となることが、父母の喪中と夫の喪中とで段階分けされるのは、戴炎輝氏の示す「同一の事犯で不応為の軽重を区別する場合は、たとえば尊貴を犯したものを不応為重、卑賤を犯したものを不応為軽とする」という原則に沿う(13)。これはまた、喪中に主婚となることに、父母の喪中では杖一百、夫の喪中では不応為重という等差が存することと比較した結果でもある。

【事例⑩】闘訟律 56 条疏

人の部曲・奴婢を教し主の期親以下を告せしめたれば、別に理するなしと雖も、亦た合に罪あるべし。教し主の期親及び外祖父母を告せしめたる者は、不応為重を科す。教し主の大功以下・緦麻以上を告せしめたれば、不応為軽を科す。正文なしと雖も、比例して允を為す。

闘訟律 56 条「即し人を教令し、緦麻以上の親、及び部曲・奴婢に主を告せしめたる者は、各おの告したる者の罪より一等を減ず」によれば、他人の部曲・奴婢を教令してその主を告言させた者は、闘訟律 48 条「諸そ部曲・奴婢、主を告し、謀反・逆・叛に非ざる者は、皆な絞」から一等を減じた流三千里にあたる。他人の部曲・奴婢を教令してその主の親族を告言させた者は、「別に理するなしと雖も」すなわち「正文なしと雖も」処罰の対象となる。主の期親・外祖父母を告言させた者は不応為重、主の大功・小功・緦麻

---

(13) 戴炎輝［1964］29-30 頁（註一二）。戴炎輝氏は、職制律 30 条問答第一・第二（本稿【事例⑬】）、闘訟律 56 条疏（本稿【事例⑩】）、戸婚律 10 条疏（本稿【事例⑧】）、雑律 13 条疏（本稿【事例⑫】）を同様の事例として掲げる。

親を告言させた者は不応為軽を適用される。この段階分けは、闘訟律48条が主の親族を告言した部曲・奴婢を「主の期親及び外祖父母を告したる者は流。大功以下の親は徒一年」と段階づけて処罰することを反映し、「比例して允を為す」ものである。

【事例⑪】衛禁律23条問答

　問いて曰く。宿衛の人、応に宿衛すべきに非ざる人を以て、名を冒し自ら代らしめ、及び之に代りたる者は、宮内に入りたれば流三千里。殿内は絞。若し未だ宮・殿内に入らず事発したれば、合に何の罪を得べきや。

　答えて曰く。応に宿衛すべきに非ざる人を以て自ら代らしむるは、闌入の罪〔衛禁律2条〕より重し。若し未だ職掌の処に至らず事発し、宮・殿内に在りたれば、止だ宮・殿に闌入したるに依りて科す。如し未だ宮門に入らず事発したれば、律に正条なければ、宜しく不応為重に依り杖八十たるべし。其れ宮外の諸処に在りて冒代し、未だ職掌の処に至らざれば、不応為軽に従い笞四十たり。

　衛禁律5条「諸そ宿衛の者、応に宿衛すべきに非ざる人を以て、名を冒し自ら代らしめ、及び之に代りたる者は、宮内に入りたれば流三千里。殿内は絞」は、首都長安の宮門内で宿衛の任に就くべき者が任に就くべきでない者を身代りとする宿衛の冒代の処罰規定である。この行為は身代わりが宮門内に入り宿衛の部署に至ることによって既遂となる。身代わりの者が宮門内に入り宿衛の部署に至らない場合は、冒代は未遂であるが、宮門内への闌入として、衛禁律2条「諸そ宮門に闌入したれば徒二年。殿門は徒二年半」により処断する。宮門に入るに至らない場合は、冒代が未遂であるだけでなく、闌入も成立せず、「律に正条なければ」不応為重が適用される。宮城門外で守衛の任に就くべき者が任に就くべきでない者を身代りとする守衛の冒代は、衛禁律23条「諸そ宮城門外、若しくは皇城門に於いて守衛するに、応に守衛すべきに非ざる人を以て、名を冒し自ら代らしめ、及び之に代りたる者は、各おの徒一年。応に守衛すべき人を以て代らしめたる者は各おの杖一百。京城門は各おの一等を減ず。其れ諸処に在りて守当する者は各おの又た二等を減ず」に規定される。この行為は身代わりが守衛の部署に至ることに

よって既遂となる。そもそも宮門内に入ることはありえないから、その未遂には衛禁律2条を適用できず、不応為軽とする。戴炎輝氏の指摘する「未遂を処罰する条文がないために不応為条を適用して処罰する」事例のひとつである。[14]宿衛の冒代、その未遂としての闌入、そこにも至らない未遂という三段階を設定したうえで不応為条を適用し、さらに宿衛と守衛の重要度の差をも考慮して不応為の軽重を段階づけたのである。

【事例⑫】雑律13条疏
其れ良人以下を錯認し子孫と為したれば、律に既に文なければ、情を量り不応為軽に依る。若し他人の妻妾及び女を錯認し己の妻妾と為したる者は、情理倶に重ければ、不応為重に依り科す。若し已に妻妾を認得し将て去りたる者は、多く姦情に渉れば、即ち姦の法〔雑律22条〕に同じ。

雑律13条「諸そ良人を錯認し奴婢と為したる者は徒二年。部曲と為したる者は一等を減ず。部曲を錯認し奴と為したる者は杖一百。奴婢及び財物を錯認したる者は、贓を計り、一疋は笞十。五疋ごとに一等を加う。罪は杖一百に止む。未だ得ざる者は各おの二等を減ず」は、錯誤により良人を自己の奴婢・部曲とし、他人の部曲を自己の奴婢とし、他人の奴婢・財物を自己のものとする行為の処罰規定である。錯誤により良人・部曲・奴婢を自己の子孫とする行為は、「律に既に文なければ」その情状により不応為軽、錯誤により他人の妻妾・女子を自己の妻妾とする行為は情理ともに重いゆえに不応為重とする。子孫とすることは棄児収養と類似の行為であるために違法性を軽く、錯認して妻妾とすることは婚姻秩序を混乱させる行為であるために違法性を重く評価する。錯誤により妻妾とした女性を連れ去れば、ほぼ確実に姦に及ぶであろうから、雑律22条「諸そ姦したる者は徒一年半。夫ありたる者は徒二年」を適用する。錯認して妻妾とする行為を不応為重としたのは、姦の未遂形態としてとらえたからでもある。

---

(14) 戴炎輝［1964］11頁、136頁。戴炎輝氏は、衛禁律16条疏（本稿【事例㉓】）を同様の事例として掲げる。

【事例⑬ A】職制律30条問答第一
　問いて曰く。喪を聞き即ちには哀を挙げず、後に於いて日を択び挙げ訖り、事発す。合に何の罪を得べきや。
　答えて曰く。礼〔礼記・間伝〕に依るに「斬衰の哭は往きて返らず。斉衰の哭は往きて返るが若し。大功の哭は三曲して偯す。小功・緦麻は哀容すれば可なり」と。斯の礼制に準ずれば、軽重殊あり、喪を聞くは同じと雖も、情に降殺あり。期親以上は、即ちに哀を挙げざれば、後に挙げ訖ると雖も、罪なかるべからず。期以上は不応得為重に従い、大功は不応得為軽に従い、小功以下は哀容すれば可なるなれば、合に科罪すべからず。若し未だ挙げず事発したる者は、各おの挙げざるの坐に従る。

【事例⑬ B】職制律30条問答第二
　又た問う。期の喪に居り楽を作し、及び人をして作さしむ。律条に文なし。合に何の罪を得べきや。
　答えて曰く。礼〔礼記・雑記下〕に云えらく「大功将に至らんとすれば、琴瑟を辟く」と。鄭注に云えらく「亦た哀を助くる所以なり」と。又た云えらく「小功至るも、楽を絶たず」と。〔儀礼〕喪服に云えらく「古者、室中に死す者あれば、即ち三月、之が為に挙楽せず」と。況や身づから期功に服するに乎いて、心、哀戚を忘れ、或は人をして楽を作さしめ、或は自ら管絃を奏し、既に大獻を玷けたれば、須らく懲誡を加うべし。律に文なしと雖も、合に罪なかるべからず。不応為の坐に従い、期の喪は重に従り杖八十。大功以下は軽に従り笞四十。緦麻の卑幼は服を釈くの罪より重くすべからず。

　職制律30条「諸そ父母若しくは夫の喪を聞き、匿して哀を挙げざる者は流二千里。喪制未だ終らざるに、服を釈き吉に従い、若しくは哀を忘れ楽を作したれば［自ら作すと、人にせしむると等し］徒三年。……期親の尊長の喪を聞き、匿して哀を挙げざる者は徒一年。喪制未だ終らざるに、服を釈き吉に従いたれば杖一百。大功以下の尊長は各おの二等を遞減す。卑幼は各おの一等を減ず」は、近親者の喪を聞いたその場で挙哀せずに喪を匿す行為、喪中に喪服を脱いで吉服すなわち平服を着る釈服従吉、喪中に音楽を自ら演奏したり他人に演奏させて聞いたりする作楽の処罰規定である。

　職制律30条問答第一は、親族の喪を聞いて即時には挙哀せず、後日に日をえらんで挙哀する行為を扱う。そのつもりであっても挙哀前に発覚した場合には職制律30条が適用される。挙哀後に発覚した場合には適用できる規

定がない。ここで援用されるのは『礼記』の「斬衰の喪に際しての挙哀の仕方は、その哭声が往くだけで返えることなく息切れして永続きしないものである。斉衰は、往って返るほどに永続きし、大功は、哭声が自然に三度も曲折してなお餘声があり、小功・緦麻の喪に際しては、その哭声に多少の悲哀の表情が伴ってもよい」という、挙哀の趣旨についての記述である。これに応じて不応為の軽重と不処罰を段階づけ、期親以上の喪については不応為重、大功の喪については不応為軽とし、小功・緦麻の喪については罪としない。

　職制律30条問答第二は、職制律30条に規定のない期親以下の喪中の作楽に「律に文なしと雖も、合に罪なかるべからず」として不応為条を適用する。職制律30条は釈服従吉の刑を、期親尊長の喪中は杖一百、期親卑幼の喪中は杖九十、大功尊長の喪中は杖八十、大功卑幼の喪中は杖七十、小功尊長の喪中は杖六十、小功卑幼の喪中は笞五十、緦麻尊長の喪中は笞四十、緦麻卑幼の喪中は笞三十と定める。作楽はこれに準じて、期親の喪中は不応為重、大功・小功親の喪中ならびに緦麻尊長の喪中は不応為軽と段階づける。緦麻卑幼の喪中の作楽は、釈服従吉より重い刑を科すことは不適当として笞三十とする。これが釈服従吉への比附によるものか、不応為軽からの一等減であるかは明確でないが、喪中の作楽については不応為軽は刑の下限ではないのである。

【事例⑭】賊盗律49条疏
　其れ「盗贓と知りて故らに買いたれば、坐贓〔雑律１条〕もて論じ一等を減ず」とは、謂うこころ、強窃盗の贓と知り故らに買いたれば、十疋は合に杖一百たるべし。知りて故らに蔵したれば、又た一等を減じ、合に杖九十たるべし。其の餘の犯贓もて、故らに買い、及び蔵したる者は、律に罪名なければ、不応為に従い、流以上は重に従い、徒以下は軽に従う。

　賊盗律49条「盗贓と知りて故らに買いたる者は、坐贓もて論じ一等を減ず。知りて為に蔵したる者は、又た一等を減ず」は、強窃盗によって得られた財物である盗贓の故買を坐贓論一等減、その受託保管を坐贓論二等減と定

---
(15)　『訳註六』159頁注12。

める。坐贓は他の贓罪に該当しない違法な財産の収受であり、その刑は雑律1条に「諸そ坐贓もて罪を致したる者は、一尺は笞二十。一疋ごとに一等を加う。十疋は徒一年。十疋ごとに一等を加う。罪は徒三年に止る」と規定される。従って盗贓の故買には価額一尺以上で笞一十から徒二年半、受託保管には価額一疋一尺以上で笞一十から徒二年が科される。強窃盗以外の贓罪、すなわち請託を受けて財物を収受し法を枉げる処分をする受財枉法、請託を受けて財物を収受し法を枉げない処分をする受財不枉法、請託なしに財物を収受する受所監臨、ならびに坐贓によって得られた財物の故買と受託保管には「律に罪名なければ」不応為条を適用する。これらの贓罪に適用される刑が流刑以上であれば不応為重、徒刑以下であれば不応為軽とする。戴炎輝氏が「某罪が本犯の前提となる場合、某罪の軽重（すなわち前提となる罪の刑の軽重）は、不応為条においても、軽重を科す基準となる」とする事例のひとつである。賊盗律49条疏によると、一尺の財物を坐贓として収受した者に笞二十を科すのに対し、その財物を故買した者には不応為軽の笞四十を科すことになる。これは【事例⑬B】と同様に、贓罪の刑が不応為の刑を下回る場合は贓罪の刑を適用すると解すべきであり、ここでも不応為軽は刑の下限ではない。

　【事例①】から【事例⑭】までは律疏が律令の規定の欠缺を明記する事例である。【事例①】は比較の対象とする規定は存在しないが「過ちを為すこと浅からず」とされる行為に不応為条を適用したもので、不応為条の意義づけにもっともかなう。疏文の口吻から、叱責懲戒型の不応為条適用事例として受け取れる。【事例②】以下は既存の罪名と刑名をもつ類似の行為との関連のもとに不応為の軽重が選択された、比較衡量型の不応為条適用事例である。【事例⑤】【事例⑥】では既存の規定の適用によって解消できない法の間隙を埋めるため、【事例⑦】では律条の不備によって生じた処罰規定の欠缺

---

(16)　戴炎輝［1964］30頁（註一二）。戴炎輝氏は、詐偽律26条疏（本稿【事例⑱】）、断獄律10条疏（本稿【事例㉔】）を同様の事例として掲げる。

(17)　滋賀秀三氏が「盗以外の贓の故買行為は不応為の罪に問うべしというけれども、これは首をかしげさせる解釈である」（『訳註五』194-195頁注4）とするのは、このような場合を想定したからであろう。

を補うために不応為条が適用される。【事例⑦】までは不応為重のみの適用事例であるが、【事例⑧】以下は不応為の軽重を段階づけて適用する。その意義は【事例⑩】に「比例して允を為す」と記される。【事例⑪】【事例⑫】は未遂処罰規定がない行為の未遂、またはそれと同様に解しうる行為への不応為条適用事例であり、既存の律条の要件を満たさない行為に不応為条を適用する【事例⑦】にも近似する論理が確認される。【事例⑬】【事例⑭】には不応為軽より軽い刑の適用が示されている。

2　欠缺補充を明記しない事例

【事例⑮】職制律44条疏
　若し官人、碑を立てしめず、百姓自ら立て、及び妄りに申請したる者は、不応為重に従い、杖八十を科す。其の碑は除毀す。

　在任中の地方長官が自らの功績を讃える碑を建立し、あるいは功績を上申させる行為の処罰規定である職制律44条「諸そ在官の長吏、実に政迹なきに、輒く碑を立てたる者は、徒一年。若し人をして妄りに己の善を称え、上に申請せしめたる者は、杖一百。……遣を受けたる者は、各おの一等を減ず」は、これらのことを地方長官に命じられて行った領民に、それぞれ杖一百、杖九十を科す。これらのことを自発的に行った領民には不応為重を適用する。領民が主体であることを考慮し、官人を主体とする職制律44条所定の刑から減等して、比較均衡を図ったのである。

【事例⑯】詐偽律7条疏
　若し官司の責罰を被り、情は咆哮に在り、或は闘に因り忿争するあり、相い恐迫せんと欲し、口に密を告すと雖も、問えば即ち承けず、既に文牒の司に入るなければ、坐は不応為重に当つ。其の已に陳べ文牒あるも、問えば始めて虚を承け、或は口に密ありと称するも、辯に下せば仍お執し、後に於いて妄を承けたる者は、並びに未だ奏せざるに同じくし、一等を減じ、徒二年。

　闘訟律39条「諸そ謀反及び大逆を知りたる者は、密かに随近の官司に告す」および職制律19条疏「其れ謀反・大逆・謀叛は、皆な合に密かに告すべし」は、謀反・大逆・謀叛の密告を許容する。密告を許容されない罪の妄

密告は、詐偽律7条「諸そ対制及び奏事・上書するに、詐り実を以てせざる者は、徒二年。密に非ずして妄りに密ありと言いたる者は、一等を加う」により徒二年半を科される。妄密告が既遂となるには、第一段階として文牒（密告の書面）の官司での受理、第二段階として皇帝への上奏が必要である。文牒が官司に受理されたあとの手続の間に密告を撤回して皇帝への上奏に至らなかった、第二段階の未遂には詐偽律7条「未だ奏せざる者は各おの一等を減ず」により徒二年が科される。一時の感情によりいつわりの密告をしようとしたが、官司がその意思を確認すると撤回して文牒が受理されない、第一段階の未遂は不応為重とする。未遂処罰への不応為条の適用事例であるが、これが不応為重とされたのは、【事例②】が不応為重であることとの均衡を図ったからである。

【事例⑰】詐偽律20条疏
　但そ傷残したる者は、避くるあると避くるなきと、罪を得ること皆同じ。即し避くる所なくして故らに自ら傷つけ、残疾以上を成さざる者は、不応為重に従る。

---

(18)　獄官令復旧24条（『拾遺』778頁、『拾遺補』821頁）「諸そ密を告する人は、皆な当処の長官を経て告す。長官に事あれば、佐官を経て告す。長官・佐官に倶に密ある者は、比界を経て論告す。若し須らく掩捕あるべく、応に餘州と相い知るべき者は、所在は状に準じ収捕す。事、謀叛已上に当れば、馳駅し奏聞す。且つ謀叛已上を告すと称し、事の意を言うを肯んぜざる者は、駅を給し部領し京に送る。其れ死罪を犯したる囚、及び縁辺の諸州の鎮防人等、若しくは流を犯したる人、密を告したれば、並びに送るの限りに在らず」、獄官令復原36条（『校証』下冊647頁）「諸そ密を告する人は、皆な当処の長官を経て告す。長官に事あれば、次官を経て告す。若し長官・次官に倶に密ある者は、比界を経て論告するに任す。告を受けたる官司は、法に準じ示語し、確言して実あれば、即ちに身を禁じ、状に拠り検校す。若し須らく掩捕すべき者は、即ちに掩捕す。応に餘州と相い知るべき者は、所在の官司は状に準じ収捕す。事、謀叛以上に当れば、検校すると雖も、仍お馳駅し奏聞す［其れ大将の戎に臨み、出師し外に在り、及び本処に留守し、並びに要の州の都督・刺史は、告せらるると雖も、即ちには禁ずるを得ず］。乗輿を指斥し、及び妖言し衆を惑わしたる者は、検校し訖れば総奏す。告を承け捕したる者は、若し別状なければ、別奏を須たず。其れ密を告すと称すると雖も、示語するに確として道うを肯んぜず、仍お須らく面奏すべしと云う者あれば、告を受けたる官司は更に分明に、虚たれば無密反坐の罪を得んと示語し、又た事状を道うを肯んぜざる者は、身を禁じ、馳駅し奏聞す。若し直だ是れ謀叛以上と称し事状を吐せざる者は、駅を給し、使を差し部領し京に送る［若し勘問し事状を道わず、因りて罪人を失したる者は、知りて告さざる者と同じ］。其れ死罪を犯したる囚、及び縁辺の諸州の鎮防人、若しくは配流人の密を告したる者は、並びに送るの限りに在らず。応に須らく検校し及び奏聞すべき者は、前の例に準ず」。

詐偽律20条「諸そ疾病を詐り、避くる所ありたる者は、杖一百。若し故らに自ら傷残したる者は徒一年半［避くるあると避くるなきと等し。疾残を為すに足らざると雖も、時に臨み事を避けたる者は、皆な是なり］」は、目的にかかわらず故意に自傷して残疾以上の障碍となった者、ならびに課役を避ける目的で故意に自傷して残疾に至らなかった者に徒一年半を科す。避けるべき課役がなくても、故意の自傷で残疾に至れば、課役を避ける目的での自傷と同罰であるのは、将来において課役の一部または全部を免除されうるからである。避けるべき課役がないのに故意に自傷して残疾に至らなかった者を不応為重とするのは、避けるべき課役がないのに故意に自傷して残疾に至る罪の未遂ととらえ、徒一年半との刑差を考慮したからである。

【事例⑱】詐偽律26条疏
　　律に称すらく「罪に出入あるを致す」と。即ち明らけし、証及び訳に拠り、以て刑名を定むるは。若し刑名未だ定まらずして、証・訳の実ならざるを知りたる者は、止だ不応為の法に当つ。証・訳は、徒罪以上は重に従り、杖罪以下は軽に従る。

詐偽律26条「諸そ証、情を言わず、及び訳人、詐偽し、罪に出入あるを致したる者は、証人は二等を減じ、訳人は与に罪を同じくす」は、真実に反する証言をした証人、翻訳をいつわった通訳の処罰規定である。これにより被疑者の罪に出入が生じれば、断獄律19条「諸そ官司、人の罪を入れたる者は、若し全罪を入れたれば、全罪を以て論ず。軽き従り重きに入れたれば、剰する所を以て論ず。……其れ罪を出だしたる者は、各おの之の如し」により算出される、出入した刑の幅に応じた刑を、証人には二等を減じて、通訳にはそのまま適用する。詐偽律26条の罪は出入された刑の確定によって既遂となる。刑の確定前に証言や翻訳のいつわりが明らかになった場合は、未遂として不応為条を適用し、出入されるはずであった刑の幅が徒刑以上であれば不応為重、杖刑以下であれば不応為軽とする。未遂の不応為条に

---
(19) 戸令復旧9条（『拾遺』228頁、『拾遺補』524頁）「諸そ一目盲、両耳聾、手に二指なし、足に三指なし、手足に大拇指なし、禿瘡にて髪なし、久漏、下重、大癭瘤、此の如きの類は、皆な残疾と為す。癡瘂、侏儒、腰脊折れ、一肢廃、此の如きの類は、皆な廃疾と為す。悪疾、癲狂、両肢廃、両目盲、此の如きの類は、皆な篤疾と為す」

よる処罰の一例であり、【事例⑭】と同様の論理によって不応為の軽重が段階分けされている。

【事例⑲】職制律52条問答
　問いて曰く。官人、人を遣し、或は市司をして市易を為さしむ。遣す所の人及び市司、官人の為に売買し剰利あり。官人、情を知らず、及び情を知る。各おの何の罪ありや。
　答えて曰く。律〔名例律49条〕に依るに「犯す時知らざれば、凡に依り論ず」と。官人、剰利の情を知らざれば、律に拠り合に罪を得べからず。市を為す所の者、入己せざると雖も、既に剰利あり、或は強いて売買したれば、罪なきを得ず、不応為に従る。官人の応に坐すべきの罪に準じ、百杖以下は、市する所の人は不応為軽に従り笞四十。徒罪以上は、不応為重に従り杖八十。仍お官人の応に得るべきの罪より重くするを得ず。若し市易已に訖り、官人情を知れば、「家人の犯す所、情を知る」の法〔職制律56条〕に準ず。

　名例律49条「其れ本と応に重かるべくして犯す時知らざる者は、凡に依り論ず」は、同一類型の行為について、主体や客体の特殊性により、一般規定の刑よりも重い刑を定める特別規定があるとき、特別規定にあたることを知らずに当該行為をなした者は、一般規定により処断するものとする。職制律52条「若し売買し剰利ありたる者は、利を計り、監臨の財物を乞取したるを以て論ず。強市したる者は笞五十。剰利ありたる者は、利を計り、枉法に準じて論ず」は、監臨官が自ら、その部内での売買で剰利を得る行為の処罰規定である。官人に命じられて売買をした一般人または市司が剰利を得て、官人がその事実を知らない場合は、一般人が売買により剰利を得ることに罰則はないから、名例律49条によって、官人は処罰されない。剰利を得た事実を知る場合は、官人に不応為条を適用する。剰利を贓額として職制律52条から算出した刑が杖刑以下であれば不応為軽、徒刑以上であれば不応為重である。この売買が強制的になされたものでなければ、職制律50条「諸そ監臨の官、監臨する所の財物を受けたる者は、一尺は笞四十。一疋ごとに一等を加う。八疋は徒一年。八疋ごとに一等を加う。五十疋は流二千里。……乞取したる者は一等を加う」の乞取を以て論じた刑が不応為の軽重

を分ける基準となる。乞取の刑は贓額が一尺で笞五十、六疋一尺以上で徒一年、五十疋以上の流二千五百里が上限であるから、剰利が一尺以上六疋一尺未満であれば不応為軽、六疋一尺以上であれば不応為重となる。売買が強制的になされたものであれば、職制律48条「諸そ監臨の主司、財を受けて法を枉げたる者は、一尺は杖一百。一疋ごとに一等を加う。十五疋は絞」に準じて論じた刑が不応為の軽重を分ける基準となる。受財枉法の準論の刑は一尺以上で杖一百、一疋一尺以上で徒一年、八疋一尺以上の流三千里が上限であるから、剰利が一疋一尺未満であれば不応為軽、一疋一尺以上であれば不応為重となる。

【事例⑳】擅興律24条疏
　其れ本部の官に非ざる者は、不応得為に依り軽に従り、笞四十。庸多く罪を得ること重き者は、職制律〔57条〕に依るに「官を去りて旧の官属・士庶の餽与を受け、若しくは乞取・借貸したるの属は、各おの官に在る時より三等を減ず」と。監臨の官に非ざるに私に使したるも、亦た盗に準じて論ずるの上より三等を減ず。

就役中の丁夫・雑匠を私的に使役した監当の官司は、擅興律24条「諸そ丁夫・雑匠、役に在りて、監当の官司の私に使し、及び主司、職掌の所に於いて、私に兵防を使したる者は、各おの庸を計り盗に準じて論ず」により、その庸賃を贓額として賊盗律35条（本稿【事例③】解説文所掲）に準じて論じられ、刑の下限は笞五十、上限は流三千里である。私的に使役した者が本部の官でなければ不応為軽であるが、庸賃が二疋一尺以上であれば職制律57条「諸そ官を去りて旧の官属・士庶の餽与を受け、若しくは乞取・借貸したるの属は、各おの官に在る時より三等を減ず」により準盗論三等減となり、刑の上限は徒二年である。不応為軽は刑の下限を示している。[20]

---

[20] 職制律56条「諸そ監臨の官の家人、部する所に於いて受乞・借貸・役使し、売買し剰利あるの属ありたれば、各おの官人の罪より二等を減ず。……其れ官に在りて監臨に非ず、及び家人に犯すことありたる者は、各おの監臨および監臨の家人より一等を減ず」により準盗論一等減とする方が趣旨にかなうが、島田正郎氏が「その庸重いときは、職56により、準盗論に三等を減ず。但し、職56には「其在官非監臨……者。減監臨……一等。」とあるから、準盗論に一等を減ずでなければ、疏文の説明に合致しない」（『訳註七』56頁）とするのは擅興律24条疏の読み誤りである。

【事例㉑】賊盜律29条疏

　其れ真人・菩薩の像に非ず、餘像を盜・毀したる者は、化生・神王の類の若きは、不応為に当て重に従る。贓の入己するありたる者は、即ち凡盗の法〔賊盗律35条〕に依る。若し毀損し功庸多き者は、庸を計り坐贓〔雜律1条〕もて論ず。各おの修立せしむ。

　賊盗律29条「諸そ天尊像・仏像を盗・毀したる者は徒三年。即し道士・女冠の天尊像を盗・毀し、僧尼の仏像を盗・毀したる者は、加役流。真人・菩薩は各おの一等を減ず」は、道教・仏教の尊像の盗みや毀損の処罰規定である。道教の天尊像と真人像、仏教の仏像と菩薩像は賊盗律29条の罪の客体として規定されるが、規定されていない仏教の化生像、道教の神王像などの盗みや毀損は不応為重である。賊盗律29条が規定する尊像を盗んで盗贓を自己のものとした場合には、賊盗律29条の定める刑と賊盗律35条（本稿【事例③】解説文所掲）から得られる刑を比較して重い方が適用される。一般人が天尊像や仏像を盗み盗贓を自己のものとした場合の刑の下限は徒三年であり、贓額が三十疋以上であれば賊盗律35条所定の刑が適用される。毀損した場合は、賊盗律29条の定める刑と、修復に要する労賃を贓額として雜律1条（本稿【事例⑭】解説文所掲）から得られる刑を比較して重い方が適用される。一般人が真人像や菩薩像を毀損した場合の刑の下限は徒二年半であり、修復に要する労賃が五十疋以上であれば雜律1条所定の刑が適用される。化生像・神王像などの盗みや毀損も同様に所断され、盗んで盗贓を自己のものとした場合は盗贓が三疋一尺以上であれば賊盗律35条所定の刑が、毀損の場合は修復に要する労賃が七疋一尺以上であれば雜律1条所定の刑が適用される。ここでは不応為重が刑の下限である。

【事例㉒】厩庫律11条疏

　両主、畜産を放ちて闘わしめ、殺傷ありたる者は、不応為重に従り杖八十。各おの減ずる所の価を償す。

---

(21) 天尊は「道教の最高神」、真人は「「道」を体得した最高の人」、神王は道教の神。仏は「釈迦牟尼の称」、菩薩は「菩提薩埵の略」、化生は「ここでは天人を言う」（『訳註七』178頁注1、注3、注6）。

廐庫律11条「諸そ犬、自ら他人の畜産を殺傷したる者は、犬の主は其の減価を償す。餘畜、自ら相い殺傷したる者は、減価の半ばを償す。即し故らに放ち、他人の畜産を殺傷せしめたる者は、各おの故殺傷を以て論ず」の後段は、自己の畜産を故意に放ち他人の畜産を殺傷した場合に、廐庫律8条「諸そ故らに官私の馬牛を殺したる者は徒一年半。贓重く、及び餘の畜産を殺し、若しくは傷つけたる者は、減価を計り盗に準じて論じ、各おの減ずる所の価を償す。価の減ぜざる者は笞三十」を以て論ずる。減価すなわち損失額がない場合は笞三十、減価があればそれを贓額として賊盗律35条（本稿【事例③】解説文所掲）に準じて論じ、減価四十疋以上の流三千里が刑の上限となる。畜産の所有者同士が畜産を放ち闘わせて畜産の殺傷を生じた場合は不応為重を適用する。所有者同士の合意の存在ゆえに廐庫律11条後段よりも軽く処断するが、減価が二疋一尺未満であればかえって重い刑が科されるから、その場合は廐庫律11条後段による刑が科される。

【事例㉓】衛禁律16条疏
　　皆な箭の宮・殿の垣に及ぶ者を謂う。若し箭の力、応に宮・殿に及ぶべくして射して到らざる者は、不応為重に従う。応に及ぶべからざる者は坐せず。……「亦た人の力の及ぶ所の者を謂う」とは、弾及び瓦石を投じ、宮・殿に及び方始めて罪を得るに拠る。如し応に及ぶべきに到らざれば、亦た不応為重の上より一等を減ず。

　衛禁律16条「諸そ宮・殿内に向け射たれば［箭の力の及ぶ所の者を謂う］、宮垣は徒二年。殿垣は二等を加う。箭、入りたる者は、各おの一等を加う。即し箭、上閤の内に入りたる者は絞。御在所の者は斬。弾を放ち、及び瓦石を投じたる者は、各おの一等を減ず［亦た人の力の及ぶ所の者を謂う］」は、皇帝の所在する宮や殿に対して矢を射かけた者の刑を矢が到達した地点に応じて定める。弾弓（はじきゆみ）を放ち、瓦石を投じた者には、矢を射かけた者から一等を減じた刑を科す。これらの罪は、矢・弾・瓦石の宮や殿の垣への到達により既遂となる。射程外であれば罪とされず、射程内なのに到達しなかった未遂については、矢は不応為重、弾・瓦石は不応為重から一等減である。未遂への不応為条適用の事例であるが、不応為重より一段

階軽い程度の行為を不応為軽とせず、不応為重から一等減としている。

【事例⑮】から【事例㉓】までは律疏が律令の規定の欠缺を明記しない事例であるが、内容から見て律令の規定の欠缺を補充するものであることは確実である。【事例②】から【事例⑭】までと同様に、既存の刑名をもつ類似の行為との関連から不応為の軽重が選択された比較衡量型の不応為条適用事例である。【事例⑯】から【事例⑱】までと【事例㉓】は未遂処罰規定がない行為の未遂への不応為条適用事例である。【事例⑱】【事例⑲】は不応為軽重の等差を設けて均衡を図る。【事例⑳】では不応為軽を起点に、【事例㉑】では不応為重を起点に既存の律条に沿う加等がなされる。【事例㉒】には不応為重を起点に既存の律条に沿う減等の可能性が示される。【事例㉓】は明確に不応為重からの一等減を記している。【事例⑳】から【事例㉒】までは、【事例⑬】【事例⑭】と同様に、不応為条が適用される行為であっても、犯情により不応為軽重から加減した刑の適用が許容されることを示す。不応為条は「犯情と刑罰との均衡を得させるのに、恰好な目安として」存在していた(22)という中村茂夫氏の指摘と同様のことが、律疏の比較衡量型の不応為条適用事例についても確認できるのである。

3　純然たる欠缺補充とは言い難い事例

【事例㉔】断獄律10条疏

其れ応に保を取り放つべくして放たざる者は、「応に禁ずべからずして禁ず」〔断獄律1条〕に従う。保を取らず放ちたる者は、律に於いて違うあれば、不応得為に当て、流以上は重に従い、徒罪以下は軽に従る。

被疑者を拷問し規定の回数に達して自白が得られなければ、断獄律9条「諸そ囚を拷するは三度を過ぐるを得ず。数は総じて二百を過ぐるを得ず。杖罪以下は、犯す所の数を過ぐるを得ず。拷満ち承けざれば、保を取り之を放つ」により、保証人を立てて被疑者を釈放する。この場合、被疑者を告言した告人は原則として反拷を受けるが、反拷の規定の回数に達して自白が得

---

(22)　中村茂夫［1983］10頁。

られなければ、断獄律 10 条「諸そ囚を拷し、限満ちて首せざる者は、告人を反拷す。其れ被殺・被盗の家人・親属の告したる者は反拷せず［水火損敗を被むる者も亦た同じ］。拷満ち首せざれば、保を取り並びに放つ」により告人も保証人を立てて釈放する。これらの者を釈放しない官司は、断獄律 1 条「若し応に禁ずべからずして禁じ……たる者は、杖六十」により処断される。保証人を立てずにこれらの者を釈放した官司は、「律に於いて違うあれば」不応為条を適用される。被疑者・告人が問われた罪が徒刑以下にあたるものであれば不応為軽とされるが、流刑以上にあたるものであれば不応為重とされ、釈放しない官司より重い刑を科される。(23) 流刑以上にあたる罪が疑われる被疑者・告人は、釈放しないことよりも、保証人を立てずに釈放することの方が重大事だからである。断獄律 9 条・10 条は、規定の拷問・反拷を経て自白しない被疑者・告人を釈放する際には保証人を立てなければならないという規範を定めるが、それに違反した者に対する罰則を定めない。そこに不応為条を適用したのである。

【事例㉕】擅興律 12 条疏
　並びに経宿したれば乃ち坐す。経宿せざる者は罪なし。経宿したると雖も、日に満ざる者一人は、不応為の坐に従い、征人は重に従り、鎮戍は軽に従る。註に云う「経宿したれば乃ち坐す」なる者は、人・日を以て相い率としたれば、十人を放ち半日を経たれば即ち五人の罪と為すを恐れ、故に云えらく「経宿したれば乃ち坐す」と。還た百刻と義同じ。

　擅興律 12 条「諸そ軍所に在り、及び鎮戍に在り、私に征防の人を放ち還したる者は、各おの征鎮の人の逃亡の罪を以て論ず。即ち私に放ち、輒く軍鎮を離れしめたる者は、各おの二等を減ず。若し人を放つこと多き者は、一人は一日に準ず。日を放つこと多き者は、一日は一人に準ず［三人を放つこと各おの五日、五人を放つこと各おの三日たれば、累して十五日と成すの類を謂う。並びに経宿したれば乃ち坐す］」は、行軍の所で任務に就く征人、鎮戍で任務に就く防人を勝手に帰還させる私放還の処罰規定である。征人の私放還は捕亡律 7 条「諸そ征名已に定まり、及び軍の征討に従いて亡げたる

---
(23)　断獄律 10 条疏は断獄律 9 条に通用する（戴炎輝［1965］306 頁上段、307 頁下段）。

者は、一日は徒一年。一日ごとに一等を加う。十五日は絞。寇賊に対するに臨みて亡げたる者は斬」を、防人の私放還は捕亡律8条「諸そ防人、防に向い、及び防に在ること未だ満たずして亡げたる者は［鎮人も亦た同じ］、一日は杖八十。三日ごとに一等を加う」を以て論じ、それぞれ帰還させた人数に日数を乗じて算出された総日数に基づいて刑を決定する。擅興律12条注は「経宿したれば乃ち坐す」と記すから、放還の時点から一夜が明ければ私放還には可罰性が生ずる。しかし名例律55条は「諸そ日と称する者は百刻を以てす」と定義するから、放還の時点から一夜は明けたが百刻には達していない場合は、捕亡律7条・8条にもとづく刑を適用できない。そこで不応為条を適用し、捕亡律7条・8条が規定する刑の軽重に応じて、征人の私放還は不応為重、防人の私放還は不応為軽とする。防人については、捕亡律8条が逃走一日で杖八十とするので、それより軽く処断する必要もある。擅興律12条注が「経宿したれば乃ち坐す」と明記するのに、律条は経宿以上一日未満の場合の罰則を定めない。それゆえ律疏は不応為条を適用して対処したのである。

【事例㉖ A】 名例律37条問答第一
　問いて曰く。凡人を殺さんと謀るに、乃て是れ舅たりと云う。或は親舅を殺さんと謀るに、復た凡人たりと云う。姓名是れ同じなるも、舅と凡人とは状別る。此の如きの類、若かに科断を為さん。
　答えて曰く。凡人を殺さんと謀るは是れ軽く、舅を殺さんと謀るは罪乃ち重し。重罪は既に首免を得たれば、軽罪は仍お加うべからず。首する所の姓名は既に同じなるも、唯止だ舅と凡人と異なるあり。殺さんと謀るの罪は首し尽したるも、舅と凡人とは状虚たれば、是を不応得為に坐し、軽に従い合に笞四十たるべし。其れ親舅を殺さんと謀るに、乃て凡人たりと云う者は、但だ凡人を殺さんと謀れば、唯だ徒坐に極む。親舅を殺さんと謀れば、罪は乃ち流に至る。殺さんと謀るは已に首陳したると雖も、須らく不尽の罪を科すべし。三流の坐は徒四年に準ず。凡人を殺さんと謀れば合に徒三年たるべく、是れ舅たりと言わざれば、首陳して尽さざれば、徒一年に処す。

【事例㉖ B】 名例律37条問答第四
　又た問う。仮えば監臨の官あり、財を受け枉法せず、臓は三十疋に満てば、罪は合に加役流たるべし。其の人、首して監臨する所より受けたりと云い、其の

贓は並びに尽く。合に何の罪を科すべきや。

答えて曰く。律に云えらく「不実不尽の罪を以て之を罪す。死に至れば一等を減ずるを聴す」と。但だ不枉法〔職制律48条〕と受所監臨〔職制律50条〕と、罪を得ること別ると雖も、贓は已に首し尽し、財の科すべきなきも、唯だ事に因ると事に因らざるとに殘あるあり。止だ不応為重に従い、杖八十を科す。若し枉法し物を取り〔職制律48条〕、首して監臨する所より受けたりと言い、贓も亦た首し尽し、財の坐すべきなきも、枉ぐる所の罪は首せざれば、宜しく枉ぐる所に従い之を科すべし。若し枉げて徒流を出入したれば、自から徒流を故出入したる〔断獄律19条〕に従い罪と為す。如し枉げて百杖以下を出入し、枉ぐる所軽き者は、請求施行〔職制律45条〕に従い坐と為す。本と贓に因り罪に入るを以てすれば、贓は既に首し訖れども、仍お「死に至れば一等を減ず」の法を用うべからず。

名例律37条「即し自首して実ならず、及び尽さざる者は、不実・不尽の罪を以て之を罪す。死に至る者は一等を減ずるを聴す」は、犯した罪と自首した罪の事実が食い違う自首の扱いを規定する。

名例律37条問答第一は「不尽」の自首を扱う。客体の特殊性により刑が異なる類型の罪について、事実と異なる客体に対して罪を犯したものとして自首した場合、犯した罪と自首した罪の刑を比較し、加重されるべき差額の刑を科す。身分関係のない一般人の殺害の計画は賊盗律9条「諸そ人を殺さんと謀りたる者は徒三年」、母の兄弟である舅（小功尊属）の殺害の計画は賊盗律6条「緦麻以上の尊長を殺さんと謀りたる者は流二千里」により処断する。舅の殺害の計画を一般人の殺害の計画として自首した場合、舅の殺害の計画についての流二千里と一般人の殺害の計画についての徒三年の差額である徒一年を「不尽の罪」として科す。一般人の殺害の計画を舅の殺害の計画として自首した場合は、舅の殺害の計画についての流二千里が一般人の殺害の計画についての徒三年より重いから、殺害の計画の罪は自首され尽くしている。名例律37条「其れ軽罪発すと雖も、因りて重罪を首したる者は、其の重罪を免ず」により、殺害の計画についての刑を科す余地はないけれども、律疏は「不尽の罪」として不応為軽を科す。

---

(24) 名例律17条「三流は同に徒四年に比す」により、流二千里は徒四年に換算される。

名例律37条問答第四は「不実」の自首を扱う。贓罪について、贓額はすべて自首したが、犯した重い罪より軽い罪として自首した場合、贓罪自体は免じられ、枉法の処分や請託を受けた事実について「不実の罪」を科す。監臨官による受財枉法には職制律48条（本稿【事例⑲】解説文所掲）、受財不枉法には職制律48条「諸そ監臨の主司、財を受けて……法を枉げざる者は、一尺は杖九十。二疋ごとに一等を加う。三十疋は加役流」、受所監臨には職制律50条（本稿【事例⑲】解説文所掲）が適用される。受財枉法を同じ贓額の受所監臨として自首した場合は、枉法処分についての罪とあわせて、財貨の授受を伴わずに請託を受けたことについて、職制律45条「諸そ請求する所ありたる者は笞五十。主司、許したる者は、与に罪を同じくす。已に施行したる者は、各おの杖一百。枉ぐる所の罪重き者は、主司は出入人罪を以て論ず」により杖一百以上の刑を「不実の罪」として科す。受財不枉法を同じ贓額の受所監臨として自首した場合は、職制律45条注に「主司に従い法を曲ぐるの事を求めたるを謂う」とあるから、職制律45条を適用できないので「不実の罪」として不応為重を科す。枉法処分の請託を受けて処分を行わなかった場合の笞五十よりも三等重くなるのは、職制律48条疏「事あるの人の財を受けたると雖も、判断するに法を曲げるを為さざれば」が受財不枉法は処分を行ったことを前提とするからである。枉法処分の請託を受けて処分を行った者よりは軽く、処分を行わなかった者よりは重く処断する、という比較衡量の結果である。

名例律37条のふたつの問答で不応為条が適用されているのは、不実・不尽の自首について名例律37条が「不実・不尽の罪を以て之を罪す」と明記しているのに、明確な適用規定が律条にないからである。名例律37条問答第一で不応為軽、名例律37条問答第四で不応為重を適用するのは、ふたつの事例の情状を比較した結果でもある。

【事例㉗】擅興律20条疏
　私に禁兵器を有したるとは、甲・弩・矛・矟・具装等、令〔軍防令復旧25条〕に依り、私家の合に有すべからざるを謂う。若し矛・矟を有したる者は、各おの徒一年半。註に云えらく「弓・箭・刀・楯・短矛に非ざる者を謂う」と。此

の上の五事は、私家の有するを聴す。其れ旌旗・幡幟及び儀仗は、並びに私家は輒く有するを得ず。違いたる者は、不応為重に従り、杖八十。

擅興律20条「諸そ私に禁兵器を有したる者は徒一年半［弓・箭・刀・楯・短矛に非ざる者を謂う］」は、軍防令復旧25条[25]「諸そ私家は、合に甲・弩・矛・矟・具装・旌旗・幡幟を有すべからず」が定める禁兵器を私有する行為の処罰規定である。弓・箭・刀・楯・短矛の私有は擅興律20条注により不可罰とされるが、「私家は輒く有するを得ず」とされる旌旗・幡幟および儀仗の私有は不応為重である。旌旗・幡幟は軍防令復旧25条が私有を禁じているのであるから、これらの私有には雑律61条（本稿【事例④】解説文所掲）の違令として笞五十を、令が禁止を規定しない儀仗の私有には違令より軽い不応為軽を科すべきである。それを律疏が不応為重とするのは、擅興律20条所定の刑との均衡を図ったからである。

【事例㉔】から【事例㉗】までは純然たる欠缺補充とは言い難い事例である。【事例㉔】から【事例㉖】までは、律条が罪名を定める行為に刑名が欠缺しているために不応為条を適用する事例である。【事例㉗】は、違令という既存の罪名と刑名の適用により処断可能な行為に不応為条を適用して、既定の刑名を修正したものである。これらの事例は、不応為条の適用が既存の規定の欠缺に対処する、すなわち罪名も刑名も未定の行為を処罰するためになされただけではなく、既存の規定に罪名はあるが刑名がない行為を処罰し、あるいは既存の規定に罪名も刑名も存在するが刑名が妥当性を欠く行為に適当な刑名を与えるためにもなされたことを示している。雑律62条疏と詐偽律24条問答が示す不応為条の意義づけには、明らかに見直しの余地が存するのである。

Ⅳ　おわりに

本稿における分析を通じて、律疏の不応為条適用事例では比較衡量型が多

---

(25) 『拾遺』380頁、『拾遺補』615頁。

数を占め、「不応為条の機能は、宛も比附が「情罪平允（犯情と刑罰との均衡）」を求めて専ら働いたことと変らない(26)」という中村茂夫氏の指摘が律疏の事例にもほぼ当てはまることが明らかになった。叱責懲戒型の不応為条適用事例は僅少であるが、想定事例である以上やむを得ないことである。本稿では取り上げなかったが、「安西判集残巻」第6道(27)は、私的感情から役夫を笞撻してその手足に傷害を与えた屯官に闘殴傷害ではなく不応為軽を適用した事例である。史料の残存状況からくる制約はあるけれども、現実の事案を収集し分析すれば、中村茂夫氏の結論は唐代にもあてはまりうるだろう。

　ただ、律疏の不応為条適用事例には、同一類型に属する行為の情状により不応為の軽重を段階づけて適用するもの、不応為軽または不応為重を同一類型に属する行為に適用される刑の下限や上限として適用するもの、あるいは不応為重からの一等減を示すものなど、中村茂夫氏の分析からは外れるものも確認される。これらは、清代であれば「某条に比附して論ず」「某条に比附し幾等を加う」「某条に比附し幾等を減ず」などとして、比附により処断されたものと思われる。律条が罪名を示しながら刑名を定めない行為に刑名を与え、あるいは既存の刑名を修正するために不応為条を適用する事例も、清代であれば比附などによる対処が考えられる。唐代から清代に至るまでに、不応為条の適用範囲と比附の適用範囲との間にはかなりの変動が生じたのであろう。不応為条の意義づけを再検討するだけでなく、その適用範囲の時代的変容も検討する必要がある。

　律疏の不応為条適用事例では不応為軽の単独適用は僅少であり、ほとんどは不応為重の単独適用あるいは不応為軽重の段階的適用である。雑律62条の「応に為すを得べからずして之を為したる者は笞四十。事理重き者は杖八十」という規定によれば、不応為は原則として不応為軽であり、例外的に情状の重いものが不応為重となるはずである。しかし律疏の事例はこれとは逆に、「応に為すを得べからずして之を為したる者は杖八十。事理軽き者は笞四十」とでも表現すべき傾向を示している。五刑の刑罰体系のなかでは不応為重すなわち杖八十は決して軽い刑ではないし、不応為軽すなわち笞四十も

---

(26)　中村茂夫［1983］24頁。
(27)　TTD I (A) p. 58 (71).

最下限の刑ではない。律疏には不応為軽より軽い刑の適用を示す事例も存する。なぜそのような不応為条の刑が、律令ともに規定のない軽微な「雑犯の軽罪」に適用されるべきものとされたのかという点についても再考する必要がある。

中村茂夫氏による研究は、不応為条と前近代中国の罪刑法定主義との関係を論ずる前提として、不応為条の意義づけと適用のあり方を理解しておく必要があるという観点からなされたものである。その釁みに倣って律疏の不応為条適用事例の分析を試みた本稿は、清代をさかのぼる時代における不応為条の意義づけ、適用のあり方、比附との関係、ならびにそれらの時代的変遷など、改めて多くの課題を見出だし得たにすぎない。その解明は今後の研究の進展に委ねることにする。

【凡例】

引用文中の［ ］内および（ ）内は原注、〔 〕内は筆者補注を示す。唐律および律疏は『訳註二』『訳註三』を底本とする。

【文献】

『校証』＝天一閣博物館・中国社会科学院歴史研究所天聖令整理課題組校証『天一閣蔵明鈔本天聖令校証：附唐令復原研究』中華書局、2006

『拾遺』＝仁井田陞『唐令拾遺』東方文化学院、1933（復刻版、東京大学出版会、1964による）

『拾遺補』＝仁井田陞／池田温編集代表『唐令拾遺補：附唐日両令対照一覧』東京大学出版会、1997

『訳註二』＝律令研究会編『訳註日本律令二：律本文篇上巻』東京堂出版、1975

『訳註三』＝律令研究会編『訳註日本律令三：律本文篇下巻』東京堂出版、1975

『訳註五』＝律令研究会編『訳註日本律令五：唐律疏議訳註篇一』東京堂出版、1979

『訳註六』＝律令研究会編『訳註日本律令六：唐律疏議訳註篇二』東京堂出版、1984

『訳註七』＝律令研究会編『訳註日本律令七：唐律疏議訳註篇三』東京堂出版、1987

TTD I (A) = Tatsuro Yamamoto, On Ikeda, Makoto Okano (eds.), *Tun-huang and Turfan Documents concerning Social and Economic History I: Legal Texts (A)*

---

(28) 不応為条を「白紙的軽犯罪法」(『訳註五』260頁)とするなど、わが国の軽犯罪法上の軽犯罪、警察犯処罰令上の警察犯、あるいは旧刑法上の違警罪になぞらえることの妥当性も問われなければならない。これらの罪の法定刑は、最下限の主刑である拘留または科料である。

Introduction & Texts., The Toyo Bunko, 1980.
川村康［2016］「宋代比附箚記」『宋代史から考える』編集委員会編『宋代史から考える』
　汲古書院
佐立治人［2015］「旧中国の罪刑法定主義の存在について」『関西大学法学論集』65巻3号
滋賀秀三［1960］「清朝時代の刑事裁判：その行政的性格。若干の沿革的考察を含めて」
　法制史学会編『刑罰と国家権力：法制史学会創立十周年記念』創文社（『清代中国の法
　と裁判』創文社、1984による）
戴炎輝［1964］『唐律通論』国立編訳館・正中書局
戴炎輝［1965］『唐律各論』国立台湾大学法学院事務組・三民書店
中村茂夫［1983］「不応為考：「罪刑法定主義」の存否をも巡って」『金沢法学』26巻1号
仁井田陞［1959］「宋代以後における刑法上の基本問題：法の類推解釈と遡及処罰」『中国
　法制史研究：刑法』東京大学出版会（補訂版、1980による）

清代前期の丈量
―― 康熙末年浙江省天台県の事例を中心として ――

喜 多 三 佳
Mika KITA

　Ⅰ　はじめに
　Ⅱ　天台県について
　Ⅲ　丈量にいたる経緯
　Ⅳ　丈量の計画
　Ⅴ　丈量の実施
　Ⅵ　その他の改革との関連
　Ⅶ　おわりに

Ⅰ　はじめに

　本稿は、『天台治略』(康熙60年(1721)[1]刊)を主たる史料として、清代前期の土地丈量の実態を明らかにしようとするものである。

　丈量とは、田土の面積を測量して土地台帳を作成することである。徴税や徭役割付の基礎となる重要な作業だが、後述するように、よほど必要な場合

（1）『天台治略』は10巻（序文、巻1〜2詳文、巻3讞語、巻4〜7告示、巻8啓、巻9雑著、巻10呈批、跋文）から成る。版本としては、①康熙60年（1721）師恕堂刊本、②嘉慶9年（1804）潘春暉等私家版本、③道光5年（1825）劉邦彦跋文本（『官蔵書集成（4）』黄山書社、1997年所収）、④道光26年（1846）迎瑞堂刊本、⑤光緒23年（1897）聚星堂刊本が知られている。本稿執筆にあたっては、国立国会図書館所蔵の①を使用している。なお、中国方志叢書（華中地方・第65号）『浙江省　天台治略（一）（二）』（成文出版社、1970年）に影印収録されているのも①であるが、影印元になった本の状態が善くなく、利用の際には注意が必要である（この点に関しては、拙稿「中国方志叢書本『天台治略』補綴」『東洋法制史研究会通信』29号、2016年　参照）。文中での引用にあたっては、国立国会図書館本のページ数を第〇葉の表（= a）裏（= b）で示すとともに、読者の便を考慮して中国方志叢書本のページ数も括弧書きで付記した。

にしか実施されないのが普通であった。

　明清時代の丈量については、これまでに多くの研究が積み重ねられてき
た[2]。ただ、明代はともかく、清代に入ってからは、全国的な丈量が実施され
なかったこともあり、丈量の事例自体がそれほど多くない。そのような中
で、『天台治略』には、丈量の計画から実施、結果に至るまでの史料が載せ
られており、丈量の実態を知るための最適の史料の一つである。

　『天台治略』は、浙江省天台県で知県をつとめた載兆佳[3]という人物が在任
中に作成した公文書の中から、300件余を選んで編纂したもので、法制史・
社会経済史の史料として古くから知られ、利用されてきた。

　本稿では、載兆佳在任当時の天台県の状況、康熙60年（1721）の「編審」
と丈量との関係、載兆佳が定めた丈量の方針とその実施等について明らかに
するとともに、天台県で実施された諸改革の中で、丈量がどのような意味を
持っていたかについて分析する。

（2）　本稿に関係の深いものは、次の通りである。川勝守『中国封建国家の支配構造』東京大学出版会1980年（特に、第4章「張居正丈量策の展開」［初出：「張居正丈量策の展開（1）」『史学雑誌』80巻3号1971年。「張居正丈量策の展開（2）」『史学雑誌』80巻4号1971年］、第5章「明末清初、江南における丈量の諸問題」［第一節の初出：「明末、江南における丈量策の展開と地主佃戸関係の発展」"The Oriental studies" 2号1974年］）。森田成満『清代土地所有権法研究』勁草書房1984年（特に、第2章「所有権の公証」）。清水泰次「張居正の土地丈量について」『東洋学報』29巻2号1942年。西村元照「張居正の土地丈量（上）」『東洋史研究』30巻1号1971年、同「張居正の土地丈量（下）」『東洋史研究』30巻2-3号1971年、同「明後期の丈量に就いて」『史林』54巻5号1971年、同「清初の土地丈量について」『東洋史研究』33巻3号1974年。近年の注目すべき研究としては、楊国安「清代康熙年間両湖地区土地清丈与地籍編纂」『中国史研究』（中国社会科学院）2011年第4期、侯鵬「明清時期浙江里甲体系的改造与重建」『中国経済史研究』2014年第4期　等がある。

（3）　載兆佳、号は舒庵、字は士期又は樗庵。安徽省広徳州建平県出身。康熙45年（1706）の進士。康熙58年（1719）7月、天台県に知県として赴任。前浙江巡撫で左都御史となった朱軾の推薦により、康熙60年（1721）6月、中央へ抜擢され、離任に際して『天台治略』を出版した。雍正元年（1723）3月、吏部主事となる。その後、吏部員外郎となり、礼部員外郎に移って在職中に死亡した。『建平県志』（雍正9年（1731）刊）、『天台県志稿』（民国4年（1915）刊）等に伝あり。

Ⅱ　天台県について

1　自然環境と土地利用

　天台県は、浙江省台州府下の県で、浙江省東部の山中にある。天台宗の根本道場である天台山を擁し、美しい風景は、古来、文人墨客に愛されてきた。しかし、山がちで平地は少なく、地味も痩せており、東西で標高の差が大きいので「谷川が流れ落ちるのはまるで瓶の中の水をあけるかのようで、洪水のときは水かさが高くて、一たび流れると千頃を浸し、半月雨が降らないと、水が涸れて干上がってしまう」(渓如建瓴、洚水自高、一瀉千頃、半月不雨、流竭沙涸) というありさまであった。[(4)]

　天台県のあたりは、初夏に大麦と小麦、晩夏と秋に米 (早稲と晩稲) を収穫する地域で、米の生産量はそれほど多くない。また、山はあっても建築資材になるような大木は乏しかったようである。『天台治略』と一番年代の近い雍正年間の記録に拠れば、天台県の土地利用は「田 2544 頃 28 畝余、地 853 頃 31 畝余、山 632 頃 94 畝余、塘 72 頃 20 畝余、湖 29 畝余、潭 5 畝、魚櫃礁 1 処」であった。[(5)]

2　行政区画

　清代の県より下の行政区画は、城市においては坊・廂・街などがあり、農村部においては郷・都・保・庄などがあったが、名称や上下関係は、地域によって相当差異がある。[(6)]『(康熙) 天台県志』によれば、天台県は、明の洪武年間 (1368〜1398) に全県で 128 図、永楽 10 年 (1412) に 37 都 7 坊 54 図と定められ、その後 28 都 8 坊 36 里 (図) となった。[(7)]都の数が減っているのは、

---

(4)　『天台治略』巻 1 詳文下・一件飭行査議開墾等事。34b〜35a (146〜147 頁)。
(5)　『浙江通志』乾隆元年 (1736) 刊 (影印版：上海古籍出版社、1988 年) 巻 69 田賦三 (1330 頁)。また、浙江省天台県志編纂委員会編『天台県志』(漢語大詞典出版社、1995 年) 概述・1 頁によれば、現在の天台県は、東西 54.7km、南北 33.5km、面積 1420.70km^2 で、そのうち山・丘が 82.3％、耕地が 13.7％、河・塘が 4％を占める。民国以降、隣県との間で何度か県境の出入りがあったが、清代の境域と大きくは変わっていない。
(6)　張研『清代社会的慢変量』(山西人民出版社、2000 年) 第 1 章「法定社区与坊廂、里社、保甲系列」。

「1都と4都を併せて1つに」といった合併が行われたためである。また、明代には1都の中を2図に分けることがあったため図の数が多かったが、清初では1都＝1図になっている。なお、県城および郊外の8坊（8図）は、太坊（5図）と永坊（3図）に大別され、農村部は、太平郷（旧1～12都）、永保郷（旧13～22都）、祥鸞郷（旧23～30都）、積石郷（旧31～37都）の4郷に分かれていた。[8]

3　過去の戦乱と飢饉
(1) 戦乱

　天台県は、明末～清初に幾たびも戦禍を蒙った。[9]順治3年（1646）には、清軍に敗れた明の武将・方国安が道々劫掠を繰り返しながら台州に至り、天台県も襲われたが、県城だけは何とか兵難を免れた。その後、台州にいた明軍の将兵の中で清軍に抵抗を続ける者は、薙髪を嫌って白い布で頭を包んだので「白頭寇」と呼ばれた。彼らは村々を焼いて略奪をはたらき、順治6年（1649）8月には天台県城を攻撃したが、撃退された。

　順治14年（1657）には、鄭成功の軍が台州に侵攻し、天台県では、9月4日に守将が鄭成功軍の分遣隊に降伏して、万余の敵軍を県城に引き入れた。住民は略奪放火にさらされて逃げ散り、10月に清軍が到着して鄭成功軍を撃退した。

　三藩の乱に際し、靖南王・耿精忠は、康熙13年（1674）2月、福建で挙兵。10月には、耿精忠軍の総兵・朱福らが仙居県城を占領し、次いで天台県西部に侵入した。清の寧海将軍・傅喇塔は、数千の兵を天台県に送り、12月に耿精忠軍を撃退した。康熙14年（1675）になって、天台県民はやっと城内に戻ってくることができた。

―――――――――――

（7）『天台県志』康熙23年（1684）刊（以下、『（康熙）天台県志』という）巻2建置志・里図。なお、『天台県志』（1995年）6頁によれば、光緒年間には再び「37都」体制に戻ったらしい。
（8）『（康熙）天台県志』巻2・建置志・坊鎮。
（9）『（康熙）天台県志』巻15雑著・災祥附兵乱。喩長霖等纂『台州府志』民国25年（1936）巻135大事略四（中国方志叢書・華中地方74　成文出版社、1970年。1798～1804頁）。『天台県志』（1995年）大事記。5頁。

(2) 飢饉

「康熙五十五、五十六の両年は、干ばつと水害がしきりに起こり、疫病が流行し、人民の過半が死亡してしまった(10)」と載兆佳は書いている。さらに、次のような記載もある。

> 天台県は、去年（康熙58年（1719））の夏、干ばつに遭い、早稲は枯れてカラカラになり収穫ができなかった。……七月二十日に私が着任後、幸い天が恵みの雨を降らせてくれ、晩稲は収穫できた。しかし、本当に凶作で、貧民の十家のうち九家の米櫃は空であり、穀物を食べることが困難である(11)。

戦乱終結から40年がたち、ようやく落ち着きを取り戻していた天台県は、天災のために、再び大きな被害を蒙ったのである。着任したばかりの載兆佳は、自ら義捐すると共に郷紳らにも義捐を促し、また上司に願い出て、翌康熙59年（1720）2月から県庫の米の平糶も開始した(12)。康熙59年は幸い豊作であったが、載兆佳は、用心のため県外へ米を売ることを禁じ、余った米は県が買い取ることにした(13)。

これらの戦乱や飢饉の結果、大勢の人が亡くなり、あるいは逃亡を余儀なくされた。耕作放棄地が生じ、絶戸が増加し(14)、土地と人との結びつきは大きく変動した。また、魚鱗図冊をはじめ、土地の状況を記録した冊籍類もほとんど失われてしまった。

---

(10) 『天台治略』巻1詳文上・一件請厳虧空之法等事。「五十五六両年、旱潦洊臻、大疫流行、百姓死亡過半」58a（193頁）。また、『台州府志』巻135大事略四に引用された、天台県人・斉周華の『郵災記略』によれば、康熙55年（1716）、天台県は大飢饉となり、人々は雑草や樹皮まで口にした。翌56年（1717）には天台県の士紳が実施した炊き出しがきっかけで急性伝染病が発生し、多くの人が亡くなったという。

(11) 『天台治略』巻2詳文下・一件詳明捐賑情由恭請奨励厚俗維風事。「今天邑、去夏甕遇亢旱、早禾枯槁無収……至七月二十日卑職到任後、幸天降甘霖、晩禾有収。然実為歉薄、小民十室九空、粒食維艱」21a（251頁）。

(12) 『天台治略』巻2詳文下・一件詳明捐賑情由恭請奨励厚俗維風事。21a～22b（251～254頁）。

(13) 『天台治略』巻4告示一・一件厳禁奸徒販米出境以足民食事。35ab（493～494頁）。

(14) 天台県の絶戸の多さとそれへの対応については、『天台治略』巻1詳文上・一件飭査廃寺田産等事。52a～53a（181～183頁）。及び、巻5告示二・一件清査絶戸糧産以除錮弊事。1ab（501～502頁）を参照。

4　田賦の混乱

　載兆佳は、康熙59年（1720）、上司への文書の中で、「天台県の田賦の混乱はすでに極まっておりまして、徹底的に丈量して調べあげなくては、ふさがった弊害を取り除き民の煩いをなくすことはできません」と述べている。[15]

　　天台県にはこれまで「図頭」[16]というものがあり、みな学生や悪い下役であります。ただ毎年税金を徴収して帳簿に付け、それによって開造し、毎期の編審、一切の売買・推収・立戸・編図などのことで、彼らが掌握しないものはなく、書手・算手がいても、みな手をつかね、命令に従って、彼らに逆らうものはありません。県官さえも習慣にとらわれ、難を恐れて一時逃れをし、ほとんど調べもせずに彼らに聞くしまつです。その結果、彼らが移坵換段するにまかせ、税額を減瞞するにまかせ、灑派飛装するにまかせております。名を偽り姓を偽り、あるいは一人の人間がさらに数人の名をかたり、あるいは一戸を数都・数甲に分けます。……各都・各図において、いずれも魚鱗流水号段細冊はありません。彼らが言うところの榜冊・堁冊というのは、全て明の万暦年間から伝わった老戸・老冊で……田産はすでに何度も所有者を変えたのに、台帳の上では、なお明朝の老戸の所有になっているものさえあります。平時の税金の徴収・完納の手続は、某都某図某人戸下の田若干収入、某都某図某人戸下で納税、といった字句を書き並べるだけで事終われりとしております。結局、この土地台帳は何村の何号段について記載しているのか、問うてみても漠としてつかみどころがないのであります。……ただ図頭が作った冊によって、その数通りに徴収し、これを名付けて堂簿と言っております。[17]

---

(15) 『天台治略』巻1 詳文上・一件厳飭編造以杜混淆事。「卑邑田賦混淆已極、非徹底丈勘清査、無以除錮弊而甦民累」17a（111頁）。

(16) 図頭が主導していた「帯虚」「包攬」などの弊害については、山本英史「浙江省天台県における『図頭』について――十八世紀初頭における中国郷村支配の一形態――」『史学』50号 1980年。（のち、『清代中国の地域支配』慶應義塾大学出版会、2007年に収録）参照。また包攬については、山本英史「紳衿による税量包攬と清朝国家」『東洋史研究』48巻4号 1990年（のち、山本前掲書に収録）を参照。

(17) 『天台治略』巻1 詳文上・一件厳飭編造以杜混淆事。「査天台向有図頭一項、倶係衿監蠹役充当。不但毎年征糧冊籍由其開造、即毎届編審、一切買売推収立戸編図等事、無不出其掌握、雖有書手算手、諸人倶拱手聴命、莫与之抗。在県官亦狃於成習、畏難苟安、並不一過而問焉。由是任其移坵換段、任其減瞞糧額、任其洒派飛装。詭名詭姓、或一人而更換数名、或一戸而拆分数都数甲。……各都各図、並無魚鱗流水号段細冊。其所謂榜冊堁冊者、尽属故明万暦年間遺下、老戸老冊……俔有田産已更数主、而冊上猶是明朝之老戸。平時収税完糧、不過開写某都某図某人戸下田若干収入、某都某図某人戸下辦納字様、便為了事。究竟問其此田冊載何圩是何号段、茫無頭緒。……止憑図頭所造之冊、按数追比、名曰堂簿」17a～18a（111～113頁）。

このような状況の下で、天台県では「富んで強いものは土地があって税なく、貧乏で弱いものは税があって土地がない」(富而強者有産而無糧、貧而弱者有糧而無産)状況に陥っていた。

III 丈量にいたる経緯

天台県で丈量が必要とされたのは、直接には、上記のように土地と所有者との結びつきが正確に把握できなくなっていたという事情によるものである。しかし本稿では、それにとどまらず、順荘法の実施や保甲により納税を促す仕組みの構築といった制度改革の一環として、この丈量が実施されたことを明らかにしたい。

1 編審とは

天台県の丈量のきっかけとなったのは、康熙60年(1721)に実施された編審である。編審とは、ほんらい戸籍簿兼租税台帳である「賦役黄冊」を編造するために、明代以降実施された定期調査である。賦役黄冊は、各戸の丁口の数、田土山塘の数およびその科則、税糧の数、房屋、牛隻などを列記したもので、里・甲の組織が末端の作成事務を担当した。明代では、洪武14年(1381)以降、10年ごとに実施された。

清朝は、この制度をうけつぎ、5年に1回、順治16年(1659)以降は10年に1回、賦役黄冊を編造することとしたが、康熙7年(1668)には実益がないとの理由で編造を停止してしまう。賦役黄冊に代わり、徴税のための基本台帳として利用されたのは、賦役全書である。明代後期に一条鞭法の施行

---

(18) 『天台治略』巻1詳文上・一件厳飭編造以杜混淆事。18b(114頁)。
(19) 編審に関しては、下に個別に挙げた資料の他、以下の著作を参考にした。臨時台湾旧慣調査会『清国行政法』第2巻、1910年。第一編内務行政・第一章戸籍。鈴木正孝「清初の編審制度と起丁方法について」『山形大学史学論集』第6号、1986年。山本英史「清初華北における丁税科派についての一見解——黄六鴻の『編審論』をめぐって——」慶應義塾大学東洋史研究室編『西と東と——前嶋信次先生追悼論文集』汲古書院、1985年所収(のち、山本英史『清代中国の地域支配』慶應義塾大学出版会、2007年に収録)。
(20) 松本善海『中国村落制度の史的研究』(岩波書店、1977年)109頁。
(21) 松本前掲書153〜154頁。

に伴って作成されるようになったといわれ、州県ごとに税目・税額等を細かく記載したものである(22)。清初は明の万暦年間の賦役全書をそのまま使っていたが、順治末年に新たな賦役全書が編纂され、雍正12年（1734）に改訂されている(23)。

賦役黄冊が作られなくなっても、編審は3年（のち5年）に1回の頻度で実施されていった(24)。『福恵全書』は次のように記している(25)。

> 編審の時期は二つある。一つは十年ごとの大造で、銭糧・戸口の情報を集めて賦役黄冊を編纂し、進呈して御覽に供する。民の数を重視するためである。一つは五年ごとの均役で、壮丁に割り当てられる徭役を精査する。民の煩いを是正するためである。いま黄冊を作ることは停止され、ただ五年均役のみ、直省（内地18省）で遵行して違うことがない。

2　順荘法の実施

康熙60年（1721）は、10年に一度の「大造」の年であった。載兆佳は、浙江省におけるその年の大造の意義について、次のように述べている(26)。

> 今期の大造は、満総督閣下（覚羅満保）・屠巡撫閣下（屠沂）・傅布政使閣下（傅沢淵）の厳命を奉じ、民間の田産を必ず一戸にまとめ、「編里順荘の法」を努めて行おうというもので、保甲ごとに滾単を用いて督促することと表裏をなすものである。……このたびの編審のやり方は、上司方のご命令を謹んで遵守

---

(22)　岩井茂樹『中国近世財政史の研究』（京都大学出版会、2004年）。「清朝の入関当初よりの方針として、税額は明代万暦年間の原額に則ることが明言され、清代の『賦役全書』においても土地面積および税額の原額としては、この万暦年間の額が採用されていた。したがって、明末清初の動乱による耕地の遺失などによって減少を被った分も、原額の数字にははねかえらず、あくまでの原額にたいする過不足分として取り扱われていた」。35～36頁。

(23)　岩井前掲書 84～85頁。

(24)　『光緒会典事例』巻157戸部・戸口・編審。「順治五年題准、三年一次編審天下戸口。……十三年覆准、五年編審一次」。

(25)　黄六鴻『福恵全書』康熙33年（1694）巻9編審・総論。「編審之時有二。一在十年大造、将銭糧戸口攢造黄冊、進呈御覧。所以重民数也。一在五年均役、清釐丁差。所以甦民累也。今黄冊停造、惟五年均役、直省遵行無異」。

(26)　『天台治略』巻5告示二・一件暁諭産主速行赴局推収母得観望自悞事。「今届大造奉督憲満・撫憲屠・藩憲傅厳飭、民間田産務須併帰一戸、力行編里順庄之法、以保甲滾催、相為表裏。……今次編審之法、凛遵憲飭、以地従人、先帰村庄、後編里甲。将本人所有各都之産、儘数収帰一戸、即在所住之都立戸完糧、一人止許立一的名、収辦一都、不許拍分数名数都、以便将来滾単伝催」。7ab（513～514頁）。

し、土地を人に従わせ、先に村庄に帰属させ、後で里甲を編成するというものである。本人が各都に有している土地を、すべて一戸にあわせ収めて、居住しているところの都において立戸納税させ、一人にはただ一つの正しい名を立てることのみ許し、一都に集約させて、いくつもの名前・いくつもの都に分けることを許さず、もって将来、滾単を用いて次々と督促するのに便利なようにする。

　ここでいう「編里順荘の法」とは、一般に「順荘編里の法」ないし「順荘法」とよばれる類の徴税方法で、ある戸が所有する田地の税について、土地が県内のどこにあろうと、全て一括して住居地で税を徴収するやり方をいう。
(27)

　その起源は、雍正5年（1727）、浙江巡撫・李衛が「順荘滾催之法」を新設し、雍正6年（1728）以降、浙江省の各県で施行させたことにあると言われている。しかし、川勝守氏らが指摘するように、康熙58年（1719）に、当時、浙江巡撫であった朱軾の命を奉じ、浙江省嘉興府海塩県の知県・梁沢が「順庄の法」を実施した（実際は「順図」であったらしい）との記録があり、載兆佳もまさに同じ命令に従っていたと考えられる。

　また、滾催とは、先に税を完納した戸から次の戸へと、順次滾単を伝達させ、納税を促す仕組みで、「輪催之法」ともいう。以前からあった方法であるが、順荘法で「名寄せ」が行われれば、滾催はさらに容易になる。

　順荘法を実施するためには、各戸が所有している土地を全て把握する必要

---

(27)　順荘法に関しては、伊原弘介「清朝郷村支配の構造――浙江省順荘法に基づいて――」横山英ほか編『中国社会史の諸相』勁草書房、1988年所収。岩井茂樹「清代の版図順荘法とその周辺」『東方学報』72号 2000年等を参照。

(28)　梁沢。『海塩県志』（光緒3年（1877）刊）等に伝あり。広東省順徳県出身の挙人。康熙57～60年（1718～1721）、浙江省海塩県の知県を務めた。労役を極力廃止し、徴税法を改良し、書院を創設したこと等が、在任中の事績として記録されている。左都御史となった朱軾の推挙により、戴兆佳と一緒に中央へ召し出された。

(29)　川勝守『中国封建国家の支配構造』（前掲注2）605頁参照。『（光緒）海塩県志』（中国地方志集成　浙江府県志輯21　上海書店、1993年）718頁にも、「（康熙）五十八年、巡撫朱軾禁革圩長、令行順荘之法」との記載がある。

(30)　『光緒会典事例』巻171戸部・田賦。『清国行政法』第6巻「輪催ノ法トハ里甲中一定ノ戸数ヲ限リ特定ノ用紙ニ納税者ノ姓名、納税額等ヲ一列ニ記入シ予メ里甲ニ配布シ逓次督促徴収スル方法ニシテ其用紙ヲ名ヅケテ滾単ト云フ……滾単ニ記スル戸数ハ五戸若クハ十戸ヲ限リ一戸ノ完納アル毎ニ順次ニ他戸ヲ督促シテ完納セシムルモノトス」35頁。

がある。しかし、当時の天台県では、それはほとんど不可能であった。上述のように、一方では戦乱や飢饉のため土地を管理できなくなった所有者がおり、他方では地域の有力者たちがほしいままに土地の兼併と税逃れの帳簿操作を行っていた。順荘法実施のためには、載兆佳の言うとおり、「徹底的に丈量」するしかなかったのであろう。

3　保甲の編成

　載兆佳は、上記の大造の意義について述べたくだりで、「編里順荘の法」は、「保甲ごとに滾単を用いて督促することと表裏をなす」と述べている。雍正年間に実施された浙江巡撫・李衛の改革においても、「滾催」は、旧来の里甲組織ではなく、自然村を基盤とした「保甲」で実施することになっていた。

　清代の保甲制は、郷村における盗賊や逃人の捜索・逮捕を目的とするもので、近隣の10戸で1甲を組織し、10甲で1保を編成する方法が広く行われた。載兆佳は、康熙59年（1720）6月から、保甲の編成を始めたと述べている。
(31)
(32)

> 六月二十五日から、親しく四方の近郷を回り、田畑の早稲と晩稲が花咲き結実した状況を検査し、同時に都ごと図ごとに困窮した民を救済し、そのついでに保甲を調査・編成いたしました。わたくしが調査に行った所では、その住民は或いは数戸、或いは十数戸、或いは二、三十戸、一番多いところで六、七十戸、或いは百戸までです。いずれも一族が集まって住み、村中同姓という村

---

(31)　保甲制に関して、『清国行政法』第2巻・第一編内務行政・第二章警察。松本『中国村落制度の史的研究』（前掲注19）156～195頁。谷口規矩雄「于成龍の保甲法について」『東洋史研究』34巻3号1975年。
(32)　『天台治略』巻1詳文上・一件再飭力行保甲以絶盗源以安地方事。「因於六月二十五日、親詣四郷、査勘田畝、早晩二禾秀実情形、並挨都順図、散賑窮民、乗便査編保甲。所到之処、其居民或数戸、或数十戸、或二三十戸、極大者至六七十戸、或百戸而止。倶聚族而居、一村一姓、零星散処、易於稽査。……卑職於一家牌内、在丁男口数生理之下、即令添註有田若干、毎年完糧若干。庶於査編保甲之中、即寓清理田畝之意、将来大造按籍而稽、便有頭緒。再天台向有三十六里、今為三十六都。毎都並無保甲長、止有党総一名。不但地方遼闊難以巡查、而其人類皆、積恋朋充、受賕徇法、不軌之徒。卑職凛遵定例、十家為甲、十甲為保、相地之宜、因人之便、各立一長以統攝之、一郷復立郷長一名、而宣化焉。至所編之保、即用上諭十六条命名、如敦孝一保、敦弟二保之類。将従前不法党総、尽行革除。卑職現在自行捐備紙張、刊刷牌冊、頒発遵行、厳禁胥役、不許借端生事、需索分文、村村査到、戸戸編入」。40a～41a（157～159頁）。

が、まばらに散在しており、調査は容易です。……わたくしは各家の門牌の、丁男の人数・職業を記した下のところに、田の広さいくらいくら、毎年の納税額いくらいくらと注記させました。願わくは保甲の調査・編成の中に、田畑を整理するという意図をも託し、将来大造のときに籍に照らして調べれば、手がかりになるというふうにしたいものです。さらに、天台県には従来三十六里あり、現在は三十六都となっております。各都には保長や甲長は全くおらず、ただ党総が一名いるだけです。区域が広くて巡視しにくいばかりでなく、党総になっている人間はおおむねみな、久しきにわたって仲間内で任につき、賄賂を受け取って法を曲げる、無軌道な輩です。わたくしは定例を謹んで遵守し、十家を甲とし、十甲を保とし、地の利を見、人の便に基づいて、おのおの一人の長を立てて統轄させ、一都にはまた郷長一名を立てて、感化をゆきわたらせることにいたしました。編成した保には、聖諭十六条を用いて、敦孝一保、敦弟二保というように命名しました。従前の不法の党総は、ことごとく罷免しました。わたくしは現在自分で寄付して紙を準備し、牌冊を印刷して、頒布施行し、胥吏を厳しく取り締まって、言いがかりをつけて銭を要求することを許さず、一村一村調査し、一戸一戸編入しました。

戸数丁数を調査するとともに、各戸の所有地の面積や納税額も申告させるというやり方は、翌年の「大造」を明確に意識したものであり、上記の順荘法と同様、当時の浙江巡撫・朱軾の命によったことが推測される。

Ⅳ　丈量の計画

1　丈量とは

田土の面積を測量して土地台帳を作成することを、明清時代には丈量ないし清丈と呼んでいた。中国全土でいっせいに施行されたのは、明の洪武帝のときが最初だといわれており、その次に大々的に実施されたのは、万暦年間、張居正政権下においてであった。万暦6年（1578）から3年間で全国的に実施する計画だったが、実際には、期限内に丈量が終わったところはほとんどなく、また、すべての地域を網羅できたわけでもなかった。[33]

清代に入り、順治10年（1653）と13年（1656）に全国的な丈量が命じられ

---

(33)　丈量に関する先行研究については、前掲注2を参照。

たが、事実上沙汰止みとなった。康熙２年（1663）から４年（1665）の間にも全国的な丈量が命じられたが、各地から中止を望む意見が提出され、完成には至らなかった。その後も個別的に丈量が行われた記録はあるが、賦役全書の記載と現状との間に大きな齟齬が生じた場合など、特に必要ある場合に限って実施されたと考えられる[35]。

丈量に用いられる計測器は、「歩弓」とよばれる弓状をした木製のものさしである。１弓（１歩）の長さについて、『明史』食貨志は、「五尺を歩とし、二百四十歩を畝とし、百畝を頃とする」と記している[36]。また『大清会典事例』には、順治12年（1655）に、戸部が標準となる歩弓を作成し、勝手に改めることを禁じたという記載があり、全国一律の基準があったかに思われる[37]が、実は地域によってまちまちだったらしい[38]。

丈量の後には、魚鱗図冊（魚鱗冊、流水魚鱗冊）が作成される。所定の用紙の半葉に、一筆の土地（坵）の形状、縦横の長さ、四至（東西南北の境界）を図示し、所在地・地目（田・地・山など）・面積・等級・税額・業戸（所有者）・佃戸などを記載する。それを一定区画（圩・垸など）ぶん集めて綴じ、巻頭にその区画の全体図を載せる。全体図を見ると、一筆一筆の土地が魚の鱗のようにみえるので、この名がついたともいわれている[39]。

---

(34) 『光緒会典事例』巻165戸部・田賦・丈量「順治十年覆准。直省州県魚鱗老冊、原載地畝坵段坐落田形四至等項、開有不清者、印官親自丈量。十二年……又覆准。州県銭糧与原額相符者、毋再紛更。其缺額地方、於農隙時、州県官親率里甲丈量。上官以次受成、不得差委滋擾。十三年諭。州県有地無糧、有糧無地者、逐一清丈。……（康熙）四年……又覆准。直省田地荒熟相間、恐有隠占、応踏勘丈量。如有司及里書弓手攤派詐擾、令督撫題参」。この間の経緯については、西村「清初の土地丈量について」（前掲注２）参照。

(35) 臨時台湾旧慣調査会『清国行政法』第６巻（1913年）14〜16頁。

(36) 『明史』巻177食貨志・食貨一。「五尺為歩、歩二百四十為畝、畝百為頃」。

(37) 『光緒会典事例』巻165戸部・田賦・丈量「（順治）十二年題准。部鋳歩弓尺分頒直省、使丈量時、悉依新制。……（康熙）四年覆准。丈量弓尺、均照旧式、如各州県有私自更改者、該督撫指名題参」。

(38) 『福恵全書』巻10・清丈部・定歩弓。「丈田地以歩弓為準。其弓悉用憲頒旧式。毎村郷地照式各備数張、呈県験明印烙、方許応用。如有擅用大弓、私増分厘者、査出重究。〈聞、中州丈弓五尺為一歩、呉中六尺為一歩。或各処尺数不同、悉照原頒久用者為定〉（〈 〉内は夾注）」。地域による弓の長さの違いについては、郭松義「清代的畝制和流行于民間的田土計量法」（『平准学刊』第３輯上冊）に詳しい。

(39) 仁井田陞『中国法制史研究 土地法・取引法（補訂版）』（東京大学出版会1980年）第９章「清代民地の土地台帳『魚鱗図冊』とその沿革」。

2 天台県における過去の丈量

『(康熙) 天台県志』は、万暦9年 (1581) の記事として、天台県で行われた丈量の結果を掲載している[40]。また、浙江省全体については、万暦10年 (1582) 7月24日に、巡撫・張佳胤が丈量完成を報告する上奏を行っている[41]。

『(康熙) 天台県志』には、清代に入ってからは丈量の記録がない。浙江省では、康熙2年 (1663) に命じられた丈量が続行されたが、その一環として天台県で康熙4年 (1665) に実施された丈量につき、載兆佳は次のように述べている。

> 天台県の田賦の混淆は、みな埧冊がきちんとしていないからである。すなわち康熙四年の丈量は、型どおりに旧本を写して清書したに過ぎず、そこで混乱し食い違い、全く糸口が見つからず、検査のしようがない[42]。

康熙4年 (1665) の「丈量」は形だけのもので、実際には測量など行わず、以前に作成された冊を引き写して済ませたということになる。この通りなら、天台県では、明の万暦年間以降、清の康熙年間の末に至るまでの約140年間、実質的に丈量が行われていなかったということになる。

なお、ここでいう「埧冊」にかんしては、次のように説明されている[43]。

> 天台県は三十六都坊、それぞれの都を東西南北に分けて四埧とし、そのそれぞれについての帳簿を埧冊といいますが、これらは全て明の万暦年間から伝わったもので、途中で王朝が交替しているにもかかわらず、冊上の戸名はなお依然として改められておりません。

---

(40) 『(康熙) 天台県志』巻4・版籍志上・田賦。
(41) 『明実録』巻126・万暦10年7月己卯。
(42) 『天台治略』巻5告示二・一件再行暁諭照依自然界址帰埧清丈以杜紛更推諉事。「天台田賦混淆、皆由埧冊之不清。即康熙四年丈量、不過依様葫蘆抄謄旧本、所以紊乱乖張、全無頭緒、莫可稽査」18a (535頁)。また、西村「清初の土地丈量について」(前掲注2) 116頁によれば、経費が掛かり過ぎること等を理由として、丈量のつど魚鱗図冊を作り直すことはせず、明代以来の魚鱗図冊と比較して、簡明賦役冊を造るだけで済ませておくのが全国的趨勢だったという。
(43) 『天台治略』巻1詳文上・前事 (1つ前の一件厳飭編造以杜混淆事をうけて)。「天台三十六都坊、毎都南北東西分為四埧、其冊名為埧冊、尽是故明万暦年間遺下、雖隔両朝、冊上花名猶然不改」。21a (119頁)。

3 丈量の方針

載兆佳は、丈量開始に先だって、その方針を示した「条約」12箇条を公布した。丈量の担当者が土地の有力者と手を結び、①金品を割り付けて徴収する、②弓口を伸縮する、③測量結果を勝手に増減する、④段・垆を入れ替えるといった弊害が起こるおそれがあったためである。

(1) 丈量の費用は知県が義捐する

一つ。清丈を行うとき使用する弓手・算手・書手、走り使いの要員には、毎日食事を給することが必要である。ただ、もし日数が長くなり、人数がまた多くなり、あわせて帳簿や用紙の費用も数え切れないということになれば、費用を民間に割り付けて徴収するのではと心配する者が必ず現れるだろう。……このたびの清丈の各項の費用は、全て自分が現金を寄付してまかない、党総に命じて金を受けとって供応に当てさせ、あわせて民間からは一本の糸、一粒の粟も取らない。もし、不法の悪人ばらが、言いがかりをつけて金品を割り付けて徴収し、かき乱して害を及ぼすことがあれば、たちどころに捕らえて重く処罰するほか、さらに上司のもとへ送って懲らしめていただく。[44]

(2) 地目・所属を明らかにする

一つ。天台県（の土地）には田・地・山・塘・湖・潭・魚櫃磯の七項目がある。そのうち田には官田・民田・屯田の三項目の区別があり、屯田にはまた民人が耕しているものと海門衛に属するものという二項目の区別があり、それぞれの徴税基準には多寡がある。もしいちいち分けて明らかにしないならば、徴収すべき銀・米を計算するすべがない。今、いずれも賦役全書に従って全て依然として旧名により、その軍屯の田畑については、従来はただ図形を描くだけで面積を表示していなかったが、今回はあわせて注記して、名義かたりを防ぐ。各業主については、一人に一つの名前を認めるだけで、別号や排行などの名を用いてみだりに混乱を招くことは許さない。違反者は調べ上げて必ず処罰する。[45]

---

(44) 『天台治略』巻1詳文上・前事（1つ前の一件厳飭編造以杜混淆事をうけて）。「一。開丈時所用弓算書手奔走人役、毎日必需給発飯食。但為日既久、人数又多、並冊籍紙張、其費不貲、必有慮及于科派者。……此番清丈各項費用、倶係自行捐給現銀、着令党総領辦供応、並不派取民間一絲一粟。如有不法棍徒借端科派擾害、除立拏重処外、仍解憲究懲」。22ab（121〜122頁）。

(3) 一都ずつ順番に測量していく

一つ。清丈は、各都各図で手分けしてあちこちで始めて放漫ででたらめになる、というようなことがないように、弓手・算手・書手から協力してくれる紳衿、走り使いの要員まで、全て数え上げ、みんなで何人ということになれば一カ所に集合し、一都を測量すればまた一都と、順番に進行する。願わくは人目が多ければ検査が容易、検査が容易なら不正を働くことが難しくなるという風になって欲しい。そうすれば、私利を図ろうとする者も、手出しのしようがなくなる。[46]

(4) 丈量の手順

一つ。都内の田は畦や溝が錯雑し、境界線が犬の歯のように凹凸していて、最も目をくらませ見落とし易い。清丈を始める前に、あらかじめ区総に命じ、太綱で周りを囲んで田地の境界を定め、一囲みごとに弓手・書手・算手を手分けして行かせ、一坵ずつ計って明らかにする。それぞれ図形を描き、号数・弓口・畝分・四至を注記し、漏れのないようにしたい。なお、一囲みごとに総単一枚を作成し、合計なん坵、なん畝とし、担当の算手・書手の姓名を書き込み、一日を限って、書類を備えて報告するものとする。清丈が終わった田は、一号ごとに一本の竹竿を立て、十号ごとに一本の大きな竹竿を立て、百号ごとに一本の長くて太い竹竿を立てる。大きな竹竿の上には、みな号数を書き込み、調べるのに便利なようにする。一号から千号まで、櫛の歯のように立て並べ、順番を守って、不揃いが出ることを許さない。もし、いい加減に隠し立てすることがあれば、誰でも訴えることを許し、その田は没収して、訴えた人への褒美に充てる。[47]

---

(45) 『天台治略』巻1詳文上・前事（1つ前の一件厳飭編造以杜混淆事をうけて）。「一。天台有田地山塘湖潭魚櫃磯七項。其田有官民屯三項之別、而屯田又有民人帯種、海門衛帰併両項之分、各有額徴科則多寡不一。若不逐一分晰、則額征銀米無従科算。今倶着遵照全書、悉仍旧名、其軍屯田畝、向来止画図形、不積弓歩、今一体註明、以防影射。至各業主、止許一人一名、不許将別号排行等名、混開瞀乱。違者査出必究」。22b（122頁）。

(46) 『天台治略』巻1詳文上・前事（1つ前の一件厳飭編造以杜混淆事をうけて）。「一。清丈不必各都各図分頭四出、以致散漫無稽、只須統計弓算書手、以及襄事紳衿奔走人役、共有若干斉聚一処、丈明一都又一都、循序而進。庶耳目衆則稽察易、稽察易則作弊難。即有欲行其私者、亦無従下手矣」。22b～23a（122～123頁）。

(47) 『天台治略』巻1詳文上・前事（1つ前の一件厳飭編造以杜混淆事をうけて）。「一。都内之田、繍壌相錯、犬牙相制、最易眩目遺落。未丈時、預令区総、先将縄索方円圏定経界、毎一圏

(5) 担当者の選び方

一つ。区総・弓手・書手・算手は、全て紳衿と総保が推薦し、知県自らが点検して充当する。公平な態度をとり慎み深くすることを誓う者は、もとより少なくないが、悪事をなし法を犯す者も、思うに少なくない。しかし、必ずしも全てが賄賂をもらって法を曲げているというわけではない。親族・友人で、人から人へと頼んで、互いにしめしあわせて隠し立てするということをしない者があろうか。そういったことは必ずあるものだ。誠実な紳衿・耆老で、共に清廉を誓い、情実を打破し、憎み嫌われるのを避けない人を選任して、手分けして検査させる。もし、区総・弓手・算手等が、ひとたび情実がらみの不正を働けば、いつでも密かに報告させ、厳しく処罰する。情実にとらわれてかばったり、互いに助け合ったりすれば、一緒に処罰する。[48]

(6) 測量を丁寧に行う

一つ。田地の形状は様々であり、広野や平原ならまだしも、山林や谷川は、測量がことに困難である。一般人には分かるはずが無く、ただ測量係が言うのに従うだけなので、測量の際には、最も恣意を加えやすい。務めて、田形をよく調べ考慮し、細かく測量して計算し、土地の凹凸の間の釣り合いをとり、尖ったところと丸いところを比較して、実際より増えることも欠けることもないようにさせる。もと「田」であって、今は墳墓を造ったり、家を建てたりしている場合は、やはり「田」として測量する。一つの「湖」、一つの「塘」を、数人で継承している場合には、図形を描いた書類上に、「だれそれがいくら引き継いでいる」と注記し、検査に便利なようにする。[49]

内、分撥弓手書手算手、逐坵丈明。各画図形、註明号数弓口畝分四至、庶無滲漏。仍毎圏開一総単、計共若干坵若干畝、塡明承算書手姓名、限定一日、具単一報。其丈過之田、毎号挿一竹籤、毎十号挿一総籤、毎百号加一高闊竹籤。其総籤之上、倶塡明号数、以便稽査。自一号以至千号、魚鱗櫛比、挨次順編、毋許参差。如有朦朧隠漏、許諸人首告、拏究其田、即行充賞」。23ab（123～124頁）。

(48) 『天台治略』巻1詳文上・前事（1つ前の一件厳飭編造以杜混淆事をうけて）。「一。区総弓手書算手、倶係紳衿総保公挙、当堂点験充当。其秉公矢慎者、固不乏人、而作奸犯科者、諒復不少。然非必尽出於受賕枉法之謂也。親族友朋、何人蔑有転輾相托、彼此通同容隠、亦事之所必有者。遴委誠実紳衿耆老、共矢精白、大破情面、不避嫌怨、分司稽察。如区総弓算人等、一有情弊、不時密稟厳究。狥庇扶同、一体治罪」。23b（124頁）。

(49) 『天台治略』巻1詳文上・前事（1つ前の一件厳飭編造以杜混淆事をうけて）。「一。田疇之形状繁多、曠野平原推歩尚易、山林谿澗較量殊難。小民何知、惟聴丈索手之命名而已、取径取広之際、最易高下其手。務使審度田形、細丈核算、權衡于凹凸之間、較量于尖円之処、不盈不虧。

（7）計測器は標準のものを用いる

一つ。丈量に使う歩弓については、上司が頒布なさった旧来の型式があるので、いまそれに照らして買い揃え、一都ごとに長短8本を支給する。もし、少しも間違いがないならば、通し番号をつけ焼き印を押して使い、勝手に増減することは許さない。違反する者は重く罰する。[50]

（8）標識を立てる

一つ。三十六都のそれぞれの党総は、官による清丈を経る以前に、先に各都の境界の所に、一本の高い境界札を立て、ある都と別の都が一目瞭然であるようにする。更に、各業主を監督して、業主自ら田地の図形を書き、その場所へ一本の竹札を立て、「この坵は田の面積合計いくら、業主は誰それ、佃戸は誰それ、税の所属は某都某甲、誰それの土地と境界を接している」ということを大書させるようにする。もし祀田であれば、某姓の祀田という字句を書かせる。官による清丈を待って、竹札に照らして調べて明らかにし、書類には更にはっきりと記入する。荒田については、なお有主無主の別を注記して、人を招いて開墾するかどうかの判断に役立てる。[51]

（9）譲渡の実態が反映されていない場合の処理

一つ。天台県の悪い風習として、盗売がすこぶる多く、一つの田を二重に売ることがあり、ひどい場合には三重・四重に売ったりすることもある。機会に乗じて最初に売り、転じて他家を騙すのでなければ、田はなお自分が耕しつつ、勝手に重売したり、又貸ししたりして不正に隠す。また或いは土豪富室が、田を貪り良い土地を集めようとして、土地が他の人のものになったことを明らかに知りながら、ことさらに大金を出し、巧いことを言って売り主を誘い、日付を前後逆にして、地契を手に入れ小作料を取り立て、他の人

其有原係是田、今或造墳、或造屋者、仍作田丈。至于一湖一塘、而有数人承分者、即于画図単内、註明某某承管若干、以便稽査」。23b～24a（124～125頁）。

(50) 『天台治略』巻1詳文上・前事（1つ前の一件厳飭編造以杜混淆事をうけて）。「一。丈量歩弓奉有憲頒旧式、今照様置備、毎都発給八把短長。如一分毫不爽、編字号印烙領用、不許擅自増減。違者重懲」。24a（125頁）。

(51) 『天台治略』巻1詳文上・前事（1つ前の一件厳飭編造以杜混淆事をうけて）。「一。三十六都各該党総、于未経官丈之前、先于各都分界処所、立一高脚界牌、使此疆彼界一望井然。再督令各業主、自画田地図形、随挿一竹牌、大書此坵計田若干、業主某人、佃戸某人、税存某都某甲、与某某為界。如係祀田、即写某姓祀田字様。聴候官丈、照牌査明、填単更為清楚。其荒田、仍註明有主無主、以便斟酌招徠開墾」。24ab（125～126頁）。

の田畑を自分の支配下に置き、他の人が耕した成果を自分が取る、といった類のことが少なくない。いま清丈の結果、二重売り、三重売りの田を発見したならば、書手は田図の中に、元の売り主の姓名を注記し、各買い主には契を持って県の役所へ赴かせ、書類で申請して決定を待ち、尋問し判決を下して（正当な人の）管理に帰せしめる。まだ税契と過割を経ていない資産についても、やはり元の売り主の姓名を注記し、税契と過割を行い、争いの端緒をなくす。[52]

(10) 業主による事前調査を奨励し自首を認める

一つ。隠漏の田地については、自首を認める。けだし、民間の資産には、代々受け継いだものがあり、後で購入したものがある。たくさんの田を持っている家は、自然と田が各甲・各都に分散し、極端な場合、普段はただ佃戸から小作料を取り立てるだけで、圻段がどんな形をしているか四至はどこと接しているかを知らず、その中の広狭盈縮や隠漏のあるなしなど、知るすべも無い、というようなこともある。そこで、あらかじめ業主に、先に自ら圻段畝数を調べさせ、もし糧冊より多いようなことがあれば、清丈の前に自首して罪を免れることを許す。即ち、自首の年から課税を開始し、以前の分については追及しない。[53]

(11) 先に魚鱗図号草冊を作成して、抽出検査を実施

一つ。県全体というと面積が広くて、官員が自ら踏破して全部測量するわけにはいかない。もし努力して可能だとしても、きっと長い間むだに日月を過ごすことになり、かえって不正混乱を招くに違いない。区総に命じて、清丈する弓口号段について、清冊を作る前に、先に魚鱗図号草冊を作成させる

---

(52) 『天台治略』巻１詳文上・前事（１つ前の一件厳飭編造以杜混淆事をうけて）。「一。天台悪俗、盗売頗多、有一田両售、甚有至于三四售者。非機乗初売、転騙他家、即田仍己種、任意鬻售、抱租曲蓋。又或土豪富室、婪田湊錦、明知業落他人、故出重価甜誘原主、倒題年月、執契収租、彼業我管、彼種我収、諸如此類不一而足。今丈有両売三売之田、書手于田図内、仍註原売主姓名、令各買主賫契赴県、具稟聴候、訊断帰管。其未経印収之産、亦仍註原売主姓名、驗契推収、以杜争端」。24b（126頁）。

(53) 『天台治略』巻１詳文上・前事（１つ前の一件厳飭編造以杜混淆事をうけて）。「一。隠漏田地、准其自首。蓋民間産業、世守者有之、続置者有之。田多之家、自必分散于各甲各都、儘有平日止知向佃収租、不識圻段何形四至何所、其中広狭盈縮有無隠漏、無從而知。所以預令業主、先自查明圻段畝数、如有溢于糧冊、許其于未丈之前、自首免罪。即于自首之年起科、並不追究已往」。24b～25a（126～127頁）。

べきである。県の役所に送って調査し、知県自身が一都ごとに抽出測量するのを待ち、多かったり少なかったりする等の弊害を発見すれば、法で処罰する。
(54)

(12) 今後の処置

一つ。天台県の土地の境界は、混淆すでに極まり、趙甲の田について銭乙が納税するなど、いずれも皆そのようである。清丈が終わった後で、もし従来長年に亘って他人の代わりに納税してきたと暴露して申し立てても、全て受理しない。清丈の結果分かった田及び自首した田については、すでに余計に納税している部分の穴埋めにする場合と、もともと納税義務がない荒田の場合については別として、熟田であるのにこれまで納税していなかった部分があれば、開墾の例に照らして、上司に詳文を送り、畝数に応じて課税する。都ごとに魚鱗図冊を作り備え、四至と業主の姓名を注記し、一都につき一冊とし、倉に保存して検査に備える。明代の古い冊については、全て焼却し、弊害の元をなくす。
(55)

V 丈量の実施

1 丈量の手順

前章で紹介した「条約」から分かる丈量の手順は、次の通りである。
①業主に自分の土地についての事前調査と自首を促す。
②担当者（区総・弓手・書手・算手）を選任。
③計測器（歩弓）の準備。
④党総が各都の境界に標識を立てる。各業主は所有地に竹札を立てる（田地

---

(54) 『天台治略』巻1詳文上・前事（1つ前の一件厳飭編造以杜混淆事をうけて）。「一。闔邑地方広闊、官不能親身履畝遍丈。即使力果優為、勢必曠日持久、反致弊混。応着区総、将清丈弓口号段、于未造清冊之前、先造魚鱗図号草冊。送県査閲、聴候単騎逐都抽丈、勘出或多或少等弊、大法究懲」。25a（127頁）。

(55) 『天台治略』巻1詳文上・前事（1つ前の一件厳飭編造以杜混淆事をうけて）。「一。天台経界混淆已極、趙甲之田而銭乙完糧、比比皆是。清丈之後、如有以従前積年代賠評告者、概不准理。其丈出之田及自首者、除幫補虚糧並荒田外、再有盈余、照開墾例詳憲、按畝科征。毎都備造魚鱗図冊、註明四至業主姓名、毎一都為一冊、存庫備査。其故明老冊、尽行銷燬、以抜弊根」。25ab（127～128頁）。

⑤丈量する田地を区総が太縄で囲む。その中を弓手・書手・算手が一坵ずつ計測し、図を作成（図形を描き、号数・弓口・畝分・四至を記入）。一囲みごとに「総単」を作成（合計の坵数・畝数、算手・書手の姓名を記入）し、その日のうちに県へ提出。

⑥丈量の終わった所に、1号・10号・100号ごとに竹竿を立て、号数を明記する。

⑦区総が魚鱗図号草冊を作成し、県に提出して検査を受ける。

⑧魚鱗図号草冊に基づき、知県が一都ごとに抽丈。

⑨魚鱗図冊を作成し（県衙に保存するだけでなく）各都で保存。明代の旧冊は処分する。

⑩以上の過程で発見された問題点（重売、荒田、隠漏等）は、適切に処理する。

　上記のやり方は、④の自己申告と⑤の測定値との間にズレがあればその場で発見可能であること、⑤で提出された「総単」と⑦の草冊の間に矛盾が無いかチェックできること、⑧の知県の抽丈が不正抑止効果をもつと思われること、といった長所を備えている。

　丈量に先立って業主に自己申告を掲示させるというやり方は、『未信編』に収録された、業主にあらかじめ「結状」（隠漏しないことの誓約及び所有地の面積・糧額・四至等を記載したもの）を提出させる方式とよく似ているが、さらに簡便である(56)(57)。

2　丈量の開始

　戴兆佳は天台県への着任後、総督・巡撫あてに十箇条から成る改革提言を上申している(58)。十箇条の一つが、丈量の実施であった。丈量が認可されてからは、直接の上司である知府・張聯元の指示を仰ぎつつ、準備を進めていっ

---

(56)　潘月山『未信編』（康熙23年（1684）刊）巻一銭穀上・清丈事理。ここに収録されている「結状式」は、章士鯨が康熙17年（1678）に河北省獲鹿県で丈量を実施した時のものである。

(57)　西村「清初の土地丈量について」（前掲注2）122頁以下では、さまざまな丈量方式の比較が行われている。

(58)　そのときの上申書の原稿が、『天台治略』巻9雑著・両院条陳摺稿。1a～9b（747～764頁）である。

た。
　また、布政司庫からは「天台県の魚鱗号冊百六十七冊と弓式ひとそろい」(天台県魚鱗号冊一百六十七本、弓式一把) を借り出したが、内容は期待外れであった。

> 先にわたくしは布政司庫に保存されている天台県の魚鱗号冊を受け取り、県に持ち帰って引き比べてみましたところ、ごたごたと入り乱れ、漠としてつかみ所がありません。

　この魚鱗図冊は、康煕4年 (1665) の丈量の際のもの、つまり実際の内容は万暦9年 (1581) のものだったはずで、役に立たないのも道理である。
　ちなみに、上記の「条約」で「都ごとに魚鱗図冊を作り備え」とあるように、魚鱗図冊は、布政司・府・県で複製されて保管されるとともに、冊の単位である都ないし図でも保存された。しかし、台州府、天台県は戦乱で魚鱗図冊を失っていたため、布政司庫から借り出すことになったものと思われる。
　天台県で丈量が開始されたのは、康煕60年 (1721) 1月であった。当初、丈量で損をする有力者たちは、さまざまに流言を広めて、妨害しようとしたらしい。

> すべての区総・都総・公正・知識・丈書等は、一月四日等の日に、すでに呼び出し点呼して弓を渡し、測量を始めさせた。ところが、思いもよらぬことに本官が公務で省都へ行ってしまうと、幾人かの不肖の紳衿が、平素は思うままに侵佔・隠漏・詭寄・包攬していて、いま真相がはっきりすることを恐れ、そこでさっそく流言を広め、あるいは弓歩が大小不揃いであるといい、あるいは魚鱗細冊がないといい、あるいは知県が義捐するという丈量の費用は、あとで取

---

(59) 『天台治略』巻5告示二・一件暁諭事。16b (532頁)。
(60) 『天台知略』巻1詳文上・前事 (2つ前の「一件厳飭編造以杜混淆事」をうけて)。「前卑職具領司庫所貯天邑魚鱗号冊、到県査対、雑乱紛紜、茫無頭緒」26a (129頁)。
(61) 川勝守『中国封建国家の支配構造』(前掲注2) 260頁参照。
(62) 『天台治略』巻5告示二・一件暁諭事。「所有区総都総公正知識丈書人等、於正月初四等日、業已伝点給弓、飭令開丈。詎本県因公赴省、有等不肖紳衿、平日任意侵佔隠漏詭寄包攬、今恐水落石出、輒敢四布流言、或云弓歩大小不斉、或云並無魚鱗細冊、或云所捐銀穀要追、百計阻撓、希図中止」。16a (531頁)。

り立てられるのだといい、あの手この手で妨害し、清丈を中止させようともくろんでいる。

　載兆佳は、噂は事実無根であり、また「ただ実際の隠漏を調査するだけで、少しも額外に増税はせず、以前にもし欺隠があったとしても自首を許し、概ね深く追及はしない」(止査実在隠漏、毫不額外加増、従前即有欺隠准其自首、概不深求)との告示を出して、民心の安定をはかった。

3　実施上の問題点
(1)　自首について
　載兆佳は、丈量開始に際し、告示を出して半月以内に自己申告するよう促した。しかし、その命令は必ずしも守られなかったようで、その後も、自首の勧めは繰り返された。時には告示の中で田宅律などの条文を引用し、不正が発覚すれば厳しい処罰が課せられること、一方で「すみやかに事実に基づいて自首すれば、ただ現在の税を課するにとどめ、これまでのことは追究しない」(速速拠実自首、止科現在之糧、並不追究已往)ことを述べて自首を促している。

(2)　担当者について
　丈量担当者については、事前に「ぐるになって隠蔽しない旨の誓約書を取り、保存して後日の調査に備え」(取具不致扶同欺隠甘結存査)た。さらに、丈量開始にあたっては「区総・都総・公正・丈書・知識・党総等」に対して、「書手・算手」に対して、まじめに職務に励むよう戒める告示を出している。
　しかし、始まってみるといろいろと問題も生じたらしく、載兆佳は、不正

---

(63)　『天台治略』巻5告示二・一件再行暁諭紳衿富室滌慮洗心速行清丈以遵国法以循天理事。12a～13b（523～526頁）。
(64)　『天台治略』巻5告示二・一件編審重務開誠布告奉公守法共保身家事。「速速開填旧管新収田地山塘各項産業、彙帰某都辦納情由、及歴年累害、従前脱隠各弊、応控者拠具控、応首者拠実自首、統限半月内、赴県投明、以憑察核」。5ab（509～510頁）。
(65)　『天台治略』巻5告示二・一件暁諭自首隠漏免蹈法網事。10a～11b（519～522頁）。
(66)　『天台治略』巻1詳文上・前事（2つ前の一件厳飭編造以杜混淆事をうけて）。27a（131頁）。
(67)　『天台治略』巻5告示二・一件厳飭丈量責成以杜舞弊推諉事。19ab（537～538頁）。
(68)　『天台治略』巻5告示二・一件編審重務開誠布告奉公守法共保身家事。5a～6b（509～512頁）。

を戒める告示の中で次のように述べている[69]。

> 尋ね聞くところによると幾人かの監丈・丈書がぐるになって悪事をはたらき、天を盗み太陽を取り換えるようなまねをし、……有るものを無いとし、多いものを少ないとし、田を指して地となし、熟田を入れ替えて荒地とし、甚だしきに至っては図冊を書き換え、土地の面積を伸縮し、善良な人の先祖代々の財産をみだりに奪いとり、開墾した田塘を無理矢理に争い、さまざまに不正をはたらくこと、枚挙にいとまがない。

担当者が同役の不正を訴えてきたのに対して、抽丈の際に取り調べて処罰するので待つようにと回答した記録も残っている[70]。

また、載兆佳は、一都ごとに銀10両、穀50石を義捐し、丈量に協力した全ての人役に、毎日一人あたり野菜料理二食と、酒半勺を支給する費用などに充てさせた[71]。

（3）測量方法について

丈量開始に際しては、「丈田の図式」を家々に配布し、測量と換算のやり方を周知させ、丈手や算手の不正を見抜くことができるようにした[72]。

また、実施する中で、弓を使いにくい場所では縄を使って計測することとした[73]。

> 春に花開く作物が次第に生長する時期に、大勢の人間が往来すると妨げになることを考慮し、説諭して、測量には弓を使わずに縄を使うように致します。縄はあらかじめ弓を使って長さを計り、一弓につき鵞毛を一枚縫い付け、十弓

---

(69) 『天台治略』巻5告示二・一件勧諭監丈丈書各循天理恪遵王法事。「訪聞有等監丈丈書狼狽為奸、偸天換日……将有作無、以多為少、指田作地、移熟為荒、甚至改換図冊、伸縮弓口、妄奪善良之世業、強争開墾之田塘、舞弊多端、難以枚挙」。14b（528頁）。

(70) 『天台治略』巻10呈批・一件呈明剪証等事。9a（823頁）。このほか、巻10呈批・一件叩憲批照事〈韓覚贈等具〉4a（813頁）、巻10呈批・一件公正不公事〈丁国栄等具〉7a（819頁）も、丈量関係の不正にたいする訴えへの回答である。

(71) 『天台治略』巻5告示二・一件暁諭事。16a～17a（531～533頁）。

(72) 『天台治略』巻1詳文上・前事（2つ前の一件厳飭編造以杜混淆事前事をうけて）。27a（131頁）

(73) 『天台治略』巻1詳文上・前事（2つ前の一件厳飭編造以杜混淆事前事をうけて）。「慮春花漸長、雑遝往来、不無妨碍、暁諭、径広不用弓量用縄経緯。其縄用弓先行量定、一弓釘一鵞毛、十弓徹一総結。其縄以五十弓為率。遇有二麦茂密之処、両頭将縄一扯、弓歩若干、即便分明、甚為簡易」。26b（130頁）。

に総結を一つ作ります。縄は五十弓を標準と致します。大麦小麦が密に生えている所があっても、縄の両端を持ってちょっと引っ張れば、弓歩いくらいくらと、即座に判明し、甚だ簡便です。

（4）図の定め方について

境界線が複雑になっている部分の帰属については、次のような告示を出している。

> 従前の坱冊は、自然の境界に依らず、無理に引き裂いたように図を定めている場合が頗る多い。たとえば一つの界内で、田地が本来は十三・四都に属するのに十五・六都に挿入されているものがあり、あるいは一都や四都なのに二都や三都に挿入されているものがあり、境界線が犬の歯のように凹凸し、畔や溝が錯雑している。……つとめて自然の境界線に照らして坱を定めるようにし、もし一つの境界内で二つの都にわたっている田地があれば、ただ「某号、従来は某都に数えていたが、今後は某都に帰属させる」という文字を注記して、事情を斟酌して審査するのに便利なようにすべきである。従前の号数に拘泥して、弊害のもとをつくってはならない。

（5）丈量の終了時期について

丈量の終了時期に関しては、康熙60年（1721）8月中に県レベルの編審の結果を提出することになっていたので、おそらくはその少し前の時期を予定していたと思われる。ところが、戴兆佳が中央への抜擢を受けて、急遽転任することになったため、後任の知県が到着する同年6月21日までに一応の結着をつけることになった。

（6）抽丈について

知県の抽丈も、決して単なる「脅し」ではなかった。戴兆佳は、丈量が一通り終了し、抽丈がまだ途中という段階で上司に報告書を送っている。

---

(74) 『天台治略』巻5告示・一件再行暁諭照依自然界址帰坱清丈以杜紛更推諉事。「奈従前坱冊、不依自然界址、割裂定図者頗多。如一界内、田地本係十三四都而挿入十五六都者有之、或係一四都而挿入二三都者有之、犬牙相制、繍壌相錯。……務要照依自然界限定坱、如一界限内而有両都田地、只須註明、某号向在某都打号、今帰某都字様、以便酌核。毋得拘定従前号数、致滋弊竇」。18ab（535～536頁）。

(75) 『天台治略』巻5告示二・一件編審重務開誠布告奉公守法共保身家事。5a～6b（509～512頁）。

(76) 『天台治略』巻5告示二・一件暁諭産主速行赴局推収毋得観望自悞事。7a～8a（513～515頁）。

> 現在各都は幸いに全て清丈が完了し、隠漏はことごとく暴かれ、もとより既に
> 圲ごとに業主が存在いたします。ただ、送られてきた各草冊に基づいて、細か
> く計算いたしますと、その間の面積の伸縮、税畝の誤りは、少なくありませ
> ん。不正・汚職であけた穴は多く、清丈の結果判明した中に、なお土地がない
> にも拘わらず税が除かれていない煩いが存在いたします。もし畝と図を対比さ
> せて細かくチェックしないで、慌ただしく冊を定め、害を受ける所が出現する
> ならば、その流弊は全く清丈しないのと同じになります。わたくしはこのこと
> に気づいて、現在自ら都・圲一つごとに一々、測量結果を調べております。

『天台治略』には、抽丈の際に不正を正した事例が複数記録されている。[78]
離任の時も迫っていた中で、全県くまなく回ることができたかは不明であるが、載兆佳は、時間の許す限り抽丈を実施していったものと思われる。

(7) 田由単の公布等

丈量が終了すると、各業戸に「田由単」を配布した。田由単とは、一圲ごとの土地に関する情報を記した公文書である。上司に送った報告書の中では、次のように説明されている。[79]

> 田図を描き出し、面積・四至・号段を記載して、魚鱗図冊のページと揃え、上
> に県印を割り印状に押して、各業主に分け与え、領収・保管して、子孫に残さ
> せます。他日もし田地を売ることがあれば、全て由単・田図をよりどころと
> し、売買契約書の末尾に貼り付け、証拠を明らかにして土地取引税を納めると
> いう風にさせます。そうすれば買い手は田図があって初めて買い、田図がなけ
> れば買わないでしょう。

納税時はもちろん、土地の売買に際しても証拠にできるため、二重売買等の不正を防ぐ効果も期待できる。[80]必ず田由単を受け取りに来るように、と呼

---

(77) 『天台治略』巻1詳文上・前事（3つ前の一件厳飭編造以杜混淆事をうけて）。「今各都幸倶丈完、隠漏畢現、固已圲圲有業主矣。但拠送到各草冊、細加核算、其間弓口之伸縮、税畝之舛錯、不一而足。弊竇孔多、是于清出之中、仍寓包賠之累。若不按畝対図、以爬以剔、遽行草率定冊、致有受害之処、則其流弊、実与未丈等。卑職見于此、現在親自逐都逐圲一一勘丈」。28b〜29a（134〜135頁）。
(78) 『天台治略』巻3讞語・一件白佔祠産等事26ab（369〜370頁）。同・一件冊号有拠等事27ab（371〜372頁）。同・一件業呑糧陥等事35ab。同・一件富劣強佔等事40b（398頁）。
(79) 『天台治略』巻1詳文上・前事（2つ前の一件厳飭編造以杜混淆事をうけて）。「絵明田図、開具弓口四至号段、与鱗冊相符、上蓋県印、分給各業主、領帰収執、以貽子孫。日後倘有售売、総以由単田図為準、粘在売契之後、験明投税。有田図方買、無田図不買」。28ab（133〜134頁）。

びかける告示も出されている(81)。

また、零細な戸に立戸を勧める告示(82)や、この機会に找価や了根銀を支払って絶売にしてもらうようにと呼びかける告示(83)も、丈量終了にともなって出された。

Ⅵ　その他の改革との関連

1　課税方法の統一

　滾単を用いた納税の督促は、「自封投櫃」、すなわち業主自身が指定場所に赴き、設置された櫃に銀を入れるという納税方法と結びつくものである。天台県では、田賦については既に自封投櫃になっていたが、それとは別立てで徴収されていたさまざまな税についても、課税方法の統一と自封投櫃の実施が図られた。天台県の課税方法の統一に関しては、明末から清代前期にかけて進展した「一条鞭法」化の流れに沿ったものと考えられる(84)。

（1）「軍田」の糧の徴収(85)

　天台県では、地賦・丁銀については、自封投櫃のシステムが採用され、火耗も6％までとされていた(86)。一方、「海門衛の軍田二十七頃六十四畝七分余」については、毎畝「銀一銭四分一厘七毛余」、合計「銀三百九十一両八銭一分余」を一般の地賦・丁銀とは別に徴収することになっていた。民田や官田に比べて税率が高いばかりでなく、担当の総書がいちいち銀を計って領収する方式だったので中間搾取を被りやすく、火耗が15〜20％にもなることが

---

(80)　『天台治略』巻5告示二・一件暁諭頒給清丈田由事。22a〜23a（543〜545頁）。

(81)　『天台治略』巻5告示二・一件暁諭速行具領由単事。24ab（547〜548頁）。

(82)　『天台治略』巻5告示二・一件暁諭零星細戸倶准自行立戸完糧事。9ab（517〜518頁）。

(83)　『天台治略』巻6告示三・一件勧諭買産人戸速循天台旧例了根找絶以斬葛藤以清案牘事。14a〜15b（597〜600頁）。

(84)　もともと様々な種目に分かれていた税糧・徭役を銀に換算し、糧のグループ、役のグループごとに、それぞれ一括して徴収するという方法。重田徳「一条鞭法と地丁銀との間」『人文研究』18巻3号1967年。上田信「明清期・浙東における州県行政と地域エリート」『東洋史研究』46号3号1987年　等参照。

(85)　『天台治略』巻1詳文上・一件禁革軍糧重耗之積弊懇憲批斥存案除民累而昭法守事。11a〜12a（99〜101頁）。

(86)　納付された銀の吹き直しに伴う欠損分を補う等の名目で、徴税の際に行われる割り増し。

あった。

　そこで、載兆佳は、軍糧を「地丁に帰併」し、地賦・丁銀と同率の火耗を加えて自封投櫃させることとしたのである。

（２）兵米の折銀をまとめて徴収[87]

　天台県は米があまりとれないため、兵米についても早くから銀納になっていた。近くの寧海協[88]・台州協などへ納める兵米「一千八百余石」は、１石＝１両に換算する。ところが、八旗営のために杭州の省倉へ納める兵米「一千余石」については、銀を杭州まで運び米を買って納めることになっていたため、運送費や米の目減りなどを名目に、１石＝２両に換算されることすらあった。県民からは、①２種類の兵米（銀）を同じ換算率でまとめて徴収してほしい、②地賦・丁銀と合わせて同じ手続きで納入させてほしい、との要望が出ていた[89]。

> わたくしは人民の困苦のありさまを目撃し、康熙五十九年十月、士民朱洺らが願い出た、「一両一石とし条編に帰入してまとめて徴収し分けて運送すること」に基づいて、報告して昔のやり方で徴収運送すること等をお願いし、上司がたに通詳してご検討いただき、布政使閣下のご意見で、一石あたり一両五分に換算し、櫃を設けてまとめて徴収し、昔通りに分けて運送するということに決まりました。昇任して中央へ行かれた浙江巡撫朱閣下（朱軾）、閩浙総督満閣下（覚羅満保）のご命令によって通用しております。

　最終的には、兵米2800余石分をすべて１石＝1.05両に換算したうえ、地賦・丁銀と同様に６％の火耗を加えて自封投櫃させることとなった[90]。

---

(87)　『天台治略』巻１詳文上・一件詳請照旧征輸等事。13a～14b（103～106頁）。

(88)　協は清朝の軍制の名。標の下、営の上で、旅団に相当する。『清朝文献通考』巻186、兵考八によれば、台州協には2100名ほど、寧海営には1200名ほどが配属されていた。

(89)　『天台治略』巻１詳文上・一件詳明兵米折価等事。「卑職目撃百姓困苦情形、随於康熙五十九年十月間、拠士民朱洺等所請、一両一石帰入条編統徴分解、以詳請照旧徴輸等事、通詳各憲批行査議、奉藩憲議詳一両五分一石、設櫃編徴、照旧撥解。奉陞任撫憲朱、督憲満批飭通行」。15ab（107～108頁）。

(90)　省倉へ納める1000余石については、官が発送する際に１石＝1.2両に換算する。１石につき不足する0.15両は、付近の協（１石＝１両で換算）の兵米についても取った５分の火耗と、自封投櫃の際に両方の兵米に附加される６分の火耗により補うことが可能である。

2　地丁併徴

壮丁（清代では 16 歳以上 60 歳未満の男子）に課される丁銀と、田地に課される地銀（地賦・田賦）は、長らく別立てで徴収されてきた。「地丁併徴」とは、丁銀を丁に課税せず、地賦に附加して徴収する仕組みである。雍正年間に全国的に実施されたが、各地でそれに先だって実施された例があることが分かっている。
(91)

載兆佳は、天台県での「地丁併徴」実施を申請した経緯について、以下のように述べている。
(92)

> 人丁につきましては、康熙五十二年にありがたき詔が公布され、五十年の丁冊に掲載の人数を定数として、その後生じた人丁には、いっさい丁銀を課さない、ということが記録に留められております。……ただ、天台県の旧例では、人をみて丁銀を課すということがございます。地丁糧冊は昔から甲内の図頭が作成することになっており、そのために少しも土地を持っていない裸一貫の窮民が、もれなく丁に当てられ、広大な田地を持った家が、糧冊を手中にしているために、公然と名簿からのがれるというのが、だんだんとしみ込んでならいとなり、貧乏人が丁銀を負担し、金持ちはかえって負担しないということになってしまいました。……官府は帳簿上の未納額だけを見て督促し、貧民は取り立てに迫られて、明らかに他人の負担すべき金と知りながら、とりあえず自分が負担せざるを得なくなります。後から訴えるとしても、往復の旅費や判決が下るのを待っている時間を考えると、得るものよりは失うものが多いのであります。面倒が起こるのを厭って、訴えるのをやめ、時期を失し、泣き声をのみ不平を抱いたまま、黙っていることになります。さらに、逃亡して納付を滞らせた人に連座して賠償させられる例は、数え切れないほどです。……今わが県の紳士・里民がこぞって願い出ておりますところによれば、丁銀は土地の面積

---

(91) 北村敬直『清代社会経済史研究』（朋友書店、1981 年）第 3 章「清代における租税改革（地丁併徴）」。地丁併徴の先行例については、同書 73 頁以下。

(92) 『天台治略』巻 2 詳文下・一件籲憲推広皇仁沢遍窮黎恩垂不朽事。「人丁一項、康熙五十二年、恩詔渙頒、以五十年丁冊定為常額、続生人丁永不加賦、欽奉在案。……惟是天台旧例、按人征丁。其地丁糧冊、歴係甲内図頭開造、所以無田無地、赤手窮民、則見丁当丁、而田連阡陌之家、糧冊在手、公然脱漏、浸淫成習、遂致窮民有丁、而富室反無丁矣。……而官府按欠催輸、窮民迫于追呼、明知他人之瘡、不得不先剜肉以補之。迫至事後告追、往来盤費、守候工夫、所得不償所失。憚于拖累、廃事失時、吞声抱恨、唖口無言。更有逃亡拖欠、株連賠累、不可勝計。……今拠与邑紳士里民、呈請転詳、按畝均攤等情前来。但天台田地山塘、科則不同、篡改非易。莫如丁随糧辦、情至公而法至簡」。1ab（211～212 頁）。

に応じて均等に割り当てていただきたい、そのことを上司にお願いして欲しいとのことでございます。ただ、天台県の田・地・山・塘は、課税の等級が異なっており、制度を改変するのは容易ではありません。丁銀は地税に応じた比率で徴収するに越したことはなく、情の面からも極めて公平であり法の上からも極めて簡便であります。

載兆佳はこれに続いて、「土地の譲渡があった場合、割り付けられている丁銀も土地に伴って移転すべきである」旨の、雲南道御史董之燧の上奏が承認され、通行となったことを根拠として挙げ、「丁銀を土地税に応じた比率で徴収するということは、もともと定例に定められている」(是丁随糧辦、原有定例)と主張している。

いま天台県の定額となっている税額のうち、民佃屯折銀・蝋茶の時価、匠班銀、水害をうけた米の折銀・海門衛屯折銀など以外の、官田・民田・地・山・塘の実徴銀は、一万九千九百九十一両九銭二分余であり、一両につき銀八分七厘一絲余を加えて徴収すれば、則ち丁銀の定額である一千七百三十九両六銭三分余を満たすことになります。そこで、諭告を出してみましたところ、県内のみんなが便利だとほめ、従うことを願い、このような方式に改めることを願う旨の誓約書を提出してきております。

丁銀を地賦に組み入れる方法として、「按畝均澆」すなわち、面積を基準として割り当てる方法と、「丁随糧辦」すなわち、税額を基準として割り当てる方法がある。載兆佳は後者を支持し、地賦1両につき、丁銀ぶんの銀8分7厘1絲余を加えて徴収することとしたのである。

この申請は、認められたのだろうか。載兆佳は、転任に際しての告示で在

---

(93) 『清実録』巻267・康熙55年(1716)2月庚寅。「戸部議覆、雲南道御史董之燧疏言、直隷各省内、有丁従地起者、其法最善。但愚民毎急欲売地、地去而丁存、貽累無窮。嗣後民間買売地畝、其丁随地輸課。応如所請。従之」8a。
(94) 『光緒会典事例』巻157「(康熙)五十五年、議准。買売地畝、其丁銀有随地起者、即随地徴丁。儻有地売丁留、与受同罪」。
(95) 各種職人から賦役の代わりに徴収する人頭税。
(96) 『天台治略』巻2詳文下・一件籲憲推広皇仁沢遍窮黎恩垂不朽事。「今天台額載現徴銀両内、除民佃屯折、蝋茶時価、匠班、水冲米折、海門衛屯折等項外、其官田民田地山塘、実徴銀一万九千九百九十一両九銭二分零、毎両澆入銀八分七厘一絲零、即足徴征丁糧、一千七百三十九両六銭三分有奇之数。随出示暁諭、通邑咸各称便楽従、具有願改甘結前来」。2a (213頁)。

任中の仕事を振り返る中で、次のように述べている。⁽⁹⁷⁾

> 二年間で、本官の言うこと為すこと、全てみんなが喜んでくれるようなことばかりだったわけではない。ただ戦船の修造を上司に要請して免除していただくこと、県倉の米を減額して売り出すこと、軍糧の耗羨を減らすこと、丁銀を地税に組み入れて徴収すること、戸丁の選任を禁止すること、及び城壁を修繕し、学宮を再建し、義学を設立し、義倉を建設するなど、いろいろいずれも完成した。

この記述から、戴兆佳の在任中に地丁併徴が実現したことが分かる。地賦の多寡に比例して丁銀が割り付けられるということは、地賦額に誤りがあればそれが増幅されてしまうということでもある。丈量は、この意味でも重要な施策であったと考えられる。

Ⅶ　おわりに

康熙末年の天台県は、「田賦混淆」に陥り、丈量によって土地所有の実態を明らかにしない限り、課税の不公平が正されない状況にあった。天台知県となった戴兆佳は、詳細な「条約」を定め、地元の抵抗勢力による妨害にも挫けずに、康熙60年（1721）、県全体の丈量を敢行した。康熙56年（1717）～59年（1720）に浙江巡撫をつとめた朱軾は、順荘編里や保甲組織による納税督促といった制度改革を、全国に先駆けて浙江省で導入しようとし、戴兆佳による丈量もこの試みの一環として、実施されたと考えられる。

最後に気になるのは、『天台治略』に記録された丈量の結果が、その後きちんと生かされたのかということである。この点については、今後の課題としたい。

---

(97)『天台治略』巻7告示四・一件臨別叮嚀事。「両年之内、本県所言所行、豈能皆是無非尽人而悦。但詳免戦舡、儲米減価、軍糧減耗、丁帰糧辦、革除戸丁、以及繕葺城垣、修造学宮、設立義館、起建義倉、種種俱告成功」。23a（675頁）。

秦・漢における里の編成と里正・里典・父老
——岳麓書院蔵秦簡「秦律令」を手がかりとして——

水 間 大 輔
Daisuke MIZUMA

I　はじめに
II　一里百戸と里の編成
III　里正・里典・父老とは何か
IV　里正・里典・父老の選任
V　結　語

I　はじめに

　2015年12月、陳松長主編『岳麓書院蔵秦簡　肆』（上海辞書出版社）が刊行され、岳麓書院蔵秦簡「秦律令」の図版・釈文が一部公表された。岳麓書院蔵秦簡とは出土地点未詳の秦の簡牘であり、近年の盗掘によって香港の骨董市場へ流出していたが、2007年に湖南大学岳麓書院が購入し、また2008年に香港の収蔵家が岳麓書院へ寄贈したものである。「秦律令」はその中に含まれている文書群で、秦の律令の条文を内容とする。『岳麓書院蔵秦簡　肆』に収録されているものは、もともと全部で三巻の冊書（第1組～3組）として編まれていたようである。中には紀年が記されている簡もあり、最も新しいのは二世皇帝三年（前207年）のものである（第344簡・345簡）。一方、「秦律令」には戦国時代の昭襄王・荘襄王期に下された命令や、内史が提出した法

（1）　陳松長「岳麓書院所蔵秦簡綜述」（『文物』2009年第3期）、朱漢民・陳松長主編『岳麓書院蔵秦簡　壹』（上海辞書出版社、2010年）前言参照。
（2）　『岳麓書院蔵秦簡　肆』が刊行される以前、この文書は「律令雑抄」あるいは「秦律雑抄」・「秦令雑抄」と称されていたが、本稿では『岳麓書院蔵秦簡　肆』に従い「秦律令」と称する。

案なども見える。しかし、それらの中には過去に定められた条文として引用されているものもある。例えば、

> 昭襄王命曰、置酒節（即）徴銭金及它物以賜人、令献（讞）、丞請出。丞献（讞）、令請出。以為恒。●三年詔曰、復用。（第344簡・345簡）

とあり、昭襄王のときに下された命令を引用したうえで、二世皇帝三年にこれを再び実施する旨の詔を下している(3)。また、

> 泰上皇時内史言、西工室司寇・隠官・賤更多貧不能自給種（糧）。議、令県遣司寇入禾。其県毋禾当賣者、告作所県償及貸。西工室伐𣏼沮・南鄭山、令沮・南鄭聽西工室致。其入禾者及吏移西工室。●二年曰、復用。（第329簡〜331簡）

とあり、「泰上皇」（荘襄王を指す）のときに制定された法規を、二世皇帝二年に再び実施している(4)。さらに、「秦律令」第1組〜3組には「皇帝」・「泰上皇」・「制詔」・「制」・「詔」「黔首」・「県官」など、六国統一後用いられるようになった用語が見えるので、少なくとも第1組〜3組が筆写されたのは、おおむね秦による六国統一後のことと考えられる(6)。

　「秦律令」の内容は多岐に渉るが、注目される点の一つは、「里」の編成などに関する法規がいくつか見えることである。周知の通り、里とは最下層の

---

(3)　本条には「三年詔曰」とあるが、周知の通り「詔」という語は六国統一後用いられるようになった。統一後の秦で「三年」といえば、二世皇帝三年以外に該当するものがないので、ここでいう「三年」も二世皇帝三年を指すとしか考えられない。

(4)　本条冒頭の「泰上皇」は六国統一後の呼称である。本条には「二年曰」とあるが、統一後の秦で「二年」といえば、二世皇帝二年以外にありえない。それゆえ、ここでいう「二年」が二世皇帝二年を指すことは明らかである。

(5)　「県官」という語は戦国時代より用いられていたが、少なくとも法律文書では、六国統一後「公」・「公室」・「王室」などの語に代わって用いられるようになった。拙稿「秦漢「県官」考」（早稲田大学長江流域文化研究所編『中国古代史論集――政治・民族・術数――』雄山閣、2016年）参照。

(6)　秦では戦国時代まで「辠」字が用いられ、六国統一後「罪」字へ改められたとこれまで理解されてきた。ところが、第1組・2組では「罪」と「辠」の両字、第3組ではもっぱら「辠」字が用いられている。しかも、「辠」字が同一条文内において、「皇帝」・「制詔」・「黔首」・「県官」など、六国統一後の用語とともに用いられている例さえある。この問題については後考を待ちたい。

地方行政単位で、県の下に郷、郷の下に里が設けられていた。かつては里を「自然村」と見る説（以下「自然村説」と呼ぶ）もあったが、今日の学界では、自然村を構成する戸を、国家が「行政村」としての里へ編成していたという理解（以下「行政村説」と呼ぶ）が一般的であるように見受けられる。自然村とは自然発生的に形成された村、行政村とは行政単位として区画された村をいう。

『続漢書』百官志五に、

　　里有里魁、民有什伍、善悪以告。本注曰、里魁掌一里百家。

とあるのによると、漢代の里は百戸より構成されていた。行政村説では、自然村を構成する戸をおおむね百戸ずつ里へ編成していたと一般に理解している。ところがその一方で、史料の中には百戸に満たない里の存在も認められる。一里百戸とする文献の記述と、百戸に満たない里の存在との関係は、どのように理解すべきであろうか。これは当時の国家が里、ひいてはその中に住まう民をいかにして統治しようとしていたのかという、秦漢史研究にとって重要な問題とかかわってくるが、研究者によって理解がわかれており、必ずしも一致を見ていない。しかし、「秦律令」の中にはこの問題を検討するうえで重要な史料が含まれている。また、里には里正・里典・父老という責任者が置かれていたが、彼らの選任も国家による里支配の問題と大いにかかわってくる。「秦律令」には里典・父老の選任に関する史料も含まれている。本稿では「秦律令」を手がかりとして、秦・漢における里の編成と、里正・里典・父老について検討し、当時の国家による里の支配について考察したい。

（7）　岡崎文夫『魏晋南北朝通史』（弘文堂書房、1932年）579～581頁、小畑龍雄「漢代の村落組織に就いて」（『東亜人文学報』第1巻第4号、1942年）、松本善海『中国村落制度の史的研究』（岩波書店、1977年）200～203頁（1951年原載）など参照。

（8）　日比野丈夫『中国歴史地理研究』（同朋舎、1977年）148～150頁（1955年原載）、池田雄一「漢代の里と自然村」（同氏『中国古代の聚落と地方行政』汲古書院、2002年。1969年原載）、重近啓樹「秦漢の国家と農民」（歴史学研究別冊特集『世界史における地域と民衆』1979年）、堀敏一「中国古代の里」（同氏『中国古代の家と集落』汲古書院、1996年。1988年原載）など参照。

Ⅱ　一里百戸と里の編成

　前掲『続漢書』百官志五の本注では一里百戸とされているが、本注は西晉の司馬彪によって著されたものである。自然村説は、一里百戸は西晉で行われていた制度であり、本注の一里百戸も西晉の制度から漢代の制度を推測したものであって、漢代ではそもそも一定の戸数ごとに里を編成するという制度がなかったと主張する。しかし、漢代の里がおおむね百戸より構成されていたことを示唆する史料もある。すなわち、尹湾漢簡「集簿」には前漢末期における東海郡の各種統計が記されているが[9]、その中に[10]、

　　里二千五百卅四、正二千五百卅二人。（中略）
　　戸廿六万六千二百九十、多前二千六百廿九。（YM6D1 正）

とある。これによると、当時の東海郡には全部で26万6290戸あり、2534の里が置かれていた。つまり、一里あたり約105戸で、ほぼ一里百戸ということになる。

　他にも『管子』度地篇に、

　　昔者桓公問管仲曰、寡人請問度地形而為国者。其何如而可。管仲対曰（中略）州者謂之術。不満術者謂之里。故百家為里、里十為術、術十為州、州十為都、都十為霸国。

『礼記』雑記下の鄭玄注に、

　　王度記曰、百戸為里。

とあり、百戸を里とするという記述が見える。前者は春秋時代に管仲が斉の桓公に対し、国造りの理想を説いたものであるが、その中で百戸ごとに里を編成すべきことを述べている。もっとも、『管子』は戦国時代から前漢にか

---

(9)　尹湾漢簡とは1993年に江蘇省東海県の尹湾第2号墓・6号墓より出土した簡牘である。
(10)　尹湾漢簡の簡番号・釈文は連雲港市博物館・東海県博物館・中国社会科学院簡帛研究中心・中国文物研究所編『尹湾漢墓簡牘』（中華書局、1997年）によった。

けて徐々に形成されたものであって、上掲の記述も史実とは考えがたい。また、後者は漢代の礼書「王度記」より引用したもので、礼書で説かれている里について述べたものと思われる。つまり、前者・後者ともその当時実際に行われていた制度そのものについて述べたものではない。しかし、漢代あるいはそれ以前より、一里百戸という認識が存在したことは間違いない。

　その一方で、明らかに百戸に満たない里も存在する。まず、馬王堆帛書の中には「駐軍図」と呼ばれる地図が含まれている。これは現在でいう湖南省江華瑶族自治県の瀟水流域を描いた地図で、前漢の呂后末年あるいは文帝初年に作成されたものと見られる。当時この地は長沙国の南辺にあたり、駐軍図には南越との国境附近が描かれているとされる。注目されるのは、その中に各里の名称と戸数、現況などが記されていることである。それらの部分のみを抽出すると、以下の通りになる。

上蛇	廿三戸	□□□
孑里	卅戸	今母囚
□里	□田戸	今母囚
絅里	五十三戸	今母人
溜里	十三戸	今母囚
慮里	卅五戸	今母人
波里	十七戸	今母人
沙里	卅三戸	今母人
智里	六十八戸	今母囚

---

(11)　ちなみに金谷治氏は、『管子』度地篇は成立年代を定めがたいが、戦国末期を遡るものではないとする。『管子の研究』(岩波書店、1987年) 246～248頁 (1983年原載) 参照。

(12)　馬王堆帛書とは1973年に湖南省長沙市の馬王堆第3号墓より出土した前漢初期の帛書である。

(13)　駐軍図が作成された年代については諸説あるが、おおむね呂后末年か文帝初年のことと考えられている。馬王堆漢墓帛書整理小組「馬王堆三号漢墓出土駐軍図整理簡報」(『文物』1976年第1期)、傅挙有「関於《駐軍図》絵製的年代問題」(『考古』1981年第2期)、熊伝薪「関於《駐軍図》中的有関問題及其絵製年代」(湖南省博物館編『馬王堆漢墓研究文集――1992年馬王堆漢墓国際学術討論会論文選』湖南出版社、1994年)、周世栄「馬王堆帛書古地図不是秦代江図――兼談漢初長沙国的歴史地理」(同上)、曹学群「論馬王堆古地図的絵製年代」(同上) など参照。

(14)　駐軍図の釈文は馬王堆漢墓帛書整理小組「馬王堆三号漢墓出土駐軍図整理簡報」によった。

乗陽里	十七戸	今母人
□里	□六戸	今囲人
垣里	囚十一戸	今母人
沸里	卅五戸	今母人
路里	卌三戸	今母人
□□	□十四戸	囹母人
郘里	□□□	今母囚
□里	廿戸	今母人 (15)
弾里	□戸	并□ 不反
徑里 (16)	五十七戸	囷反
資里	十二戸	不反
龍囲	百八戸	不反
蛇下里	卌七戸	不囻

　上記のうち「上蛇」には「里」字が附されていないが、「蛇下里」という里があるので、上蛇もそれと対をなす里であったと考えられる。見られるように、判読できない里を除けば一里あたり平均約41戸で、一里百戸の半分にも及ばない。百戸を超える里はわずか龍里の108戸のみで、他は12〜81戸しかない。

　もっとも、上記のような状況が漢全土で一般に見られたとは限らない。というのも、この地域は当時特殊な状況にあったからである。当地は南越との国境に近い辺鄙なところで、人口が少なかったと考えられる。さらにいえば、各里について「今母人」あるいは「不反（返）」と記されており、各里は現在無人となっているか、あるいは里の民が戻っていないという状況にあった。その原因はおそらく呂后期に漢・長沙国と南越の間で戦争が行われたことにあるのであろう。この地自体も戦場となったか、あるいは戦争によっ(17)

---

(15) 整理小組の釈文ではこの里についての釈文が含まれていない。しかし、図版・復原図によると、絅里の南にこの里が見えるので、補った。駐軍図の図版・復原図は馬王堆漢墓帛書整理小組編『古地図　馬王堆漢墓帛書』（文物出版社、1977年）を参照した。

(16) 整理小組の釈文では「痊里」に作るが、図版・復原図に従って「徑里」と改めた。

(17) 『史記』巻113南越列伝に「高后時（中略）於是佗乃自尊号為南越武帝、発兵攻長沙辺邑、敗数県而去焉。高后遣将軍隆慮侯竈往撃之」とある。

て治安が著しく低下し、民が殺害されたり、逃亡したりして、里が無人化したのであろう。里が無人化する前においても、戦争の影響により、もともと少なかった人口が徐々に減少していた可能性がある。すると、この地域では聚落の数自体も少なく、まばらに分布していたのかもしれない。それらの聚落を百戸ごとに里として編成するのは行政上不便であり、それゆえ百戸未満の里が数多く存在した、という可能性も否定できない。

しかし、鳳凰山第10号漢墓簡牘（以下「鳳凰山漢簡」と呼ぶ）においても[18]、百戸未満と推定される里がいくつか見える。この簡牘群は前漢の景帝四年（前153年）以前に書写されたものと考えられるが[19]、その中には「鄭里」・「市陽里」・「当利里」などの里が見える。各里の戸数そのものが記されているわけではないが、裘錫圭氏、永田英正氏によると、国家より食糧の貸与を受けた鄭里の戸数、及び各里の算銭（人頭税）の総計から、鄭里は25戸余り、市陽里は38戸、当利里は39戸と推定されるという[20]。つまり、いずれの里も百戸に満たない。

さらに、時代はやや下るが、走馬楼呉簡にも百戸未満の里が見える。走馬楼呉簡には三国呉の長沙郡の戸籍に関する史料が含まれており[21]、その中には各里の戸数や人口を示しているものもある。それらによると、一里あたりおおむね20～50戸で、やはり百戸に満たない。もっとも、その一方で255戸の里も見える[22]。

秦でも百戸未満の里が存在した。すなわち、里耶秦簡には次のような文書が見える[23]。

---

(18) 鳳凰山第10号漢墓簡牘とは、1973年に湖北省荊州市の鳳凰山第10号墓より出土した簡牘である。

(19) 鳳凰山第10号墓より出土した告地策（後掲の第1号牘）に見える紀年、及び副葬品、周囲の墓の年代などから、同墓の被葬者は景帝四年に埋葬されたと考えられる。黄盛璋『歴史地理与考古論叢』（斉魯書社、1982年）166・167頁、185頁（1974年原載）、弘一「江陵鳳凰山十号漢墓簡牘初探」（『文物』1974年第6期）参照。

(20) 裘錫圭『古文字論集』（中華書局、1992年）553・554頁（1974年原載）、永田英正『居延漢簡の研究』（同朋舎、1989年）600・601頁（1977年原載）参照。

(21) 走馬楼呉簡とは1996年に湖南省長沙市の走馬楼第22号井から出土した三国呉の簡牘である。

(22) 于振波『走馬楼簡初探』（文津出版社、2004年）150・151頁参照。

(23) 里耶秦簡とは2002年に湖南省竜山県の里耶古城址より出土した秦の簡牘である。簡番号・釈文は陳偉主編『里耶秦簡牘校釈』第1巻（武漢大学出版社、2012年）によった。

卅二年正月戊寅朔甲午、啓陵郷夫敢言之、成里典・啓陵郵人缺。除士五
　　（伍）成里匄・成、成為典、匄為郵人。謁令・尉以従事。敢言之。(8-
　　157)
　　正月戊寅朔丁酉、遷陵丞昌卻之啓陵、廿七戸已有一典、今有（又）除成
　　為典、何律令應（応）。尉已除成・匄為啓陵郵人、其以律令。／気手。／
　　正月戊戌日中、守府快行。
　　正月丁酉旦食時、隷妾冉以来。／欣発。　　　壬手。(8-157背)

内容はおおむね以下の通りである。すなわち、始皇三十二年（前215年）、啓陵郷嗇夫の夫（人名）が遷陵県に対し、成里の「典」に欠員が出たとして、「士伍」（無爵者）で成里の人成を典に任命するよう求めた。しかし、遷陵県丞の昌は、成里27戸には既に典が一名置かれており、さらに成を典に任命するのは律令の規定に合わないとし、これを退けている。

それでは、以上のような百戸未満の里は、一里百戸といかなる関係にあるのであろうか。この問題について、重近啓樹氏は主に鳳凰山漢簡を根拠として、秦・漢では自然村も行政村も里と呼ばれ、自然村としての里をいくつか組み合わせて、行政村としての里を編成し、自然村としての里には父老、行政村としての里には里正を責任者として置いたとする。鳳凰山漢簡第4号牘[24] (旧第5号牘)では例えば、[25]

　　市陽、二月、百一十二算、算卅五、銭三千九百廿、正偃付西郷偃・佐
　　纏。吏奉丌　受正忠（？）二百卌八。
　　鄭里、二月、七十二算、算卅五、銭二千五百廿、正偃付西郷偃・佐纏。
　　吏奉丌

とあり、「正」すなわち里正の偃という者が市陽里・鄭里の算銭を西郷へ納入している。また、第1号牘（旧第6号牘）には、

---

(24)　重近啓樹「秦漢の国家と農民」参照。
(25)　鳳凰山漢簡の簡番号・釈文は湖北省文物考古研究所編『江陵鳳凰山西漢簡牘』（中華書局、2012年）によった。鳳凰山漢簡の簡番号はこれまで一般に『文物』1974年第6期のものが用いられてきたが、近年刊行された『江陵鳳凰山西漢簡牘』では簡番号に大幅な違いが見られる。本稿では同書の簡番号に依拠するとともに、（　）内に「旧第×号牘」という形で『文物』1974年第6期の簡番号も附記した。

四年後九月辛亥、平里五大夫倀（張）偃敢告地下主、偃衣器物所以蔡
　　（葬）具（？）器物□令会（？）以律令従事。

とあり、「平里五大夫張偃」という人物が見えるが、彼こそが第 10 号墓の被
葬者で、かつ里正の偃と同一人物と見られる。さらに、第 5 号牘（旧第 4 号
牘）では当利里の算銭に関する記録が見える。そこで重近氏は、張偃は平
里・市陽里・鄭里・当利里など、数里に渉る里の里正であった可能性が高
く、これらの里はいずれも自然村としての里で、これらの里を合わせて行政
村としての里が編成され、張偃はこの行政村としての里の里正であったとす
る。

　確かに、このように理解すれば、一里百戸とする史料が見える一方で、百
戸未満の里が史料に見えることについて説明がつく。駐軍図などに見える百
戸未満の里は、自然村としての里であって、これらの里をいくつか組み合わ
せ、百戸前後の行政村としての里を編成していたと理解することができる。
例えば、駐軍図によると、蛇下里（47 戸）・上蛇里（23 戸）・子里（30 戸）は互
いに近いところにあるが、これらは自然村としての里であり、これら三里を
組み合わせて、ちょうど百戸の行政村としての里を編成していた、などと考
えることもできそうである。

　しかし、このような説には次のような疑問もある。すなわち、自然村も行
政村も里と呼ばれていたとすると、行政上不都合な点があるのではないであ
ろうか。特に、鳳凰山漢簡のごとく、行政文書においても自然村としての里
の名称が用いられていたとすると、行政村としての里との間で混乱が生じる
のではなかろうか。

　この問題について、岳麓書院蔵秦簡「秦律令」には注目すべき史料が見え
る。

　●尉卒律曰、里自卅戸以上、置典・老各一人。不盈卅戸以下、便利、令

---

(26)　「毋長者、令它里年長者為它里典・老」は、『岳麓書院蔵秦簡　肆』の釈文では「毋長者令它
　　里年長者。為它里典・老」と句切っているが、陳偉氏の解釈に従って改めた。氏も指摘する通
　　り、「令它里」の「它里」とは「毋長者」以外の里、「為它里」の「它里」は「令它里」にとって
　　の「它里」、つまり「毋長者」の里を指すのであろう。「岳麓秦簡"尉卒律"校読（一）」（簡帛
　　網、http://www.bsm.org.cn/show_article.php?id=2489、2016 年）参照。

与其旁里共典・老。其不便者、予之典而勿予老。（中略）置典・老、必里
　　　相誰（推）、以其里公卒・士五（伍）年長而母害者為典・老。母長者、
　　　令它里年長者為它里典・老。母以公士、及母敢以丁者。丁者為典・老、
　　　貲尉・尉史・士吏主者各一甲、丞・令・令史各一盾。母爵者不足、以公
　　　士。県母命為典・老者、以不更以下、先以下爵。其或復未当事、或不復
　　　而不能自給者、令不更以下無復不復、更為典・老。（第142簡～146簡）

　上記の条文では、30戸以上の里には典と老を一人ずつ置き、30戸未満の里はその傍らの里と典・老をともにする、と定められている。ということは、秦では百戸に満たないどころか、30戸にさえ満たない里もあったことになる。もっとも、その点自体は既に前掲の里耶秦簡より明らかである。ここで問題となるのは、本条でいう里が自然村なのか、それとも行政村なのかという点である。ここでは百戸未満の里も想定されているので、重近氏の説が正しいとすれば、自然村であって然るべきように思われる。しかし、私は以下のような理由から、本条でいう里は自然村ではなく行政村であったと考える。すなわち、重近氏は自然村も行政村も里と呼ばれていたとするが、律全体でいう里はいずれか一方の意で用いられていたはずである。里という語がある条文では自然村、またある条文では行政村としての里を指すとは考えがたい。しかし、もし仮に律全体でいう里が自然村を指すとすると、律には行政村に関する規定がないことになってしまう。国家が行政の必要上設けたものについて、規定を設けなかったとは考えがたい。それゆえ、本条も含め、秦律でいう里は自然村ではなく、原則として行政村であったと考えられる。つまり、少なくとも秦では百戸どころか、30戸に満たない行政村としての里が存在したことになる。

---

(27) 『岳麓書院蔵秦簡　肆』は、前後の文意からして「県母命為典・老者」の「母」は衍字であるとする（166頁注66）。しかし、むしろ「母」字がないと意味が通らないように思われる。

(28) 『岳麓書院蔵秦簡　肆』の釈文では「或」を「戍」に作るが、陳偉氏の解釈に従って改めた。「岳麓秦簡"尉卒律"校読（一）」参照。

(29) もっとも、律でいう「里」の全てが行政村としての里を指しているわけではなく、例外もあったと考えられる。例えば、「秦律令」には「咸陽及郡都県恒以計時上不仁邑里及官者数獄県所執濡」（第27簡正）という条文が見えるが、ここでいう「里」は「邑」とともに「地域社会」程度の意として用いられているのであって、厳密に行政村としての里を指しているわけではなかろう。

そして、漢が秦の制度を基本的に受け継いだことを考えると、駐軍図など漢代の史料に見える30戸未満の里も、行政村であったのではないかという疑問が浮かび上がってくる。そこで注目されるのは、本条において30戸未満の里は傍らの里と典・老をともにすると定められていることである。この場合、典・老は複数の里を管轄することになるが、これは鳳凰山漢簡の張偃の状況とよく似ている。おそらく、漢律にも本条と同様の規定があり、張偃はその規定を根拠として、複数の里の里正を務めていたのではあるまいか。
　もっとも、本条では典・老であるのに対し、張偃は里正であるという違いもある。しかし、後述するように秦・漢初では、里正は典の中に含まれ、後に典が廃止されて里正のみとなった。張偃は景帝四年（前153年）に死亡しており、里正を務めていたのはそれより前ということになるが、その当時まだ典が置かれていたか否かは判然としない。いずれにせよ、本条が漢律に受け継がれ、典が廃止された後も存続したとすれば、「典」は「里正」に書き換えられていたことであろう。
　また、本条では30戸未満が基準とされているのに対し、鳳凰山漢簡の市陽里と当利里の推定戸数はいずれも30戸を超えているという違いもある。あるいは漢律では、一人の里正が複数の里を管轄する基準は30戸よりもやや上に設定されていたのではなかろうか。
　本条が漢律に受け継がれ、張偃がそれを根拠として、複数の里の里正を務めていたとすると、既に検討した通り本条の里は行政村であるから、張偃が里正を務めていた複数の里も行政村ということになる。さらに、本条では傍らの里と典・老をともにするとあるのみで、それらの里を合わせて行政村としての里を編成するわけではない。それゆえ、張偃の場合も複数の里の里正を兼任しているだけであって、それらの里が一つの行政村として編成されたわけではなかろう。
　以上から、秦・漢では百戸未満の行政村としての里も存在したことが明らかになった。それでは、一里百戸とは一体何なのであろうか。そこで注目されるのは、「秦律令」に次のような条文が見えることである。

　｜諸故同里・里門而別為数里者、皆復同以為一里。一里過百而可隔垣益

為門者、分以為二里。□◿（第295簡）

　本条は「秦律令」の第3組に含まれている。第3組には「内史戸曹令」・「内史郡二千石官共令」・「廷内史郡二千石官共令」などの標題が見えるので、本条も「令」の条文であり、秦の君主があるとき下した命令と考えられる。本条の大意を示すと、以下の通りになろう。

　　およそもと里を同じくし、あるいは里門を同じくする聚落であったにもかかわらず、数個の里へ分割されたものは、全て一つの里へ戻せ。一つの里の戸数が百を超えており、垣で隔てて門を増築することができる場合、二つの里へ分割せよ。□……

　一里百戸の問題を考えるうえで重要なのは、本条後半の部分であるが、まずはその下準備として、本条前半について見ておきたい。もっとも、本条前半には不明な点が多い。「里門を同じくする聚落」は、「里を同じく」する聚落と同じものを指しているようにも見え、両者の違いは定かでない。また、本条が下される以前、秦では里の分割が行われたごとくであるが、それが本条によって取り消され、元に戻されたことになる。里の編成を考えるうえで興味深い史料ではあるが、いかなる時期に、いかなる理由・背景によってこのようなことが行われたのか、全く見当もつかない。いずれにせよ、少なくともあるときに分割された里を、またあるときに元へ戻したのであるから、少なくとも本条前半は一度しか効力のない命令であり、その後は規範としての意味を持たなかったことになる。

　次に、本条後半では一つの里が百戸を超過し、かつ垣で隔てて門を増築できる場合、二つの里に分割すべきことが定められている。これは本条前半で定める里、つまりかつて数個へ分割された里を一つの里へ戻す場合に限って適用されるのか、それともあらゆる里に対して適用されるのかは定かでない。前者とすれば、一つの里へ戻した結果、戸数が多過ぎて百戸を超える場合が本条の対象となる。一方、後者とすれば、前者の場合も含め、何らかの理由により一里の戸数が増加し、百戸を超えた場合が対象となる。

　しかし、仮に前者であったとしても、百戸を超える場合に二つの里へ分割

するということは、当時の里が原則として百戸を超えるものであってはならなかったからであろう。つまり、一里百戸とは行政村としての里の戸数の上限であって、それを超える里は「垣で隔てて門を増築でき」ないという事由に該当しない限り、二つの里へ分割しなければならなかった。現に、百戸を大きく超える里は、走馬楼呉簡の255戸というわずか一例を除いて見えない。255戸の里は、あるいは何らかの事由により「垣で隔てて門を増築でき」ないため、二つの里へ分割することができなかったのかもしれない。

当時の里は垣で囲まれ、垣には門が設けられていた。⁽³⁰⁾「垣で隔てて門を増築」するとは、垣で囲まれた里の中に、さらに垣を築いて二つの里へ分割し、門がない方の里に門を建設するということであろう。具体的にいかなる状況にあれば、「垣で隔てて門を増築でき」ないのかは判然としないが、例えば里が広過ぎて、垣を築くのに多大な労力を要する場合や、里内の家屋が密集していて、垣を築く空間さえない場合などであろうか。

先述の通り、尹湾漢簡「集簿」によると、前漢末期の東海郡では一里あたり約105の戸が存在した。それは、少なくとも当時の東海郡では人口が多く、ほとんどの里が上限の百戸に達していたことを意味する。また、集簿によると、東海郡では2534の里があるのに対し、里正が2532人置かれていた。これは一人で複数の里の里正を兼任するという状況がほとんどなかった、つまり兼任を要するほど戸数の少ない里がほとんどなかったことを示している。

一方、里耶秦簡・駐軍図・鳳凰山漢簡・走馬楼呉簡に見える里はおおむね20〜50戸で、むしろ百戸に達しているものは極めて少ない。これらの簡牘・帛書は現在でいう湖北省・湖南省で出土しているが、これらの地域はいずれも中原より離れたところに位置し、開発も比較的遅れていた。各里の戸数を示す史料はそれほど多くないが、中原地域の里はおそらく東海郡と同様、百戸程度のものが多かったのではあるまいか。

---

(30) 重近啓樹「秦漢の郷里制をめぐる諸問題」(『歴史評論』第403号、1983年)、堀敏一『中国古代の家と集落』177〜180頁(1988年原載)など参照。当時の聚落は県城など城郭に囲まれた都市と、その郊外に点在する城郭のない村落とがあったが、里は両者いずれにも設けられていた。先行研究では前者の里に限って垣や門が設けられていたごとくに解しているものもあるが、後者の里も同様であった可能性も否定できない。

III　里正・里典・父老とは何か

次に、里正・里典・父老の選任方法について検討したいところであるが、本題へ入る前に、本節では里正・里典・父老とは何かについて検討しておきたい。

1　里正と里典

前掲『続漢書』百官志五に「里有里魁、民有什伍、善悪以告。本注曰、里魁掌一里百家」とあるのによると、漢代では里に「里魁」が置かれていた。里魁は「一里百家」を司るとされているので、この記述によると、里魁は里の長・責任者であり、一里に一人ずつ置かれていたごとくである。

ところが、実際に漢代について記した史料を見ると、里魁という語が用いられている例は、上掲の記述以外に見えない。むしろ漢代では、里の長は「里正」と呼ばれている例が多い。例えば、『漢書』巻90酷吏伝尹賞条に、

> 〔尹賞〕乃部戸曹掾史、与郷吏・亭長・里正・父老・伍人、雑挙長安中軽薄少年悪子、無市籍商販作務、而鮮衣凶服被鎧扞持刀兵者、悉籍記之、得数百人。

とあるごとくである。また、江蘇省犠徴県胥浦第101号墓出土漢簡「先令券書」には「里帀（師）」という語が見え、堀敏一氏はこれも里正と同様、里の指導者の名称と解している。里の長がこのように史料上さまざまに呼ばれていることについて、堀氏は「在地の民衆の呼び名から出た場合もあると思われる」と述べている。二年律令「銭律」に、

> 盗鋳銭及佐者、棄市。（中略）正・典・田典・伍人不告、罰金四両。（第201簡）

---

(31)　堀敏一『中国古代の家と集落』177頁（1988年原載）参照。
(32)　二年律令の簡番号・釈文は彭浩・陳偉・工藤元男主編『二年律令与奏讞書』（上海古籍出版社、2007年）によった。

尹湾漢簡「集簿」に、

> 里二千五百卌四、正二千五百卌二人。（YM6D1正）

とあるように、律令の条文や国家作成の統計では「正」と呼ばれているので、これらの呼称のうち「正」あるいは「里正」が正式名称であったごとくである。[33]

里正という呼称は秦に遡る。すなわち、『韓非子』外儲説右下篇に、

> 秦襄王病、百姓為之禱。病愈、殺牛塞禱。（中略）王因使人問之何里為之、訾其里正与伍老屯二甲。

とあり、これによると遅くとも戦国後半期の秦の昭襄王のときには既に里正が置かれていたことになる。[34] さらに、『墨子』号令篇にも、

> 姦民之所謀為外心、罪車裂。正与父老及吏主部者不得、皆斬。

とあるように、里正が数例見える。同篇は戦国時代の秦で活動した墨家の手に成るものと考えられている。[35] 具体的な成立年代については諸説あるが、おおむね戦国後半期から六国統一の前までと推定されている。[36]

ここで問題となるのは、秦及び漢初の史料に「里典」・「典」が見えることである。例えば、睡虎地秦簡「封診式」に、[37]

---

(33) ちなみに、山田勝芳氏は「里魁」という呼称について、後漢になると「地位が低下した里父老に対して、圧倒的優位に立っていたが故に里のリーダーという意味での「里魁」とも称された」と推測している。『秦漢財政収入の研究』（汲古書院、1993年）399頁参照。

(34) ここでいう「襄王」とは昭襄王を指すと考えられる。陳奇猷『韓非子新校注』（上海古籍出版社、2000年）817頁注2参照。また、『韓非子』外儲説右下篇にはほぼ同様の故事がもう一つ挙げられているが、それでは「秦昭王」に作るので、襄王が昭襄王を指すことは間違いないであろう。

(35) 渡辺卓「墨家の兵技巧書について」（同氏『古代中国思想の研究』創文社、1973年。1957年原載）、「『墨子』諸篇の著作年代」（同上。1962・63年原載）、李学勤『簡帛佚籍与学術史』（江西教育出版社、2001年）131・132頁（1981年原載）、吉本道雅「墨子兵技巧諸篇小考」（『東洋史研究』第62巻第2号、2003年）、史党社『《墨子》城守諸篇研究』（中華書局、2011年）125～132頁など参照。

(36) 李学勤氏は秦の恵文王期及びそれ以降、吉本道雅氏は前3世紀前半、史党社氏は秦の昭王三十六年（前271年）～六国統一（前221年）の間とする。注（35）参照。

(37) 睡虎地秦簡の簡番号・釈文は陳偉主編『秦簡牘合集　釈文注釈修訂本（壹）』（武漢大学出版社、2016年）によった。

経死　爰書、某里典甲曰、里人士五（伍）丙経死其室、不智（知）□
　　　故。来告。（第63簡）

とあるごとくである。里典・典について睡虎地秦墓竹簡整理小組は、里正の
ことであり、秦王政の諱を避けて里典あるいは典と称したと解している。一
方、古賀登氏は睡虎地秦簡「秦律十八種」に、

　　　以四月・七月・十月・正月膚田牛。卒歳以正月大課之。（中略）其以牛
　　　田、牛減絜、治（笞）主者寸十。有（又）里課之。最者、賜田典日旬。
　　　（第13簡・14簡）

とあり、「田典」（農業を管理する者）とともに「正」字が用いられているこ
と、及び睡虎地秦簡封診式「封守」条に「典某某」（第10簡）とあることか
ら、里典は里正ではなく、里正のもとで働く里の小吏であり、一つの里に複
数置かれていたとする。
　両者の解釈はいずれも睡虎地秦簡の公表後間もない時期に発表されたもの
であるが、少なくとも2001年に二年律令の図版・釈文が公表されるまでは、
一般に前者の解釈が正しいと理解されてきた。ところが、二年律令では
「正」と「典」を並挙している例が全部で三例見える。

　　〔1〕盗鋳銭及佐者、棄市。（中略）正・典・田典・伍人不告、罰金四両。
　　　（銭律、第201簡）
　　〔2〕恒以八月令郷部嗇夫・吏・令史相雑案戸籍、副臧（蔵）其廷。有
　　　移徙者、輒移戸及年籍爵細徙所、并封。留弗移、移不并封、及実不徙
　　　数盈十日、皆罰金四両。数在所正・典弗告、与同罪。（戸律、第328簡・
　　　329簡）
　　〔3〕嘗有罪耐以上、不得為人爵後。諸当擯（拝）爵後者、令典若正・
　　　伍里人母下五人任占。（置後律、第390簡）

　張家山247号漢墓竹簡整理小組は〔1〕の「正・典」を「正典」と読み、

────────────
(38)　睡虎地秦墓竹簡整理小組編『睡虎地秦墓竹簡』（文物出版社、1990年）釈文注釈23頁秦律
　　十八種第13簡・14簡注14、87頁秦律雑抄第32簡・33簡注3参照。
(39)　古賀登『漢長安城と阡陌・県郷亭里制度』（雄山閣、1980年）311頁、324頁注71参照。

里典を指すと解している。ところが、その一方で〔２〕の「正・典」については「正・典」と読み、里正と田典を指すと解しており、解釈が矛盾している。また、邢義田氏は〔１〕・〔２〕とも「正典」と読み、正典という郷吏の一種と推測している。しかし、冨谷至氏らも指摘するように、〔３〕では「典若正」とあり、明らかに「典」と「正」が並挙されているので、〔１〕・〔２〕も「正・典」と読むべきであろう。さらに、冨谷氏らは二年律令において正と典が並挙されていることから、「睡虎地秦簡に見られる「里典」について、従来は始皇帝の諱を避けるために「里正」を「里典」に改めたものと理解されてきたが、再考の余地がある」と述べている。典が「正」字を避けたものでないことは、夙に古賀氏が指摘したところであるが、その後出土した里耶秦簡でも、

　卅二年正月戊寅朔甲午、啓陵郷夫敢言之、成里典・啓陵郵人缺。除士五（伍）成里匄・成、成為典、匄為郵人。謁令・尉以従事。敢言之。(8-157)

　正月戊寅朔丁酉、遷陵丞昌卻之啓陵、廿七戸已有一典、今有（又）除成為典、何律令應（応）。尉已除成・匄為啓陵郵人、其以律令。／気手。／正月戊戌日中、守府快行。

　正月丁酉旦食時、隷妾冉以来。／欣発。　　壬手。(8-157背)

とあり、典という語とともに「正」字が用いられている。そもそも睡虎地秦簡・竜崗秦簡・里耶秦簡・岳麓書院蔵秦簡などにおいては、「正」字は必ずしも避諱されていない。

　すると、典は里正と別のものであるようにも見える。しかし、このように

---

(40)　張家山247号漢墓竹簡整理小組編『張家山漢墓竹簡〔二四七号墓〕』（文物出版社、2001年）160頁第201簡・202簡注1参照。
(41)　『張家山漢墓竹簡〔二四七号墓〕』178頁第328簡・329簡注6参照。
(42)　邢義田『地不愛宝　漢代的簡牘』（中華書局、2011年）159頁（2003年原載）参照。
(43)　冨谷至編『江陵張家山二四七号墓出土漢律令の研究　訳注篇』（朋友書店、2006年）131・132頁《二〇一～二〇二》注3（2005年原載）参照。
(44)　風儀誠（Venture Olivier）「秦代諱字、官方詞語以及秦代用字習慣――従里耶秦簡説起」（武漢大学簡帛研究中心編『簡帛』第7輯、上海古籍出版社、2012年）、陳偉「秦避諱"正"字問題再考察」（中国文化遺産研究院編『出土文献研究』第14輯、中西書局、2015年）など参照。

理解するならば、次のような疑問が生じる。すなわち、睡虎地秦簡及び岳麓書院蔵秦簡「秦律令」では里内の事務について典が罪に問われたり、あるいは里人が犯した罪に連坐して処罰されるという規定が見える。例えば睡虎地秦簡「秦律雑抄」には、

> ●百姓不当老、至老時不用請、敢為酢（詐）偽者、貲二甲。典・老弗告、貲各一甲。伍人、戸一盾、皆䙴（遷）之。●傅律。（第32簡・33簡）

とあり、免老の申請について虚偽の申し立てをした場合、本人が罪に問われる他、典・老・伍人もこれを通報しなければ罪に問われるものとされている。里正は里の長であるから、里人が犯した罪について責任を負ってしかるべきであるように思われるが、もし典の他に里正が置かれていたのであれば、なぜ睡虎地秦簡及び「秦律令」では典の責任だけが問われ、里正の責任を問う規定が全く見えないのであろうか。

　里正と典の間に違いがあり、里の責任を負う者として里正ではなく典のみ挙げられている。両者を矛盾なく解釈するには、里正が典の中に含まれたと解する他はないように思われる。つまり、里正は同時に典でもあり、また里正ではない典も存在したということである。このような理解に立てば、睡虎地秦簡や「秦律令」に里正が見えない理由も説明可能となる。すなわち、典の中には里正も含まれているので、里正が見えないのである。それらの史料では里正と典を特に区別する必要がないので、全て典と表記しているのであろう。一方、二年律令では同一条文において里正と典が列挙されているが、里正は典に含まれるので、本来ならば典のみを挙げれば済むはずである。にもかかわらず、典の他に敢えて里正を挙げているのは、里正を務めている典も対象となることを特に明示するためではなかろうか。

---

(45) ちなみに、「秦律令」には「廿年二月辛酉、内史言、里人及少吏有治里中、数畫閉門不出入。請、自今以来敢有□来□□□☑……畫閉里門、擅為偽□□□□□□□□者、県以律論之。郷嗇夫智（知）而弗言、県廷亦論。郷嗇夫・吏令典・老告里長、皆勿敢為。敢擅畫閉里門、不出入□□、貲郷嗇夫・吏。智（知）弗言、県廷貲☑」（第297簡〜299簡）とあり、畫に里の門を閉じることを禁止する旨の法案が記されているが、その中に「郷嗇夫・吏令典・老告里長、皆勿敢為」とあり、郷嗇夫と吏が典・老を通じて「里長」に禁令を告げている。里長は一見すると里の最高責任者のごとくであり、もしその通りとすると、典・老の上にさらに里長が置かれていたことになる。しかし、郷嗇夫と吏が里長を通じて、その部下である典・老に禁令を告げさせるのな

それでは、里正でもある典と、里正でない典はどこが異なるのであろうか。残念ながらこの問題についてはよくわからない。あるいは、典の中でも複数の里の典を務める者や、戸数が比較的多い里の典、城郭内に設けられた里の典など、典の中でも特殊な条件下にある者を指すのかもしれない。
　いずれにせよ、典は漢初の二年律令を最後に見えなくなる。それゆえ、前漢初期以降は典は廃止され、全て里正と称するようになったごとくである。

2　父老

　先述の通り睡虎地秦簡・「秦律令」では、「老」という人員が典とともに責任を負わされている。この老については一般に「父老」を指すと解されている。父老については、里内で自然と生じた長老・有力者・指導者を指し、国家によって正式に設けられた地位ではないという理解がある。確かに、史料に見える父老は単に在地指導者層を指す語で用いられている例が多い。例えば、『史記』巻8高祖本紀に、

> 劉季乃書帛射城上、謂沛父老曰、天下苦秦久矣。今父老雖為沛令守、諸侯並起、今屠沛。（中略）父老乃率子弟共殺沛令、開城門迎劉季、欲以為沛令。

とある父老は在地指導者層を指すのであろう。しかし、山田勝芳氏、堀敏一氏も指摘する通り、史料の中には父老をあたかも役職名であるかのごとくに記しているものもある。先述の通り、老はしばしば典という役職名とともに

らわかるが、逆はありえまい。よって、ここでいう里長は里の最高責任者ではなく、里人のうち「長」（「免老」を指す。後述）に該当する者を指すか、あるいは「里人」の誤りではなかろうか。
(46)　『墨子』号令篇では城邑が敵軍に包囲された状況下において発すべき軍令が記されているが、その中に「姦民之所謀為外心、罪車裂。正与父老及吏主部者不得、皆斬」とあり、城内の里の正と父老が罪責を負わせられている。ここにおいて「典」ではなく「正」と記されているのは、あるいは城内の典を全て正と称したためかもしれない。もっとも、同篇と秦律の関係は必ずしも明らかでなく、同篇を秦の制度に合わせて解釈する必要はないかもしれない。
(47)　堀敏一『律令制と東アジア世界——私の中国史学（二）』（汲古書院、1994年）22頁（1978年原載）、古賀登『漢長安城と阡陌・県郷亭里制度』310・311頁、山田勝芳『秦漢財政収入の研究』395・396頁など参照。
(48)　宇都宮清吉『漢代社会経済史研究』（弘文堂書房、1955年）441頁（1939年原載）、小畑龍雄「漢代の村落組織に就いて」、守屋美都雄『中国古代の家族と国家』198頁など参照。
(49)　山田勝芳『秦漢財政収入の研究』397頁、堀敏一『中国古代の家と集落』185〜188頁参照。

並挙され、典と同様、里内の行政や里人が犯した罪について責任を負わされている。もし老がもっぱら里内の指導者層を指す語とすれば、客観的な基準を欠き、具体的に誰が責任を負うのか特定できなくなってしまう。また、前掲「秦律令」でも30戸以上の里には老を一人置くと明確に定められている。それゆえ、少なくとも律令の条文などにおいて、典とともに挙げられている老は、国家が役職の一種として任命したはずである。つまり、階層としての父老と、官選の父老という二種類の父老が存在したことになる。

Ⅳ　里正・里典・父老の選任

それでは、里正・里典・父老はいかにして選任されていたのであろうか。『春秋公羊伝』宣公十五年何休解詁に、

> 選其耆老有高徳者名曰父老、其有弁護伉健者為里正。皆受倍田、得乗馬。父老比三老孝弟官属、里正比庶人在官之吏。

とあるのによると、徳の高い老人を父老に選任し、物事をよく整備・管理できる壮健な老人を里正に選任するものとされている。しかし、前掲「秦律令」（第142簡〜146簡）に定められている典・老の選任方法は、これと大いに異なっている。それを整理すると以下の通りになる。

[１] 典・老を置く場合、必ず里人にみずからの里の中から適任者を推薦させる。被推薦者は①その里の者であること、②「公卒」・「士伍」であること、③年齢が「長」であること、④「毋害」であること、という四つの条件を満たさなければならない。

[２] ①・③・④の条件を満たしている公卒・士伍がいない場合、①・③・④の条件を満たしており、かつ「不更」以下の爵を有する者のうち、爵位が最も低い者を典・老に任命する。

[３] 里に年齢が「長」の者がいない場合、他の里の者のうち、②〜④の条件を満たす者を典・老に任命する。

公卒・士伍とは身分の名称で、爵位を持たない者をいう。前掲の里耶秦簡

でも、士伍の成という者が典の候補として推挙されている。

「長」は一般に年長であることを指すが、本条では「丁」と対をなす語として用いられている。すなわち、本条では「長」であることが典・老の条件の一つとされているが、「及母敢以丁者。丁者為典・老、貲尉・尉史・士吏主者各一甲、丞・令・令史各一盾」ともあり、丁である者を典・老に任命してはならず、もし任命すれば県尉などの吏を処罰すると定められている。それゆえ、「長」は丁に該当しない年齢を指すことになる。当時の民は一定の年齢に達すると、「傅籍」と呼ばれる手続がとられ、「丁」として徭役・兵役に従事させられた。そして、老齢に達すると徭役・兵役を免除され、以後「免老」と呼ばれる。それゆえ、本条でいう「長」は要するに免老を指すことになる。現に、睡虎地秦簡では免老が丁と対をなす概念として用いられている例も見える。二年律令「傅律」によると、大夫以上は58歳、不更は62歳、簪褭は63歳、上造は64歳、公士は65歳、公卒以下は66歳で免老となった（第356簡）。

「毋害」は官吏に対する評価として用いられている例が見える。語義については比類ないこと、公平であることなど諸説あり、現在に至るまで定見を見ていない。

本条によると、典・老の選任には優先順位が設けられていた。「長」であることは絶対条件であり、それ以外の条件としては無爵者や爵位の低い者が優先されたことになる。さらに、不更より上、つまり大夫以上の爵を有する者は、典・老に任命されることはなかった。このような爵位に対する制限は、むしろ典・老に就任しなくてよい、あるいは就任する可能性が低くて済むという、有爵者の特権であったのではなかろうか。そして、それが特権た

---

(50) 二年律令「傅律」によると、傅籍が行われる年齢は爵位・身分によって異なり、爵位・身分が低ければ低いほど、傅籍が行われる年齢も低かった（第364簡）。ただし、秦では戦国時代末期まで身長が傅籍の基準とされていたという説もある。渡辺信一郎『中国古代国家の思想構造――専制国家とイデオロギー』（校倉書房、1994年）101～111頁（1981年原載）など参照。

(51) 睡虎地秦簡「秦律十八種」に「隷臣欲以人丁粼者二人贖、許之。其老当免老・小高五尺以下及隷妾欲以丁粼者一人贖、許之」（第61簡）とある。

(52) 例えば、『史記』巻53蕭相国世家に「蕭相国何者、沛豊人也。以文無害為沛主吏掾」とある。

(53) 蔣波「秦漢簡"文毋害"一詞小考」（『史学月刊』2012年第5期）など参照。

りえたのは、典・老への就任が忌避されるほど、当時の人々にとってその責任・負担が重かったからではなかろうか。現に、典・老と同じく里内の役職である「伍長」（五家で構成される隣保組織「伍」の責任者）も、伍内の監察などの負担を強いられ、少なくとも後漢では、知識人・有力者・富人などから就任を忌避されていた。[54]

　もっとも、前掲の『公羊伝』何休解詁によると、里正・父老は国家より通常の倍の田地を授与され、馬に乗ることが許されるという特権が与えられていた。これが当時実際に行われていた制度か否かは明らかでないが、里正・典・老にはあるいは何らかの特権・報酬が与えられていたのかもしれない。何休解詁によると、里正は官吏に準じる者、父老は三老・孝弟に準じる者として扱われていた。それゆえ、里正・典・老はあるいは俸禄の受給など、官吏に準じる待遇を受けていたとも考えられる。しかし、いずれにせよそれらの特権・報酬は、里正・典・老が負う責任・負担に見合うものではなかったのではあるまいか。里正・典・老は里人から算賦を徴収し、里人を徭役に徴発するなど、里内の事務を処理し、さまざまな法的責任を負わなければならなかった。[55] 法的責任は故意によるものに限らず、過誤によるものもあり、[56] 中には相応の注意を払っても、罪に陥るのを避けがたいものもあった。[57] それらの罪に対して設けられている法定刑はおおむね財産刑であるが、里正・典・老にとっては経済的に重い負担となったことであろう。

　経済的な負担を少しでも軽減するため、里人が「僤」（組合）を結成するこ

---

(54) 山田勝芳『秦漢財政収入の研究』310・311頁参照。さらに、『後漢書』巻49仲長統列伝が引く仲長統『昌言』損益篇にも「井田之変、豪人貨殖、館舎布於州郡、田畝連於方国。身無半通青綸之命、而窃三辰龍章之服。不為編戸一伍之長、而有千室名邑之役。栄楽過於封君、執力侔於守令。財賂自営、犯法不坐。刺客死士為之投命。至使弱力少智之子、被穿帷敗、寄死不斂、冤枉窮困、不敢自理。雖亦由網禁疎闊、蓋分田無限使之然也」とあり、後漢末期、豪族・大土地所有者が伍長へ就任するのを回避していたことが知られる。

(55) 堀敏一『中国古代の家と集落』190～197頁（1988年原載）、山田勝芳『秦漢財政収入の研究』393～396頁など参照。

(56) 例えば、睡虎地秦簡「秦律雑抄」に「匿敖童、及占癃（癃）不審、典・老贖耐」（第32簡）とあり、里人に「罷癃」（病や障害がある者）がいることを登録する際、登録の内容に不正確な点があれば、典・老は「贖耐」（財産刑の一種）に処された。

(57) 例えば、睡虎地秦簡「法律答問」に「賊入甲室、賊傷甲。甲号寇。其四隣・典・老皆出不存、不聞号寇。問論不当。審不存、不当論。典・老雖不存、当論」（第98簡）とあり、里内で傷害事件が発生した場合、典・老は事件当時里内にいなかったとしても罪に問われた。

ともあった。1973年に河南省偃師市で出土した後漢中期の「漢侍廷里父老僤買田約束石券」には、おおむね以下のように記されている。すなわち、永平十五年（72年）、侍廷里の于季ら25人が僤を結成し、82畝の田地を購入した。今後子孫に至るまで、25人のうち父老に就任する者が出たら、彼にこの田地を貸し、その田地からの収穫物で自給できるようにする、というものである。民間でこのような対策がなされるほど、父老の任は経済的にも負担が重かったのであろう。

　また、有爵者の典・老就任が制限されているのは、免老の年齢とも関係があるのであろう。先述の通り二年律令「傅律」によると、免老の年齢は爵位に応じて異なるが、爵位が高ければ高いほど、免老の年齢は低くなる。つまり、高爵者ほど早く免老に達することができる。免老すなわち「長」は典・老就任の絶対条件でもあるが、もし爵位の高下を問わず「長」を典・老に任命するとなると、高爵者ほど早く典・老に任命される可能性が高くなってしまう。言い換えれば、国家から何かと優遇されるべき高爵者ほど、かえって典・老就任という負担をかけられる可能性が高くなってしまう。それゆえ、有爵者には典・老の就任に制限が設けられているのではなかろうか。

　以上のような典・老の選任方法がいつまで続けられたのかは判然としない。ちなみに、先述の通り鳳凰山漢簡第1号牘（旧第6号牘）によると、鳳凰山第10号墓の被葬者張偃は、五大夫の爵を有していたことになっている。五大夫は大夫よりもさらに4級上の爵位である。しかし、賈麗英氏はこの第1号牘も含め、現在までに公表されている漢代の告地策（冥界の官吏に対して送る文書で、死者についての情報が記されている）では、いずれも被葬者の身分として「五大夫」や「五大夫母」・「関内侯寡」などかなりの高爵が記されているが、これらは被葬者の生前の身分ではなく、被葬者が死後の世界で爵に伴う税役免除などの特権を享受できるようにするために記されたものとする。おそらくその通りであろう。

　それゆえ、張偃の告地策に五大夫と記されていることをもって、当時既に

---

(58)　「漢侍廷里父老僤買田約束石券」の拓本・釈文は黄士斌「河南偃師県発現漢代買田約束石券」（『文物』1982年第12期）に収録されている。
(59)　賈麗英「告地書中"関内侯寡""五大夫"身份論考」（『魯東大学学報』哲学社会科学版2012年第2期）参照。

不更以下という爵位の制限が撤廃されていたと解することはできない。とはいうものの、周知の通り漢代になると、国家の慶事や凶事に際し、爵位が民に濫発されるようになる。それゆえ、長生きした者はおのずと高爵になる。すると、「長」でかつ不更以下の者はおのずと少なくなり、それまでのように不更以下の者のみを里正・父老に就任させると、里正・父老の成り手がいなくなってしまう。それゆえ、漢初以降、爵位の制限が撤廃された可能性も否定できない。

また、「漢侍廷里父老僤買田約束石券」によると、後漢中期では一定以上の資産を有することも父老就任の条件とされていた。すなわち、

> 僤中其有訾次当給為里父老者、共以客田借与、得収田上毛物穀実自給。即訾下不中、還田、転与当為父老者。(中略) 即僤中皆訾下不中父老、季・巨等共仮賃田。

とある通りである。さらに、この記述によると、父老就任後に資産が減り、基準を下回った場合、父老の役職を解かれ、僤から借りていた田地も返還すべきものとされている。［1］～［3］では資産に関する規定がないので、少なくとも父老については後漢中期へ至るまでのいずれかの時期に、一定以上の資産を有することが条件として加えられたのであろう。父老の職務は経済的な負担が重かったので、ある程度の資産がなければ事実上務められなかったと考えられる。このような現状に対応するため、資産制限が新たに父老の条件として加えられたのであろう。里正については明らかでないが、おそらく同様の制限が設けられたと推測される。

V 結　語

それでは、以上の検討結果からいかなることがいえるであろうか。

第Ⅱ節での検討によると、行政村としての里は百戸を上限とするが、実際にはこの上限に満たない里も数多く存在した。このような里が生じるのは、以下の二つの場合があったと考えられる。まず一つは、百戸を超えた里を二つの里へ分割した結果、いずれか一方あるいは双方の里が百戸に満たなくな

ったという場合である。そしてもう一つは、百戸に満たない自然村を、そのまま行政村としての里として編成した場合である。後者のような里が存在したことからすると、秦・漢では自然村と無関係に、機械的に百戸を集めて里を編成したわけではなく、自然村の状況をある程度考慮し、現実の状況に合わせて里を編成していたといえよう。「垣で隔てて門を増築することができ」ない場合、百戸を超える里を認めていたのも、同様に聚落の現状に合わせた措置であろう。

　しかし、当時の国家が自然村を基礎に行政村としての里を編成していたといっても、自然村内で自然に形成された自律的・自主的秩序までそのまま認めていたわけではなさそうである。まず、先述の通り「秦律令」によると、典・老を置くのは原則として30戸以上の里のみであって、それ未満の里は傍らの里と典・老をともにすると定められている。すると、30戸未満の里において、たとえ自然に発生した有力者が存在したとしても、彼らは必ずしも典・老に就任せず、傍らの里の者が典・老を務めることもありえたことになる。その場合、二つあるいはそれ以上の里が、いずれかの里出身の典・老による管理下に置かれることになるが、それらは人為的・便宜的に管理下へ組み込まれたのであって、日頃からそれらの里の間に、里を超えて自律的秩序が形成されていたか否かは考慮されなかったに違いない。このような経緯で就任した典・老は、自分の出身里については長老としての指導力を持っていたかもしれないが、他の里については必ずしも指導力を持っていなかったことであろう。

　もっとも、「秦律令」には「不盈卅戸以下、便利、令与其旁里共典・老。其不便者、予之典而勿予老」とあり、30戸未満の里の場合、「便利」な場合には傍らの里と典・老をともにするのに対し、「不便」な場合には「予之典而勿予老」という措置をとるとされている。「予」は与えるの意と考えられるが、「予之典而勿予老」が具体的にいかなる意味なのかは判然としない。典のみ傍らの里とともにすることをいっているのかもしれないが、この部分はそれが不便な場合について定めているので、あるいは国家がしかるべき人材（必ずしもその里及び近隣の里の者に限らない）を典に任命し、その里へ派遣することを指すのかもしれない。何をもって便利・不便とするのかは明らかで

ないが、例えばそれらの里の間の交通が著しく不便な場合や、距離がある場合、言語が異なる場合などが考えられよう。

　以上の他、30戸以上の里であっても、他の里の者が典・老を務める場合があった。すなわち、みずからの里に「長」に該当する者がいない場合、他の里の者が典・老に任命された。この場合、典・老がその里で自然に発生した有力者でないことはいうまでもない。

　しかも、たとえ里人がみずからの里の典・老となる場合であっても、必ずしもその里で最も有力で指導力のある長老が選任されるとは限らなかった。確かに、里人に適任者を推薦させている点、及び「長」であることを絶対条件としている点では、里人に信望のある長老を典・老として吸い上げようとしている面が見えなくもない。しかし、大夫以上の爵位を有する者は典・老に就任できず、不更以下の有爵者もその優先順位は低かった。もちろん、無爵者や低爵者の中にも有力者は存在したであろうが、一般にはむしろ有爵者・高爵者の方に多く存在したと考えられる。爵位には田宅賜与などの特権が伴い、爵位が高ければ高いほど、広い田宅を授かることができた。しかも、爵位は子にある程度継承させることができた。それゆえ有爵者、中でも高爵者の家に生まれた者は、一般に無爵者よりも富裕で、有力者・指導者としての地位へ比較的容易に昇りえたと考えられる。にもかかわらず、有爵者は典・老への就任を制限されていた。その理由は前節で述べた通り、典・老の負担が重く、それに就任しなくて済むことが有爵者の特権であったためと考えられるが、そのような特権が認められたのも、当時の国家が在地有力者を典・老に任命して統治機構に組み込み、彼らの自然村に対する指導力を利用するという意図をそれほど強く持っていなかったからではなかろうか。

　すると、典・老に期待されていたのは、必ずしも里人に対する指導力ではなかったことになる。従来、父老は一般に里内の有力者で、里人を統率・指

---

(60)　二年律令「戸律」参照。これによると、例えば公卒・士伍は1頃の田地が授けられるのに対し、公士は1.5頃、上造は2頃、簪裊は3頃、不更は4頃、大夫は5頃が授けられた。

(61)　ただし、二年律令「置後律」によると、五大夫～簪裊の爵位を有する者が病死した場合、その後子はそれぞれ2級低い爵位を継承する（第367簡・368簡）。上造・公士が病死した場合、その後子に爵位が継承されたのか否かは判然としない。一方、有爵者が戦争や徭役、官吏としての職務など、国家のために何らかの公務に従事し、それが原因で死亡した場合、父の爵位をそのまま子が継承する（第369簡）。

導する者であり、睡虎地秦簡に見える「老」もこのような父老の中から選任されたと理解されてきた。また、里正と父老の関係については、里正は行政機構の末端に組み込まれた責任者であるのに対し、父老は里の代表者として国家による行政に協力していたという理解もある。しかし、以上の検討からすると、典・老の間に質的な違いはほとんどなく、いずれも国家の行政機構の末端に組み込まれ、国家の代弁者として里内の事務を処理することが求められたように見える。特に老が複数の里を管轄したり、里内に適任者がおらず、他の里の者が老を務める場合、老が里の自治的側面の代表者であったとはいいがたい。かつて日比野丈夫氏は、「父老というものはあっても名のみで、実は県、郷の吏の単なる代弁者であったかも知れぬ」と述べたが、少なくとも「老」に選任された者は、そのような性格を有する面もあったといえよう。老の中には里の有力者としての内実が伴わない、国家によって人為的・強権的に設けられた「擬制的父老」とでもいうべき者もいたと考えられる。

　典・老は「長」であることを絶対条件とするが、その理由について岳麓書院蔵秦簡整理小組は注目すべき解釈を提示している。すなわち、「丁」はしばしば里を離れてさまざまな徭役に従事しなければならず、里中に留まって典・老を担当することができなかったので、「長」がもっぱら典・老に選任されたとする。里人に対する指導力が必ずしも求められていなかったことからすると、「長」が絶対条件とされたのは、このように実務的な理由もあったのではあるまいか。

　以上からすると、父老と呼ばれる在地有力者は必ずしも老に就任せず、官選の老とは別に父老が存在する場合もあったことになる。その場合、父老を中心とする自然村の自律的秩序とは別に、典・老を中心とするいわば官制の

---

(62)　代表的なものに守屋美都雄「父老」（同氏『中国古代の家族と国家』東洋史研究会、1968年。1955年原載）がある。
(63)　堀敏一『中国古代の家と集落』187頁（1988年原載）など参照。氏は地域社会の有力者を指す複数の「父老」の中から、行政に携わる父老が一名選任されたと解している。
(64)　重近啓樹「秦漢の国家と農民」、堀敏一『中国古代の家と集落』185～194頁（1988年原載）など参照。
(65)　日比野丈夫『中国歴史地理研究』151頁（1955年原載）参照。
(66)　『岳麓書院蔵秦簡　肆』166頁注64参照。

他律的秩序が存在したことになる。自然村の自律的秩序をそのまま統治に利用するのではなく、自然村の自律的秩序とは必ずしも関係のない典・老を設置し、その他律的な面を通して里へ介入し、これを支配するというのが、当時の国家による里に対する支配の形態であったのではなかろうか。

　ただし、先述の通り［1］〜［3］という典・老選任の条件は、いつまで受け継がれたのか定かでない。しかも、遅くとも後漢中期までには、父老の選任について資産制限が設けられた。これは本来、資産の少ない者が父老を務めるのは事実上困難であるという現状に対応したものであって、より有力な者を父老として採り立てようという意図まであったか否かは判然としない。とはいうものの、この改革によって、資産の少ない者が父老に就任しなくて済むこととなり、結果的により有力な者が父老に就任する道を開いたといえる。現に、「漢侍廷里父老僤買田約束石券」において僤を結成した于季ら25人については、庶民のうち上位者であったとする説もある。(67) しかし、後漢において有力者が伍長への就任を回避していたことを考えると、里正・父老への就任も回避していたのではなかろうか。先行研究によると、前漢中期以降、里内の階層分化が激化し、豪族の勢力が強くなる。それゆえ、秦・漢初とそれ以降とでは社会背景が異なる。しかし、里正・里典・父老が必ずしもその里で最も有力な長老が務めるわけではなかったという点では、基本的に同じであったといえよう。

---

(67)　山田勝芳『秦漢財政収入の研究』393頁、401・402頁参照。

第2部　現代中国政治

「周辺外交」から「一帯一路」へ
――習近平時代の中国外交――

劉　迪
Di LIU

I 「周辺外交」提唱の背景
II 伝統の再創造としての「周辺外交」
III 習近平外交のダイナミズム
IV 「一帯一路」構想提起の背景
V 「一帯一路」構想の課題と今後の見通し

　習近平政権誕生後、中国の外交行動の重点は「周辺外交」から「一帯一路」へ拡大し、異なる次元で展開された。この論文は上記の変化を概観し習近平時代の中国外交の方向性を明らかにしたい。

I　「周辺外交」提唱の背景

　2010年代以降、アジア地域には二つの「アジア復帰」が見られた。一つは米国の「アジア復帰」、もう一つは中国の「アジア復帰」である。2013年10月、習近平は「周辺外交」会議で周辺地域を重視することを宣言した。

---

(1) 1990年代から中国は次第に「周辺外交」を重視することになった。2010年以降、米国の「アジア復帰」に刺激され、中国は急速に「周辺外交」を強化する動きがみられた。この論文は、中国の「周辺外交」強化の現象を中国の「アジア復帰」と定義する。
(2) 2013年10月24-25日、中共中央委員会は『周辺外交座談会』を開催した。この会議の目的は「経験を総括し、情勢を研究・判断する。思想を統一し、未来を開拓する」ことである。さらに「今後5～10年の周辺外交の戦略目標、基本方針、全体の布局」を決め、「周辺外交が直面している重大な問題の指導方針及び実施案」を明らかにするということである。中共中央政治局常務委員は全員、外交実務関係者も多数出席した。

翌年5月において、習近平は再度中国政府が周辺地域を重視する立場を強調した。中国外交の「アジア復帰」は米国の「アジア復帰」、中国周辺情勢の緊迫化への反応であると同時に中国の分離運動の内外連携動向に対する反応でもある。上記の2つの「アジア復帰」はアジア情勢に新しい変数をもたらしている。

　中国の「周辺外交」戦略のなかで、「周辺」という用語は狭義と広義とそれぞれに使用される。狭義の場合は、陸海上の国境に接する国のみを指す。中国の領土・領海が隣接する国は合わせて21ヵ国ある。それらの国である一方、広義の「周辺」は地政学上中国にとって重大な利益のある国であり、たとえ国境に接していない国でも含まれる。バングラデシュ、タイ、カンボジア、イラン、イラクなどがそうである。アメリカはアジアの国ではないが、中国の安全保障に広範囲かつ長期的な影響を与えているので「周辺国家」ともされている。ここでは主に後者の意味で中国の「周辺外交」戦略を論じることとする。

　「周辺外交」の歴史は長い。しかし、習近平時代に入ってから「周辺外交」という言葉は新しい意味がこめられることとなった。新しい意味において、「周辺外交」は「利」「情」「命」という3要素が特に強調されている。「利」は共通の利益、「情」は地縁的で伝統的な繋がり及び人情、「命」は「運命共同体」、ということである。

　周辺国は中国経済の成長にとって極めて重要な意味を有している。中国と周辺国の貿易総額は中国と欧州、米国の合計額より多い。大部分の周辺国にとって中国は最大の貿易相手国である。周辺地域の安定は中国経済の安定成長にとって欠かせないものである。

（3）　2014年5月、CICA第4回サミットは上海で開催され、習近平は周辺地域との信頼関係を増強させる「アジア安全観」を提起した。
（4）　陸上の隣国にはモンゴル、ロシア、北朝鮮、ベトナム、ラオス、メンマー、ネパール、ブータン、インド、パキスタン、アフガニスタン、タジキスタン、キルギス、カザフスタンがあり、海上の隣国には韓国、日本、フィリピン、マーレシア、ブルネイ、インドネシアがある。
（5）　朱聴昌監修（2002），『中国周辺安全環境與安全戦略』時事出版社。
（6）　張蘊嶺は「運命共同体」の特徴を次の3点整理した。(1)「発展成果の共同享受」(2)「安全保障が協力で実現する」(3)「人民同士の交流は平和的である」。張蘊嶺「中国與周辺関係 命運共同体的邏輯」『人民網-人民論壇』（2014年2月18日閲覧）（http://theory.people.com.cn/n/2014/0218/c367550-24393940-3.html)

「周辺外交」を遂行するために中国は地政学的優位性を生かして国境に跨る大型インフラ整備計画を多数提案し国際地域機構の構築を模索している。2013年以来、中国指導部は頻繁に周辺諸国を訪問し地域の国際協力案を多数提起している。中国はこの戦略を通じ周辺諸国の中国への警戒感を緩和させ、周辺の安定化を図ろうとしている。

周辺国家を重視することは近代外交の常識であり、中国も例外ではない。しかし近代以降、世界は帝国主義時代に入り、非西洋国家は周辺国家より覇権国、大国と応酬せざるをえなくなった。中国外交は19世紀以降、列強をめぐって展開されたので周辺国の外交は疎かになった。これは中国外交が伝統軌道から逸する始まりであり、本論文の問題意識の背景でもある。

1950年代以降、中国外交には2つの伝統が構築された。最初は「革命外交」の伝統であり、次は「新興外交」である。(7) 1950年代～1970年代に施行された「革命外交」は現代中国外交の第1伝統となった。その特徴として、強烈なイデオロギー傾向を有している。1950年代前半、中国は旧ソ連への「一辺倒」外交方針を形成し実施した。1950年代中期から1960年代中期にかけて米ソに対抗するため中国は「中間地帯外交」を実施していた。「中間地帯外交」は西側陣営と旧ソ連陣営から独立した途上国から歓迎と支持を受けた。(8)

この時代の中国外交は既成の国際秩序に反抗し、植民地支配反抗や共産主義ゲリラを支援するものだったため「革命外交」と呼ばれる。この時代中国は西側陣営の封じ込めを警戒すると同時に旧ソ連の侵攻にも備えていた。更に非社会主義陣営の隣国との関係も緊張していた。1970年代から中国は「3つの世界」外交を提起した。(9)「中間地帯外交」及び「3つの世界」外交は中

---

(7) 中国外交問題専門家王逸舟は改革開放30年間の外交を「新興外交」と名付け、その特徴は (1)「沈穏安定」(2)「目標明確」(3)「ますます想像力と大国気勢をもつ」。王逸舟 (2009)、「走過従前、走向未来」王逸舟他監修21ページ。しかしここでは異なる意味でこの用語を使用したい。本論文は経済成長戦略のために展開された中国外交を「新興外交」と定義する。

(8) 王逸舟 (2009)、「走過従前、走向未来」王逸舟他監修12ページ。

(9) 1952年、フランス人口学専門家 Alfred Sauvy がフランス革命時の「第三身分」を引用し「第3世界 (Third World)」途上国を呼ぶ。これは「第3世界」という用語を最初に使用した。1974年毛沢東は「3世界論」を提起し、米ソを第1世界、西欧など先進国を第2世界、日本を除くアジア、アフリカ全体を第3世界と区分している。同年、鄧小平は国連資源特別総会で「3世界論」を説明し、中国を第3世界に位置付けると宣言した。「3世界論」は中国を国際孤立から

国孤立の打開に有効的なものであった。この戦略のもとで米中、日中関係が改善されたが対外関係の全体は依然世界と大きな距離を隔てていた。[10]

　改革開放後、中国外交は次第に「新興外交」へ方向転換する。中共 11 期 3 中全会以降、中国政治は経済建設を中心とする時代に入った。これに合わせて 1970 年代末から 2000 年代の最初の 10 年間、中国外交は世界革命の支援から経済建設のための国際環境作りに方針を転換し、外交の経済化が実施された。この間、アメリカとの関係の緊張緩和、改善が最も重要な位置に置かれた。1990 年代初頭、中国は市場経済への転換を決め、経済は著しい成長を遂げた。2000 年代初頭、中国共産党は中国外交戦略方針を「平和」「協力」「発展」に集約し、「経済外交」の重きを更に増やした。

　改革開放後、中国政治はすべて経済建設を中心とする方向に転換され、中国外交も国家利益を重視するようになった。「革命外交」時代の中国は国際主義を唱え「民族主義（ナショナリズム）」のイメージは芳しくなかった。[11]しかし改革開放後、国内向けの「国際主義」宣伝はほとんどなくなり、「革命外交」は終了した。中国には一時イデオロギーの空白があった。[12]1991 年ソ連崩壊後、中国はイデオロギーの空白を補てんするために「愛国主義」という名をもつナショナリズムの導入をすることとなった。このような外交方針の下で大国外交、先進国が重んじられ、周辺諸国の重要度が相対的に低下した。

　一方、第 2 伝統としての「新興外交」のもとで、最も重視されたのは経済発展であり、外交の安全保障の機能が相対的に低下したとされている。しかし 21 世紀以降、国力増大と相まって中国軍事予算が急速に増加し、周辺地域の「中国脅威論」が高まっている。2010 年代以降の東アジア情勢の緊張により、中国の人々は 30 数年続いた平和発展の時代にそろそろ終息が告げられるのではないかと危惧している。これにより「新興外交」の効用が疑問

　　脱出させることに有効な戦略であると思われる。
(10)　1971 年、中国は国連常任理事国に就任、1966 年から 1977 年にかけて中国は 62 カ国と国交を樹立した。
(11)　王逸舟他監修（2009）162 ページ。
(12)　1949 年から 2006 年までの『人民日報』を調べたら改革開放後、「国際主義」という用語の使用頻度は相当低下した。王逸舟他編著（2009）163 ページ。

視されるようになった。ここ数年、中国は「新興外交」戦略だけでは周辺危機への対応、解消効果は限られるものになると認識している。

II　伝統の再創造としての「周辺外交」

　周辺諸国は中国の台頭による「集団的恐慌」が広まっている。これらの問題は中国の対応法に次第で変わるものである。中国では常に「棚上げ外交」を堅持すべきであるという意見がある。その理由は、領土、領海の係争が国家の重大な利益にかかわり利益の対立は激しいので片方の勝利はありえない(13)。一方、周辺外交を施行するに当たり「より奮発して努力すべきである」と訴えている意見もある。その理由は中国台頭の重大な時期においては「柔軟」で「温和」な方法ばかりで取り組むことは困難だとしている。従って「今後、中国の外交は相当の長期間にわたってより一層積極的な姿勢で進めていくであろう(14)」。今日の中国外交政策の意思決定の力は分散化され上記の意見は何れも何らかの形で中国政府の外交政策制定に影響を与えるではないかと考えられる。

　張蘊嶺は「中国と隣国間の信頼は増大しているが、基盤はまだ強固ではない」と言っている(15)。周辺外交を遂行させるために如何に周辺諸国からの警戒感を解き、信頼を獲得できるかが重要な課題である(16)。中国はどんな国際イメージを持つべきであろうか。任暁は地域の大国として中国の今後の課題は大きくても怖くなく、大きくても親しみやすい国家になるべきであると唱えている。彼は親しみやすい大国が①平等で付き合うこと②さまざまなレベルの交流を通じて社会的なきずなと信頼を育むこと③異なる意見を傾聴するこ

---

(13)　「2014 中国周辺外交政策」『瞭望東方週刊』2014 年第 9 期、29 ページ。
(14)　「2014 中国周辺外交政策」『瞭望東方週刊』2014 年第 9 期、29 ページ。
(15)　張蘊嶺編著（2008）、13 ページ。
(16)　中国外交部長王毅は 2014 年 2 月に「中国脅威論」を解消する問題の重大さを次のように述べた。「外から見るとき、我々が直面している一つの重大な挑戦は中国の将来に向けた足取りに対する国際的な様々な心配及び疑念を如何に解消するかということである。中国がいわゆる"トゥキディデスの罠"を乗り越え、"国家が強くなれば必ず覇権を追求するという定則"を打ち破ることができるかどうかという重大な課題がすべての中国人の目の前にある。」王毅「堅持和平発展、実現民族復興中国夢」『学習時報』2014-2-17（http://www.chinanews.com/gn/2014/02-17/5845425.shtml）（2014 年 9 月 30 日閲覧）

と、という条件を要すると考えている[17]。

　前近代の中国外交は周辺地域を極めて重視してきた[18]。20世紀の「革命外交」の下、中国外交は依然アジア重視、途上国重視という伝統的要素を維持していた。今度の中国指導部の「周辺外交」への再重視は「新興外交」の見直しを意味すると同時に中国外交伝統への復帰をも意味している。しかしこれは伝統への単純な復帰を意味するだけでなく、新しい伝統の構築をも意味している。

　1978年、中国は「経済建設を中心とする」時代が始まった。1980年代、中国は「平和共存」路線への転換に相俟って周辺諸国との外交関係は文化大革命時代のマイナス影響から脱し、次第に正常化された[19]。1990年代初頭、中国は新たに独立した周辺諸国と国交を樹立した[20]。また中国は周辺諸国との国境画定作業も進められている[21]。

　2004年胡錦涛総書記は中国外交の優先度について「大国はかぎ、周辺は第一、途上国は基礎、多角は重要な舞台」と規定している。2011年4月胡は更に中国が「アジアを対外政策の第一重要な地位」とすると強調した[22]。2012年10月、中国政府は周辺諸国と「協力、ウィンウィン」関係の構築方針を打ち出し、これは中国の周辺外交戦略の重要な変化の兆候であると読み取られている。

　習近平時代に入り、中国は周辺外交に対する重視程度を更に高めた。2013年10月に開催された中共中央外交工作会議で、習近平は「周辺は中国にとって極めて重要な戦略意義を有する」と発言した。彼は周辺外交の重大意義

---

(17)　「2014 中国周辺外交政策」『瞭望東方週刊』2014 年第 9 期、29 ページ。
(18)　劉海泉（2014）、49-56 ページ。
(19)　1988 年 12 月、インド総理ラジーヴ・ガンジーの中国訪問によって両国関係の正常化が実現された。1989 年 5 月、旧ソ連大統領ゴルバチョフーの中国訪問をもって中ソ関係の正常化が実現された。1991 年末、ベトナム最高指導者ドー・ムオイなどの中国訪問で中越関係も正常化になった。
(20)　1991 年旧ソ連解体、旧ソ連の 15 の加盟国が独立国家となり、中国の西方向には新たにカザフスタン、キルギスタン、タジキスタンという 3 つの隣国が増えた。中国はこの 3 カ国と速やかに国交樹立した。
(21)　中国はロシア、カザフスタン、キルギスタン、タジキスタン、ベトナムと陸上の国境線の画定がほぼ完了。更にベトナムと『北部湾国境画定協議』が調印された。
(22)　胡錦濤「推動共同発展、共建和諧亜洲——在博鰲亜洲論壇 2011 年年会開幕式上的演講」『人民日報』2011-4-16。

を強調したうえでアジア諸国との「共同発展」という意志を表明した。習近平は、中国の周辺地域が活気溢れ、中国と周辺諸国との関係は概ね安定で友好的なものであり、中国と周辺諸国は互恵並びに協力な関係を有していると述べた。

　習近平の周辺外交戦略は4つの要素がみられる。①「包容」すなわちより積極的に地域協力に取り組むこと②「周辺平和安定」を維持すること③「インフラの相互接続を強化」すること④「運命共同体意識」を貫徹すること。彼は「互信、互利、平等、協作」を中心とする「新安全観」をアピールし周辺諸国と安全協力の推進を訴えている。2014年5月CICA第4回サミットで習近平は「共同、総合、合作、持続可能」を中心とする「アジア安全観」を発表した。この安全観を実現させるために習近平は「開かれた、平等で透明なアジア安全協力枠組を構築し、安全の共建、共享、共贏というアジア安全保障の道を構築する」と唱えている。習近平の「周辺外交」は2つの特徴を有している。一つは周辺国との「互連互通」のインフラ整備を重視すること、もう一つは「人情」を重んじることである。

　江沢民時代の中国外交戦略は、「大国外交」特に対米関係が最も重要視された。胡錦濤時代に入ってから、「周辺外交」は「大国外交」と同格に扱われた。しかし習近平時代に入ってから「周辺外交」は確実に中国外交戦略の最も重要な地位を獲得した。

Ⅲ　習近平外交のダイナミズム

　鄧小平や江沢民、胡錦濤と続くと歴代中国の指導者の中でも習近平はより意欲的な外交活動を展開している。習近平政権の外交活動の特徴が「積極外交」と言ってもよいと思う。習近平の外交活動は多方面に及んでいるが、そ

---

(23)　共建、共享、共贏とは共に建設、共に利用、共に勝つ（ウィンウィン）ということである。
(24)　胡錦濤時代の後期、胡は「アジアを対外政策の第一重要な地位に置くべきである」と強調した。しかし、その時代の外交行動からみれば「周辺外交」は依然「大国外交」を施行するための道具に過ぎない。
(25)　2013年3月〜2014年10月、習近平は30数ヵ国を訪問したが、その半数は周辺国家である。「透視習近平周辺外交理念：親真恵容打造運命共同体」、http://www.chinanews.com/gn/2014/10-10/6660509.shtml（2014年10月10日閲覧）を参照。

の目標は米中信頼の醸成、周辺地域の安定化、中国大国地位の確立という3点に集中している。

習近平は着任後、それまでの中国外交活動や対外援助を継続し強化した一方で、独自の外交活動をも推し進めている。AIIBの設立や「一帯一路」構想の提唱、「中米新型大国関係」の提起、「中日民間交流」の復活、「人類運命共同体」理念の提起などである。

「積極外交」のもとで対日外交も進められている。2014年11月、日中両政府は「4つの共同認識」を確認し 北京APEC開催中に、習主席は安倍首相の最初の首脳会談が行われた。翌年には、1月に第3回日中高級事務レベル海洋協議が、4月下旬には、インドネシアのジャカルタで開かれたアジア・アフリカ会議の会場で2回目の首脳会談が行われた。また6月には日中財務対話（日本側は麻生太郎財務大臣ら、中国側は楼継偉財政相ら）も3年3か月ぶりに実現した。

2009年以降日中間のナショナリズムが高揚し、政府間の外交活動は困難な状況に陥っている。しかし、民間の交流はこの制限を受けない。2015年5月、自民党総務会長二階俊博が観光業などの経済関係者3000人を率いて北京を訪問した際に、習近平は交流イベントに出席し日中民間交流を称賛した。彼は「中日友好の基礎は民間にあり、中日の前途は両国民の手にある」と述べ、「両国の関係が困難なときこそ両国各分野の人々がより一層前向きに取り組み、民間交流を促進させるべきである」と熱意を込めた言葉を送った。[26]

一方、日中民間交流では新しい動向もみられる。2014年以降、中国の訪日観光客が大幅に増加し、日本製商品を大量購入する光景が見られるようになった。これは日本経済にとっては明るいニュースだけでなく日本の好印象が中国に持ち帰られることにもなり、両国関係改善の一助になると考えられる。

習近平の「積極外交」には以下のような幾つかの特徴がみられる。

第一に、さまざまな枠組みを活用して対米外交を強化すること。

2015年9月の習近平の訪米中に、中国政府は大型の米中学生交流計画を

---

(28) 習近平「在中日友好交流大会上的講和」『人民日報』2015年5月24日。

公表し、今後3年間で5万人の若者の相互留学を支援するとした。また、中国はボーイング社より旅客機を300機購入することも公表した。その契約総額は380億米ドルになるという。

第二は、新しい地域の枠組みを創出すること。

AIIB、「一帯一路」構想など新コンセプトを相次いで作り出している。しかし、これらの新概念は既成の国際秩序を弱体化させる意図を有しているものではないし、ましてや破壊する意図もない。

第三は、相手の利益を尊重しながら推進すること。

アメリカなど諸外国の核心利益を見極めて利益を譲り「Win-Win」関係を樹立する。このうえで双方関係の発展を求める。

第四は、「民間交流」を重視すること。

2010年の尖閣諸島における漁船衝突事件以降、日中両国民の対立は激しくなり、両国政府関係も影響した。2013年より両政府は次第に関係回復を模索しはじめたが、習近平が唱えた「民間交流」は両国の関係改善に向けて効果的なものとなること。

第五は、直通のルーツを利用し正面突破を図ろうとすること。

外交官僚を超え外国の首脳と直接交渉する。特使、密使を頻繁に派遣する手法が用いられている。対日外交でも特使、密使という外交形態がよく利用され、対日関係改善・打開を模索している。その理由としては、(1) 今日の日中高級政治家の相互不信である。外交現場において双方を結ぶ信頼できるパイプの欠如しており、日本国内の「知中派」も中国国内の「知日派」も無力化している。(2) 両国民の感情対立が激しくなり、国民感情を意識して表だっての政府間交流が困難になったためである。

第六は、シンクタンクを重視すること。

これまでは、中国指導者が外交政策を策定する場合には、外交部など各部署の外交官に任せていた。しかし習近平は、シンクタンクを非常に重視し専門家の助言を活用する。[27]習近平は「特徴のあるシンクタンクの構築を促進せよ」[28]と提案した。習近平は諸外国とのシンクタンクの交流も提案しており、[29]

---

(27) 2013-14年、習近平は公開の場でシンクタンクの建設強化に関する指示を5回も行った。
(28) 「習近平：建設有国際影響力的高端智庫」『新京報』2014年10月28日。(http://news.sohu.

シンクタンクの重視・活用は習近平「積極外交」の重要なリソースになりパワーになっている。

Ⅳ 「一帯一路」構想提起の背景

　「一帯一路」構想は「周辺外交」のバージョンアップではなく異なる次元の発想である。この構想は、北京大学国際関係学院院長王緝思が唱えた「西進」構想と関連性があると指摘された。2012 年王氏は東に米日競争を維持すると同時に、中国外交の非重点地域であった中央アジアに進むべきであると提起した。王緝思は「西進」は「西部大開発」の戦略に合致すると述べている。2009 年、北京大学教授の林毅夫、中国政治協商会議委員の許善達はそれぞれの角度から「新マーシャル計画」をもって世界金融危機に対処するという発想を提起した。次元こそ違うが、余剰資金や余剰生産能力を途上国に移転するところで一致する。上記の多くの提言は「中央財経領導小組弁公室」主任劉鶴に注目された。劉鶴は習近平のブレーンである。2013 年習近平は「一帯一路」構想を提唱し、この構想は国家意志となっている。

　中国経済は、1970 年代末から 2010 年まで毎年 10％に近い成長を記録していた。2011 年から成長率が低下し、2015 年に 6.9％にまで低下した。中国政府は経済の高度成長から中高度成長に移行する状態を「新常態」と定義し、高度成長期に残った問題、例えば生産能力過剰、投資による成長の是正などへの対応が迫られている。この期間においては国際貿易、直接投資を通じて新しい市場を開拓し、生産能力を移転させることも至急の課題となっている。なお原材料・エネルギーの確保のために多様な輸入ルートを開拓する必要がある。

　「一帯一路」構想が習近平によって 2013 年に正式に提起され、今は中国外

---

　　com/20141028/n405521479.shtml）2015 年 9 月 24 日閲覧
（29）　2014 年 3 月、習近平がドイツ訪問中、中独の全方位戦略パートナシップを作る際、政府、政党、議会、シンクタンクの交流を促進せよと提案した。「中国共産党新聞網」2014 年 10 月 29 日（http://theory.people.com.cn/n/2014/1029/c148980-25928251.html）2015 年 9 月 24 日閲覧。
（30）　王缉思「"西進", 中国地縁戦略的再平衡」『環球時報』2012 年 10 月 17 日。
（31）　財新伝媒編集部 148-157 ページ。
（32）　2013 年 9 月、習近平はカザフスタンの Nazarbayev 大学で「共に"シルクロード経済帯"

交政策の「重点」になっている。中国政府のエコノミストは「一帯一路」構想に関して（1）古代シルクロードの復興を願い、沿線65か国の相互連絡しあう意味を有すること（2）「一帯一路」構想は開かれたシステムであり、排他的なものではないこと（3）域内国家の相互連携だけでなく域内国家と域外国家との交流も期待すること、と説明している。上記の65か国・地域の経済規模（GDP）は世界の約29％（2013年）、人口で同約63％（同前）を占めているとされる。一方、「一帯一路」構想のターゲットは共同市場、共同体構想ではないしWTO、FTAのような国際機構でもない。これはあくまでも地域発展のビジョンとして使用されているが、それに限らない。

中国政府の外交政策は「韜光養晦、有所作為」を経て2013年以降「發奮有為」を唱え大きな転換を遂げた。この転換は中国の国力増大の背景を有するが、アメリカのリバランスに対するリバランスともいわれる。

中国は旧ソ連崩壊の教訓をよく汲んで軍事対抗の道を歩まないことを選択した。冷戦時代と異なり、今現在の中国はアメリカの大部分の同盟国にとって第一位または第二位の貿易パートナーである。中国は多くの近代的価値観を導入し、経済交流、文化交流、人的往来などの手段を通じて、アメリカ及び周辺諸国の対中警戒感、不信感を緩和、軽減し相互信頼を醸成することを期待している。「一帯一路」構想はアメリカとの正面衝突を避けるために考案したものである。

近代以降、海洋国家は次第に台頭し世界秩序の決定者になっている。海洋を制覇している国家は今日も依然世界秩序を維持している。しかし、21世紀に入り航空機、高速道路、高速鉄道より構成された交通網は、大陸国家の

を建設せよと提起し、同年10月習近平はインドネシアで「ASEANと一緒に"21世紀海上シルクロード"」を建設せよと提案した。前者のエリアは「一帯」と呼ばれ、中国西部から中央アジアを経由してヨーロッパにつながる地域を指すものであり、後者の範囲は「一路」と呼ばれ中国沿岸部から東南アジア、インド、アラビア半島の沿岸部、アフリカ東岸を結ぶ地域を指すものである。「一帯一路」構想（英訳 One Belt And One Road）は上記の二つ地域でインフラ整備、貿易促進、資金の往来を促進する意味をしている。

(33) 2015年3月8日全国人民代表大会の記者会見で王毅外相は「一帯一路」構想を中国外交の「重点」と位置付けている。
(34) 2016年9月12日都内で開催された中国経済説明会で国務院発展センター対外経済研究部副部長趙晋平の説明。
(35) 王玉主5-11頁。

地位を強化している。インフラ建設技術は成熟しているので大陸国家同士の相互接続はますます容易になっている。今日もユーラシア大陸国家にとっては空港、高速鉄道、高速道路、発電所等は依然必要とされる。中国はこれらのプロジェクトを遂行するための技術・資金・施工能力を有している。「一帯一路」構想の提唱者は中国の技術、エンジニア及び良質の労働者、資金の供与とユーラシア大陸の需要を巧みに結合させるものである。

　2015年3月、中国国家発展委員会、外交部、商務部が連名で「一帯一路」構想の目標について次のように指摘する。①経済要素の規則正しくかつ自由的な流動を促進すること②資源の効果的配置かつ市場の高度の融合を促進すること③沿線各国の経済政策の協調を促進すること④より広範囲で高水準の地域協力を行い、開かれた均衡で普遍的な恩恵をうける地域協力の契機をつくる、などである。(36) これは中国政府の「一帯一路」について最も洗練な説明である。

　2016年10月中旬、習近平はカンボジア、バングラデシュを訪問し、「海上シルクロード」戦略の推進に力をいている。バングラデシュは「中国・バングラデシュ・インド・ミャンマー経済回廊」に位置付けている。両国は双方関係を「戦略的なパートナシップ」と格上げた。一方カンボジアが「一帯一路」構想を大いに支持する国であり、中国にとって大変重要な支持者である。

V 「一帯一路」構想の課題と今後の見通し

　「一帯一路」構想は実行段階への移行し、実体化へ進んでいる。2つの金融機構が設立された。一つはAIIB（Asian Infrastructure Investment Bank）であり(37)、57か国が加盟した大所帯である(38)。AIIBはすでに業務を開始した。もう

---

(36)　中国国家発展委員会、外交部、商務部「推動共建糸綢之路経済帯和21世紀海上糸綢之路的願景與行動」『人民日報』2015年3月5日。
(37)　これはアジアなど途上国向けの国際開発金融機構である。中国が主導する形で設立し。2015年業務開始。
(38)　2016年6月25日、AIIB第1回年次会議が開催され、創設メンバー57か国に加え、24か国が新たに参加表明しているとされている。

一つは中国政府系ファンド「シルクロード基金」で政府が400億ドル（約4700億円）を拠出して独自に設置したものである。2015年4月、「シルクロード基金」はパキスタンの水力発電所の整備プロジェクトに16.5億米ドルを融資した。

習近平は「3つの共同」を提起し沿線60余国、地域と「共商」「共建」「共享」の原則をもって当該構想を進めると述べている。「一帯一路」構想は最初アメリカのリバランス戦略に対抗するために考案されたものである。しかし「西進」提言以来の3年間、当該構想は次第に性質が変わり、中国の国際政治経済哲学になり中国外交政策の要に変身している。

しかし「一帯一路」沿線は、不安定な国家が数多くある。これらの地域に進出する企業は必ず宗教衝突、国際テロ、政権不安定等のリスクを負わなければならない。如何にこれらのリスクを最大限低減させるかが課題となる。「一帯一路」沿線国は、人口が少なく経済規模も小さいので市場は限られている。たとえばパキスタンは1億以上の人口を抱えているがGDPはわずか2500億米ドルである。この地域への投資は回収のリスクも大きい。AIIBならば国際金融機関に勤務経験を有する専門家を抱えているが、中国政府が設立する「シルクロード基金」及び中国政府の融資は、回収できるのかどうか懸念されている。

鄧小平は毛沢東時代のような全面的な対外支援モデルを取りやめ、国内経済建設に没頭する。しかし江沢民、胡錦涛両政権のもとで対外援助の規模は再び増大した。習近平政権が誕生した後も、中国の経済力を背景に大規模対外援助プロジェクトが相次いで打ち出された。このようなやり方は毛沢東時代を想起させ国民は強い懸念を抱いている。中国政府の対外援助の内容や結果などに関して必ずしも透明とはいえないので多くの人が情報公開を求めている。

対外援助の性格を有する中国の国有企業の対外投資の損失は莫大なものである。たとえば中国の200億米ドルに近い対リビア投資はほぼ回収不可能となり、ベネゼエラ指導者の交代で500億米ドルの元借款は回収の目途が立っていない。このような膨大な国家投資の損失に対して2015年12月、中国公民胡星斗は全人代常務委員会に『対外援助法』制定の嘆願書を提出し、投資

の立法化を求めている。⁽³⁹⁾如何に毛沢東時代の対外援助と同じ轍を踏まないのか。対外援助立法化、国際機構のルールの導入が重要であり、様々な投資、プロジェクトはAIIBのような国際機関の経験を借り、制度化することが不可欠である。

　一方「一帯一路」構想の遂行に対して中国国内においては「慎重論」が依然根強く存在している。一部の中国人研究者は、中央アジア地域の政局、安全保障環境は相当深刻なので「一帯一路」を遂行する際、慎重に進めるべきであると警告を発している。中央アジア諸国は旧ソ連邦の一部であり現在もロシアの影響が頗る大きい。現地の知識人、政治家は依然旧ソ連時代を懐かしみ、ロシアと緊密な関係を有する。その他に、米軍は、キルギス軍用空港を借り、NATOはウズベキスタンを経由してアフガニスタンへの物資を輸送しているなど、アメリカの中央アジアへの影響を軽視すべきではない。⁽⁴⁰⁾さらに、中央アジアの情勢が複雑で「一帯一路」を推進する際には、イスラム原理主義勢力の影響も看過してはならないという意見も少なくない。

　しかし中国政府の「一帯一路」構想を遂行する意志は揺がないものである。今後、中国政府の「互連互通」を中心とするインフラ建設協力が世界政治地図を塗り替えるであろう。中国政府は「一帯一路」が決して現存国際システムをひっくり返すものではない、むしろ現存国際社会システムの補完であると主張する。たとえば中国は多くの国際組織に加盟しているが、⁽⁴¹⁾「一帯一路」構想はこれらの組織を取って代わることはしない。中国はこの構想をもって沿線諸国と政策交流、交通ルーツ構築、貿易交流、通貨交流、国民感

---

(39)　この嘆願書の主要な内容は以下のようなものである。①対外援助（対外協力、国有企業の対外投資を含む）は必ず全人代または全人代常務委員会の許可をえなければならないこと②対外援助の詳細情報は必ず国民に公開すること③対外援助は動乱または動乱の可能性の国、政局不安定の国、独裁国・地域を回避すべきであること④対外援助の意思決定者、調印者は終身責任制をとり、職務を疎かにし、国家に重大な損失をもたらした者は行政責任を負うべきこと⑤援助受入れ国の債務免除は当該国の貧困または極めて貧困な人口の比例が中国を上回る場合のみ認められるが、これを証明すべきであること⑤対外援助はなるべく援助受入れ国の普通の国民に恩恵をもたらすこと、などである。

(40)　葛剣雄11ページ。

(41)　たとえば上海協力機構、中国ASEAN10＋1、APEC、アジアヨーロッパ会議（ASEM）、アジア協力対話会議（ACD）、アジア信頼措置醸成会議（CICA）、中国アラビア協力フォーラム、中国―湾岸国家協力委員会、大メコン圏（GMS）経済協力、中央アジア地域経済協力（CAREC）等。

情強化を推し進めようとしているのである。

「一帯一路」構想は中国国家戦略に組み込まれ、着実に推進している。中国は広大なユーラシア大陸で巨大なプロジェクトを推進し国際社会でプレゼンスを高めようとしている。しかし「一帯一路」構想は一朝一夕に実現できるものではない。今後50年ないし100年間の長い歳月をかけて中国はこの構想を引き続き推進していくであろう。

参考文献

趙佳楹（2007），『中国近代外交史』世界知識出版社。
王逸舟（2007），『中国外交の新思考』東京大学出版会。
張蘊嶺編著（2008），『中国與周辺国家：構建新型伙伴関係』社会科学文献出版社。
李兆祥（2008），『近代中国的外交転型研究』中国社会科学出版社。
王逸舟他監修（2009），『中国外交六十年（1949-2009）』中国社会科学出版社。
謝益顕監修（2009），『中国当代外交史（1949-2009）』中国青年出版社。
王开璽（2009），『清代外交礼仪的交渉与論争』人民出版社。
アルフレッド・マハン（2008），『海上権力史論』原書房。
天児慧他編著（2010），『膨張する中国の対外関係──パクス・シニカと周辺国』勁草書房。
添谷芳秀編著（2011），『現代中国外交の六十年　変化と持続』慶應義塾大学出版会。
Hugh White (2012), The China Choice: Why the United States should share power with China, Black Incorporated（樊犇訳『中国抉択：美国為什麼応與中国分享権力』世界知識出版社、2013年）。
青山瑠妙（2013），『中国のアジア外交』東京大学出版会。
於軍（2013），『中国外交與外交政策』国家行政学院出版社。
門洪華編著（2013），『中国外交大布局』浙江人民出版社。
曲星編（2013），『国際安全新態勢與中国外交新対応』世界知識出版社。
丁学良（2014），『中国的軟実力和周辺国家』東方出版社。
劉海泉（2014），『中国現代化進程中的周辺安全戦略研究』時事出版社。
祁懐高他編著（2014），『中国崛起背景下的周辺安全與周辺外交』中華書局。
国務院新聞弁公室（2014），『解読中国外交新理念』五洲伝播出版社。
鄒磊（2015），『中国「一帯一路」戦略的政治経済学』上海人民出版社。
本書編写組（2015），『「一帯一路」簡明知識讀本』新華出版社。
葛剣雄他（2015），『改変世界経済地理的「一帯一路」』上海交通大学出版社。
王霊桂監修（2016），『全球戦略観察報告──国外智庫看「一帯一路」（Ⅰ）』中国社会科学出版社。
王霊桂監修（2016），『国外智庫看「一帯一路」（Ⅱ）』中国社会科学出版社。

李克強編集（2016），『「一帯一路」沿線国家経済　巴基斯坦経済』中国経済出版社。
王義桅（2015），『「一帯一路」機遇與挑戦』人民出版社。
財新伝媒編集部（2015），『「一帯一路」引領中国──国家頂層戦略設計與行動布局』中国文史出版社。
胡偉（2016），『「一帯一路」打造中国與世界運命共同体』人民出版社。
中国現代国際関係研究院（2015），『「一帯一路」讀本』時事出版社。
李向陽（2015），『「一帯一路」：定位、内涵及需要優先処理的関係』社会科学文献出版社。
王玉主（2015），『「一帯一路」與亜洲一体化模式的重構』社会科学文献出版社。
麦金徳（2015），『陸権論』群言出版社。
厉声他（2006），『中国新疆歴史與現状』新疆人民出版社。
謝益顕編（2009），『中国当代外交史（1949-2009）（3版）』中国青年出版社。
フランソワ・ジョワイヨー（1995），『中国の外交』白水社。
唐希中他著（2003），『中国與周辺国家関係（1949-2002)』中国社会科学出版社。
周溢潢（2004），『中国の外交』五洲伝播出版社。
劉迪「中国政治におけるシンクタンク」熊達雲他編（2015），『現代中国政治概論』明石書店。
リンダ・ヤーコブソン他（2011），『中国の新しい対外政策──誰がどのように決定しているのか』岩波書店。

第3部　現代中国法

中国における司法改革の系譜

田 中 信 行
Nobuyuki TANAKA

Ⅰ　はじめに
Ⅱ　任建新の改革
Ⅲ　蕭揚の改革
Ⅳ　習近平政権の改革
Ⅴ　おわりに

Ⅰ　はじめに

　歴史的に振り返ってみれば、成功した改革というものは多くの場合、失敗を繰り返しながらも、その都度少しずつ新たな成果を得て、最後にはそれらの失敗と成果を糧に、当初の目標に近いところへたどり着いたものだと思う。中国の法治主義と司法改革も、やはりそうした事例と同じく、これまで改革を始めてはほどなく挫折するという繰り返しを続けてきた。中華人民共和国の建国から振り返ってみれば、文化大革命（1966～76年。以下、「文革」と略す）という大きな挫折を経験したし、その後の改革・開放（国内経済体制改革と対外開放政策）時期（1978年～）を振り返ってみただけでも、改革を試みてはあえなく挫折するという、小さな失敗の繰り返しが続いている。それでも1990年代までは全体として見れば、大きな成果はなかったものの、着実に歩みを進めてきたことは間違いないであろう。
　そして2001年にWTOへの加盟を果たした時には、そのことが大きな圧

力となり、これまで以上に力強く法治国家への歩みを速め、それに合わせて司法改革も成果を得られるようになるに違いない、と誰もが予想したのではなかっただろうか。ところがその予想は見事に裏切られ、実際には前進どころか、歯止めのない転落が始まったのである。

　WTO に加盟した中国は表向き法治国家の装いを凝らし、その後のわずかな時間で多くの法律を整備した。この点だけ見れば、そこには格段の進化があると認めないわけにはいかない。なかには国際的にも先進的と評価されるような法律もあって、成文法だけで法制度の水準を計れば、ほとんど一流の法治国家に近づいたと言えるかもしれない。しかし、中国自身が目指してきた法治国家としての姿、あるいは取り組んできた司法改革、および法治社会としての実態に即して見れば、WTO 加盟後のほぼ 10 年間は惨憺たる自壊の過程でしかない。

　鄧小平が改革・開放後の 20 年間に積み上げた法治主義の遺産は、それほど強固なものではなく、豊かな内実をともなうものでもなかったとはいえ、それなりの成果をあげ、着実に社会に変化をもたらした。人びとの法意識が文革時期から大きく様変わりしたことは、誰にも否定することのできない事実であろう。それなのになぜ鄧の遺産は、このように脆くも失われてしまったのであろうか。

　本稿はかかる問題意識から、改革・開放後の司法改革の歴史を振り返ったものである。紙幅の関係で詳細な検討には踏み込めていないが、任建新、蕭揚および周強という 3 人の最高人民法院院長を中心に、彼らが受け継いできた改革の核心と、挫折の要因について、周辺事情を含めて初歩的な分析を試みた。

Ⅱ　任建新の改革

1　波乱の船出

　文革が終わった 1970 年代の末、鄧小平は改革・開放政策を円滑に進めるために法治の必要を説き、「民主と法制」[1]の強化というスローガンを掲げて、文革で崩壊した法制度の整備に着手し、司法制度の再建に乗り出した。建国

から30年を経ても制定されなかった刑法と刑事訴訟法を1979年に成立させ、文革中に生み出された数多の冤罪を見直して、人びとに法治国家への転換を印象付けた。

ところが、改革・開放政策によって飛躍的に活性化した経済が引き起こした社会の混乱は、拝金主義の風潮にあおられて、都市を中心に犯罪の急増という弊害を生み出した。治安の不安定化が改革・開放政策への批判を強め、改革の足を引っ張る事態となることを懸念した鄧は、1983年にみずから〔厳打〕（犯罪撲滅、〔 〕内は中国語であることを示す）闘争を指揮して強硬な犯罪の取締りを実施した。彼はその際、〔厳打〕に即効性をもたせるため、制定したばかりの刑法と刑事訴訟法の一部を改正して、経済犯罪を重罰化し、速やかな裁判を実現するため、被告人の権利の一部を封印した。⁽²⁾

だがこの法改正は、鄧の本来の意図に反するものであり、彼は〔厳打〕が一段落した時点で原状に復することを心に決めていた。ところが現実には〔厳打〕は容易に収束せず、その後も引き続き全国各地で大小の〔厳打〕が展開された。法治回復の機会が訪れたのは、1989年の天安門事件を経て、再び経済改革が軌道に乗った1992年のことであった。同年に開催された中国共産党（以下、「党」と略す）の第14回大会で、中国はみずからの体制を「社会主義市場経済」と定義し、それまであいまいにしていた「市場経済」への移行を明確化すると同時に、世界市場の一員となる方針を公にしたのである。この政策転換を原動力として、鄧は宿題となっていた上記法改正の修復を実現すべく、あわせて大胆な司法制度の改革へと踏み出した。

---

(1) 法律専門用語としての〔法制〕は、ソビエト法の影響を受けた「適法性」の訳語として使われる場合があるが、ここでは中国語本来の「法制度」もしくは「法秩序」の意味で使われている。ただし後述する〔依法弁事〕は、ソビエト法的「適法性強化論」を受け継いだものである。拙稿「『党政分離』と法治の課題」、近藤邦康、和田春樹編『ペレストロイカと改革・開放――中ソ比較分析』、東京大学出版会、1993年。
(2) 1982年3月8日、全国人民代表大会常務委員会「経済事犯を厳重に処罰するについての決定」、および1983年9月2日、同「重大社会治安事犯の速やかな裁判についての決定」を指す。前者は1997年の刑法改正で、後者は1996年の刑事訴訟法改正で、それぞれ廃止された。

2　建国初期の法整備
（1）董必武との出会い

　1925年生まれの任建新は、北京大学工学院化学工程科に在学中の1948年、23歳で入党した。入党後に彼は北京大学学生自治会の理事に選ばれたが、その2ヵ月後に国民党北平政府から指名手配されたため、党は彼を華北人民政府に派遣した。政府が所在する平山県王子村（現在の石家荘市）で彼を迎えたのは、同政府主席の董必武であった。この時から6年間、任は董の実質的な秘書役として付き添うことになった。

　董必武は1886年の生まれで、辛亥革命に参加した後、1914年に日本大学で1年間法律を学んだ。いったん帰国したものの投獄されたりしたため、1916年に再び日本に戻り、1918年に帰国した後は武漢中学の教師を務めながら、党の創立に参加した。1928年にモスクワに渡り、モスクワ中山大学、レーニン学院で学んだのち、1934年に中華ソビエト共和国の臨時最高法廷主席に就任してからは、一貫して法律分野で指導的な役割を果たした。建国後は政務院（1954年から国務院）の政治法律委員会主任を経て、1954年に2代目の最高人民法院院長に選ばれた。

　任建新は董が政治法律委員会主任を務めた期間、政治法律委員会弁公庁秘書兼中央法制委員会秘書として、憲法など建国初期の重要な立法作業にかかわった。大学では化学を学んだ任が、法律の専門家としてその後の人生を歩むことになったのは、すべてこの時期の経験によるものである。

　董が最高人民法院の院長に就任した後、任は彼の秘書役から外れ、国務院法制局の秘書として、周恩来のもとで働くようになる。1959年以降は文革まで、国際貿易促進委員会の幹部として務めていたが、この経験が災いして文革中は五・七幹部学校での労働に明け暮れた。

　文革後期の1971年に彼は周恩来に呼び戻され、国際貿易促進委員会法律部に職を得たのち、部長に昇進した。鄧小平が復権して改革・開放が始まった後の1981年には、同委員会の副主任に任命されたが、1983年には最高人民法院の副院長に転身した。そして副院長を1期務めた後、1988年についに院長の座に上り詰めた。

　任建新がこの時期、最高人民法院院長に選ばれたことの意味を理解するに

は、革命第1世代の先達による建国初期の法制建設から振り返ってみなければならない。

(2) 彭真の苦闘

建国直後の1950年代における法制建設を指導したのは、董必武と彭真である。

董必武の法律分野における業績は数知れないが、今日から振り返ってみたときとりわけ印象深いのは、1956年に開催された第8回党大会での発言であろう。1954年にようやく憲法を制定して国家体制を整備しつつあった時期に、董は法治国家への移行と、そのための早期の法整備の必要性を訴えたのである。彼はその課題を、〔依法弁事〕（法にしたがって事務を処理する）という4字の熟語で表現したが、この言葉は現在使われている〔依法治国〕（法にしたがって国を治める）の原点となったものである。

董必武の要求する法整備を具体的に担当したのは彭真であった。彭は政務院の政治法律委員会で副主任として主任の董必武を支えていたが、1956年からは党の中央法律委員会主任として、刑法、刑事訴訟法など重要法案の起草に取組んだ。

しかしこれらの努力は、1957年から毛沢東が始めた反右派闘争によって、すべて水泡に帰した。さらに文革によって追い討ちがかけられ、彭真は反党集団の一員として投獄された。文革中は法を軽視する風潮が強まり、「法は政治の手足を縛ってはならない」というスローガンのもとで、既存の法制度が徹底的に破壊された。

文革が収束して鄧小平が指導権を回復したことにより、法ニヒリズムの時代にも幕が下りて、中国は再び法治国家への道を歩み始めることになる。鄧は文革政治から脱却するため、「民主と法制」の強化を目指すとして、経済改革に合わせた政治改革の必要性を説いた。

文革路線からの決別を宣言した会議として知られる1978年末の党第11期

---

(3) 董必武：「進一步加強国家法制、保障社会主義建設事業——一九五六年九月十九日在中国共産党第八次全国代表大会上的発言（摘要）」、中共中央弁公庁編『中国共産党第八次全国代表大会文献』、人民出版社、1957年。
(4) 中央政法委員会の前身。1958年、中央政法小組に改組。文革中に廃止されるが、1978年に復活。1980年に現在の中央政法委員会となる。

中央委員会第3回全体会議（「11期3中全会」と略す。以下同様）の直前に開催された中央工作会議で、鄧小平は董必武の〔依法弁事〕を持ち出した。第8回党大会における董は、〔依法弁事〕には〔有法可依〕（依るべき法がなければならない）と〔有法必依〕（法があれば必ずしたがう）という2つの側面があると指摘したが、鄧はこれを踏まえ、〔有法可依、有法必依、執法必厳、違法必究〕（依るべき法がなければならず、法があれば必ずしたがい、法の執行は厳格に、法に反すれば必ず追及する）と主張し、この16文字の原則は3中全会の公報に明記されたのである。

　文革期間中の監禁から解放され、11期3中全会後に北京に戻った彭真は、1979年に全国人民代表大会（以下、全人代と略す）常務委員会の法制委員会（現在の法制工作委員会）主任に任命され、同年7月に採択された刑法、刑事訴訟法ほか人民法院と人民検察院の組織法などの法案の取りまとめに尽力した。彼にとって刑法と刑事訴訟法の立法は、じつに20年越しの宿題でもあった。

　1980年に彭は復活した党の中央政法委員会書記に任命され、制定されたばかりの法律にもとづいて、司法機関の再建と整備を指導することになった。1983年の全人代会議では全人代常務委員会の委員長にも就任し、立法分野の責任者にもなった。

3　改革・開放と法治主義
（1）廃止された政法委員会

　以上のような経緯を理解すれば、任建新が1990年代の司法改革を遂行する責任者として、鄧小平の信任を得た理由はおのずから明らかであろう。鄧小平にしても彭真にしても、法律面で薫陶を受けたのはほかならぬ董必武であり、任は紛れもなく董の正統な後継者だったからである。任自身にしても、第8回党大会後の董の無念を思い起こせば、それ以上の任務はなかったであろう。

　鄧自身の指導による3年間の〔厳打〕が終わった1986年に、彼は改めて

（5）　鄧小平「解放思想、実事求是、団結一致向前看」、『鄧小平文選』第2巻、人民出版社、1994年。

法治の強化へ向けて再出発することを決意した。「民主と法制」の強化というスローガンが引き起こした、学生を中心とする民主化運動の高まりが、党内保守派の反発を強め、翌年1月には胡耀邦総書記が退任に追い込まれるという波乱もあったが、胡の路線を継承した趙紫陽総書記は、同年に開催された党の第13回大会で大胆な政治改革を打ち出した。ここでとりわけ注目すべきは、政治体制の要とも言うべき原則である「対口指導体制」の改革を目標に掲げたことである。

「対口指導体制」とは、党と国家のそれぞれの機関に互いに対になる指導組織を設け、党の組織がそれに対応する国家機関内の党組織を通じて、当該国家機関を指導する体制を指している。司法分野について具体的に説明すれば、中央および地方の各級党委員会に設置されている政法委員会が、国の機関である人民法院、人民検察院、公安、司法行政など（これらをまとめて〔政法機関〕と呼ぶ）を指導しているのである。これら国の機関にはそれぞれ機関党組と呼ばれる党の指導組織が存在しており、当該国家機関はこの機関党組によって指導されているのである。

第13回党大会の決定により、1988年に政法委員会は廃止され、事務組織をもたない委員会形式の政法指導小組に改編された。この時の政法委員会書記は、後に江沢民のライバルと目された喬石である。彭真より20歳近く若い喬は、彭の後継としてその任務を受け継いでいくことになるのだが、中央党機関として他に先駆け政法委員会を廃止した対応には、彼の政治的スタンスが端的に表明されている。[6]

政法委員会の廃止は、司法活動に対する党からの指導を著しく後退させることになる。形式的には政法指導小組として残存していたものの、機関として常在する組織と会議体とでは、指導力に大きな差が生じることは否定できない。だがこのことは言い換えれば、国家機関側の独立性を高めることを意味する。要するに、「裁判の独立」という点から言えば、党が個々の裁判に介入する可能性まで完全に排除することはできないにしても、日常的に裁判

---

(6) 喬石『喬石談民主与法制』（上）、人民出版社、2012年。本書には喬石が中央政法委員会の廃止について肯定的に語った発言が収められており、出版時には周永康に対する批判が刊行の目的ではないかと話題になった。

活動を監視し、それらを指導するような力量は保持できなくなり、その分だけ独立性が高まる、ということはできるであろう。

（2）法官法の重すぎる課題

政治改革に呼応して司法改革を始めるため、任建新は1986年に「法官法」の起草に着手した。彼はその課題を裁判官の〔職業化〕と表現したが、それは専門職化を意味していた。すなわち、当時の人民法院では裁判官の採用にあたって、専門的知識を要求するような要件が存在せず、法律的知識がなくとも一定の職歴と経験さえあれば、裁判官に採用されていた。それほど人材が不足していたのである。

「法官法」の起草に合わせ、最高人民法院は「789計画」という人材育成計画を策定している。これは法院所属の警察官の7割、裁判官の8割、院長、副院長の9割を大学卒の学歴水準まで引き上げる、という計画である。1980年頃の全国の法院幹部（一般事務職を除く）のうち大学卒はわずか7％しかなく、法学部卒に至っては3％でしかなかった。この数字から考えれば、上の計画は無謀なように思えるが、じつは同時に「業余法律大学」と称する夜間大学が設置され、通常の大学教育とは異なる促成栽培で、「大学卒」を大量に輩出したのである(7)。

法院が党からの独立を要求したとしても、法院自身に裁判を遂行する能力が存在しなければ、適正な裁判をおこなうことはできない。そのために任は裁判官の資格を定め、優秀な人材を集めることのできる条件を整備しようとしたが、同時に「法官法」が目指したのは、人事権を中央と地方の党委員会から最高人民法院に移すことであった。

裁判官の人事権は、個々の法院ごとに、当該法院を指導する地方党委員会に握られていたが、任は〔職業化〕にあわせて、全国の法院における裁判官を統一的に管理する人事システムが不可欠であると考えたのである。

しかし第13回党大会が提起したあまりにも大胆な改革は、1989年の天安門事件によって趙総書記が失脚したため破綻し、1990年には政法委員会が再建され、裁判の独立へ向けた改革は幻に終わってしまった。

天安門事件によって一時的に停滞した経済改革は、1992年に鄧小平の南

（7）　王鬪鬪「時代関鍵詞見証法官隊伍30年変遷」、『法制日報』、2008年12月7日。

巡講話をきっかけとして息を吹き返した。同年に開催された第14回党大会は、中国を社会主義的市場経済体制と定義し、より一層の市場経済化へ導く改革を打ち出したが、同時に、GATTO（以後、"WTO"に統一する）への加盟を目指す方針をも打ち出した。後者はこのあとWTO加盟を実現するまでの10年間にわたり、中国の法治国家化に大きな圧力となり、中国法のグローバル化の契機ともなった。

「法官法」は1995年にようやく成立にこぎつけた。[8] 起草を始めてからじつに10年を要したことになる。成立した「法官法」は、当初目指した改革の一部しか実現することができなかったが、それでも裁判官に必要とされる資格、条件を明確にし、専門職としての地位を確立するものとなった。実現できなかった部分は、おもに人事権をめぐる党との関係の改革である。この部分はたんに裁判官のみならず、公務員、国有企業幹部などを対象とする〔党管幹部制度〕（党が幹部を管理する制度）全体に影響することでもあったので、司法改革という枠組みのなかだけで解決できる問題ではなかったのである。

「法官法」の成立を受けて1997年には、1985年発足の全国法院幹部業余法律大学と1988年発足の高級法官養成センターとを統合して国家法官学院が設立され、裁判官の再教育にも拍車がかかることになった。

天安門事件に足を引っ張られた任建新の改革は、ほんの一歩を踏み出したところで時間切れになってしまったが、彼の後ろには強力な後継者が控えていた。

III 蕭揚の改革

1 不屈の挑戦

（1）反腐敗闘争

鄧小平の司法改革について語るときには、劉復之の果たした役割についても言及しないわけにはいかない。1917年生まれの劉は、文革まで公安部の副部長だったが、文革中は厳しい迫害を受けた。改革・開放政策の始まりとともに復活し、中央政法委員会秘書長（後に副書記）、全人代常務委員会法制

（8）「検察官法」も同時に成立した。内容が共通するため、説明を省略した。

委員会副主任として、彭真を支えた。しかしじつのところ、劉の仕事はすべて鄧小平の意向を反映したもので、彼の活動はまさしく鄧の分身かと思わせるものであった。

〔厳打〕の開始にあたって劉は直接指揮を執るため、司法部長の任期途中で公安部長に交代している。同じ 1983 年には、不足する法律人材を育成する目的で鄧小平が設立した中国政法大学の学長にも就任した。1985 年に公安部長を退き、党の中央顧問委員会委員に就任した時点では、第一線から引退したものとみられたが、1988 年には反腐敗闘争のために最高人民検察院の検察長に返り咲いた。このサプライズ人事も、鄧小平の強い要請によるものだった。

1989 年に劉検察長は検察官の代表団を率いてシンガポールを訪問したが、副団長として帯同したのは当時まだ広東省の検察長にすぎなかった蕭揚である。劉はこの時、鄧小平から反腐敗闘争の強化策（鄧はこれを〔臨時大政策〕と名づけた）を検討するよう命じられていたが、その任務を委ねるため蕭に白羽の矢を立てたのであった。シンガポールへの機中、劉は蕭を傍らに坐らせて汚職取締りの必要性について熱弁をふるい、香港に倣った制度の導入について相談した。帰国後直ちに蕭は、検察内部に特別の担当部局を設置する構想を立て、中央に提案するとともに広東省でそれを具体化し、みずから汚職取締局を創設して、汚職一掃に大ナタを振るった。

この実績が鄧小平にも認められ、蕭は任期途中の 1990 年に最高人民検察院副検察長に抜擢されたのである。このような経緯からすれば、蕭は劉の後任として検察長に就任するのではないかと予想されたが、地方幹部から急に昇進したため党内地位の昇級が間に合わず、1993 年に司法部長に転任した。

蕭が部長に着任した当時の司法部は、弁護士法の制定（1980 年制定の弁護士暫定条例の改正）をめぐって、混迷の渦中にあった。同法をめぐっては、弁護士の非公務員化を実現すると同時に、「弁護士の自治」を確立しようとする

---

(9) 劉復之「難忘的談話」、『回憶鄧小平』（上）、中央文献出版社、1998 年。彼はここで、〔厳打〕を始める際に鄧小平と交わした会話を回想している。
(10) 蕭揚『反貪報告』、法律出版社、2009 年。
(11) 弁護士暫定条例のもとでは、弁護士は司法部所属の公務員とされたが、1980 年代半ばから大都市を中心に自営業としての弁護士も認められるようになっていた。

意見と、弁護士を党と司法部の管理下に留めておこうとする意見とが激しく対立し、容易に妥協点を見いだせないでいた。しかし蕭はこの混乱に終止符を打ち、十分とは言えないまでも、非公務員化と自治を原則的に認める方向で結着させたのである。また、同法にはじめて法律援助制度にかかわる規定を盛り込み、経済的困窮者の訴訟を支援する制度を創設した。

司法部長を1期務めた蕭は1998年に検察ではなく、最高人民法院の院長に選任され、司法改革へと邁進していくことになる。

（2）改革の課題

蕭揚は院長在任中の2002年に、母校の人民大学に招かれておこなった講演で、司法改革の課題を〔三化〕という言葉に要約した。[12]「3つの"化"」とは、司法の現状が抱える3つの問題、すなわち「地方化、行政化、大衆化」を指しており、司法改革の課題はこれを逆にした「中央集権化、独立化、専門職化」だというのである。改めて指摘するまでもなく、それは前任の任建新が「法官法」制定にあたって企図した司法改革を受け継ぐものにほかならなかった。

「地方化」というのは、各地方の法院、検察院、公安が、当該地方党委員会の指導に服している体制を指し、「行政化」というのは、したがって裁判が裁判機関によって独立しておこなわれるのではなく、実質的に党の指導に従属していることを指している。「大衆化」というのは、裁判官や検察官の採用がかならずしも能力主義にはなっていないことや、とりわけ管理職の人事が法律の専門知識とは関係なく、党員としての経歴を優先させている状況を指している。

この状況を克服するためには、まず法院が地方党委員会の指導に服する体制から脱却して、司法機関としての独立性を確保するとともに、人事面でも法律専門職としての採用、任官システムを構築しなければならない、ということになる。党委員会による指導体制の問題は、たんに司法改革の領域にとどまるものではなく、政治改革の問題につながるものであるだけに容易ではない。そこでひとまず、人事制度の面からの改革を始めようとしたのが、院長の1期目に取組んだ「人民法院5年改革綱要（1999～2003年）」（以下、「第1

---

(12) 蕭揚「法院、法官与司法改革」、『法学家』2003年第1期。

次綱要」と略す）の骨子であった。

（3）深まる対立

　第1次綱要で、人事制度の改革に一定の成果をあげた蕭揚は、2期目に提出する第2次綱要では裁判制度そのものの改革に着手し、党による干渉を排して「裁判の独立」を実現する、という課題に挑戦することを決意した。

　中国の政治体制は、「党が国家を指導する」という原則で貫かれており、裁判制度もその例外ではない。裁判における「党の指導」は、具体的には裁判委員会制度という集団指導制度や、判決に対する事前審査制度などに表れており、党は裁判委員会を通じて法院全体を指導し、時には判決の事前審査制度を通じて判決そのものを指導している(13)。

　蕭揚が裁判官の専門職化という時には、たんに法律知識を習得した者だけを任用する、という意味だけではなく、判決は法律専門家である裁判官だけに決定権をもたせ、専門家ではない党幹部がこれに干渉してはならない、という意味を含んでいる。2001年に法官法を改正して裁判官の資格をより厳格化、高学歴化させたのは、裁判官に高い水準を要求することによってその権限を強化し、判決の事前審査制度を廃止する準備をしたのである。

　しかし、「党の指導」を排除するような改革は、中国の政治制度を根幹から揺るがすものであり、当然のことながら党としては簡単に認めるわけにはいかなかった。党の中央政法委員会は第2次綱要の公布に待ったをかけ、2003年には党中央のもとに中央司法改革指導小組を設置して、司法改革全体を指導することとし、その責任者に中央政法委員会書記の羅幹を就任させた。これによって完全にタガをはめられた最高人民法院は、形だけの第2次綱要を公布したものの、実際にその改革は骨抜きにされてしまったのである(14)。

2　大公安体制

（1）周永康の台頭

　蕭揚の2期目は党の指導者が、天安門事件から13年間政権を維持してき

---

(13)　拙著『はじめての中国法』、第2章、有斐閣、2013年。
(14)　拙稿「中国の司法改革に立ちはだかる厚い壁」、『中国研究月報』2007年4月号。

た江沢民から、胡錦濤に交代した時期にあたっている。しかし江は胡錦濤の政治手法を警戒し、胡の周囲を自派の幹部で固め、彼が自由に政権運営できないよう圧力をかけた。江の執政時期に、中国の経済改革は著しく進展し、飛躍的な経済発展を遂げたが、それを支えたのは莫大な国有財産の切り売りであった。土地使用権として不動産市場に投入された国有地と、株式会社化によって証券市場に提供された国有企業の資産をめぐって、巨大な利権が生み出され、それらが江派の主要な幹部に配分された。江派はそれらの利権を独占することで、政権基盤を盤石化させたのである。

江派は築き上げてきた利権構造が、胡政権によって切り崩されることを警戒して、胡錦濤包囲網の形成に乗り出した。そのためにまず公安を掌握し、情報を管理して、身の安全を守ることにした。胡政権が発足した2002年に、四川省党委員会書記だった周永康は中央政治局委員に昇格したが、直後に公安部長にも選任された。この人事は驚きをもって迎えられたが、なぜなら中央政治局委員クラスの公安部長就任は、鄧小平時代には禁じ手とされていたからである。

文革の前後を含む時期の司法体制は、「大公安、小法院、あってもなくてもよい検察院」と揶揄されていたように、公安が圧倒的に優位な地位を占め、法院や検察院は実質上公安に従属していた(このような体制を、本稿では「大公安体制」と呼ぶことにする)。反右派闘争時期に多数の幹部が粛清され、弱小組織となっていた検察院は文革中に廃止され、公安が検察権を行使するようになった。1975年憲法にはそのことが明文で規定されていた。

鄧小平は改革・開放時期の法治社会建設にあたって、公安主導の体制を変革するため、公安機関の権限を縮小する改革に着手した。1978年末の中央工作会議で鄧小平が〔依法弁事〕を主張した発言の直前の部分は、「人民民主を保障し、法制を強化するため、……検察機関と司法機関を強化し」となっている。1980年代のはじめ鄧は、刑務所の管理権を公安部から司法部に移したり、公安関係のポストを格下げしたりするなど、公安の権限と組織の

---

(15) 原文のまま。ここでは司法行政機関(司法部)を指すものと思われる。司法部は1959年に廃止された。検察院と司法部はともに1979年に再建されている。
(16) 注5と同じ。

表 1. 政法機関の人事

全人代の会期	年	中央政法委員会書記	最高人民法院院長	最高人民検察院検察長	公安部部長
第 7 期	1988～93	喬 石	任建新	*劉復之*	王芳→陶駟駒
第 8 期	1993～98	任建新	任建新	張思卿	陶駟駒
第 9 期	1998～03	羅 幹	蕭 揚	韓杼濱	賈春旺
第 10 期	2003～08	羅 幹	蕭 揚	*賈春旺*	周永康
第 11 期	2008～13	*周永康*	王勝俊	曹建明	孟建柱
第 12 期	2013～18	*孟建柱*	周強	曹建明	郭声琨

注：中央政法委員会は党の機関なので、正確には他の人事と任期が少しずれている。
斜字は公安機関経験者。

縮小に着手したが、彼自身が〔厳打〕を始めたため、この改革は先延ばしになってしまった。しかし、任建新が最高人民法院院長の2期目に中央政法委員会書記も兼任したことは、鄧にとってはひとつの目標の達成でもあった。

周永康の人事は、彼ひとりの問題ではなかった。2003年に公安部は第20回全国公安工作会議を招集し、省、市、県の3級の公安機関責任者についてはそのポストを格上げし、同級地方党委員会常務委員会委員または政府副職（副省長、副市長など）に担当させることを決定した。この方針は直後に、党中央から「公安機関をさらに強化し、改善するについての決定」として通知された。公安の方針は、党中央によってお墨付きを与えられたのである。

通知の内容は以上のとおりであったが、じっさいに人事を発令する段階では、さらに条件が追加された。すなわち、公安機関責任者は党の政法委員会書記を兼任する、というのがその条件であった。もとより政法委員会は、法院、検察院、公安などの司法関係機関を統括して指導する党機関であるから、これを公安機関の責任者が兼務することは、司法関係機関〔政法機関〕を実質的に公安が指導することを意味していた。このようにして胡錦濤政権では、その発足に合わせて大公安体制が復活したのである。

（2）3つの至上

胡政権が2期目に入った2008年に蕭揚は退任し、中央政法委員会秘書長だった王勝俊が後を継いだ。同時に、中央政法委員会書記の羅幹を支えていた公安部長（兼中央政法委員会副書記）の周永康が羅のポストを継いだが、この

体制が司法改革に積極的でないことは、上記の経緯から見て、誰の目にも明らかだった。王勝俊は院長として第3次綱要を定めて公布したが、その内容が注目を集めることはほとんどなかった。[17]

王の院長時代に司法活動の原則として強調されたのは、「3つの至上」という考え方である。これは2007年末に当時の胡錦濤総書記が、司法幹部を集めた会議の席上で話した内容から名づけられたもので、「党の事業を至上とし、人民の利益を至上とし、憲法・法律を至上とする」という内容である。[18] 王はこれを受けて、「3つの至上」を社会主義的法治主義の最終目標と位置づけたのであるが、同時にそこには「1つの至上」を否定する考え方が込められていた。「1つの至上」とは、唯一「憲法・法律を至上とする」という考え方であり、前の2つの「至上」を含まないことになるが、それは法律だけを一面的に強調する、資本主義的な法治主義だというのである。言い換えれば、党の事業と人民の利益は欠かせない、ということになるが、人民の利益は党によって代弁されるので、究極のところ、「党の事業を至上とする」ということがもっとも大事だというのが、「3つの至上」論の要点でもある。

このような議論は党の歴史のなかで繰り返し争点となった、「紅か専か」という議論の焼き直しである。「紅か専か」というのは、革命を担う人材にとってより重要なのは革命思想か専門知識か、という議論であるが、文革期のように政治的に混乱した時期には前者が、改革・開放時期になってからのように経済建設が重視される時期には後者が強調されるという関係にあった。司法改革についていえば、「紅」は党の指導を重視し、「専」は裁判官の専門職化を通して、裁判の独立を重視する考え方に繋がっていると言えよう。「3つの至上」論は党の指導を強調することにより、蕭揚の2つの綱要が掲げた裁判の独立化に向けた改革を否定したのである。

---

(17) 2012年に国務院新聞弁公室が公表した「司法改革白書」（『《中国的司法改革》白皮書』）は、中央司法改革指導小組がすすめた10年間の改革の成果を示したものだが、内容的には第3次綱要に対応している。そこでは「裁判の独立」は改革の課題とされていない。
(18) 「堅持"三個至上"工作指導思想，努力推動人民法院工作科学発展」、『最高人民法院新聞』、http://www.court.gov.cn/zixun-xiangqing-6.html。

3 打黒の躓き

(1) 暴かれた暗部

2000年頃から、公安は一部の経済犯罪組織を〔黒社会〕犯罪組織と名付けて、〔打黒〕（黒社会撲滅）闘争を展開してきた。黒社会は、一般の犯罪組織とは異なり、多くの場合、権力の側にこれを庇護し、便宜を提供する〔保護傘〕が存在していることをその特徴としているが、公安はしばしばみずからその保護傘となり、多額の見返りを受け取っていた。保護傘となった公安は、政法委員会の権限を利用して検察、法院に圧力をかけ、自在に打黒闘争を展開した。打黒によって数多くの民営企業家が投獄され、莫大な資産が没収されたが、常に冤罪の噂が絶えず、打黒は〔黒打〕（闇の処分）でもあると言われた。[19]〔保護傘〕と認定された高級幹部については、つまるところ権力闘争に敗れた結果の粛清という噂が付きまとった。

中央政法委員会書記の座についた周永康は、中央政治局常務委員会の委員ではあったが、序列としては最下位の9番目にすぎなかった。しかし大公安体制を背景に、利権争いに明け暮れる江派のなかで、周は瞬く間に権勢を手中に収め、「党内の第2権力」と呼ばれる存在に成り上がっていった。周にとって打黒はかけがえのない武器となり、彼はこれを利用して圧倒的な権力を収奪したが、法治国家の中核にあるべき中央政法委員会のかかる変質は、中国の法治主義を奈落の底に突き落とした。

〔打黒〕は〔黒打〕でもあるという見立てがたんなる憶測でなかったことを証明する事件は、周永康が絶頂に向かって走り始めたまさにその時に、いみじくもと言うべきか露見した。公安部で彼の右腕と称された鄭少東が、2009年に突然〔双規〕[20]にかけられたのである。鄭は、〔黒社会〕取締りのトップとなる経済犯罪捜査局長を務め、〔打黒〕の英雄として全国に名を轟かせ、若くして公安部長補佐の座につき、期待の若手として頭角を現していたが、それは周永康に重用された結果にほかならなかった。

鄭の逮捕より前の2008年に、国美電器の創立者で、中国一の富豪にラン

---

(19) 〔打黒〕と冤罪の関係を問うた事例として、拙稿「劉涌の裁判と薄煕来」、『中国研究月報』、2012年12月号。

(20) 党の規律検査委員会が、規律違反の容疑者を事情聴取する手続き。期間と場所を決めて通知することから、このように呼ばれる。

クされたこともある黄光裕が、贈賄や株価不正操作の疑いなどで逮捕された。江派の金庫番とも噂された彼の自供は中国社会に大きな衝撃を与えたが、鄭の逮捕によって黄の〔保護傘〕が誰か明らかになったことは、さらなる衝撃となった。鄭の自供が手掛かりとなって摘発された公安の腐敗幹部は50人を超えたと言われているが、この事件は周永康本人に対する疑惑を公にし、彼を政治的に追い詰める契機ともなった。

(2) 兼任体制の廃止

胡錦濤政権の成立とともに確立された大公安体制に対する見直しは、鄭少東事件の直後、政権が2期目の半ばを迎えた2010年4月に、党中央組織部が出したひとつの通知から始まった。この通知は、省級党委員会の政法委員会書記は同級政府の公安局長を兼任してはならない、と命じていた。通知は省級の政法委員会に限定していたが、その意味は後の改革で明らかになった。ただし一部の地方では、それ以下の地方党委員会でも同様の改革が進められた。

また2012年の第18回党大会では、中央政法委員会書記のポストが1級格下げされた。前任の周永康書記は中央政治局の常務委員会委員であったが、新任の孟建柱はヒラの委員である。だが地方公安機関責任者のポストについては、現在のところ変化はないようである。これらの措置によって、大公安体制復活の鍵となった政法委員会書記と公安機関責任者の兼任体制は廃止され、その制度的な支柱は胡政権の終幕に合わせて瓦解することになった。

Ⅳ　習近平政権の改革

1　なぜ周強なのか

(1) 蕭揚の秘書に

2012年の習近平政権発足後、蕭揚の60歳を大幅に更新する最年少記録で、建国からちょうど10代目の最高人民法院院長に就いた周強は、1978年

---

(21) 周永康体制の崩壊過程については、拙稿「薄熙来と中国法の失われた10年」（「中国研究月報」2013年9月号）を参照。
(22) 「政法委改革加速、減少案件干預」、『新京報』2014年10月23日。

に西南政法学院（現在は西南政法大学）に入学した、いわゆる「花の78年組」のひとりである。当時、中国には政法学院と名の付く法律専門大学が5つ存在していたが、文革中はいずれも休校状態に置かれていた。重慶にある同学院は文革終結後の1977年にいち早く再開され、1978年には国家重点大学にも認定されて、ほぼ10年ぶりに400名の学生を募集した。そのような状況であったため、新入生には大学の再開を待ちわびていた全国の俊英が集い、後に「花の78年組」と呼ばれるエリート集団が誕生した。多くの待機組を抱える78年組はそれゆえ幅広い年齢層で構成されているが、1960年生まれの周強はいわば新卒組で、もっとも若い世代ということになる。大学院に進んだ周を指導したのは金平教授であるが、金教授は人民大学の佟柔教授と並ぶ民法学界のリーダーとみなされ、「北の佟柔、南の金平」と称される存在であった。

　周は3年のあいだ院生として大学に残り、金教授の指導を受けていたが、1985年に司法部に就職した。司法部での配属先は法律政策研究室法規処という部署で、なかば研究職的な職場であった。彼はここで司法幹部としての道を歩み始めたのであるが、それから8年後の1993年に人生の転機を迎えることになった。

　同年、新しい司法部長に蕭揚が就任したのである。司法部内で将来のホープと期待されていた周強を、蕭はさっそく広東省の深圳市に司法局長補佐として派遣し、研修させた。まず、自らが創設した反腐敗闘争の最前線を経験させようとしたのであろう。半年間の研修を終えた周は司法部に戻り、弁公庁副主任兼部長弁公室主任に任じられた。要するに、蕭の秘書となったのである。この人事は、その後の周の人生をほぼ決定するものとなった。ここを出発点として、蕭の後継者としての周の人生が始まったといっても過言ではあるまいが、この経歴は任建新のそれと奇妙に符合する。

（2）湖南の改革

　周強は1995年に司法部から共産主義青年団（共青団）中央書記処書記に転じ、1998年には李克強の後任として第1書記となり、早くも次世代（＝第6世代）指導者のホープとしての地位を築いた。8年間も第1書記を務めた後、2006年に省長代理として湖南省に赴任した。翌年には全国最年少の省長

選任され、2010年には同省党委員会書記に就任した。

省長になった周強は同年、中国を代表する行政法学者である応松年政法大学教授を招き、行政法の整備を担当する専門家グループを設置した。専門家グループはまず、行政手続法の起草に取り組み、2008年に湖南省は全国に先駆けて「湖南省行政手続規定」を制定した。

このような湖南省の取り組みは、けっして独自のものというわけではない。幹部の腐敗、土地収用や立退きにかかわる行政の混乱については国務院も頭を悩ませ、1999年以降は〔依法行政〕（法にしたがう行政）をスローガンに、行政手続きの規範化に取り組んでいた。しかしその効果は容易に表れず、2007年には物権法が制定されて、市民の財産権が明確な法的裏付けを得たことから、土地収用や立退きに対する抗議活動がいっそう強まり、ときには大規模な騒乱を引き起こすようにもなっていた。

湖南省の取り組みは、そうした国務院の要請に応えるものであったが、全国的にはなかなか対応が進まないなか、同省の先駆性は際立っていた。周強はその後も一連の行政法を整備して、湖南省を全国で唯一の行政法が整備された省に仕立て上げただけでなく、2011年にはその仕上げとして「法治湖南建設綱要」を公布して、全国に衝撃を与えた。「法治湖南建設綱要」は法律ではなく、同省党委員会が定めた党の規範性文書であるが、そこでは党の決定や指示、規則は法律に違反してはならない、と明確に規定されていたのである。[23]この「綱要」の制定が実際にどれほどの意味を持ち、現実に社会を変革する役割を果たせるかは疑問の余地なしとしないが、少なくともこれによって周は、誰もが認める党内きっての法治派としての評価を確立することになった。

中国憲法第5条は、「すべての政党は憲法および法律を遵守しなければならない」と定めており、中国共産党もこの「政党」に含まれる、と一般には解釈されている。しかし他方では、憲法や法律は党が作るもの、という考え方もあり、憲法や法律は党の政策に合わせて解釈されている、というのが実態であろう。この関係を指して、「黒頭は紅頭にしかず」〔黒頭管不住紅頭〕という。法的文書はタイトルが黒字で印刷されるのに対し、党の文書は赤字

---

(23) 前掲『はじめての中国法』、第11章。

で印刷されることから、このように言われるのであるが、要するに党の指示、規則は法律に優先する、というわけである。「法治湖南建設綱要」はこの関係をひっくり返して、「紅頭は黒頭にしかず」という関係に置き換えようとするものであるが、これはつまるところ「3つの至上」から「1つの至上」への転換にほかならない。

　中央政法委員会が「3つの至上」を掲げて君臨していたその時期に、周強は湖南省でこれに反旗を翻し、敢然と「1つの至上」を掲げたことになるが、それを可能にしたのは中央政法委員会の崩壊がすでに始まっていたことであろう。

2　矛盾する改革
(1) 習政権の反腐敗闘争

　胡錦濤政権発足時に最高人民検察院検察長になった賈春旺は、清華大学で胡の級友であり、胡が共青団の中央委員会書記になった時には常務委員を務めるなど、胡とは非常に親しい関係にあった。賈の検察長就任（あるいは中央政法委員会書記がベストだったかもしれないが）は胡が強く望んだものであり、胡にとっては鄧小平の遺志を継いで反腐敗闘争を推進するための重要な人事であった。検察長になった賈は反腐敗闘争に尽力しただけでなく、蕭揚の改革に合わせて検察側の改革を進めようと奮闘した。[24] 両者が歩調を合わせて司法改革に取組んだ結果、羅幹の指導する中央政法委員会とはしばしば激しい対立が生じた。したがって蕭と賈は、江沢民派の幹部らにとっては目の上のタンコブのような存在でしかなかった。圧倒的な包囲網のなかで孤立しながらも、ふたりがそこそこの指導力を発揮して最後までその職務を全うしえたのは、蕭には鄧小平、賈には胡錦濤という、それぞれの政治的な後ろ盾があったからにほかならない。

　賈の後任に選ばれた曹建明は、上海の華東政法学院（現在は華東政法大学）を卒業した国際法の研究者で、大学院の修士課程を修了後に同校で就職し

---

(24)　最高人民検察院が2005年に定めた「検察改革を3年でさらに深化させるについての実施意見」には、2000年の「検察改革3年実施意見」になかった、「検察の独立」という課題が加えられている。

た。5年後には国際法の教授になり、当時中国で最年少の教授として注目され、後には学院長にもなっている。党中央の幹部を集めた法律学習講座で、国際商事法を講義して江沢民から高く評価され、そのことがきっかけとなって、1999年に最高人民法院の副院長に抜擢された。しかしこの人事はじつのところ、ポスト蕭体制を睨んだ布石にほかならなかった。

蕭揚が退任した後、周永康が中央政法委員会書記に回った人事では、蕭揚の後任に公安部長の王勝俊が回り、賈春旺の後任には曹建明が着任した。公安部長を含め、これら4者が中核を占める中央政法委員会では、曹だけが公安とは関係をもたず、しかも国際法学者出身という経歴であった。周永康らの人事がもつ意味についてはすでに述べたとおりであるが、検察長についてだけ付言すれば、さして当たり障りのないこの人事は、実質的に反腐敗闘争における検察の役割を封じ込める意図を持つものであったといえよう。

その曹が習体制でも留任した背景には、明らかに検察を軽視する傾向が見て取れる。反腐敗闘争を政権の重要な柱として位置づける習政権において、その旗振り役はあくまで党の中央規律検査委員会であり、最高人民検察院はたんなる後処理機関にすぎないのである。これは歴史をさかのぼれば、検察の一般監督権を根拠にその「独立王国化」を批判した[25]、反右派闘争時期と共通するものにほかならない。

（2）改革深化の方針

習近平政権は周永康を逮捕して裁判にかける一方、周時代の司法、公安活動に対する反省に立って、新たな司法改革の方針を明らかにした。まず2013年の党18期3中全会で採択された「改革を全面的に深化させるいくつかの重大問題についての決定」（以下、「決定」と略す）には、司法改革についても重要な方針が提起されていた。

なかでも特に注目されるのは、地方の法院、検察院を各省級党委員会の統一指導下に置く、とした点である。これまで地方各級法院、検察院はすべて、同級地方党委員会の指導下に置かれていたが、これを省級党委員会に統

---

(25) 一般監督権とは、国家機関および公務員の違法行為に対する監督権を指し、1954年の人民検察院組織法に規定されていた。この権限については、党の指導に制限を加えようとする右派の主張だという批判が巻き起こり、反右派闘争時期に多くの検察幹部が粛清された。

表2　中央および地方党委員会と国家機関

行政区画	地方党委員会	人民法院	人民検察院	人民代表大会	人民政府
全国	中央委員会	最高人民法院	最高人民検察院	全人代	国務院
省級	省級委員会	高級人民法院	省級人民検察院	省級人代	省級人民政府
地区級	地区級委員会	中級人民法院	地区級人民検察院		
県級	県級委員会	基層人民法院	県級人民検察院	県級人代	県級人民政府
郷級				郷級人代	郷級人民政府

一するということは、地区級および県級の党委員会には指導権を持たせないということを意味する。従来の体制は、地元党委員会が個別の裁判に介入してみずからに都合の良い判決を導くよう圧力をかける、いわゆる地方保護主義と呼ばれる病弊の根源として批判されてきたが、この改革は、省級レベルはさておき、地方保護主義の根を絶つことによって裁判の独立性を高めようとするものにほかならない。

　この「決定」を受けて最高人民法院は翌年、「第4次綱要（2014〜2018年）」を公表したが、改革の主要な任務として最初に取り上げられたのは「異地管轄」の問題である。「異地管轄」とは、訴訟法に定められている裁判管轄とは関係なく、異なる地方で裁判をおこなえる制度である。これは蕭揚が、地方保護主義に陥りやすい行政訴訟に、本来の役割を果たさせるために提唱して導入した制度で、高級幹部の腐敗にかかわる刑事訴訟などにも採用されるようになっていた。2014年の行政訴訟法改正によって、「異地管轄」ははじめて訴訟法に明文で規定された。

　以上の点から明らかなように、「決定」および「第4次綱要」が提示した司法改革の課題は、「第3次綱要」とは異なり、第1次と第2次の「綱要」に照応するものと言える。習政権が周強を最高人民法院院長に据え、このような司法改革を提示したことは、いかにも蕭揚の改革を引き継ぐという明快なメッセージのように受け取れる。政権内で孤立した蕭よりは周の方が周囲の環境もよさそうに見えるため、今度こそ大いに期待が持てそう、と明るい展望で本稿を締めくくりたいところではあるが、どうやら最後に致命的な懸念を指摘しておかないわけにはいかないようなのである。

（3）集中的統一指導体制

　その懸念というのは、2015年1月に開催された党の中央政治局常務委員会会議が明確にした、習政権の基本的な方針である。

　習政権は18期3中全会以降、「中央全面深化改革指導小組」（2013年12月）、中央国家安全委員会（2014年1月）、「中央ネットワーク安全・情報化指導小組」（2014年2月）という3つの主要な指導機関を相次いで成立させたが、これらは俗に〔超級（スーパー）機構〕と呼ばれているように、党と国家、軍を一体化した、文革時期さながらの機関である。これを受けて上記会議は、「集中的統一指導体制」という新たな原則を打ち出したが、それは党がすべての国家機関と軍を直接指導することを意味するものである。

　かつて毛沢東は反右派闘争を指示するにあたり、このような党による直接指導体制への転換を命じたが、そこから生まれた〔党政不分〕（党と国家の一体化）、〔以党代政〕（党による国家の代行）などの現象は、法治主義を崩壊へと導く要因となった。

　この経験を踏まえて鄧小平は、法治主義の確立には「党政分離」（党と国家の分離）が不可欠の条件であると考え、その徹底を繰り返し主張してきた。〔依法弁事〕を提唱した11期3中全会前の会議で彼は、「党の指導の強化を口実に、党がすべてを取り仕切り、あらゆることに関与する、あるいは（党による……筆者注）一元的指導を口実に、〔党政不分〕、〔以党代政〕を実行する」ことは誤りだ、と厳しく指摘している。(26)

　したがって鄧小平の「党政分離」原則から見れば、習政権の司法改革は重要な前提を欠いており、反法治主義的ということにならざるをえないのである。周強が湖南省でおこなった行政改革もまた「党政分離」を原則とし、それを徹底させようとするものにほかならない。つまり「党政分離」は鄧個人の主張ではなく、本稿で見てきたように、建国以来の司法改革の担い手が共有してきた基本原則であることを考慮すれば、習政権は想定外の、未曽有の改革に挑戦しようとしている、と言うほかない。

　18期3中全会の「決定」は、改革全般の課題を提起するなかで司法改革にも触れていたが、2014年10月の4中全会は課題を法治主義に絞った「依

---
(26)　注5と同じ。「党政分離」と法治主義との関係については、注1の拙稿を参照。

法治国を全面的に推進するためのいくつかの問題についての決定」を採択した。この決定は、法治国家建設を 11 期 3 中全会以来の基本方針であるとしながらも、「党の指導こそが、中国の特色ある社会主義のもっとも本質的な特徴であり、社会主義的法治主義のもっとも根本的な保証である」と指摘している。ここではまだ集中的統一指導という原則は明示されていないが、決定が「3 つの至上」論を継承するものであることは改めて指摘するまでもなかろう。

（4）監察体制改革

2016 年 11 月に党中央は、監察体制の改革にかかわる試行計画を通知したが(27)、それによれば省級人代に監察委員会を新たに設置し、党の規律検査委員会との〔合署弁公〕を実施するという。〔合署弁公〕とは複数の機関が合同で事務をおこなうことを指し、たとえば法院と検察院とが犯罪撲滅闘争などの際、一時的にそのような体制をとることは珍しくないが、党機関が同時に国家機関をも兼ねている二枚看板の組織である場合にもこのように言う。行政監察機関（監察部）は 1993 年から規律検査委員会と〔合署弁公〕を実施していたので、監察委員会もこれに合わせた形になっているが、中央規律検査委員会の王岐山書記は、近く検察の汚職取締り部門の所属も変更すると述べており(28)、規律検査委員会は監察部門だけでなく、検察の汚職取締局をも併合し、反腐敗闘争を統一的に指導する体制へ移行するとみられている。

前述した通り、汚職取締局は鄧小平の指示にもとづいて蕭揚が設置した反腐敗闘争の拠点である。鄧は「党政分離」の原則にもとづいて、党の規律違反と国家の法律違反とを厳格に区分しようとしたのだが、汚職取締局の設置には 1950 年代の苦い経験が反映されていた。1955 年に党は規律検査委員会を監察委員会に改めたが(29)、その際に機能を強化するという名目で、職権の範囲を党の規律違反から国家の法律違反にまで拡大したのである。そのことが後に検察機関の弱体化をもたらし、文革時には検察を廃止にまで追い込むことになった。検察の一般監督権は(30)、その対象が反腐敗闘争と大部分で重複す

---

(27) 中共中央弁公庁印発「関於在北京市、山西省、浙江省開展国家監察体制改革試点方案」。
(28) 「王岐山在北京、山西、浙江調研監察体制改革試点工作時強調実現対公職人員監察全覆盖 完善党和国家的自我監督」、中央紀委監察部網站、2016 年 11 月 25 日。
(29) 1953 年の高崗・饒漱石反党同盟事件がきっかけとなった。

るため、規律検査委員会と二重のチェックが入ることになり非効率という面もあるが、反腐敗闘争が権力闘争に利用される可能性を排除する効果を期待することができる。毛沢東は党の指導を徹底させることを目的に、前者の非効率を問題視し、さらにはみずから権力闘争に利用することで法治の破壊を進めたが、習近平政権はこの歴史的経験を踏襲しようとしているようにも見える。

政権内で孤立した蕭揚に比べて、周強は恵まれた環境にあるようだと述べたが、それはほんの外形的なことにすぎないのかもしれない。監察体制改革と第4次綱要の成立過程を見ただけでも、これからの司法改革にどれだけの可能性が予測しうるのかを考えれば、周の手腕に多くの期待を寄せるのはいささか酷なことのように思われる。

Ⅴ　おわりに

天安門事件の直後、中央および地方の各機関は武力行使を支持する内容の電報を党中央に送った。慣例によれば、このような文書の宛先は「党中央、国務院……」などと機関名を列記するのが一般的であるが、任建新が最高人民法院を代表して送った電文の宛先は、「喬石同志ならびに中央政治局常務委員会」となっていた。[31]

当時、中央政治局常務委員会は5人の委員（趙紫陽、李鵬、喬石、胡啓立、姚依林）で構成されていたが、鄧小平は極秘に開いた会議で戒厳令の発動について提案し、常務委員会の決定に委ねたとされている。李鵬と姚依林が賛成し、趙紫陽と胡啓立が反対したため、喬石の1票でどちらかに決まる状況になった。彼はそれまで沈黙を守っていたが、鄧小平の最後の問いかけに静かに頷き、賛成に回ったと言われている。[32] 任建新がわざわざ慣例を破って喬石への精一杯の支持を表明したのは、このような事情があったためと見られて

---

(30) 注25参照。
(31) 「高法到電喬石併中央政治局常務委」、『人民日報』、1989年6月7日。
(32) この点についてはさまざまな伝聞情報があり、最近では当事者の回想録（趙紫陽『改革歴程』、香港新世紀出版社、2009年。李鵬『李鵬六四日記』、同上、2010年）も出版されている。それぞれ細部は異なるが、おおよそはこのような内容である。

いる。

　みずからが指名したふたりの総書記が相次いで失脚したことによって追い詰められた鄧小平は、喬石が趙紫陽に対する反対の姿勢を明確にしなかったため、彼を趙の後継に指名することができなくなり、江沢民を選ぶほかなくなってしまった。タラレバの因縁話になるが、もしこのとき喬石が後継者に指名されていたら、中国の法治主義にはもう少し違う可能性が開かれていたかもしれない、と想像しないわけにはいかない。

　任建新の電文はちょっとした物議を醸したものの、大事には至らずに済んだ。彼自身は覚悟を決めていたであろうし、鄧小平も思わぬ一撃に内心は怒り心頭だったかもしれないが、喬石を含めそれぞれが皆、天安門事件という重大かつ深刻な危機を前にして、みずからの思いを呑み込んだのである。この後の第14回党大会で任建新が院長と兼任するかたちで中央政法委員会書記に選ばれ、鄧小平が彼の目標としていた司法体制の改革モデルをひとまず実現したことは、すでに述べたとおりである。

　鄧小平とＷＴＯ加盟というふたつの重い枷に縛られていた江沢民政権は、内部に危険な反法治主義の芽を育てながらも何とか踏みとどまっていたが、これらの枷が外れた途端に歯止めのきかない崩壊の過程に転がり込んでしまった。鄧小平は法治国家建設に執念を燃やしながら、最後にみずからの努力を帳消しにする選択をしたということなのかもしれない。しかしさらに言えば、その鄧小平でさえ「党治か法治か」という究極の選択を迫られれば、迷わずに「党治」を選んだのである。「党の指導」という大原則のもとで、そもそも「党政分離」にどれほどの意味があるのか、と習近平政権はそう問いかけているのであろうか。

比較法的視野における人民陪審員制度改革

丁　相　順[1]
Xiangshun DING

（訳）長　友　昭

> はじめに
> Ⅰ　「大衆の司法裁判参加」の類型と人民陪審員制度の位置づけ
> Ⅱ　志同道不合：大衆の司法参加による裁判モデルの比較法的観察
> Ⅲ　中国の司法改革と人民陪審員制度

概要：中国の現在の司法制度改革を背景として、歴史・理念・制度等の点から各国の大衆による司法裁判への参加の類型を検討し、これを基礎として中国の人民陪審員制度と日本・韓国の陪審員制度との間の共通点及び相違点を示した。人民陪審員制度の歴史的な根源、制度形態及び機能を重点的に分析し、比較を基礎として、大衆の司法参加における裁判の機能の構築について分析し、人民陪審員制度改革の基本的方向を示した。著者の意見としては、人民陪審員制度改革は司法制度改革の全体目標に従うべきであり、司法の公正という主要な目標を保証するため努力すべきである。また、人民陪審員制度を整備すると同時に、人民大衆の秩序ある司法参加の多様な形式を積極的に開拓する必要がある。さらに人民陪審員制度改革は、大衆の選任方式・方法、適用範囲、大衆の司法参加による裁判に関する特別訴訟手続、参加する大衆の権利・義務を合理的に設定する必要があるだけでなく、司法裁判にお

---

(1)　中国人民大学法学院教授。本稿は中国人民大学方策決定コンサルティングプロジェクト「中・日・韓法治一体化建設、法律人材育成と智の倉庫建設」（201503261）の段階的成果であり、中国人民大学科研処による本稿への支援に感謝する。

ける関連主体と司法裁判に参加する人民陪審員との間の関係も合理的に考慮する必要がある。

キーワード：大衆の司法裁判への参加、人民陪審員、司法改革、比較法研究

はじめに

　現在、中国は積極的に新たな司法制度改革を推進している。中国共産党第十八期三中全会「改革の全面的深化における若干の重大問題に関する決定」では、「司法制度改革を深化させ、公正かつ高効率で権威ある社会主義司法制度の構築を加速させて、人民の権利・利益を守り、人民大衆に個々の司法事件において公平と正義を感じさせる。」司法制度改革を推進し、特に裁判の制度とメカニズムの改革を深化させ、「核心となる任務は裁判機関の法による独立公正な裁判権の行使を確保することである。そして、裁判機関に法により独立公正に裁判権を行使させることは、裁判主体が法により独立して裁判の責任を負うことでもある。」ことが明確に打ち出された。ここから分かるように、新たな司法制度改革の着眼点は、司法の法則の尊重、司法裁判活動の専門化の強化、裁判官・検察官等の職業法律家の職業化建設の普及、職業化された主任裁判官の司法裁判における主導的地位の強化と、それを司法裁判の責任主体とすることにある。他方、この新たな司法改革は「人民陪審員・人民監督員制度の広範な実施、人民大衆の秩序ある司法参加ルートの開拓」という目標も打ち出している。第十八期四中全会「中共中央による法による国の統治の全面的普及における若干の重大問題に関する決定」でも、人民大衆の司法参加を保障し、司法調停・司法証拠聴取・訴えにかかる陳情等の司法活動において人民大衆の参加を保障し、人民陪審員制度を整備する」ことを打ち出している。2015 年、中央全面深化改革指導小組が「人民陪審員制度改革試行方案」を採択し、全人代常務委員会の授権を経て、現在最高人民法院、司法部が「人民陪審員制度改革試行方案」[2]の推進及び実施を行っている。当該「方案」は、基本原則と改革目標、主要内容、方案の実

（2）　2015 年 4 月 24 日、最高人民法院、司法部による法（2015）100 号印発「人民陪審員制度改革試行方案」。

施、組織的保障の4つの部分に分かれ、司法改革の目標における人民陪審員制度の基本的枠組みを打ち出している。一定期間の試行作業が経過した後、関連部門が制度改革方案を出し、これにより、さらなる広範な視野に立ち、比較法的視点から大衆の司法参加による裁判の類型を分析することは、合理的かつ科学的な人民陪審員制度の構築、司法改革の目標実現にとって重要な理論的意義を有している。

　昨今の世界では、一般大衆を秩序的に司法裁判に参加させており、特に刑事司法裁判は、各国の司法制度改革の重要な傾向となっている。「多くの国の改革者は一定程度において『陪審制』または『半陪審制』を政治・経済ひいては社会改革の手段としている。近年、世界の多くの国が大衆の参加を自国の司法制度に融合し、もって改革を促進し、大衆の方策決定への参加を引き上げ、国民主権を向上させている。」この傾向は、東アジア各国の態度に顕著で、司法制度改革の重要な一段階として、今世紀初頭以来、日本と韓国が前後して立法を採択し、刑事司法において大衆の司法参加制度の形式を確立した。したがって、司法制度改革の大きな背景の下で、歴史的発展、国際比較等の視野に立って、現行の人民陪審員制度の設計をチェックし、司法の専門化・職業化改革の方向性と司法の民主的参加との関係を整理し、トップダウン設計と全体計画を強化し、中国人民陪審員制度改革の正確な方向性を確保しなければならない。

I　「大衆の司法裁判への参加」の類型と　　人民陪審員制度の位置づけ

　いわゆる「大衆の司法参加」とは、一般の大衆を司法裁判に参加させることであり、そして司法裁判活動の中にその社会的常識を反映させ、事件が公正な審理を受けられるよう確保し、もって司法の民主化促進といった目標を実現することである。2008年現在で、国連192か国の加盟国のうち、55か国において、刑事手続に各々の形式で大衆が司法に参加する裁判制度があ

---

(3) Matthew J Wilson, Prime Time For Japan to Take Another Step Forward in Lay Participation: Exploring Expansion To Civil Trials, 46 Akron L. Rev. 642, 2013.

り、その大部分の国が経済的に発展し、民主政治を行い、近代法文化の影響を受けている国である。各国の司法制度には、形成と発展の過程において異なる民衆の司法参加による裁判モデルが出現し、学術界によるその帰納及び総括にも大きな違いがある。

　大まかには、各国の学術界は一般に、大衆の司法参加による裁判の形式を「陪審制（JURY）」と「参審制（ASSESSOR）」の2つの類型に分けている。この2つは司法裁判への大衆参加の実現において共通性があるが、大衆の選任方式、大衆の裁判参加形式、開廷審理における大衆と職業裁判官の関係、大衆が出す決定の効力等の点で多くの相違がある。一般に、イギリス、アメリカ等のコモンローの国で実行されるのは一種の「分業式」による大衆の司法参加方式（これを JURY といい、「陪審」制と訳す）であると言われており、一般大衆が開廷審理での事実認定を担当し、職業裁判官が開廷審理の進行を管理するとともに法律の適用を担当する。ドイツ、フランス等の国で実行されるのは「非分業式」による大衆の司法参加による裁判形式であり、大衆と職業裁判官が共同で事件を審理し、事件の事実を共同で確定し、法律の適用を共同で決定する。上述の相違は、裁判参加における大衆と裁判官の権利及び役割が反映されているだけでなく、法廷での座席配置にも表れており、すなわち陪審制では一般に大衆が法廷の脇に座り、開廷審理における調査には参加せず、相対的に消極的状態に置かれるが、参審制では一般に大衆と裁判官が隣り合って座り、開廷審理プロセスに参加し、役割が積極的である。用語の違いによる不要な誤解を避けるため、本文では学術界の大衆の司法参加形式に対する一般的区分――英米の「陪審制（JURY）」と大陸法系の国があまねく採用する「参審制（ASSESSOR）」を使用することとし、両者の実質的相違点は、一般大衆の選任方式が事件の終結とともに終了する事件別担当制をとるのか任期制をとるのかであり、開廷審理活動で、大衆と裁判官が事件の事実及び法律の適用を決定する上で分業が存在するか否かである。

　社会科学、特に法律科学は概念の確立した用語により構築しなければなら

（4）　Ryan Y. PARK: The Globalizing Jury Trial: Lessons and Insights from Korea, The American Journal of Comparative Law, 58 Am. J. Comp. L. 2010 summer.
（5）　田口守一「刑事司法改革の新局面―刑事手続と市民との新しい関係をめざして」、須網隆夫ほか『司法制度改革と市民の視点』234頁、成文堂、2001年10月初版。

ない。中国の伝統的司法には大衆の司法参加という形式が存在せず、よってかかる概念も存在しない。「陪審」という語は清末の変法の際、西洋の学術著作を翻訳し、西側の宣教師や日本の媒介を通じて、英語の「JURY」制度が中国語に翻訳された。1903年に中国で翻訳出版された「国憲泛論」の「司法官を細論す三」では、もっぱら陪審制度を系統的に紹介しており、「而して之を要する所以は実に法司の分業を謀てなり。凡そ天下の事皆なその分業あるを貴ぶ。而して法司の如きも亦た均しく之が分業を要し、夫の事実の断定と法律の適用を分ち之を陪審官と法官の間に置くが如きは蓋し其要なるものなり。陪審官を置て裁判に関与せしむるの制は実に英国に始まるが如し。……是を以て陪審官は人民をして司法の事に与からしめ以て事実の判決を司らしむるものを謂ひ、泰西の人之を称して自由の一大根軸なりと謂ふ。」[6]
1906年、沈家本らが中心となって定めた「大清刑事民事訴訟法」では初めて法律草案に陪審制度が定められ、陪審の資格、責任、開始方法等の具体的手続等の内容が盛り込まれた。この草案で確立されたのは英米の陪審制度モデルである。しかし、張之洞らは陪審制が国情等に合わないことを理由に、中国で「陪審制度」を構築することに反対し、同草案はこれにより流れた。英米法において実行された陪審制が清末に中国の法律の規定となることはなかったのである。

　しかし、清末の滅亡以後、南京国民党政府も中国共産党指導の革命根拠地も相次いで一定程度で形式の異なる「陪審」制度を取り入れた。南京国民党政府は1929年に「反革命事件陪審暫定弁法」を公布し、同法施行期間に反革命事件につき陪審制を実行すると定めたが、その要点は、第一に、陪審が党部の申立による必要があり、被告の権利ではないこと、第二に、陪審員は党員に限られること、第三に、陪審員は6人とし、抽選で決定すること、第四に、陪審員が法廷において「有罪」、「無罪」、「犯罪嫌疑の証明不能」を回答することであった。この弁法の主要な目的が政治における敵対勢力の鎮圧にあり、かつ実施期間が短かったこともあり、中国の司法体系には定着しなかった。[7] 中国共産党指導の改革根拠地政権下で、1934年公布の「中華ソビ

（6）　小野梓著、陳鵬訳、丁相順校正『国憲泛論』、269頁、中国法制大学出版社、2009年出版。原著は1903年（光緒29年）上海広智書局出版。

エト共和国司法手続」でも人民陪審制度が定められ、裁判長と陪審員が合議廷を構成し、裁判を行うこととされた。解放戦争時期に制定された「各級司法機関暫定組織条例草案」でも、各級司法機関による事件の裁判は、人民代表及び関連政府または大衆代表が陪審することができること、人民陪審員が裁判員と共に人民法廷を構成し、一審の事件を審理する場合、裁判員と同じ権利を有することが定められていた。新中国建設以後、人民政府は相次いで憲法、組織法及び手続法の中で人民陪審員制度を定めた。2004年、全人代常務委員会が「人民陪審員制度の整備に関する決定」を採択し、人民陪審員制度を規律する基本的法律文書とした。

　字面の意味から見れば、人民陪審員制度は清末の変法時期に「JURY」制度を「陪審」と翻訳したことに遡れそうである。しかし、「JURY」の本質的内容を真摯に考察すると、その翻訳が「陪審」であることは必ずしも適切でないことが分かる。なぜなら、「陪審」という単語の字面の意味は「裁判への同伴[陪同審判]」であり、英米制度では、「JURY」制度の本質的特徴は選任された民衆と裁判官が開廷審理で異なる裁判機能を分担しており、民衆の法廷での役割は「裁判への同伴」ではないのである。すでに19世紀80年代に、日本の比較憲政学者の小野梓が次のように指摘している。「按ずるに陪審官は英語のヂユリーを訳填する者にして其用久しと雖ども、其訳字原語の正義を乱るが如し。蓋し原語のヂユリーは刺甸のヂユロより転ぜしものにして原と誓を為すの義に充つ。故にヂユリーは誓約を立て公正に案件の事実を調査し其虚実を断定宣言するの職を謂ひ、実に事実の判官たり。然るに東洋に在ては未だ曾て其事あらざるを以て訳者法官以外此官あるを見て誤て法官に陪従するものと為し、以て陪審官の字を下すに至りしならん。是れ真に杜撰の訳語にして全然原語の正義を乱るを知る。」近年来、中国の学術界でも「陪審」という用語の表現が事実に合わないという問題が注目されており、「制度の歴史、運用手続き及び我が国の人民陪審員制度の関連内容から

（7）　熊秋紅「司法公正與公民的参與」法学研究1999年第4期。
（8）　蕭伯符主編『中国法制史』398頁、人民法院出版社、2003年版。
（9）　張晋藩主編『中国法制史』第503頁、群衆出版社、1985年出版。
（10）　段暁彦、兪栄根「「陪審」一詞的西来與中訳」法学家2010年第1期。
（11）　前掲『国憲汎論』、268頁。

対比分析して、JURY制度を陪審団制度と翻訳することは不適当である。」
「もし『文字の咀嚼』を要するのであれば、日本語と中国語の表現方法の週刊から考えて、『JURY』を『民審団』とし、『JUROR』を『審判員』とするのがより適切といえるであろう。と考えられている。したがって、制度の実際の内容から考えて、「陪審」の用語を用いてはいるが、現行の「人民陪審員」制度は実質的に英米の「JURY」制度とは無関係である。

　では、現行の人民陪審員制度の歴史的淵源はどこにあるのか。「人民陪審員」の概念には「人民」と「陪審」の２つの部分が含まれる。人民は司法裁判の参加者、主体となり、これは近代以来の民主主義革命と密接に関係している。民主主義革命家が数千年の封建階級制度に対し激しい批判を行ったことを土台としており、西側の政治理論と実践の中から啓発を受けて打ち出された政治的主張は、民主革命の成果である。例えば、孫中山が清朝君主の独裁的司法裁判制度に対して批判を行ったことを土台とし、「平其政刑」の主張を打ち出し、「大小の訴訟業務では、欧米の法に倣い、陪審人員を立て、弁護士の代理を認めれば、業務は公平となる」としている。中国共産党も人民民主の基本的な政治主張を明確に打ち出し、大衆を動かし、大衆に司法参加させることはいずれも人民民主の重要な方式となるとしている。董必武は、「人民陪審員は、人民大衆の生活経験と法律意識、道徳観念を法院に来て運用することができる」と明確に指摘している。よって、国民党政権であれ共産党指導の革命根拠地政権であれ、一定程度において一般大衆に一定範囲の司法裁判事務への参加を認めていたと解釈することができる。このことから、人民陪審員制度自体に高度に中国化された色彩があり、映し出されるのは近代以来の民主主義革命、特に新民主主義革命の成果であり、英米の陪審制度のやり方とはある種完全に異なることが分かる。「人民陪審員制度は

---

(12)　云鳳飛「試論英国Jury制度的翻訳問題」山西農業大学学報（社会科学版）第11巻（第5期）。
(13)　孫長永「普通民衆参輿刑事審判的理念和路径」『陪審制研究』（代序）、中国人民大学出版社、2008年7月。
(14)　中国社科院近代史所編『孫中山全集』第一巻、第194頁、中華書局出版、1981年。
(15)　董必武「正確区分両類矛盾，做好審判工作」『董必武政治法律文集』第539-540頁、法律出版社、1986年。
(16)　前掲熊秋紅「司法公正輿公民的参輿」。

革命根拠地時期に早くも始まり、我が国の司法制度の１つの良い伝統であ
る」。特に中国共産党指導下の政権において、「人民陪審員」の概念の用語が
ソ連の訴訟制度から取られたため、この制度を実行することにはソビエト連
邦との一致性を保持するという象徴的意義があったのである。中国共産党は
全国の政権を手中に収めた後、人民陪審員制度の正統性に、建国初期のソビ
エト同盟との時代背景も加わり、この制度が当然に基本憲政制度として確立
されることとなった。「中国は 1949 年以後、『文化大革命』時代を除き、『一
貫して』司法裁判の『人民性』を重視しているとされる。伝統的『判官』を
一律に『審判員』に改名したうえ、ソ連の法律を学習しこれを参考にして自
己の『人民陪審員』制度を確立した」。

　人民の司法参加という政治の象徴的意義をなげうって、清末以後、中国は
長期間内乱と対外戦争の状態に置かれた。このことが「人民」の「陪審」制
度を非正式なやり方でしか存在させられず、精緻な司法裁判モデルとして発
展させられないことを決定づけた。仮に建国後、現行制度の実践に至るま
で、人民陪審制度が非常に粗造かつ恣意的であり、これが「陪審」の中国語
の文字的意味を事実どおりに反映しているとしても、人民陪審員形式をとる
か否かや、人民陪審員の裁判プロセスにおける役割は、裁判所と職業裁判官
の決定に高度に依存している。そして裁判に同席する方法は、中国の伝統的
な司法文化にはその形跡がない。周代に出現した「一に群臣を訓練し、二に
群吏を訓練し、三に万民を訓練する」から、唐代末期以降の三司会審、朝
審、秋審等の合同審理［会審］形式までは、いずれも司法裁判事務を主管す
る裁判官が困難・重大事件の審理を主管し、同時に関連官吏を吸収して一緒
に参加させ、場合によっては大衆の意見を聴取するという方法であった。こ
のように、清末以来の西風が東に漸進し民主改革気風が押し寄せた情勢下
で、元来英米の「JURY」制度から翻訳された大衆の司法参加形式―陪審
は、中国古代の固有の「合同審理［会審］」形式と自然に結合してひとつに

---

(17)　最高人民法院答問「関于完善人民陪審員制度的決定」、最高人民法院 HP、2005 年 4 月 29
　　　日。http://www.china.com.cn/chinese/law/649985.htm（2014 年 5 月 1 日閲覧）
(18)　孫長永「普通民衆参与刑事審判的理念和路径」『陪審制研究』（代序）、中国人民大学出版社、
　　　2008 年 7 月。
(19)　謝冬慧「中国古代会審制度考析」政法論壇 28 巻第 4 期、2010 年 7 月。

なった。

制度の内容面からみれば、人民陪審員制度が任用制により大衆を選任する方法は、大衆と裁判官が一緒に共同で事実認定及び法律の適用を行う構造設計であり、参審制の司法大衆参加類型と似ている。非司法専門家の裁判参加、同席を認める方法は、中国の伝統的な司法文化とも高度に合致している。そして、一般大衆が司法裁判の主体として、司法裁判プロセスに参加することができることは、近代民主主義革命の理念を反映しており、新民主主義革命の重要な成果でもある。このことから分かるように、近代民主主義の成果を引き継いだ人民陪審員制度と清代の法律変革者の理解する「JURY」制度は、内容面でも精神面でも実質的区別を有していた。制度の根源からは、中国の現代の人民陪審制度は近代民主主義革命の著しい影響を受け、自国の法律文化発展の産物であるといえる。

類型化の観点から人民陪審員制度について歴史的分析を行う目的は、抜本改革において視野を広げ、より理性的かつ全面的にこの大衆の司法裁判参加の形式を観察して見つめ、それにより人民陪審員制度の理論的検討のための基礎を定めることである。

II　志同道不合：大衆の司法参加による裁判モデルの比較法的観察

今世紀初頭、中国の立法機関が人民陪審員制度につき新たに規定を行った大きな背景の一つとして、世界に大衆の司法参加による裁判を回復しまたは創出する流れが出現したことがある。際立った例としては、ロシアが1993年に「ロシア連邦刑事訴訟法典」を採択し、陪審制度を刑事訴訟手続に正式に導入したことであり[20]、また、スペインが1995年5月に「陪審裁判所組織法」を公布し、民主的な司法参加による裁判の陪審制度回復を確立したこと[21]、また特には、東アジア国家の日本や韓国にも大衆の司法参加に対する重

---

(20) ロシアの陪審制度の内容については、王志華「転型時期俄羅斯的陪審制度」環球法律評論 2007年第2期を参照。

(21) Stephen C.Thaman, Europe's New Jury Systems: The Case of Spain and Russia, in World Jury System, Edited by Neil Vidmar, Oxford University Press, 2000.

大な関心が生じ、相次いで大衆の司法参加による裁判のそれぞれの形式を回復・創建したことである。このうち、日本では 2004 年 5 月に「裁判員の参加する刑事裁判に関する法律」(以下「裁判員法」)及びこれに関連する「刑事訴訟法等の一部を改正する法律」が採択され、2009 年 5 月に大衆の司法参加による裁判の形式—裁判員制度が正式に施行された。いわゆる「裁判員制度とは、大衆の関心程度が高く、社会的影響が大きく、法定刑が比較的重いいくつかの類型の事件において、一般大衆から裁判員の担当者を無作為方式で抽出し、裁判員が職業裁判官とともに合議廷を構成し、共同で事件を審理し、一緒に罪と量刑を決定する制度である[22]。」韓国も、2008 年 1 月に正式に「国民の刑事裁判参加に関する法律案」(以下「国民裁判参加法」といい、参加する大衆は「beasinwon、陪審員」と呼ばれる)を施行し、韓国が正式に刑事訴訟に陪審制を打ち立てたことを示した。

　東アジアの日本、韓国と中国は法的伝統と法制度の近代化の類型及び成文法を中心とする法体系等に関して、多くの類似性を有し、ゆえに、人民陪審制度を東アジア比較法の枠組みの下で対比及び分析することで、各国の大衆の司法参加による裁判の全体的態勢をよりよく認識し、各国の司法への大衆参加と司法の特徴を正確に把握し、人民陪審員制度改革の考え方を整理することができる。

1　日韓両国における大衆の司法参加による裁判制度創設の目的と背景

　21 世紀に入って以来、東アジアの中国、日本、韓国は期せずして一致して大衆の司法参加による裁判制度を回復しまたは創設し、一般大衆の司法参加による裁判が東アジア地区において偶然の一致による時代の潮流として発生した。東アジアになぜこのような潮流が出現したのか。日韓が大衆の司法参加形式を創設した動機をどうみるのか。

　日韓が創設した「裁判員制度」と「陪審員」制度は、いずれも 21 世紀初頭に行われた司法制度改革の重要な内容である。1928 年から 1943 年までの間、日本は英米モデルの大衆司法参加形式—陪審制を実行したことがあるが、この制度は実践において一連の問題が生じたために[23]、陪審制度は適用を

---

(22)　田口守一著、丁相順訳「日本的陪審制—裁判員制度」法律適用 2005 年第 4 期。

中断することとなったが、廃止はされなかった。しかし、第二次大戦以降、日本の司法制度は陪審制度を回復せず、いかなる大衆の司法参加による裁判形式もとらなかった。20世紀末以来、日本の内外には新たな情勢が出現し、アメリカ等の国が日本にさらなる市場開放を要求して圧力をかけ、国内の構造改革は事前規制の行政主導型社会管理モデルから事後救済の司法救済モデルへの転換を要求した。ゆえに、20世紀末より、日本では司法制度改革が始まり、司法裁判の主体の制度改革を行うことがその重要な内容となった。「今回の改革では「制度」のレベルを超えて制度の核心に深く入り、制度の「実践者」を核心的命題として正面から展開する」こととし、今回の司法制度改革の縦横二つの内容である法律職業構造と養成制度を改革し、一般大衆の司法参加はいずれも司法の主体に関連し、いわゆる実践者にあたる。大衆を司法参加させることのできる制度は、司法制度改革審議会における積年の重要な議題であった。2001年6月、司法改革設計計画案の提出を担当した「司法制度改革審議会」が提出した「司法制度改革審議会意見書」は、「刑事訴訟手続きにおいて、広く一般の国民が、裁判官とともに責任を分担しつつ協働し、裁判内容の決定に主体的、実質的に関与することができる新たな制度を導入すべきである。」ことを明確に打ち出した。刑事司法の国民的基礎（国民の司法参加）を強化し、一般国民に裁判官の責任を分担させ、刑事事件の裁判に主体的、実質的に参加することができると主張した。この過程で、弁護士連合会は第二次大戦以前に日本がかつて陪審制を実行していたことを主張した。しかし、司法行政を代表する法務省は、陪審制は英米法を基礎と

---

(23) この問題には、陪審事件の範囲が制限され、治安維持事件及び選挙事件に陪審範囲の例示がないこと、陪審員が判決を出したとしても、当該判決が裁判官の意図に合わない場合には、裁判官が改めて陪審するよう何度も要求できること、被告人が陪審の実施を求めた場合、陪審団が被告人を有罪とする判決を出した状況においても、被告人が陪審の一部または全部の費用を負担しなければならないことが含まれる。

(24) 丁相順「日本「裁判員」制度建立的背景、過程及其特徴」法学家 2007 年第 3 期。

(25) 田口守一著、付玉明訳「日本裁判員制度的意義與課題」法律科学 2012 年第 1 期。田口教授は「日本の司法改革は 2 つの主体性の問題に及んでいる。1 つは法制度の直接の遂行者——「法律職業者」すなわち裁判官、検察官および弁護士等の専門的な法律人材の養成問題である。2 つは「実践者」と関係する問題で、裁判員制度の導入である」と指摘している。

(26) 日本司法改革審議会「司法制度改革審議会意見書—— 21 世紀の日本を支える司法制度——」2001 年 6 月 12 日。中国語訳は丁相順訳『司法改革報告——日本司法制度改革意見書』法律出版社、2002 年 7 月を参照。

し、英米法の犯罪成立要件が大陸法系ほど厳格でなく、もし陪審制をとれば刑事実体法と手続法の基礎が動揺し、かつ日本国民が陪審制度に対処する能力を有しているか確認する方法もないと考えた。そして裁判所もまた、裁判権は裁判所の専属であり、裁判官と大衆が混合裁判組織体を構成する形式に傾いた。最終的には、折衷案の裁判員制度が採用され、第二次大戦前の「陪審制」とは完全に異なる新たな大衆の司法参加形式が創設された。

「韓国の状況は大筋において日本と同じであるが、これは主に両国の法律体系に強い類似性があり、かつ同様の司法改革を行っているためである—両国の改革に異なる推進力がありそして制度設計上異なる道を進んだにもかかわらず、である」。1990年代に生じた韓国の民主化運動は軍人独裁を終息させ、新たな民選政府は大衆が提起した民主化要求に応えざるを得なかった。また国際的にも、日米自由貿易交渉が、韓国に法律サービス市場のさらなる開放を余儀なくした。これにより韓国は、司法制度を改革し、職業法律家の専門能力を向上させ、法律職業内部に存在した「セルフサービス」、「前官優待」—すなわち過去に裁判官担当経験のある弁護士に特別な配慮を与える現象—を克服するよう求められた。2003年に最高裁判所の下に設けられた「司法改革委員会」も、2004年に成立した「司法改革推進委員会」も、司法手続における民主化を実現し、職業裁判官の刑事裁判における専断を監督及び制限し、司法の透明性及び公信力を高めるために、いずれも大衆司法の促進、司法民主化の向上をその主要な任務とした。このような司法民主化の要請は最終的に韓国の国会で2007年に「国民の刑事裁判への参加に関する法律」の可決を促した。

2 共通の方向性、異なる経路

上述の日本、韓国における民衆の司法参加制度の構築プロセスから考えて、中国と日韓両国はいずれも司法民主化の方向に向けて改革を進めているものの、前提と背景に大きな違いがあり、制度自体の発展経路はさらに大き

---

(27) 呉景欽『国民参與刑事審判制度—以日本裁判員制度為例』第86頁、(台湾) 麗文文化事業出版、2010年。
(28) JAE-HYUP LEE, Getting Citizens Involved: Civil Participation in Judicial Decision-making in Korea, East Asia Law Review, Vol. 4, 2009.

く異なる。中国の人民陪審員制度の回復及び規範化と、日韓の制度手法との差異はさらにかけ離れている。日韓についていえば、制度形成の経路にも若干の違いがある。

　20世紀初頭、陪審制度整備の動議は最高立法機関と最高司法機関から最初に出された。1998年9月、当時の全人代常務委員長であった李鵬が「基層法院が第一審事件を裁判し」、「人民陪審員制度を実行」しなければならないと打ち出して以来、人民陪審員制度は強力なソ連回帰態勢を露呈した。2004年、全人代常務委員会は公布決定を通じて、陪審制度を改めて回復及び整備し、特に制度を創設することはせず、単にこの制度を規範化し整備したのである。さらに、立法機関も実体法及び訴訟法について相応の変革を加えず、人民陪審制度は既存の司法裁判の枠組の下で行われた部分的改革措置とみなされた。このような態勢は、最近の訴訟法改正においても、何ら変化がみられない。新刑事訴訟法でも新民事訴訟法でも、人民陪審員制度に対応するいかなる手続の規律も行われていない。このことは、人民陪審員制度が訴訟法改正前の制度と適合するだけでなく、訴訟法改正後の枠組みとも合うように設定されていたとも言える。

　日本では第二次大戦により、その後構築される司法制度においては、アメリカから大きな影響を受け、多くの対抗的な開廷審理の要素が取り入れられたが、アメリカの陪審制度は何ら作用せず、戦前の制限的な陪審制度も回復されなかった。日本の司法は法律専門化及びエリート化の道を進んだ。厳格な司法試験により選任される職業裁判官、検察官及び弁護士が司法訴訟手続の主役となり、職業裁判官が開廷審理手続、判決結果の決定の中心となった。日本の司法は職業検察官による起訴、職業裁判官による開廷審理の決定による「精密司法」状態であると表現されている。いわゆる「精密司法」とは、次のようなものである。徹底的な取り調べを実行し、正当な手続と真っ向から衝突しない限度において、拘束された犯罪被疑者に対して最大限の調査を実行する。警察だけでなく、検察官も取り調べを非常に重視し、一般に、充分な証拠を確定したうえで起訴しなければならず、起訴には証拠の完全な把握が必要とされる。裁判においては、しばしば相手方の同意の取得を前提として、または証人の記憶のないことや陳述の矛盾を理由として、取り

調べの過程で作成した陳述記録が証拠として使用される。多くの事件において、口頭弁論のうち多くの時間が証拠文書の朗読に（またはその主要な内容の叙述に）費やされる。このような「精密司法」モデルにおいて、裁判所は99％を超える有罪判決を出している。「外国人研究者を驚嘆させる数字であるが、それは一面において、確かに司法の精度の高さを示す。そして、その基礎には、すべての関係者の真実追求への熱意があることは認めてよいであろう。[29]」このような審理前の取り調べを相当に重視していることと関係して、法廷における開廷審理活動は常に形式に流れ、刑事司法においては開廷審理手続の「空洞化」現象も生じている。その結果、裁判手続に前置されるものとなり、取り調べ機関としての警察及び検察官は刑事司法において主導的役割を発揮し、裁判官の開廷審理は検察官の起訴した事件に対する確認に過ぎないものとなった。刑事司法が過度に実体的真実の発見を強調し、公訴の精確性を強調したため、このような精密司法モデルは「疑わしきは被告の有利に」という現代の刑事訴訟の原則を空文化させた。刑事訴訟において、99％以上にものぼる有罪の比率は、必ずしも事件の正確性を保証できるものではなく、その中に若干の冤罪事件も出現し、職業法律家が主導する刑事司法に対する大衆の強烈な不満を引き起こした。「直接の契機は、再審手続きにおいて少なからぬ死刑事件の判決が変更され、裁判官が検察官らによる批判を安易に信じすぎているのではないかという疑問が弁護士たちから次第に挙がるようになったことである。マスメディアはさらに、一般の民事・刑事事件においても、外部との交わりの少ない裁判官の正義感と判断が一般大衆の要求から次第に離れており、門戸を開放する方式で偏りを矯正する必要があるとの主張がなされている。[30]」したがって、日本は独断的でエリート化した刑事司法モデルの修正を開始し、無作為に選出された一般大衆と職業裁判官とが共同参加する裁判方式を確立したのである。

　韓国は第二次大戦以前、長期間にわたり日本の植民地として統治を受け、その法制度も深く影響を受けている。第二次大戦後、植民地主義は清算され

---

(29)　松尾浩也著、丁相順訳、金光旭校『日本刑事訴訟法　上巻（新版）』17頁、中国人民大学出版社、2005年第1版。

(30)　季衛東「日本司法改革：民衆参審的得失」南方周末2009年8月19日。

たが、日本の手によって構築された大陸様式の司法制度は依然として残されている。日本と違って、韓国は歴史上いかなる正規の大衆裁判参加形式も実行したことがなく、さらに、2000年以前では、大衆の司法参加についての学術的議論もきわめて少なかった。(31) 日本と同様に、韓国も第二次大戦後、厳格な司法試験及び司法研修を実行しており、職業法律家の人数を規制し、職業法律家の独占的エリート層を形成した。このように高度にエリート化した職業裁判官、検察官及び弁護士が主導する司法手続きも同様に精密化の特徴を見せており、社会大衆から離れていった。1990年代の韓国民主化実現以後、司法制度についても新たな要求が打ち出された。司法改革と司法による社会に対する救済機能の提供が、韓国民選政府の重要なテーマとなった。また、日本が今世紀初頭に行った司法改革も韓国にとって重要な影響をもたらし、大衆の司法裁判参加の各種議論も韓国の関心を集め、裁判員制度の立法過程、背景等は韓国に迅速に紹介され、韓国における大衆の司法裁判参加制度にとって、とても大きな促進作用を果たした。

日本と韓国は大衆の司法参加の範囲を刑事裁判に限定しているが、これは刑事事件が高いレベルで人身権の処分に関わり、刑事事件での誤りが当事者に更に大きな損害をもたらしうるだけでなく、より広い社会的批判を生じさせ、ひいては司法裁判制度に対する不信を引き起こすためである。また、いかなる刑事司法裁判手続であっても完全とはいえず、刑事裁判において形式的に正義の要求を満たしたとしても、社会から事件の判決の結果に対する信任が得られない場合には、大衆の司法参加による裁判制度が登場しても何ら不思議はないのである。しかし、日本と韓国における大衆の司法参加による裁判制度の初志は異なるものである。日本の裁判員制度は主に大衆の司法制度への理解の向上と司法の透明性の強化、裁判官の社会との乖離を防止するためであった。一方、韓国が陪審制による大衆の司法参加の形式を構築したのは、主に司法手続きの民主的正当性を強化し、職業裁判官をけん制及び監督し、司法の公開を促進し、公信力を高めることが目的であった。

---

(31) JAE-HYUP LEE, Getting Citizens Involved: Civil Participation in Judicial Decision-making in Korea, East Asia Law Review, Vol. 4, 2009.

3 中国と日韓両国の大衆の司法参加による裁判制度の内容比較

　伝統的には、アジア諸国で大衆の司法参加が特に好まれたということはなく、「アジアで『西洋化による大衆の司法参加』の実践が成功するのか」(32)という疑問を呈する者もあった。しかし、東アジアの司法改革の過程において、現在生じている変化は、大衆の司法参加が、長期にわたる役人尊崇文化による伝統的な東アジアの司法の実践において、根付きつつあることを人々に信じさせている。文化的背景、成文法の伝統は、いずれも大衆が司法参加する裁判を阻む要素ではなさそうである。しかし、制度の効果はどうあれ、むしろその生成の道のりと制度の内容に極めて大きな関係が存在する。中、日、韓の三国の具体的制度設計には極めて大きな違いが存在している。

　（1）　大衆の司法参加による裁判事件の適用範囲に関して、中国の人民陪審員制度は民事、刑事及び行政一審事件に適用され、日本の裁判員制度及び韓国の陪審員制度は重大な刑事事件だけに適用される。明らかに、日本、韓国における大衆の司法参加による裁判事件の適用範囲は人民陪審員制度と比べて狭い。個別の事件について、大衆参加の形式をとるか否かであるが、三つの国はいずれも裁判所の決定と当事者の申立ての形式をとっている。しかし、裁判所と当事者の決定権の比重には明らかな違いがある。日本の制度下では、裁判所が裁判員裁判の形式を採用できないと判断しない限り、又は裁判員裁判を採用することで関係者に危害がもたらされうると判断しない限り、裁判所は、裁判員裁判が法定された刑事事件について、絶対的な決定権を有している(33)。一方、韓国では、刑事事件において大衆参加の陪審形式を採用することは、当事者に対する公正な裁判権の特殊な保障である。この保障の要否は、当事者の意思によって決まり、当事者が、陪審形式の裁判を採用するか否かについて絶対的な決定権を有している。この一点において、日本の方法と韓国の方法は完全に異なっている。他方、中国では、人民陪審裁判形式をとるか否かを決めるのは、人民法院と当事者の両方である。しかし、双方の権限の境目がどこにあるのか、実際には明確でない。当事者の申

---

(32) Frank Munger, Constitutional Reform, Legal Consciousness, and Citizen Participation in Thailand, 40 Cornell Int'l L.J. 455, (2007).
(33) 日本「裁判員法」第2条、第3条。

立ても、最終的に人民法院の許可決定を要し、この点から、人民法院が人民陪審員の審理参加を採用するか否かについて決定権を有しているといえる。

（2）　大衆の選任方式において、現在の人民陪審員制度改革試行の前は、中国の人民陪審員制度は、一定の政治的資質を必要とする以外に、さらに一定の文化的教育レベルを備えていなければならず、「一般に、大学・短期大学［専科］以上の学歴［文化程度］を有し」、かつ一定の法律知識を有していることが必要であった。人民陪審員は、基層人民法院院長による指名を経ることを要し、地方立法機関が任命し、任期制をとる。各基層人民法院は人民陪審員名簿制をとり、個別の事件の人民陪審員は、法院がこの名簿から選任する。ゆえに、裁判官が裁判する個別事件にとっては、選択できる範囲は確定している。日本で採用するのは所在エリアの候補者名簿から無作為に抽出する方式であり、担当事件が終了すれば、その司法参加の任務も完了する。韓国の制度と日本は大体同じで、採用するのは事件担当制であり、大衆参加の規模と人数は事件の状況に応じて無作為に選ばれる。日韓の検察側、弁護側の大衆参加の選任過程は、質問と観察を通じて、自分の側に不利となる可能性のある候補者を排除し、検察・弁護の双方が若干名の候補者につき無条件で排除できる権利を有しており、このような方法はいずれも英米の陪審制度の特徴を反映している。大衆参加の範囲から考えて、個別の事案で選任される可能性のある大衆の範囲は極めて広く、不確定性を有している。中国が人民陪審員の学歴背景を規定することで大衆の選択範囲を限定するのと異なり、日韓は法律業務に執務する者又は法律の職業的背景を有する者を厳格に排除することで、司法裁判において一般大衆の社会経験を反映しようとしている。

（3）　司法裁判における大衆と職業裁判官の機能分担について、韓国の陪審員は事件の事実の認定を担当し、開廷審理構造の中で主任裁判官から独立している。中国と日本の大衆司法参加制度下では、大衆と職業裁判官は一種の参加と協力関係にあり、事件の事実と法律の適用を共同で決定する。中国と日本の制度は多くの類似性があり、韓国の方法と区別される。

日本は裁判組織の中に裁判員の参加を引き寄せる形式で、「参加─統御」関係モデルを確立した。具体的には、6名の大衆が裁判及び事件に参加して

評議を行う際に、職業裁判官と並んで座り、同様の権利及び義務を有する。裁判員は評議に参加し、発言して意見を述べなければならない。この過程において、裁判長である裁判官が必要と判断すれば、裁判員がよりよく職権を履行できるように、関連する法律と訴訟手続きをわかりやすい言葉で裁判員に説明しなければならない。事件の評議は単純な多数決の原則をとるのではなく、最終的な判断意見には裁判官の意見を包含しなければならない。このような制度設計は、裁判官による裁判員の統御を明確にし、裁判員の決議が司法における理性の軌道から外れないことを保障している。事件の裁判の過程において、法律の解釈については裁判官の専属特権にあたる。

韓国では、日本と、大衆の選任方式において高度に類似しているものの、完全に異なる方法が採用されている。韓国の陪審員は法廷において裁判官から独立しており、事実認定業務のみを受け持ち、犯罪者の量刑は担当しない。ゆえに、韓国の方法は「分担―統御」関係モデルに相当する。このようなモデルの下で、陪審員の法廷における位置は、当事者及び証人と向かい合っており、事件の事実についてよりよく観察し判断することができる。しかし法廷において、陪審員は証人に対して直接質問することができず、裁判官を通じて証人に質問しなければならない、陪審員ではなく、裁判官が開廷審理の進展を主導する形である。法廷において、裁判官は陪審員に対して説明義務を負っているが、陪審員の出す決議は独立したものである。しかし、このように独立で出された決議が最終的に事件の判決結果に拘束力を生じるか否かについては、さらに裁判官の審査及び判断を要する。陪審員の決議を採らない場合、裁判官は理由を開示しなければならない。したがって、理性的な陪審チームの決議だけが裁判官から採用され、裁判の最終的根拠となることができるのである。

上述の比較を通じて、人民陪審員と裁判官の機能・役割の点において、中国の方法と日本の裁判員制度は似ていることが分かる。但し、合議廷の人数に関しては、現行の中国法には明確な規定がなく、合議廷に人民陪審員を1人入れるのか、2人入れるのかは裁判所の意思による。人民法院は、人民陪審員の選任・人民陪審員の裁判参加の決定等の点で完全な決定権を有しており、当事者は人民陪審員を選任する決定プロセスに参加することができず、

この一点は日本や韓国の制度と異なっている。全体的にみて、人民陪審員は、裁判官との司法参加プロセスにおいて、その相互関係は「参加—協力」モデルにあたる。人民陪審員は、裁判所の一要員となって役割を発揮していると見られている。

Ⅲ 中国の司法改革及び人民陪審員制度

「改革の全面的深化における若干の重大問題における中共中央の決定」では、「法治中国の建設を推進」すべきであると打ち出し、かつ司法改革の3つの重要任務として「法による独立公正な裁判権・検察権の行使の確保」、「司法権力運用メカニズムの整備」、「人権の司法保障制度の整備」を策定した。人民陪審員制度の改革及び整備は、「司法権力運用メカニズムの整備」の重要な内容であり、裁判権の行使の問題に関わり、かつ人民大衆に「個別の司法事件において公平正義を感じさせる」ことができるか否かに密接に関係する。ゆえに、理論的には人民陪審員制度とその他の各種制度の関係を整理し、司法制度と司法制度改革の高みからは司法の独立、法律職業化及び大衆の司法裁判への参加との間の関係を処理することが必要となる。司法改革の推進と人民陪審員制度の整備という目的の出発点と着地点は、個別の事案における公平正義の確保でなければならない。事件ごとの公平正義の実現には、司法裁判者に独立、公平、公正に審理及び判決を行わせることのできる制度的環境の構築が必要であり、また、関連する制度保障措置を整備し、人民大衆に実質的に司法裁判プロセスに参加させることができ、かつその参加を通じて司法裁判の質を向上させ、司法裁判の公平と正義を実現することが必要である。

「国民の司法参加は裁判の公平と公正を損なわない前提で行われなければならない」[34]のであり、現在の司法制度改革では、改めて人民陪審員制度につき全体的な反省を行い、法律の専門化、職業化及び司法の民主化のバランスを再確認し、手続が保障され、科学的、民主的な司法裁判への参加制度を確

---

(34) 洪英「日本裁判員制度的憲政分析—以参政権的権利性視角至分析為主」『中国憲法年刊』122頁、法律出版社、2010年8月第1版。

立しなければならない。司法改革の民主化は、もちろん現在世界各国の司法改革の1つの発展傾向であるが、司法の正義を守り、事件の裁判の質を保障することもさらに司法裁判が追求する永遠の目標である。司法の民主化改革は司法裁判の質を強化すべきであって、弱めるべきではない。いかなる司法の民主化の措置も、司法の法則を尊重した民主化であり、法律職と大衆参加の合理的バランスのとれた民主化であり、手続の保障された民主化でなくてはならない。

ゆえに、司法制度改革の推進という大前提の下で、歴史・比較及び実証の観点から改めて人民陪審員制度改革を見つめる必要がある。

1　司法の職業化を確立する改革目標の優先

「今回の司法制度改革の重要な任務は司法を地方化・行政化から脱却させ、司法の独立を実現することである(35)。」、「なぜなら我が国の司法が独立した実践を欠くことが、司法の公正性及び司法の権威性にきわめて大きな損害をもたらしたからである(36)」。新たな司法制度改革の着眼点は、司法の法則の尊重、司法の独立の実現、司法裁判活動の専門化の強化、裁判官・検察官等の職業法律家の職業化建設の推進、職業化した主任裁判官の司法裁判における主導的地位を増強し、司法裁判の責任主体とすることである。これは司法の「適法な提訴を待って、適切な手続の下で、法律の解釈・適用に関する争いについて、終局的な裁定を出す(37)」という本質的属性により決定されるものである。

「法律文書の理論性を強化し、裁判所の確定判決文書の公開を推進し」、「主任裁判官、合議廷の事件処理責任制を確立し、審理を行う者に裁判上の職権を正しく行使させるとともに、審及び裁判の責任を確実に負わせ、権利があれば責任を負い、権利を用いれば監督を受け、職務を怠れば問責され、法に違反すれば追求される(38)」というのが、今回の改革で打ち出された具体的任務である。法律の解釈、手続の管理、証拠の認定、実体的決定を行う

---

(35) 斉文遠「提昇刑事司法公信力的路径思考――兼論人民陪審制向何処去」現代法学36巻第2期、2014年3月。
(36) 陳衛東「司法機関依法独立行使職権研究」中国法学2014年第2期。
(37) 高橋和之『立憲主義と日本国憲法』339頁、有斐閣、2006年初版第3刷。
(38) 江必新「深化審判体制與機制改革」中国党政幹部論壇2014年第1期。

等は、いずれも高度に専門的な職業活動であるため、職業訓練を受け、豊富な実践経験を積んだ、身分の保障された職業裁判官であって初めて、思うようにこれらの活動を行えるのであり、論理的な裁判文書が作成できるのであり、関連する責任を真に負うことができるのである。裁判官の独立した職権行使制度の構築が整っていないため、人民陪審員制度は実践において異化する現象が出現しており、特に「事件が多く人員が少ない」という訴訟過多の状況下で、人民陪審員は実務上裁判所の人手不足を補う機能を果たしており、一部の裁判所職員の職責を担うようになり、「一般大衆のボランティアによる広い参加は、専門職化及び司法資源の支えに頼る裁判所の被雇用者へと変遷し、その主な機能は裁判への参加から裁判所補助機能（書記官、特任調停委員、裁判官補佐等）に変化し、司法の民主及び公正に関する機能を実現し、裁判所の負担（合議廷及び調停の構成における人材または能力の不足を含む）を軽減する機能の役割に地位を譲った[39]。「大衆の司法参加等は、司法民主の理念を基礎とした制度であり、裁判官の職業化及び独立と相互に補完するものである。司法人員の職業化と独立の程度が高まるほど、大衆の参加も独特の機能及び価値を持つようになる[40]。」したがって、司法の能力と司法資源の不足の問題を解決するにあたり、人民陪審員の規模を拡大し、人民陪審員の数を増やす方法はこれ以上とることができず、司法制度の整備、法律職業能力の向上、法律職業化の強化という視点に立って良策を打ち出す必要がある。十八期三中全会で出された多くの司法改革において、司法の独立性（司法の地方化からの脱却）、専門化（法律文書の論理性）の強調等の措置は、いずれも現在の司法裁判に存在する問題の要害に対処しており、司法改革の正確な方向を表している。「人民陪審員制度改革試行方案」では、人民陪審員の選任及び機能不安の点において新たな考え方が打ち出されており、人民陪審員の条件を引き下げ、人民陪審員の裁判参加範囲を拡大しており、「人民陪審員は法律の適用の問題を今後審理せず、事実認定の問題の審理にのみ参加することを実行する[41]」こととし、社会経験に富み、社会状況と民意を理解しているとい

---

(39) 範愉「人民陪審員制度與民衆的司法参與」哈尔濱工業大学学報（社会科学版）16巻第1期、2014年1月。
(40) 前掲範愉「人民陪審員制度與民衆的司法参與」。
(41) 「人民陪審員制度改革試点方案」第三条。

う人民陪審員の優位性を十分に発揮し、人民法院の裁判に対する社会からの同意の度合いを高めてゆく。このような改革措置は、英米の陪審制（JURY）により近く、「分担—統御」関係モデルの構築を図るものである。しかし注意すべきことは、「分担—統御」関係モデルの下では、大衆が構成する裁判体において事実認定の誤りが生じるのを防止するために、大衆の選任、証拠の交換、開廷審理における裁判官と大衆の機能分担、開廷審理において質問を出す際の規則、さらには開廷審理において裁判に参加する大衆と世論の隔絶及び人身の保護等の措置において、いずれも明確かつ詳細な規定があるということである。つまり、「分担—統御」による大衆の司法参加の裁判モデルは、司法の専門化と職業化という高度に発達した基礎の上に構築されるのである。しかも、合理的・科学的な手続の規定がないままに、単純に人民陪審員の裁判参加の範囲を拡大するとしたら、その適用範囲は過度に広がり、参加の程度も過度に深まってしまいかねない。司法の独立と法律職業化のレベルが高くない状況において、このような制度を行えば、制度の基礎、手続の保障、又は実際の効果において、いずれも一定の瑕疵が存在するだけでなく、一定程度において、司法裁判の専門化、職業化改革の趨勢との間に矛盾が存在してしまう。司法権の真の主体が裁判官であることから、裁判官による裁判職能の独立・公正な履行を保障できる制度環境を確立することは、司法制度改革の主要な目標とすべきである。裁判官の専門化、職業化は、より一層強化されなければならず、人民陪審員の制度改革のために弱体化させてはならない。

2　人民大衆による秩序ある司法参加の多様な形式の開拓

人民大衆が司法裁判へ参加して、事件の事実、法律の適用について最終決定を行う権利を有することは、人民大衆が享受する最大レベルの司法民主権ではあるが、決して唯一の形式ではない。人民大衆の司法民主、司法公開及び司法公正への新たな要求に伴い、「司法民主を体現する方式も、もはや陪審方式により実現するのではなく、裁判の公開、世論による監督、人民代表大会及びその常務委員会による職業裁判官の任免、裁判手続の改革及び整備等により訴訟主体等の訴訟上の権利を有効に保障する等の方式により実現さ

れる[42]」。司法訴訟手続において、異なる段階で異なる大衆の司法参加形式を設計することは、一方では職業裁判官の視野の狭さ、社会生活からの乖離という欠陥を補い、他方では大衆が事件の事実を認定及び判断する役割を積極的に発揮することができ、特にいくつかの専門分野の訴訟事件において、専門家が人民陪審員を担当することで裁判官が事実を正確に認定することを助ける役割を果たすことができる。

　世界各国における大衆の司法参加の形式は多様化しており、異なる訴訟段階において多様な大衆の司法参加形式をとりうる。例えば、起訴を審査する段階での検察官の独断を防止するため、日本は大衆で構成する「検察審査会」を確立し、検察官が行った不合理な起訴又は不起訴の決定を弾劾することができる。また、知的財産権訴訟において、特殊な専門分野の専門的技能を有する大衆の優位性を発揮するために、いくつかの国の知的財産権裁判所では「専門家委員」制度を確立し、それにより裁判所がよりよく知的財産権紛争の事実の争点を調査し明らかにするのを助けている。民事事件の審理過程において、日本の裁判所が任命する調停委員が事件の審理に参加するいくつかのプロセスでは、原告・被告の間を取り持ち、大衆の立場に立って紛争解決の案を提出するが、これも大衆の司法参加の重要な形式である。

　司法裁判の実践の中で、我が国の人民陪審員が発揮する重要な役割は、専門知識のアドバイスの提供と紛争調停への参加である。司法改革の専門化、職業化の方向を考慮すれば、人民大衆への司法判決権の広範な付与には慎重な態度をとる必要があり、司法裁判における大衆の役割を不適切に拡大し、その負担及び責任を増やすことを防止する必要がある。しかし、これは大衆の司法参加を否定・制限すべきだという意味ではなく、逆に、制度改革を行い、トップダウンの設計を強化し、人民大衆が司法に参加する多様化した合理的形式を開拓し、専門家委員や司法調停委員制度等を含めた、より科学的・合理的な大衆の司法参加形式を確立し、人民大衆が社会の状況及び民意への理解、ある事件の事実の認定に関する専門的特技を発揮することができ、大衆の参加を通じて裁判の質を向上させ、大衆が力量に応じて、科学的に司法に参加できるようにし、司法裁判への参加の能力及び水準を引き上げ

---

(42)　王敏遠「中国陪審制度及其完善」法学研究1999年第4期。

なくてはならない。

3 人民陪審員制度の整備における視角

「人民陪審員制度の整備に関する決定」が出される以前から、一部の学者から「人民陪審制は現在多くの地方で形骸化しており、存在するとしても、職業裁判官の占用範囲を減らして裁判所の作業効率を上げるための一手段であることが多く、陪審員は司法の実効性に影響する役割をよく発揮できていない」[43]と指摘する声があがっていた。これらの問題は「決定」実施以後においても、真の解決にたどりついていない。「人民陪審員制度は、設計の当初から多くの矛盾と不確定性が見られ、全国人民代表大会常務委員会における人民陪審員の身元、学歴、選任方式、任期、適用範囲等に関する規定のように、非平民化又はエリート化の追求が見られ、裁判参加方式及び範囲等の点における曖昧な設計は、重大な刑事事件への適用を難しくしている」[44]。最高人民法院院長の周強も次のように認めている。「人民陪審員の作業は少なからぬ問題と困難に直面している。第一に、人民陪審員の全体的な人数が依然として不足している。第二に、人民陪審員の裁判参加メカニズムがまだ不完全である。第三に、人民陪審員にかかる経費の保障の強化が待たれている」[45]。これに対して、「人民陪審員制度改革試行方案」も、「人民陪審員を担当する条件を引き下げる」、「人民陪審員が法律の適用の問題を審理せず、事実認定の問題の審理のみに参加することの実行を模索する」等の措置[46]を打ち出している。これらの措置の推進は、司法制度改革の全体的目標の下において推進されなければならず、司法改革の職業化、専門化の目標を助けるものであって、弱めてはならないのである。

人民陪審員制度の整備には、第一に、観念を変えて、人民の司法参加の政治的意義を弱め、人民陪審員制度の司法的機能を強めなければならない。「司法は政治の構成部分であるが、すべての司法の歴史は事実上、政治から

---

(43) 竜宗智「論我国陪審制度模式的選択」四川大学学報（哲学社会科学版）2001年第5期。
(44) 前掲範愉「人民陪審員制度與民衆的司法参與」。
(45) 張景義「切実加人民陪審員工作制度化規範化建設、為推進平安中国法治中国建設作出新貢献」。
(46) 「人民陪審員制度改革試点方案」第二部分第一項、第五項。

の司法の不断の脱却、独立の歴史でもあり」、「司法は政治から離脱してこそ、それ自身が持つ基本法則に身を置くことができる。これは司法が紛争解決の手段となることのできる重要な所以であり」、したがって「司法の法則は、政治と司法の関係のバランスをとるために、一つの基準とならなければならないことを尊重する(47)」のである。人民陪審員制度は新民主主義革命の時期に端を発し、革命および戦争の産物である。市場経済、国際化及び法治中国の建設という目標は、司法裁判の機能及び目的を戦争の時期と根本的に異なるものとし、人民陪審員制度の制度の構築及び機能の発揮は、司法裁判の公平性・公正性の向上という目標に主に奉仕しなければならない。

　次に、人民陪審員制度の整備は、全般的に考慮されなければならず、大衆の選任方式・方法、適用範囲、大衆に対する特別訴訟手続、参加する大衆の権利及び義務を合理的に設定しなければならないだけでなく、関連する主体と司法裁判に参加する大衆との間の関係、例えば人民陪審員と裁判官の関係、人民陪審員と事件の当事者の関係、人民陪審員の権利及び義務、人民陪審員と勤務先（雇用主）の関係等も合理的に考慮しなければならない。世界各国で最近実施されている大衆の司法参加による裁判制度を説明すると、大衆の司法参加による裁判は司法民主を体現する重要な通過点であり、職業裁判官の高度な職業化により出現しうる視野の狭さ、監督の欠如等の問題点を克服する有益な方式でもある。大衆の司法参加による裁判の方法は英米法系だけに属するわけでも、大陸の成文法国家だけに多く存在するわけでもない。各国は自国の実情に応じて、異なる形式と内容の大衆による司法参加の裁判モデルを設計している。人民陪審員制度の改革と整備は、選任条件の引き下げ、規模の拡充、適用範囲の拡大及び大衆の事実認定のみへの専従化に頼るだけでは、人民陪審員制度の実践において出現する「人民陪審員の職業化」、人民陪審員の「陪席するが審理しない」等の問題を解決することはできず、逆に、よい制度設計がなされなければ、司法改革の効果までもが帳消しになってしまう可能性がある。司法改革の全体的方向から人民陪審員制度の機能を考慮し、大衆の司法参加による裁判の理論関係を整理し、新たな人民陪審員施行業務の経験を真摯にふまえて、科学的かつ合理的なトップダウ

---

(47)　前掲陳衛東「司法機関依法独立行使職権研究」。

ンの設計によって、人民陪審員制度改革に司法改革の全体目標を実現させなければならない。

　最後に、大衆の司法参加による裁判は、現在の世界の司法制度改革の全体的傾向を反映している。したがって、各国で大衆の司法参加による裁判を確立し、実施する際の特徴及び法則について真摯に整理と総括を行うことは、中国の需要に適合した大衆の司法参加による裁判制度を確立するために、中国の特色ある社会主義司法制度の整備に知識的な貢献をすることになる。比較法の視点から世界各国を分析すると、特に隣国の日本、韓国は現在大衆の司法参加による裁判制度を実施しており、現在の中国における司法改革の任務、目標、普及方式を理性的に分析する上で、一定の手本及び参考としての役割を持っている。

＊訳出にあたり、小野梓著、早稲田大学大学史編集所編『小野梓全集第 1 巻』早稲田大学出版部 1978 年及び松尾浩也『刑事訴訟法　上〈新版〉』弘文堂 1999 年を参照した。（訳者）

中国の実務における罪刑法定原則の展開と現在地
―「比較的多額」に至らなかった窃盗行為と
いわゆる金額型窃盗罪の成否を素材として―

坂 口 一 成
Kazushige SAKAGUCHI

Ⅰ　はじめに
Ⅱ　多額未満事例の処理をめぐる学説：
　　犯罪構成要件説と処罰条件説の論争
Ⅲ　実務における多額未満事例の処理１：多額未満型規定
Ⅳ　実務における多額未満事例の処理２：基準引下げ型規定
Ⅴ　おわりに

Ⅰ　はじめに

　本稿は窃盗罪を素材として、中華人民共和国（香港・マカオを除く。以下「中国」と呼ぶ）の実務における［罪刑法定原則］の展開と現在地を明らかにしようとするものである。

1　問題意識
　中国刑法上、法律に規定されていない行為を犯罪とし、刑罰を科してはならないことが初めて明文化されたのは、1997年に改正・施行された現行刑法3条であった。1979年に制定された中国最初の刑法典（旧刑法）にはこの旨の規定はなかった。それどころか「犯罪者に対する否定的な社会的政治的

※本文中の（　）および引用文中の〔　〕は筆者による補足である。圏点および下線は筆者による。［　］は中国語を示し、原則として初出時にのみ付す。丸数字・丸英字は筆者による。
(1) 陳興良『刑法哲学』（中国政法大学出版社、1992年）126頁。

評価」である社会的危害性を中核に据える犯罪概念を採用した（10条）上で、類推適用を認めていた（79条）。この点において、現行刑法3条は「中国法思想上画期的意義を有する」。もっとも、13条は旧10条をほぼ踏襲し、しかも旧刑法下においても、通説は同法が罪刑法定原則を基本的に確立したとしていた。

刑法
　　第3条　法律に犯罪行為であると明文規定しているものは、法律により罪責を認定して刑罰を科す。法律に犯罪行為であると明文規定していないものは、罪責を認定して刑罰を科すことはできない。

　中国では一般に現行刑法3条は［罪刑法定原則］を規定したものと理解されている。これと日本で理解されている「罪刑法定主義」との異同・関係は、中国法研究の一大論点をなす。その回答は引照基準とする「罪刑法定主義」の理解により異なるであろう。筆者はそれを単なる罪刑の成文法規定主義に尽きるものではなく、「国家刑罰権を制限し、国民個人の権利および自由を保障することを精神とする」ものと考えている。その上で筆者は、中国の学説上の［罪刑法定原則］と罪刑法定主義には大きな差はないが、立法・実務が具現するそれと罪刑法定主義には大きな隔たりがあると考えている。

（2）　通説（属性説）によれば、これは刑法の保護客体（13条に列挙）を侵害・危殆化する行為の特性を指す（高銘暄・馬克昌主編『刑法学（第7版）』（北京大学出版社・高等教育出版社、2016年）45頁、聶慧萃『刑法中社会危害性理論的応用研究』（法律出版社、2013年）16頁参照）。
（3）　小口彦太「中国刑法上の犯罪概念」奥島孝康・田中成明編『法学の根底にあるもの』（有斐閣、1997年）427頁。
（4）　拙稿「中国刑法における罪刑法定主義の命運——近代法の拒絶と受容——（1）」北大法学論集52巻3号（2001年）79-85頁参照。
（5）　高銘暄ほか・前掲注（2）27頁参照。
（6）　陳興良『罪刑法定主義』（中国法制出版社、2010年）50頁。
（7）　例えば拙稿「中国刑法における罪刑法定主義の命運——近代法の拒絶と受容——（2・完）」北大法学論集52巻4号（2001年）249-250頁参照。さらに、3条前段に関するいわゆる「積極的罪刑法定原則」論（何秉松主編『刑法教程（根据1997年刑法修訂）』（中国法制出版社、1998年）36-41頁参照）も、両者の異質性を如実に示す重要な論点である（例えば陳興良「入罪与出罪：罪刑法定司法化的双重考察」法学2002年12期33頁参照。またこれに関する鋭い分析として小口彦太「中国の罪刑法定原則についての一、二の考察」早稲田法学82巻3号（2007年）2-7頁参照）。なお、3条が「罪刑法定主義」を受容したとする立場もある（例えば張光雲「中国刑法における犯罪概念特徴論」専修法研論集48号（2011年）27頁参照）が、そこで受容したとされるものの実体・内容は明かではない。

とはいうものの、被告人に不利な類推解釈や条文の文言に包摂し得ない「適用」が認められないという点は、学説はもとより、立法上の［罪刑法定原則］も同じである（3条後段違反である）。だが実務については、類推解釈により処罰した裁判例やそれを「指示」する司法解釈、さらには「類推適用と呼ぶことすら十分に遠慮したもの」と揶揄される法適用等の問題が指摘されている。

ところで、これらの指摘から条文と運用の間にギャップが存在することは確認できる。それでは［罪刑法定原則］が採用されてから20年近く経ったが、この間に変化は生じていないのだろうか。立法レベルでは「人権」の尊重・保障が憲法33条3項に規定され、また労働矯正が廃止される等、罪刑法定主義や学説上の［罪刑法定原則］の見地から積極的に評価すべき変化が生じている。

それでは実務はどうか。張明楷は「肯定できることは、現行刑法が罪刑法定原則を規定した後、中国の司法職員は類推解釈の現象を避けるよう努めてきたことである。そうではあるが、依然として類推解釈の現象が存在してい

---

(8)「積極的罪刑法定原則」論によれば、被告人に有利な類推解釈は3条前段違反となり得る（盧建平「死刑適用与民意」趙秉志主編『刑法評論（第8巻）』（法律出版社、2005年）83頁参照）。

(9) 例えば拙稿「裁判実務から見る中国の罪刑法定主義――1997年改正刑法典の下で――」比較法研究64号（2003年）170頁以下参照。なお、「司法解釈」については高見澤磨・鈴木賢・宇田川幸則『現代中国法入門（第7版）』（有斐閣、2016年）110-111頁〔鈴木執筆〕参照。

(10) 陳興良「罪刑法定原則的本土転換」法学2010年1期9頁。またその事件の紹介・検討として拙稿「台湾における罪刑法定主義の理念と現実――その『感覚』をめぐる日本、そして中国との比較」北大法学論集62巻4号（2011年）287頁以下参照。

(11) このほか、張明楷（清華大学）は「2011年4月までは、中国の司法機関は刑法が遡及力において採る旧きにかつ軽きに従うの規定（刑法12条）を厳格に守っていたということができる」が、最高人民裁判所（以下、「最高裁」と略す）「中華人民共和国刑法改正法（8）の時間的効力の問題に関する解釈」（2011年4月20日採択、2011年5月1日施行）1条1項・2条2項がそれを破ったとする（同「罪刑法定的中国実践」梁根林・埃里克＝希爾根多夫主編『中徳刑法学者的対話――罪刑法定与刑法解釈』（北京大学出版社、2013年）94-97頁参照）。なお、［法院］を「裁判所」と訳すことについては拙著『現代中国刑事裁判論――裁判をめぐる政治と法』（北海道大学出版会、2009年）2頁参照。

(12) なお中国の「人権」観念の特徴について土屋英雄『中国「人権」考――歴史と当代』（日本評論社、2012年）144-145頁参照。

(13) 労働矯正については田中信行「労働矯正の強化と人権の危機」中国研究月報424号（1983年）1頁以下、但見亮「中国の労働教養制度」早稲田大学大学院法研論集102号（2002年）111頁以下等参照。

る」と説く。これは罪刑法定原則が徐々に実務に浸透しつつあるが、まだ不十分であることを示唆している。それは具体的にどの程度なのだろうか。

2　本稿の具体的課題

本稿はいわゆる金額型窃盗罪を素材として、上の疑問に答えたい。具体的には以下のとおりである。

現行刑法
第264条　公私の財物を窃盗し、比較的多額である者、または多数回窃盗し・住居侵入して窃盗し・凶器を携帯して窃盗し・スリをした者は、3年以下の有期懲役、拘役または管制に処し、罰金を併科し、または単科する。巨額であり、またはその他の重い情状がある者は、3年以上10年以下の有期懲役に処し、罰金を併科する。特に巨額であり、またはその他の特に重い情状がある者は、10年以上の有期懲役または無期懲役に処し、罰金または財産没収を併科する。

（2011年改正前）
第264条　公私の財物を窃盗し、比較的多額であり、または多数回窃盗した者は、3年以下の有期懲役、拘役または管制に処し、罰金を併科し、または単科する。巨額であり、またはその他の重い情状がある者は、3年以上10年以下の有期懲役に処し、罰金を併科する。特に巨額であり、またはその他の特に重い情状がある者は、10年以上の有期懲役または無期懲役に処し、罰金または財産没収を併科する。次に掲げる事由のいずれかがある者は、無期懲役または死刑に処し、財産没収を併科する。
(1) 金融機関を窃盗し、特に巨額であるとき。
(2) 珍貴な文化財を窃盗し、情状が重いとき。

---

(14) 張明楷・前掲注（11）97頁。なお張は続けて「他方で、罪刑法定原則違反を憂慮して、刑法を解釈することに腰が引ける現象も存在している」とも論じる。

(15) 原文は［数額］であり、一般に人民元を単位として計量される。数量を根拠とする場合もある（例えば文化財について13年解釈（後述）9条）が、これも［数額］に換算される。そのため本稿では「金額」と解する。なお禁制品は［数額］ではなく情状により計量される（同1条4項）。これは適法に流通していないことから適法な「価額」がないことによる（陳興良「盗窃罪研究」同主編『刑事法判解（第1巻）』（法律出版社、1999年）44、13頁参照）。

(16) 原文は［盗窃金融機構］である。この表現については、そもそも文法上の誤りがあることが指摘されていた（陳興良・前掲注（15）6頁参照）。

旧刑法

　第151条　公私の財物を窃盗し・詐欺し・強奪して比較的多額である者は、5年以下の有期懲役、拘役または管制に処する。

　まず、「金額型窃盗罪」とは講学上の概念であり、成立要件として窃盗行為以外に「比較的多額である」ことを要する窃盗罪（公式罪名）である[17]（条文の下線部分参照。以下、単に「多額」と表現し、この要件を「多額要件」と、またその下限額を「多額基準」と呼ぶ。なお金額型には巨額等の場合も含まれ得るが、本稿の考察対象は多額の場合に限る）。なお、旧刑法には金額型しかなかったが、1997年改正以降、金額の多寡を問わずに多数回性や一定の犯行態様を要件とする「非金額型」も規定されるようになった。これらについては本稿の考察対象外とする（以下に論じる窃盗罪の成否は、非金額型が成立しないことを前提とした、金額型の成否である）。

　次に、その基準額（下限。以下同じ）は次のように具体的に設定される。まず、最高裁・最高人民検察院（以下、「最高検」と略す）の司法解釈（表1参照）等が各基準額を設定できる範囲を定める（表2参照）。そして高級人民裁判所・省クラス人民検察院（以下、「高裁」・「高検」と呼ぶ）等がその範囲内で当該省等の基準を具体的に定める（その例として表3参照）。

　そして実際に窃取した財物の額（以下、「窃取額」と呼ぶ）が、このように具体的に確定された多額基準に至っていない場合には、窃盗罪は成立しないと説かれる[18]。それは端的に多額要件という本罪の犯罪構成要件を充たしていないからである[19]。そしてその実質的根拠は、多額要件が「総則の一般的犯罪概念の定量要素、すなわちただし書の体現であ〔る〕[20]」ことに求められる。換

---

(17) 最高裁「『中華人民共和国刑法』の執行における罪名の確定に関する規定」（1997年12月16日公布・施行）参照。また旧法については「検討・参考にのみ供する」ものとして、同「刑法各則罪名の適用に関する初歩的意見」（1981年11月）参照。
(18) 例えば郎勝主編『中華人民共和国刑法釈義（第6版）』（法律出版社、2015年）445頁、陳興良『規範刑法学（第3版）（上）』（中国人民大学出版社、2013年）197-198頁参照。また日本でも同様である。例えば高見澤磨「中華人民共和国における美：量刑のものさし」BI Vol. 4（2010年）51頁参照。
(19) これは日本刑法学で説かれる「構成要件」ではなく、犯罪の全成立要件を意味する（高銘暄ほか・前掲注（2）50頁参照）。
(20) 儲槐植・張永紅「善待社会危害性観念――従我国刑法第13条但書説起」法学研究2002年3期92頁。なお13（旧10）条ただし書は「ただし情状が顕著に軽く危害の大きくないものは、犯

表1　関係司法解釈一覧

名称	略称*
最高裁・最高検「当面の窃盗事件の処理における法律の具体的運用の若干の問題に関する解答」（1984年11月2日、2010年12月22日廃止）	1984年解答
最高裁・最高検「墳墓盗掘事件の処理における法律の具体的運用の問題に関する通知」（1988年11月17日、2002年2月25日廃止）	1988年通知
最高裁・最高検「窃盗犯罪額の基準の改正に関する通知」（1991年12月30日、1992年1月1日施行、1994年8月29日廃止）	1992年通知
最高裁・最高検「窃盗事件の処理における法律の具体的運用の若干の問題に関する解釈」（1992年12月11日施行、2013年1月18日廃止）	1992年解釈
最高裁「窃盗事件の審理における法律の具体的運用の若干の問題に関する解釈」（1997年11月4日採択、1998年3月17日施行、2013年4月4日廃止）	1998年解釈
最高裁・最高検・公安部「窃盗罪の金額認定基準の問題に関する規定」（1998年3月26日）	1998年規定
最高裁・最高検「窃盗刑事事件の処理における法律の適用の若干の問題に関する解釈」（2013年3月8日最高裁・同月18日最高検採択、同年4月2日発布、同月4日施行）	2013年解釈

＊本文では西暦の上2桁を除く（例：13年解釈）。

表2　全国共通の基準額の設定可能範囲

	1984年解答	1992年通知／同解釈	1998年規定	2013年解釈
多額	200〜300元（400元可）	300〜500元（600元可）	500〜2,000元	1,000〜3,000元
巨額	2,000〜3,000元（4,000元可）	3,000〜5,000元（6,000元可）	5,000〜2万元	3〜10万元
特に巨額	—	2〜3万元（4万元可）	3〜10万元	30〜50万元
省クラス機関の対応	高裁・高検が現地の状況に基づき省クラス公安等と協議して、上記意見を参照して起点となる額を提出する。	高裁・高検が現地の状況に基づき省クラス公安等と協議して、規定を参照して基準額を確定し、最高裁・最高検に届け出る。	高裁・高検・省クラス公安が現地の状況に基づき、上の範囲内で具体的基準額を共同で確定して、最高裁・最高検・公安部に届け出る。	高裁・高検が現地の状況に基づき、上の範囲内で具体的基準額を確定し、最高裁・最高検に承認を求める。

※（　）内は経済発展地域に特別に認められた上限である。また鉄道運輸過程の窃盗については別の基準がある（例えば92年解釈2条4号）。なお98年解釈が定める基準は98年規定と同じ。

罪とは認めない」と定める。

表3　2013年解釈下の各地の基準額の例

	2013年解釈	北京	広東		甘粛	四川
			広州・深圳・珠海・仏山・中山・東莞	その他の市		
多額	1,000〜3,000元	2,000元	3,000元	2,000元	2,000元	1,600元※
巨額	3〜10万元	6万元	10万元	6万元	6万元	5万元
特に巨額	30〜50万元	40万元	50万元	40万元	40万元	35万元

出典：北京市高裁「窃盗刑事事件の処理における司法解釈の適用に関する若干の意見」（2013年6月28日施行）、広東省高裁・高検「窃盗刑事事件の金額基準の確定に関する通知」（2013年7月9日施行）、甘粛省高裁「本省において窃盗罪について執行する具体的な金額認定基準の確定に関する通知」（2013年。施行日等不明）、四川省高裁・高検「本省における窃盗罪の具体的な金額執行基準に関する通知」（2013年8月1日施行）参照。
※牧畜区における牛馬については3000元。

言すれば、犯罪として刑を科すまでの社会的危害性がない[21]。

　それではこの場合に、その社会的危害性の不足を補うだけの重い情状が他にある場合はどうだろうか（以下、この意味で「他に重い情状がある」という[22]）。この場合、多額の財物を窃取する意図があるときには未遂罪が成立し得る[23]。

　ではその意図がない場合はどうか（額について概括的認識のときと、少額であることを認識していたときが想定できる。以下、これらを「多額未満事例」と呼ぶ）[24]。ここ

---

[21]　例えば朱国楨・韓鳳路・江礼華「"数額較大"是定罪的要件還是量刑的標準」人民司法1980年11期11頁参照。なおその場合でも、治安管理処罰法49条違反（以下、「治安窃盗」と呼ぶ）として治安管理処罰（行政罰則の1種。以下「治安罰」と略す）が科され得る。

[22]　もっとも、伝統的な理論によれば、犯罪成立において考慮されるのは犯罪構成要件該当事実が示す社会的危害性のみである（高銘暄ほか・前掲注（2）50、210、252頁参照）。

[23]　学説について例えば趙秉志「論盗窃罪的既遂未遂問題」西北政法学院学報1985年3期57頁、張明楷『刑法的基本立場』（中国法制出版社、2002年）235頁参照。また実務について84年解答1条2号、92年解釈1条2号、98年解釈1条2号、13年解釈12条1項、羅鵬飛（逢錦温審編）「王新明合同詐騙案——在数額犯中，行為既遂部分与未遂部分併存且分別構成犯罪的，如何準確量刑」刑事審判参考100集（2014年）10頁以下参照。もっとも、13条ただし書のため、実務での処罰は例外的であるという（王志祥「数額犯基本問題研究」中国刑事法雑誌2007年2期50頁参照。また最高裁研究室「窃盗未遂事件の罪責認定問題に関する電話答復」（1990年4月20日、2013年1月18日廃止）参照）。

[24]　学説上、財物の客観的価値についての認識・予見の要否やその具体性の程度については争いがある（例えば張明楷「論盗窃故意的認識内容」法学2004年11期62頁以下、陳興良「刑法的明確性問題：以《刑法》第225条第4項為例的分析」中国法学2011年4期119頁参照）が、本稿では立ち入らない。実務は一般に客観的価値（窃取額）により判断するという（王作富主編『刑法分則実務研究（第5版）（中）』（中国方正出版社、2013年）946-947頁、阮斉林「論盗窃罪数額犯的既遂標準」人民検察2014年19期16頁参照。なお錯誤についてはⅢ2(1)参照）。特

では未遂罪は成立し得ない。またたとえ他に重い情状があったとしても、多額基準を充たしていない以上、罪刑法定原則によれば窃盗罪は成立し得ないはずである。

ところが、旧刑法下および刑法改正直後の司法解釈は、多額未満事例について、（多額要件を充足していなくとも）一定の事由に該当する場合には例外的にではあるが、窃盗既遂罪[25]が成立し得ることを認めていた[26]（以下、特に必要がない限り単に「窃盗罪」と記す。また、こうした規定を「多額未満型規定」と呼ぶ）。このことは、罪刑法定原則の見地から如何に評価されるのであろうか。また現行の13年解釈は多額未満型規定ではなく、一定の事由に該当する場合には多額基準を引き下げる旨の規定を置いた（以下、「基準引下げ型」と呼ぶ）。これと罪刑法定原則との関係は如何であろうか[27]。またこうした規定ぶりの変化は何を意味するのであろうか。

本稿は多額未満事例の処理、特にそれをめぐる司法解釈を定点観測することにより以上の疑問に答え、実務における罪刑法定原則の展開および現在地の一端を明らかにすることを目指す。なお、観測の起点は旧刑法施行とする。現行刑法3条のインパクトを検証するためには、それ以前を把握しておく必要があるからである。また、本稿の主な考察材料は司法解釈である。それは「司法職員には『法に明文規定がなくとも処罰する』の観念はほとんどないが、わが国の刑法適用の特徴により、司法職員の間では司法解釈の明文規定がありさえすれば処罰できるという考え方が極めて普遍的である。一部の司法職員は自己の解釈が類推解釈に当たるかを憂慮するが、司法解釈が類推解釈に当たるかは考慮しない。一部の司法職員はたとえある司法解釈が類

に額について概括的認識の場合は、基本犯なき（治安窃盗の）結果的加重犯と捉えることができる。
(25) 王作富・前掲注（24）937頁参照。
(26) 通説・実務によれば、既遂の判断に際して金額の多寡は考慮されず、それは実際に財物を支配したか否かにより決せられる（支配説）ため、ここで成立するのは当然に既遂罪となる（薛進展・劉金沢「論盗窃犯罪未遂的定罪処罰」犯罪研究2003年1期23頁、高銘暄ほか・前掲注（2）502-503頁、汪鴻濱（最高裁刑事第1廷）「従一起個案看盗窃罪的既未遂及与相関犯罪的区別」刑事審判参考46集（2005年）163頁等参照。また92年解釈1条2号も参照。ただし異説もある。Ⅱ2(1)参照）。これによれば、未遂とは何も窃取できなかった場合となる。
(27) 窃盗罪と罪刑法定原則の関係については、多額要件の明確性も問題となる。この点については例えば陳興良・前掲注（24）119頁参照。

推解釈かもしれないと疑ったとしても、また何ら躊躇わずに当該司法解釈を適用するであろう[28]」といわれるように、実務におけるその拘束力および影響力は法律をも凌駕し得るからである[29]。一般に裁判所を拘束するのは最高裁のものであることから[30]、本稿ではそれに焦点を合わせる。

なお、中国のように、裁判者が政治権力の統制・干渉から自由たり得ない制度においては、そもそも刑法のみに従って裁判をするための制度的前提を欠く[31]。そうした中で、本罪は財産犯であることから、政治的干渉等が相対的に少ないと予測される。そのため、より常態に近い実務の罪刑法定原則に接近することが期待できる[32]。

3 本稿の意義

本稿には少なくとも次の2点の意義があると考えている。

第1に、先行研究により罪刑法定原則に関する多くの問題が示されてきたが、個々の問題の時間軸における変化を辿る作業は、十分になされてこなかった（もちろんそこには、そうした作業を意義のあるものとするほど時間が経っていなかったという事情もあろう）。本稿は上記の定点観測を通じて、そこでの罪刑法定原則の展開過程を具体的かつ動態的に示す。これにより、罪刑法定原則の

---

(28) 張明楷『罪刑法定与刑法解釈』（北京大学出版社、2009年）99-100頁。なお、司法解釈の効力については、最高裁・最高検がそれぞれ規定を出し、「法律効力を有する」としている（最高裁「司法解釈業務に関する若干の規定」（1997年7月1日施行。2007年4月1日廃止）4条、同「司法解釈業務に関する規定」（2007年4月1日施行）5条、最高検「司法解釈業務暫定規定」（1996年12月9日施行、2006年5月10日廃止）2条、同「司法解釈業務規定」（2006年5月10日施行、2015年12月16日改正、2016年1月12日施行）5条前段参照）。それ以前についても「普遍的な司法効力」があるとされ、遵守しなければならないとされていた（周道鸞「新中国司法解釈工作的回顧与完善司法解釈工作的思考」最高人民法院研究室編『中華人民共和国最高人民法院司法解釈全集』（人民法院出版社、1994年）1頁参照）。

(29) なお「司法解釈は法律を超えてはならない」（郎勝・前掲注（18）4頁）とされている。これに対して、李希慧「刑法司法解釈的適用問題」法学雑誌1994年5期16頁は法律に反する司法解釈も遵守すべきとする。また、王尚新「関於刑法情節顕著軽微規定的思考」法学研究2001年5期22頁も参照。

(30) 裁判所は最高検のそれについてはせいぜい参考にするだけであるという（魏勝強「誰来解釈法律——関於我国法律解釈権配置的思考」法律科学2006年3期39頁参照）。

(31) 陳興良「罪刑法定司法化研究」法律科学2005年4期39-42頁参照。また団藤重光『法学の基礎（第2版）』（有斐閣、2007年）204-205頁参照。

(32) 政治問題化した場合の罪刑法定原則の無力さについて、拙稿・前掲注（10）294頁以下参照。

展開と現在地についてのより精度の高い立体的な認識が（局地的ながらも）可能となろう。

　第2に、現時点で少なくとも多額未満事例における金額型窃盗罪を対象とした先行研究はない。この意味で、本稿は中国の罪刑法定原則の実際を示す、新たな実証的素材を提供することになる(33)。

　なお、本稿にいう多額未満事例と似て非なるものとして、小口彦太が現行刑法下でも「法律に定めなき限り、犯罪は成立しない」わけではないことを示すとする次の例がある。それは1500元を収賄し、情状が重い行為について、収賄罪の成立を認めた事例である。本件は旧法事例であるが、趙秉志主編『新刑法全書』（中国人民公安大学出版社、1997年）は現行刑法13条の典型的裁判例として挙げる。そして同書は「収賄額は1500元であり、改正前の刑法所定の2000元という犯罪を構成するための金額基準になお達していない」（261頁）とする。小口はこれを参照した上で、「収賄罪成立の基準額2000元に達しない、つまり犯罪構成要件中の客観面を充足しない行為につき裁判所は収賄罪の成立を認め〔た〕」とする(34)。

　一見したところ、この構造は多額未満事例と同様のようである。しかし、根拠法の全国人民代表大会常務委員会「公務上領得〔貪汚〕罪・賄賂罪の懲罰に関する補充規定」(35)（1988年1月21日採択・公布・施行）5条1項・2条1項4号によれば、収賄額が「2000元未満で情状が比較的重い者」には刑を科す。つまり、上の例に収賄罪が成立し得ることは法律上根拠があり、成立要件に欠くところはない(36)。したがって、上の趣旨を示す例として本件は適さない。

---

(33)　この点については拙稿・前掲注（10）298頁参照。
(34)　小口彦太「中国刑法上の犯罪概念再論」早稲田法学85巻3号（2010年）398頁以下参照。
(35)　筆者は「公務上横領罪」等と訳してきたが、同罪の実行行為は横領だけではなく、窃取等の占有移転を伴う場合をも含む（382条）ため、本稿では「領得」を用いる（平野龍一・浅井敦編『中国の刑法と刑事訴訟法』（東京大学出版会、1982年）156頁参照）。
(36)　なお、小口が依拠した評釈が2000元を基準とした理由およびその意味は明かではない。2000元以上を原則とし、それ未満を例外と捉えたのかもしれない。例えば胡康生・李福成主編『中華人民共和国刑法釈義』（法律出版社、1997年）548頁は上記規定を取り込んだ1997年刑法383条（2015年改正前）について、「『補充規定』所定の、一般的な状況において刑事責任を追及する最低額基準を2000元から5000元に引き上げ〔た〕」とする。ちなみに、2015年改正前の383条1項4号も5000元未満だが情状が比較的重いときは刑を科すとしていた（改正後についてⅣ2参照）。

他方、結論の先取りになるが、本稿で検討する多額未満型規定および基準引下げ型規定は、まさにその趣旨を示す例と考えられる。

4 本稿の構成

本稿の構成は以下のとおりである。まず、Ⅱでは多額未満事例の処理をめぐる学説を考察する。ここでは、窃盗罪の成立根拠として金額以外に情状も認めることができるか否かをめぐる論争を検討する。これにより、刑法解釈論として如何なる選択肢および理由づけがあり得るのかを見る。

次に実務における多額未満事例の処理を考察する。先述のように司法解釈の規定には2種類あり、まず多額未満型規定が登場し、次いで現行司法解釈において、その代わりに基準引下げ型規定が採用された。本稿ではこれらを順に検討し、内容を整理した上で、罪刑法定原則の見地からどのように評価されているかを考察する（Ⅲ・Ⅳ）。

最後に、以上の考察をまとめて、実務における罪刑法定原則の現在地の一端を示したい。

Ⅱ 多額未満事例の処理をめぐる学説：犯罪構成要件説と処罰条件説の論争

1 総説

旧刑法151条の窃盗罪は金額型しかなかった。したがって文言上、財物を窃取した場合には、その金額の多寡のみにより、窃盗罪の成否が決定されるはずであった。しかし、施行当初からこうした考え方（批判的に「金額至上主義」［唯数額論］と呼ばれる）に対しては、学説・実務ともに少なからず批判・抵抗があった。そうした立場からよく引き合いに出されたのが、次の事例である。

【事例】

Xはプラットホームで乗客Aが乗車する隙に、その財布（中には7角7分、布の配給切符4尺）を窃取した（スリ）。Aが気付いた後、Xが列車の横をすり抜けて線路を横切って逃走したところ、Aはそのすぐ後を追いかけた。A

は乗車する予定の列車の発車時刻が迫ってきたため、ホームに戻ろうとして線路を横切った際に、進入して来た別の列車に轢かれて死亡した。Xの窃取額は少なかったが、現地の裁判所は窃盗罪によりXを懲役5年に処した。[37]

こうした多額未満事例における窃盗罪の成否をめぐり、文言に忠実にそれを否定する犯罪構成要件説と、金額のみならず情状も成立根拠たり得るとして肯定する処罰条件説（多額未満型規定はその条文化[38]）とが対立した[39]。以下、両説の代表的な主張を整理する。

なお、処罰条件説は多額未満型規定の理論的根拠であることから、後者と罪刑法定原則との関係をめぐる議論において、同説はいわばその「弁護人」として登場することになる。そこで、罪刑法定原則に関係する議論についてはⅢ3でまとめて検討することとする。このほか、処罰条件説がそのように呼ばれる理由はよく分からない。ドイツの客観的処罰条件に由来するとする論者もいる[40]。ただし、そこで念頭に置いている「処罰条件説」は、金額は客観的処罰条件であるから故意の対象ではないとする立場のように見受けられる[41]。だとすると、これは先の「処罰条件説」とは内容を異にするであろう。本稿では、「処罰条件説」は先に述べた意味に限ることとする。

---

(37) 姜偉「第二十九章 窃盗罪」高銘暄・王作富主編『新中国刑法的理論与実践』（河北人民出版社、1988年）596頁参照。このほか、徐逸仁「論盗窃罪既遂与未遂」上海大学学報（社科版）1992年5月95頁は、親族の入院費を支払うために300元所持して病院に向かう途上でその300元を窃取された結果、すぐに輸血できなかったため当該親族が死亡した場合を挙げる。
(38) 陳興良・前掲注(15) 56-57頁参照。
(39) 以下の両説については、特に注記がない限り、姜偉・前掲注(37) 593-597頁によった。また楊正根「第三十八章 侵犯財産罪」趙秉志主編『刑法争議問題研究（下）』（河南人民出版社、1996年）376頁以下も参照。なお、両説の対立点としてはさらに、「金額」が窃盗結果（窃取額）のみを意味するか、それのみならず、主観的に追求した金額または窃取の可能性があった金額をも含むかという点がある（後者も含まれ得るときは「窃盗罪」と記す）。これは未遂罪の成立可能性をめぐる論点である。一般に処罰条件説はこれを肯定し、犯罪構成要件説は否定するという。もっとも、後者によったとしても「金額」の解釈によっては未遂罪の成立を肯定することは可能である（例えば後述Ⅱ2(1)参照）。
(40) 王志祥・前掲注(23) 44頁、于志剛「関於数額犯未遂問題的反思」趙秉志主編『刑法論叢（第21巻）』（法律出版社、2010年）62頁参照。
(41) 例えば趙秉志・肖中華「如何理解犯罪故意的"明知"（下）」人民法院報2003年5月19日3版〔趙発言〕参照。

2　犯罪構成要件説

　本説は、多額要件を犯罪構成要件とし、「法律は金額の罪責認定に対する意義しか規定していないため、金額が窃盗罪認定の唯一の条件であり、その他の情状は量刑に影響するだけである」とする。したがって、窃取額が多額基準に至らなければ、いくら情状が重くとも窃盗罪は成立し得ないことになる。これは条文に忠実な文理解釈であり、その理由づけには多言を要さないであろう。罪刑法定原則を採用した現行刑法下ではなおさらである。

　ところが、本説においても多額未満型規定の解釈・評価は分かれる。すなわち本説には、同規定により未遂罪が成立すると解する立場と、同規定およびそうした立場が道理に合わないと批判する立場がある。以下、それぞれ未遂罪成立説、理解不能説と呼び、順に一瞥しておこう。

（１）未遂罪成立説

　王志祥（北京師範大学）は次のように説く。まず、「金額は金額犯の既遂形態の犯罪構成における量的構成要件要素」であり、それに「到達しない行為は犯罪既遂の成立要件を欠くにすぎず、犯罪既遂は成立しないが、犯罪の未完成形態は成立し得る」。そして、「行為者が比較的多額の財物の窃取を企図し、意思以外の原因により、比較的多額の財物を実際に取得できなかった場合、金額以外のその他の情状が反映し得る社会的危害性が刑事責任を追及すべき程度に到達していれば、同様に刑事責任を追及することができ、単に犯罪停止形態において未遂を認定しなければならないにすぎない」。このことは98年解釈6条1号に規定されている、と。

---

(42)　陳興良は「法律条文の規定から見て、構成要件説は立法意に合致する」（同・前掲注（15）56頁）とする。また郎勝・前掲注（18）445頁参照。

(43)　本説の支持者として、例えば朱国楨ほか・前掲注（21）10頁、陳興良「作為犯構成要件的罪量要素――立足於中国刑法的探討」環球法律評論2003年秋季号277-278頁参照。

(44)　例えば徐立「犯罪数額問題研究」陳興良主編『刑事法評論（第18巻）』（北京大学出版社、2006年）517頁参照。

(45)　このほか、鄧剣光・張波「犯罪未遂、既遂的新視野――以盗窃罪為例的思考」四川警官高等専科学校学報2001年3期32-34頁、薛進展ほか・前掲注（26）23-24頁も同旨。

(46)　犯罪（停止）形態は一般に、完成形態（既遂）と未完成形態（未遂・予備・中止）に分けられる（高銘暄ほか・前掲注（2）143頁参照）。

(47)　以上について王志祥・前掲注（23）44、49頁参照。なお王は、先述（Ⅱ1参照）の【事例】について未遂罪の成立を認めるべきとする。

これによれば、同号は多額未満事例において多額の財物の窃取の意思がある場合を定めたものである。この場合に未遂罪が成立し得ることは広く認められている。しかし同号は当該意思を要件として規定していない。書かれざる犯罪構成要件要素ということであろうか。だがそうすると、同号と同1条2号（「窃盗未遂で、情状が重い場合、例えば巨額の財物または国家珍貴文化財等を窃盗の目標としたときは、罪責を認定して処罰しなければならない」）との区別が問題となるが、この点については不明である。(48)

（2）理解不能説

于志剛（中国政法大学）は98年解釈6条1号および上の王志祥を批判し、「ここでの窃盗未遂の参照基準は何か？ 比較的多額であることを窃盗罪の既遂基準とすることは明らかに窃盗罪の常理に合わず、本来的に犯罪を構成しないが情状が重い場合には犯罪を構成し得るとしたときの犯罪形態は、犯罪既遂であろうが犯罪未遂であろうが道理に合わない」とする。

これは「犯罪」の成否を検討した後に、犯罪形態を検討するという2段階論（通説）に立脚するものである。(49)その趣旨は次のように解される。すなわち、多額要件は「犯罪既遂の成立要件」ないしは「窃盗未遂の参照基準」ではなく、第1段階で判断される犯罪構成要件である。したがってそれを充足すれば犯罪が成立し、第2段階（犯罪形態）に進む。他方、それを充足しなければ、犯罪不成立となる（未遂罪成立ではない）。そして多額未満事例は多額要件に該当しない以上、第1段階で「窃盗罪」の成立が阻却され、第2段階に進み得ず、既遂罪・未遂罪のいずれもが成立（存在）する前提を欠く、と。

なお、以上は「金額」が窃取額である場合である。このほか、「金額」には予め認識していた金額＝予期的金額［予期性数額］も含まれ得る。于もこれが多額要件を充たすときには、未遂罪成立の余地を認める。もっとも、それは6条1号の問題とは位置づけられていない。(50)

---

(48) 「情状」の解釈にもよるが、6条1号をこのように解することにより、その死文化を狙っているのであろうか。

(49) 通説であることについて徐光華『犯罪既遂問題研究』（中国人民公安大学出版社、2009年）100-101頁参照。その第1段階の判断基準は「犯罪成立の最低基準の意味における犯罪構成概念」である（張明楷『刑法学（第5版）（上）』（法律出版社、2016年）332頁）。

(50) 以上について于志剛・前掲注（40）93、65-67、82-84頁参照。なお、こうした2段階論（多額要件の位置づけおよび既遂基準（前掲注（26）参照）を含む）によりつつ、多額以上の財

3　処罰条件説

　本説は実務のニーズに基づき生成・展開されたものと目される。中央政法幹部学校の刑法教科書における記述の変化は、このことを示唆している。まず、1980年に出版された教科書には、本説の内容に相当する記述は見当たらなかった[51]。ところが、その後継として1982年に出版された教科書は、「司法実践が示すように、金額の多寡と社会的危害の程度の関係はまた絶対化することはできず、金額以外にもその他の情状を結びつけ、総合的にその社会的危害を考慮しなければならない」とし、窃取額が比較的少額であっても、多額の場合より社会的危害性が大きいこともあると説いた。これは多額未満事例に窃盗罪が成立する道を切り拓こうとするものといえよう[52]。

　その後、多額基準に至らなくとも情状が重ければ窃盗罪が成立し得るという立場は、多くの、また有力な支持者を得ているように見受けられる[53]。ただし、中にはそれと同時に、旧刑法改正に向けた立法論として「情状が重い」を規定すべしと主張した者が少なからずいた[54]。そうした者にとって、本説はやむを得ない解釈であったのかもしれない。以下、本説の代表的論者である

　　物の窃取を意図したが、窃取額が多額未満であった場合に（既遂罪ではなく）未遂罪の成立を認めることの論理的整合性は１個の問題をなす（この点を指摘するものとして、例えば王志祥『犯罪既遂新論』（北京師範大学出版社、2010年）243頁参照）。この点について張明楷・前掲注(23)235頁は、多額未満の財物は刑法上の財物に当たらないとする（刑法上は何も窃取できなかったことになる。もっとも量刑においては窃取額を考慮するとする）。なお実務について羅鵬飛・前掲注(23)10-11頁参照。

(51)　中央政法幹部学校刑法、刑事訴訟法教研室編『中華人民共和国刑法分則講義』（群衆出版社、1980年）参照。

(52)　中央政法幹部学校刑法刑事訴訟法教研室編『中華人民共和国刑法講義（分則部分）』（群衆出版社、1982年）186頁参照。

(53)　例えば李再延・楊実・蒋志培「談談盗窃罪的数額、情節、後果及対慣窃的認定」法学雑誌1984年2期54頁、高銘暄主編『中国刑法学』（中国人民大学出版社、1989年）513頁、周道鸞『単行刑法与司法適用』（人民法院出版社、1996年）243頁、高銘暄・馬克昌主編『刑法学（第5版）』（北京大学出版社・高等教育出版社、2011年）506頁参照。またⅢ3⑵参照。

(54)　例えば趙秉志は多額要件に代えて「情状が重い」を規定すべきとする（同「試析盗窃罪"数額較大"的実践与立法」法学1985年5期24頁参照）。また陳興良・前掲注(15)57頁によれば「刑法改正に際して、わが国の学者はいずれも金額が比較的多いの後に、情状が重いという文言を追加し、両者を併置する旨を建議した」。結局、1997年の改正時にはその一部（多数回型）しか採用されなかった（同58頁参照）。その背景としては、人権保障のための裁判官の裁量の制限が指摘されている（伊海英「論犯罪数額的立法」馬松建・史衛忠主編『刑法理論与司法認定問題研究』（中国検察出版社、2001年）434-435頁参照）。

姜偉の議論を見る。⁽⁵⁵⁾

まず姜の整理によれば、本説が多額要件を充たさなくとも情状が重ければ窃盗罪が成立し得るとする理由は、「情状は社会的危害の程度を説明する重要な部分であり、法律に明文規定はないが、窃盗罪認定に際してはその他の情状から離れることはできない」からである。

そして次のように本説を正当化しようとする。まず「法律条文の字面の意味を墨守してはならず、客観的な実際から出発しなければならない」とする。そして「金額は決して危害の大小を決定する唯一の要素ではなく、その他の情状も窃盗の罪責認定・量刑に一定の影響がある」とし、窃盗罪の成否を決定づけるのは、根本的には社会の危害性であるとする。その上で、実務における金額至上主義の傾向を批判する。そして「窃盗額が比較的少ないが、その他の重い情状があるときは、必ずしも罪責を認定しないわけではな〔い〕」とし、多額未満でも情状が重いときは窃盗罪が成立するとする。なおⅡ１の【事例】について姜は、「Ｘの窃取額は少なかったが、他人の死亡という重大な結果を惹起した。もし罪責を認定しなければ道理に合わないであろう。現地の裁判所は窃盗罪によりＸを懲役５年に処し、効果は良好であった」と積極的に評価する。

本説は、窃盗罪の成否を決定づけるのは社会的危害性であり、金額はその一要素にすぎないとする点で、実質的価値を根拠とするものであるといえよう。そしてその際、「法律条文の字面の意味を墨守してはなら〔ない〕」とまでいう。結論を「法律条文の字面の意味」に包摂させるという作業（解釈論）は不可欠ではないということであろう。まさに実質的犯罪概念に立脚した主張である。

4　小括

犯罪構成要件説は条文に忠実な文理解釈であり、またしたがって、罪刑法定原則に適合的な解釈である。これに対し、処罰条件説は実質的犯罪概念の典型であり、罪刑法定原則を正面から否定するものである。したがって処罰条件説は現行刑法下においては支持し得ないはずである。実際、今日では処

---

(55)　姜偉・前掲注（37）594-597頁参照。

罰条件説は支持者を失い、犯罪構成要件説が通説となっていると評価する論者もいる[56]。だが、この点についてはⅢ3で改めて見ることにしよう。

Ⅲ　実務における多額未満事例の処理1：多額未満型規定

先述（Ⅱ1・3参照）のとおり、旧法施行後、金額至上主義に対する批判が生じた。実際に多額未満事例に窃盗罪の成立を認めた裁判例もあった[57]。また最高検も、限定的ではあったが多額未満事例に窃盗罪が成立し得ることを認めた（同「刑事犯罪に厳しく打撃を加える闘争における法律の具体的運用の若干の問題に関する答復」（1984年1月9日）13参照）。

こうした中、最高裁も同様の方針を打ち出した。そこで最高裁がまず採用したのは、多額未満型規定であった。ここではそれを検討する。

以下ではまず、多額未満型規定およびそのように解する余地のある規定を整理する（1）。次に、裁判例を検討し、多額未満型規定の運用を見ると共に、それにより既遂罪が成立していることを確認する（2）。そして最後に罪刑法定原則の見地から、多額未満型規定が如何に評価されているかを考察する（3）。

1　司法解釈の整理
（1）1984年解答1条1号

（1）公私の財物を窃盗して比較的多額であることは、窃盗罪を構成する重要な条件であり、窃盗活動の具体的情状も、罪責認定の根拠の1つである。こそ泥行為、本人が被災して生活が苦しく、たまたま財物を盗んだとき、または脅迫されて窃盗活動に参加し、盗品の分配を受けず、もしくは得た盗品がごく僅かであったときは、窃盗罪として処理しなくともよく、必要なときは、主管機関が適切に処罰する。

本規定は窃盗罪の成否について金額のみならず、情状をも考慮すべきこと

---

(56)　張波「刑法学的若干基本理論探討——対張明楷教授的若干観点的商榷」現代法学2004年6期49頁参照。

を示した。もっとも、その働き方についての解釈は分かれる。すなわち、陳興良（北京大学）は犯罪不成立の方向にのみ働くと読む。他方、姜偉は「現行刑法の規定の不足を補った」とし、多額未満だが情状が重ければ窃盗罪が成立する（多額未満型規定）と解する。

（2）1988年通知による1984年解答7条4号の改正

改正前	改正後
(4) 墳墓を盗掘し、比較的多額の財物を窃取し、ⓐ情状が重いときは、窃盗罪として論じなければならない。ⓑ少量の財物を窃取し、または情状が顕著に軽いときは、公安機関が斟酌して治安処罰を科す。	(4) 墳墓を盗掘し、財物を窃取して比較的多額であるときは、窃盗罪として論じる。ⓒ墳墓を盗掘して情状が重い場合は、たとえ財物を窃取しておらず、または少量の財物を窃取したときでも、窃盗罪として論じなければならない。ⓓ情状が顕著に軽く危害が大きくないものは、公安機関が治安管理処罰を科す。

※下線部は主な改正点

本通知は「近年、一部の地方において墳墓盗掘の違法・犯罪活動が猖獗を極めている」という認識の下、厳罰化を図り、84年解答7条4号を改正した。ここではⓑからⓒへの改正に着目する。改正前は少量の財物の窃取は、治安窃盗とされることになっていた（ⓑ）。しかし改正により、情状が重ければ、「窃盗罪として論じなければならない」こととなった（ⓒ後段）。つまり限定的ではあるが、多額未満でも情状が重ければ窃盗罪が成立することが明示的に認められた。なお、一般論として既遂罪は「窃盗罪」と、未遂罪は「窃盗罪（未遂）」と表記される。ここでは前段が未遂であることは明白であり、また通説・実務によれば、窃取を遂げた後段が既遂であることも明白であることから、区別されていないものと解される。

（3）1992年通知4条

4、窃盗額は窃盗罪を構成する重要な基準であるが、罪責認定・量刑の唯一の基準ではない。窃盗した財物の金額に基づくほか、さらに犯罪のその他の具

---

(57) 欧陽涛主編『刑事犯罪案例叢書（盗窃罪・慣窃罪）』（中国検察出版社、1991年）242-243頁参照。このほか不起訴事例として同243-245頁も参照。
(58) 陳興良・前掲注（15）57頁参照。
(59) 姜偉・前掲注（37）596-597頁参照。
(60) 王作富主編『中国刑法適用』（中国人民公安大学出版社、1987年）159頁、高銘暄・馬克昌主編『刑法学』（北京大学出版社・高等教育出版社、2000年）152、160頁参照。

体的情状および犯罪者の罪状認諾の態度・贓物返還の状況等に基づき、全面的に分析し、正確に罪責認定・量刑をしなければならない。

実務における金額至上主義の傾向が根強かったことから[61]、本通知4条は改めてそれを否定し、窃盗罪の成否の判断において、金額以外にも情状等を考慮すべきことを明示した。

なお、ここでは情状等が犯罪を基礎づけるかは明示されていない。しかし、最高裁の機関誌『人民司法』に掲載された解説は、その注意点として「比較的多額に至らないが、その他の悪質な情状があれば、なお罪責を認定できる」とし、これを肯定する[62]。なお解説は下線部も含めて「情状」とする。ここには理論上「人的危険性」「人身危険性」[63]が含まれ得る（詳しくは次の(4)参照）。

（4）1992年解釈4条1号

4、窃盗事件の情状を如何に見るか？
(1) 窃盗額は窃盗罪を構成する重要な基準であるが、罪責認定・量刑の唯一の基準ではない。窃盗した財物の金額に基づくほか、さらに犯罪のその他の具体的情状および犯罪者の罪状認諾の態度・贓物返還の状況等に基づき、全面的に分析し、正確に罪責認定・量刑をしなければならない。個人が公私の財物を窃盗して「比較的多額」の起点基準に達していないが、次に掲げる情状のいずれかがあるときも、その刑事責任を追及することができる。
1. 多数回スリの犯行をしたとき。
2. 破壊的手段で窃盗し、かつ、公私の財産の大損失を惹起したとき。
3. 住居侵入窃盗が多数回あるとき。

---

(61) 例えば徐逸仁・前掲注（37）95頁参照。なお、その克服は今日でも課題のままである（Ⅳ1参照）。
(62) 高憬宏「対《関於修改盗窃犯罪数額標準的通知》的理解」人民司法1992年2期9頁。
(63) 通説的枠組みによれば、社会的危害性と人的危険性は区別される。すなわち前者が行為の客観的危害と行為者の主観的悪性からなり、回顧的評価であるのに対して、後者は行為者に対する展望的評価であり、一般に再犯可能性を指す（曲新久「試論刑法学的基本範疇」法学研究1991年1期38-39頁、陳偉『人身危険性研究』（法律出版社、2010年）39頁等参照。なお、これに悪風感染を通じた他人の初犯可能性をも含める立場も有力である。例えば陳興良・前掲注（1）136-139頁参照）。なお、後者を前者の一要素と位置づける立場もある（例えば張明楷『犯罪論原理』（武漢大学出版社、1991年）77頁参照）。本稿では通説的枠組みによる。

4. 未成年者を教唆して窃盗させたとき。
5. 労働改造・労働矯正人員が労働改造・労働矯正期間中に窃盗したとき。
6. 執行猶予・仮釈放観察期間中または管制・監獄外執行期間中に窃盗したとき。
7. 窃盗により治安処罰を3度以上受け、または労働矯正に2度以上付され、矯正解除後2年以内にさらに窃盗を行ったとき。
8. 窃盗により起訴免除・刑の免除を受けてから2年以内、または窃盗により刑罰の処罰を受けてから3年以内にさらに窃盗を行ったとき。
9. 盲・聾・唖等の障害者、身寄りのない老人または労働能力喪失者の財物を窃盗したとき。
10. 窃盗により重大な結果を惹起し、またはその他の悪質な情状があるとき。

(後略)

　柱書前段は上述の92年通知4条と同じである。ここでは後段以降を読み解く。まず同後段は、多額未満であっても情状が重ければ一般的に刑事責任を追及することができることを、司法解釈レベルで初めて明示した。また重い情状に該当する事由についても例示列挙した。

　多額未満について、『人民司法』の解説によれば限度があり、その多額基準付近［接近］に限られる。具体的にどこまでが「付近」かは明かではない。

　ところで、各列挙事由の属性については、社会的危害性だけではなく、人的危険性を示す事由も含まれるとする学説がある。例えば曲新久・浦曄は窃取額および犯罪のその他の情状等は社会的危害性を示す要素であるが、「犯罪者の罪状認諾の態度・贓物返還の状況」および1・3・5〜8は人的危険性を示す要素であるとし、本号を罪責認定における社会的危害性と人的危険性の統一原則を示したものと解する。

---

(64)　林維「論刑事政策的法律化——以前科的意義為中心（上）」法学評論2005年5期40頁参照。
(65)　張泗漢「対《関於辦理盗竊案件具体応用法律的若干問題的解釈》的幾点認識」人民司法1993年1期8頁参照。なお、旧刑法は常習窃盗罪（152条）を規定していた。刑法上多額要件は規定されていなかったが、92年解釈5条1号はそれを定めた（なお84年解答5条1号は［数額大］としていた）。
(66)　曲新久・浦曄「辦理盗竊案件刑事司法解釈的五大変化及其問題」中国法学1993年5期76-77頁参照。

（5）1998年解釈6条1号

　第6条　窃盗事件の審理に際しては、事件の具体的状況に基づき窃盗罪の情状を認定しなければならない。
　(1) 公私の財物を窃盗して「比較的多額」の起点に近く、次に掲げる事由のいずれかがあるときは、刑事責任を追及することができる。
　　1. 破壊的手段で窃盗して公私の財産に損失を惹起したとき。
　　2. 障害者、身寄りのない老人または労働能力喪失者の財物を窃盗したとき。
　　3. 重大な結果を惹起し、またはその他の悪質な情状があるとき。

　孫軍工（最高裁）が『人民司法』に寄せた解説によれば、起草時に多額未満型規定が「法的根拠を欠くばかりか、罪刑法定原則にも違反する」とする慎重論があったが、「司法実務の具体的状況から見て、……こうした行為も重大な社会的危害性があり、罪責認定・処罰をしなければ、法律の公正さ・妥当さを失う。しかも……〔1992年解釈〕にも同様の規定があり、こうした事件は多くはないが、確かに法律規定の不足を補う作用を果たしていることは実践が証明するところである」という理由から、結局、本号が規定された。つまり本号の「立法」理由は、社会的危害性の重大性である。

　本号の内容は92年解釈4条1号と軌を一にするものの、次の2点の違いがある。1つは旧規定では単に多額の「起点基準に達していない」とされていたのが、本規定では起点付近［接近］であることが明記された点である（旧規定も同様に解すべきとされていた）。もっともどの程度が「付近」かまでは規定されていない。地方では、例えば安徽省・浙江省では多額基準の80％以上、上海市では75％以上（スリを除く）とされた。

　もう1つは、事由が大幅に削除された点である。具体的には旧1・3〜8が削除された。もっとも旧1・3は1997年改正により新設された多数回型窃盗罪により捕捉されることになったと解される（本解釈4条も参照）。また、こ

---

(67) 孫軍工「審理盗窃案件具体応用法律的幾個問題」人民司法1998年4期9頁。
(68) 安徽省高裁「窃盗罪の刑罰適用に関する指導意見」（2005年1月1日施行）1・2条、浙江省高裁・高検・公安庁「窃盗事件の処理における法律適用の若干の問題に関する意見」（2006年11月27日）1条、上海市高裁・高検・公安局・司法局「本市における窃盗犯罪事件の処理の若干の問題に関する意見」（1998年7月9日）1・3条参照。

れら以外についてもバスケット条項（3）により捕捉され得よう。[69]

（6）まとめ

多額未満事例における窃盗罪の成否について、84年解答の立場は必ずしも明らかではなかった。それを初めて明示的に認めたのは88年通知であった。もっともそれは墳墓からの窃盗に限られていた。その後、92年解釈は明示的かつ一般的にそれを肯定し[70]、98年解釈はそれらを整序した上で踏襲した。なお、不足額は一定の範囲内に収まっていなければならない。

2　裁判例の検討

実務では一般に多額未満型規定が遵守されていたという[71]。ここでは2件の裁判例（ともに1審判決、裁判所・年月日不明）を検討し、それが実際にどのように用いられていたかを見ると共に、それにより既遂罪が認定されたことを確認する。1件はそれを正面から適用したものであり、もう1件は判決文には現れていないが、事実上それに依拠したと目されるものである。後者は最高裁刑事裁判廷が裁判官を指導［指導］するために発刊している『刑事審判参考』（以下「刑参」と略す）に掲載されたものであり、実務に対する指針を示すものと考えられる。なお、そうした［案例］には順に番号が振られており、ここで取り上げるのは315号案例である。他方、前者は数多ある実例の1つにすぎず、そうした意義はない。実務での重みの違いから、後者から検討する。なお、以下の〔認定事実〕・〔理由〕・〔主文〕は判決文にそのように見出しがあるわけではなく、筆者が整理の便のために付したものである。また〔考察〕は筆者による。本稿の課題と直接関係しない論点は割愛した。

（1）「沈某某盗窃案」（刑参315号[72]）

〔認定事実〕

---

(69)　なお、林維・前掲注（64）40-41頁は旧7・8の削除理由について二重評価の禁止を挙げる。
(70)　なお、北京市高裁経済犯罪打撃辦公室「『窃盗事件の処理のいくつかの問題』に関する説明」（1986年11月15日）2は、窃取額が原則として多額基準（200元）の半額以上であり、また特に悪質な情状（例示列挙あり）があれば、刑事責任を追及することができるとし、一般的にそれを認めていた。
(71)　楊正根・前掲注（39）380頁参照。
(72)　「沈某某盗窃案——対所盗物品的価値有重大認識錯誤的応如何処罰」刑参40集（2004年）15頁以下。

2002年12月2日0時頃、被告人X（女）は某市高明区の甲ホテルの乙号室でA（男）との売春を終えて、帰る準備をしている際に、Aの隙をついて、ナイトテーブル上の売春代金と共にAの腕時計を持ち去った。Aが通報した後、公安はXを拘禁した。
　取調べ中、XはAの腕時計を持ち去ったこと、および当該腕時計の隠し場所を供述した。また「取調べ中にXは一貫して窃取した時計のブランド、型番等の具体的特徴を的確に言うことができず、また当該腕時計が600〜700元くらいしかしないと考えていた。またAの腕時計を持ち去ったのは、性取引中のAの行為が粗野であったため、鬱憤を晴らすためであった」。
　なお、某市某区価格認証センターの鑑定によれば、当該腕時計の価値は12万3879.84元（特に巨額に当たる――坂口）であった。

〔理由〕
　「被告人がついでに他人の腕時計を持ち去った行為は、主観的に他人の財物を不法に占有する目的があったが、被告人は当時、その窃取した腕時計の実際の価値を認識しておらず、それが認識した価値は『比較的多額』にすぎず、『特に巨額』ではなかった。つまり被告人には主観的に他人の『比較的多額』の財物を不法に占有する故意しかなく、『特に巨額』の財物を不法に占有する故意はなかった。被告人には窃取した物品の価値について重大な誤解（あるいは認識の錯誤）があり、その認識した額は実際の額よりもはるかに低いため、主観と客観の統一の刑法原則により、その者に認識できなかった価額について相応の刑事責任を負わせることはできず、その窃取時に認識できた価額を量刑の基準とすべきである」等から、刑法264条・37条に基づき次のように判決する。

〔主文〕
　被告人Xは窃盗罪を犯し、刑事処罰を免除する。
※検察はXが犯した窃盗罪は特に巨額であり、量刑が軽すぎるとしてプロテストした。2審中にXが行方不明となり、審理が中止された。

〔考察〕
　刑参登載の各案例には通例、当該裁判の関係者と目される者が執筆し、最高裁刑事裁判廷の裁判官が査読編集〔審編〕した「解説」が、その一部とし

て付される。本件執筆者の何樹志・薛付奇は広東省仏山市高明区人民裁判所所属であることから、本判決は同裁判所がしたものであり、また行為地の「某市高明区」も仏山市高明区であると推測される（以下ではこのことを前提に論を進める）。

その「解説」によると、本案例の「主な問題」は「盗んだ物の価値について重大な認識の錯誤があったときは如何に処罰すべきか」である（注（72）の副題も参照）。つまり本案例登載の趣旨は、高級腕時計を一般的な腕時計と誤認した上でそれを窃取した場合の量刑枠の選択方法を指導することにある。これについてはすでに示したように、行為者が「窃取時に認識できた価額」を基準とすべきとされた（〔理由〕参照）。

もっとも、ここで本件を取り上げたのは、この点を検討するためではない。それは以下に述べるように、本件では多額未満型規定に依拠して罪責が認定されたと目されるからである。

まず本判決は、「被告人には主観的に他人の『比較的多額』の財物を不法に占有する故意」があったことを認定した。そして、その具体的内容として認定された事実は、Xが「当該腕時計が600〜700元くらいしかしないと考えていた」というものであった。

ところで、本件犯行および裁判時の広東省仏山市の多額基準は2000元であったと目される（広東省高裁「窃盗事件の金額基準の問題の確定に関する通知」(1998年5月2日) 1条1号。ちなみに「特に巨額」の基準は10万元以上である。同号）。そうすると、Xが認識した額は多額基準の半分にも至っておらず、「起点に近い」とはいい難いように思われる（Ⅲ1(5)参照）。

にもかかわらず、判決は多額の財物を不法に占有する故意があったとする。こうした場合にはそれなりの理由づけが必要になると思われるが、判決は黙して語らない。というよりも、判決は上記通知所定の基準額に言及していないため、そもそもこの問題が顕在化していない。形式論としては、そう

---

(73) 多額基準が裁判時に被告人に利益となる方向で変更されていた場合に、裁判時基準を遡及させた例として、「尚娟盗窃案――明知他人報案而留在現場，抓捕時亦無拒捕行為，且如実供認犯罪事実的，是否構成自首」(780号) 刑参86集 (2012年) 55頁参照。
(74) 当時からすでに、司法解釈を裁判の根拠とする場合には、その引用が義務づけられていた（最高裁「司法解釈業務に関する若干の規定」14条1項）。しかし、上記通知のような文書につ

である以上、判決においてこの点に関する理由づけを必要とする前提はない。本判決で98年解釈6条1号が引用されていないのも、このためと推測される。

とはいえ、客観的にこの問題がなくなるわけではない。「解説」もこの問題を認識しており、そこでは次のような理由づけがなされている。すなわち、「犯罪構成の主観と客観の統一の原則から見て、被告人が認識した額は『比較的多額』の起点に近いが、その行為はまた重大な結果（腕時計の実際の価値は特に巨大など）を惹起し……〔98年解釈〕6条〔1号3と解される〕の規定により、被告人の行為はまた窃盗罪を構成する」と。また、刑を免除する理由においても、「刑法264条の規定によれば、金額は窃盗罪の罪責認定・量刑の重要な基準であるが、唯一の根拠ではない。本件の処理に際しては、第1に被告人について事実の認識の錯誤として取り扱い、主観と客観の一致の原則に基づき窃盗額を認定しなければならない」と述べる。

これらは次のようなことを意味していると考えられる。すなわち、「主観と客観の統一の原則」（責任主義に相当）に基づき、刑事責任を問うことができるのは、主観に対応する客観に限られる[76]。Xが認識したのは「600～700元くらい」であることから、本件の窃取額は（実際の価値である約12万元ではなく）それとなる[77]。これは多額基準に至っていないが、それに「近い」。さら

いては引用が義務づけられていなかったばかりか、適用法条として引用するものに含まれていなかった（同「裁判所刑事訴訟文書様式」（サンプル）（1999年4月30日）参照）。なお関連して、同「地方各級裁判所は司法解釈性質の文書を制定すべきではないことに関する批復」（1987年3月31日、2013年1月18日廃止）、同「裁判文書に法律、法規等の規範的法律文書を引用することに関する規定」（2009年11月4日施行）6条、同・最高検「地方人民裁判所・人民検察院は司法解釈性質の文書を制定してはならないことに関する通知」（2012年1月18日）1条、侯猛「最高人民法院年度分析報告（2006）」法律適用2007年4期32頁、徐行「現代中国における訴訟と裁判規範のダイナミックス——司法解釈と指導性案例を中心に——（2）」北大法学論集62巻6号（2012年）147頁参照。

(75) なお、一般市民が当該通知に容易にアクセスできたか、という点も問題となる。できなかったとすれば、非公開の「法」による処罰も問題となる。なお、この点については小口彦太「中国における刑法改正について——罪刑法定原則の採用を中心にして——」比較法研究60号（1998年）184頁参照。

(76) なお本件とは逆に認識・予見した額が客観的な価値よりも高い場合、実務では一般に後者によるという（阮斉林・前掲注（24）16頁参照）。

(77) 毛乃純「客観的処罰条件に関する中国の司法実務についての一考察」早稲田大学大学院法研論集149号（2014年）351頁は、本件が「単に概括的・漠然的にその数額が『比較的大きい』あ

に本件所為は重大な結果を惹起した。そこで98年解釈6条1号3に基づき、刑事責任を追及する、と。つまり、本件には事実の錯誤という論点があるが、その処理を終えた後は、単に多額未満型規定が適用されたにすぎない。

そしてその結果、本判決が認定したのは既遂罪である。念のため補足しておくと、その理由は次の2つである。1つは、判決文は単に「窃盗罪」と表記していることである（Ⅲ1⑵参照）。もう1つは、未遂犯処罰に関する23条は引用されておらず、また未遂犯であることを示す文言もないことである。

以上のことから本件は、少額の財物であることを認識した上で、当該財物を窃取し、重大な結果を惹起した場合に、「主観と客観の統一の原則」に基づき帰責できるのは認識額＝少額についてであるとしつつ、多額未満型規定（98年解釈6条1号3）に基づき窃盗罪の成立を認めた事例といえよう。

⑵ 「卒某盗窃案」（発効）[78]

〔認定事実〕

被告人Xは北京市豊台区において①2004年4月9日から14日にかけて、グレーチング6個およびマンホールの蓋1個（計632元相当）を窃取し、②同月15日、A（別件処理）とグレーチング2個（計164元相当）を窃取した。公安の調査によれば、Xの窃盗による負傷者・車両損害はなかった。

〔理由および主文〕

「Xは国の法律を無視し、道ばたのグレーチング等の物を多数回窃取し、情状は悪質で、その行為はすでに窃盗罪を構成している」。Xは累犯であり、より重く処罰しなければならない。「刑法264条、65条1項、52条、53条、61条および……〔98年解釈〕6条1号の規定により、次のように判決する。Xは窃盗罪を犯し、有期懲役1年に処し、罰金人民元2000元を併科する」。

〔考察〕

本判決は罰条が刑法264条および98年解釈6条1号であることから、「比較的多額」の起点に近く、「その他の悪質な情状がある」[79]として、窃盗罪の

るいは『巨大』であることを認識すれば足りる」としたものと解するが、疑問である。

(78) 北大法宝（http://www.pkulaw.cn/）CLI. C. 197056。

成立を認めたものと解される。その理由は以下のとおりである。まず、多数回の窃取であることをわざわざ判示しているが、多数回型を認定するのであれば、罰条は同解釈 4 条となるはずであり、また「情状は悪質」を認定する必要はない。したがって、多数回型を認定したものではないと考えられる。もっとも、同解釈 6 条 1 号により窃盗罪を認定する上で、多数回を認定する必要もないが、これは同号 3 の「その他の悪質な情状」の内容として判示されたものと考えられる。なお、認定事実における窃盗による負傷者・車両損害に関する判示は、同号 3 のもう 1 つの（選択的）要件である「重大な結果」の有無を検討したものと解される。そして本判決が認定した犯罪形態は、(1) と同様の理由から既遂である。

なお、財物の額をめぐる認識については言及されていない。その理由は、額について概括的故意である場合には、そのことをわざわざ認定する必要はないとされている[80]ためと考えられる。だとすると、本件は窃取額について概括的故意であった場合に、多額未満型規定（98 年解釈 6 条 1 号 3）に基づき窃盗罪の成立を認めた事例といえよう。

（3）まとめ

両裁判例ではともに既遂罪が認定されたことが確認できた。しかも刑参 315 号によれば、認識額が少額である（多額基準に至らない）場合でも、多額未満型規定により既遂罪を認定できる。そして刑参 315 号の位置づけから、これら 2 点は最高裁刑事裁判廷の立場であると目される。

3　罪刑法定原則の見地からの考察

多額未満型規定によれば、条文に規定されている多額要件に該当しないにもかかわらず、条文に規定されていない「情状」が重ければ、既遂罪が成立し得る。こうした規定に対しては、罪刑法定原則（3 条後段）に悖るのではないか、という疑問が直ちに生じよう。以下ではこの点をめぐる中国の議論を、罪刑法定原則に違反するとする立場（消極説）と、逆に違反しないとす

---

(79) 当時は 1000 元であったと目される（北京市高裁・高検・公安局「8 種類の財産侵害犯罪の金額認定基準に関する通知」(1998 年 7 月 1 日施行) 1 条参照）。
(80) 王志祥・前掲注 (23) 51 頁参照。

る立場（積極説）に分けて検討する。

(1) 消極説

多額未満型規定に対しては類推解釈である[81]、刑法規定の踰越である[82]、司法権による立法権の侵害である[83]等の批判がなされている。また徐立は「刑法に定める金額に達しなければ、如何なる情状に当たろうとも、犯罪として処断することはできない。これは罪刑法定が要求するところである[84]」と断ずる。

これらは端的に、多額未満型規定が罪刑法定原則が認めない「解釈適用」であるという点に集約できる。陳興良が92年解釈4条1号について「比較的合理的であるが、厳密に言って、法的根拠において不十分なものである[85]」と指摘したように、多額未満型規定と罪刑法定原則との抵触は明白であろう。

(2) 積極説

処罰条件説を支持する姜偉（Ⅱ3参照）、および多額未満型規定を支持する孫軍工（Ⅲ1(5)参照）の自説正当化の論理は、「法の欠缺」を認めつつも、法的形式論理（解釈論）ではなく、社会的危害性を掲げ、結論の妥当性を根拠に正面突破を図ろうとするものであった。これらは実質的犯罪概念の典型的な考え方であり、特に孫軍工の解説は、罪刑法定原則採用後も処罰条件説が脈々と受け継がれてきたことを如実に示している。しかし先述のように、こうした論理が罪刑法定原則と相容れないことは明白であろう。

また司法解釈により窃盗罪の要件の「ある意味における改正」がなされたとする論者もいる[86]。しかしこれに対しては、司法解釈には刑法を改正する権限がないという批判がなされている[87]。罪刑法定原則の下で、多額未満型規定

---

(81) 陳志軍「刑法司法解釈応堅持反対類推解釈原則」中国人民公安大学学報（社会科学版）2006年2期38-39頁参照。
(82) 李希慧・前掲注（29）16頁参照。
(83) 呉大華・于志剛「盗窃罪的情節認定与処理」趙秉志主編『中国刑法案例与学理研究（第4巻）侵犯公民人身権利・民主権利罪　侵犯財産罪』（法律出版社、2004年）459頁参照。
(84) 徐立・前掲注（44）517頁。
(85) 陳興良・前掲注（15）57頁。
(86) 董玉庭「論盗窃罪既遂標準的実践把握」国家検察官学院学報2004年2期46頁参照。
(87) 王学文・王「数額因素在盗窃罪既、未遂形態認定中的作用新探」法制与社会2008年36期96頁参照。なおその直接的な批判対象は董玉庭『盗窃罪研究』（中国法制出版社、2002年）である。筆者未見であるが、論旨は同様と目される。

（・処罰条件説）を正当化するのは容易ではない。

　しかし、張明楷はそれに挑もうとする。すなわち張は「ある解釈が罪刑法定原則に違反する類推解釈であるか否かについては、解釈者の文言の表現からのみ判断するのではなく、さらに解釈の結論の合理性と結びつけて判断しなければならない。換言すれば、解釈の理由と解釈の結論の文言の表現は、罪刑法定原則違反の感覚をもたらすが、実際には必ずしもそうとは限らない。処罰範囲に影響しないことを前提に、文言の表現を改めさえすれば、罪刑法定原則違反の感覚を与えることはなくなる」として、98年解釈6条1号に対する陳志軍による類推解釈であるとの批判（Ⅲ3 (1)参照）に対して、次のように反論する。まず「確かに文言の表現からのみ言えば、上述の司法解釈は確かに罪刑法定原則に違反している。……司法解釈の文言の表現が人に与える感覚は、たとえ窃盗行為が刑法所定の『比較的多額』の要求に合わなくとも、窃盗罪を構成する、というものである」とし、表現上問題があることを認める。

　しかし次いで、「比較的多額」は相対的概念であるとし、多額の基準は地域および他の情状との関係において相対的に定まるとする。情状との関係についていえば、両者は反比例の関係に立つ（情状が重ければ多額基準は低くなる。逆もまた然り）。「したがって、司法解釈は上述の規定を設けた」と。

　そして「もし司法解釈の文言の表現を改めれば、罪刑法定原則違反の感覚はなくなるであろう」として、通常の場合、重い情状がある場合および軽い情状がある場合の多額基準を規定するようにすれば、「処罰範囲に変化はないが、罪刑法定原則違反の嫌いはないであろう」とする。

（3）考察

　繰り返しになるが、多額未満型規定と罪刑法定原則との抵触は明白と考えられる。そのため焦点は積極説の正当性如何にある。

---

(88)　以下については張明楷・前掲注（28）127-128頁参照。
(89)　これも金額と他の情状の社会的危害性の和が刑を科すべき程度に達しているかを問題とし、それ以上であれば窃盗罪の成立を認めるもの（いわば「合わせ技一本」）といえよう。なお、1980年代初頭から上海では情勢・情状との関係において相対的に多額基準を考慮していたという（陳本智「対構成盗窃罪数額的看法」法学1981年1期32-33頁参照）。山東省高級人民法院刑四庭・本刊編輯部「盗窃犯罪定罪量刑標準若干問題研究」山東審判2009年4期21頁は、このように一般的基準のほかに、特殊類型の基準を規定する方式を上海モデルとする。

張明楷は表現上の問題から罪刑法定原則違反の感覚をもたらすことは認めるが、「もし司法解釈の文言の表現を改めさえすれば」、そうした「感覚」もなくなるとする。罪刑法定原則違反は実体のない「感覚」にすぎないということであろうか。しかし、現にある規定の問題性については、結局のところ解釈論として応答できていないように見受けられる。「法律に犯罪行為であると明文規定している」か否かが犯罪の成否にとって決定的であると考えるならば、表現上の問題は「感覚」で済まされる問題ではなかろう。

以上のことから、司法解釈により多額未満型規定を設けることは、罪刑法定原則の見地から正当化できておらず、3条後段違反の謗りを免れないと考える。処罰条件説の中には、同時に「情状が重い」を規定すべきと立法論を展開した者が少なからずいたこと（Ⅱ3参照）は、そのことを裏書きしよう。

Ⅳ　実務における多額未満事例の処理2：基準引下げ型規定

現行の13年解釈は多額未満型規定の代わりに、基準引下げ型規定を置いた（2条）。これは各号事由に該当するときは、多額基準を50％にまで引き下げることができるというものである。以下、同条の内容および背景を検討し(1)、その後、罪刑法定原則の見地から如何に評価されているかを見る(2)。

13年解釈2条
　公私の財物を窃盗し、次に掲げる事由のいずれかがあるときは、「比較的多額」の基準は前条に定める基準の100分の50により確定することができる。
(1) 窃盗により刑事処罰を受けたことがあるとき。
(2) 1年以内に窃盗により行政処罰を受けたことがあるとき。
(3) 未成年者を組織し・支配して窃盗させたとき。
(4) 自然災害・事故災害・社会安全事件等の突発的事件の期間中に、事件発生地で窃盗したとき。
(5) 障害者・身寄りのない老人・労働能力喪失者の財物を窃盗したとき。
(6) 病院で病人またはその親族友人の財物を窃盗したとき。[90]
(7) 災害救援・応急対策・洪水防止・優待慰問・貧困支援・移民・救済用の資金物資を窃盗したとき。
(8) 窃盗により重大な結果を惹起したとき。

1　内容と背景

　基準引下げ型の論理は多額未満型と大きく異なる。後者は多額要件非該当を前提とするが、これは多額要件の基準を引き下げ、もって多額要件該当性を肯定するものだからである。そのため、多額未満型規定に存在した、条文所定の犯罪成立要件の不充足を認めつつ、犯罪成立を認めるという問題はない。また、本条により犯罪構成要件（要素）に欠けるところはなくなるため、成立するのは当然に既遂罪となる。なお、その規定ぶりは張明楷の提案や上海モデル（前掲注(89)参照）に非常に似ている。事実関係は不詳であるが、張明楷が刑法学界を代表する研究者であることに鑑みると、最高裁が罪刑法定原則違反の誹りを避けるため（なお後述④参照）に、その提案を採用したという推測は十分に成り立つ（さらに大都市上海のモデルでもある）。

　本解釈については最高裁・最高検のスタッフがそれぞれ解説を出している。両者は本条が①社会的危害性を根拠とする基準の引下げである点、②その狙いが「金額至上主義」対策である点、③通常の場合の基準額（1条。表3参照）の特別規定である点、および④罪刑法定原則を考慮した改正であるとは明示されていない点で共通している。とはいえ④について、最高裁解説は③を前提に、「本条に基づき、窃盗額が『解釈』1条所定の基準の50％に達し、かつ、相応の事由を有するときは、法律に定める『比較的多額』に当たる。換言すれば、本条は法律規定の枠内にあり、窃盗の『比較的多額』についての明確なもう1つの具体的な認定基準である」ことを強調する。これは罪刑法定原則を意識したものなのかもしれない。もっとも、本条が「法律規定の枠内」にある理由、すなわち刑法264条の解釈論は、本司法「解釈」はもとより、ここでも示されていない。

　また、1・2号は社会的危害性というよりも、主には人的危険性を示す要素であるように思われる。というのも、その趣旨は何度諭しても改めない者

---

(90)　なお前掲注(37)参照。
(91)　以下については特に注記のない限り、胡雲騰・周加海・周海洋「《関於辦理盗窃刑事案件適用法律若干問題的解釈》的理解与適用」人民司法2014年15期19頁、陳国慶・韓耀元・宋丹「関於辦理盗窃刑事案件適用法律若干問題的解釈》的理解和適用」人民検察2013年11期30頁参照。
(92)　司法「解釈」といいつつ解釈論が示されないのは、一般的な問題である。そのため、制定機関スタッフによる解説がひとしお重要となる。

への対応にあるとされているからである(93)。

このほか、従来の多額未満型規定が捕捉したのは起点「付近」であったが、本条は通常の起点の50％であり、「割引」はより大きくなっている（なおⅢ 2 (1) も参照）。その主な背景には、2013 年 1 月に示された労働矯正を停止する旨の中共中央委員会の方針があったと考えられる（その後、同年12月28日に廃止決定)(94)。すなわち、刑罰と治安罰の間に位置づけられる行政的制裁である労働矯正の穴を埋めるために、窃盗罪の多額基準をより大きく引き下げて、かつて労働矯正対象であった窃盗行為（少なくともその重い部分）を犯罪化したものと考えられる(95)。

2　罪刑法定原則の見地からの考察

こうした基準引下げ型規定を罪刑法定原則の見地からどのように評価すればよいか。張明楷の立場によれば、これにより罪刑法定原則違反の「感覚」は払拭されたことになろう（Ⅲ 3 (2) 参照）。本条が「法律規定の枠内」にある理由は、こうした張説にあるのかもしれないが、13年解釈および最高裁・最高検の解説ではそのことは明示されていない。

他方、罪刑法定原則に悖るとする批判もある。例えば盧建平（北京師範大学）は解釈 1 条で一般的に多額基準を引き上げると同時に、2 条により「窃盗罪の客観的事由（計 8 種類）を細分化することを通じて窃盗罪の犯罪の敷居を幾ばくか低くした」こと等を指摘した上で、「最高司法機関の司法解釈によって犯罪の敷居を低くし、ひいては構成要件を改正して犯罪とする手法

---

(93) 張明楷「簡評近年来的刑事司法解釈」清華法学 2014 年 1 期 20-21 頁、張麗紅「論後労働教養制度時代罪刑結構的平衡——以部分司法解釈為視角」法律適用 2016 年 2 期 107 頁参照。
(94) 「全国政法工作会議：労教制度今年擬停止使用」央視網（http://news.cntv.cn/2013/01/08/ARTI1357583580324680.shtml. 最終アクセス：2016 年 11 月 1 日)。また廃止について中共中央委員会「改革の全面的深化の若干の重大問題に関する決定」（2013 年 11 月 12 日）9（34）、全国人民代表大会常務委員会「労働矯正に関する法律規定の廃止に関する決定」（2013 年 12 月 28 日採択、同日公布・施行）参照。さらに時延安・王燦・劉傅稿『中華人民共和国刑法修正案（九）》解釈与適用』（人民法院出版社、2015 年）23 頁によれば、2011 年の 264 条改正時には「すでに労働矯正制度廃止の準備を始めており、具体的には従来労働矯正で処理してきたケース、例えばスリ等を犯罪として懲罰することにした」という。
(95) 例えば莫洪憲・馬東麗「刑罰和行政処罰的銜接与協調応対——以労働教養制度的廃除為視角」河南財経政法大学学報 2014 年 1 期 43 頁参照。特に 1・2 号はその性格が顕著である（張麗紅・前掲注（93）107 頁参照。

が罪刑法定主義に合致するか否か、正当性を有するか否かについては検討に値する。本稿の立場はやはり立法による改正によるべきとするものである」と説く。これは少なくとも、司法解釈により──単なる多額基準の引下げではなく──一般的な多額基準とは別に、より低い特別基準を設定したことを問題視するものと解される。

　さらにより具体的に、多額要件を弛緩させた点を突くもの者もいる。すなわち、解釈2条は「大鉈を振るった『創造的立法』を規定した。……内容から見て、上述の8つの事由は明らかに『金額の定義』の範囲を突破している」という指摘である。これは、上の「特別基準」が264条の多額要件からは導き得ないとするものといえよう。

　確かに、金額以外の社会的危害性を増加させる要素が行為・行為者にあるからといって多額基準を引き下げるというのは、多額要件の判断に名を借りて、犯罪構成要件外の社会的危害性（あるいは情状）を判断していることになろう。先述（Ⅱ3参照）のように、多額未満事例を捕捉するために、立法論として「情状が重い」を規定すべしとする学説が少なくなかったということは、多額要件の判断ではそれをすることができないことを意味する。

　また、13年解釈6条は、2条3〜8号の事由があり、かつ、窃取額が巨額・特に巨額の50％に達したときは、「その他の重い情状」・「その他の特に重い情状」に当たるとする（その量刑枠はそれぞれ巨額・特に巨額のそれと同じ）。

---

(96)　盧建平「犯罪門檻下降及其対刑法体系的挑戦」法学評論2014年6期71、76頁。また劉仁文（中国社会科学院）によれば、「学者達は全体的に、罪刑法定原則の要求に照らして、立法機関が公明正大に法律を改正すべきであり、司法機関を通じてそのようにする〔犯罪成立のハードル引下げ〕ことは、決して妥当ではないと考えている」（同「後労教時代的法治再出発」国家検察官学院学報2015年2期148-149頁）という。

(97)　石聚航「刑法謙抑性是如何被擱浅的？──基於定罪実践的反思性観察」法制与社会発展2014年1期184頁。

(98)　一定地域の経済状況といった外部環境の変化により、金額の一般的な社会的重みに変化が生じ、もってその法的評価が変わる、ということはあり得よう。4号はこうした見地から正当化可能かもしれない。

(99)　もっとも、1・2号は主に人的危険性を示す要素である（石聚航・前掲注(97)184頁参照。またⅣ1参照）ため、そもそも社会的危害性では説明しきれないと思われる。なお1号を対象に罪刑法定原則違反を指摘するものとして、例えば林慧「我国財産犯罪数額標準統一問題的研究」法制博覧2015年32期74頁参照。このほか張明楷は、1・2号は量刑責任要素であり、罪責認定において考慮すべきではないとする（同・前掲注(93)20-21頁参照）。

解釈2条では「金額」に位置づけられた事由が、6条では「金額」ではなく——わざわざ一貫性を犠牲にしてまでも——「情状」の要素とされたことになる。そしてこのことは、解釈2条3〜8号事由が本来的には「情状」の要素であるが、同条が対象とする刑法264条1文には（2・3文とは異なり）「情状」の文言がないため、「金額」の要素とせざるを得なかったことを意味するのではなかろうか。

さらに、公務上領得罪の「公務上領得が比較的多額であり、またはその他の比較的重い情状ある者」（383条1項1号。2015年改正）の後段は、まさに多額基準に至っていないが、他に比較的重い情状がある者を捕捉しようとするものである。[100] つまり、同罪の多額未満事例は、その金額型の多額要件（前段）では捕捉できないとされたことになる。この点について窃盗罪と公務上領得罪を区別して考える理由は乏しいように思われる。

以上のことから、基準引下げ型は多額要件該当性の判断に、犯罪構成要件外の要素を滑り込ませ、法律外の要素により犯罪を基礎づけようとするものと考えられる。それは多額未満型規定とは異なり、その論理においては窃盗罪成立に多額要件「該当性」が必要とされるようになったが、この点で罪刑法定原則に悖るといえよう。

Ⅴ　おわりに

中国では一般に、旧刑法は罪刑法定原則を基本的に確立したと解されてきた。だがそれと同時に、実質的犯罪概念を具現化した処罰条件説が学界で支配的地位を占めた。また実務もそうした多額未満型規定を設け、実際、それに従ってきた。

そして多額未満型規定は罪刑法定原則を採用した現行刑法下の98年解釈にも受け継がれた。実質的犯罪概念の典型である処罰条件説・多額未満型規定が、罪刑法定原則に抵触することは明白である。このことは、実質的犯罪概念が罪刑法定原則下でも健在であったことを示す。

その後13年解釈では、多額未満型に代えて基準引下げ型が採用された。

---

(100)　郎勝・前掲注（18）656頁参照。

これにより、多額要件に該当（したことに）しなければ窃盗罪は成立し得なくなった。これは「法律規定の枠内」で処罰しようとするものといえよう。

こうした変化は罪刑法定原則違反の解消を図ったものなのかもしれない。そうであれば、このことは、罪刑法定原則採用後も健在であった実質的犯罪概念が、今や剥き出しのままでは存在し得なくなったことを意味しよう。この点で、罪刑法定原則の受容が全く進んでいないわけではないといえるかもしれない。

しかし、たとえそうであったとしても、その受容はなお皮相的であることを強調しておく必要がある。すなわち、13年解釈2条が「法律規定の枠内にある」ことを示すためには、解釈論が必要であると考えられるが、それがない。そのため、同条は刑法264条に包摂されておらず、法律外の要素で犯罪を基礎づけていることになる。この点で、同条はなお罪刑法定原則違反（・権限踰越）であると考えられる。しかも、法的形式論理による結論の正当化が必須でないのであれば、そもそも「法律規定の枠内にある」という制約に実質的意味は認められない[102]。

以上を要するに、多額未満事例に対する金額型窃盗罪の運用において、罪刑法定原則はその明文化から一定期間を経て、あからさまに無視されないようにはなったが、法的形式論理による結論の正当化が必須とされていないため、なお外見的・表見的なものにすぎない、ということになる。中国のように「実質主義的思考の強い社会では、刑法上の罪刑法定主義についても、それが受容されるのは容易でないだろう[103]」とする20年前の小口彦太の指摘は、今でも色褪せていない。

※本稿は科研費（25780004）の成果の一部である。

---

(101)　その重要性について米倉明「『三つの法学士』──『リーガルマインド考』」北海学園大学法学部30周年記念論文集『転換期の法学・政治学』（第一法規出版、1996年）542頁参照。
(102)　拙稿・前掲注（10）287頁以下で検討した事例における解釈適用も同様である。
(103)　小口・前掲注（3）405頁。

中国における直近の刑事立法の動態分析及びその評価
——刑法の「第8改正」及び「第9改正」の視点から——

但見　亮・聞　志強
Makoto TAJIMI　Zhiqiang WEN

Ⅰ　はじめに
Ⅱ　刑事立法の独立性という品格の維持
Ⅲ　法制統一の理念の堅持
Ⅳ　刑法における人道主義理念
Ⅴ　最高の合法性の堅持——刑法の合憲性——
Ⅵ　おわりに

Ⅰ　はじめに

　中国では、1997年に新しい刑法が公布・施行された後、現在まで度々改正が行われてきた。1999年から2015年までの間に、全国人民代表大会常務委員会（以下全人代常委とする）は合わせて9回の刑法改正案を可決・成立させている（刑法改正案1-9）。このうち、2015年8月可決・成立（同11月施行）の刑法改正案9（以下「第9改正」とする）について全人代常委が行った「中華人民共和国刑法改正案（9）（草案）に関する説明」を見ると、今次の刑法改正の指導思想は、正確な政治的方向と問題指向の堅持、寛容と厳格の相済という刑事政策の堅持、立法的刷新の堅持、そして刑法の社会指導作用の発揮、とされている。

　これらの指導思想の下で、「第9改正（草案）」では47条が提示され、従前の58の犯罪について改正が加えられるとともに、21の新しい罪名が提示され、合わせて79の犯罪にわたる改正が提案されることとなり、最終的に可

決・成立した条文も、合わせて 52 条（施行期日について定める最後の1条を除き、実際に刑法総則、各則の内容に関する改正条文数は 51 条）にも及ぶものとなった。その規模は、直前の「第 8 改正」を上回るこれまでで最大のものである[1]。

その内容を見ると、総則に及ぶものが 4 条（改正 1-4 条）で、各則についてのものが 47 条（改正 5-51 条）となっている。後者については、刑法各則全 10 章のうち 7 章に係る内容についての条文が含まれている。ことほど左様に、今次の刑法改正はかつてない大規模なものであったのである。

人類の文明の発展を振り返ると、それは概ね三つの段階を経るといえよう。すなわち、まず技術的文明から制度的文明を経て、観念的文明に至る、というものである。これと相応に、法治の建設もまた技術から制度、そして理念へという発展の過程を経るのであり、この点、刑事法治もまた例外ではない。

刑事立法についていえば、刑事法治建設において、刑法の理念こそが、刑事立法や刑法解釈技術そして刑法規範それ自体に超越する高次の、より重要な地位を占めるのであり、根本的な指導的役割を果たす。刑法理念は、刑事立法、刑法解釈そして刑事司法など関連の事項について指導・統率的役割を持つ指導的理念であり、刑法の精神・意識・観念を集中的に体現するものであって、刑法の内在的価値指向なのである。

刑法とその他の部門法との関係からいえば、刑法は社会防衛の最終ラインとして、保障法・後置法という役割ないし位置づけにあるのであって、その適用は慎重のうえにも慎重を期すものでなければならない。そうでなければ、刑法はその「諸刃の刃」という性質のために期待に反する結果を招く——すなわち、使用を誤ればそれは人々ばかりか国家をも害するものとなるのである。

「法治中国の建設」が提唱される現状の下で、その角度からの刑事立法を持続的に発展させると同時に、その発展の中で正確な刑事立法理念を堅持しなければ、刑事法治建設の不断の深化と健全な発展を期待することはできない。本論は、直近の改正である「第 9 改正」を、その直前（2011 年）に行わ

---

(1) 第 7 改正までと比較すると、第 8 改正と第 9 改正はいずれも格段に大規模なものとなっている。

れた「第8改正」に照らしつつ検討することで、近時の刑事立法の状況について概観するとともに、そこに表れた問題について、刑事立法の理念という角度からより深い検討と分析を行ってみたいと思う。

Ⅱ 刑事立法の独立性という品格の維持

中国において、法律による統治は既に国の基本方針とされており、人権保障の重視もまた、憲法そして刑事訴訟法の規定として、根本法そして「ミニ憲法」により承認されている。ところが、近年の法治の実施はというと、それは満足のいくものとはとても言えない。

中国共産党（以下単に「党」とする）の第18回大会以来、法治の実施について中央は強い意欲を見せており、それに対するコミットもまた、新たな高みに達したと言っても過言ではないだろう。実際に、一連の公布された文書を見る限り、そこには中国の法治建設という希望に満ちた未来を読み解くことができる。

しかし、党により出された各種の綱領や政策には、基本的に即効性・政策性・功利性が色濃く現れており、それは明らかに、法治国家そして法治社会におけるルール及びガバナンスにおける通常のやり方ではなく、また法治のたどるべき道とも言えない。

良好な指向性を有する政策を、国家のガバナンスそして社会生活に、さらに個人の自由の領域にまで到達させ、その期待される効果を発揮させかつ予期された目標を達成するために、どのようなルートを通るべきか。これは依然として、我々の前に立ちはだかる1つの大きな関門である。この問題を解くための前提かつ鍵となるのは、法律と政策の関係を明らかにし、それを正すことにある。これを刑事法領域について言えば、それは正に刑法と刑事政策との関係ということになり、それはとりわけ、政策が立法及び改正を通じて社会生活の中にその意思ないし主張または意図を実現しようとする際に現れる。

同時に、政策が刑事立法領域に介入しようとするとき、そこには往々にして民意の作用ないしその影響をみることができる。つまり、法治を良好かつ

健康な方向に発展させるためには、法律と政策そして民意との関係を統合的に整理し、刑法と刑事政策の位置づけを正さなければならないのである。

1　立法と政策のあるべき距離及び限界

刑法は、社会防衛の最終ラインとして、そして統治の維持のための強力な後ろ盾として、統治者そして社会一般の強い期待を背負っている。中国の歴史を振り返れば、刑法がその改正を通じて、積極的に政策に対応し、ひいては政策目的を実現するための道具となることは珍しいことではなく、それは現在に至るまで、多くの悲劇と害毒をもたらしている。

この点、刑法自身の保障的・後置的役割から考えれば、刑法が過度に政策に対応しあまつさえその必要を即座に満足させるということは、刑法の権威と独立性そして正当性に悖るものであり、それ自身の尊厳、品格と要求のために悪影響をもたらすものといえる。

そもそも法律はそれ自身に、成長のための基礎と運行のためのシステムを内在している。法律が持つべき品格としての合理性と正当性のうち、とりわけ後者が強調されるのは、権威と安定の統一が意識されるからであり、またその独立かつ規範的な品格が重視されるからである。もし、政策による過剰な指導ないし影響を受けるならば、法律（とりわけ立法）は必ずや政策の下僕となり、政治の代弁者となってしまうであろう。

この政策と法律の関係については、政策の存在が「法律に取って代わるだけでなく、その成長を抑制しかつそれを支配して、政策の従僕となさしめる上に、法律自体にもマイナスの影響をもたらし、それを政策化してしまう」のであり、「政策の様々な効果こそが、法律の実施が困難であることの重要な原因の1つである。政策の権威を適宜削減しなければ、法律の権威を打ち立てることは困難であるし、政策の適用範囲及び影響を減少させることなしに、法律の作用を十分発揮させることはできない」(2)との指摘が見られるが、当を得たものということができよう。

刑事法領域に関して言えば、刑法と政策とりわけ刑事政策との関係を整理し、それぞれが作用する領域とその限界を明確にすることは、中国の法治に

（2）　蔡定剣「歴史与変革」（中国政法大学出版社 1999 年）265, 269 頁。

おいて依然として現実的に必要でありかつ重大な価値のある課題である。「刑法改正の深まりに伴い、刑事立法の時代対応性はとりわけ顕著になっており、立法が過度に刑事政策に対応するという傾向もまた徐々に露呈しつつあるが、これは『政策の法規化』という伝統的な思考法の延長なのである」[3]。

この点、学者の中には「法治の政策化」や「政策の法治化」といった主張も見られるが[4]、立法が十分な考慮もなく即座に政策に対応し、「千変万化」な政策の必要を満足させることで自らの安定性と権威そして独立の品格を害するにせよ、または過剰な遅滞を来すほどのおぼつかない足取りで自らの正当性を疑義に晒すにせよ、いずれにおいても警戒と懸念を禁じ得ないものというべきである。

立法が政策に対して、過度に即応性を高め、それに接近し、ひいては積極的に寄り添うならば、それは法の安定性と権威にマイナスの影響を与えることとなる。そして、安定性と権威を欠き、わずかに権力の言うところの合理性によりすがるならば、そのような法律はその正当性の基礎を得ることができず、人々の遵守と内在的な信仰を得ることなどは望むべくもない。蓋し、法律自身が持つ正当性への訴求、独立の品格そして刑法の「特殊性」は、政策への過度の対応ひいては政策との絶対的一致という歩みの中で次第に薄れていき、ついには粉々の灰となり煙に呑まれてしまうからである。

政策、とりわけ当初良好な目的を持っていた政策による誘導、そして魅力的で吸引力と召喚力のある政治スローガンは、往々にして、立法者に当然若しくは天然の安全感をもたらし、ひいては絶対的な承認の所以となる。そのようなときに立法者は、自覚の有無にかかわらず、相対的に独立した判断能力や規範選択の立場を失いがちであり、それは中国の刑事立法領域ではとりわけ頻繁に見られることである。正に、「現実的考察においては、権力の合法性という問題はまるで重視されず、刑事立法は常に刑事政策の体現であるとされる。それが21世紀より以前の単行刑法の立法モデルであれ、直近の

---

(3) 孫万懐「刑事立法過度回応刑事政策的主旨検討」『青海社会科学』2013年2期。
(4) その具体的記述については、蔡鶴、胡業勲「積極推動刑事政策法治化」(『人民日報』2012年9月4日)、及び趙天紅「論我国刑事政策的法治化」『北京化工大学学報（社会科学版）』2005年1期）ならびに王文華「論刑事政策法治化的基礎」『刑法評論』第4巻（法律出版社2004年）等参照。

刑法改正過程であれ、立法が政策を体現する思考のあり方に全く変化は見られず、そのことが、一連の政策の偏り、そして政策と法律の関係の失調をもたらしているのである」。

新中国の成立から今日まで、法律と政策、そして刑法と刑事政策の関係には、根本的な整理と矯正が行われていない。刑事立法領域において、政治及び政策の影は至る所に見られ、その影響の及ばないところなどはどこにもないのである。その例として、以下では2011年成立の「第8改正」に規定される「労働報酬支払拒絶罪」について見てみたい。

農民出稼ぎ労働者の未払い労賃請求により大規模な衝突が生じ、ひいては甚大な結果を招いた、といった報道は日々止むことなく、毎日のように紙面を賑わしている。これに対して、中央は度々各種の政策的文書を出して問題の解決に努めているが、その政策が意図または方向性において良いものであることは疑いのないところである。

しかし、これらの政策の効果はあまり芳しくなく、執行の程度は不十分で、その広さ・深さも大きくない（または明確でない）。このような状況を受けて、強力な民意ひいては民生政策を考慮した結果として、立法はいわゆる民意への対応及び民生政策との一致を積極的に模索し、それが「第8改正」における「労働報酬支払拒絶罪」を「なんらの抵抗もなく」出現させることとなったのである。

とはいえ、現実の司法実務における適用状況を見ると、この改正の効果ないし価値を褒めそやすのは難しいだろう。統計によれば、目下各地・各級の司法機関において、本罪が適用された事件は統計上無視できるほどごくわずかとなっている。このような惨状となったのは、正に改正当初民意及び政策への対応と依存が過度に強調されたためである。それは司法実務に重大な困難をもたらし、公共の立法資源を不合理かつ非経済的に浪費させた上、立法を空虚で形だけのものとし、ひいてはその存廃も進退もままならぬ境地に陥れたのである。これは、刑法の独立性と規範性という品格を損なうものであり、その正当性への批判を招くものと言わざるをえない。

ここに明確に表れているように、法律と政策、そして刑法と刑事政策の関

（5）　孫万懐「刑事立法過度回応刑事政策的主旨検討」（『青海社会科学』2013年2期。

係については根本的な整理がなされておらず、それが 2015 年の「第 9 改正」にも多くの問題をもたらしている。

　刑法の「第 9 改正」については、2014 年末の第 12 期全国人民代表大会常務委員会の第 11 回会議において初めて審議がなされた。そこでは、関連の説明文書において、これまでと同様、寛容と厳格の相済という刑事政策に基づいて今次の改正が行われる旨が提示されているのだが、実はこれより以前の「第 8 改正」の出現以前に、早くもこの刑事政策が司法上の政策から基本的な刑事政策へと「昇格」したことに対して、学説から疑問が呈されていた。

　それは、「2006 年の中国共産党第 16 期 6 中全会の『調和社会建設についての若干の重大問題に関する決定』において、初めて寛容と厳格の相済という政策が打ち出された際、その文意は明確であり、寛容と厳格の相済という刑事政策は『司法』政策であって、『立法』政策またはその他のものとして出されたのではなく、またそのようなものとして存在するものでもなかった。ところが、法治が進められる過程において、立法と司法そして政策が正しく位置づけられなかったために、上記のような『司法』という文言及び存在の意味が看過されてしまった。結果として、最終的に成立した『第 8 改正』において、寛容と厳格の相済は立法領域の政策となっただけでなく、さらに基本的刑事政策にまで高められることとなったのである。このように、寛容と厳格の相済という政策は、そもそもその位置づけにおいて誤りがあったのである。すなわち、それは権力の正当性について曲解するものであって、一見したところ権力の合法性を守りそれを維持するかのように見えるものの、実は権力の合法性を縮減させるものなのである」、とするものである。[6]

　さらに同政策については、これが刑事立法を導くものでもなくまた根拠を提供するものでもないどころか、それ自身との背反性のために、解決の困難な理論的・現実的問題をも引き起こしかねない、とも指摘される。すなわち、「寛容と厳格の相済という刑事政策を立法政策とみなすことは、政策を改めて法の正式な淵源とする、ということである。そこでは、刑法の道具性が再び重視されることになり、ついには『汎政策化』の罠に陥ることになっ

（6）　孫万懐「刑事立法過度回応刑事政策的主旨検討」『青海社会科学』2013 年 2 期。

てしまう。つまり、政策の立法化または立法の政策化は合理的であるとみなされ、刑法の謙抑性は無視される。そして、立法者は、刑法には解決できない問題または他の法律により解決できる問題を、いずれも刑法によって解決しようとしてしまう」[7]のである。

　政策の立法化という背景の下、刑事政策主導で刑事立法が行われるという様相は一層強まっている。とりわけ「第9改正」においては、権力の主導性という特徴が一層顕著であるといえよう。

　この点について少し遡って考えてみると、「第8改正」の出現の前後に、全人代常委が刑法の総則を改正することへの疑義が呈され、それは「立法法」及び「憲法」の規定する法律の留保原則に違背し、それらによる授権範囲を踰越するものである、との主張がみられていた。それは、政策の背後には権力があり、それは秩序維持という位置づけにある、とする理解の下で、立法は往々にして能動的なものとなり、それが保障法としての地位にある刑法に、隠れた法治上のリスクをもたらしている、との主張を内容とするものである。

　この点、「第9改正」は、社会の誠実信用を維持し、公民・個人の価値指向を刑法によって導くことを目指しており、そのような目的の下で、国家の規定する試験における組織的カンニング、関連機材の提供、問題・解答の違法な販売または提供、そして替え玉受験等、試験秩序破壊行為を犯罪として規定し、カンニング等の背信的行為に刑罰をもってのぞむ、ということになっている。

　思うに、社会における信用の喪失がかくも普遍的で重大である現状において、このような行為を犯罪として処理すれば社会道徳の衰退を食い止めることができる、と考えるならば、それは人を馬鹿にした夢物語と言うしかない。しかし、立法機関は政策の善良な目的に導かれ、刑法こそが社会道徳のレベルを高め、価値指向再構築のために指導・刷新の役割をはたすことができると考え、立法に至ることとなった。このような認識に基づいて、政策の影響と指導の下で行われた刑事立法は、既に本来の位置づけから大きく乖離するものとなってしまったのである。

（7）　孫万懐「寛厳相済刑事政策応回帰為司法政策」『法学研究』2014年4期。

政策は、常々立法を指導しそれを方向づけようとする。その目的は良いものだったとしても、立法が「深く考えもせず」過度に政策に応じようとし、あまつさえ積極的にそれにより頼み、ひいては高度な一致を維持しようとするならば、それは望ましくない結果を招くことになるだろう。このような一連の「ドミノ効果」を回避するために、立法機関そして社会は、十分な予測を行って有効な解決方法を探り、そのための準備をしているだろうか。この問いは、慎重かつ真摯に検討されなければならないだろう。

　たとえ良好な目的に基づく政策であったとしても、立法においてそれを吸収かつ採用する際は、立法機関が独立かつ慎重な考察により最終的に判断するのでなければならない。やみくもに政策に流され、あまつさえ政策と高度な一致を保とうとするならば、法律は政策の付属物ひいては奴隷と化し、それによりもたらされた結果はもはや法律自身が対処し解決しうるものではなくなる。

　またたとえ政策を採用し、民意に応えるという場合であっても、立法機関の改正内容が科学的・合理的で妥当であるかどうか、その立法手続きが合法的で厳密であり、規範的で公開・民主的なものであるかどうか、さらに専門的な学理的分析と総合的考察が行われたかどうかは、依然として検討されなければならない。そして、このような検討は、いずれも、政策に対してあるべき警戒と冷静さを保ちつつ行われなければならない。保障法たる地位にある刑法についてはなおさらである。

　以上のことから言えることは、法律と政策、ここでは特に刑法と刑事政策の違いを正視して、それを正確に把握しなければならない、ということである。蓋し、理論的見地から見れば、刑法と刑事政策には本質的な違いがあり、それは相補う関係である以上に、対立ひいては背反する側面すらあるからである。「法学的意義から言えば、たとえ刑法が時に刑事政策のある種の精神ないしは思考を体現するとしても、それは決して、刑事政策の直接的作用の結果であってはならない。それは以下のような論理により支えられる。すなわち、立法は正当性を遵守するものであるが（広義の合法性）、政策は合理性を遵守するものであり、立法は公論により形成されるが、政策は権力により主導されるのであり、そして立法は安定性を有するが、政策は功利性を

有するのである」。

　政策による主導ひいてはそれによる代置、とりわけ刑事政策の過剰な浸透そして刑法との融合を回避するためには、刑法の独立性及び規範性という品格を維持し、それを固く守らなければならない。「法治により主導されるこの時期において、法律は既に政策の端女ではないし、またそうあるべきではない。政策と法律の間での『温情』というヴェールもまた剥ぎ取られなければならないのだ。法律の独立性の追求とその基本的規律は必ず重視されなければならない。依然として政策に対して何らかの回答はなされるであろうが、政策による主導は排除しなければならない」。

　法律と政策、とりわけ刑法と刑事政策という相対する概念及び範疇は、それぞれの領域内でそれぞれの役割と地位を守り、その対立の中で相互に補い合っていかなければならない。そこでは、相対する範疇の間の相違を無視して、その独立性を摩耗ひいては解消させることは許されない。とりわけ、法律そして刑法の独立性という品格は一層の重視と保護が必要である。蓋し、それは法が安定性と権威を獲得し、以って自らの合法性を充実・強化させ、その基礎の上に正当性を打ち立てる根本的な方途だからである。

　「法律は正に安定性と受動性のゆえに存在の価値があり、刑事政策は柔軟性と能動性があって初めてその特徴を発揮することができる。もし、立法によってその統一を実現しようとするならば、それは形を変えただけの『政策法』の泥沼にはまることになる。立法は多元的な利益に対応することにより政策に対応することができるが、法治の基本原理に反することは許されないし、政策主導などは殊の外である」。

　刑法は安定性と合法性という要求を満足させると同時に、より高次の正当性を追求しなければならない。そのためには、刑法は必ずその独立性、慎重さそして規範性という品質を保たなければならない。中国における法治建設の重要な構成部分として、刑事法治を建設する際は、政策とりわけ刑事政策から独立し、自らの規範的品格を保つ刑法の「慎みある独立」の理念が強

（8）　孫万懐「刑事立法過度回応刑事政策的主旨検討」『青海社会科学』2013年3期。
（9）　同上。
（10）　同上。

2 民意に対する刑事立法の慎重

　刑事立法には公開性と民主性を維持することが強く求められる。それは、幅広く厚みのある民意の支持と正当性の基礎に支えられたものでなければならない。これは、現代の民主的法治国家の立法活動において普遍的に遵守される基本的準則である。とりわけ、公民の権利及び自由に対する制限ないし剥奪をその内容とし、同時に国家の刑罰権の制限を通じた人権保障をその最高の趣旨とする刑法は、その立法において必ず民主と公開という基礎の上で、できるだけ立法の質を高めなければならない。そのためには、刑事立法の専門性と精細性を高めることが求められるとともに、理性的・客観的かつ慎重な姿勢が求められる。複雑で変化の激しい民意に対するとき、それは一層である。

　しかるに、「第9改正」の内容を真摯に検討するとき、そこには少なからず情緒的な立法の影が見出される。本来民意と適切な距離を保つべき、理性的かつ専門的な刑事立法活動が、いわゆる民意そして社会の世論による消極的な影響を不断に受けるならば、そこには刑事立法への過度の介入ないし影響が懸念され、そのような非理性的で情緒的な刑事立法現象が頻出すれば、それは刑事領域における正常な立法秩序を破壊し、それによりもたらされる「毒樹の果実」が法律の権威を害し、公平と正義という社会の基盤を腐食することになりかねない。[11]

　「第9改正」においてこの点が突出して現れたのは、激しい民意の嵐の中で、「幼女買春罪」[12]の規定が突然廃止され、幼女買春行為が直接「幼女姦淫」として強姦罪により重く処罰されることになった、という点である。

　実のところ、「第9改正」の成立より前に、幼女買春罪と強姦罪との関係はどのようなものか、同罪の成立が幼女の刑法的保護に反するのではない

---

(11) 劉憲権「刑事立法応力戒情緒－以「刑法修正案（九）為視覚」『法学評論』2016年1期。
(12) 従前の刑法360条2項。原語は「嫖宿幼女罪」で、「嫖宿」とは（専門的な）売春婦に対する買春行為を意味する。そのため、同罪の規定は強姦罪や強制わいせつなど人身的権利を保護法益とする第4章ではなく、社会管理秩序妨害を規律する第6章の、しかも組織的・商業的売春について規律する第8節に置かれていた。なお、『幼女』は14歳未満の女子を指す。

か、そして同罪は犯罪者を放縦するものではないか、といった問題について、理論と実務いずれにおいても激しい議論が存在していた。

　すなわち、幼女買春罪を廃止すべきであるとする立場からすれば、同罪は「汚名を着せる罪」であり、幼女の心身の保護にとって適切でないばかりか、その心身の健康と人格的尊厳を害するものであり、「汚名を着せる」という良からぬ影響がある。さらに、幼女買春罪はいわば「特権犯罪」であり、犯罪者が受けるべきより高い程度の処罰（＝強姦罪）を免れさせる効果がある。そして、同罪においては実質的に幼女に性的行為についての同意能力があることになるが、これは刑事立法における幼女の保護という趣旨に反することになる、とされるのである。

　このような観点及びその理由に対しては、理論・実務のいずれからも多くの反対意見が出され、反対の立場からの論証が行われていた。しかし、同罪に対する批判は、ネット上を中心に激しい高まりを見せ、「第9改正」の意見募集期間にも、中国で広汎に用いられるSNSで幼女買春罪の廃止を求める声が高まると同時に、全国政治協商会議委員で全国婦女聯合党組副書記・副主席の孟暁駟など、公的団体の責任者も新聞などのメディアで同罪の廃止と幼女への性的侵害への厳罰を求める声を上げていた。

　このような状況を受けて、「第9改正」草案の第一次審議、そして第二次審議においては幼女買春罪がまったく論じられていなかったにもかかわらず、第三次審議でいきなりその廃止が提案され、それがさして議論もされないまま、「第9改正」の可決・成立によりそのまま実現することとなったのである。

　このように、本件についてはその立法過程に問題があることは明らかであるが、実体的内容から見ると、一見したところ「第9改正」において同罪が廃止されたことは、民意そして社会の世論と合致したもので、かつ幼女への刑法的保護という主旨に沿うものである、ともいえそうである。とはいえ、このような改正は結果として、刑法がいくつかの箇所で明確に「幼女」という用語を用いて犯罪を規定しているために、刑法上の「幼女」に対する評価の不一致ないしはアンバランスを招くこととなる。

　つまり、幼女買春罪における幼女は既に存在しなくなり、この種の行為は

すべて直接強姦罪を構成することとなった。要するに、刑法はいわゆる「幼女による売春」を認めないことになったはずである。ところが、刑法358条の「売春組織・強迫罪」では、依然として明文で「未成年者を組織または強迫して売春させる」(2項) という罪状について規定し、さらに359条の「売春勧誘・場所提供・紹介罪」でも、「14歳未満の幼女を勧誘して売春させる」という罪状の規定をおいている。もし刑法が「幼女による売春」を認めないとすれば、これら各条の犯罪行為についても「幼女による売春」を前提とした法律的な評価を行うことはできない。とすると、これらの行為については、上記各犯罪はいずれも成立しないとするか、または条文間の規定内容の衝突ということになるが、それは、本改正が幼女への刑法的保護を強化しようとしたその主旨を「独りよがり」または「水泡に帰する」ものと言わざるをえない。

このように、この点における刑法改正は、その実体的内容においても、また改正手続きにおいても、いずれも情緒的色彩が顕著であるが、それがもたらしうる問題はここにとどまるものではなく、今後その深層の問題が徐々に現れてくるだろう。

確かに、立法は民意を尊重しかつ体現すべきであり、立法機関が広くまた深く民意を吸収することには、合理性、合法性そして正当性があるといえる。しかし、その際には、現代の情報社会そしてネットの発達という環境の下で、民意が持つ先天的欠陥に留意しなければならない。すなわち、それは曖昧で随意、大勢従属的かつ不安定であり、容易に操作されやすい、というマイナスの側面を持つのである。

このような欠陥及び弱点をしっかりと見据えて、民意に対してはそれが作用すべき物事かどうかの見極めを理性的かつ慎重に行わなければならない。そうせずに、やみくもに民意に従うならば、それは容易に情緒的な立法を招くこととなる。そして、そこに政策や権力といった要素が介入することで、一層マイナスの影響そしてよからぬ結果を招く可能性が高まり、ひいては刑事立法の独立的品格をゆがめ、刑事法治建設の長期的かつ健全な発展を害することとなるのである。

Ⅲ　法制統一の理念の堅持

アリストテレスは法治について論じた際、「法治には二つの意味が含まれる。すなわち、既定の法律が普遍的に従われること、そしてそのように従われるものである法律がその内容において良好なものであることである[13]」と述べている。

その言の通り、法の内容の良し悪しは法治建設において重要な意味を持っている。党の第 18 期 4 中全会においても、「法律は国を治めるための重要なツールであり、良い法は善い統治の前提である。中国の特色ある社会主義法治を打ち立てるためには、まず立法を先行させ、その領導と推進の役割を発揮させる必要があるのであって、立法の質を高めるという点をしっかりと掴まなければならない」とされている。

ここにも現れているように、法治中国の建設の起点は、正に良い法を制定することにある。刑事法治にとって言えば、それは刑事立法の質と専門的レベルを高める、ということになる。この点について、フラーは有名な 8 つの道徳的基準を提案している[14]。これらの原則は、法律制定過程において、法律が合法性と正当性を有するようにするための基本的根拠であり、「もしこれら 8 原則のうちどれかが欠ければ悪法となるという結果を導くだけでなく、さらにその法律体系についても否定的な結果をもたらすこととなってしまう[15]」のである。

この 8 つの原則のうち、無矛盾性、すなわち法の統一性の原則について、フラーは「優れた法律というものは、それが異なる法律間であれ、または同一の法律の異なる条文間であれ、さらには同一の条文内部の異なる条項間で

---

(13) （ギリシャ）アリストテレス「政治学」（商務印書館 1965 年）199 頁。
(14) フラーによれば、それは①一般性すなわち普遍性、②公開性、③不遡及、④明確性、⑤無矛盾性、⑥遵守（実行）可能性、⑦安定性、⑧権力の行使及び公務員の行為との一致性、とされている。
(15) Lon L. Fuller: The Morality of Law, Revised Edition, New Haven: Yale University Press, 1964, 96-97.

あれ、規定相互の立法精神の衝突を回避しうるか、または減少させるものでなければならない(16)」と述べている。

　目下の中国における刑事立法を見る限り、この点については問題なしとはし得ない。それが最も顕著に現れているのは、刑事立法において法制度の統一という理念が未だしっかりと守られていない、ということである。一連の立法や改正を見ると、そこでは刑法がその他の部門法ひいては刑法自身とすら必要な調和、統一そして連関を欠く、という原則的問題が見られている。以下では、「第9改正」を例にその若干の例を見てみよう。

　まず、「第9改正」の8条は、「スクールバス業務または旅客運輸業務において、定員を大幅に超える人数を乗車させるか、または法定速度を大幅に超えたスピードで運転をおこなった」こと、そして「危険化学品の安全管理規定に違反して危険化学品を運送し、公共の安全に危険を生じさせた」こと、という二種類の危険運転罪の行為形式について規定をおいているが、この規定には少なからず問題が含まれている。

　道路交通領域における大幅な定員超過または速度超過が、刑法規制を急務とするほどの社会に対する重大な危害性を有するとするならば、同様の性質を有する行為形式、すなわち道路交通領域における貨物の大幅な過積載や、運転制限人員・区間・時間に係る重大な規定違反もまた、その社会的危害性において異なるものではない。しかるに、なぜ改正時に前者のみが規定され、後者については「見ざる言わざる聞かざる」のような姿勢を取るのだろうか。この点、刑法改正において合理的で妥当な解釈が示されたわけではなく、また十分な説明も論証も見られず、我々はその理由を知ることはできない。

　さらに、道路交通領域における大幅な定員超過や速度超過についてのみ規制し、鉄道、水上そして航空等の交通領域、とりわけ水上運輸における同様の状況については規定が置かれていない。この点、航空領域では一人一席なので定員超過は「不可能」であるとしても、鉄道では従来から大幅な定員超過が見られ、水上運輸とりわけ一般船舶における大幅な定員超過や超過積載は既に日常的ですらあり、これらを排除することに説得力のある理由は見出

---

(16)　呉林生「刑法修正案（九）草案的得失及修改建議」『中国刑事法雑誌』2015年1期。

されない。ことほど左様に、立法ないし改正においては、調和または統一性への考慮が欠けているのである。

次に、スパイ罪の規定を例に取ってみよう。刑法は同罪について2つの行為形式のみ規定している。これに対し、それに前置される法としての「反スパイ法」には5種類の行為形式が規定されている[17]。刑法がこれら三種の行為形式（すなわち反スパイ法38条の1、3、5号）を除くことは、各部門法における差異を公然と生み出すものであり、そこには明らかな不調和ないし不整合があるだけでなく、刑事立法とりわけ法定犯ないし行政犯領域におけるその他の前置的部門法との可及的一致という基本的な要求に反するものである。今回の刑法改正は、このような不合理を除去しようとしないばかりか、これを論ずることさえ行っていない。

第三に、非国家業務人員と国家業務人員に対する贈賄行為について、法規定上の齟齬が見られる。刑法164条1項では、自然人が非国家業務人員に対して贈賄を行った場合について規定を置き、その価額が巨大なときは、3年以上10年以下の有期懲役に処し、併せて罰金を科す、としている。さらに同条3項は、「組織体が前項の犯罪を行ったときは、組織体に対して罰金を科し、併せて直接責任を負う主管人員及びその他直接責任人員を、第1項の規定に照らして処罰する」としている。

これに対応して、刑法390条は、「自然人が国家業務人員に贈賄を行ったとき、その情状が特に重大であるときは、10年以上の有期懲役または無期懲役に処し、併せてその財産を没収する」とし、393条では組織体が贈賄を行い情状が重大なとき、組織体を罰金に処し、併せて直接責任を負う主管人員及びその他の直接責任人員を5年以下の有期懲役または拘役[18]に処す、と規

---

(17) 2014年11月1日に可決・成立した「中華人民共和国反スパイ法」38条では、「本法にいうスパイ行為とは以下の行為を指す。①スパイ組織及びそのエージェントが、自らまたは他人に指図若しくは資金援助するか、または領域内外の機関、組織、個人と結託して実施するところの、中華人民共和国の国家安全を害する活動、②スパイ組織への参加、またはスパイ組織若しくはそのエージェントから任務を引き受けること、③スパイ組織またはそのエージェント以外の、領域外の機関、組織または個人が、自らまたは他人に指図もしくは資金援助するか、または領域内の機関、組織または個人と結託して実施するところの、国家機密または情報の窃取、探索、買収若しくは違法な提供、または国家業務人員のクーデター活動の働きかけ、勧誘または買収、④敵に攻撃目標を指し示すこと、⑤その他スパイ活動を行うこと」とされている。
(18) 1月以上6月以下の労働刑で、最寄りの警察署で行われる。毎月1、2回の帰宅も許される

定している。

　これらの規定、すなわち異なる対象が行った本質的にほぼ同様な行為についての刑罰規定を詳細に見てみると、そこには論理が一貫しているとは到底いえないところが見出される。

　まず、非国家業務人員に対する贈賄罪においては、それが組織体によるものであれ、自然人によるものであれ、同様に贈賄という行為であることから、組織体の直接責任を負う主管人員及びその他の直接責任人員もまた、自然人処罰の規定に照らし、自然人と同罪で同等の処罰を受けることとしている。

　しかし、国家業務人員に対する贈賄罪の規定では、「自然人処罰の規定による」として同様の適用をするのではなく、特に単独の条文に規定をおいて、異なる罪名と処罰を定めている。このような区別には立法上合理的な理由がなく、刑事立法の調和と一致という要求に反することは明らかであるが、それについては詳しい論証もなされていない。

　さらに、同様に贈賄行為であるとはいえ、国家業務人員行為に対する行為は、非国家業務人員に対する行為に比して、その社会危害性が明らかに重大であることは言うまでもない。蓋し、前者は2つの客体に対する侵害、すなわち、公共的権力の不可買収性及びその廉潔性を害することに加え、公務への信頼と国家機関・公権力の威信を揺るがすものであり、その社会的危害の程度及び可罰性の程度は明らかに高くまた重いからである。

　それゆえ、刑罰の量的な側面でも、前者に対する刑罰が後者に対するものよりも重くなるのはごく自然なこと、ということができる。しかるに、組織体による贈賄について、両者をその刑罰において比較すると、国家業務人員に対して行った贈賄行為は5年以下の有期懲役または拘役とされているのに対して、非国家業務人員に対する贈賄行為は、それが自然人処罰の規定によることになる結果、3年以上10年以下の有期懲役ということになり、後者のほうが明らかに重くなるが、これは明らかに罪刑相応の原則に反するものである。

　論理的に考えれば、「国家業務人員が職務上の便宜を利用して行う違法行

(刑法第3章第3節)。

為は、一般人が同様の行為を行うことと比べて、その危害及び責任において より重大であり、より重く処罰すべきである。それゆえその収賄行為は非国 家業務人員の収賄行為よりも法定刑が重くなっている。前者の必要的共犯た る国家業務人員への贈賄行為についても、もちろん、後者の必要的共犯たる 非国家業務人員への贈賄行為よりも、法定刑が重くなければならない。同様 に、重罪の必要的共犯行為であることに鑑みれば、組織体による場合も、国 家業務人員への贈賄行為のほうが非国家業務人員への贈賄行為よりも、その 法定刑は高くなるはずである。しかし、実際の規定は全く逆であり、立法者 はこれについて合理的な説明を全く行っていない」[19]。これは実質的に法制の 統一という理念に違背するものであり、刑法内部の統一と調和を破壊するも のなのである。

Ⅳ　刑法における人道主義理念

　罪刑法定原則は刑法の基礎的かつ根本的原則として、その地位及び役割は 敢えてここに述べるまでもない。しかし、立法の疎漏、不明確または「不合 理」ひいては「不正義」というべき状況、そして複雑に変化する社会の現実 に直面するとき、立法の遅滞ないし停滞は突出しており、止めどなく湧き出 る問題に対しては、往々にして「遅れた立法」につぎあてをしてその場をし のいでいる。1997年刑法の成立以来頻繁に行われてきた改正は、正にそれ を証明するものといえる。

　このような状況の下で、単に罪刑法定原則を堅持し、罪刑法定理念をその 導きとする、というにとどまるならば、社会情勢に取り残された立法により もたらされたところの、司法実務が直面する喫緊の問題を完全に解決するこ とはできない。それどころか、逆に立法テクストがもたらす「文言上のジレ ンマ」による制約を受ける恐れすらあると言えよう。正にハロルド・バーマ ンが言うように、「人類は、その深謀遠慮の程度及び言語論理能力の不足の ために、広大な社会の複雑で錯綜した状況について規定し尽くすことはでき ない」[20]のである。

---

(19)　呉林生「『刑法修正案（九）』草案的得失及修改建議」『中国刑事法雑誌』2015年1期。

思うに、罪刑法定を徹底するというとき、そこでは一般的状況の一般的処理が強調されることとなるが、これは個別的状況の個別的処理の軽視を招くことになる。刑法と社会の現実との間の「時間差」が引き起こすところの、刑法の安定性と合目的性との衝突ないし矛盾については、ある種の連結と調節が必要となるが、この際には正に、刑法的ヒューマニズムこそが、罪刑法定理念への補足と調節の役割をはたすのである。

　以上のように、罪刑法定原則を堅持するという基礎に立ちつつ、刑法的ヒューマニズムを堅持することが必要であることは明らかであり、それは刑法の実際の運用への補足・調節という役割を果たすものと言える。すなわち、立法については、従来の重刑主義、功利主義そして万能主義という立場から、ヒューマニズムそして人間本位を核心とする非犯罪化、非刑罰化、軽罰化という立場への転換が求められる。また司法については、国家刑罰権の発動と行使における寛容と抑制そして慎重が求められるのである。

　総じて、中国はその歴史において重刑主義の思想伝統に欠けるところがなく、とりわけ法家思想は峻厳な法規及び処罰による犯罪抑止を主張し、それが後世の刑法思想に大きく影響することとなった。「刑法への迷信（多くは刑罰への迷信）は各種の政治的迷信の中でも最も根深いものの1つであった」[21]のである。

　中華人民共和国の建国後も、かなり長期に渡り、刑法についての認識は過剰な程度に峻厳な法規と処罰というフェイズにとどまり、重罰主義思想が蔓延していた。それは歴史的継承によりもたらされたものではあるが、新中国の刑法理念はこの歴史的桎梏から抜け出せないばかりか、むしろそれを強化しさえしたのである。

　具体的立法内容に目を向けてみると、そのような様相は、1979年の旧刑法と現行の1997年刑法、そして同法の第7改正までの内容に顕著である。この「第7改正」まで至る歴史的段階について全体的に考察してみると、そこでは積極的な刑罰化という姿勢が一貫しており、それどころか時を経るにつれ、改正は益々頻繁になり、法の網は益々密になって、新しい罪名は益々

---

(20)　（アメリカ）ハロルド・バーマン「美国法律講話」（陳若桓訳）三聯書店1988年20頁。
(21)　陳興良「刑法謙抑的価値蘊含」『現代法学』1996年3期。

増えていった。

　刑事司法はというと、「懲罰と寛大の結合」という刑事政策の指導の下での「懲罰第一」から、「厳しく叩く」という刑事政策の下での「厳罰第一」に至る変化の中で、司法の現場では「より厳しく、より重く、より速く」が過度に強調され、あまつさえ法治に反し人権を侵害する悪質な現象までもが現れていた。近時の一連の冤罪事件にも、拷問による自白強要など司法の運用における「反人道主義」的特徴が集中的かつ突出的に現れている。

　このような刑事立法そして司法実務に対しては、学説の側からも徐々に疑問や反省の声が上がるようになり、刑法理念の改造ないし革新、すなわち刑法的ヒューマニズムへの回帰ないしはその実現を求める声が高まっていた。刑法の「第8改正」は、そのような声への回答であり、大きな転換点として重要な意義を持っている。

　このような転換において、その核となる理念としてのヒューマニズムについても、その時代的意義ないしは核心的内容が問い直されている。「ヒューマニズムの本質は、人の最も基本的な権利、すなわちその生存、尊厳そして幸福追求にとって必要なものである。それは人類が共に遵守するところの普遍的価値であって、人類社会が共に協力して共存と発展を行うための必然的選択であるとともに、国家権力が刑罰を用いる際の基本的道徳準則でありかつ最低限のラインである」との見解はその一例である。

　国家の刑罰権の運用過程において、合法性がその規範的側面における硬性的制約であるとすれば、寛容はその道徳的側面における内省的制約であるといえよう。国家の公権力と公民の私的権利との関係という点からいえば、寛容は権力の慎重な使用という形で現れる。つまり、それは権力を用いる側の自制という道徳的制約なのである。

　「第8改正」成立の際には、ヒューマニズムをその核心とする寛容・軽罰の刑法理念には十分な考察がなされ、またそれがかなりの程度で体現されることとなった。それは、それまでの7回の改正との比較において、以下のよ

---

(22)　80年以降、数回に渡って全国規模で展開された犯罪撲滅キャンペーン。犯罪の迅速な摘発と処理が過度に強調され、多くの単行違法規により各種違法・不当行為の犯罪化や死刑を含む厳罰化、裁判手続の簡素化、さらには刑期満了後の無期限留置などといった施策が行われた。

(23)　孫万懐「国際刑法成長的根基―人道主義訴求」『中国刑事法雑誌』2009年5期。

うな様相を持つ。

　すなわち、まず改正の対象について、従前の改正がいずれも各則を対象とするものであったのに対し、「第8改正」は総則の改正も含んでいる。次に、改正の内容について、従前は「犯罪化と厳罰化」という単一の方向しか見られなかったのに対し、「第8改正」では「非犯罪化と軽罰化」という方向も見られている。さらに、そこに体現される刑法の機能についても、従前の改正における社会防衛から、人権保障への方向性が見られている。このような「第8改正」の特徴については、目下の中国における刑事立法の文明性、人道性そして進歩性を体現するもの、との評価が見られている[24]。また、ここに見られる調和と寛容というあり方は、近時の刑事訴訟法改正の重要な内容ともなっており、そこで示された寛大と厳格の相済という刑事政策は、従来の「厳しく叩く」（犯罪撲滅キャンペーン）の行き過ぎを糺すものとなっているのである[25]。

　「第8改正」の具体的内容としては、13の非暴力的な経済犯罪について死刑が廃止され、刑法における死刑適用可能罪名が従来の68から55に減っている。また、修復的司法の理念の下で刑事和解制度が導入され、コミュニティでの矯正や特定行為の禁止命令が導入され、執行猶予や累犯制度が改善され、老人や未成年そして行為者の特性に着目した減軽制度が導入されるなど、寛大と厳格の相済という刑事政策の実現が目指されている。

　これを受けて、「第9改正」においてもさらに9の罪名について死刑が廃止され、結果として刑法中で死刑の適用が可能な罪名は従来の55から46へと減少しており、減軽と猶予という刑法理念が徐々にではあれ広範に承認され、実現へと向かっていることが確認される。刑事立法におけるヒューマニズム、刑事司法における人間本位、そして刑法研究における人本主義的刑法観は、社会大衆及び立法機関のいずれにおいても、既に主流の考え方になっていると言って良いだろう。

---

(24)　劉艶紅「『刑法修正案（八）』的三大特点―与前七部刑法修正案相比較」『法学論壇』2011年3期。
(25)　孫万懐「刑事正義的宣諭―寛容」『環球法律評論』2012年5期。

V　最高の合法性の堅持――刑法の合憲性――

　憲法は国家の根本法であり、あらゆる法規の前提でありその基礎である。刑法もまた法規の一つであって、当然憲法による制約と指導を受ける。ただ、刑法は社会防衛システムの最後の防御壁であり、保障法としての地位にあるだけでなく、他の諸部門の法に比して最も峻厳なものである。それは、人々が刑法について考える際、その自覚の有無に関わらず、往々にして一種の錯覚をもたらすことになる。すなわち、刑法はその他の部門法との間で、共通性や普遍性よりも特殊性のほうがはるかに多い、というものである。そのような錯覚は、刑法とその他の部門法との距離の感覚的拡大を招き、それが注目と重視を受けることにより、その独立性が過剰に称揚され、結果として刑法とその他の部門法そして憲法とを「疎遠」にならしめる。

　表面的には、これは単なる認識の上での誤りに過ぎないものかもしれないが、しかしそれは危険なシグナルと言うべきであろう。この点、ある学者は、憲法の保障する基本的人権こそが、立憲主義のロジックの下での刑事法の限界、すなわち民主的刑事立法の越えてはならない限界なのである、と指摘している[26]。

　この指摘をさらに敷衍すれば、確かに刑法は人権の保障をその重要な内容及び価値とするものであるが、国家の刑罰権は過度に強化され、その制約は不十分で、その自制と寛容は限られており、それは度々恣意的に発動され、人権に対する巨大なリスクとなっているのであり、人権保障を最高の主旨とする憲法の視野の下で、刑法に対しても法ヒエラルヒー上の制約、すなわち根本法としての憲法による審査と判断による制約を及ぼさなければならない、ということになる。

　この点、憲法と刑法の関係についての研究を概観してみると、たしかに刑法学者は、憲法を価値指向とし判断基準として刑事立法を行い、厳格な解釈の下で正確な執行と適用を行うべきである、と言ってはいる。とはいえ、個別事件における具体的な刑法解釈や司法実務を見る限り、刑法が備えるべき

（26）　蔡道通「刑事法治的基本立場」北京大学出版社 2008 年 112 頁。

最高の合法性－すなわち合憲性理念について多くの関心が向けられ、詳細な分析や研究が行われている、とはとても言えない状況にある。

　憲法と刑法はいずれも公法であり、かつ「権力制限法」または「権力統制法」という側面を有しているのであって、公権力を制限し人権を保障するという価値目標を共有している。とはいえ、その主要な方法において、前者が「授権法」、すなわち基本的権利を確認または賦与するものであるのに対し、後者は「権利剥奪法」、すなわち様々な形式で公民の自由または権利を剥奪するものであり、両者はその深層において「矛」（すなわち刑法）と「盾」（すなわち憲法）とも言うべき緊張関係にある。

　刑法は国家の法律体系の重要な構成部分であるが、それは一つの部門法のさらに一部であるに過ぎない。これまで中国の刑法学研究では、その特殊性と保障法的地位、そしてその独立性が過度に強調され、結果として、刑事立法、刑事司法そして刑法解釈などの所為が、法治の根本指針たる憲法の視野から遊離し、刑法自身をその判断基準としてきたとの憾みがある。

　しかし、現代法治社会においては、憲法は一国の根本法であって部門法の淵源でありかつ根拠とされる。内容的側面においても、また法律的根拠においても、刑法を含むあらゆる部門法は憲法の制約と指導を受けなければならない。つまり、「刑法は必ず憲法を以ってその立法根拠とし、その内容において憲法の精神及び原則を具体的に貫徹し、具体的な刑法規範とその適用を通じて、憲法の実施を保障しなければならない[(27)]」のである。

　法律ヒエラルヒーから見ると、憲法は母なる法であって、刑法はそれによる子たる法である。また憲法は上位法であり、刑法は下位法であって、後者は必ず「最高の合法性」すなわち合憲性を持つものでなければならない。

　憲法は公権力の制約と人権の保障を最高の目的かつ価値指向とするものであり、刑法はこのような憲法の基本原則及びその精神を遵守し、憲法の目的を実現するものでなければならない。このような理念は見過ごされがちであるが、その内容そしてそれを打ち立てる過程は非常に重要である。

　中国における法治建設の深化に伴って、民主的法治の理念は次第に幅広い

---

(27) 劉金林「憲法発展与刑法進歩之互動―専訪中国刑法学研究会会長趙秉志教授」『検察日報』2012年10月12日。

共感を得ており、刑法における合憲性の要求も高まりつつある。それは、刑法の理念についても、従来のような刑法の独立と特殊性というスタンスから、憲法的制約とその指導のもとにある合憲的刑法への転換を求める。それは主に、以下の3つの側面に顕著であると言えよう。

　まず、刑法はその制定と改正そして解釈[28]のいずれについても合憲性の審査を受けなければならず、そのために刑法の合憲性審査メカニズムの理論的研究を深め、それを構築ないし改善しなければならない。刑法はいわば子たる法であり、母法たる憲法の監督と制約を受けることは必要であり、またそうしなければならないのであって、それには法律上もまた理論的にも十分な根拠がある。

　現実的見地から言えば、憲法の刑法に対する制約は主に間接的なものであり形式的な側面が強く、期待される制約作用ないしは監督効果を十分に果たせてはいない。この点、法治建設という長期的見地からすれば、刑法と憲法の関係のあり方、とりわけ刑法の合憲性審査についてより深い研究を行うことが必要であろう。中でも、刑事法の立法、改正そして解釈を含む刑法の合憲性審査の具体的な方法、審査の範囲及び内容、その運行メカニズム、権限配置、機関の設置といった問題については、中国の状況と政治体制及びその改革の動向によりつつ、より一層の論証と改善が必要である。そうしてこそ、刑法の合憲性と正当性が確証され、刑事法治建設は正確な方向へと発展することができるのである。

　この点については既に、法理学、憲法学そして行政法学において、第18期4中全会文書の精神に照らしつつ、議論と探求が繰り返されている。思うに、同様に重要な部門法である刑法学においてもまた、合憲性という問題の解決に力が注がれるべきである。とりわけ、刑事立法や刑法解釈についての合憲性審査基準及びその運行メカニズムなどについては、刑法学の見地からの提案が求められていると言えよう。

　次に、罪刑法定原則を含む刑法の諸原則が、憲法の明文規定ひいては憲法の基本原則にまで高められるべきである。刑法の発展の歴史を振り返ると

---

(28)　ここで言う解釈には、立法解釈と司法解釈が含まれる。とりわけ後者については、その制定の権限、範囲及び内容について、合憲性審査を行う必要がある。

き、罪刑法定原則の重要性は言うまでもなく、とりわけ公民の基本的権利の保障と社会の安定維持及びその健全な発展に重大な影響を持っている。世界の刑事立法の状況を見渡すとき、罪刑法定原則が憲法に組み込まれるのはある種普遍的な趨勢となっている。中国の現状に鑑みても、これを刑法の基本原則から憲法の明文の規定とし、憲法の基本原則の一つとして確立することの必要性は疑いようがなく、またその他の刑法原則についても、現行の憲法規定及び実際状況に基づいて、適宜憲法規定の中に取り込んでいくことが必要と言えよう。

さらに、憲法における人権の尊重及び保障の規定を刑法に規定し、これを重要な内容としなければならない。その際は、2つの方面からこれを行うことができる。まず、総則の関連条項の改正である。それは主に、刑法総則の1条、2条に規定される立法趣旨及び刑法の任務の中に、人権の保障という内容を追加すること(29)、そしてこれと同時に、独立の条文として特に被疑者、被告人及び有罪確定者の人権保障について規定する、という方法で行われる。次に、刑法各則の改正である。それは主に、立法技術を高めて要件を精細化し、刑法の明確性を高めるとともに、その構造をさらに整理して、適度な軽罰化と寛大を成し遂げ、犯罪化傾向を徐々に改めて非犯罪化へと転換し、同時に死刑の減少ひいては死刑の廃止へと進むことである。

Ⅵ　おわりに

ドイツの学者ラーレンツは、立法と法学研究との関係について論じた際に、「近代の偉大な法典には一つとして、その時代の法学と乖離して生じたものはない。…立法者も裁判官と同様に、科学的な批判を甘んじて受けなければならない。そして、今日我々は科学的批判及びこれらの批判から生まれ

---

(29) 2004年の憲法改正により、「国家は人権を尊重し保障する」との規定が加えられ、根本法のフェイズに高められることとなった。相応に、直近の改正（2012年）を経た刑事訴訟法2条もまた明確に、「人権の尊重と保障」をその任務として追加し、かつ具体的な訴訟手続及び執行においてそれを詳細化している。実体法たる刑法のほうも当然これに対応した改正を行い、人権を保障し、刑法と刑事訴訟法との対応、調和そして統一を実現しなければならない。より高次から見れば、それは憲法改正への積極的対応ないしその実現ということができよう。

る改革への建議に欠けることはない」[30]と述べている。

　立法とそれへの科学的批判について言えば、まず立法は時代の要請に応えつつ、予見しうる未来について客観的で冷静な洞察と思考を行い、そのような基礎の上で、緻密で詳細にわたる真摯な理性的分析を行わなければならない。

　これに対して、刑法学の側も、客観的、理性的そして全面的かつ科学的な批判を行って、実行可能な改革への提案を示していかなければならない。そして立法者は科学的批判を容認するだけの辛抱強さを持つとともに、「過ちに直面し、それを改める自信と勇気」を持ち、学術・理論から示された考察または批判に真摯かつ理性的に答えていかなければならないのである。

　法治は、良い法を制定することをその前提とする。良い法が制定されて初めて、良い統治が実現するのである。近年中国の刑事立法領域においては頻繁に立法が行われており、刑法の「第 8 改正」及び「第 9 改正」はその典型的なものということができるが、本稿における検討からも明らかなように、そこには依然として不足そして欠陥が見出される。今後中国で行われる刑事立法は、正確な刑事立法理念を打ち立てることを重視し、刑事立法の独立性、統一性そしてヒューマニズムや合憲性といった基本理念を堅持し、先見的かつ回顧的であるとともに、各方面との関係も見据えて、法制度の体系的完全性、統一性および調和を維持し、合理性と正当性とを統一したものでなければならない。そのようなものであってはじめて、刑事立法は成熟と完成へと向かうこととなり、以って刑事法治建設を含む法治中国建設の長期かつ健全な発展を推し進めることができるのである。

---

(30)　（ドイツ）カール・ラーレンツ「論作為科学的法学的不可或缺性—1966 年 4 月 20 日在柏林法学会的演講」趙陽訳『比較法研究』2005 年 3 期。

契約法の基本原則
——体系構造、規範的機能及び応用・発展——

韓　世　遠[*]
Shiyuan HAN

（訳）胡　光輝

概　要
Ⅰ　はじめに
Ⅱ　体系構造
Ⅲ　規範的機能
Ⅳ　応用展開
Ⅴ　まとめ

概　要

　契約法の基本原則は、契約法の主な価値や目的を表しており、立法者、裁判官（訳者注：原文の［裁判者］は、裁判官と仲裁人を含むが、ここでは、単に「裁判官」と訳すこととした。以下同じ。）及び当事者などにとって指導的な役割を果している。裁判官及び当事者による契約法の基本原則の適切な運用は法の解釈においても、成文法の限界の克服においても重要であるだけでなく、契約の解釈や契約の不備を補うことにおいても重要である。契約法の基本原則を適切に運用することは、基本原則の解釈機能、補充機能ないし修正機能を発揮させることである。法律に具体的な規定がある場合は、「一般条項への逃避」を避けるため、通常、基本原則を援用しない。極端なケースに限って基本原則の修正機能を発揮させることがある。予めハードケースの処理方針を決め

[*]　清華大学法学院、博士課程指導教授。

るとき、異なる方針の背後に異なる基本原則が表れている場合には、立法者の客観的な価値判断を踏まえて、それぞれの原則の重要性を慎重に衡量する必要がある。

キーワード
　基本原則、一般条項、法律の隙間、誠実信用、公平の原則

I　はじめに

　契約法の基本原則は、契約法の背後にある主要な価値又は目的を体現し、民事主体が民事活動に従事するとき、裁判官が裁判活動を行うときに遵守しなければならない基本準則である(1)。中華人民共和国契約法（以下「契約法」という）は、主なものを選んで、法律の最初の数か条（3条から8条）に規定し、その重要性を表している。もちろん、これらの規定は、具体的な法律規定に表れている法律規範とは異なり、抽象的な理念（平等、自由、公平、誠実信用、公序良俗及び契約遵守等）を重視した規定となっており、相応な法律効果を十分に規定しているわけではない（これらの原則に反した場合、法律効果が生じないと思ってはならない。）。これらの理念は、「見えざる手」の如く、民事活動、裁判活動等に対して指導的な役割を果たしている。

　中国の裁判実務をみてみると、ある現象の存在がわかる。判決文における契約の基本原則の条文の援用は、往々にして事件の是非を判断する主な根拠（その他の具体的な規範がある。）、あるいは主論として援用されているわけではなく、宴会場の前菜のように、取るに足らず、援用しなくても、事件の判決結果に実質上の影響を与えない(2)。このことから考えると、裁判官は、果たしてどのような場合に事件の審理に基本原則を用いることができるか。いかに

（1）　李適時「関于『中華人民共和国民法総則（草案）』的説明」（2016年6月27日の第12期全国人民代表大会常務委員会第20回会議）。
（2）　徐国棟教授は、「宣言的な運用」という文言をもってこの種の現象を概括しており、「判決文の中にある誠実信用の原則のような内容が除かれても、判決文そのものにほとんど影響を与えない。つまり、誠実信用の原則は適切に運用されていないことがわかる。残念なことに、このような運用の数は決して少なくない。」と指摘している（徐国棟『民法基本原則解釈：誠信原則的歴史、実務、法理研究』（北京大学出版社、2013年版）246頁。

基本原則を用いて事件の審理を行うか。異なる基本原則の間の関係はどうなっているのか。紛争が発生したとき、いかに判別するか、どの原則規定を適用するか。これらの問題は、契約法、法学方法論、法理学及び法哲学の基本理論に関係しているだけでなく、法律適用及び司法実践にも関連している。しかし、学界及び実務界では、認識が一致しておらず、争いがある。これらの問題について、一つの論文で論証し解決できるわけではないが、検討を深め、共通認識の醸成を図る必要がある。

Ⅱ　体系構造

　契約法の「建議草案」第一章の一般規定において、契約法の基本原則を規定している。具体的な内容は、契約自由の原則（3条）、平等の原則（4条）、公平の原則（5条）、誠実信用の原則（6条）及び公序良俗の原則（7条）を含む。最終的に、契約法3条から8条に規定する契約法の基本原則のうち、契約遵守の原則及び契約の神聖性原則を追加した（8条）。

　上記の基本原則は、並列して規定されており、互いの関係について容易に理解できない構成になっている。これらの基本原則は、2種類に大別することができる。1つは、「私的自治」（private autonomy）、いま1つは「公的規制」（public regulation）と称することができる。現代契約法ないし民法は、理念型の古典契約法又は意思自治を強調する伝統的な民法と異なり、多かれ少なかれ公権力の私人領域に対する介入と結合している。現代民法は、決して単純な啓もう時代及びフランス革命時の「母の眼」ではなく、さらに、国家

（3）　梁慧星「従'三足鼎立'走向統一的合同法」『民法学説判例与立法研究（二）』国家行政学院出版社、1999年版）124頁。
（4）　王勝明「関于合同法的基本原則」中国法学1999年3期、32頁。
（5）　近年、契約または民法の基本原則の角度からの議論につき、董学立「民法基本原則研究——在民法理念与民法規範之間」政法論叢2011年6期、3頁以下、王軼「論民法諸項基本原則及其関係」杭州師範大学学報2013年3期、91頁以下を参照されたい。
（6）　「母の眼をもって各個人をまさに国家全体として見る公民（民事）の法律が勝利すべきなのである。」（モンテスキュー・野田良之他訳『法の精神（下）』（岩波文庫、1989年）106頁（訳者））。この名言は、民法の学習者にとって非常になじみ深いものである。民法を「母の眼」とたとえられ、19世紀民法の法典化の基本理念であり、すべての人は平等であり、自由である。また、すべての人に行為能力を有し、自分のことについて自らの意思で決めることができ、これを

の「家長主義」と結びつくようになった。ある学者は、「規制的民法」(regulatory civil law)の概念を打ち出しており、まさに現代私法の特徴に注目したのではないかといえる。

「私的自治」は、契約法において主に「契約自由」を通じて体現している。立法者は、中国が長い間に計画経済体制を実行し、契約自由の原則が完全に排除されてきたことを考慮して、市場経済への転換を図る過程において、契約自由の原則を基本原則として明記する必要があると同時に、契約法の各制度において契約自由の原則を確実に体現する必要があると考えていた。契約法「建議草案」は、契約自由の原則を強調し、最も重要な原則として最初に規定している。起草過程において、現代法における契約自由の原則が衰退しており、多くの国の通例では、社会利益を考慮して、契約に対して介入を行っている、との意見が出されていた。また、強行法規すなわち当事者に対して不法所得の没収、罰金、営業免許の取り消し等の行政責任を追及し、すでに廃止された1993年経済契約法の契約管理機関を復活させるとの主張もあった。もちろん、この種の意見は、中国市場経済改革開放の需要に合致しているわけではなかったため、立法者に採用されなかった。

「平等の原則」は、本来民法通則第3条に規定されており、契約法3条において再度規定し、「一方が自らの意思を相手方当事者に強制的に同意させてはならない」ことを特別に強調し、しかもこの種の強調は、中国社会の現実の状況に関係ない。1つは、従属関係を有する当事者間に契約関係が発生し、たとえば、企業と企業内の部署との間で、請負契約を締結することがあり得ること、また、農家と集団経済組織との間に土地の請負経営契約を結ぶ

　意思自治又は私法自治と称され、これによって生じた責任を自分で負うことになる。
（7）　法律における父権主義（legal paternalism, 又は「家父長主義」、「家父長温情主義」と訳される）Anthony T. Kronman, Paternalism and the Law of Contracts, Yale L. J. 1983 (92): 778-784 参照；孫笑侠・郭春鎮「法律父愛主義在中国的適用」中国社会科学2006年第1期、黄文芸「作為一種法律干預模式的家長主義」法学研究2010年第5期、郭春鎮「論法律父愛主義的正当性」浙江社会科学2013年第6期、75頁。
（8）　諾伯特-頼希（金晶訳）「所謂欧州民法的一般原則？」財経法学2015年6期、115頁。
（9）　梁慧星『民法学説判例与立法研究（二）』（国家行政学院出版社、1999年）133〜134頁。
（10）　張広興「中華人民共和国合同法的起草」法学研究1995年第5期、6頁。
（11）　梁慧星『民法学説判例与立法研究（二）』（国家行政学院出版社、1999年）134頁。
（12）　南京市江浦県工程塑料廠与本廠成型車間承包合同紛糾案（中華人民共和国最高人民法院公報

ことがある。現在では、民事主体の法律地位は平等であることは常識となっており、将来、「平等の原則」は、その機能をさらに発揮し、「平等に対応」するための規範的基礎を提供し、性別、民族、障害者に対する差別的な扱いを是正する面において役割を発揮することが期待される。

契約法8条の契約の神聖性、及び契約遵守の原則は、契約法の「建議草案」において基本原則として規定しておらず、1997年5月14日の「契約法（意見聴取稿）」4条として盛り込んだのである。当該原則は、契約自由の原則の延長であるとみることができる。

「公権力による規制」は、契約の絶対的自由を認めないということを前提としており、私人の意思自治に対し、様々な方法を用いて外部から影響を与えている。契約法によって確立した基本原則からみると、公平の原則、誠実信用の原則及び公序良俗の原則は、それにあたる。

公平の原則（5条）は、当事者に対して公平の原則に従い当事者間の権利・義務を確定することを要求する。公平の原則は、私的自治に対する制限として、結果的に契約の正義を実現するためにある。私法自治の出発点は、契約当事者が完全民事行為能力を有する通常人であることを肯定し、通常人は利害関係・損得について理性的に判断することができるため、原則上、価値に対する判断は主観的な立場を採用する。しかし、立法者は、公平の原則を強調する理由として、実質上、同時に客観的な価値の存在を肯定し、主観的価値と客観的価値とは相互に対立し、併存することを認めている。もちろん、立法者は客観的価値に基づき、公平を判断するというやり方に対して、慎重な態度をとっており、裁判官による直接公平の原則に基く契約の効力否定を決して認めているわけでなく、状況に応じて、異なる具体的な規則と制度を配置することにしている。例えば、契約締結時に存在する「明らかに公平を失する」ことについて、変更可能または取り消し可能の事由（契約法54条1項2号）としている。契約を履行するときに現れた「明らかに公平を失する」ことを事情変更として扱い、当事者の一方が裁判所に対して契約の変更または解除を求めることができるようにしている（最高人民法院司法解釈（二）26条）。また、当事者双方の契約締結能力に不平等が生じた場合、当事

1985年第1期、27～29頁

者一方が契約自由を濫用して相手方当事者に対して力をもって押し付ける場合（例えば、不公平な約款）につき、立法上直接約款または免責条項の無効（契約法41条、53条、及び契約法司法解釈（二）10条）規定を設けているだけでなく、司法解釈において、当事者が裁判所に対して約款の取消しを求める権利を付与している。（契約法司法解釈（二）9条）。これらの場合は、裁判所が一定の裁量権を有するものの、主導権は通常明らかに公平を失し、不利な影響を受ける当事者一方の手中にある。このような慎重かつ合理的な理論の背後にある理由の1つは、契約法は単発契約を理想な規範モデルに従い、具体的な規則を設けているのである。継続的契約について、個別問題だけ特別な規則を設けていることにしている。関係的契約について[13]、考量の範囲に入れているわけではない。しかし、人は絶えず様々な具体的な関係の中で生きていかなければならない。たとえば、中国人は、「礼は往来を尚ぶ」、「来りて往かざるは礼に非ざるなり」ということを重要視している。個別の法律行為から見ると贈与関係であるかもしれないが、しかし、長期にわたる交流関係を通じて、互いに往来し、衡平状態がごく普通に存在する。したがって、立法及び司法の運営は、客観的価値をもって主観的価値を過度に干渉してはならない。

　誠実信用の原則（6条）は、大陸法系では、「帝王条項」と称されている。契約法において、「公による管理・制限」の1つにすぎない。契約法6条は、「当事者は、権利を行使し、義務を履行する際、誠実信用の原則に従わなければならない」と規定し、一見して主に契約を履行するときに適用されることになるように見えるが、決してそうではない。立法において、より具体的に体現されている部分が多々ある。たとえば、契約締結において、契約法42条・43条は契約締結上の過失責任について規定し、つまり、当事者同士は、「先契約義務」を負うことになる。契約履行段階において、当事者双方に付随義務（60条）、契約終了段階では、終了後の義務（92条）をそれぞれ課している。このほか、誠実信用の原則は契約の解釈基準及び方法の1つであるとしている（125条）。

　公序良俗の原則（7条）は、当事者が契約を締結・履行するとき、法律、

---

(13) 【美】麦克尼爾（イアン・ロデリック・マクニール、Ian Roderick Macneil）（雷喜寧・潘勤訳）『新社会契約論』（中国政法大学出版社、1994年）。

行政法規に従わなければならず、社会道徳を尊重し、社会経済秩序を乱してはならず、社会公共の利益に損害を与えてはならないことをもって、求めている。当該原則は、法律、行政法規、社会道徳及び社会経済秩序を社会公共の利益を体現している。当該条文は、具体的な法律効果を示していないが、52条4号を通じて示されており、すなわち「社会公共の利益」を害する契約は無効である。このような一般条項は、道徳規範と法律効果を結合させ、運用面において、裁判官に一定の裁量権を付与しているのである。[14]

中国契約法において、上記の法律条文に規定されている基本原則のほか、明記していない基本原則もある。この点について、「実定的法原則」及び「非実定的法原則」と表現する学者もいる。[15] 後者は、中国契約法において、「取引促進の原則」[16]及び「信頼保護の原則」[17]を含むが、これらに限らず契約の規定からも確認することができる。

取引促進の原則に関して言えば、契約法とその前の経済契約法等の法律規定間の比較を通してわかるように。たとえば、契約の成立及び効力の発生要件、緩やかな契約形式要件、契約の履行による形式的瑕疵の治癒（36条、37条）、緩やかな契約条項に関する規定、詐欺・強迫等を契約の無効事由から契約の取り消し事由に転換することなどは、それに該当する。

信頼保護の原則に関していえば、たとえば、契約の誘因の取消しに関する制限規定（19条）、表見代理（49条）及び表見代表（50条）に関する規定、取消権の消滅に関する規定（55条）、債権者が合理的な期限内に履行請求をしない場合の履行請求権の消滅に関する規定（110条3号）、このほか、実務において、裁判所は、一部の判決において「権利失効（Verwirkung）」の原則を採用していることも、[18] 信頼保護の原則を体現しているのである。

---

(14) 一般条項と基本原則の検討について、王利明『法律解釈学導論——以民法為視角』（法律出版社、2009年）436頁以下。
(15) 舒国瀅「法律原則適用的困境——方法論視角的四個追問」蘇州大学学報（哲学社会学版）2005年第1期。
(16) 王利明「合同法的目標与鼓励交易」法学研究1996年第3期、同『民商法研究』（第三輯）（法律出版社、1999年）393頁以下を参照されたい。
(17) 朱広新『信頼責任研究——以契約之締結分析対象』（法律出版社、2007年）、馬新彦『現代私法上的信頼法則』（社会科学出版社、2010年）。
(18) 山東省青島市崂山区人民法院民事判決書（2009）崂民二商初字大415号、山東省青島市中級人民法院（2010）青民二商終字第562号。朱鉄軍「合同解除権不応濫用」人民司法（案例）2011

III 規範的機能

　民法の基本原則は、一貫して民法の立法原則であると同時に、法律を執行し、民事活動を行い、民事紛争関連問題を処理する根本的基準でもあると理解されている。この点からみてもわかるように、これらの基本原則は、立法者、民事主体（契約当事者）及び裁判官にとって指導的な意義を有する。民事主体及び裁判官は、実務において基本原則を如何に応用するか、本文の重点検討事項である。

　立法機関の担当責任者の説明によると、契約法の基本原則は、2つの役割を有し、その一つは、指導的な役割である。契約法の基本原則は、立法従事者が具体的な規定を如何に設けるか、裁判官が契約法をいかに適用するかについても指導的な役割を果たすことになる。基本原則は、具体的な条文を正確に理解するためのカギとなる。2つ目は、基本原則の補充的な役割である。契約関連問題について、法律に具体的な規定を欠いている場合は、当事者が基本原則により確定することができ、紛争の裁判・審理する機関も基本原則により紛争を解決することができる。したがって、裁判官及び当事者にとって、契約法の基本原則は、①解釈機能（interpretation）及び②補充機能（supplementation）を有する。「修正機能」（あるいは「制限機能」restriction と称さ

　　　年第 12 期。権利失効の基本理論構成及び比較法について、王澤鑑『民法学説与判例研究』（第一冊）（台北自費出版、1991 年第 12 版）335 頁以下を参照されたい。
(19)　中央政法幹部学校民法教研究室編著『中華人民共和国民法基本問題』（法律出版社、1958 年）25 頁。又は、「我国民法の制定・解釈・執行及び研究の出発点及び依拠」といわれている（佟柔主編『民法原理』（法律出版社、1983 年）13 頁）。「民事立法の原則だけでなく、民法を執行する原則でもある」（中国政法大学民法教研究室編『中華人民共和国民法通則講話』（中国政法大学出版社、1986 年）22 頁）。「基本原則は合同法の基本価値を体現し、契約法の立法、法の執行・遵守及び研究などすべての指導指針である」（崔建遠『合同法』（北京大学出版社、2012 年）13 頁。
(20)　つまり、これらの基本原則は、具体的な実定法規定より先在性を有し、実定法の規定によってこれらの原則が作り出されたわけではない。ゆえにこれらの原則に対する理解は、法実証主義（legal positivism）の枠にとらわれない必要がある。ある学者は、法原則及び法律原則を区別する考えを提示し、一定の道理を有する。J. Esser, Grundsatz und Norm in der reichterlichen Fortbildung des Privatrechts, 3. Aufl., Tuebingen 1974, S. 90. 羅伯特・阿列克西（朱光・雷磊訳）『法、理性、商談：法哲学研究』（中国法制出版社、2011 年）180 頁。
(21)　王勝明「関于合同法的基本原則」中国法学 1999 年第 3 期。

れる。）を言及しているわけではない。この点については、後に再び言及する。また、もう一点注意しなければならないのは、契約法基本原則の機能は、契約法条文の解釈、補充ないし制限に限らず、契約に対する解釈、補充及び制限もまた重要であり、無視することができない。

1 解釈機能

契約法42は、契約締結上の過失による損害賠償責任について規定し、具体的な賠償責任の状況を列挙しており、①契約締結と偽って、悪意をもって交渉を行う場合、②契約締結に関する重要な事実を故意に隠し、又は虚偽の情報を提供した場合、③その他の誠実信用の原則に違反する行為があった場合、を含む。③は、契約締結上の過失責任は、誠実信用の原則によって導かれるものであることを表しているだけでなく、また、当該制度の開放性を表しているといえる。42条を解釈適用するとき、裁判官は、信義誠実の原則に合わせて、個別事件において具体的な判断を行い、具体化していかなければならない。

最高人民法院は、司法解釈を通じて、契約法42条3号を具体化したのである。契約法司法解釈（二）8条は、「法律・行政法規の規定により、許可又は登記を経たものでなければ成立しない契約が成立した場合、許可又は登記を申請する等の手続を行う義務のある当事者は、法律規定又は契約の約定に従い、許可又は登記の申請を行わなかったとき、契約法42条（3）号に規定する『その他誠実信用の原則に違背する行為』に該当する。人民法院は、事案の具体的な状況及び相手方当事者の請求により、相手方当事者が自ら関連手続を行うよう命じることができる。当該当事者はこれによって生じた費用及び相手方当事者にもたらした実際の損害につき、損害賠償責任を負わなければならない」と規定している。[22]

契約に関する解釈について、契約法125条1項は、誠実信用の原則により、契約条項の真の意思を確定すると定めている。たとえば、保険契約は、

---

(22) 関連裁判例は、「広州市仙源房地産股份有限公司与広東中大中鑫投資策劃有限公司、広州遠興房産有限公司、中国投資集団国際理財有限公司股転譲紛糾案」最高人民法院民事裁定書(2009) 民申字第1068号、中華人民共和国最高人民法院公報2010年8期。

保険対象の家屋への窃盗のための「不法侵入」も保険範囲にカバーされる場合に、泥棒が電話修理と偽って家屋に浸入したのであれば、保険者は被保険者が泥棒に浸入させたため、賠償する必要がない⁽²³⁾と主張してはならない。

2　補充機能

　法律に欠缺が存在している場合は、裁判官などは、法律の欠缺を埋めなければならず、法律に明文な規定がないことを理由に裁判を拒絶してはならない。法律の欠缺を埋める方法として、たとえば類推適用、又は目的論的縮減などがある⁽²⁴⁾。中国最高人民法院の実践からみると、民法の基本原則を用いて、法律の欠缺を埋める例も多々ある。たとえば、最高人民法院は、1994年に出されたある回答〔批覆〕で、「債務者に複数の債権者が存在している場合、債務者の全財産を債権者のうちの一人と抵当権を設定したため、その他の債権者への弁済能力を失うことになり、ほかの債権者の権利・利益を侵害することになるとして、中華人民共和国民法通則4条、5条の規定により、当該抵当権設定契約は無効と認定しなければならない」と解している⁽²⁵⁾。「無効認定の根拠につき、まず公平の原則に従い、当該契約の無効を認定したが、再三の斟酌を経て、誠実信用の原則を根拠とすることに変更した。」、「これは、誠実信用の原則をもって法律の欠缺を埋める最初の実例である⁽²⁶⁾。」。さらに、事情変更の原則についても、契約法に明確な規定がなく、法律の欠缺となっている。最高人民法院は、司法解釈の形で契約法の基本原則を用いて、この欠缺を埋めることにした。すなわち契約法司法解釈（二）26条は、「契約成立後、客観的な状況に、当事者が契約締結時に予見できず、不可抗力によらない、商業リスクに属しない重大な変化が生じ、引き続き契約を履行することが一方の当事者にとって明らかに公平ではないか、又は契約の目的を実現できないため、当事者が人民法院に対して契約の変更又は解除を請

---

(23)　See Jan M. Smits, Contract Law: A Comparative Introduction, Edward Elgar (2014), p. 140.
(24)　王澤鑑『民法思維：請求権基礎理論体系』（北京大学出版社、2009年）196頁以下、梁慧星『民法総論』（第4版）（法律出版社、2011年）272頁。
(25)　最高人民法院関于債務人有多個債権人而将其全部財産抵押給其中一個債権人是否有効問題的批復（法復[1994]2号）、中華人民共和国最高人民法院公報1994年2期、70頁。
(26)　梁慧星『読条文　学民法』（人民法院出版社、2014年）103頁。

求した場合、人民法院は、公平の原則に基づき、かつ、事案の実際の状況にあわせて変更又は解除するか否かを確定しなければならない。」と定めている。

　契約法の基本原則は、契約の内容に対する補充を行うことができる。当事者が誠実信用の原則に従い、契約の性質、目的及び取引慣習に基づき、通知、協力、秘密保持等の義務を履行しなければならない（契約法60条2項）。このような義務は、付随義務と称されており、当事者が契約において約定していなくても、法律は基本的に誠実使用の原則に従い、当事者間のこの種の義務を認めている。これは、明らかに当事者の約定に対する補充的な役割を果たしている。この種の補充的な機能は、契約成立する前の段階（契約法42条、43条）及び契約上の権利・義務を果たした後の段階（契約法92条）においても存在する。その背後にある考えは、当事者が一旦契約を締結すると、「同舟共済」すべきであり、合理的な行動が求められることである。1931年、フランスの法学者 Rene Demogue は、「契約当事者が作られた空間は、社会の縮小図であり、その中にいる当事者同士は、一つ共通の目標へ向かって努力し、この共通の目標は各々の当事者が追い求める個々の目標の総和である」と述べている。[27] たとえば、建設工事の請負契約の注文者は、建設工事の行政許可を取得しなければならず、外資企業の株式権利に関する譲渡契約が成立後、譲渡側と外資企業は報告して認可を受けなければならない。

3　修正機能

　基本原則とりわけ誠実信用の原則は、法修正的機能を有するか否かについて、学説の争いがある。[28] 契約法の「建議草案」は、当該機能を肯定しており、当該草案6条（誠実信用の原則）3項は、「当事者双方は、権利を行使し、義務を履行するとき、誠実信用の原則に従わなければならない」、「法院は、事件を審理するとき、当該事件に適用する法律の規定がなく、又は規定があるが当該規定を適用すると明らかに社会の正義に反する結果になる場合、直

---

(27)　See Jan M. Smits, Contract Law: A Comparative Introduction, Edward Elgar (2014), p. 139.
(28)　中国における議論は、日本の学説による影響が大きい（菅野耕毅「信義則および権利濫用の機能」『民法の争点』有斐閣1985年、8頁。また、松岡久和・中田邦博編『新・コンメンタール民法（財産法）』（日本評論社、2012年）4頁。

接誠実信用の原則を適用することができる。」、「法院は、直接誠実信用の原則を適用して事件を処理するとき、必ず最高人民法院に報告して審査・許可を経なければならない。」と定めている。当該規定は、法の安定性等の基本的な問題に関連し、立法段階において、慎重な意見が多く、最終的に採用されなかった。注意しなければならないのは、いわゆる修正法的機能は、基本原則をもって具体的な法律規定の内容を変えるわけではなく、個別事案において、具体的な法律規定を適用した結果、社会的正義に反することになるのであれば、当該具体的な法律規定を適用せず、基本原則を用いて裁判を行うことである。

　基本原則の修正法的機能は、デリケートな問題であり、それほど容易に受け入れられるものではないが、実務では関連事例がないわけではない。たとえば、前述した裁判所が誠実信用の原則を用いて当事者の法定解除権を制限した（権利失効の原則）例は、その典型である。そもそも基本原則は、契約の内容に対する修正機能を発揮できるだろうか。この機能は、当事者の一方が契約の拘束から離脱するになりかねず、争いのある問題として常に注目されている。前述したように、契約は公平であるか否かは、もともと当事者の主観的な価値判断によるものであり、裁判官は、安易に公平の原則により当事者の約定内容を修正しないことにしているはずである。誠実信用の原則又は公序良俗の原則に関しても、同じ理屈である。しかし、どんな事情でも例外が存在する。問題は、どのような状況下あるいは条件下で、裁判官は基本原則の修正的機能を用いて、私的自治を乗り越え、公平・正義を実現させるのか、検討に値する。中国における裁判実務において、すでにこのような極端なケース（extreme cases）が存在し、裁判所が介入することに至っており、注目に値する。

　裁判例①――瀘州遺贈事件

　原告Xは、被告Yの夫Zと友人関係であると主張し、Zは、自らの約60,000元に相当する財産を死後Xに遺贈するとした遺言書を作成した。当

---

(29) 賛成と反対意見について、梁慧星『民法学説判例与立法研究（二）』（国家行政学院出版社、1999年）136～137頁。
(30) 否定説は有力説である（梁慧星『民法総論』（第4版）（法律出版社、2011年）271頁）。

該遺言書は、公証機関の公証を経た。その後、遺贈者Ｚは、病死し、遺言の効力が発生したが、Ｙはすべての財産を管理し、Ｘに受遺財産の引渡しを拒否していた。そこで、ＸはＹに対して約 60,000 元の遺贈財産の引渡しと訴訟費用の負担を求めて、裁判所に訴訟を提起した。

Ｙは、Ｚが行った遺言の内容は、Ｙの合法的な権利・利益を侵害していること、Ｚは生前長期にわたってＸと違法に同居していたこと、Ｚの遺贈は、社会道徳に反し無効な遺贈行為であると主張した。

一審裁判所は、およそ次のような判断を下した。遺贈は、民事法律行為に属し、民事行為は当事者が自らの意思に基づき自己の権利を実現し、自己の権利・利益を処分する行為である。当事者の意思によって遺贈が成立するが、遺贈者が遺贈の権利を行使するときに法律の規定に反してはならない。また、民法通則 7 条の規定によると、民事行為は、公共の秩序及び社会の道徳に反してはならず、違反した場合に、その行為は無効となる。

Ｚの遺贈行為は、法律の規定、公序良俗及び社会道徳に反しており、公共の秩序を破壊することになるため、無効な行為であるといわなければならない。Ｘは、Ｙに対して受遺財産の給付請求を認容するわけにはいかない。Ｙの遺贈無効の主張を支持し、民法通則 7 条の規定により、Ｘの訴訟請求を棄却した[31]。Ｘは、一審判決を不服として上訴したが、二審は一審判決を維持した。

1985 年相続法 16 条 3 項は、「公民は遺言をすることによって、個人財産を国、集団、又は法定相続人以外の者に遺贈することができる。」と規定している。本件におけるＺは、まさに自らの意思で遺言を通じて自己の財産を処分したのである。相続法 22 条は、遺言の無効について規定しているが、本件の場合は、そのような事由があるわけではなかった。もちろん、遺贈は、単独行為であり、契約のような双方行為とは異なる[32]。この差異を踏まえ、本件は主に当事者の意思自治の限界及び司法実務の立場が示されているため、本文において取り上げたのである。この種の関係について、一般原則

---

(31)　四川省瀘州市納渓区人民法院民事判決書（2001）納渓民初字第 561 号。
(32)　劉春茂主編『中国民法学・財産継承』（人民法院出版社、2008 年修訂版）363 頁。陳将炎・黄宗楽・郭振恭『民法継承新論』（三民書局、2011 年第 7 版）343 頁。

に則り処理した場合には、原告Xの訴訟請求が支持されなければならないことになる。しかし、本件の特徴は、Xが受遺者として、Zとの間に長期にわたって違法な同居関係を有し、社会道徳の規準からみても、倫理・道徳に反する行為になる。一審裁判所は、原告Xの訴訟請求を支持した場合、非常に悪い社会的影響をもたらしてしまうに違いない。まさにこの点を予見できたため、裁判官は、具体的な規定の適用を避けて、基本原則である公序良俗により遺贈の無効を認定したのである。

Ⅳ　応用展開

　契約法に規定する基本原則は、裁判官などのために1つの「道具箱」を提供しているようであり、必要に応じて用いることができ、社会の変遷によって生じた新たな問題に柔軟に対応できる。しかしながら、この「道具箱」には、性質の異なる基本原則が存在し、1つは私的自治を表し、いま1つは公による管理・規制を体現している。さらに、契約法及びその他の法律、法規に具体的な規定がある場合には、基本原則を用いるか否かの問題と相まって、中国の裁判官たちにとって常に悩ましい問題となっている。以下では、裁判例の検討を通じて、問題を明らかにしたい。

1　基本原則 vs 具体的な規定

　出発点として、学界と実務界では、一致して「一般条項への逃避」[33]を禁止することを認めている。言い換えれば、適用できる具体的な規定がある場合には、裁判官は具体的な規定を超えて、直接基本原則（一般条項）を適用して裁判を行ってはならない。

---

(33)　Wilhelm Hedemann, Die Flucht in die Generalklauseln: eine Gefahr fuer Recht und Staat, 1933、梁慧星『民法解釈』（中国政法大学出版社、1995年）312頁以下、同『民法総論』（第4版）（法律出版社、2011年）272頁、王利明『法律解釈学導論――以民法視角』（法律出版社、2009年）577頁、559頁、王澤鑑『民法思維：請求権基礎論理体系』（北京大学出版社、2009年）193頁。徐国棟教授は、中国2011年の民事判決書において、「一般条項への逃避」の例があると指摘している（同『民法基本原則解釈：誠信原則的歴史・実務・法理研究』（北京大学出版社、2013年）249頁）。

裁判例②――債務の弁済を強要する事件

甲と訴外Ａは、金銭消費貸借関係にあり、返済期限が到来したにもかかわらず、甲は依然として一部の借金を弁済できておらず、訴外Ａは借金の返還請求を理由にして、甲の人身の自由を制限し、甲が所有する不動産の譲渡協議書に署名するように命じ、その不動産を乙に譲渡し、債務弁済に充当することにした。甲が譲渡協議書に署名して自由になり、乙は不動産を占有した。それから約１年半後、甲は、裁判所に対して当該協議の無効確認及び不動産の返還を求める訴訟を提起した。乙は、本件は事件発生から訴えの提起まですでに１年６か月を経過しており、甲は、取消権を行使して来なかったため、すでに取消権が消滅している、と主張する。

裁判所の判断はおよそ次の通りである。

契約当事者の法的地位は平等であり、一方は、自己の意思を相手方に押し付けてはならないだけでなく、当事者は法により契約自由の権利を享有し、いかなる単位または個人が違法な干渉を行ってはならない。甲と乙が交わした協議書は、甲の人身の自由が制限された状況下で署名したものであり、甲の自由の意思に反するものとして、無効である。契約法３条、４条、52条、58条の規定により、不動産の譲渡協議は無効であるとして、乙は甲に不動産を返還しなければならないと判示した。[34]

本件は、契約の取消し関連条文に従い処理する場合、契約法55条１号の取消権除斥期間が過ぎてしまったという問題に直面することになる。判所の当該判断について、注目に値するところは、脅迫を理由に契約の取消しを行ったのではなく、契約法３条の「契約当事者の法的地位は平等であり、当事者の一方が自己の意思を相手方当事者に押し付けてはならない」、４条「当事者は、法により自らの意思で契約を締結する権利を享有しており、いかなる部門や個人も違法な干渉を行ってはならない」、及び52条５号の規定をもって、契約の無効を認定したのである。契約法３条、４条は、確かに「自らの意思を相手方当事者に押し付けてはならない」、及び「いかなる部署及び個人は、違法な干渉を行ってはならない」と規定しており、これらの表現は、「当該条項の基本原則の特徴を最も体現している」[35]と思われる。契約法

---

(34) 河南省洛陽市洛龍区人民法院民事判決書（2012）洛龍民三初第1546号。

の基本原則は強行法規であり、当事者がこれを守らなければならず、約定をもってこれを排除してはならないとの考え方にあるように、契約に違法性があることを理由として、無効としたことは理にかなっているであろう。

しかし、本件判決は問題がないわけではない。1つ目は、契約法において基本原則と具体的な規定を明確に分けており、原則規定の安易な適用は好ましくない。基本原則の規定内容は一見して具体的な規定に類似しているとしても、当該規定の要件に該当する場合には法律効果が自動的に発生するというような規定ぶりになっているわけではない。(36) もしその効果が1つだけであれば、具体的な法律の規定になってしまい、原則規定とすることはできなくなる。原則以外の法律規定を適用するとき、オール・オア・ナッシング（all-or-nothing）の方式をとっているが、しかし、これは原則の運用方法ではない。さらに、原則は、そのほかの規定にない次元を有し、この次元はすなわち重みあるいは重要性（the dimension of weight or importance）。(37) 基本原則と具体的な法律規定との区別を認識できれば、基本原則を適用するときに、相応の法律効果につき、裁判官が補充的価値判断を行う際に、総合的考慮し、関連原則の重みあるいは重要性を考量しなければならない。

2つ目は、適用できるような具体的な規定がある場合、具体的な規定を適用せず原則規定を適用してはならない。そうしなければ、「一般条項への逃避」になるため、禁止しなければならない。

3つ目は、正当な理由がなければ、立法者が制定した規定の価値判断につき、裁判官が恣意に覆すことはできない。裁判官が基本原則を適用して価値を補うとき、すでに条文に表れている立法者の価値判断にとって代わり、裁判官個人の価値判断が主導的な役割を果たすことになってしまう可能性がある。これは、近代国家に広く認められている分権の理論に相反することになる。上記裁判例について言えば、立法者がすでに「取消権を有する当事者

---

(35) 王勝明「關于合同法的基本原則」中国法学 1999 年第 3 期、32 頁。
(36) See Ronald Dworkin, Taking Rights Seriously, Harvard University Press (1977), p.25. 羅納德-德沃金（ロナルド・ドウォーキン）（信春鷹・呉玉章訳）『認真対待権利』（中国大百科全書出版社、1998 年）44 頁。
(37) See Ronald Dworkin, Taking Rights Seriously, Harvard University Press (1977), p. 24, p. 26.

が、取消の事由を知り又は知るべき日から一年以内に取消権を行使しなかった」（契約法55条1号）ことによって取消権が消滅するという価値判断＝「権利の上に眠る者は保護に値せず」を用意している。本件裁判官は、正当な理由を述べることができない場合、立法者の価値判断を回避することは、適切ではない。

　法の適用において、「一般条項への逃避」を禁止する立場を堅持しなければならない。この基本的な立場に反しているため、裁判例②は、論理上からみて正しい判断とはいえない。これに対して裁判例①の場合、適用できる具体的な法律規定は、1985年の相続法であり、当時の立法者が基づく社会状況と今日の社会状況に大きな違いがある。当時の社会では、「包二奶」（愛人を囲う）の現象が存在しなかったため、立法者は、「二奶」に遺贈を行う問題について考えられず、社会変遷によって生じた法律の欠缺である[38]。従って、当時の具体的な法律規定に従わず、基本原則に基づき、判決を下したことに一定の合理性があると思われる。しかし、裁判例②の場合は、代物弁済協議について、1999年契約法においてすでに適用可能な具体的な法律規定があり、立法者も価値判断及び政策の選択を行っており、具体的な法律規定に従い判断を下したとしても人々の公平・正義の観念に衝撃を与えることがない。しかし、裁判官は新たな適用ルールを導入しても、その結果が必ずしも公正とは限らない。このよう状況下で、具体的な法律規定を適用するのではなく、基本原則により裁判を行うべきであろう。

2　基本原則 vs 基本原則

　契約法に規定する基本原則のうち、異なるものが存在し、私的自治を表すもの、公権力による規制を体現するものが存在する。人々は、異なる指向性の原則を容易に発見することができる。たとえば、ある契約について、事情変更が生じた場合、契約自由及び契約遵守の原則によれば、当事者が契約に従い履行するよう求められることになるが、しかし、誠実信用の原則あるいは公平の原則に従うのであれば、当事者が契約内容の変更あるいは契約の解

---

(38) 卡爾・拉倫茨（カール・ラーレンツ、Karl Larenz）（陳愛娥訳）『法学方法論』（商務印書館、2003年）256頁。

除を協議するよう要求される可能性がある。この場合、異なる原則に対して具体的な分析を行い、それぞれの重みや重要性を考量して、どの原則を適用するかを判断する必要がある。以下では、2つのケースに基づき、若干の考察を試みる。

　裁判例③――ショートメール事件
　原告は"感謝祭"を祝うため、中国移動上海会社が提供する携帯ショートメールサービスを通じて知り合いの人たちに祝福のショートメッセージを送ることにした。一回目は、100人のグループに送信できたが、二回目は別のグループ向けのメールを送ることができず、繰り返して操作したが成功しなかった。この状態は、翌日の午後まで続いた。原告は、被告のサービスホットラインに複数回にわたって送信できない原因について問い合わせをしたが、被告側の応対スタッフの回答はそれぞれ異なっていた。原告は、被告が自らの判断で被告のショートメール機能を閉鎖・停止させただけでなく、原告に事実を告げなかったことを理由にして、被告に対して閉鎖した理由及び根拠を明らかにすると同時に、経済損失及び精神的損害、謝罪などを請求した。被告は、企業の社会的責任を履行するために移動通信市場の秩序を守る行為を実施し、原告と交渉した後、速やかにショートメールの送信機能を回復させたため、違約していないことを主張した。

　一審裁判所は、被告が移動通信サービス運営業者として、移動通信市場の秩序を守る行為を実施したことは、企業が負う社会的責任を果たし、社会公共の利益に合致するとした。原告が送信できなかったことによって生じた不便については一定の理解を示す必要があり、しかも被告が速やかに原告のショートメールの送信機能を回復させただけでなく、原告に原因を告知しなかったことについて謝罪を行ったとして、契約法7条、60条の規定により、原告の訴訟請求を棄却すると判示した。[39]原告は、上訴を提起したが、二審は原審判決を維持した。[40]

　当該事件において、原告は、契約を厳格に履行するよう求めたが、その主

---

(39)　上海市黄浦区人民法院民事判決書（2010）黄民一（民）初字第226号。
(40)　上海市第二中級人民法院民事判決書（2010）滬二中民一（民）終字第1980号。詳しくは、最高人民法院中国応用法学研究所編『人民法院案例選』2011年第3輯（総第77輯）（人民法院出版社、2011年）163頁以下。

張の背後にあるのは契約遵守の原則（契約法8条1項）であり、裁判所は、契約法7条の公序良俗の規定を用いて判決を下した。契約遵守の原則と公序良俗との間に衝突があった場合、裁判所は被告がグループ向けの送信行為に対して一定の制限を行ったことについて、移動通信市場の秩序を守る行為であると肯定し、この行為は社会的公共の利益に符合し、利益衡量の視点から、社会公共の利益は、当事者のグループ向けの送信の利益より優先すると判断したのである。また、裁判所は、契約法60条の規定を援用し、当事者に対して誠実信用の原則に従い、容認義務（不便がもたらされた部分について一定の理解を示すこと）の履行を求めた。

裁判例④――店舗の売買契約をめぐる事件[41]

被告と原告との間には、原告が開発したタイムスクエアの2階にある店舗の売買契約を締結し、被告が売買代金を支払い、原告も店舗をYに引き渡したが、所有権移転手続きを行っていなかった。その後、タイムスクエアは2度にわたって営業停止になり、原告の株主としての地位に変動（2回）が生じた。新しい株主は、経営の方向性と手法を変え、従来の市場店舗分散経営を廃止し、統一経営にした。このため、原告がすでに販売した店舗に対する買戻しを行い、タイムスクエアの経営全体を一新した。訴訟時に150あまりあった店舗のうち、被告ともう一軒店舗以外はすべて買い戻すことができた。原告は、本件状況は事情変更を構成すると主張し、店舗の売買契約の解除と店舗を原告に引き渡すよう求めた。また、原告は被告に対して買戻代金を返還するだけでなく、合理的な経済損失の補償を行う意向を示した。被告は、原告の店舗売買契約の解除請求は、法的根拠がなく、訴訟請求を棄却しなければならないと主張した。

一審は、公平及び誠実信用の原則により、契約の解除を認容し、二審は、「一審判決は、当事者双方の利益を衡量し、店舗の売買契約の解除を命じ、法律の規定に合致する正しい判断である」と判示し、一審判決を維持した。

この事件の特徴は、違約側当事者が契約の解除を求めたが、相手方当事者がこれに反対した点にある。問題は、契約の解除を認めるべきか否かである。解除を認めた場合は、違約側当事者に解除権があることを認めたことに

---
(41) 中華人民共和国最高人民法院公報2006年第6期。

なるのではないか、という疑問が生じる。契約法の規定からみると、任意解除権を除けば、違約側当事者の解除権を認めている規定は見当たらない。この事件は、いわゆるハードケース（a hard case）であり、判決から見ると、契約の解除は確かに原告の請求に基づくものであるが、しかし、原告は違約側（終始被告のために不動産の所有権移転登記手続きを行ってこなかった）として、約定的又は法定の解除権を有しないため、単独で解除権を行使し契約を解除することを認めるべきでない。原告は、訴えを提起するとき、明らかに事情変更を主張し、これをもとに契約の解除を請求していた。一審と二審裁判所は、本件を事情変更として認定しなかったため、本件の契約解除は事情変更の場合による司法解除にも属さない。明確な法律根拠によって本件を処理することができないため、一審裁判所は、契約法５条（公平の原則）及び６条（誠実信用の原則）より裁判を行ったのであり、注目に値する点である。一審判決は、当事者双方の店舗売買契約の解除を認容したうえ、原告に対し、不動産所有権移転手続きを行わなかったための違約金及びその他の経済損失として、被告に対して計48万元の損害を賠償するように命じた。明らかに自由裁量権に基づくものであり、とりわけ本件被告は反訴を提起せず、上訴の提起時にこの点について「一審裁判所は、当事者が請求しなかったにもかかわらず、判決を下したため、法律の規定に違背する」ことを強調した。一審裁判所は、創造的な司法活動を行っていたといえる。本件契約の解除は、性質上裁判官が自由裁量権を用いた裁判上の解除に属し、しかも事情変更に基づくものではなく、これまでの司法実務になかったケースであり、「法創造」の性質を有する。この点でも大きな意義があるといえる。

　二審裁判所は、一審裁判所の契約解除判決を肯定すると同時に、補足説明を試み、契約法107条の規定から継続履行は違約側に責任を負わせる効果的な方法であることに言及した。しかし、継続履行が契約の目的を実現できない場合があるとして、契約法110条２号の「履行コストがあまりにも大きい」（契約の履行コストは当事者双方が得た利益を超えるか否かによって判断される）という規定により、一審の契約解除という判断を追認した。厳密にいうと、110条に規定する〔除外〕の状況は、履行請求権のみにかかわるものであ

---

(42)　孫良国「違約方的合同解除権及其界限」当代法学 2016 年５期、46～58 頁。

り、言い換えれば、本件における相手方（被告）は、「履行を求めることが」できないということであり、当該規定そのものは解除権の規範となることはできない。それでは、「履行を求めることが」できないことから、当事者間の契約関係をいかにして清算（解除）へ導くか。現行法では、具体的な規定を欠いている。本件解除の基礎は、やはり一審判決の根拠となる契約法5条、6条の公平の原則及び誠実信用の原則である。

　以上をまとめると、次のとおりである。ある事件において、複数の基本原則の間に競合が生じ、たとえば、履行を継続させるのか、あるいは契約を解除するかという選択に直面する場合である。当事者双方の主張の背後にあるのは、契約遵守（契約法8条1項）の原則と、公平、誠実信用の原則（権利濫用の禁止）の異なる類型の原則が存在し、裁判官は、異なる原則が当該事件における「the dimension of weight or importance」を評価・衡量しなければならない。裁判例③のように、社会公共の利益及び私人の利益という異なるものが生じ、裁判官は往々にして私人の利益より社会公共の利益を優先的に保護する。当事者双方の利益はともに私人の利益に属する場合、裁判例④のように、裁判官がその他の論証方法を試み、裁判の結論を形成しなければならない。この際、いわゆる政策衡量、価値判断、利益衡量ないし経済分析（履行コスト）は、それぞれ役割を果たす余地がある。

　裁判官は、「法の決定（Rechtsentscheidungen）」を行うとき、判断の実際の結果（Realfolgen）を考慮する必要があるか否かについて、目下の中国では、あまり問題にならないように思われる。というのは、裁判官は、裁判の法的効果も、社会的効果も考える必要があり、両者の統一を図る必要がある。したがって、「効果志向」（Folgenorientierung）の法思考は、そうせざるを得ないだけでなく、自然にそうなったということでもある。[43] この点について、裁判例④の二審判決から見てもわかるように、裁判官は、一審判決における店

---

(43) グンター・トイブナー［編］　村上淳一／小川浩三［訳］『結果志向の法思考』東京大学出版会，2011年。中国国内の学説について、張青波「以裁判后果論証裁判」載鄭永流主編『法哲学与法社会学論叢』(2008年1期)（北京大学出版社，2008年）45頁以下、孫海波「'后果考量'与'法条主義'的較量」法制与社会発展2015年2期、同「通過裁判后果論証裁判——法律推理新論」法律科学2015年3期、楊知文「後果取向法律解釈的運用及其方法」法制与社会発展2016年3期などを参照されたい。

舗売買契約の解除を行ったと同時に、被上訴人（原告）に対して上訴人（被告）への店舗の代金の返還、店舗の値上がり額の賠償、違約金及びその他の経済的損失の給付を命じた。「これは上訴人の請求に基づいて下した判決ではないものの、このような判断は公平的かつ合理的な紛争解決にとってメリットがあり、当事者にとっても訴訟疲れを避けることができる」。一審と二審は、明らかに共に一括して紛争を解決するという立場に立っているように見える。判決結果の社会的効果は、裁判官が法的思考を展開する際の重要な注目点となっている。裁判例①において、裁判所は、具体的な法律規定を超越して基本原則（民法通則7条）を用いて、遺贈の無効を認定したことも、裁判の社会的効果を慎重に考えた結果であろう。

V　まとめ

1　契約法の基本原則は、契約法の背後にある主な価値あるいは目的であり、立法者、裁判官及び当事者に対して指導的意義がある。基本原則は、契約より先在性を有するため、諸原則に対する理解は、法実証主義にはまり込んではならない。

2　契約法3条から8条は、基本原則を並列して規定しており、体系構造上、私的自治と公権力による規制の2種類によって構成されている。前者は、平等の原則、自由意思の原則、契約の神聖性原則及び契約遵守の原則を含み、後者は、公平の原則、誠実信用の原則及び公序良俗の原則を含む。このほか、非実定的な原則として、取引促進及び信頼保護の原則等がある。

3　裁判官及び当事者は、契約法の基本原則を正しく運用し、法解釈においても、成文法の硬直性を克服することにおいてもメリットがあるだけでなく、契約の解釈及び契約法の欠缺を埋めることにおいても、その解釈機能、補充機能及び修正機能を発揮することができる。

4　契約法の基本原則について、裁判官は、判決書において形式的な援用をできるだけ避けるべきであり、必要な時に実質的な援用を行い、実質的な裁判根拠とする役割を発揮させるべきである。したがって、援用方法に注意しなければならない。

5　法律に具体的な適用条項が存在している場合は、「一般条項への逃避」を避けるために基本原則を適用しないのが一般的である。極端なケースの場合のみ、基本原則の修正機能を慎重に発揮させることがある。

6　ハードケースの処理方案を考えるとき、それぞれの方案の背後に異なる基本原則を有する場合には、立法者の客観的な価値判断を踏まえて、それぞれの原則の重みあるいは重要性を慎重に衡量しなければならない。政策考量、価値判断、利益衡量及び経済分析を行うと同時に、法律効果や社会的効果を考慮し、裁判の方向性を確定し、事実と規範の間を行き来しながら、適用する法を見つけ出すか、法の欠缺を埋める作業を完成させることができる。

民法典編纂の若干問題
―― いわゆる「脱法典化、非法典化」への応答も兼ねて ――

梁　慧　星
Huixing LIANG
（訳）長　友昭

Ⅰ　四中全会「決定」に書かれた「民法典を編纂する」の意義
Ⅱ　国内外の「反法典化、脱法典化」の理論思潮について
Ⅲ　民法典編纂についての私見

　私は三つの問題を論じたい。第一の問題は、四中全会の決定に書かれた「民法典を編纂する」の一文をどう理解するか。第二の問題は、国内外の学術界における「反法典化、解法典化」に関する理論思潮に応答したい。第三の問題は、民法典編纂の一構想についてである。

Ⅰ　四中全会「決定」に書かれた「民法典を編纂する」の意義

　まず、第一の問題である、四中全会の「決定」に明文で書かれた「民法典を編纂する」をどう理解するかについて論じる。先生方や学生たちが四中全会の「決定」を真摯に読んだかどうかは知らないが、もし真摯に読んだのであれば、「民法典を編纂する」という語句の位置に問題があることに気づくだろう。ここでそれを示すと「市場法律制度の建設を強化し、民法典を編纂し、発展計画、投資管理、土地管理、エネルギーと鉱物資源、農業、財政税収、金融等の面の法律法規を制定および完備化し、商品と要素の自由な流動、公平な取引、平等な使用を促進する。」と書かれている。これを読んで

みて、この話がまったく筋が通っておらず、意味の上でも明確ではないと感じないだろうか。民法典を編纂する意義は、まさか市場法律制度の建設を強化するだけなのだろうか。市場の流通や公平な取引を促進するだけなのだろうか。当然そうではない。民法典はまさか経済関係を規律するだけなのだろうか。市場取引を規律するだけなのだろうか。当然そうではない。民法典は社会生活の二大領域、すなわち経済生活と家族生活を規律するものである。

　私の理解では、「民法典を編纂する［編纂民法典］」の5文字は後で加えたものではないか。当初この文書を起草した時に、明文で「民法典編纂」を表現しなければならない予定はなく、この5文字は公布の前に加えられたのであろう。文書の起草と論文の執筆は一緒で、あらかじめ概要ややり方を決める必要があり、どのような内容を書く必要があり、どの程度まで書く必要があるかを決める。ところが、あらかじめこのように具体的に明確に「民法典を編纂する」と表現するつもりはなく、「決定」公布の前に中央の指導者がこの5文字を加えることにしたため、どこに置いても問題となり、どこにおいてもこのように不適当なのであろう。しかし、党中央はこの5文字を加えないことを認めないと決定し、党中央は、一人一人の中国人に、党内外に、国際社会に、中国が民法典を編纂する必要があるということを明確に伝えたのである。

　このことから、「決定」に書かれた「民法典を編纂する」には非常に深遠で、非常に重大な現実的意義と歴史的意義があるということが見て取れる。私が先述した、後から加えたということについては、文書の起草に参加したある同志も元々はなかったと言っている。もう1つの重要な根拠は、四中全会の「公報」にもないことである。もし原文に「民法典を編纂する」があれば、公報においても言及されるはずである。民法典の編纂というこの事件は重大すぎるからである。公報発表の時、メディアが公報における法治の全面推進に関する各論点を総括したが、その公報上の要点は「完備された法規範体系の形成」とした。

完備された法規範体系の形成には、当然、民法典の編纂を含むことができるし、民法典の編纂は当然、完備された法規範体系の最も重要な歩みでもある。しかし、公報上に僅かに書かれた「完備された法規範体系の形成」という一点が表明されただけで、「決定」公布の前に、「民法典を編纂する」という言葉はやはりないのだ。ここから、四中全会の「決定」が明文で「民法典を編纂する」と記述したことの重大な意義を理解できる。

　その重大な意義とは、まず国内外、全党、全軍、全国民に明確に宣言することである。民法典を編纂することは、中共中央の決定であり、中国が「法によって国を治める［依法治国］」を実行するための既定の目標である。これはその重大な意義ではあるが、だからといって、四中全会の「決定」において明文で宣言しなければならないわけではない。なぜか。中国が民法典を編纂するという立法作業が、すでに三十年余りになるが、この三十年余りにおいて、党の正式な文書の中に「民法典を編纂する」という文言が表れることはなかったし、現在、四中全会の「決定」にこの文言がなければならないわけではないのである。

　中華人民共和国建国以来、すでに三次の民法典の編纂がなされた。第一次民法典編纂は1954年に開始したが、1956年に「反右派闘争」によって中断した。第二次は1962年に始まり、1964年に「社会主義教育運動」（「文化大革命」に発展した「四清運動」と略称され、後に「文化大革命」に発展した）によって中断した。この２回の民法典編纂はいずれも成功していない。その根本原因は、わが国が当時実行していた単一の公有制を基礎とする計画経済体制である。生産、流通、分配および消費を含むすべての経済生活は、いずれも行政手段および指令性計画で手配されたものであった。計画経済体制の下では、民法典は必要ないのである。

　これから述べるのは、第三次の民法典編纂についてである。1978年の中共11期三中全会で改革開放が決定されたが、改革開放は、当然に法律の制定を必要とする。しかし、この頃に民法典の編纂が必要か否か、あるべきか

否か、という疑問が呈され始めた。中共中央が第三次の民法典の編纂を議事に上程したが、どのように始められたのだろうか。私の過去の論文で論じたが、それは中国社会科学院法学研究所民法経済法研究室が中央に提出した研究報告であり、「中国民法典の制定に関する研究報告［関于制定中国民法典的研究報告］」というものである。彼らはなぜ中央にこの報告を提出したのだろうか。きっかけは、当時の全人代法制委員会副主任委員である陶希晋同志が、中共中央に書いた一通の手紙であり、中国は民法典を制定する必要はないと建議するものであった。陶希晋同志は、当時は法制委員会副主任委員であったが、後に民法起草小組の副組長を担当した。しかし陶希晋同志が1979年に中央に書いた一通の手紙は、我々が改革開放で社会主義経済を発展させるために、民法典を制定する必要はない、なぜなら民法がブルジョア階級の法律だからであるというものであった。

　改革開放の初期は、改革開放の方向が定まっておらず、鄧小平同志は「石をなでながら川を渡る［摸着石頭過河］」と述べた。なぜ「石をなでながら川を渡る」必要があったのだろうか。それは方向性や道すじが明らかでないからである。この時期、明確な方向性がなく、改革開放は、改めてソ連へ向かうものなのか、それとも反対の方向性へ改めるものなのか、つまり現在言われる社会主義市場経済について、当時はだれもきちんと説明していなかったのである。大多数の人の理解では、ソ連の方向性では指令性計画の強度が足りず、指令性計画に法的強制力を直接賦与しなければならなかったが、それがこの時期には適当であり、当時のソ連の経済法理論が紹介され、大きな影響があった。1979年に中国社会科学院法学研究所が開催した民法経済法理論座談会において、大多数の学者は、いずれも民法典の制定に賛成しなかった。当時、法学界全体において、中国には民法典の制定が必要であり、改革開放は民法に依拠すべきであると明確に主張する学者はとても少なかった。したがって、当時という特定の状況で、陶氏が中央にこの手紙を書いたことはおかしなことではないのである。

　中共中央は、陶氏のこの手紙を受け取り、中国社会科学院に転送された。

中国社会科学院は、1977年に成立し、初代の院長は胡喬木同志であった。胡喬木院長は、この手紙を法学研究所に転送したのである。法学院研究所の当時の所長は、孫亜明教授であり、彼は先述の第二次民法典編纂時の民法起草小組副組長を担当していた。孫亜明所長は、この手紙を研究する任務を民法経済法研究室に与えた。当時、民法経済法研究室の主任は、王家福先生で、副主任は、王保樹先生だった。王家福先生は、民法経済法研究室全体の同志を組織して陶氏の手紙の中の意見について慎重な研究を行い、最終的に出した結論は、陶氏の手紙の中の建議は誤りだというものであった。そこで、民法経済法研究室は、中共中央に「関于制定中国民法典的研究報告」を提出し、当該報告の結論は、中国の改革開放、社会主義商品生産および商品交換の発展は、民法によらずにはかなわず、中国民法典のすみやかな制定を建議するというものであった。中央の指導者〔中央領導同志〕は、当該研究報告を認め〔批示〕、これにより、1979年11月に五期全国人民代表大会常務委員会法制委員会が、全国から一群の民法学者および実務部門の専門家を集めることで、民法起草小組が成立し、楊秀峰同志が組長に、陶希晋同志が副組長になり、第三次民法典編纂が始まったのである。

　第三次民法典編纂は、1979年11月に始まり、今日までに30年あまりが過ぎている。多くの人がいなくなってしまった。陶氏も1992年に亡くなられた。現在、ある若手の学者が以下のような疑問を打ち出している。すなわち「先述の手紙は本当にあったか否か。陶氏はそのような手紙を書けたか否か」である。主な理由は、その1として、陶氏の3人の秘書である白有忠、劉春茂、高志新はいずれも陶氏が民法典制定を主張し、新六法体系を主張していたと述べている。その2として、陶氏の生前の年表の記載で、1978年10月13日に、陶氏が中央政法小組で報告した際に、刑法、刑訴法、民法等6つの法律の制定を急ぐべきと言及したとある。その3として、彭真と陶氏の関係がよろしくなく、陶氏が復活後に彭真の排斥を受け、彭真は民法の起草を中断したが、民法起草小組の解散と陶氏が組長を担当していたことに関係がある。江先生、熊先覚、陶氏の孫である陶波はいずれもこの点に言及している。これを根拠に、人々はその手紙の存在を疑い、仮にその手紙があっ

たとしても、それは陶氏が書いたはずがないと考えているのである。

　陶氏の手紙と法学研究所の研究報告の原本は、中共中央の档案の中に保存されているはずであるから、問題は現在学者の閲覧に供される開放がなされていないことであるといえる。したがって、調査を行い、証拠を残す必要がある。先に疑問を持ったのは王保樹先生で、彼は当時民法経済法研究室の副主任であった。王保樹先生の記憶によれば、1979 年の陶氏が中央に送った手紙は確かにあり、「胡喬木が陶氏の手紙を法学研究所に転送し、孫亜明所長が法学研究所（の会議上）で陶氏は民法典を制定しないことに関する手紙の大まかな内容を伝達した」ということであった。次に疑問を持ったのは余能斌先生で、当時民法経済法研究室助理研究員であり、民法起草小組のメンバーであって、4 つの民法草案（第一から四稿）の起草作業に初めから最後まで参加しており、民法起草小組が解散すると法学研究所に戻った。余能斌先生は「陶氏の（中央に出した）手紙は確かに民法典を制定しないことに関するものであったが、陶氏の思想にはいくつかの変遷過程があり、後に民法典支持に転じた。法学研究所の報告は社会主義国家が民法典を制定するという情況を考察し、我が国も（民法典を）制定すべきだと建議した。報告が彭真の手に渡れば、鄧小平同志も見た可能性があり、民法（典）が作られるべきだと考えたはずである。韓幽桐（副所長）がこの情報を民法（経済法研究）室に伝えると、一同のそれまでの落ち込んだ気持ちが一掃された。これが第三次民法（典）起草の産声である」と述べた。ついでに述べれば、陶氏が後に中国民法の発展に多大なる貢献をなし、彼は一連のシリーズである『中国民法学』を主編し、その第二巻は『中国民法学：民法債権』であって、陶氏が王家福先生に「委託」して主編を、私に副主編を担当させたのである。

　以上で第三次民法典編纂がいかにして始まったのかを紹介し、ついでに陶氏が中央に書いた手紙に関する疑問をふりかえった。1979 年 11 月に民法起草小組が成立し、1980 年 8 月 15 日に「中華人民共和国民法草案（意見募集稿［征求意見稿］）」（いわゆる第一稿）ができあがった。1981 年 4 月 10 日に「中華人民共和国民法草案（意見募集第二稿［征求意見二稿］）」ができあがった。1981

年5月下旬には、五期全国人民代表大会常務委員会法制委員会が北京で民法座談会を開催し、民法草案二稿について議論した。法学の専門家、司法実務者および国務院の各部門の責任者20人あまりが招かれて座談会に出席した。5月27日には、五期全国人民代表大会常務委員会副委員長の彭真同志が会議に出席して講話を行った。彭真同志は「民法は短時間で制定できるものではない。これは我々が努力していないからではなく、問題そのものがかなり「複雑」だからである。これに加えて体制をまさに改革しているところであって、その問題は完全には解決されていないので、実際上の難しさがあるからである。したがって、一方で民法を作ることと向き合う必要があり、他方で［単行法］を作ることと向き合う必要があり、民法と［単行法］を同時進行で行うことはできる」。実際に「同時並行して民法典を編纂し単行法を制定する」という立法方針が打ち出された。

しかし、彭真副委員長が民法座談会において宣言した「同時並行して民法を制定し単行法を制定する」という方針は、ほどなくして「先に単行法を制定する」という立法方針に改められた。1981年6月3日に、全国人民代表大会常務委員会は民法典起草の暫定停止を決定し、あわせて民法起草小組を解散した。理由は、中国が改革開放初期にあり、経済体制改革がまさに始まったばかりで、各種の社会関係、経済関係が急速変動している中で、完備された民法典を制定することは不可能だからである。説明しなければならないのは、1981年6月3日に民法典起草の暫定停止が宣言されて民法起草小組が解散された後、民法起草小組は依然として作業を継続し、1981年7月31日に第二稿の基礎のうえで修正がなされ「中華人民共和国民法草案（第三稿）」ができあがり、1982年5月1日にはさらに第三稿の基礎のうえでよりいっそう修正がなされ「中華人民共和国民法草案（第四稿）」ができあがった。実際の情況としては、1982年5月1になって民法起草小組は本当に完全解散したのである。

民法典編纂の暫定停止と民法起草小組の解散という事件は非常に重要であり、当時多くの民法学者は受け入れがたかった。1981年、1982年当時の中

国はどのような状況だったのだろうか。当時一部の農村で生産の家族請負［包産到戸］が始まったばかりであり、まだ全面的には推し進められてはおらず、国有企業の改革もまだ始まっていなかった。当時の社会経済条件の下で、完備された民法典を制定することは確かに困難だったことは否定できない。もし当時民法典が制定されていたとしても、ソ連式の民法典のみが可能であった。当時民法典の制定で参考にされた立法例は、主に1922年のソ連旧民法典、1964年のソ連新民法典、1962年のソ連民事立法綱要、ハンガリーの新民法典、ユーゴスラビアの債法典、チェコスロバキアの民法典等で、いわゆるソ連東欧社会主義国家の民法典であった。当時はまだ敢えて資本主義国家の法律を参考にすることはなかったのである。もし当時本当に中国民法典を制定していたら、その中国民法典がソ連式の民法典であることは必定であり、単一の公有制による計画経済を本質な特徴として要求される民法典であったことは否定できない。中国の改革開放の推進と社会主義市場経済の発展をなす法制度の基礎が提供されることはなかったのである。なので、1982年に立法機関が民法起草小組の解散と民法起草の暫定停止を決定したことに間違いはなかったと言わざるを得ないのである。

民法典編纂の暫定停止の後、立法機関は専ら民事単行法の制定に注力した。1981年に公布された「経済契約法」に続き、1982年に公布された「商標法」、1984年に公布された「特許法［専利法］」、1985年に公布された「相続法」、「渉外経済契約法」である。単行法制定のメリットは、実際の問題をすみやかに、有効に解決できるところであり、一歩一歩と民事立法の前進を推し進めるものである。しかし、単行法立法にも不足はあり、民法典の総則に属する内容、例えば民法の基本原則、民事権利能力、民事行為能力、法律行為、代理制度および時効制度等は、単行法の立法方式を採ることができない。一例として、立法機関は経済契約法、民事訴訟法および制定中の商標法、特許法等すべてにおいて「法人」にわたる問題に、法人の定義と要件、成立と解散等について統一的な法規定を作る必要があると注視していた。このため、法制委員会は1982年の初めに「関于法人的暫行規定（草案）」を起草し、関係部門と法律専門家を特別に招いて座談し、意見を求めたが、最終

的には意見の隔たりがあり放棄されてしまった。

　これは民事立法の科学性にわたるものである。近現代民法は一連の概念、原則、制度構成という論理的に厳密な体系によっている。単行法の制定に適するのは、そのうち個別の各類型の社会関係を規範化する特別規則（いわゆる「各則［分則］」）である。他方で、各種類型の社会関係を規範化する共同規則（いわゆる「総則」）は、単行法の形式の「各々別個」を採ることは絶対にできない。なおかつ、もし各種類型の社会関係を規範化する共同規則を欠きながら、個別に単行法を制定するのだとすれば、効果を発揮し正確に施行されることは難しいだろう。これが「先に単行法を制定する」ことを推し進める立法方針が遭遇する難題である。そして、王家福先生は1984年12月に再び中央に「民法典をすみやかに制定し公布する」ことを建議した。当時は民法典を制定する条件が整っていただろうか。実際上、まだ整っていなかった。

　立法機関は直面する二つの難題を意識していた。我が国の改革開放の進展にしたがって、商品生産と商品交換が絶え間なく拡大し、民事生活がだんだん活発になり、新しい問題、新しい矛盾、新しい事案が絶え間なく現れたが、相応の法規範が欠けていることにより、法院は、よるべき法がないという難局に直面し、法秩序の建設と維持に影響が及んだ。客観的に見て、各種の民事関係を全面的に規律する一連の民事基本法が切実に求められた。しかし、当時はまだ完備された一連の民法典を制定することはできなかった。この時、彭真同志は、民法草案第四稿の基礎のうえで、先に概括的な民事基本法を制定する決定を出した。

　この法律の名称は、最初は「民法総則」であった。しかし、この法律は民法総則が規定する内容のみならず、例えば基本原則、法人と自然人、法律行為と代理制度、訴訟時効制度等の総則に属する内容のほかに、所有権の基本規則、債権の基本規則も規定し、人格権、不法行為責任［侵権責任］、違約責任等の民法各則に属する内容も規定していて、規定の内容と法律の名称が

合っていなかった。私の記憶によれば、謝懐栻先生が、最も先に法律の名称を「民法通則」と改めるように建議した。民法通則は、民事単行法ではないが、民法典の総則編と同じでもない。このうち、民事主体制度、権利能力と行為能力制度、民事法律行為、代理制度、訴訟時効制度等に関する規定は、民法典の総則に属する内容である。このほか、民法典の各則に属する内容もあり、国際私法に属する内容もある。民法通則が1986年に公布された後も、民事立法は単行立法の道すじに沿って推し進められた。

　1992年に生じた重大事件が、鄧小平同志の南巡講話である。鄧小平同志の講話には、3つの要点があった。1つは「社会主義なのか、資本主義なのか［姓社、姓資］」の問題は再論する必要がなくなったということである。2つは「一部の人が先に豊かになる」ということである。3つは「資本主義にも計画があり、社会主義にも市場があり、中国は社会主義市場経済を実行する」ということである。これによって、1993年に全国人民代表大会は憲法を改正した。憲法第15条の原規定の「国家は社会主義公有制の基礎の上で計画経済を実行する」は「国家は社会主義市場経済を実行する」に改められた。この改正は、改革開放の歩みにおいて非常に重大な意義を有する。これはつまり中国の改革開放の方向性を明確にするものであって、社会主義市場経済体制を確定するものであり、中国民法典編纂のための経済的基礎を打ち立てたのである。

　1993年に、立法機関は契約法の制定を開始し、3つの契約法の統一を始めた。当時考慮されたことは、まず統一契約法を制定し、市場経済の法律規則の統一と完備化を実現し、しかる後に物権法を制定し、有形財産の帰属と利用の法律規則の完備化を実現するということであった。当時の経済領域では金銭貸借、担保に関する法律が急ぎ必要とされており、これらの分野での紛争が多数発生していた。そこで、契約法と物権法のほかに、先に担保法(1995)を制定したのである。90年代全般において、市場経済体制を確立するために、民事立法の歩みも加速したものの、なお単行法の立法方式を採用していた。

八期全国人民代表大会の任期満了の頃、1998年1月13日に、八期全国人民代表大会常務委員会の王漢斌副委員長は、5名の民法学者を招聘して、小さな座談会を開催した。この5名の民法学者とは、江平教授、王家福教授、王保樹教授、王利明教授そして私であった。王漢斌同志は、1つの問題についての議論を指示した。それは、現在中国は民法典編纂の条件を備えているか否かというものであった。5名の民法教授は相次いで態度を表明し、現時点で民法典編纂の条件をすでに備えているという認識で一致した。これはどのような条件を備えているということだろうか。当時の会議上の発言によれば、おおむね以下の数点であった。第一に、社会主義市場経済体制がすでに確定している。第二に、我々の市場経済がすでに相当程度まで発展している。第三に、我々の民法理論研究がすでに相当進展しており、民法の発展の潮流、発展の趨勢がおおむね把握できている。第四に、法学教育の発展がすでに一群の若手［中青年］法学人材を養成できており、民法典の起草作業を担うことができる。第五に、民事裁判実務もすでに相当の経験を蓄積している。この5点によって、5名の学者は、中国民法典編纂の条件をすでに備えているという認識で一致した。

　そして、王漢斌副委員長は、この場で民法典の起草の復活を決定した。彼は、1979年の民法典編纂が党中央の決定であり、途中で民法典編纂の暫時停止が宣言され、まず民事単行法を制定することに改められはしたが、党中央の民法典制定という決定が改められることはなかったと述べた。したがって、彼は全国人民代表大会常務委員会を代表して民法典起草の復活を決定したのであるから、改めて党中央に報告する必要はないのである。王漢斌同志は民法起草工作小組の成立を決定し、その任務は民法典草案と物権法草案の起草であった。民法起草作業小組の9名のメンバーは、以下の通りであった。座談会に参加した5名の民法教授（江平、王家福、王保樹、梁慧星、王利明）、これに北京大学の魏振瀛教授、退職裁判官の費宗祎（元最高法院経済庭副庭長）が加えられ、さらに法制工作委員会の2名の退職幹部が加えられた。その1名が魏耀栄（元経法室副主任）であり、もう1名が肖洵（元民法室副主任）であった。王漢斌同志は「江平教授と王家福教授に責任者をお願いします」と

述べた。これが漢斌同志の話したママである。民法起草工作小組では誰が組長で、誰が副組長であるかが明確にされていなかったのである。

　1999年3月、全国人民代表大会の期が改まった。九期人民代表大会の期間において、最大の立法的成就は契約法の採択であり、これにより市場取引規則の統一と現代化が実現した。このほか、民法起草作業小組の業務は、民法典大綱草案の起草であり、物権法草案の起草と修正であった。2001年、第九期人民代表大会の期間が満了する時、1つの重大事件が発生した。すなわち、中国がWTOに加盟し、国内法の環境の改善が求められたのである。これにより、九期全国人民代表大会常務委員会の李鵬委員長は、民法典起草の加速を指示し、2002年の民法典草案完成を求めて、九期全国人民代表大会常務委員会で1度審議した。

　法制工作委員会は、2002年1月11日に民法典起草作業会議を開き、民法典の起草に取り組んだ。民法起草作業小組のメンバーである江平、王家福、梁慧星、王利明、費宗祎、魏耀栄、肖洵のほか、中国社会科学院法学研究所の鄭成思教授、中国政法大学の巫昌楨教授、国家工商行政管理局の王学政司長、最高人民法院の唐徳華副院長と奚暁明庭長、李凡副庭長を招聘した。法制工作委員会は、李鵬委員長の指示を伝達した後、個別委託起草方式を採用することを決定した。すなわち梁慧星が総則編、債権総則編と契約編の起草に責任を負い、物権はすでに意見請求稿があったので、法制工作委員会民法室が責任を負い、王利明が人格権編と侵権行為編の起草に責任を負い、鄭成思が知識産権編の起草に責任を負い、巫昌楨が婚姻家庭編、相続編の起草に責任を負い、唐徳華が侵権責任編の起草に責任を負い、費宗祎が渉外民事関係法律適用編の起草に責任を負うことを委託するというものである。時間的に急いでいたため、民法典編纂体系について議論を展開することはできず、王利明教授が侵権行為編の起草を委託されると同時に、唐徳華副院長も侵権責任編の起草を委託されるという、編纂体系（思想）の混乱が見て取れた。

　草案ができた後、9月に大規模な専門家討論会が開かれた。各地の専門の

学者が招かれて、およそ半月にわたる討論会が開かれたのである。この草案は、2002年12月の第九期全国人民代表大会常務委員会で1次の審議がされた後、メディアで公布された。すなわち「中華人民共和国民法草案(意見請求稿)」である。文献や教科書上で言及される民法草案とは、この民法典草案を指している。この民法典草案は、常務委員会で1次の審議がなされた後、全国人民代表大会の期が十期全国人民代表大会に改まった。当時の構想では、十期全国人民代表大会常務委員会が引き継いで、第二次審議、第三次審議を行うべきものとされ、そこから最後に全国人民代表大会に提出されて、そこで採択され、正式に効力を生じる民法典になるものと解されていた。しかし、2003年6月に、十期全国人民代表大会常務委員会の会議で、当期の立法計画を議論したのであるが、民法典草案の再審議は無く、「民法物権編」草案の審議となった。8月の常務委員会会議の公報において「物権法を継続審議する」とさらに明確になった。十期全国人民代表大会常務委員会は民法典草案についての審議を停止したと説明し、依然として従来の民事単行法を制定する立法方式に戻り、単行法形式の物権法を制定したのである。2005年に発生した、いわゆる「物権法違憲」のイデオロギー論争によって、2007年になってやっと物権法は採択された。

2008年3月に全国人民代表大会の期が改まり、十一期になった。十一期の全国人民代表大会の期間は、単行立法の方式が継続され、2009年に「権利侵害責任法[侵権責任法]」が採択、2010年に「渉外民事関係法律適用法」が採択された。2013年になり、全国人民代表大会の期が改まり、現在の十二期全国人民代表大会となった。期が改まる時の十一期全国人民代表大会常務委員会委員長の呉邦国は、人民代表大会常務委員会の業務報告において、中国の社会主義市場経済法律体系はすでに構築されたと述べた。ここで、思いもよらない問題が生じた。すなわち、中国はまだなお民法典の編纂を必要とするのかしないのか、である。

2013年9月に、西南政法大学で開催された中国民法学研究会年会において、全国人民代表大会法制工作委員会民法室の1人の同志が報告を行い、消

費者権利利益保護法の改正を紹介した。相続法［継承法］の改正および婚姻家庭法の改正については述べられず、彼の報告の末尾では、以下のような話が特に述べられた。「民法典を作る必要があるか否か、みなさんはこの問題に回答しなければならないが、これはつまり民法典の必要性である。目下、これほど多くの民事立法がなされたが、法典とこれが無いことの違いはどこにあるのだろうか。民法典制定の後、国家の民事司法の実務にはどのような有利な点があるのだろうか。これはきっと関係する方面を納得させなければならないのである」。

　この話は、民法学界および実務界を非常に驚嘆させた。中国は第三次の民法典編纂を30余年行ったが、さらに民法典の必要性を説明する必要があるのだろうか。まさか中国に民法典が要らなくなったとでもいうのだろうか。法制工作委員会民法室の同志は、民法学会年会においてこのような話を講じたのは、決して個人の意見であるはずがない。法制工作委員会は、全国人民代表大会の業務機構であり、立法権はないのである。法制工作委員会にはいかなる法律の制定または不制定も決定できないのである。したがって、法制工作委員会の意見であるはずがない。彼の講話において説得しなければならない「関係する方面」と言われたのは、いったいどこを指しているのだろうか。これは全国人民代表大会常務委員会を指し、全国人民代表大会でもう民法典編纂をしないと決定したと考えることができる。これは1つの問題に至る。つまり中国が民法典を編纂した30余年は、不要だったのか否か、もう制定しないのかである。以上、中国の第三次民法典編纂の過程を簡単に回顧した。

　振り返ってみると、中国共産党十八期四中全会の「決定」で、なぜ「民法典編纂」を明文で記す必要があったのだろうか。学術界、人民大衆、国際社会の疑問に丁寧に回答しなければならない。すなわち、民法典編纂は中共中央が決定したものであり、この決定は今日まで変わることがないのである！

　そればかりでない。私たちは「決定」において記されたものが「民法典の

編纂」であることに注意しなければならない。通常の「起草」を採用するのではなく、「制定」という言葉遣いをしたことは、標準的な法概念における「編纂」を採用するということである。これは決して偶然ではない。これを用いた意図は十分に明らかである。一つは、この三十年の民事単行法の立法の基礎の上に完備された１つの民法典を編纂しなければならないということであり、二つは先進国および地域の民法典編纂の経験に従って、大陸法系民法典の編纂スタイルを採用しなければならず、民法典内部に厳密な論理関係を有さなければならないということである。

　民法典編纂に関して生じた論争があるのである。ある人は、以下のように考えた。つまり、我々の民法典には厳格な論理関係があることを必要とせず、現存の単行法を「編集［彙編］」して１つにすることのみが必要であって、いわゆる「編集式」の民法典を主張するものである。特に2002年に、李鵬委員長が民法典編纂の加速の決定をした時、当時の法制工作委員会主任の顧昂然同志は、専門の学者に民法典の起草を委託した会議において「民法典を制定するのではなく、民法典を起草するのではなく、民法典を編纂するのである。」と明確に指示した。これは、現在の契約法、婚姻法、相続法を編纂して１つにして、それを民法典と呼ぶことを意味する。この年、民法典の立法思想に関して分岐が存在したので、四中全会の「決定」において中共中央の立場を明確に示す必要があったのである。つまり、いわゆる「編集式」、「ルーズリーフ式［松散式］」の民法典に賛成するのか否か、である。

　四中全会の「決定」は「編纂」概念を採用し、「民法典の編纂」を明示して、「編集式、ルーズリーフ式」の民法典に賛成せず、中国の民法典編纂には大陸法系の民法典編纂の成功経験に準拠する必要があるという中共中央の立場を正確無比に示した。中国民法典は、その内容が合理的で、進歩的であるのみならず、構成においても先進的で、科学的であり、厳密な論理関係を有さなければならず、完全性、体系性、論理性を有さなければならないのである。したがって、四中全会の「決定」には非常に重大な意義があると言える。

中共中央がこのような決心をしたのには、1979 年の民法典編纂に関する決定を実践しなければならず、進歩的で、科学的で、完備された中国民法典を完成させて、民事法体系を完備させ、裁判所の公正な司法を保障し、人民の私権を保障することのほかに、さらに民法典の教科書としての機能を発揮させなければならないということも考慮されている。民法典は、裁判所の裁判規範であるのみならず、これと同時に人民の行為規範でもあり、その規定は現代の社会経済生活と家庭生活の行為基準でもある。民法典は現代の市場経済という条件の下で、全社会の生活の教科書であり、法治の教科書であり、文明の教科書である。この点を我々は過去に重視してきていなかった。

我々は、200 年前のナポレオン法典、すなわちフランス民法典を参考にすることができる。ナポレオンの復位が失敗した後セントヘレナ島に流されたが、そこでナポレオンが自己の一生を回顧して以下のように述べた。「私の栄光は 40 の戦役で勝利を勝ち得たことではない。ワーテルローの戦いによってこれらの勝利も非常に見劣りがするものになった。しかし、私の民法典は忘れ去られておらず、長きにわたり存在することになるだろう！」。今日、昔日のフランス帝国の栄華は雲散霧消してしまったが、ナポレオン民法典は 200 年あまりの歴史を経ても衰えず、依然としてフランスの現代の法治と文明の礎となっており、なおかつ、これによって大陸法系の内部においてドイツ法系と拮抗するフランス法系を形成しているのである。

ナポレオンは、人類の歴史上、最も偉大な軍事家であるのみならず、人類の歴史上、最も早く民法典編纂を重視した政治家であり、立法家でもある。ナポレオンがフランス共和国の権限を掌握した後、すぐに民法典編纂を立法日程に載せたわけではなく、民法典の立法審議に自ら参加し、具体的な法律の条文について自ら修正意見を出したのである。彼はなぜこのように民法典の編纂を重視したのだろうか。まさか単に裁判官に事件を裁判する基準を提供するのみだったのだろうか。当然そうではない。ナポレオンは民法典編纂の目的を「フランスの農民が、石油ランプの下で、自己の権利を読んで理解できるようにしなければならない」と述べている。ナポレオンが特に重視し

ていたものが、民法典の教科書的機能であり、彼がこのように民法典を用いてフランス人民を教育し、フランス社会を改造することを求めていたことが見て取れる。

　四中全会の「決定」を見て、「一部の社会構成員の法を遵守する・法を信頼する・法を守る・法を用いる・法による、権利保護の意識が弱く、一部の国家公務員、特に指導的幹部の法により執務する観念が弱い」という一節を注視して欲しい。これは改革開放以来、我々の社会に現れた最大の問題である。我々は古くからの文明国であり、中華民族は各種の美徳と優良な伝統を備えていると自らを称しているが、重大な欠点がある。それは信仰の欠乏であり、特に法律信仰である。すべての事において「関係」を探し、指導者を探し、知り合いを探すという習慣がある。改革開放から30年あまり、我々は巨大な成果を得たが、同時に多くの問題も噴き出した。これらの問題は、いずれも法律信仰の欠乏と関係がある。人々は、官僚の腐敗や裁判官の腐敗を、いずれもとことんまで憎んでいる。しかし我々は、裁判官がどのような腐敗をしているか、裁判官が受け取る金銭は誰が送っているのかを見過ごしていないだろうか。もし我々の民族、人民に法律信仰があるならば、「決定」上で述べられたこのような社会の構成員は、みな「法を遵守する・法を信頼する・法を守る・法を用いる・法による、権利保護の意識」を有しており、民法に厳格に従って事を行い、誠実信用や公序良俗を信じて守り、契約の義務、家族の義務を厳格に履行し、事故で損害を被ったときには、法によって権利を保護し、人民法院に訴えを提起して裁判を求め、法院の判決に不服であるときには、法によって上級の法院に上訴する、または再審を請求するのであるから、それでもなお司法は腐敗しうるだろうか。

　注意を要するのは、党と国家の文書がマイナス面の現象に言及する時というのは、往々にして数詞は「特定の人［個別人］」、「少数の人」、「一部の人」であって、どのような時に「一部の社会構成員」という言葉遣いをするだろうか。党中央が我々の民族、社会に法律信仰が欠乏しているという問題の異常な重要性をすでに注視していることを説明するものである。では、どのよ

うにして社会構成員の法律信仰を増強するのか。単に刑法、刑事訴訟法、憲法に頼るだけでできるだろうか。単に民事の単行法に頼るだけでできるだろうか。いずれでもできない。進歩的で科学的で完備された中国民法典を有することのみが、ナポレオンが制定したフランス民法典のように、我々の民族と人民の生活の教科書、法治の教科書、文明の教科書になることができ、これによって我々の社会に法律信仰を樹立させ、人はどのように行動するか、どのように仕事をするか、どのような学生になるか、どのような教師になるか、どのように商売をするか、どのように企業を経営するか、どのような官僚になるか、どのように政治を行うかについて、法律によって厳格に考えて行動しなければならなくなる。もし我々がこのような進歩的で科学的で完備された民法典を有するなら、我々の社会は法治を最終的に真に実現することができ、民族の興隆という偉業を最終的に実現することができ、中央が打ち出している中国の夢を実現するのである！中華民族は、歴史的に賦予された使命を担うことができるのである！以上が第一の問題、すなわち四中全会の「決定」の重大な意義をどのように理解するのかである。

Ⅱ　国内外の「反法典化、脱法典化」の理論思潮について

　次に第二の問題を論じる。ある時期からの国内外における反法典化、非法典化、脱法典化の思潮に応答する。では何をもって反法典化、脱法典化というのだろうか。いわゆる法典化とは、ここで述べるのは民法の法典化であるが、英語ではcodificationである。法典化の反対は「反法典化」、「脱法典化」と呼ばれるが、法典化のcodificationの前に「de」を加えたdecodificationであって、文字通りの意味は、民法典を分散させる、民法典を不要にする、民法典編纂は意義の失われたものと考えるものである。この思潮が最も早くに現れたのは、20世紀中期であり、代表的人物はイタリアの学者のイトリー（Natalino Irti）であって、彼の文章が最も早くに発表されたのは1978年であり、いわゆる脱法典化の理論が打ち出された。その理由は以下の4点にある。

第一に、現在、非常に多くの国家にはいずれも民事特別法の現象が出現していることである。すなわち民法典のほかに、非常に多くの民事単行法を制定しており、例えば消費者保護法、労働契約法等である。第二に、憲法が基本的人権を保護しており、民法典の適用範囲を制限していることである。では何をもって基本的人権と言うのか。1949年に国連は「人権条約」を有し、1959年に欧州は「欧州人権条約」を有し、その後、欧州では欧州人権裁判所を設立した。1998年になると、EU構成国の国民、団体はいずれも欧州人権裁判所に直接訴えの提起（上訴）をすることができるようになり、欧州人権裁判所の判決が終審判決になり、構成国は執行しなければならなくなった。これによって、イトリーは、憲法が基本的人権を保護することによって、民法典の適用範囲が制限されていると考えている。第三に、各国の司法判例が大量に運用されており、司法判例の法源としての地位を認めているので、民法典の適用が制限されていることである。第四に、国際条約、国際慣例およびEU指令が、民法典の適用範囲に割り込んでいることである。主なものは「国際物品売買契約に関する国際連合条約」（ウィーン条約）、「国連国際債権譲渡条約」、「国際商事契約原則」である。

　イタリアの学者のイトリーは、まさにこの4つの理由に基づいて、いわゆる反法典化、脱法典化理論を打ち出し、民法典の作用がだんだん小さく変化して、民法典が余剰的な法律、補充的な法律、補助的な法律になっていると考えている。彼から見ると、裁判所が事件を裁判する中での作用の主なものは、民事単行法、司法判例、国際条約、国際慣例およびEU指令であり、民法典は往々にして適用されることがないというのである。かなりの偶然により、かなり特殊な状況において、補助的な法源としてのみ、はじめて民法典の規定が適用されるというのである。このように、民法典は余計な、余剰の法律になってしまったのだろうか。

　非法典化、脱法典化の理論は我々の国内にも影響があり、おおむね7、8年前あるいは10年前くらいだろうか、華東政法大学が学術討論会を開催し、その会議の名称は「法典化と非法典化」であった。この会議上、当然、多く

の学者が法典化を主張し、中国には民法典編纂が必要であると考え、ある学者は、国外のいわゆる脱法典化、非法典化の思潮に直接反駁した。我が国の学術界には、確かに特定の学者がいて、民法典制定の必要はないと考えているが、その理由は、現在の先進国がいずれも非法典化を論じているのに、我々はまだ民法典制定の必要性があるのだろうかというものである。

ここで、イタリアの学者のイトリーの言う脱法典化、反法典化に回答する。特に注意して欲しいのは、イトリーの脱法典化、反法典化の理論は、西側においても特定の人の意見に過ぎず、絶対多数の学者はみな賛同しておらず、彼らはイトリーの言う脱法典化が誇大な用語であり、実を示しておらず、今日までの民法典の地位には動揺も改変もないと考えているのである。その第一の理由は、民事特別法現象であり、私は改めて説明しないが、民事特別法現象が民法典の地位を動揺させることはないのである。私は彼の第二点、すなわち憲法が基本的人権を保護して民法典の適用範囲を侵すということに応答したい。

私はイギリスの１つの事例を挙げる。英国には「不動産賃貸借法［房屋租賃条例］」と呼ばれる法規があるが、当該法規は、賃借人の死亡について、その妻子または夫は賃貸借契約を締結することができると規定する。しかし、この事例において、死去した賃借人は同性愛者であり、その同性のパートナーが賃貸借契約の継続を請求したが、家主の拒絶に遭った。家主は、法律において規定されているのは死者の妻子または夫であるので、異性でなければならず、したがって契約締結の継続を拒絶すると述べた。一審法院は法規の規定を厳格に解釈し、同性パートナーは配偶者ではないと判断して、家主勝訴の判決を下した。案件は最終的に英国上院に上訴された。上訴の理由は基本的人権が侵害されたというものである。上院は、原判決を取消し、当該同性パートナー勝訴と自判した。上院は不動産賃貸借法を解釈し、法規中の「賃借人の妻子または夫」には、「賃借人の妻子または夫に相当する人」も含まれるべきであると判断した。採用されたのは拡張解釈の方法である。実質は、「欧州人権条約」の基本的人権の規定から民法の法律の条文を解釈

したのであり、ここで適用されたのは、やはりなお民法の条文なのである。

　また、ドイツのトルコ人の末裔賃借人事件を挙げよう。この事例の中で、トルコ人の末裔の賃借人は、トルコのテレビ番組を観ることができるアンテナの設置を要求したが、賃貸人は契約条項にこの義務が含まれないことを理由として設置を拒絶した。地方裁判所は賃貸人勝訴の判決を下した。しかし、憲法裁判所は民事裁判所の判決を取消し、当該判決は賃借人が「ドイツ基本法」で保護を受ける、自由に情報を得るという基本的権利を侵害しているので、賃貸人は、トルコ人の末裔の賃借人がトルコのテレビ番組の受信を目的とするアンテナを別途設置することを認めるよう命じたのである。

　もう1つ、ドイツの有名な事例を挙げよう。モナコ王女カロリーヌは、モナコ政府を代表するわけではないが、その家族を代表してドイツへ赴き公共活動に参加したところ、ドイツの出版社の雑誌上に3枚の写真が掲載され、カロリーヌ王女のドイツでの生活状況を具体的に描写していた。カロリーヌ王女はドイツの裁判所にドイツの出版社を訴えたが、各級裁判所はいずれもカロリーヌ王女が絶対的な公人であることを理由に、判決では敗訴し、彼女の生活の細部を反映した写真の発行を被告が継続することを許したのである。2000年に、カロリーヌ王女は、欧州人権裁判所にドイツを訴えた。2004年に欧州人権裁判所は、訴えにかかる写真には公共の利益が存在しないと審理して判断し、ドイツが「欧州人権条約」第8条のプライバシー保護に関する規定に違反したと判決した。その後、原告と被告は和解し、ドイツがカロリーヌ王女に115,000ユーロを賠償した。過去の理論によれば、絶対的公人にさえ属すれば、その一切の活動はすべて公開できるのであったが、現在の欧州人権裁判所では区分をしており、公人に属しても、さらにその活動が公共の利益に関するものであるか否かを判断しなければならず、公共の利益に及べば公開できるが、公共の利益に及ばないのであれば、プライバシーの範囲に属し、本人の同意を得ることなく公開することはできないのである。欧州人権裁判所のこの判決は、ドイツにいわゆる絶対的公人についての判断基準の修正を促したもので、重大な意義がある。

以上列挙した基本的人権を保護する事例の後に、1つの問題に正面から回答する必要がある。それはイトリーの所説のように、憲法および人権条約の適用で基本的人権が保護されることは、民法典についての制限になるのか否かである。前に述べたが、イギリスの賃借人の同性パートナー事件において、上院は「不動産賃貸借法」の中の「賃借人の妻子または夫」という語を拡張解釈することを通して、原告の基本的人権の保護を実現したが、直接適用された法律の規定は、やはりなお「不動産賃貸借法」なのである。ドイツの判例には特徴があり、実質的な判断を行う時には憲法や人権条約の規定を根拠としたものの、最終的に適用したのは、やはりなおドイツ民法典上の信義誠実の原則、公序良俗の原則である。例えば、トルコ人の末裔賃借人事件では、賃借人は本国のテレビ番組の視聴の要求が基本的人権に属するとして、トルコのテレビ番組の受信を目的とするアンテナを賃借人が設置することを認めなかったことを信義誠実の原則、公序良俗の原則に違反するとした。カロリーヌ王女事件も含め、最終的に適用されるのは、やはりなおドイツ民法のプライバシー権の保護に関する規定である。これによって民法典の適用範囲が制限を受けており、民法典はこれによって重要ではなくなったと考えられるだろうか。当然そうは考えられない。

　特に注目に値するのは、21世紀以降、我々はイトリーの言う脱法典化や非法典化の現象を目にしたことがなく、これとは反対に、我々はさらなる法典化や再法典化の潮流を目にしてきたことである。従来、民法典のなかった国家が相次いで民法典を編纂し、法典化 codification がなされ、すでに民法典のある国家では続々と改めて民法典が編纂され、再法典化 recodification がなされている。ここで再法典化の実例として挙げるのは、2000年のリトアニア新民法典、2002年のモンゴル新民法典、ブラジル新民法典、2003年のウクライナ新民法典、2004年のカタール新民法典、2005年のベトナム新民法典、2011年のルーマニア新民法典、カンボジア新民法典、2012年のチェコ新民法典、2013年のハンガリー新民法典である。今日まで、我々はどのような国家の非法典化、脱法典化も目にしたことがないが、ちょうど反対に、我々はさらなる再法典化の潮流を目にしているのである！

いわゆる脱法典化、非法典化に反駁するもう１つの有力な証拠は、大陸法系のいくつかの最も著名な民法典の債権編の改正であり、通称、債法改革と呼ばれるものである。まずはドイツ民法典が、早くも1990年代初めに債務法改正専門家委員会を成立させ、民法典債務法部分について審査と修正草案の提出を行い、2002年に「ドイツ債務法現代化法」が採択されて、契約法と訴訟時効制度が重点的に改正された。ドイツは、約款契約を規制して、消費者の権利と利益を保護するために、1976年に普通取引約款規制法を制定した。これはイトリーの言う民法典の外の特別法に属するものである。現在、契約法についての改正が採択され、普通取引約款規制法で規制された約款契約の規則は、すでに民法典に組み入れられている。また、訴訟時効制度の改正もあるが、ドイツ民法典の元々の訴訟時効は、種類が多く煩雑であり、なおかつ時効期間がとても長かったので、現在では改正が採択され、一般時効期間が30年から3年に改められ、別途10年の客観的時効期間が設けられたが、人身損害賠償の客観的時効期間は30年とし、訴訟時効制度の簡素化を実現した。

　2005年に、フランスは債法改革を開始し、フランス民法典の契約法部分が重点的に改正され、現在すでに3つの草案がある。同時に、民法典の訴訟時効制度も改正している。フランス民法典の訴訟時効制度の改正は、すでに2008年に完成しており、一般訴訟時効期間を5年に改めたが、人身損害の訴訟時効期間は10年として、例えば虐待または未成年者への性的暴行の訴訟時効期間は20年とした。2009年に、フランスは不法行為法の改革を行うことも決定した。目下、フランスの契約法改革と不法行為法改革は、いずれも進行中である。

　他の著名な民法典としてスイス民法典があるが、スイス民法典の債法改革は、2007年に開始し、すでに草案が公布されている。23名の教授が債務法改正草案を提出したのである。そして我々の隣国の日本がある。日本民法典の債権編の改正は、2004年に開始し、2009年に改正草案が公布され、2015年に採択される予定である。このほか、中国台湾地域の民法典の改正につい

て触れる必要があるだろう。1999 年に債編の改正が完成し、2003 年には物権編の改正が完成した。

ここで小括をしておくと、我々は今までに、民法典を廃棄し、いわゆる脱法典化、反法典化を実行した国を見たことがなく、いわゆる民法典が落ちぶれて補助的な法律または余剰の法律になり下がったのも見たことがない。これに反して、我々は 21 世紀以降のさらなる法典化、再法典化という潮流および民法典の債法改革の潮流を目にしてきた。イタリアの学者のイトリーが言う脱法典化、非法典化の理論は、話が大げさで偏向した過激な言葉であるのみならず、今日の世界の民法の発展の潮流と発展の趨勢について誤った判断をしていることを事実が明らかにしているのである！

民法の法典化の基本的目的と機能は、私法規則の体系化の実現にあり、民法の確定性、予見可能性の確保にあり、裁判の公正性の確保にあり、なおかつ民法典が人民の生活の教科書、法治の教科書および文明の教科書としての機能を発揮することにある！民法理論はすでに概念法学を超えており、利益法学と価値法学に基づくリアリズム法学を主導として、民法典が唯一の法源とはみなされないが、民法典の私法の基本法としての地位は不変であるという前提の下で、裁判所の判例の法源としての地位を認め、民法典が与えた範囲内での裁判官の法創造を認めるのである。いわゆる脱法典化、反法典化とは、法律の発展趨勢に対する誤審である。

Ⅲ　民法典編纂についての私見

以下で私は、第三の問題に論及し、私の民法典編纂についての１つの考え方について論じたい。私は、30 年余りの民法典編纂と民事単行法の制定で採られた方法について、総括する必要があると考える。1979 年に第三次民法典編纂が始まり、そこで採られた方法は、民法学者と実務専門家に委託して民法起草小組を作るものであり、民法起草小組が民法典草案を起草するものであった。ところが、1985 年の民法通則の制定では、別の方式が採られ

た。すなわち全国人民代表大会常務委員会の下に設けられた法制工作委員会が責任を負うもので、そこにさらに4名の法律顧問を加えて、1982年の民法典草案第四稿の基礎の上で、民法通則草案が起草された。4名の法律顧問とは、政法大学の江平教授、人民大学の佟柔教授、中国社会科学院の王家福教授および北京大学の魏振瀛教授であり、4名の法律顧問は民法通則制定過程において大きな役割を果たした。

十八期四中全会の「決定」では、全国人民代表大会の各専門委員会の法律顧問制度を完備化することに言及していた。1つの問題は、民法通則制定時には法律顧問がいたが、なぜその後の数期にわたる全国人民代表大会には法律顧問がいなかったのかである。王漢斌同志は、彼の回顧録の中で以下のように言及している。全国人民代表大会組織法の規定によると、それぞれの専門委員会はいずれも法律顧問を設けなければならないが、当時退職［退休］していたかなり多くの指導者同志が、いずれも法律顧問を担当することを要求していたため、全国人民代表大会常務委員会は困ってしまい、そこで法律顧問制度を取り消したのである。現在、四中全会の「決定」は、「法により健全な専門委員会、作業委員会の立法専門家顧問制度を打ち立てる」ことを指摘し、立法専門家顧問の役割の発揮を強調している。

第三の経験は、契約法の起草であり、法制工作委員会が8名の学者、裁判官に委託して、立法方案を設計させ、その後、12の組織の民法学者に、立法方案に従って、契約法の各章の条文を手分けして起草することを委託し、さらに草稿を統一して契約法草案を完成させることを学者に委託し、直接、立法機関の法律草案（試擬稿）とした。このような、学者に法律草案の起草を委託する方法は、四中全会の「決定」の中にも示されていた。決定では、「第三者に委託して法律法規の草案を起草することを模索する」ことを求めていた。その利点は、部門が責任を負って起草すると避け難い、相互に「権限を奪い合って責任をなすりつけ合う」という現象を解決できることにある。実際、契約法の起草では、第三者に起草を委託する方法が採用された。

第四は、民法学者、実務専門家と立法専門家に委託して、民法起草作業小組を成立させた経験である。九期全国人民代表大会の期間に、民法起草作業小組は契約法草案の数次の修正に参与し、物権法草案の起草と修正の責任を負い、中国民法典大綱草案の起草の責任を負った。民法起草作業小組が法律草案の起草と修正の責任を負った経験は、真摯に総括する価値がある。現在の問題は、民法典編纂が最終的にどの方法を採用するかである。

　もう１つの問題は、民法典編纂は段階的に進む必要があるか否かである。孫憲忠教授の意見は、第一ステップは民法総則の制定であり、第二ステップが民法典の編纂である。王利明教授の意見は、第一ステップは民法総則の制定であり、第二ステップは人格権法の制定であり、第三ステップが民法典の編纂である。現在、すでに明確なことは、法制工作委員会がまず民法総則を制定するということを決定していることである。民法総則が完成した後、人格権法を制定するか、あるいは民法典を編纂するかは、なお不明確である。私なりに四中全会の「決定」を理解すると、直接民法典を編纂して、一挙にすべてを完成させてしまうべきである。私は、現在の民法典の編纂には何ら困難がなく、学術界、実務界と立法機関が一致団結すれば、四中全会の「決定」で示された民法典編纂の任務はきっと完成できると考えるのである。

＊本稿は、2015 年 3 月 24 日に四川師範大学法学院で行われた著者の講演内容・著者による講演原稿を基礎とするものである。（訳者）

中国における環境損害論の生成と展開

牟　憲　魁
Xiankui MOU

　　Ⅰ　はじめに
　　Ⅱ　環境損害立法の展開
　　Ⅲ　環境損害論の焦点
　　Ⅳ　環境損害訴訟の勃興と環境損害論の発展方向
　　Ⅴ　結びにかえて──個人の原告適格を認める可能性──

Ⅰ　はじめに

　改革開放期以来、急速な経済発展に伴って、環境汚染の問題が益々深刻化されている。その背景の下で、2009年12月26日に公布された権利侵害責任法（不法行為法）には、「環境汚染責任」という章が設けられ、同章の中には、環境不法行為責任の無過失主義、因果関係に関する立証責任の転換などの規定が盛り込まれた。

　他方、環境損害には、「環境影響に起因する損害一般（広義の環境損害）」と「環境影響起因の損害のうち，人格的利益や財産的利益に関する損害以外のもの（狭義の環境損害）」の2種類のものがあると指摘されているが[1]、後者の場合、特定の人の健康や財産には現に損害が出ていないが、環境自体に対する損害、いわゆる「純粋的環境損害」が生じており、それを通じて不特定の人に潜在的将来的に人身上、財産上の損害をもたらす恐れがある。この狭義

---
[1]　大塚直「環境損害に対する責任」ジュリスト1372号（2009年）42頁参照。

の環境損害について、行政法ないし刑法上の責任が成立する事態の発生を待たず、私人が未然防止または環境回復のために民事責任を主張することができるか否かをめぐって、権利侵害責任法制定の時から、学者の間で論争が交されてきた。

　本稿は、中国の環境損害立法、特に権利侵害責任法における「環境汚染責任」の制度設計を考察した上で、環境損害論の展開と課題を検討しようとするものである。

II　環境損害立法の展開

1　権利侵害責任法成立前の立法状況

　中国の民事立法は、民法典がまだ出来ていないが、婚姻法、相続法、契約法、物権法、権利侵害責任法が相次いで制定されてきた。権利侵害責任法が成立する前には、不法行為責任について 1986 年の民法通則が適用されていた。環境不法行為責任について、民法通則には、「国家の環境保全・汚染防止の規定に違反して環境を汚染し、他人に損害をもたらした時、法に基づき民事責任を負わなければならない」(同法 124 条) との規定が置かれており、環境不法行為責任の一般規定となっていた。

　環境汚染防止関係の立法においても、環境不法行為の救済措置が設けられている。例えば、環境保護法、海洋環境保護法、水汚染防止法、大気汚染防止法、固体廃棄物汚染防止法、騒音汚染防止法、放射性騒音汚染防止法等が挙げられる。その典型的な条文として、環境保護法 41 条は次のように定めている。「環境汚染の危害をもたらした時、危害を排除すると同時に、直接損害を受けた組織または個人に対してその損失を賠償しなければならない。賠償責任の有無と賠償の金額をめぐって紛争が生じる場合、当事者が直接に裁判所に訴えることができるほか、当事者の請求に基づき、環境保全行政主管機関または法律に基づき環境監理の権限を行使する機関はこれを処理することができる。当事者は管理機関の決定に不服する場合、裁判所に訴えることができる」。また、ほかの環境汚染防止関係の特別法にも、類似の規定がある。

注意すべきは、環境責任の成立について、民法通則124条には、少なくとも2つの問題点がある。まず第1に、「国家の環境保全・汚染防止の規定に違反」するという違法性要件を定めた結果、環境保全関係の法規に違反しない事業者の環境汚染行為、いわゆる「合法的な汚染物排出行為」に対して、私人が民事責任を追及しにくくなった。第2は、環境不法行為が「他人に損害をもたらした」ことがなければ、単に環境に損害をもたらしたことでは民事責任が成立しえないことである。その原因は、民法通則が制定されて以来、民法が平等な主体の間の権利義務関係を規律する法律であるといわれるように、「環境汚染行為──（環境損害──）他人への損害──民事責任」という構図のなかで、他人への損害が不可欠の一環とされる一方で、環境損害はただの仲介的要素として不要なものと理解されており、それについての規制は行政法や刑法に譲るべきと考えられていたのである。
　それに対し、環境保護法41条には、「違法」というような文言がなく、企業の環境保全義務を確立するものと評価できるが、環境汚染責任の追及について、なお不十分である。まず、「危害排除」について、日本における差止に当たるものとする捉え方もあるが、問題は、私人が「危害排除」を請求できるかどうか、この条文からみれば不明確である。しかし、私人が差止請求権を持たないと、私法的アプローチが不可能であり、「危害排除」の実現は行政の介入（公的手段）でなければ期待できない。そして、損害賠償については、「直接損害」という文言で、賠償の範囲を特定の私人の人格的利益や財産的利益に関する損害に限定し、民法通則と同様、「純粋的環境損害」に対する賠償責任を認めないのである。

2　権利侵害責任法における「環境汚染責任」

　2009年12月に採択された権利侵害責任（不法行為法）は、「環境汚染責任」

（2）　例えば、呂忠梅教授は次のように指摘した。「民法の理論に基づき、環境汚染を中心とする環境不法行為制度が環境損害の確定を捨象することができる。「人」に直接にもたらす損害を規制の内容として立法技術で損害を「直接損害」に限定することは、不適切とはいえない。」（同「論環境法上的環境侵権──兼論『侵権責任法（草案）』的完善」高鴻均＝王明遠主編『清華法治論衡』13号『環境法：挑戦興応対』（2010年）255頁）。
（3）　文元春「企業の照明による「光汚染」とその差止──『最高人民法院公報』の一裁判事例を素材として」比較法学45巻2号（2011年）183頁参照。

と題する第八章を設け、同章の中で、無過失主義 (65条)、因果関係に関する立証責任の転換 (66条)、環境共同不法行為 (67条) 及び第三者による環境不法行為 (68条) を規定した。それらの規定は、最高人民法院の民事訴訟証拠に関する若干規定4条、民法通則130条及び海洋環境保護法90条、水汚染防止法85条など分散的な規定を統合し、「環境不法行為責任の一般法」と指摘されている。

環境汚染責任の構成について、権利侵害責任法65条は、「環境を汚染し、損害をもたらした時、汚染者が権利侵害責任を負わなければならない」と定め、この前の環境責任立法よりさらに一歩進めたものといえる。まず、同条は環境保護法41条を踏襲し、民法通則124条にいう「違法」を掲げていない。それは、行政法に違反しない環境汚染行為であっても民事法上の責任を免れないと解されていた。そして、権利侵害責任法65条にいう「民事責任」について、同法15条が民法通則134条を踏襲して、侵害停止、妨害排除、危険除去、財産返還、原状回復、損害賠償、謝罪、影響除去・名誉回復を掲げるから、環境汚染の被害者は差止請求権をも認められている。

特に注意すべきは、民法通則124条にいう「環境を汚染し、他人に損害をもたらした時」および環境保護法41条にいう「直接損害を受けた組織または個人」の代わりに、権利侵害責任法65条は「環境を汚染し、損害をもたらした時」という表現を採用したことである。この表現上の変化は、「損害」の概念を特定の主体に対する人身上・財産上の損害から環境に対する損害まで広げ、環境損害に対する差止請求権と賠償請求権を成立させる可能性を示唆している。

その理由というと、まず、全人代が2009年11月に権利侵害責任法の草案を社会に公開し意見を聴取する際には、同草案の第65条は「生活環境や生態環境を汚染し、損害をもたらした時、汚染者が権利侵害責任を負わなければならない」と定めた。そして、全国人民代表大会常務委員会法制工作委員

---

(4) 王樹義＝劉海鷗「『環境汚染責任』的立法特点及配套機制之完善」湘潭大学学報2011年3期60頁。
(5) ちなみに、権利侵害責任法が成立した後、不法行為責任の構成要件について違法性要件があるかどうかをめぐって論争があった。王利明教授を代表とする否定説が有力である。詳しくは、王利明「我国『侵権責任法』採納了違法性要件嗎？」中外法学2012年1期5-23頁参照。

会民法室の編集した権利侵害責任法の注釈書も、「本章にいう環境汚染は生活環境汚染だけでなく、生態環境汚染も含める。大気、水体、海洋、土地などの生活環境に対する汚染がもちろん、生物多様性に対する破壊、生態環境や自然資源に対する破壊、水土流失などの生態環境の汚染も環境汚染に属する」と指摘している(7)。また、民法学者の中でも、権利侵害責任法65条にいう「環境」が生活環境と生態環境を含むと解する主張が有力である(8)。

それに対し、環境法の学者から反論が出ている。例えば、徐祥民教授は権利侵害責任法が民事責任を定める法律として、環境汚染で私人が蒙った人身損害・財産損害のみを対象とするから、環境に対する損害は環境法でなければ救済できないと主張した(9)。また、権利侵害責任法65条における「環境汚染責任」が生態環境を明確に言及していないという指摘もある(10)。

Ⅲ　環境損害論の焦点

環境損害の賠償について、権利侵害責任法が私人に請求権を認める方向性を示唆したが、解釈論上、若干の争点が残された。

1　法的根拠——権利侵害責任法を適用できるか——

確かに、権利侵害責任法には、「環境汚染」という用語しかなく、「環境破壊」「生態破壊」のような表現が見い出されない。しかし、前述したように、権利侵害責任法65条の「損害」概念について、立法者側、民法学者側とも

---

(6)　2009年11月の権利侵害責任法草案の原典は、「侵権責任法（草案）徴求意見」全国人民代表大会の公式サイト http://www.npc.gov.cn/npc/xinwen/lfgz/flca/2009-11/06/content_1525914.htm を参照。
(7)　全国人大常委会法制工作委員会民法室編著『中華人民共和国侵権責任法条文説明、立法理由及相関規定』（北京大学出版社、2010年）66頁。
(8)　楊立新『侵権責任法：条文背後的故事與難題』（法律出版社、2011年）285頁、同『侵権責任法』（法律出版社、2011年）311頁。
(9)　徐祥民「環境汚染責任解析——兼談侵権責任法與環境法的関係」法学論壇2010年2期17-20頁。
(10)　呂忠梅＝張宝「環境問題的侵権法対応及其限度——以『侵権責任法』第65条為視角」中南民族大学学報2011年2期106-112頁、高飛「論環境汚染責任的適用範囲」法商研究2010年6期40-43頁参照。

に、そのなかに「生態損害」も含まれて、それについても民事責任が成立し得ることについて共通の認識がある。問題は、まず第一に、徐祥民教授の指摘したとおり、権利侵害責任法2条が同法の保護範囲を「民事権益」という私権に限った以上、環境そのものに対する損害について権利侵害責任法を適用できるか否かということである。

　それに対し、民法学者は次のように敷衍している。例えば楊立新教授は、「多くの場合、損害に潜在性・隠匿性がある。被害者が侵害を受けた当初には著しい損害が現れなくても、時間の推移につれて、早く老衰したり人体機能が退化したりするなど、損害が次第に顕在化する。このような潜在的な危害も人身損害と取り扱うべきである」と指摘し(11)、環境損害のような「潜在的危害」を人身損害として捉えるが、それを「生態損害」とは明言していない。程嘯教授も、「環境汚染行為が損害を生じなかったとしても、他人の人身権と財産権を侵害・妨害すれば、汚染者がなお権利侵害責任法65条に基づき侵害停止、妨害排除、危険除去の不法行為責任を負う」と指摘し(12)、差止責任を強調したが、「損害なし」と「人身権・財産権妨害」とは、論理的に矛盾し破綻している。とりわけ、民法解釈論上、環境損害が「潜在的損害」、「人身権・財産権妨害」と解されたら、生活環境・生態環境を含む「環境」概念の解釈論が無意味になってしまうのである。

　他方、物権法が自然資源の国家所有権・集団所有権を規定した以上、自然資源に関する生態損害を物権法に基づき救済するべきとの主張もあるが(13)、国家または集団があくまでも法律擬制の所有権者であり、しかも環境損害の最大の被害者は日々環境に依存する私人であり、法律擬制の主体ではないから、環境損害の場合、国家または集団に頼ることは必ずしも効率的ではない。このように考えれば、環境損害について、権利侵害責任法の適用をも認め、私人に不法行為法に基づく救済請求を容認するのはとても重要であろう。

　それに対し、2015年1月に公布された『環境民事公益訴訟事件を審理し

---

(11)　楊・前掲注(8) 312頁。
(12)　程嘯『侵権責任法』（法律出版社、2011年）461頁。
(13)　張梓太＝王嵐「我国自然資源生態損害私法救済的不足及対策」法学雑誌2012年2期56-62頁、李承亮「侵権責任法視野中的生態損害」現代法学2010年1期63-73頁参照。

法律を適用する若干問題に関する最高人民法院の解釈』(法釈 (2015) 第 1 号)[14]は冒頭のところにおいて、次のように掲げている。「環境民事公益訴訟事件を適確に審理するために、中華人民共和国民事訴訟法、中華人民共和国侵権責任法、中華人民共和国環境保護法などの法律の規定に基づき、裁判の実践に結び付いて、本解釈を制定する」。その文言から、「環境民事公益訴訟」すなわち環境損害訴訟における権利侵害責任法の適用が公式に認められたことが分る。

2 訴えの利益――環境権は私権か――

環境そのものに対する損害について不法行為法を適用できるか否かという問題は、私人の環境利益が不法行為法に基づく救済を得られるか否かという問題に等しい。それに対する回答が否であれば、私法における環境権の概念が成り立てないことになる。中国の学説上、環境権という概念が一般に受け入れられているが、環境権が権利侵害責任法 2 条の「民事権益」であるかどうかについて、未だに共通認識ができていないのである。民法学者たちが環境損害を「潜在的損害」、「人身権・財産権妨害」と解する理由は、まさにそこにあると思われる。

環境権の法的性格をめぐって、学説上、公益権説と私権説が対立している。公益権説によれば、環境権が環境保護という公益性を有するものとして、私権とは違っているから、「政府は環境公共利益の唯一の代表である」[15]。しかし、近年の大規模な公害事件に見られるように、行政機関のリスク防止や事後的救済が効率的でないことがしばしばある。その場合、私人が直接に環境権を主張できなければ、環境権が権利といっても、どんな意味もなかろう。

筆者としては、私人に不法行為法に基づく救済主張を容認する重要性や必要性から、環境権の私権的性格を認めることに傾きたい。私人が環境にもっ

---

(14) 「最高人民法院関於審理環境民事公益訴訟案件適用法律若干問題的解釈」の原典は、最高人民法院の公式サイト http://www.court.gov.cn/zixun-xiangqing-13025.html を参照。
(15) 徐祥民「対『公民環境権論』的幾点疑問」中国法学 2004 年 2 期 109-116 頁。中国の環境権論やその最新動向について、詳しくは、張留麗「環境権入憲問題研究」斉延平主編『人権研究 (第 13 巻)』(山東人民出版社、2014 年) 127 頁以下参照。

とも密接的な利益をもっているから、環境損害の防止及び修復にもっとも積極的である。環境汚染であれ、生態破壊であれ、適時に措置を取らないと、最終的に損害を蒙るのは、抽象的主体たる国家よりも、むしろ具体的主体たる私人である。それ故、環境権の私権的性格を認め、私人に環境損害についての救済請求の道を開くのは、環境政策の面でも実効的方法であると思われる。

公益権説が環境自体に対する損害を行政法・環境法の規範領域に、私人の人身的・財産的損害を民事法の規範領域に置くのは、論理上明瞭であるが、現実には、純粋的環境損害と人身的、財産的損害との区別が困難であり、極端に言うと、公害事件において、私人の利益から独立する環境利益が存在しないのである。人身的、財産的損害が発生する前に、私人が差止請求権を行使できるが、環境損害についての権利救済を主張できなければ、環境問題の持続性、広汎性、不可回復性から考えると、環境損害が目に見えない形で私人の健康や財産に悪影響を及ぼすほかならない。

3　原告適格——請求権者は誰か——

「人身・財産権益」という枠組みの中で、環境損害が「損害なし」あるいは「潜在的損害」と解されるのは、民事裁判の実務上、原告が被害者に限られるが、その被害者が一般に特定化できないからである。

海洋環境保護法89条2項は、次のように定めている。「海洋生態、海洋水産資源および海洋保護区を破壊し、国家に重大な損失をもたらした場合、海洋環境監理機関が本法の規定に基づき、国家を代表して責任者に対して損害賠償を請求する。そこには、公益権説の考え方が見出される。」すなわち、環境権が集団の権利とされ、政府が集団の代表者としてこれを行使するということである。しかし、私人が直ちに環境権の救済を主張できなければ、集団的環境権が空洞化する恐れがあり、しかも現実にすでに現れている。

中国では、環境権救済の請求権の問題は、原告適格を中心として検討されている。論者が指摘した通り、長い間、環境権の性格をめぐって論争があり、民事訴訟の原告適格も制限されているため、「環境民事公益訴訟」すなわち環境損害訴訟について、理論上の難題、立法上の不整備および裁判実務

上の束縛が見られる。しかし、権利侵害責任法第8章「環境汚染責任」は、環境損害責任を導入するように見えるが、「環境民事公益訴訟」の原告適格について空文のままである。したがって、環境法学界では、環境自体に対する損害について権利侵害責任法ではなく、環境法を適用すべきと主張し、環境民事公益訴訟制度の導入あるいは環境損害賠償法の制定を提案する動きが強まっている。

その背景の下で、2012年改正の民事訴訟法は「環境民事公益訴訟」について、「環境汚染、大規模な消費者権益侵害など社会の公共利益を損害する行為に対して、法律で定める機関と関係の組織が人民法院に訴訟を提起することができる」(55条) との規定を追加したが、個人には原告適格を認めておらず、法定機関や関係組織の確定についても不明確である。それ故、一時的には、「環境民事公益訴訟」の原告適格問題について活発な論議が展開されていた。

2014年改正の環境保護法は、「関係の組織」について具体的規定を追加した。すなわち、区を設置した市あるいはその上の政府機関に登録し、しかも専門的に環境保護の公益活動を5年以上行い、違法記録もない社会組織が環境民事公益訴訟を提起できると規定した (同法58条1項)。

それに対し、「法律で定める機関」については、検察院が環境民事公益訴訟の原告適格を認められた。2015年7月1日に全人代常務委員会が最高人民検察院に対して北京市、山東省などの13地域で2年間の実験として環境民事公益訴訟の原告適格を認めると決定した。その中には、「公益訴訟を提起する前に、人民検察院が法に従って、行政機関に対して違法な行政行為を改め、法定な職責を履行することを促し、或いは法律で定める機関と関係の組織に対して公益訴訟を提起することを催促、支持すべきである」と掲げられている。

---

(16) 前掲注 (4) 62頁。
(17) 「全国人民代表大会常務委員会関於授権最高人民検察院在部分地区開展公益訴訟試点工作的決定」の原典は、全国人民代表大会の公式サイト http://www.npc.gov.cn/npc/xinwen/2015-07/01/content_1940395.htm を参照。

Ⅳ　環境損害訴訟の勃興と環境損害論の発展方向

1　環境損害訴訟の勃興

　2012 年 8 月 31 日に民事訴訟法が改正され、特に 2014 年改正の環境保護法が 2015 年 1 月 1 日に施行された以降、環境損害訴訟が噴出され、次々と提起されてきた。2015 年 1 月から 2016 年 12 月 31 日までの 2 年間、中国国内の裁判所は環境民事公益訴訟を 137 件受理した。[18] その中、二つの事件は反響がもっとも大きい。

　一つは、2013 年以降、天気予報の対象ともなって、もっとも関心されているスモッグという深刻な大気汚染問題にかかわる中国最初の環境損害訴訟である。2016 年 7 月 20 日、山東省の徳州市中級人民法院は中華環保連合会に提起された環境民事公益訴訟に対して一審判決（確定）を下した。同判決は、被告側の徳州晶華グループ振華有限公司に対して、徳州市の大気環境を回復するための損害賠償金 2198.36 万中国元の支払いと省級以上のメディアでの謝罪広告を命じた。[19] 同判決には、裁判の法的根拠として、民法通則 124 条、権利侵害責任法 66 条、環境保護法 58 条および環境民事公益訴訟事件を審理し法律を適用する若干問題に関する最高人民法院の解釈 8 条が掲げられている。

　もう一つは、「天価」といわれる高額の環境損害賠償金を命じた事件である。2004 年 12 月 29 日、江蘇省高級人民法院は二審判決（確定）を下し、環境損害について 1 億 6000 万中国元の賠償金を命じた泰州市中級人民法院の原審判決を維持した。同事件の被告側である 6 社の化学工業会社が、適切な処理施設を持たない第三者会社と低い対価で有害廃棄物の処理を依頼する契約を締結する仮装の下で、泰州市の川に大量の酸性の汚染水を廃棄し、重大な環境汚染を招いた。過去には、環境損害訴訟の賠償金が百万中国元になる事例も少なかったことから、同事件の判決はとても衝撃的であり、過去最高

---

(18)　「最高人民法院発布環境公益訴訟十大典型案例」新華網 http://news.xinhuanet.com/legal/2017-03/07/c_129503245.htm を参照。
(19)　鄭春笋「全国首例霧霾公益訴訟案始末」検察風雲 http://www.jcfyzz.com/aj/xaqd/2016/08/25/7211.html を参照。

賠償額の環境民事公益訴訟だと指摘されている[20]。その効果としては、環境損害訴訟の提起を刺激し、それを通じて公害の深刻化を抑制することが期待されている。

2　原告適格の緩和

前述のように、2014年改正の環境保護法は環境民事公益訴訟における社会組織の原告適格について、(1) 区を設置した市あるいはその上の政府機関に登録したこと、(2) 専門的に環境保護の公益活動を5年以上行い、違法記録もないことを要請したが、やや曖昧である。また、『環境民事公益訴訟事件を審理し法律を適用する若干問題に関する最高人民法院の解釈』（法釈(2015) 第1号）の第4条は「社会組織の規約に確定された目的や主な業務範囲が社会公共利益の保護であり、且つ環境保護公益活動に従事する場合、環境保護法58条に規定された『専門的に環境保護公益活動に従事する』ことに当たると認定できる」、「社会組織によって提起された訴訟がかかわる社会公共利益は、その目的と業務範囲と関連性をもつべきである」と定めた。しかし、同解釈も現実の訴訟においてしばしば争点となっている。したがって、最高人民法院の審判委員会は2016年12月28日に指導性案例75号を可決し、その中で、社会組織の原告適確を緩和する3つの裁判要旨を掲げた[21]。即ち、(1) 社会組織の規約には、環境公共利益を保護するなどの文言がなくても、その事業が環境要素および生態システムの保護であれば、それに当たると認める。(2) 前述の最高人民法院の解釈第4条にいう「環境保護公益活動」は直接に生態環境を改善する行為のほかに、環境保護にかかわっており、環境保護システムの整備、環境保護能力の補強、全社会の環境保護の共同認識の形成に有利な活動をも含める。(3) 社会組織の訴えた事項はその目的と業務範囲と対応する関係を持ちまたはその保護する環境要素および生態システムと一定の関係を持つ場合、前述の最高人民法院の解釈第4条にいう「その目的と業務範囲と関連性をもつ」ことに当たると認定すべきである。

---

(20)　「泰州1.6億元天価環境公益訴訟案」中国法院網 http://www.chinacourt.org/article/detail/2015/01/id/1529292.shtml を参照。

(21)　指導性案例75号の原典は、最高人民法院の公式サイト http://www.court.gov.cn/shenpan-xiangqing-34322.html を参照。

3　環境損害訴訟の試行錯誤

環境損害訴訟が勃興したのは、現実における公害問題の深刻化が一つの誘因であるが、社会安定を維持する政府側の需要もあるとはいえよう。これまで原告適格が緩和され、数多くの事件が提起されたが、実務上、「石を探りながら川を渡る」という試行錯誤の考え方が見られる。

まず、損害賠償金の算定について、「天価環境損害賠償金」の事件には、一審判決の命じた賠償金額について計算の基準が提示されたが、二審判決となったら、支払い方法が変更された結果、賠償金額が実際に大幅に削減されたのである。

そして、損害賠償金の使い方やそれに対する監督については、関連の制度はまだ不整備である。特に、環境回復基金の導入が急がれている。

また、原告側の社会組織にとって、高額な訴訟費用が大きな負担であるから、その訴訟負担を如何に軽減するか、環境民事公益訴訟の提起を如何に奨励するか、検討する必要がある。

V　結びにかえて——個人の原告適格を認める可能性——

個人による環境損害の救済主張を認めるには、裁判所が積極的な姿勢に変わって、環境権を権利侵害責任2条にいう「民事権益」として解釈することが期待される。しかし、現実には、裁判運動による社会安定への衝撃を配慮するかもしれないが、そのような考え方は民事訴訟法に反映されておらず、実務上も受け入れられる可能性が低いと思う。

他方、個人の原告適格が認められる場合、損害賠償の範囲などの問題が登場する。それらの問題について、権利侵害責任法の改正もしくは環境損害賠償法の制定によって明文で定めることが望ましい。私見でありながら、原告適格の問題について、個人が環境損害訴訟において勝訴した場合、独立の請求権をもつほかの個人も加害者に対して賠償を請求できるという前提の下で、受忍限度論を参考にして被害者すなわち原告の範囲を判断することが考えられる。損害賠償の範囲、すなわち「何を賠償するか」については、環境回復に必要な費用のほかに、個人が健康、財産保全のために代替的措置を取

るための費用も取り入れられるべきである。例えば、原発事故の場合、個人がスーパーに行って飲用水を購入する費用はそれにあたる。それらの費用が確定しにくい場合、慰謝料もしくは懲罰的損害賠償金の形で賠償するのも考えられるかもしれない。

中国法における公平責任原則

王　　　　成
Cheng WANG

（訳）文　元春

- I　はじめに
- II　公平責任原則の画定
- III　公平責任原則の帰責理念
- IV　公平責任原則をめぐる論争
- V　公平責任原則の適用
- VI　公平責任原則の適用と帰責原則の体系
- VII　結びに

I　はじめに

　私の知るところによれば、諸外国法には、中国民法における以下のような2つの規定は存在しない。1つは、中国民法通則132条すなわち、「損害の発生に対して当事者に故意または過失［過錯］(1)がない場合は、実際の状況に基

（1）〔訳者補〕ソビエト法学においては、法違反に対する制裁としての責任（刑事、行政、民事のすべてにわたる）をその違反者に課す際に、主観的責任要件であるヴィナー（вина）の存在が必要であり、それには故意と過失が含まれているとされる（藤田勇ほか『ソビエト法概論』（有斐閣、1983年）263頁【直川誠蔵執筆部分】、藤田勇『概説ソビエト法』（東京大学出版会、1986年）277頁以下・296頁以下参照））。他方、中国において「過錯」という用語自体は、古くから存在しており（例えば、「元典章・台剛二・照刷」には、「若非始末詳察,不能尽見過錯。」との記述が存する）、その意味するところは「過失、過ち」であって、故意は含まれていない。そのため、同じく故意と過失を含む中国不法行為法における「過錯」という用語は、このヴィナーを訳出する際に生まれてきた造語（より正確には、当て字）だと思われる。以下、帰責原則の場合は「過失」、不法行為の要件を意味する場合は「過錯」を用いることにする。

づいて、当事者に民事責任を分担させることができる」という規定である。いま1つは、中国権利侵害責任法24条すなわち、「損害の発生に対して被害者と行為者ともに過錯がない場合は、実際の状況に基づいて、双方に損害を分担させることができる」という規定である。

　一般的には、上記2つの条文はまさしく、中国民法上の公平責任原則に関する規定であると考えられている。公平責任原則に関する論争もまた、すべてこの2つの規定をめぐって展開されたのである。

II　公平責任原則の画定

　公平責任原則とは、衡平責任原則ともいい、当事者双方がともに、損害の発生に対して過錯がなく、法律にも無過失［無過錯］責任原則、結果責任原則を適用することに関する特別の規定が存在しておらず、一方の当事者に損害を負わせることが公平に反するとき、民法における公平原則に基づいて、行為者が被害者の財産的損害について適切な補償を行い、当事者に合理的に損害を分担させる一種の帰責原則をいう。

　公平責任原則は、中国権利侵害責任法の帰責原則体系の構成部分をなす。

　中国不法行為法においては、過失責任原則（民法通則106条2項、権利侵害責任法6条）、無過失責任原則（民法通則106条3項）、結果責任原則（権利侵害責任法7条）および公平責任原則（民法通則132条、権利侵害責任法24条）が存在している。この4種類の帰責原則は、それぞれ、その帰責理念があり、互いに独立し互いに補っていて、中国不法行為法の帰責原則体系をなしている。

（2）〔訳者補〕王成教授は、中国不法行為法における帰責原則は、過失責任原則、無過失責任原則、結果責任原則、公平責任原則の4つからなるとし、そのうち、無過失責任原則が、確実に行為者に過錯がないことを必要とする（そのため、過錯のないことが1つの要件とされる）のに対し、結果責任原則は、行為者の過錯の有無を問わないとし、具体的には、民用核施設、民用航空機の経営者が負う権利侵害責任（権利侵害責任法71条、72条、民用航空法157条参照）、自動車と非自動車の運転者、通行人間で起きた交通事故において、過錯のない自動車側が負う全損害額の10％を超えない賠償責任（道路交通安全法76条1項2号後段参照）が、その典型例であるとされる（王成『侵害責任法』（北京大学出版社、2011年）45頁以下、53頁以下参照））。

Ⅲ 公平責任原則の帰責理念

　公平責任原則は、一種の利益のバランスを取る道具［利益平衡器］であり、社会の緊張関係を和らげ、社会の調和安定を促進することに資する。

　過失責任原則の過錯による帰責に対して有している道徳上の蔑視性［道徳貶抑性］、無過失責任原則の危険による帰責に対して有しているリスクの分散性、結果責任原則の結果帰責による損害結果の転嫁とは異なり、公平責任原則は、利益のバランスを取る道具および社会の緊張関係を和らげるという役割を果たしている。

　公平責任原則は、双方の当事者にいずれも過錯がなく、無過失責任または結果責任を適用することを定めた法律も存在しない場合に適用される。公平責任原則を適用する場合においては、如何なる一方当事者の過錯もなく、また、無過失責任による帰責および結果責任が照準を合わせている特定のリスクも存在しないものの、依然として損害が発生したのである。このとき、もし、一方の当事者に単独で損害を負担させるとするならば、民法における公平原則と相反することになり、また、社会関係の緊張をもたらすことになる。これに対し、公平責任原則は、損害を双方の当事者に合理的に分担させることにより、利益のバランスが取れるようになり、緊張した社会関係が和らぐこととなった。

　公平責任原則の存在意義はさらに、過錯帰責原則、無過錯帰責原則および結果帰責原則によっては取って代われない損害配分のプランを提供したことにある。

　公平責任原則によって、法律が人情味を具備することになった。中国の伝統的法思想においては、民事事件の処理は、天理国法人情を総合的に考慮しなければならない。(3) 中国人が理解している天理と人情のいずれにおいても、公平は重要な構成部分をなしている。そのため、公平責任原則は、中国の伝統的公平観念の現れである。事故は無情であるが、公平責任原則が存在することによって、無情の事故処理の結果が人情味を具備するようになった。(4)

（3）　王成「天理国法人情」人民法院報 2007 年 6 月 25 日 8 面参照。

公平責任原則のもう1つの重要な意義は、裁判官が規範内［規則之内］で自由裁量によって正義を実現させることを確保することにある。いかなる司法体制であっても、裁判官による自由裁量は避けることができない。そのときの問題は、如何に自由裁量を規範の中に組み入れ、よって、裁判官が自由裁量を行うと同時に、既存の規範を乗り越えないことを確保し、それによって自由裁量の規範に対する破壊を減らすか、ということにある。公平責任原則はまさに、このような1つの選択肢を提供したのである。公平責任原則が存在しないとした場合において、公平責任原則に照らして処理すべき事件に遭遇したとき、一方において、裁判官には、心の中で確信している正義を実現するというニーズがあるのに対し、他方においては、このような規範的資源がなければ、裁判官は、規範の外で解決策を探し求めかねない。このとき、正義は実現されるかもしれないが、規範もまた、破壊されることになる。法律が、公平責任原則を定めておけば、裁判官が規範内で自由裁量によって正義を実現させることを確保できる。

Ⅳ　公平責任原則をめぐる論争

　民法通則132条以来、論争は存在し続けてきた。権利侵害責任法24条についても、同様に見解の相違が存在している。
　公平責任原則をめぐる論争を総括すると、主に、以下のような見解が存する。

1　否定説

　否定説は、公平責任原則を不法行為法の帰責原則とすることに反対している。その理由には、主に以下のようなものがある。
　第1に、公平責任は、原則としての資格を具備していない。これは、2つの面から現れている。すなわち、一方において、公平責任原則を適用して帰

（4）　その他に、公平責任原則は、旧ソ連の立法および学説の影響を受けたことに由来した可能性があるとの学者による考察がある（王竹「我国侵権法上『公平責任』源流考」甘粛政法学院学報2008年2期138頁以下参照）。

責させる事件数は非常に少ない。他方において、公平責任原則には、損害賠償という１種の責任形態しか適用できず、その他の責任形態は適用できない。

第２に、公平責任原則は、無過失責任の範疇に属する。

第３に、公平責任原則を帰責原則とし、過失責任原則および無過失責任原則と同列に論じるならば、２つの側面における欠陥が存し得る。すなわち、一方において、３つの帰責原則の主従を区別できなくなり、個別的現象を一般的現象へと高めることになる。他方において、過失責任と無過失責任が不公平であるという印象を与えることになる。

第４に、公平責任原則を帰責原則とすることは、民法通則の立法趣旨と合致しない。公平原則は、民法における基本原則であって、不法行為法において改めて別の帰責原則を確立することはない。(5)

第５に、民法通則は、決して公平責任原則を１つの帰責原則として規定していない。(6)

2 疑問説

疑問説は、次のように考える。公平が最高の法律原則であることには、確かに疑問はないが、それを具体化してはじめて、適用可能な法律規範とすることができ、過失責任および無過失責任も公平の理念を有しており、このことは否定できないだろう。民法通則132条の規定は、道徳の法律化という理念を有しているとはいえ、１つの法律規範としては、以下の２点を説明しなければならない。

第１に、民法通則132条におけるいわゆる「実際の状況に基づいて」当事者が民事責任を分担するとは、主に、財産状況を指しており、法律が考慮しているのはもはや当事者の行為ではなく、当事者の財産である。これにより、財産の有無・多寡が、１つの民事責任に関する帰責原則となり、資力のある一方の当事者が、社会安全制度という任務を負わされることになる。

第２に、実務において、法院が、加害者に過失が存するか否か、従事して

---

(5) 房紹坤＝武利中「公平責任原則質疑」法律科学1998年１期66頁以下参照。否定の理由につき、楊立新『侵権法論』（人民法院出版社、2005年）125-126頁をも参照。

(6) 楊・同前参照。

いる作業が高度の危険性を有しているか否かについて安易に認定する一方、方便、人情またはその他の要素により広くこの公平責任条項を適用しかねず、よって、過失責任または無過失責任が本来あるべき規範的機能を発揮し得ず、不法行為帰責原則体系の構成を弱体化させる［軟化］ことになる。ここで特に指摘しなければならないのは、民法通則の立法者は、決して加害者の財産状況を、過失または無過失による権利侵害責任の成立後に損害賠償額を決定する際の１つの要素とはしていない。民法通則132条が、当事者の財産状況を責任の発生原因としているのに対し、その他の場合においては、決して加害者の財産状況を斟酌することによって損害賠償額を軽減しておらず、そうでなければ、賠償義務者は、窮乏に瀕して存立の基盤を失いかねない。このことは、社会主義的道徳観念に鑑みると、前者と後者とではバランスを失しており、それが合理的であるか否かについては、さらに研究する余地があるだろう。(7)

3　肯定説

　肯定説は、公平責任原則を不法行為法における独立した帰責原則とすることに賛成する。(8)

　筆者は、肯定説の立場に立つ。

　まず、否定説の挙げる幾つかの理由は、決して成立しない。

　第１に、公平責任原則自体は、包括条項［兜底条款］である。いわゆる包括条項とは、その他の規範を尽くしても、未済事件［待決事項］を未だ適切に処理できないときにはじめて、適用できる規範をいう。過失に基づく帰責および無過失に基づく帰責は、大多数の損害についての帰責問題を解決できるため、公平責任原則の適用範囲は限られている。一部の見解は、これをもって公平責任原則は帰責原則としての資格を有しないと非難しているが、筆者は、このことは正に公平責任原則の存在意義であると考える。もし、法律上で広範に公平責任原則を適用するニーズが存在するならば、それは正に帰

（７）　王澤鑑『民法学説与判例研究（第６巻）』（中国政法大学出版社、1998年）290-293頁参照。
（８）　肯定説の見解につき、徐愛国「重新解釈侵権行為法的公平責任原則」政治与法律2003年6期33頁以下参照。

責体系に問題が生じたことを意味するのである。
　従って、適用例が少ないことは、その正当性を否定する理由にはならない。そうでなければ、明らかに公平を失することを契約の取消し可能事由とすることにも、正当性がなくなることになる。⁽⁹⁾
　第２に、公平責任原則は、無過失責任原則の範疇に属さない。無過失責任原則の適用は、公平責任原則を排斥することになる。もし、法律が無過失責任原則を適用すべきことを定めたならば、公平責任原則を適用する余地はない。
　第３に、公平責任原則は、民法上の公平原則と異なる。民法上の公平原則は、民法の基本原則であり、あらゆる民事立法・司法のいずれに対しても拘束力を有している。しかし、民法の基本原則は、具体的規範の中でしか反映され体現され得ず、通常、裁判規範として直接具体的事件に適用することはできず、そうでなければ、民法全体の規範体系を破壊することになる。公平責任原則は、不法行為法における帰責原則であり、不法行為法の領域にしか適用されない。公平責任原則は、民法上の公平原則の具体的現れであり、具体的事件の裁判に適用できる。
　次に、疑問説とりわけ、その２番目の理由には確かに啓発されるところがあり、中国の司法実務では、確かにこのような状況が存在する。とりわけ、一方の当事者が死亡し、他方の当事者に経済力があるかまたは法人、その他の組織であるものの、過錯がないときは、公平責任原則の名の下で被害者に適切な救済を与えることに賛成する見解が、優位に立つことになる。このこともまた、公平責任原則を正しく理解し適用することは、非常に重要であることを意味する。
　疑問説の１番目の理由についていうと、「実際の状況に基づいて」ということを財産状況と理解するならば、上記の憂慮には確かに一理あることになる。しかし、司法実務における公平責任原則の適用状況についての私自身の観察によれば、いわゆる「実際の状況」とは、決して単に財産状況をいうのではない。司法実務における実際の状況として、裁判官は、具体的事件の処理において、心の中で確信している公平観念と結び付け、少なくとも以下の

（９）　徐愛国教授は、いわゆる数量説について有力な反駁を行った（徐・同前参照）。

要素を考慮している。すなわち、被害者の損害の重大さ、被害者と加害者の財産状況、被害者が得られ得るその他の救済手段、事件の特殊さの程度および一般的ルールとなり得るか否かである。

疑問説の２番目の理由についていうと、公平責任原則を適用する前提条件を強調しなければならない。すなわち、公平責任原則は、当事者双方がともに、損害の発生について過錯がなく、法律にも無過失責任原則または結果責任原則を適用すべき特別の規定が存在しておらず、一方の当事者に全部の損害を負わせることが公平に反する場合に適用される。このような場合においては、民法における公平原則に基づき、行為者が被害者の財産的損害について適切な補償を与え、当事者に合理的に損害を分担させることになる。このように適用するならば、疑問説が憂慮するような状況は生じないはずである。

このように、疑問説が憂慮している２つの反対理由は、理解の問題であるか、それとも、適用の問題であって、いずれも、公平責任原則が１つの基本的な帰責原則であるということを否定するには足りないものである。

さらに、損害分担ルールは、ある種の帰責原則に帰属しなければならない。しかし、公平責任原則を適用する状況は、過失責任原則、無過失責任原則および結果責任原則のいずれにも包摂され得ないのである。このような意味からしても、公平責任原則は独立した帰責原則であると考えなければならない。

公平責任原則によって、問題は規範内において解決されることになり、裁判官が公平な結果を追求するために、規範を乗り越えるようなことはなくなる。

Ｖ 公平責任原則の適用

1 公平責任原則は、当事者双方のいずれにも、過錯が存しない場合に適用される。

当事者の一方または双方に過錯が存する場合は、過失責任原則を適用しなければならない。当事者双方のいずれにも、過錯がない場合において初めて、公平責任を適用する余地がある。

2 公平責任原則は、法律が無過失責任または結果責任を適用すべきことを特別に定めていない場合に適用される。

無過失責任原則と結果責任原則を適用するには、法律による明文規定が必要である。そのため、当事者双方がともに過錯がない状況の下において、法律が無過失責任原則または結果責任原則を適用すべきことを定めている場合は、(その規定を) 適用しなければならない。当事者双方がともに過錯がなく、また、法律が無過失責任原則または結果責任原則を適用すべきことを特別に定めていないときにはじめて、公平責任原則を適用し得る。

その効果からいうと、公平責任原則が適用される場合において、過失責任原則を適用するならば、過錯が存しないため、当該損害は本来ならば、被害者自身が負うべきであり、無過失責任原則を適用するならば、当該損害は行為者が負うべきであり、結果責任原則を適用するならば、当該損害は行為者が負うべきである。しかし、どちらの当事者が単独で損害を負担したとしても、民法における公平原則と著しく抵触する可能性があるため、法律は、このような状況の下では当事者が実際の状況に基づいて損害を分担すると、特別に定めたのである。

損害を生じさせるあらゆる行為が1つの円であると仮定すると、このような状況は、下図のように示すことができる。

3　公平責任原則は、一種の授権条項である。

　民法通則132条と権利侵害責任法24条の規定に基づくと、当事者が如何に損害を分担するかは、裁判官が実際の状況に基づいて定めることになる。具体的事件の処理においては、裁判官が心の中で確信している公平観念と結び付け、事件の実際に基づいて処理することになる。

　現在ある経験から見ると、裁判官が公平責任原則を適用するときは、少なくとも以下の要素を考慮することになる。

　第1は、被害者の損害の重大さである。もし、被害者の被った損害が、単なる財産的損害または軽微な人身損害であれば、公平責任原則の適用可能性は低くなる。他方、被害者が被った損害が、重大な人身損害ひいては死亡である場合は、公平責任原則の適用可能性は高くなる。

　第2は、被害者と加害者の財産状況である。裁判官は、加害者の財産状況だけでなく、被害者の財産状況も考慮する。もし、加害者の財産状況が非常に良いのに対し、被害者の財産状況が非常に劣っていれば、公平責任原則の適用可能性は高くなる。他方、加害者の財産状況が非常に劣っているのに対し、被害者の財産状況が非常に良ければ、公平責任原則の適用可能性は低くなる。

　第3は、被害者が得られ得るその他の救済手段である。もし、被害者にある程度の救済を得られ得るその他の救済手段があれば、公平責任原則の適用可能性は低くなる。他方、被害者にその他の救済を得られ得る如何なる手段もなければ、公平責任原則の適用可能性は高くなる。

　第4は、事件の特殊さの程度および一般的ルールとなり得るか否かである。一般事件とりわけ、事件の処理が一般的ルールとなり得る事件については、公平責任原則の適用可能性は低くなる。他方、事件の類型が非常に特殊であり、百年で1件に出くわすことがなく、事件の処理が一般的ルールとなり得ない場合は、公平責任原則の適用可能性は高くなる。

4　公平責任原則によって配分可能な損害は、金銭に換算し得る基本的損害に限る。

　公平責任原則によって配分可能な損害は、金銭に換算し得る基本的損害に

限っており、被害者の被った損害が、金銭に転化しえて初めて、公平責任によって配分することができる。責任形態からいうと、損害賠償にのみ、公平責任原則を適用する余地がある。損害賠償の具体的内容についていうと、公平責任原則によって配分し得るのは、基本的損害のみであり、いわゆる基本的損害とは、主に直接損害をいう。間接的損害または得べかりし利益による損害は、一般的に賠償すべきでなく、精神的損害もまた、一般的に賠償すべきでない。司法実務において、より一般的に見られる状況としては、裁判官が事件の総合的状況に基づき、上記の様々な考慮要素に基づいて最終的に大体の賠償額を確定するのであって、一般的にはそんなに正確に項目ごとに計算するわけではない。

5　公平責任原則は、一種の包括条項である。

公平責任原則の適用範囲は限られている。しかし、契約の取消し可能事由である「明らかに公平を失すること」と同様、包括条項的役割を果たしている。

6　公平責任原則は、直接適用することができ、その他の条文を引用する［引致］ことはない。

無過失責任原則と結果責任原則を適用するには、その他の条文を引用することが必要である場合とは異なり、公平責任原則は直接適用することができ、その他の条文を引用するかまたはそれに頼ることはない。

7　公平責任原則と免責事由

免責事由と公平責任原則の適用においては、困惑が生じる可能性がある。以下、具体的に2つの事件を見ることにしよう。

中国広西チワン族自治区南寧市中級人民法院が判決を下したある事件において、法院は、次のことを明らかにした。2009年7月17日夜、梁宝坤、劉祖福ら12名は、北湖空間サッカー場で自発的にサッカーを始めた。サッカーをする中において、一方の攻撃選手であった劉祖福が、他方のゴールキーパーであった梁宝坤と接触衝突し、体の重心が不安定であった劉祖福が、後

ろに仰向けに梁宝坤の上に倒れ、梁宝坤が負傷した。法院は、次のように述べる。「梁宝坤は、完全民事行為能力者であって、サッカー試合の対抗性及び危険性を十分に認識すべきである。梁宝坤が自由意思でサッカー試合に参加したことは、彼自ら危険を冒す行為である」。法院は、これにより原告の訴訟請求を棄却した。[10]

　本件において、被告は、原告の損害を生じさせた。原告と被告はともに、サッカー試合に存する激しい対抗性と危険性、傷害の可能性を認識すべきであった。そのため、全体の活動からいうのであれ、それとも、原告の損害を生じさせた具体的行為からいうのであれ、原告と被告のいずれにも過失が存する可能性があり、過失相殺の可能性が存する。しかし、自ら危険を冒すという免責事由が存在するため、被告の責任は免除されることになる。

　ここで困惑が生じるのは、自ら危険を冒すことによって被告の責任を免除することは、正に過錯の存在を否定することによって実現されるということである。そのため、公平責任を適用する可能性が出てくることになる。すなわち、双方ともに過錯がなく、無過失責任原則または結果責任原則を適用すべきとの法律の規定も存在しないのである。しかし、免責事由の目的は、正に被告の責任を免除することにあり、そうすると、客観的には原告が全部の損害を負担することになる。この場合、果たして公平責任原則を適用して双方に損害を分担させることはできるだろうか。

　筆者は、公平責任原則の適用要件を満たしているため、この場合には公平責任原則を適用する可能性が出てくると考える。具体的事案において適用できるか否かについては、前述の公平責任原則を適用する考慮要素すなわち、被害者の損害の重大さ、双方当事者の財産状況、その他の救済手段が存するか否か、事件の特殊さの程度および一般的ルールとなり得るか否かに基づいて判断する必要がある。

　具体的に本件についてみると、筆者は、事件の特殊さの程度および一般的ルールとなり得るか否かが、公平責任原則の適用の可否にとって決定的役割を果たすと考える。スポーツ試合の中で損害が生じることは、実によくあることであるため、この種の事件は特殊事件に属さない。この種の事件につい

---

(10) 南京市中級人民法院（2011）南市民一終字第1379号民事判決書参照。

ての処理は、一般的ルールを形成する可能性が非常に高いため、本件には公平責任原則を適用すべきでない。

このほかに、中国江蘇省蘇州市中級人民法院が終審判決を下した別件の事案は、次の通りである。2005年4月25日17時30分頃、張家港市では、雷雨大風の荒れた天気となり、風速が10級に達した。大風は、同市にある一部の広告板を吹き倒し、さらには市街地の北に位置する副食品市場付近に停めてあった貨物車までもひっくり返した。大風が吹き始めた後、被告が陸某に請け負わせて建てた、同市の楊舎鎮乗航街路農義村にある施工現場の塀が倒れ、道路のない塀に沿って風を避けながら歩いていた原告がその下敷きとなり、負傷した。

1審の江蘇省張家港市人民法院は、次のように述べる。「10級の大風は、一般的な建築物の倒壊をもたらし得るが、決して一般的な建築物が必ず倒壊するという事態はもたらさない。そのため、10級の大風が塀を吹き倒したことは、不可抗力であると認定できない。本市では、10級大風の天気はめったになく、原告が突然大風に遭遇したとき、大風が塀を吹き倒し得ることを予見することは難しい。塀に沿って歩くことによって大風を避けることは、一般人の生活上の経験である。そのため、原告は、損害結果の発生に対して過錯がない。それと同様、建築側に対し通常の塀を建てる際に、一律に10級の大風に耐え得ることを考慮に入れることを求めることもまた、現実的でなく、且つ、原告もまた、被告の塀が倒壊したのは、塀の建築の質が基準に達しなかったことによるものであるとは考えていない。そのため、被告もまた、原告の損害結果の発生に対して過錯がない。原告は、被告所有の塀が倒れたことによってその下敷きとなり負傷したため、被告には過錯がなく、賠償責任を負うべきでないが、民法における公平原則に基づき、依然として原告の損害について一定の補償責任を負わなければならない。本法院は、事情を斟酌し、被告が原告の実際の損害の50％を補償することを決定する」。

2審の蘇州市中級人民法院は、次のように述べる。「本件の傷害事故は、10級の大風が吹き荒れたことにより塀が倒壊し、塀のそばを歩いていた被上訴人を押し倒し負傷させたことによるものである。大風、塀と銭仲賢の負

傷との間には因果関係が存するが、これは異常な状況の下における倒壊であり、塀に欠陥的要素が存することについての過錯によって、上訴人に帰責させることはできない。当時、銭仲賢は、塀のそばを歩いており、風力の大小について完全で正確な判断をすることができず、大風が塀を吹き倒し得ることを予見し難く、塀に沿って歩くことによって大風を避けることは、一般人の生活上の経験である。そのため、銭仲賢もまた、損害結果について過錯がない」。

「本件において、風力の作用の下で、塀が倒壊した可能性は非常に大きいが、必ず発生するとは限らない。倒壊した塀が原告を負傷させたことについてみると、その中には歩行者と塀との距離という関係が存在しており、適切に塀から離れたならば、損害を回避できた可能性がある。そのため、本件は不可抗力に属さない。当事者が損害の発生に対していずれも予見できなかったため、本件は偶発事故［意外事件］に属する。本件の状況は、民法通則126条の規定と合致する。同条の規定に基づくと、過失推定が行われ、所有者、管理者は、自身の建築物等の物が損害を生じさせたことについて賠償責任を負わなければならないが、自ら過錯のないことを証明できれば免責されることになる。本件における双方当事者はいずれも、過錯がなく、この条項に基づき、上訴人は免責され得るが、当該条項を適用して免責される場合においても、決して絶対的に公平原則の適用が排斥されるわけではない。本件は、公平責任を適用できる」[11]。

本件は、免責事由と公平責任原則の関係を論じる格好の素材を提供している。本件において、免責事由がなければ、民法通則126条の規定によると、被告が責任を負うべきことになる。しかし、免責事由が存在するため、被告に過錯が存すると推定することはできない。そのため、被告は、民法通則126条によって責任を負うべきでない。このような場合において、果たして被告に対し公平責任原則を基づいて責任を負うことを求め得るだろうか。

筆者は、法院の立場は、賛同するに値すると考える。一般的状況についていうと、被告が原告の損害を生じさせた場合において、免責事由が存在すれ

---

(11) 江蘇省張家港市人民法院（2005）張民一初字第1593号民事判決書、江蘇省蘇州市中級人民法院（2005）蘇中民一終字第1210号民事判決書参照。

ば、過失責任原則の下では行為者に過錯がないことによって責任を負わない可能性があり、その結果、被害者自身が損害を負担することになる。無過失責任または結果責任の場合においても、権利侵害責任法に定める戦争または被害者の故意のような免責事由が存在することにより、被害者自身が全部の損害を負わされる可能性がある。しかし、免責事由の適用によって、一方の当事者に責任を負わせることが、民法における公平原則に反することになる場合でも、公平責任原則を適用する可能性がある。

以上を総括すると、免責事由と公平責任原則の関係は、次のようになる。すなわち、不法行為が成立すれば、通常、権利侵害責任へ移行することになり、免責事由が存在することによって権利侵害責任は免除されることになる。しかし、原告自身に全部の損害を負わせることが、公平原則に反するときは、公平責任原則を適用する可能性がある。

Ⅵ 公平責任原則の適用と帰責原則の体系

公平責任原則を正しく適用することは、不法行為法の帰責原則体系の構築に関わるだけでなく、法律の激励作用にも関わっている。中国で有名な彭宇事件においては、正に裁判官が不当に公平責任原則を適用したことにより、重大な社会結果をもたらしたのである。

彭宇事件の概要は以下の通りである。原告（徐某）が、南京市水西門路線バス停留所で83番路線バスを待っていたところ、9時半頃、2台の83番路線バスが同時に停留場に入ってきた。原告が、後ろのバスに乗ろうとし、前のバスの後ろドアまで来たとき、被告（彭宇）が、最初に前の路線バスの後ろドアから降り、原告は倒れて負傷した。それを発見した被告は、原告を起こしてそばに移動させた。その後、原告の親族が現場に到着し、被告は、原告の親族らと一緒に原告を病院まで送り治療を受けさせた。原告は、左大腿骨頸部骨折と診断され、入院治療を受けることとなり、寛骨の関節置換術を行い、医療費、看護費、栄養費等の損害が生じた。また、事故当日、被告は、原告に200元余りを給付しており、且つ、その後、ずっと原告にその返還を求めなかった。

原告は、被告と接触衝突し転倒して負傷したと主張した。これに対し、被告は、原告と接触衝突したことはなく、原告を助け起こして病院まで送り届け、200元余りを原告に給付したことは、良いことをしたものであると主張した。

法院は、次のように述べる。「本件において、原告が、バスに乗るために急いで前の路線バスの後ろドアまで来たときに、同車両から最初に降りてきた被告と瞬間的にぶつかり、事故が発生した。原告は、乗車の過程において被告とぶつかることを予見できていない。それと同時に、被告は、下車の過程において、視野が制限されたことにより後ろドアの左右の状況を正確に判断できなかった。そのため、本件事故について、双方にはいずれも、過錯が存しない。従って、本件は、公平責任に基づいて合理的に損害を分担しなければならない。公平責任とは、当事者双方がいずれも、損害について過錯がないものの、法律の規定に照らすと、無過失責任を適用できない場合において、公平の観念に基づき、被害者の損害、双方当事者の財産状況およびその他の関連状況を考慮したうえで、加害者に対し被害者の財産的損害について補償を行うことを命じ、当事者が合理的に損害を分担することをいう。本件事件の経緯に基づき、本法院は事情を斟酌し、被告が原告損害の40％を補償することが比較的妥当であると、決定する[12]」。

法院の結論を総括すると、次のようになる。被告は、原告を転倒負傷させており、双方の当事者は、いずれも損害の発生について過錯がないが、双方の当事者は、公平責任原則に基づいて合理的に損害を分担しなければならない。

確かに、公平責任原則を適用する前提条件は、双方の当事者ともに過錯がないことである。しかし、問題は、本件において、果たして双方の当事者ともに損害の発生について過錯がないといえるかどうかである。

筆者は、一般人が路線バスに乗車する経験からみると、損害の発生につき、双方の当事者ともに過錯が存し得ると考える。

バス停留所には、人が多く、年寄り、子供、病人、障害者、妊婦がいることもあれば、路線バス、通行人、自転車、電動車、バイク等の車両が絶えず

---

(12) 江蘇省南京市鼓楼区人民法院（2007）鼓民一初字第212号民事判決書参照。

停留所を出入りし通りかかることもある。そのため、バス停留所で通行するのであれ、路線バスを乗り降りするのであれ、いずれも、相当の注意義務を尽くさなければならない。われわれは、このような背景から出発して本件当事者の行為に過錯があったか否かを見てみよう。

まず、被告について見てみよう。車両が停留場に到着した後、被告は、最初に路線バスの後ろドアから降りてきたのである。上記のバス停留場の特殊な環境に鑑みると、一般人が下車するとき、とりわけ最初に路線バスを降りる者はまず、通行人、自転車、電動車、バイク等が、バスの近くを通りかかっているか否かを見渡すべきであることが分かる。もし、周囲を見渡すことなく降りてくるならば、他人とぶつかるだけでなく、他人または車両にぶつけられる可能性もある。本件において、もし、被告がこのように行動しなかったならば、被告には過錯が存する可能性がある。

次に、原告について見てみよう。原告が待っていた83番路線バスは、2台が同時に停留所に入ってきた。前の車両に人が多かったためか、原告は、後ろの車両に乗ろうとした。原告は、もともと立っていた所から急いで後ろの車両に向かったが、そのとき、前の路線バスの後ろドアを通りかかる必要があった。また、原告は、急いで比較的に遠く離れていたその車両に乗ろうとしたため、比較的に焦っていて歩く速度も比較的に早かっただろう。しかし、原告は、前の路線バスの開いたドアから人が降りてくることを予見すべきであった。このとき、歩く速度が速すぎたならば、原告には過失が存した可能性があり、また、路線バスから降りてくる人と接触衝突する可能性も大いにある。

もし、上記の分析が成り立つとするならば、被告と原告のいずれにも、事故の発生について過錯が存する可能性がある。もちろん、法院の判決文書からみると、裁判官は、この点について考察しておらず、われわれも、果たして原告と被告に過錯が存在したか否かを知るすべがない。

公平責任原則を適用する前提条件は、双方の当事者がいずれも、損害の発生について過錯がないことである。過錯がないことの前提は、過錯について考察することである。本件において、裁判官は、上記の側面から過錯について考察することもせずに、原告と被告ともに損害の発生について過錯がない

ため、公平責任原則を適用すべきとの結論を導いている。このことは、非常に検討を要するものである。筆者は、双方が接触衝突したという結果からみると、原告と被告ともに過錯がある可能性があり、または原告と被告のいずれかの一方に過錯があると、考える。この場合、もし、裁判官が過錯について考察した結果、双方または一方に過錯があるという結果を導いたならば、公平責任原則ではなく、過失責任原則を適用すべきである。もちろん、もし、裁判官が上記の考察を行った結果、双方またはいずれの一方にも、過錯がないという結果を導いたならば、公平責任原則を適用できる。

　筆者はさらに進んで、このことは恐らく、本件が中国社会でそれほど多くの論議を呼んだ原因であろうと考える。過失責任が、中国を含む各国の不法行為法上の基本的な帰責原則であるのは、正にその立論の前提が、正しいことと間違っていること［対錯］をはっきり見分けることにあるためである。ある研究が示すように、人々がある結果に直面したとき、最初の反応は、正しいことと間違っていることについての反応であり、その次になってはじめて、自身についての目論見である。正しいことと間違っていることをはっきり見分けることは、社会秩序が守られる基礎である。過錯が存し得る場合において、正しいことと間違っていることをはっきり区別しないか、または軽率に双方ともに過錯がないと考えて公平責任原則を適用するならば、上記の王澤鑑教授の憂慮が生じる可能性がある。すなわち、「法院が、加害者に過失が存するか否か、従事している作業が高度の危険性を有しているか否かについて安易に認定する一方、方便、人情またはその他の要素により広くこの公平責任条項を適用しかねず、よって、過失責任または無過失責任が本来あるべき規範的機能を発揮し得ず、不法行為帰責原則体系の構成を弱体化させることになる」。

Ⅶ　結びに

　公平責任原則は、中国権利侵害責任法上の帰責原則の類型であり、過失責任原則、無過失責任原則、結果責任原則とともに、権利侵害責任法の帰責体系を構成している。公平責任原則を正しく理解し適用することは、帰責原則

体系の構成に関わっている。

民法典の時代的特徴及び編纂の歩み

王　利　明
Liming WANG

（訳）但見　亮

- I　はじめに
- II　我が国の民法典は必ずや21世紀の時代的特徴を反映しなければならない
- III　民法典編纂の具体的な歩み
- IV　おわりに

I　はじめに

　民法典は「社会生活の百科事典」であり、市場経済の基本法であって市民生活の基本的行為準則であるだけでなく、裁判官が民商事事件を審理する際の基本的根拠である。党の第18期4中全会で可決した「中共中央の法により国を治めることの全面的推進における若干の重大問題に関する決定」でも、その「重点領域の立法強化」において、「市場法律制度の建設を強化し、民法典を編纂する」としている。これは社会主義法治体系及び法治中国建設の重要なステップであり、また我が国の今後の民事立法事業の方向及び道を指し示すものであって、必ずや、我が国の法律体系の一層の改善を力強く推し進めることとなるであろう。

　以下、民法典の時代的特徴と具体的な編纂の歩みについて、論者の雑駁な思索を紹介したい。

II 我が国の民法典は必ずや21世紀の時代的特徴を反映しなければならない

　我が国の民法の体系化のためには、民法典を制定することが必要である。これは単に立法形式上の考慮によるだけでなく、法典化が私法のシステム化の実現のために最も優れた方法だからである。[1]

　清末の変法以来、我が国の立法は基本的に大陸法系の立法の枠組みを採用している。それはまたシヴィル・ロー体系と称されるものであり、民法典を重要な標識とするものである。

　民法典は法治の現代化レベルを示すものであるとともに、法律文化の高度な発展を体現するものでもある。法典の体系性、論理整合性そして価値一致性といった特徴は、いずれも単行法とは比較にならないものである。民法典の公布は民事法律体系が基本的に形成されたことを示すものであり、同時に、裁判官の法律の適用に大いに利するものである。

　我が国の実際の状況から見れば、民法典の制定により民法の体系化を実現することは、民法規範の論理整合性と科学的合理性を確保するという系統化の役割を果たすとともに、裁判官が民事事件を法により公正に審理するという切迫した必要を充分に満たすことができる。

　このようなことから、中国の民法の体系化は、必ず法典化の道を進まなければならない。ただし、それは必ず21世紀の時代的特徴を反映し、時代的精神を顕現させるものでなければならず、21世紀の政治、経済、社会、文化、環境など各方面における発展の必要に適応するものでなければならない、ということを指摘しておくべきであろう。

　我が国の民法典は改革開放と市場経済の発展という必要に対応することが必要であり、我が国の社会主義市場経済建設過程において突出する現実的問題に積極的かつ有効に対処し、我が国の社会主義市場経済の建設及び発展における法治の需要を満足させなければならない。公有制の基礎の上で市場経

---

(1) Karsten Schmidt, Die Zukunft der Kodificationsidee: Rechtsrechung, Wissenschaft und Gestzgebung vor den Gesetzswerken des geltenden Rechts, 1985, S. 39.

済を行う、ということは、人類の歴史上前例のない偉大な実験である。そして、中国の改革開放は、民法に解決が求められる新しい課題を大量に生み出している。我が国の民法典は、必ず我が国の基本的国情に立脚し、中国が直面する現実的問題に答えなければならない。

前世紀にパウンドがハーバード・ロー・レビューに発表した論文で指摘したように、多くの問題において、中国と世界は相似した生活経験を有するとはいえ、異なる文化システム、生活様式そして現実的問題もやはり大量に存在している[2]。このような場合に、我々は、我が国の経済建設及び法律建設の実践的経験に基づいて、自ら探索し、不断に刷新して、我が国の特殊な国情に適したルール及び制度体系を構築しなければならないのである。

市場経済発展と改革は不断に深化し、民事立法に多くの新しい挑戦をもたらしている。例えば、ネット経済は迅速な発展を遂げており、2014年の統計によると、ネットでの商品販売の取引規模は6287.6億元に達し、世界最大となっている。また、我が国のインターネット金融の規模もまたすでに10兆元に近づき、その規模もまた世界の頂点にあるとされている。そのような中で、金融消費者そしてネット消費者の権益保護や取引及び支払の仕組みの法的定位などは、いずれも深い研究の基礎の上で民法典が規範すべきものとなっている。

我が国の民法典は時代の精神を反映するものでなければならない。21世紀は権利へと向かう世紀であり、人格の尊厳と価値を高らかに謳う世紀である。21世紀に入って以来、人権運動は世界的範囲で勃興・発展し、人権の尊重と保護は国際社会のコンセンサスとなるとともに、現代の法律の関心の重点となっており、人の尊重と保護はかつてない高みにまで高められている。このようなことから、我が国の民法典も、このような時代の精神を充分に反映し、ヒューマニズムの思慮を充分に体現しなければならない。モンテスキューは、「民法の慈悲深い母のような眼差しの下では、一人一人の個人がすなわち国家全体なのである」と述べている[3]。また、日本の田中耕太郎

---

(2) Roscoe Pound, Comparative Law and History as Bases for Chinese Law, 61 Harv. L. Rev. 749-762 (1948).
(3) モンテスキュー「論法的精神」(下冊)(張雁深訳)商務印書館1997年、190頁。

も、「私法の基本的概念は人（person）である」と指摘している[4]。

ヒューマニズムの精神の顕彰は社会主義の本質的特徴の体現であり、また個人の全面的発展のための必要でもある。科学技術の迅速な発展、とりわけバイオテクノロジーの発展により、人体の組織や器官の移植どころか、クローンもまた可能となり、代理出産などといった問題も出現している。これらはいずれも、人の主体的地位及び尊厳を脅かすとともに、人体の組織や器官が物に係る法の調整対象なのか、または債に係る法の調整対象なのか、といった問題も生じている。

このような背景の下で、民法はこれらの新しい挑戦に対して有効な対応を行う必要がある。そのためには、人の尊厳を民法の基本原則の一つとし、人の尊厳を害するいかなる行為も民法上無効としなければならない。

このほかにも、民法典は私的自治の理念を貫き、安全、自由、平等といった基本的価値を法典の内容において貫かなければならない。民法は「私的自治に基づいて、個人に法律により保護された自由を提供し、以って個人に自主決定の可能性をもたらさなければならない。これこそが私的自治の優越性の所在なのである」[5]。

我が国の民法典は21世紀の時代的特徴を反映しなければならない。もし、1804年の「フランス民法典」が19世紀の風車と水車の時代の民法典の代表であり、1900年の「ドイツ民法典」は20世紀の工業化社会の民法典の代表である、とするならば、我々の民法典は21世紀民法典の代表作ということになる。では、我が国の民法典が反映するべき21世紀の特徴は何かといえば、それは以下のようなものになるだろう。

1　インターネット時代という特徴

コンピューターとインターネット技術の発展により、人類社会は情報ビッグバンの時代に入った。インターネットは人類社会の生活方式を深刻に変化させ、人類の交流、情報収集及び発信に巨大な便宜をもたらした。高度に発達したネットは人と人との距離をますます小さくし、我々の生活はネットと

（4）　星野英一「私法中的人」（王闖訳）中国法制出版社2004年、20頁。
（5）　ディーター・メディクス「徳国民法総論」（邵建東訳）法律出版社2004年、143頁。

不可分につながっている。2014年6月現在、我が国のインターネットユーザーは6.32億人、携帯ネットユーザーは5億人に達し、ネットの普及率は46.9%となっている。インターネットのアプリケーションの普及に伴い、ネット技術は人々の生活方式、経済の発展モデル、ひいては社会の運営法則に深く影響を与え、変化させてきた。この過程において、伝統的な民法規則は様々な方面でチャンスとチャレンジに直面することになっている。

まず、ネット技術の発展により、かつて見られなかった多くの権利類型が創出されており、ネット環境の下での人格的利益も拡張性、集合性、そして権利保護の方法的特殊性といった特徴を有している。また、ネット上のバーチャル財産権、個人情報権、そして情報財産権なども、民法による確認と保護が急務となっている。

次に、電子商取引の急速な発展により、電子契約の適用範囲は日増しに広範化している。また、行政事務における電子化の普及により、登記や登録制度の態様も徐々に変化し、これが民法上の公示方法の変化を推し進めている。

さらに、ネット環境においては、不法行為の発生が一層容易になるとともに、ネットの無境界性と受け手の無限性により、言論による侵害行為が一旦公表されるや、瞬く間に全世界範囲で拡散することになる。そして、ネット環境下における情報拡散の高速性と広範性のために、損害が一旦発生すれば原状回復は困難となるため、損害の発生及び拡散の予防がとりわけ重要になる。そのため、侵害の差し止めといった責任負担方法の適用がより多く求められるようになり、ネット環境下での人格権保護について特殊な規定が必要となるのである。

2 情報社会とビッグ・データの時代という特徴

デジタル化とデータ・ベースの発展により、情報の収集、加工及び処理は格段に容易になった。このような中で、情報の市場価値は一層重視されるようになり、情報財産権及びプライバシー権の保護という必要は日増しに高まりを見せている。

個人情報は、個人が享有する基本的人権として、法律上も日増しに重視さ

れるようになっている。情報流通のコスト低下により人と人との交流の方法も深刻な変化を遂げ、それが伝統的な取引行為の方式の変化、たとえば金融領域におけるペーパーレス証券の大量発生や、ペーパーレス取引の増大といった状況をもたらしている。デジタル化技術とネット技術の発展はいわば「双刃の剣」であり、それは新しい知的財産権を不断に生じさせると同時に、知的財産権への侵害を一層容易にし、ネットのサービスプロバイダらが自らの技術的優位を濫用して市民の私的権利に対する侵害を行うための制度的間隙を提供してしまうのである。

　日進月歩で技術が発展するという環境の下で、法律が如何にして私権主体の外延に保護を与えるか、ということは、すでに現代民法が直面する重要議題の一つとなっている。

3　ハイテク時代と知識経済時代という特徴

　現代社会において、個人の権利の尊重と保護は文明発展の必然的趨勢となっている。現代のネット通信テクノロジー、コンピューター・テクノロジーそしてバイオ・テクノロジーといったハイテクの急速な発展により、人々には巨大な福利がもたらされているが、同時にそれは伝統的な生産及び生活様式を改変し、民事主体の権利が侵害を受けるリスクを増加させている。

　例えば、ハイテクに係る多くの発明は個人のプライバシーの保護にとって巨大な脅威となっており、すでに"Zero Privacy"というべき状態になっているとする学者も見られる[6]。またバイオ・テクノロジーが発達して試験管ベビーが出現したことにより、生命に関する伝統的理解は大きく変化し、人工臓器や幹細胞研究、そしてクローン技術やシステム工学の発展によって、人類が臓器提供の問題を最終的に解決するための道が開かれることとなった。しかし同時に、これらの科学技術は生命、身体、健康といった人格的権利に対して新しい挑戦をもたらしている。

　これらのことに鑑みれば、未来の民法典の編纂においては、知識経済時代の要求に応え、民法典において伝統的な物権法及び知的財産権法を超越した

---

(6)　See A. Michael Froomkin, Cyberspace and Privacy: A New legal Paradigm? The Death of Privacy? 52 Stan. L. Rev. 1461, 2000.

財産法総則を置くべきかどうか、ということが問われることになる。科学の発展と技術の刷新はいずれも知的財産権保護の強化を求めている。そのため、有形財産権および無形財産権の侵害について統一的な帰責原則をとるのか異なる帰責原則をとるのか、そして統一的な賠償ルールを置くかなど、いずれも民法典に答えが求められているのである。

4　経済のグローバル化という趨勢

経済貿易の一体化により、グローバルな範囲での資源配置が実現している。ハーバード大学法学院のダンカン・ケネディ教授はかつて、経済と政治のグローバル化の動きが生じるごとに、それにともなって法律のグローバル化の変革が進行する、と述べている[7]。

例えば契約法は商業的取引のルールとして、地域的な法規という色彩は益々薄まり、国際的な共通性が一層色濃くなっている。また、国際的取引や決済ルールなどの商事に関わるルールにもまた、グローバル化の発展趨勢が見られている。

経済のグローバル化の進行により、取引ルールの不統一性による取引障害を取り除き、取引費用を下げることが求められており、その結果、ここ数十年来、世界の二大法系における契約法関連規則は徐々に融合し、契約法の国際化が法律発展の重要な趨勢となっている。同時に、経済的往来の増加により、保険や手形・小切手に関するルールも日増しに国際化している。

このほかに、グローバル化は法源の多様化も促進している。グローバル化の過程で、「ソフト・ロー」と称される規範的効力のあるルールが出てくるようになった。これらの規範は往々にして取引慣習の形式で出現し、後にグローバルなルールとなったものであり、取引慣習や慣例として高く重視されているものもある。こういった規範はいずれも法源の開放性に関わるものであり、我々が民法典を制定する際に十分な考慮が必要となる。我が国における民法典の制定においては、取引ルールを可能な限り国際的なルールと接合

---

(7) Duncan Kennedy, Three Globalizations of Law and Legal Thought 1850-2000, in David Trubek and Alvaro Santos, eds., The New Law and Economic Development, Cambridge University Press, 2006, p. 19.

させ、グローバル化における可及的利益獲得を目指さなければならない。

5 資源環境の悪化という社会的特徴

21世紀は重大な生態環境の危機に直面する時代である。生態環境は重大な破壊に晒され、人類が生存し発展する環境は厳しい挑戦を不断に受け続けている。地球温暖化、酸性雨、水資源の危機、海洋汚染などは、既に人類の生存に対する直接的脅威となり、全世界において広い注目を集めている。資源の効率的利用と生体環境破壊の防止は、既に、物の帰属と利用を直接調整し規律する民法典の重要な使命となっている。

また他方で、資源の有限性もまた、人類の不断に増大する需要と市場の発展との間で、激しい衝突と矛盾を生じさせている。人口の増加により、発展の速度は高まり、現代社会の資源と環境は、発展における受容能力の限界に近づいている。資源利用における衝突の激化に鑑みれば、民法典は必ず、資源の合理的かつ有効な利用を導く役割を果たし、「以って相互に侵害をなさしめず、よって物の安全な利用を保障しなければならない」[8]。

世界的な範囲において、生態環境の保護という大きな背景の下で、伝統的な所有権絶対主義という観念は大きな揺らぎを見せるとともに、「予防原則」と「持続可能な発展原則」という要求がかなりの程度浸透することとなっている[9]。我が国は資源の重大な不足と生態環境の重大な悪化という状況にあり、資源の有効利用を一層重視しなければならない[10]。

このようなことから、生態環境の保護という具体的な必要と結合させつつ、財産権の客体、権能、属性、用益物権、相隣関係そして公用収用といった制度について再度考察を加えるとともに、物の効用を限界まで利用するという義務を強化して、民事主体の財産権を保護すると同時に、我が国の実際の状況にもとづいて、不動産の権利者に対し、必要な範囲で周辺環境及び生態環境の保護の義務を設定しなければならない。

（8）　史尚寛「物権法論」（中国政法大学出版社、2000年）1頁。
（9）　石佳興「物権法中環境保護之考量」『法学』2008年3期）。
（10）　2006年6月5日、国務院新聞弁公室により「中国の環境保護（1996-2005）」白書が発表された。「白書」は、中国では人口当たりの資源が少なく、地区間の差異が大きい上に、生態環境は脆弱で、その悪化という傾向に有効な歯止めがかかっていない、と指摘している。

6 リスク社会という特徴

現代社会はリスク社会であり、いたるところにリスクがあり、様々な事故が頻発している。このような背景の下、人身及び財産的損害の救済は日増しに社会の注目を集めている。

リスク社会においては、まず、民法が加害者の保護から被害者の保護への傾斜を促進することが求められる。民法は多様な責任負担方法を設け、被害者がその中から自らにとって最も有利な方法を選択してその権利を保護することを促進するようにしなければならない。不法行為責任は社会的な保険や救済と接合し、被害者救済のために総合的な補償メカニズムを構築しなければならない。

伝統的な不法行為法は、大規模な権利侵害事件、とりわけ大規模な環境破壊や公共衛生に関わる権利侵害事件などの予防効果において無力である、という問題に直面している。そのため、現在不法行為法は損害発生の予防という機能を益々強化することとなっている[11]。予防機能の突出こそが、正に、現代不法行為法と伝統的不法行為法との重要な違いとなっているのである。民法は事後的な救済の機能を発揮すると同時に、侵害の差止や妨害排除といった制度を通じて事前予防の機能を発揮して、損害の発生を防止し、損害の拡大を回避しなければならない[12]。

Ⅲ 民法典編纂の具体的な歩み

民法通則、契約法、物権法、権利侵害責任法といった一連の基本的民事法が既に整備されたという状況にあって、民法典の編纂の進め方を考えるとき、それは既存の単行民事法律の整備の程度に基づいて行われるべきであり、具体的には以下の4つのステップが構想される。

まず第一に、民法典の総則の起草を行う。第二に、人格権法の起草を行う。第三に、債権総則編の起草を行う。そして第四に、体系を整えること、

---

(11) Hans Jonas, *The Imperative of Responsibility: In Search of Ethics for the Technological Age*, University of Chicago Press, 1984, p 57.
(12) 石佳友「論侵権責任法的予防職能」(『中州学刊』2009年3期) 参照。

すなわち、科学的・合理的な民法典体系に沿って、各編について編纂・統合を行った上で民法典についてより完全性を高めるような修正を加えるのである。以下、各ステップについて若干の検討を加えておきたい。

1　民法総則の迅速な制定

我が国では民事法律の枠組みというべき法律は既に制定されているものの、普遍的適用性を持つ総則が欠けているために、民法の体系性の程度が十分でなく、そのことが、民事立法の科学性及び適用における合理性に重大な影響を与えている。

それゆえ、民法典の制定の歩みを速めるためには、まず早急に民法総則を制定しなければならないが、その際には、以下の問題を重点的に解決しなければならない。

①　民事権利体系の整備。民法通則はとくに1章を割いて（第5章）、民事権利の保護について規定している。このやり方は今日においても依然として評価されるべきであり、未来の民法典においてもこのような立法の仕方が維持されるべきである。とはいえ、民事権利というものは発展的な体系であり、民法通則における民事権利体系の列挙規定はこれを改善していく必要がある。

例えば、そこには物権概念が規定されておらず、当然物権の体系も構築されていないが、これは現在から見れば時宜にかなわぬものと言わざるをえない。とりわけ、社会経済の発展に伴い、個人情報権、公開権、構成員権等一連の新しい類型の権利が出現しており、それを民法において規定すべきかの検討が求められている。

早くも1990年代に、我が国の謝懐栻教授は、会社法の株権（株主権）が既に財産権に収まりきらないものとなっていることに加え、民法が徐々に個人法から団体法への発展趨勢を見せていることに鑑み、社員権を独立して規定することを主張していた。謝教授はさらに、独立した権利とされていない一部の権利（例えば選択権や解除権、そして相続開始前の相続権といった部分期待権など）について、それがある面では確かに独立的・実定的な権利と異なるところはあるものの、やはり民事権利体系の中に組み込んでいく必要がある、と

主張している。思うに、このような視点は現在においてもなお非常に重要な指導的意義を有しているのであり、民事法律体系が形成された後の民事立法活動においても、これが貫徹・実現されるべきである。

このほかにも、胎児の権益、ネット上のバーチャル財産権、商業上の秘密、死者の人格的利益、特許権など、法律上の規定が求められる一連の新型の利益が存在している。

② 法人制度の整備。民法通則は、企業法人を全民所有制企業と集団所有制企業とするように、所有制に基づく法人の分類を基礎におき、あわせて一連の現実的要素に基づいて、企業、機関、事業単位及び社会団体とに法人を分類するという方法をとっているが、これは到底社会の発展の需要に適合するものとは言えない。

比較法的に考察すれば、法人制度には既に一連の変化が生じていることがわかる。まず、一面では、市場経済の発展に伴って、各種の新型の市場主体が大量に出現している。アメリカを例に見ると、営業活動を行う組織体の形式は、従来から見られる組合、有限組合、有限会社（LLC）に加え、商事信託（Business Trust）、公益企業（Public or Government Corporation）、地方事業体（Municipal Corporation）、慈善事業体（Charitable and other Nonprofit Corporation）、家族会社（Family Corporation）、専門職企業（Professional Corporation）など多様な形式が見られている。また他方では、非企業法人も急速な発展を遂げている（NGOや公益ファンドなど）。

我が国の民法典では、民商合一の原則に沿い、民事主体制度についての規定を置くこととし、商事主体についての具体的規則は商事の特別法において規定するべきである。同時に、国外の豊富な経験を参考にして、社団法人と財団法人という分類方法を採用し、ファンドや仲裁委員会、宗教団体、寺社祖廟などの主体としての地位に関する問題の解決を目指すべきである。この他、法人についてはその概念、性質、条件、類別、能力、設立、法定代表者、機関、終了及び責任などについての規定が必要である。

---

(13) 謝懐栻「論民事権利体系」（『法学研究』1996年2期）参照。
(14) Cox & Hazen On Corporations, Second Edition, Wolters Kluwer, Volume I, pp. 2 ff.

③　組合制度の整備

　民法通則には、個人による組合と法人の組合との規定があるものの、組合企業を公民と法人以外の第三の主体として規定しておらず、その一般的規則及び条件についての規定もない。思うに、組合企業は対外的に無限責任を負うとしても、それは自らの口座を開設し、契約を締結し、独立の財産を有し、独立して責任を負うことができる。それゆえ、民法典においては、組合企業の独立主体の地位を認め、一般の契約による組合との間に区別を置くべきである。とりわけ、有限組合はすでに会社としての特徴を一部備えており、その独立性は日増しに高まっているのであって、それは主体としての地位を認められるべきである。

④　法律行為制度の整備

　民法通則54条では、「民事法律行為とは、公民または法人が民事権利または義務を設立、変更または終了させる合法的行為である」と規定されている。考証によれば、この定義は旧ソ連の学者であるアガルコフによるものとされる。アガルコフは、法律という言葉自体が、正確、合法、公正という意味を持つことにかんがみ、法律行為は合法的行為と定義づけられなければならないと考えた。(15)

　思うに、法律行為の合法性を強調することには一定の道理があるといえる。蓋し、そこには法律行為が拘束力を持つ理由の一端が示されるとともに、法律行為に対する国家による統制が明確にされるからである。

　しかし、法律行為の合法性を過度に強調することは、法律行為によって調整される社会行為の範囲を人為的に制限することになる。さらには、民事主体の行為の自由に対する国家の干渉をより突出させ、私的自治を制約することとなってしまう。

　法律行為は、私法上の効果を発生させるだけでなく、当事者の予期した法的効果をも発生する。ある種の状況下で、違法行為もまた当事者の予期した法的効果を発生させるのである。例えば、詐欺行為はそれが国家利益を侵害するものでない限り、被欺罔者がそれによる効果を受け入れれば、当事者の予期した法的効果が生じうる。

---

(15)　劉衛球「民法総論」（中国法制出版社、2001年）478頁。

民法通則では法律行為に関する規定を意思表示制度に関するものとしているが、そこには欠陥がある。法律行為制度においては、法律行為の概念、効力発生要件及び無効な法律行為の類型、効力未発生の法律行為などについて規定を置くだけでなく、意思表示の概念、発生、到達、解釈及びその不実など、各種の状況について規定を置く必要があるだろう。[16]

⑤ 代理制度の整備

代理制度について、民法通則は直接代理のみを規定し、間接代理について規定を置いていない。しかし、契約法は市場のニーズに応じ、その402条、403条において間接代理について規定するとともに、総則の49条において表見代理の規定を置いている。

とはいえ、代理は契約領域に限られず、すべての法律行為に適用されるものである。そのため、間接代理と表見代理については、これを民法典の総則に規定するべきである。

なお、現在の代理制度は直接代理を基礎として構築されているため、一旦代理制度が総則に組み入れられれば、代理制度全体を再構築する必要が生ずる。とりわけ、そこでは直接代理制度と間接代理制度との関係が明確にされなければならない。思うに、未来の民法典における代理制度については、直接代理についての規定を置き、間接代理については直接代理の特殊な形式として規定を加えるのがよいであろう。

⑥ 民事責任制度の整備

民事権利侵害の救済方法とは、すなわち民事責任制度であって、責任とは権利により必然的にもたらされるものである。我が国の民法通則は民事責任について統一的規定を置いている。これは中国に特色的なものであり、権利侵害責任法もこれを継承かつ発展させるものとなっている。

そのため、未来の民法典では責任制度についてこれを独立して規定するという構造を維持すべきである。但し、民法通則における違約責任及び権利侵害責任の規定は、既にそれぞれ契約法そして権利侵害責任法により包含されているので、これを民法典の総則部分に規定する必要はなく、総則部分ではこれらに共通して適用しうる民事責任制度について、すなわち競合や融合

---

(16) 梁慧星「為中国民法典而闘争」（法律出版社、2002年）57頁参照。

の場合についてのみ規定を置くべきである。

⑦　時効制度の整備

民法通則は一般の時効に関し2年の期間を定めているが、学説及び実務では一般に、同期間は短きに失するものであり、債権者保護に適さないばかりか、特殊な時効について列挙されるものもわずかで、それらの多くが単行法の規定となっているため、裁判に適さず、それを探すのにも不便である、と考えられている。これについては、民法典の総則において、より体系的な規定を置く必要があるだろう。

2　人格権法の迅速な制定

人格権法について、これを民法典の独立の編として規定すべきかについては議論の対立が見られる。この点、私見では人格権法を制定し、未来の民法典においてこれを独立の編とすることがよいと考える。

人格権法の制定は、民法通則の立法体系と一脈相通ずるところがある。人格権は人権の重要な構成部分であり、人格権保護の根本目的は個人の人格的尊厳の保護にある。財産権が人の「所有」に注目することとは異なり、人格権は人の「存在」に注目するものなのである[17]。

確かに、人格の尊厳は憲法上認められているだけでなく、そこで基本的権利とされている。しかしなお、民法において人格権の規定を置き、さらに人格権法全体についてその中核をなすものとする必要がある。蓋し、それは現代の民法の発展趨勢に沿うというだけでなく、民事主体の人格的権益を保障し、公民の人権の保護を強化し、民法の固有の体系をより良いものとし、そして民法のヒューマニズムの精神を高めるものだからである。実際に、人格権法を独立の編とするという点において、学説にはすでにコンセンサスが形成されている。

立法の際には、民法通則において既に認められている生命健康権、名誉権、肖像権、姓名及び名称権、婚姻自主権といった人格権のほかに、民法通則の規定にも具体的な補充を行う必要がある。姓名権を例にとってみると、

---

[17] Adrian Popovici, "Personality rights – A civil law concept", *Loyola Law Review*, 2004, vol. 50, pp. 356–357.

全国人民代表大会は正に現在姓名権について立法解釈を行おうとしている。人格権法においてはさらに、人格権制度について具体的な改善を行う必要があるだろう。

このほかに、プライバシー権及び個人情報権などの権利もまた規定の重点となる。

(1) **プライバシー権**

プライバシー権は、私生活の安寧と私的情報について法による保護を受け、他人により違法に侵犯、了知、収集、利用または公開等をされないという人格権である[18]。簡単に言えば、プライバシー権とは、個人がその生活の平安及び私生活の秘密等について有する権利である。

プライバシー権は現代社会において日増しにその重要性を増しており、とりわけハイテクの発展により、公民のプライバシーの保護が非常に切迫したものとなっていることは明らかである。英米そして大陸の二大法系いずれにおいても、プライバシー権は基本的な民事権利として規定されており、ひいては憲法上の権利として保護が高められている。

我が国の民法通則は、法律において初めて人身権の制度を置いたが、プライバシー権については規定がなされていない。これは立法上の一大欠陥というべきである。これに対し、権利侵害責任法2条はプライバシー権について言及するものの、法律上は未だプライバシー権の内包についてこれを確定するものが見られず、このことがプライバシー権の保護に重大な影響を及ぼしている。

100年余りにわたり、プライバシー権の内包と外延は不断に拡張し、プライバシー権の内包するものは当初の放っておいてもらう権利から個人の私的秘密の保護に発展し、個人の秘密の保護範囲もまた不断の発展を遂げ、当初の個人的な私的生活における秘密から、家庭のプライバシー、空間的プライバシー、遺伝子プライバシー、身体的プライバシー、通信プライバシーといった様々な方面に広がりを見せている。さらに、それは私人の支配範囲にあるプライバシーにとどまらず、公共の場所、職場、オフィスなどに存在する私人のプライバシーにも及ぶものとなっている。

---

(18) 張新宝「隠私権的法律保護」(群衆出版社、1998年) 21頁。

これと同時に、プライバシー権の範囲は、私生活上の秘密から、私人の生活における自己決定権へと広がっている。かつて通信の秘密というとき、それは通常、私信を勝手に開封してはならない、ということを意味していた。現在、それは他人の携帯やパソコンのメールなどに拡大している。

　このようなことから、未来の我が国の人格権法では、私人の生活の平穏、個人的な生活上の秘密、家庭生活におけるプライバシー、個人の通信の秘密、私的空間におけるプライバシーといった権利を重点的に確認する必要がある。同時に、これについて当事者が負うべき義務及びプライバシー権の行使と保護に関する規則について、全面的に規定をする必要がある。

　プライバシーは、権利が侵害を受けないという消極的な保護を受ける権利にとどまるものではなく、自己のプライバシーについて権利者が自ら決定できることを含むものである。プライバシーについてこれを積極的に利用するという権能は、その内包においてより広がりがあり、さらに社会の発展に伴って、その内包及び適用範囲は不断に拡大していくのである。

（2）個人情報権

　個人情報（personal data）は、特定の個人に関して個体的特徴を反映し個別の識別可能性を有する一連の記号であり、それには個人の出生、身分、職業、家庭、財産、健康等各方面の情報ファイルが含まれる。

　情報化社会及びビッグ・データの時代において、個人情報は既に個人の重要な権利となっており、合わせて個人が有する人権の一つとなっている。この個人情報は、財産的属性と人格的属性を二重に有するものであるが、その本質において人格権に属するものである。

　個人情報が人格権を構成する原因は、ある面で、個人情報はある特定の主体と関連しており、直接または間接にその本人を識別ことができるもので、その民事主体の人格と密接に関連しているからであり[19]、また他面において、個人情報は一定程度の私的秘密性を持つからである。

　多くの個人情報ファイルは人々がそれを対外的に交付することを望まない私的な情報であり、他人の介入を望まない私的空間なのであって、それが経済的価値を有するかどうかにかかわらず、そこには人格的利益が体現されて

---

(19)　斉愛民「個人資料保護法原理及其跨国流通法律問題研究」（武漢大学出版社、2004年）5頁。

いる。[20]

　ネット通信技術の進歩により、公民の個人情報の安全は、かつてない挑戦にさらされることとなった。ネット環境下では、個人のあらゆる行為は個人情報として収集が可能であり、それらの断片的個人情報は、ネットのデジタル処理を通じて個人情報の「人格パズル」を形成するものとなっている。[21] 各種の商業体ひいては政府部門までが、公民の個人情報の収集、蓄積、分析と伝播を行っており、これに対して法律で有効な規制を行わなければ、様々な影響を引き起こすことになるだろう。

　このように、個人情報保護を強化することは、現代民法の発展趨勢の一つということができる。人格権法においては、情報に係るものとして、知る権利（自らの情報が収集、蓄積・保存、利用、伝送されている等の情報について個人が知る権利）、同意権（個人または団体が他人の情報の収集、蓄積・保存及び利用等を行うときは、公共の利益のために必要があるときを除き、権利者の同意を得なければならない）、アクセス権（権利主体は、他人により収集、蓄積・保存または利用される個人情報にアクセスする権利がある）、利用権（情報主体は、その個人情報の使用及び他人による使用の許可について自ら決定する権利を有する）、正確・完全情報権（権利者は収集、蓄積・保存された自らの情報の正確性及び完全性の保持を求めることができ、不正確又は不完全な情報については適時更新または削除を求めることができる）、安全保護権（権利者は情報の管理者に対し、それが収集、蓄積・保存及び利用する個人情報について有効な安全措置をとるよう求めることができ、個人情報の安全性と完全性が保障される）といった権利を認める必要がある。

　同時に、そこではネットサービス・プロバイダーがネットユーザーの情報を収集または使用する行為についても明確な規制を行い、ユーザーの個人情報の安全について必要な保護義務を負わせる必要がある。

　このほかに、人格権法では、人格権侵害の法的責任についての規定を整える必要がある。人格権侵害の状況においては、原則として、権利侵害責任法で行為者の権利侵害責任が確定されるとともに、権利侵害責任法15条に規定する責任負担の形式で責任を負うことになる。そのため、人格権法では当

---

(20)　張新宝「信息技術的発展与隠私権保護」『法制与社会発展』1996年5期。
(21)　斉愛民「拯救信息社会中的人格」（北京大学出版社、2009年）28-31頁参照。

該条文に照らして処理することとし、権利侵害を構成するときは権利侵害責任法の関連の規定の助けを借りるのが良いだろう。

とはいえ、人格権法においては、精神的損害賠償の責任についてより詳細な規定を置く必要がある。それは一方で、精神的損害の賠償は主に人格権侵害の状況について適用されるものであり、人格権侵害の特殊な救済方式と言えるものであって、人格権法の中に規定を置くことが理にかなっているからである。また他方で、権利侵害責任法は22条に精神的損害賠償について規定を置くのみであり、人格権法の中に精神的損害賠償に関する詳細な規定を置くべき空間が残されているためである。

なお、最高人民法院が2001年に「最高人民法院の民事権利侵害における精神的損害賠償責任の確定に関する若干の問題についての解釈」を出しており、同解釈により、精神的損害賠償の適用範囲、責任の構成要件、責任方式、賠償額の確定などについて系統的かつ全面的な規定を置いている。このことに鑑み、民法典はこれを基礎として既存の司法実務を総括し、人格権侵害についての精神的損害賠償という権利侵害責任について全面的な規定を置くのが良いだろう。

3 債権法総則の迅速な制定

債権法総則は債権法に共通する規則の総称である。「どのような民法典を制定するにしても、債権法総則は必ず必要である」[22]。ドイツの学者 Reiner Schulze は、債権法の総則・各則という構造の利点は、債権法の規定の重複（rules repetition）を減らすことができ、民法典の体系性を高め、債権法規定の適用に利するところにある、としている[23]。

民法の法典化とは、その体系化を意味するのであり、体系化の現れの1つは、すなわち債権法総則の設立にある。債権法総則によって、契約、不法行為、不当利得そして事務管理といった債の類型を統合し、併せてそれに共通するルールを規定することができるのであって、それは法律規則の簡素化に

---

(22) 藤岡康弘「設立債法総則的必要性与侵権責任法的発展」（丁相順訳）、張新宝編『侵権法評論』（人民大学出版社 2004 年 1 期）178 頁所収。

(23) Reiner Schulze & Fryderyk Zoll, The Law of Obligations in Europe: : A New Wave of Codifications, sellier european law publishers (2013), p. 177.

利するものである。また債権法総則の内容は、債権法と民事特別法との関係を結びつけると同時に、手形・小切手法、破産法、保険法と行った民事特別法と民法典との関係を結びつけることができるのであり、これらの民事特別法の適用における一般準則を確立することができる。

　債権法総則は、各種の債に関する具体的規則との間で一般と特別の関係を形成することになり、それゆえ各種の債に対する指導と補充という役割を果たし、よって法律規則の適用は一層周延され、また体系性に富むものとなる。

　我が国においては、1999 年に契約法が交付されて以降契約法の体系が既に形成されており、伝統的な民法における債権法総則の内容は大部分がこれに含まれている。そのため、我が国で 2002 年に出された民法典草案（第一稿）は、その第 3 編及び第 8 編において、それぞれ契約法と権利侵害責任法の規定をおいているが、そこでは単独の債権法総則は置かれていない。また、2009 年に権利侵害責任法が交付されているが、これは権利侵害責任法を独立した編とするという視点を採用するもので、そこでは権利侵害責任法についてより完全な体系が採用されている。契約法と権利侵害責任法が既に独立した体系を形成しているという状況において、どのように我が国の債権法体系を構築するか、とりわけ債権法総則の体系をどのように構築するかは、我が国の民法典の体系構築において重大かつ困難な問題であり、それについて検討を深めなければならない。

　言うまでもなく、2002 年の民法典草案において債権法総則が削られたことは不適当であり、未来の民法典では債権法総則を独立の編として規定すべきである。それは、単に我が国において債権法総則を置くことについて歴史的伝統がある、というだけでなく、債権法総則を置くことの現実的必要という点が一層重要であろう。

　ここで問題になるのは、ではどのような債権法総則をおくべきか、ということである。思うに、我が国の未来の民法典では、より完全な内容の債権法総則を置く必要があるが、そのために契約法総則及び権利侵害責任法総則の相対的独立性に影響を与えてはならない。我が国の債権法の体系は我が国の国情にあうものであり、現実の必要を満たしているのだから、我々は自らの

経験を総括し、その特色を顕彰させなければならないのである。

　我が国の契約法と権利侵害責任法が既にそれぞれの体系化を遂げているという状況において、未来の民法典では、すでに契約法総則および権利侵害責任法総則に別々に規定されている規則を改めて債権法総則に組み入れるべきではなく、各種の債の関係に対応する一般規則についてのみ規定を置くべきである。それゆえ、伝統的な大陸法系民法典の債権法総則に比して、我が国の未来の債権法総則はその内容においてより抽象的になり、その規則はより普遍的な適用が可能なものとなるだろう。

　その内容としては、主に、債の定義、債の主体（多数者の債を含む）、債の客体、債の内容、債の発生原因、債の分類、債の変更及び移転、債の保全、債の消滅及び損害賠償の一般規則などが含まれる。

　指摘しておきたいのは、債権法総則を置くことにより、契約法と権利侵害責任法の体系の完全性を害してはならない、ということである。我々の未来の民法典の債権編の制定過程は、決して我が国の契約法と権利侵害責任法が既に有する立法成果を放棄して改めて債権総則を作る、というものではない。むしろ逆に、現在ある契約法と権利侵害責任法の法規の枠組み及び経験を基礎とし、それを融合させるかたちで未来の民法典を制定しようとするのである。

　では、このような立法体系の下で、債権法総則と契約法及び権利侵害責任法とはどのような関係にあるのだろうか。思うに、一方では、契約法及び権利侵害責任法は既にそれ自体の体系を形成し、相対的な独立性を有しており、債権法総則の規則をすべて契約法または権利侵害責任法に適用することはできない。

　ただ他方で、債権法総則の一般規定については、依然として契約法または権利侵害責任法に適用する必要性が見出される。この意味において、契約法そして権利侵害責任法が既に相対的に独立しているとはいえ、その内容の一部は依然として債権法各則の内容となる（例えば、権利侵害による損害賠償債権の具体的規則など）。

　このような体型構造の下で、契約法総則は債権法総則に取って代わるものとはなりえない。債権法総則の体型構造の設計においては、契約法総則の内

容は契約法に帰すこととなり、権利侵害責任法の内容についてのみ適用される内容は権利侵害責任法に任されることになる。それは機能の上では、既存の契約法及び権利侵害責任法の規則を適用する上で指導、協調及び補充の役割を果たすことになる。

　具体的に言うと、そこにはまず指導的役割がある。それは、債権法総則の規則が、契約法規則または権利侵害責任法規則の適用の際に指導的な役割を果たす、というものである。契約法そして権利侵害責任法の規則に比して、債権法総則の規則はより抽象的であり、債の関係に関する一般的規定なのであって、それは契約法そして権利侵害責任法の規則の適用において一種の指導的役割を果たすべきものと考えられる。

　次に協調の役割である。それは主に、債権法総則の規則が、契約法規則及び権利侵害責任法規則の適用における協調の役割を負い、未決事件について正確な法の適用をなさしめる、というものである。契約法の規則と権利侵害責任法の規則には、一定の不調和が存在しうる。この点、債権法総則は債に関する共通規則であり、契約法規則と権利侵害責任法規則との衝突を効果的に調和させることができる。

　3つめに、補充の役割がある。それは、債権法総則が、契約法規則と権利侵害責任法規則に対して一定の補充的役割を果たす、というものである。債権法総則の規則はより抽象性が高いことから、契約法と権利侵害責任法とが明確に規律していない領域について、債権法総則の一般規則を適用することができる。このような思考法によるならば、契約または権利侵害について専門的に調整を行う一般規則については、契約法または権利侵害責任法にそれぞれ規定を置き、債権についての共通規則については、債権法総則に規定を置くべきである、ということになる。

　このような考え方に基づいて、未来の民法典の債権法総則では、主に債権の共通規則について規定すると同時に、契約法総則および権利侵害責任法に不足するところを補うこととなる。それは大陸法系に伝統的に見られるようなもの、すなわち膨大で雑多な内容により多様な事象を網羅し、債権に係る規則について全面的に規律する、という債権法総則とは異なるものとなるだろう。

4 体系的整合性の確保

上述の三つの方面での仕事を終えたうえで、さらに民法典の体系を科学的・合理的なものとしなければならない。それは法律関係を中心とし、既に制定された民事単行法に整合的なものであることが求められる。同時に、法典化の要求に沿って、これら単行法規についても改正・補充によりこれをより完全なものとし、その基礎の上で系統的でより整った民法典を公布しなければならない。

民法総則と人格権法、そして債権法総則が制定されれば、民法典の基本的内容は既に確立されることになるが、そこで重要なのは、科学的な民法典の体系に基づいて、既に制定された民事法の内容に対して体系化に対応した調整を行い、最終的に民法典を形成することである。

我が国の民法典体系の構築においては、その核心たる制度、すなわち所謂「中心軸」を確立しなければならない。この「中心軸」の周辺に、民法典の各制度及び規範論理的統一体を形成するのである。

この「中心軸」が何であるかについては、理論においていくつかの異なる視点がある。一つは、意思表示説である。この立場は、民法典は意思表示を以てその中心軸とすべきである、とされる。例えばドイツの学者ウィンドサイドは、意思表示と意思自治は民法の各領域を貫きそれをつなぐものであり、民法典全体が意思表示および意思自治をその核心として構築されるべきである、としている。[24]

二つ目に、民事権利説がある。この説によれば、民法はすなわち権利法であり、民法典の体系構築は民事権利を中心として展開されるべきである、とされる。同説はその淵源を自然法学の思想に持つものである。我が国の学者にも、民法は人間本位であり、権利をその中心に据え、責任を手段として社会関係を調整するものであって、単純な人と物の対抗構造や総論—各論対応構造をとるのではなく、人—権利—責任の論理構造をとるものであるから、民法典はこの人—権利—責任の構造に沿って構築されるべきである、と主張するものがある。[25]

---

(24) 金可可「論温德沙伊德的請求権概念」(『比較法研究』2005 年 3 期)。
(25) 麻昌華、覃有土「論我国民法典的体系結構」(『法学』2004 年 2 期)。

三つ目に、法律関係説がある。それは、法律関係を基礎として民法典を構築すべきであるとするものである。この編成方式では、法律関係は法律を整理し展示するための技術的なツールとなるとともに、その体系構築のための基本的方法となる。⁽²⁶⁾

サヴィニーは、法律関係を中心に据え民法典体系を理論的に構築した。その体系が反映された編成方式は、後世の学者により「サヴィニー編成法」と称されている。⁽²⁷⁾パンデクテン学派は、この法律関係理論をそのまま法典の中に応用し、一つの統一体としてのパンデクテン体系構造（Pandektensystem）を構築した。ドイツ法の体系を継受した国家では概ねこの体系がとられている。⁽²⁸⁾

思うに、我が国の民法典は法律関係を中心として構築されるべきである。その理由として、主に以下のようなものを挙げることができるだろう。

まず、法律関係は社会生活現象を高度に抽象化かつ全面的に概括するものである。「法書は万巻を成し、法典は千条に及び、それは複雑多岐で突き詰めることが困難であるが、一つの言葉でその研究と規定を覆うことができるとしたら、それは間違いなく法律関係である」⁽²⁹⁾。法律関係は法律規範に基づいて打ち立てられた一種の社会関係であり、⁽³⁰⁾社会生活関係についての法律的な帰納そして抽象であって、そこには社会関係の一連の共通の特徴が反映しているのである。

また、法律関係は民法規範を論理化そして体系化するための基礎である。法律関係による編成方式は、多数の学者により科学的な編成方式であると考えられており、民法の諸制度はいずれも、民事法律関係をめぐって展開されている。法律関係は主体、客体そして内容の三つの要素を含むもので、これら三つの要素は民法典の各内容を完全にカバーするものとなっている。

さらに、法律関係による編成方式は民法の発展の必要にかなうものである、ということにも注目しなければならない。民事関係は複雑多岐にわたる

---

(26) ピント（ポルトガル）「民法総則」（澳門大学法学院訳、法律翻訳弁公室1999年）5頁。
(27) 同上。
(28) メンディス（ポルトガル）「法律研究概述」（黄顕輝訳、澳門大学法学院1998年）78頁。
(29) 鄭玉波「民法総則」（台北三民書局、2003年）63頁。
(30) 張文顕編「法理学」（第2版）（高等教育出版社、2003年）131頁参照。

ものであるが、民事法律関係の脈絡をしっかりとつかめば、民事関係の核心をつかむことができる。

　法律関係を中心に構築された民法典についてより具体的に言うならば、そこではまず総則を置くことが必要であり、その総則の中には法律関係の基本要素、すなわち主体、客体、法律行為そして責任が含まれる。民法典の各則は、法律関係の内容（すなわち民事権利）を中心に構築され、そこには人格権法、親族法、相続法、物権法、債権総則及び契約法そして権利侵害責任法が含まれることになる。

Ⅳ　おわりに

　21世紀に向かい合う科学的民法典を公布することは、法律による統治を実行し、社会主義法律体系を整備することを示す重要な指標であるとともに、我が国の法律文化が一定のレベルまで達したこと、さらには中国の法治現代化を示す重要な指標である。[31]

　我が国の祖先たちはその歴史において、中華法系を含む輝かしい中華文明を打ち立ててきた。その内容のなんと広大で深淵なことか！　それは人類の法律文明の歴史において輝かしくまた眩しい光を放ち、西洋の二大法系に堂々と並び立って、相互にその輝きを映じてきたのである。

　今日、中国大陸の民事立法及び司法実務は既に民法典の制定のために豊富な実務経験を積み上げ、多くの民法学者たちも大量の理論的な準備を行ってきた。先進的で、体系的にも整い、かつ中国の国情にもかなう民法典を制定しこれを公布することは、制度の上で市場経済の発展と改善を真に保証するものであるというだけでなく、市場経済の健全かつ秩序だった発展のために強固な基礎を打ち立て、21世紀における我が国の経済のさらなる飛翔、文化の繁栄、そして国家の長久平安のために、強固で有力な保障を提供するものである。

　19世紀初頭に「フランス民法典」が、そして20世紀初頭に「ドイツ民法典」が世に出たことは、世界の民法典の発展の歴史における重要な成果であ

---

(31)　謝懐栻「大陸法国家民法典研究」（中国法制出版社、2005年）3頁。

った。21世紀の初頭に中国大陸で民法典が生まれることは、必ずや、民法の発展史に輝かしい1章を刻むこととなるだろう。

中国における水利権流動化にみる
契約型資源管理手法に関する一考察
―― 甘粛省黒河流域の事例を中心として ――

奥 田 進 一
Shinichi OKUDA

Ⅰ　はじめに
Ⅱ　黄河、タリム河、黒河流域における用水制度改革の概要
Ⅲ　水資源関係法の立法状況
Ⅳ　2002年改正水法の要点
Ⅴ　黒河における水票制度
Ⅵ　用水者協会の機能と法的性質
Ⅶ　おわりに

Ⅰ　はじめに

　中国では、憲法および水法において、水資源は、鉱物資源、森林、草原等の自然資源とともに国家所有に帰属すると明文で規定されてきたが、このことがかえって自然資源利用をめぐる権利関係を不明確にし、場所と状況によっては無秩序な「荒らし利用」や紛争、あるいは深刻な自然破壊の原因となってきた。こうした状況を打開すべく、中国では1980年代に本格化する改革開放政策以降、公有制を原則としつつ市場メカニズムを利用した自然資源をめぐる権利流動化システムが構築されてきた。たとえば、土地、草原、森林等は所有権と使用権（経営管理権）を分離することで、資源の適正配置を実現してきた。しかし、水資源に関してはこうした法政策的動向から取り残され、結果として深刻な水不足や水汚染を招来するに至った。さらに、急速かつ広範囲にわたって繰り広げられた経済開発は、水資源の深刻な不足現象だ

けでなく、西北地域においては河川の渇水や末端の湖沼の枯渇、土地の砂漠化を惹起し、南方地域においては、水質悪化に起因する水不足が経済の持続的な成長の足枷となっている(1)。とくに、中国北西部の内陸河川であるタリム河と黒河、そして中国を東西に貫く黄河は、その広大な流域面積全体を通じての水不足に加えて、渇水に起因する生態環境の悪化という深刻な問題が発生しており、中国政府はこれらの三大河川について国家権力を用いて規制する統制型水管理を行った。統制型水管理は、水量調整と分配プランを軸とする制度を構築することで実施された。

しかし、統制型管理手法は、公的機関が水に対する管理責任と権限を持ち、水利用者がそれに関与できないが、結果として末端行政機関が水費徴収事務をめぐって不当な介入をするようになり、さらには灌漑区における水利システム自体が機能不全に陥ることもあった(2)。そこで、中国政府は、1990年代以降、中国各地において水資源の適正配置を実現すべく、水をめぐる権利について、公共性を維持しつつ財産権化(用益物権化)(3)し、これを市場において適切に取引する法政策を実施して、水利用量を減少させるための節水型社会建設を推進してきた。節水型社会の建設は、公権力を中心とする行政的管理手法による水資源の供給管理システムから、市場における契約的手法による需要管理システムへと移行する重要な方向転換として評価されている(4)。節水型社会のパイロット事業として最初に設定され、成功したといわれるのが黒河流域の中核都市である甘粛省張掖市である。張掖市における用水制度改革の中心は、水利用者である農民を水管理に参加させるための「用水者協会」という組織を通じて、水資源に対する権限と責任を化体した「水票」を分配するシステムにある。当該制度改革によって、張掖市の用水総量の

---

(1) 中尾正義=銭新=鄭躍軍編『中国の水環境問題』(勉誠出版、2009) 52〜53頁。
(2) 飯嶋孝史「中国における参加型灌漑管理組織「用水戸協会」の基本的特徴と課題」『農業土木学会論文集』第233号 (2004) 108頁。
(3) 王樹義主編『水権制度研究』(科学出版社、2005) 89頁〜90頁は、「水権」は水物権と取水権の総称であり、水物権は完全なる私権であり、取水権は国家による関与の色彩の強い私見であるという説明をする。そもそも、水権自体がいかなる物権的性質を有するのかについては争いがある。なお、同書67頁以下では、水権は、国家所有の水資源に対して使用、収益ができるとする一権説、水資源の所有権と使用権であるとする二権説、複数の権利の束であるとする多権説についてそれぞれ紹介ならびに検証がなされ、多権説が多数説であるという。
(4) 前掲注1中尾=銭=鄭編書57頁。

95％を占めていた農業用水の総量の減少を実現できたという[5]。

　筆者は、2016年8月24日～8月31日にかけて甘粛省蘭州市および張掖市を訪れ、中国社会科学院乾燥地研究所（蘭州市）、張掖市農業局および水務局においてヒアリング調査を行い、黒河流域において制度化されている「水票制度」の実態解明を行う機会を得た。本稿では、とくに黒河流域における最新の事例に焦点を当てて、現地調査の結果を踏まえて、中国における水資源の財産権化とその流動化による契約型資源管理手法の最新動向について紹介し、その制度的意義と張掖市における節水型社会建設が成功事例とされる背景を法学的見地から検証するものである。

Ⅱ　黄河、タリム河、黒河流域における用水制度改革の概要

　黄河は、青海省の海抜およそ4,500mのバヤンカラ山脈にその源を発し、四川省、甘粛省、寧夏回族自治区、内蒙古自治区、陝西省、山西省、河南省、山東省の9つの省と自治区を流れて渤海湾に注ぐ、全長5,464km、流域面積約75万平方km、水供給対象人口約1億4,000万人、対象耕地面積は約1,600万ヘクタールという巨大河川である[6]。このように、地理的にも社会的にも影響の大きい黄河について、1987年に国務院が、黄河流域の省や自治区ごとに取水量を調整する「黄河供給可能水量分配プラン」を策定した[7]。1994年には、国務院水利部が、1988年「水法」および1993年「取水許可制度実施弁法」の規定に基づき、黄河本流および省や自治区に跨る重要な支流

---

(5)　前掲注1中尾＝銭＝鄭編著57～58頁。同書では、地表水の使用制限により地下水使用が増大し、結果として地下水位の低下が発生したほか、新たに開墾された農地は、政策的に保護されず、水利権が得られないためにやはり地下水に依存せざるを得ないという問題も指摘している。

(6)　姚傑宝＝董増川＝田凱『流域水権制度研究』（黄河水利出版社、2008）143頁。なお、黄河の流域面積については、これを約79万平方kmとするものもあるが、福嶌義宏『黄河断流──中国巨大河川をめぐる水と環境問題』（昭和堂、2008）32～33頁によれば、これは内蒙古自治区内を流れる黄河の南側のモウス砂漠（毛烏素沙地）の約40,000平方kmを含めた場合である。このモウス砂漠は、黄河との間に水の出入りがない内陸閉鎖部分であるため、河川管理上はこれを含めずに面積計算をするべきであるという。

(7)　晁根芳＝王国永＝張希琳『流域管理法律制度建設研究』（中国水利水電出版社、2011）149頁によれば、当該計画は当初は総量規制的な手法を講じていたが、増水時期や渇水時期等の時期による分配手法が必要となったため、国務院は2003年にさらに「黄河供給可能水量年度分配および本流水量調整計画」を制定してこの問題について調整を行っている。

の取水許可に係る管理権限を黄河水利委員会に移譲して、総量規制的手法によ
る取水許可制度を実施した。しかし、黄河は 1972 年より表流水が海まで
届かない、いわゆる断流が発生し、1997 年には山東省の河口から上流
704km にわたり、延べ日数で 226 日間に及ぶ最大規模の断流が発生した。
そこで、国務院は 1998 年に、総量規制的手法による取水許可制度に加えて、
増水時期や渇水時期等の時期による分配手法を導入すべく、「黄河供給可能
水量年度分配および本流水量調整プラン」を制定してこの問題について調整
を行い、さらに水資源管理への市場メカニズムの導入が図られ、1999 年 8
月以来、断流現象は発生していない。このように、公権力に依存する統制型
水管理は、流域の水資源が過度に開発され、上流から下流域にかけての水使
用をめぐる争いが熾烈な黒河とタリム川においても適用された。

　新疆ウイグル自治区の内陸河川であるタリム河は、元来、流域の 9 つの水
系から河川水が流れて本流を形成していた。しかし、1950 年代以降、気候
の変化と相まって急激な流域人口の増加、社会経済の発展等によって、粗放
な水資源の開発や利用が横行し、水資源の合理的な配分ができず、その結果
として本流に流入する河川水が減少し、現在は 3 水系のみが本流と地表面で
つながって河川水が流入しているにすぎず、下流域における地下水位の低下
や湖沼の枯渇に加えて植生も破壊され、深刻な生態環境の悪化が発生してい

---

(8)　福嶌義宏＝谷口真人編『黄河の水環境問題―黄河断流を読み解く』(学報社、2008) 7～8 頁
　　によれば、黄河水利委員会は、中国共産党が 1946 年 2 月 22 日に山東省荷澤市に黄河水資源管理
　　政策の実行機関として設置した黄河故道管理員会がその前身とされ、その後に冀魯豫黄河水利委
　　員会という名称を経て、1949 年 6 月に正式に黄河水利委員会と改称し、1950 年 1 月には水利部
　　直轄の流域管理部門として位置付けられ、1994 年には黄河流域だけでなく、新疆ウイグル自治
　　区および内蒙古自治区も管轄地域として現在に至っている。黄河水利委員会の職責は、水資源の
　　分配計画の策定、取水許可証の発行、取水監視、水資源利用の監督、ダムの水位調整等を通じて
　　河川の総合開発、利用、保護を行うことにある。
(9)　前掲注 6 福嶌書 96～98 頁は、その上流域と下流域における灌漑用水当たりの食糧生産量を
　　比較し、上流域の寧夏回族自治区や内蒙古の食糧生産に要する水量が、下流域の河南省や山東省
　　のそれと比べて明らかに多いというデータに基づき、上流域の配水システムの灌漑効率性が低い
　　ことを、黄河断流の主原因として指摘している。そのシステムは、農業を行う場が取水堰に近い
　　か出口に近いかで、使える水質に違いが出るような方式であり、個別農家からは技術改良を行お
　　うとする意欲が起こってこないであろうこと、さらにはこうしたことが、人民公社化の失敗と経
　　験を現代にまだ生かしきれていないという厳しい見方も可能であるということも指摘しており大
　　変興味深い。
(10)　前掲注 7 晁＝王＝張書 148 頁。

た状況であったという。このような状況を打開すべく、国務院は後述するような各種法政策を打ち出して解決に努めた結果、本流の上流域および中流域における過剰な河川水の消費状況が解消され、下流域の河川や湖沼の枯渇状況も改善され、植生も回復傾向にあるという。

　黒河では、中流域における大量の水利用が主原因となって、1950年以降に河川の断流、地下水の低下、湖沼の枯渇、植生の衰退等の生態環境に大きな影響を及ぼす問題が深刻化していた。そこで、黒河の水資源を合理的に使用し、流域の水使用のバランスを取り、黒河流域の生態環境の総合整備を実現すべく、国務院が1997年に「黒河本流水量分配プラン」を策定し、下流域の流量を一定に保つ政策が実施された。さらに、国務院水利部は、2001年に、「黒河流域短期管理計画」を承認して、中流域と下流域の水の分配ルールを明確にして下流域の配分を増加させる政策を推進するとともに、その拠点となる甘粛省張掖市での節水型社会建設のために国務院水利部と甘粛省とが共同で「張掖市節水型社会建設パイロットプラン」を承認した。これを受けて、2001年8月に張掖市臨沢県梨園灌区および民楽県洪水河灌区が、水利権を軸とする初めての用水制度改革のパイロット活動拠点とされた。張掖市がパイロット事業の最初の拠点に選ばれた背景のひとつには、同時期に展開されていた西部大開発事業の影響が指摘されている。そして、張掖市水務局は、2003年に、「張掖市節約用水管理弁法（試行）」を公布し、水票制度の実施に踏み切った。水票制度の概要は後述するが、同制度は、契約的管理手法による用水調整機能の拡充という目的のほかに、黒河流域上流の水供給力が低下し、中流、下流の水資源に対する需要が増大し、湖沼の消失等の下流の渇水被害が深刻化したため、中流と下流の水をめぐる紛争解決を目的として打ち出された政策であるという評価もなされている。

(11)　前掲注1中尾＝銭＝鄭編書55頁。
(12)　同上書55～56頁。
(13)　鐘方雷＝徐中民＝程懐文＝盖迎春「黒河中遊水資源開発利用與管理的歴史演変」『氷川凍土』第33巻第3期（2011）697頁。
(14)　鐘方雷＝徐中民＝窪田順平＝李佳＝秋山知宏「黒河流域分水政策制度変遷分析」『水利経済』第32巻第5期（2014）39頁。
(15)　窪田順平＝中村知子「中国の水問題と節水政策の行方—中国北西部・黒河流域を例として」秋山智彌＝小松和彦＝中村康夫編『人と水Ⅰ　水と環境』（勉誠出版、2010）287頁。
(16)　寇鑫「中国西北部渇水地域における農業用水の再配分問題—水利権調整問題をめぐる法政策

Ⅲ　水資源関係法の立法状況

　中国では 1980 年代から水資源管理に係る法整備が強化され、1984 年の「水汚染防治法」を皮切りに、「都市用水の節水に関する国務院通知」、「飲用水の衛生に係る国家基準」などの法律や行政通達や行政基準が策定され、1988 年には「河川管理条例」および「水法」が制定された。水法は、水資源を合理的に開発利用し、保護し、水害を防ぎ、水資源が有する総合的な機能を十分に発揮させ、経済発展と人民の生活需要に適応させることを目的としている。この 1988 年水法は、2002 年に、流域管理による制度整備を行うべく、水資源の開発、利用、保護のあらゆる面での大改正が行われたが、立法段階で合意形成ができずに条文化できなかった事項が多々存在し、これらに関しては中央政府あるいは地方政府主導で、本格的なものから実験的なものまで、多種多様な取組が行われた。しかし、明文化できなかったということは、結果として改正法は妥協の産物であり、中途半端なものになったという指摘もある。[17] なお、1988 年水法は、治水もその対象としていたが、1997 年に治水の専門法として「洪水防止法」が制定されたことから、2002 年改正法 81 条では治水活動は洪水防止法によるものと明文で規定した。

　なお、1988 年の河川管理条例は水法の下位法規として、河川管理主体、河川整備および建設、河川保護、河川障害の除去、経費、法律責任等に関係する規定を設けており、全 7 章 51 条からなる。その法構造は、わが国の河川法に近似しているが、航路としての河川管理に関しては前年に公布制定された「航路管理条例（2008 年改正、2009 年施行）」に委ねている。そして、河川の管理主体に関しては、国務院水利行政主管部門（水利部）が全国の河川を主管し、各省、自治区、直轄市の水利行政主管部門が当該行政区域内の河川を主管すると規定し（法 4 条）、管理手法に関しては、国家が水系統一管理と分級管理を結合させて行うことを原則とすると規定している（法 5 条 1 項）。

　　学的実証研究」『龍谷政策学論集』第 4 巻第 1 号（2014）86 頁。
（17）　片岡直樹「水資源の流域管理をめざす中国の制度改革」大塚健司編『流域ガバナンス─中国・日本の課題と国際協力の展望─』（アジア経済研究所、2008）36 頁。

ただし、実際の管理は大河川に関しては大河川流域管理機関あるいは当該河川が所在する地方政府の流域管理機関が、流域統一計画に基づいて行い、その他の河川に関しては各地方政府の河川主管部門が管理を行うとされる（法5条2項）。このように、すでに1988年の時点で河川の流域管理がシステム化され、国家による水系統一管理と地方政府との分級管理を原則としている。また、河川の水質管理に関してみると、企業等の汚染排出行為に対する管理活動は環境保護部門と水利部門との共同職責であり（法34条）、河川の水質管理は河川管理主管部門にも一定の管理及び監督の職責がある（法35条）と規定しており、中央政府と地方政府あるいは所轄を超えた官公署間の連携を図ろうとする意識が伺える[18]。

このほかに、環境保護法、環境影響評価法、水汚染防治法、土地管理法、森林法、草原法、漁業法、鉱物資源法、土壌保護法（原語は水土保持法）、砂漠化防止法（原語は防沙治沙法）などにも、それぞれ水資源や流域管理に係る規定が設けられている。また、大河川が流れる地方においても様々な水資源管理や流域管理に関する地方性法規が制定されている。たとえば、主に新疆ウイグル自治区を流れる内陸河川であるタリム河の流域水資源管理に関して、1997年に「新疆ウイグル自治区タリム河流域水資源管理条例」が制定されている。同条例は、中国初の流域管理に関する地方性法規であり、経済社会の進展に合致させるべく2005年に改正されている。改正後の同条例において講じられている措置において特筆すべきは、タリム河流域水利委員会およびタリム河流域管理局という流域管理機関を設置し、これらの機関が[19]、流域計画、水資源論証制度、流域水量分配あるいは年度水量分配、旱魃等の緊急時における水量調整等の事前計画等の条例に定められた水資源配置制度を実施する職責を明確するとともに、有償による取水許可制度を法定したこ

---

(18) 俞樹毅＝柴暁宇『西部内陸河流域管理法律制度研究』（科学出版社、2012）127頁。
(19) タリム川流域管理局は、1990年に新疆ウイグル自治区水利庁に下属する機関として設置され、2001年に水利庁と同格の組織に昇格した。また、タリム川水利委員会は、1998年に設置され、下部司式として常務委員会及び常務委員会閉会期間中の政策決定執行組織として執行委員会が設置され、これらの事務を流域管理局が担当する。水利委員会の主任は自治区政府常務副主席が兼任し、副主任には自治区政府の水担当副主席、新疆生産建設兵団副司令官が兼任するほか、国家発展改革委員会、国務院水利部、黄河水利委員会の幹部も兼任している。委員には、自治区政府秘書長のほか、一部の庁・局長、自治区内の各州長や流域管理局長が任命されている。

とである。また、新疆ウイグル自治区では、2002年に「地下水資源管理条例」を、2004年に「水資源費徴収管理弁法」を制定して、水資源の適切な利用と保全を総合的に調整してきた。もっとも、有償による取水許可制度に関しては、後述する2002年の水法改正を受けて制度化されたものである。

新疆ウイグル自治区と同様に水不足に悩む甘粛省でも、やはり同省を流れる内陸河川である石羊河の流域水資源管理に関して、2007年に「石羊河流域水資源管理条例」が制定された。同条例は、水資源の統一管理を徹底させるとともに、地下水の取水許可管理制度を導入している。石羊河流域は、1960年代初めから水利権をめぐる問題解決が検討され[20]、1990年に中国において初めて水利権分配制度が導入されており[21]、その権利分配の経験を通じて、同条例では流域管理をひとつの計画の下でトップダウン式に実施することを規定したのである。この石羊河流域における水利権分配制度を端緒として、黒河、黄河などの大河川流域でも水資源分配の各種手法が試行錯誤の末に案出された[22]。

Ⅳ　2002年改正水法の要点

一連の水資源関係立法の中では、2002年の水法改正が大きな転換点となっている。本章では、2002年改正水法（以下、改正法とする）の要点について紹介するとともに、そこで掲げられた統一管理の内容と問題点について検証したい。

1988年水法（以下、旧法とする）3条は、水資源は国家所有に帰属するとしながら、農業集団経済組織が所有するため池やダムの水は集団所有に帰属す

---

(20)　前掲注18兪＝柴書134〜135頁。
(21)　ZHONGJING WANG, HANG ZHENG, XUEFENG WANG. 2010. 'A Harmonious Water Rights Allocation Model for Shiyang River Basin, Gansu Province, China', In, SUN Xuetao, Robert Speed, Shen Dajun. ed. 2010. Water Resources Management in the People's Republic of China. Routledge: London, 167-168.
(22)　前掲注7晃＝王＝張書130頁以下では、「長江法」や「黄河法」などの大河川ごとにその特徴に即した形での流域管理法の立法が提言されている。また、呂忠梅等編『長江流域水資源保護立法研究』（武漢大学出版社、2006）58頁以下では、広大な流域面積と流域に大規模な工業都市を擁する長江に関して、主に水汚染の見地から「長江水資源保護条例」の早期制定を強調し、具体的な法案も提起している。

ると規定していたが、改正法3条は、水資源は国家所有に帰属し、その所有権は国務院が国家を代表して行使するとしたうえで、農業集団経済組織が所有するため池やダムの水は、当該集団経済組織が使用できるものと規定した。これによって、自然資源である水は国家所有であると規定してきた1982年憲法9条との整合性が実現し、水資源管理の中央集権化の方向が打ち出された。さらに、憲法では水資源の所有権の帰属主体のみが規定されていたにとどまっていたが、改正法は権利行使主体について具体的な規定を設けたことで、水資源所有権と水資源占有権ないしは使用権の主体的分離に成功したといえよう(23)。ただし、この点に関しては後述するように、やはり権利行使をめぐる問題が完全に解消されたわけではない。なお、もともと、権利関係の複雑化や権利主体の不明確性などによる弊害が指摘され、旧法制定時にも水資源の希少性とその管理の一元化の必要性から国家所有への一本化が検討されたが、農民の利害関係の調整が上手く行かずに見送られたという経緯がある(24)。

　改正法は、さらに、水資源利用に関する国家管理体制も確立させた（法7条）。具体的には、国務院の水行政主管部門が責任主体として実施する取水許可制度と水資源有償使用制度によって実現される。しかし、この制度についても、農村の集団経済組織およびその構成員が使用する当該集団経済組織のため池、ダムの水は適用外とされており、農民の既得水利には国家管理が及ばないという状況が作出されている（法7条但書）。国家管理体制は、水資源に対する統一管理・監督活動（法12条）と行政における職責分業（法13条）によって実現される。しかし、行政における職責分業に関しては課題がある。前述の通り、改正法3条は、水資源の所有権は国家に帰属し、国家のみが所有権を行使できると規定しており、現実的な権利を行使することになる地方政府には独自権限がなく、別途法律によって国家が地方政府に水資源を

---

(23) 前掲注6姚＝董＝田書3頁は、この点に関して、改正法は水使用に関する用益物権性を明確にしたわけでもなく、水権という法律概念を確定していないことから、所有権と経営権の不分離、中央政府と地方政府間の利害関係の衝突、各種利益主体の経済関係の不明確性等により、水資源の不合理な分配と低効率利用を誘引するとして批判的な見解を示す。

(24) この点につき、前掲注17片岡論文34頁は、生産手段の所有制には国家所有（全人民所有）と集団所有という枠組みがあり、水についても農村における水利施設建設の経緯（農民の労働投入など）から集団所有を重要視する考え方が強かったと説明する。

分配し、有償使用に際しての収益権限を授権しなければならない。他方で、改正法12条が描く、国家による水資源の一元的管理はどのようにして実現されるのであろうか。「統一管理と行政分業」はハードウェアであり、「取水許可制度と水資源有償使用制度」はソフトウェアである。ハードウェアに関しては、これまでの中央集権的で縦割り的な行政機構では対応が不可能であり、まずは中央政府に水資源管理行政を行う部門を一つに集中させ、そのうえで流域ごとに統一した水資源管理行政を行う地方政府組織の再編成を行わなくてはならない。ソフトウェアである「取水許可制度と水資源の有償使用制度」については、これが地方政府においてどのような仕組みによって実際に運用されているのかが重要である。

とくに、農村の水利用と管理に関しては法の適用外となることから、その運用実態が不明瞭である。取水許可制度と水資源有償使用制度は、農村のため池とダムの水利用には適用されない（改正法7条）。また、農村の集団経済組織や当該組織の構成員たる農民が水利施設を建設する場合には、受益者負担の原則を採用する代わりに、農民の水利施設建設や貯水行為を統一管理から除外した（改正法25条2項）。他方で、農村の集団経済組織によるダム建設には県レベル以上の地方政府の水行政部門の許可が求められており（改正法25条3項）、水利施設の管理責任主体が不明瞭な状態が作出されている。[25]

なお、改正法7条および48条の規定によれば、河川、湖沼、地下から取水して使用する場合には、水行政主管部門や流域管理機関から取水許可を得て、水資源費を支払わなければならないとされる。これらの規定は、取水内容を明確にして利水を管理し、受益者に費用負担をさせることによって節水を促すことを目的としている。例外として、農村のため池やダムからの農業用水利用に関しては、取水許可も水資源費の支払いも不要とされている。しかし、このことは、農村の水利用の無秩序化と、管理責任の所在を不明確にしたという批判が強い。2002年の法改正の際にも、この問題が議論されたが、結局は農村の利害関係の調整が難航して見送られた。中国では全国のダム貯水量の4分の1が農村の集団所有ダムにあるとされ、その貯水行為を水系の流水管理から除外してよいのであろうかという疑問が呈されている。ま

---

(25) 前掲注17片岡論文36頁。

た、集団所有ダムの多くは1950年代に築造されたものが多く、そのほとんどが老朽化してかなり危険な状態にあるという（清朝末期に作られたものもあるという）。そして、これらのダムをだれが維持管理し、もし事故が発生した場合にはだれが責任を負うのであろうか。改正法は、こうした問題に対して何らの解決策をも示さなかった[26]。

ところで、改正法によって新たに創出された取水許可制度と水資源有償使用制度を受けて、これを具体的に実現すべく、とくに2006年前後において多くの関連する政策立案および立法がなされた。

まず、取水許可に関して、1993年に国務院は「取水許可制度実施弁法」を制定し、2005年には国家水利部が「水利権譲渡に関する水利部の若干の意見（水利部関于水権転譲的若干意見）」（水政法［2005］12号）を下達して、水利権制度の枠組みを示した。これらの政策・立法を踏まえて、2006年に国務院が「取水許可と水資源費徴収管理条例」を公布して、水資源費徴収を取水許可と一体化させることになった。本条例は、許可によって取得した取水権の有償譲渡を認める規定（27条）を設けた。これは、もともと2002年の改正法において明文規定化が見送られたものであった。つまり、改正法を読むだけでは、中国において取水権の譲渡が可能か否かは不明であるが、本条例によりこれが可能であることが明確になっている。

なお、改正法において、農村のため池やダム等の水管理・利用が法適用除外とされたことを受けて、本条例も同様の措置を講じた。また、河川からの取水行為については本条例が適用されるが、本条例は河川からの農業用の取水行為に関しては二重三重の減免措置が用意されており、農業に係る資源費負担はないに等しく、農業分野が水需要の最大産業であることに鑑みても、節水効果は極めて限定的になるという指摘がなされている[27]。流域全体を見渡して取水権を譲渡することによって、異なる産業間の水利調整はある程度可能であろうが、流域全体において農業が一大産業となっている現状からは非現実的であり、新たな水源開発が必要となってくる。

つぎに、2006年には、特定河川を対象とした水利調整を規律するための

---

(26) 前掲注17片岡論文36頁。
(27) 同上50頁。

初めての立法である「黄河水量調度条例」が国務院から公布された。同条例は、水資源管理利用に関して流域管理のモデルを示す重要な立法である。もともと、黄河の水量分配に関しては、1988年に国務院が公布した「黄河水量調度管理弁法」という地方政府のための下位法規が存在しており、一種の行政マニュアルのようなものとして機能していた。同条例は、この弁法を国家レベルの行政法規へと格上げすることで、法律責任を明確にして、より一般的に効果を発揮できるようにしたものといえる。同条例は、黄河の巨大な流域を、省や自治区の間で、正常時と緊急時とに分けて、計画的に水利調整を行う、水量分配計画制度によって管理しようとした。しかし、分配計画はあくまでも省や自治区の間で行われる協議によるものとされ、極めて任意的で強制力はなく、省や自治区よりも下位レベルの行政機関での水量分配の具体的方法については規定がなく、さらに法的責任も関係した公務員の懲戒処分が規定されているのみで、問題が発生した後の処理や解決などに対して誰が責任を負うのかについては不明なままである。[28]

V　黒河における水票制度

　2002年の改正水法および2006年に国務院が公布した「取水許可と水資源費徴収管理条例」と「黄河水量調度条例」によって、許可と費用徴収という手法を以て流域全体の水量調整を一元的に行うことが制度化された。しかし、この制度を、地方政府がどのように具体的に実施して実効性を持たせるのかという問題に加えて、最大の水需要者である農民と彼らの生業である農業をどのように規律しているのかという疑問が生じる。

　甘粛省では、黄河の水利用に関しては「黄河水量調度条例」を基本にしているが、中国第二の内陸河川である黒河の水利用に関しては、前述のとおり、2001年に張掖市において節水型社会建設がパイロット事業的に推進され、契約的手法による水管理が成功を収めていた。1950年代以降、黒河流域では省や自治区の境を超えて、農業と他の産業、とりわけ工業分野との間で熾烈な水量調整の問題が発生していた。ここで注目すべきは、法的規制の

---

(28)　前掲注17片岡論文45頁。

対象から外れた農業用水の管理と利用に対して、慣習法を公式制度化して調整を行おうとしており、そのひとつが水票制度であったということである。水票を用いた農業用水取引の具体的な措置に関しては、張掖市水務局が2003年に公布した「張掖市節約用水管理弁法（試行）」において詳細な規定が設けられている。同弁法が制度目的として掲げていることは、黒河中流域に位置する張掖市の農業灌漑用水の再配分を通じて節水を促進し、中流域と下流域の水の再配分を達成させることにある。より具体的に説明すれば、誰がどのくらい使っているのかという個別使用量を把握し、それを費用徴収によって実現するとともに水管理行政にかかる費用を確保し、節水とそれによって生じた余剰水を再配分することにある。しかし、現実には、水票制度の認知度は高いものの、実施に至っている地域は少ない。認知度が高いというのは、後述するように、この制度が1949年の建国以前、確認できている限りでは清朝時代にまでさかのぼる慣習的な制度であって、少なくとも甘粛省の農民たちにとっては感覚的に理解できる制度だからだと思われる。なお、張掖市水務局における聞き取り調査の結果によれば、水法や国務院条例によって、農村の既得権益は保護され、河川からの取水行為に対しても水費用徴収において減免措置が講じられるなどの優遇措置があることから、有償性を厳格に実施することに対しては、農民たちには抵抗感があるという。さらに、国家法レベルでは不明確な状況にある地下からの取水費用徴収に関して、これを強化する動きもあり、一部の農村からの強い抵抗もあるという。

　水票制度が抱える制度目的と現実との乖離現象を埋めるべく、甘粛省張掖市においては、2005年頃から農地の請負経営権と水利用に係る権利を連動させるシステムを採用してきている。ただし、すべての農地が水票と連動しているわけではなく、農地請負経営権は原則30年で割り替えが行われ、この更新時に水票の発行、すなわち取水権ないしは水利権の設定行為が実施されるのである。このことは、農地と水利とを切り離して、権利に関してはこれを別個独立させつつ、利用に関してはこれを一体化させるという手法を採用したのである。これによって、農地とその権利に自動的に付随してきた水

---

(29) 前掲注16寇論文86頁は、当該管理弁法の概要と水票制度の具体的執行方法について詳述している。

資源とその利用権が分離して、一種の有償許可制となったわけだが、前述の通り、農民は有償性に対して抵抗感を抱いており、この抵抗感を緩和すべく、水資源費は他の用水費と比べると格段に安く設定されている(30)。

ところで、黒河流域の農村地帯においては、水票制度自体を新しい制度としてではなく、清朝時代の雍正4（1726）年に施行された「均水制」の変形態として捉えている(31)。均水制とは、毎年芒種（6月5日頃）の10日前の寅の刻（午前4時）から芒種の卯の刻（午前6時）まで、上流域の村の水門が閉められ、軍隊の監視の下で下流域の村や新灌漑区に引水された。それ以前の明朝時代には、わが国の慣行水利においてもかつてみられたのと同じ「線香水」という時間計測方法が用いられていた(32)。線香水による水配分は、水門の大小や貢租負担額の多寡を基準として線香の長さが按分され、その燃焼時間内のみ灌漑されていた。したがって、実際に必要な量が灌漑されていなくとも、線香の燃焼時間が経過すれば灌漑は打ち切られるため、水泥棒や水紛争が絶えなかった。しかし、清朝が新疆地域を版図に収めることに成功して屯田制が施行されると、それに伴って張掖周辺への流入人口が急増し、それを養うための大規模な農地開発が行われ、必然的に水不足や水紛争が以前にもまして多発するようになっていた。さらに、明末清初にかけて、黒河の水源地帯である祁連山脈の森林開発や鉱山開発が急速に進み、河西回廊一帯での森林の荒廃と減少が加速化し、水源の枯渇を招来していた(33)。そこで清朝は、

---

(30) 中国社会科学院乾燥地研究所の鐘方雷博士によると、蘭州市における用水費用は、工業用水が0.8元（約18円）/m³、生活用水が0.2元（約4円）/m³であるのに対して、農業用水は0.001元（約2銭）/m³とであるという。

(31) 前掲注13 鐘＝徐＝程＝盖論文697頁。

(32) わが国における水利慣行については、拙稿「地下水保全管理のための法規範研究」『拓殖大学論集（政治・経済・法律研究）』第18巻第1号（2015）127～130頁を参照。

(33) 井上充幸「明清時代の黒河上流域における山林開発と環境への影響」『東アジア文化交渉研究』第3号（2010）481頁。さらに、同論文486～487頁では、甘粛提督の官職にあった蘇寧阿が嘉慶7（1802）年に、祁連山脈の最高峰である八宝山に関して著した「八宝山来脈説」、「八宝山松林積雪説」、「引黒河水灌漑甘州五十二渠説」の3篇の文書（『甘州府志』巻四「地理」山川附に所収）を紹介している。このうち、「八宝山松林積雪説」は、水源涵養林としての山林の機能を論じ、「引黒河水灌漑甘州五十二渠説」も、八宝山の松林が積雪を留め、それが河川の水量とそれを利用する農業とに密接に関わっていることへの認識が明確に示されていると紹介されている。さらに、蘇寧阿は八宝山の森林が有する機能に対する極めて深い洞察に基づき、鉱山開発の差し止め等の強固な禁令を発出しているが、その背景には、祁連山脈の森林がこの時期にすでに危機的状況を迎えつつあったこと、乾隆年間に打ち出した方策が結局は功を奏さず、開発が急

黒河水系に灌漑用堰堤を設けて新規開墾地に供給する灌漑用水を確保するとともに、均水制を施行して水紛争の解決に努めたのである[34]。

もともと、中国では秦朝時代より水資源を強大な中央集権式の国家権力によって管理する手法が構築され、水利権は土地と一体化するものとしてその譲渡が禁止されてきた。しかし、とくに、乾燥していて慢性的な水不足状態にあった黄河中流域では、かなり早い時期から土地と水利権を分離して認識するようになっており、線香水の慣行が行われていた明朝時代にはすでに水利権が譲渡されるようになった。このことは、大河川流域における新規開墾が深く関わっている[35]。少なくとも、清朝時代の張掖における均水制の施行は、新疆への屯田兵の大量流入という人口増加減少が制度創出の背景にある。他方で、それはもともと統治階級が支配すべきであった水資源が水不足や新規開墾に伴って私権化されてきた状態を、あらためて中央集権式に管理するシステムの登場であり、現代中国の水利権制度の基礎になっているという指摘もなされている[36]。雍正年間に施行された均水制は、その後約200年にわたって継承されて行くが、施行から比較的早い時期に成功したことも研究されている[37]。しかし、清末に河西回廊の回族による反乱がたびたび起こるとともに、水害や干ばつによる凶作と飢饉が相次ぎ、これらを忌避すべく多くの居住民が移住し、流域の水利用制度も大きく後退した。

その後、清朝が滅亡し、中華民国時代にはさらに耕地や灌漑施設の荒廃が進んだ。しかし、1949年の中華人民共和国建国以降、とくに1953年に河西

速に進展したことを物語っていると指摘している。
(34) 前掲注13 鐘＝徐＝程＝盖論文696頁。
(35) ROGER C. CALOW, SIMON E. HOWARTH & JINXIA WANG, 'Irrigation ,Development and Water Rights Reform in China', 2010, In SUN Xuetao, Robert Speed, Shen Dajun, ed. 2010. Water Resources Management in the People's Republic of China. Routledge: London, pp 40-pp41.
(36) 前掲注16 寇論文74頁。
(37) 前掲注13 鐘＝徐＝程＝盖論文696頁によれば、均水制が導入されてから3年後の雍正7 (1729) 年に、同じ黒河水系でありながら異なる行政管轄区で水紛争が発生したことから、これらの地域の管轄を統合させることを朝廷に上奏して許可を得ている。このことは、水資源の統一的な管理を志向させたものであろう。また、雍正9 (1731) 年には、嘉峪関の厳しい自然環境下で放牧を行っていた牧畜集団500人余りを、生態環境が良好に転じた黒河下流域で支流を形成している額済納川流域に移住させ、額済納（エジン）旗を成立させて現在もなお内モンゴル自治区内の県級行政区としてその名称が存続している。

地域が激しい旱魃に見舞われたことをきっかけとして、1956年に年2回（4月と5月）の均水制が実施されるようになった。そして、1956年に始まる均水制は、清朝時代に施行された均水制と比較した際に、その目的と内容がほぼ一致することは注目すべきであろう。

VI　用水者協会の機能と法的性質

　地方の慣習的水利に起因する水票は、その実施に際して、水分配とそれをめぐる紛争解決のための自治機能を必要とする。甘粛省張掖市における聞き取り調査では、少なくとも黒河流域の一部の地域においては、慣習的な水利組織が、用水者協会（中国語では「用水戸協会」と表現し、邦語文献でも原語のまま使用するものが散見されるが、本稿では「用水者協会」の呼称を用いる）という農民参加型の制度として再構築され、水票の実施主体として機能していることが明らかとなった。もっとも、用水者協会の再構築の主体は行政であって、農民はあくまでも協会を通じてなされる水管理に「参加」しているに過ぎないという点には注意を要する。現在、用水者協会は、中国全土において展開されているが、黒河流域、とりわけ甘粛省張掖市におけるそれが成功事例として研究されることが多い。果たして、張掖市の用水者協会は、どのような点に特徴があるのであろうか。そこで、両者について比較検討したい。

　まず、中国全土において展開されている用水者協会について考察する。この組織はそもそも、1995年に湖北省漳河灌区および湖南省鉄山灌区において、支渠以下の水利システムの管理を対象とした受益農民による参加型灌漑

---

(38)　日本水土総合研究所編『水土の知を語る―中国の農業水利』第12巻（日本水土総合研究所、2007）15頁は、わが国の土地改良区に相当するものとして説明する。

(39)　山田七絵「中国西北農村における水資源管理体制の改革とその効果―甘粛省張液オアシスを例に―」北川秀樹編著『中国乾燥地の環境と開発』（成文堂、2015）150頁も、中国で農民用水者協会を農民が自発的に組織した事例はあまり見られず、政府や水利部門の強力な指導によって組織され、そのほとんどが流域単位ではなく行政村の範囲に組織されており、リーダーも行政村リーダーと兼任であることが多いと指摘している。この点に関しては、筆者の張掖市における聞き取り調査でも、張掖市の多くの用水者協会のリーダーは選挙で選ばれるものの、行政機関の幹部等が選出されることが多いという結果を得ている。

(40)　前掲注2飯嶋論文112頁注5の説明によれば、中国では、一般に農業用水路系を幹線側から順に、幹渠―支渠―斗渠―農渠―毛渠の5階級に分級し、大規模な地区では、幹線系をさらに総

管理組織が試験的に設立されたのが最初であるとされる。このような参加型灌漑組織が設立された背景には、1981年に水利部が制定した「灌区管理暫行弁法」に基づく行政主導の灌区管理体制の行き詰まりがあるとみられる。既往研究によれば、同弁法による管理体制は、大、中型灌区において構築され、地方政府の指導および監督の下で、当該地方政府所管の事業単位として設置された「専業管理機構」による基幹施設の管理と、当該機構の指導下において、「群衆管理組織」による支渠または斗渠以下の施設の管理という重層的な管理体制が構築されたが、現実にはこれらの管理体制が有効に機能しないか、あるいは群衆管理組織の実体が伴わずに水利システムが機能不全に陥って水争いも頻発し、さらには、本稿の冒頭でも述べたが、末端行政機関の水費徴収事務をめぐる不当介入を招いたと指摘されている。

このように、「灌区管理暫行弁法」に基づく行政主導の管理体制に代置する形で登場したのが、農民参加型灌漑組織である用水者協会である。用水者協会の主な役割は、水利施設の制御操作と維持管理、水利費用の負担や徴収で、その活動は社会基盤を管理し、地域の基本的な文化社会や環境の基本的な構造を規定することになる。他方で、用水者協会の法的性質については不明な点が多い。一部の用水者協会が法人格を有することは確認されているが、それを規律する専門法は存在しない。つまり、社会団体登記管理条例等によって法人格を有することはあっても、組織に対する法的保障がないのである。このような状態が続いたまま、2016年7月21日時点で全国に約8.3

　　幹渠―幹渠―分幹渠と細分するという。
(41)　裴麗萍『可交易水権研究』(中国社会科学出版社、2008) 240頁のほか、前掲注2飯嶋論文108頁も同旨である。
(42)　前掲注2飯嶋論文107頁によれば、群衆管理組織は、受益農家が選出した支(斗)渠委員会あるいは支(斗)渠長と、その下部の灌水組、維持修繕専門隊などからなり、支(斗)渠以下の用水管理、維持修繕を行う組織である。
(43)　前掲注2飯嶋論文107～108頁。
(44)　前掲注8福嶌＝谷口書47頁。
(45)　前掲注2飯嶋論文109～110頁によれば、広西チワン族自治区桂林市青獅潭ダム灌区の「蓮塘支渠灌区用水戸協会」、河南省人民勝利渠灌区の「西高用水戸協会」、湖南省岳陽市鉄山灌区の「井搪支渠用水戸協会」の3つの用水者協会は、非営利目的等で法人格を有するというが、法人設立の根拠法については不明である。
(46)　2005年10月31日に、水利部、国家発展および改革委員会、民政部が連合して「農民用水者協会建設に関する意見（関于加強農民用水戸協会建設的意見）」を公布し、水利工程の良好な

万の用水者協会が設置され、その管理下にある灌漑面積は約3億畝（約2000万ha）に達している。なお、2016年7月1日に国務院によって施行された「農田水利条例」は、国家は農村集団経済組織、農民用水合作組織、農民およびその他の社会団体を奨励および誘導して、農地水利工程の建設、経営および稼働維持を行い、農地水利工程施設を保護し、用水を節約し、生態環境を保護することを規定（同条例5条1項）したが、用水者協会設置の法的根拠ではない。つまり、用水者協会は法的根拠を欠いた状態で公的制度として発足し、すでに30年以上が経過し、中国の水利政策の基底の一部を構成する存在にまでなっているのである。ところが、用水者協会に関する既往研究のほとんどは、この点をさほど問題視していない。中国においては、国家機構はもちろんのこと、住民の末端組織である社区やNGOまでもが法的根拠に基づいて設立されているという状況を意識すれば、そもそもわが国の土地改良区に相似するとされる用水者協会の設置に関して、その法的根拠が存在し

　　る稼働の促進と効果と利益を十分発揮させるために、農村水利の基層をなす群衆管理組織体制改革をさらに進めるべきことを地方政府の水利関係部門に下達しているが、ここではすでに用水者協会が既存制度として設置され、存在することが当然視されている。
(47)　中華人民共和国水利部「関于政協十二届全国委員会第四次会議第2718号（農業水利類261号）提案答復的函」http://zwgk.mwr.gov.cn/zfxxgkml/201610/t20161031_766513.html（2017年1月9日最終閲覧）。
(48)　中華人民共和国水利部から発表される公式文書の多くでは、「農民用水合作組織」と「用水戸協会」の2種類の用語が混在する。この点に関して、前掲注2飯嶋論文108～109頁も、用水者協会についての法令や通達による制度上の定義がないと指摘している。
(49)　ROBERT SPEED, 'A Comparison of Water Rights Systems in China and Australia', 2010, In, SUN Xuetao, Robert Speed, Shen Dajun, ed. 2010, Water Resources Management in the People's Republic of China. Routledge: London, pp 214 では、用水者協会による管理形態の出現について、国家による水の一元管理から地方分権の流れの一環として説明する。また、李強＝潘原＝陶伝進＝周孝正等著『中国水問題―水資源與水管理的社会学研究』（中国人民大学出版社、2005）203頁は、用水者協会が水資源管理に参加する形態の出現は、1980年代以降の世界の趨勢であり、他の制度に代置することができないものになっており、政府にとっては財政支出と管理負担を減少させることができ、用水者にとっては自発的に水管理計画に参加することで、自らが水利ルールを創出し、あるいは既存のルールを順守する意識が高まるという利点があると指摘する。さらに、山田七絵「中国農村における持続可能な流域管理―末端水管理体制の改革―」大塚健司編『流域ガバナンス―中国・日本の課題と国際協力の展望―』（アジア経済研究所、2008）72頁は、中国政府が用水者協会の設立を積極的に支援しているのは、近年国際援助機関等によって推進されている参加型灌漑管理の国際的な議論の流れをくんだものであるとして、類似の指摘をしている。
(50)　社区の設置に関する法的根拠ついて、拙稿「中国社会の原動力としての社区」『ジュリスコンサルタス（関東学院大学法学部法学研究所紀要）』19号（2010）29頁以下参照。

ないということは極めて特異なこととして疑問が生じるのではないだろうか[51]。また、このことに関連して、法定の設立要件や手続きが明示されていないにもかかわらず、試験的に設立されてから20年余りで、政府が設立を推奨し、全国各地に展開することがなぜ可能であったのかについても疑義が残る。

これらの疑問点を踏まえて、つぎに、黒河流域の一部の地域において、水票の実施主体として、慣習的な水利組織を再構築して設立された用水者協会について考察する。用水者協会が法的根拠を持たずして全国に急速展開したという事実は、その前身となる組織の存在があったと仮定すれば比較的容易に解明されよう。しかし、前身となる組織、とりわけ慣習的な水利組織を前身としているという点を論証している既往研究はほとんど見当たらない[52]。もっとも、興味深いことに、中国の用水者協会の前身として位置付けることができる灌漑小組の初出が、黒河流域で、甘粛省張掖市臨沢県東部に所在する梨園河灌漑区であったということが、文献からわずかながらに確認できる[53]。それによれば、1978年に始まる改革開放政策により導入された土地請負制とともに灌漑小組が出現し、輪番灌漑を実施する必要から、かつての人民公社と生産大隊（または生産隊）あるいは引水闘溝と称する用水者の集団が、当該集団の代表を選出して水の見張りと分水を行っていたという[54]。ここで注意しなくてはならないことは、行政区画と水路系に規定される灌漑区とを一致[55]

---

(51) 前掲注41裴書240～241頁も、用水者協会が法的根拠なくして設立されていることは、用水者協会がリスクを回避する能力に欠け、民主的権利や持続的な発展が保障されないという問題点を指摘し、さらに、これらの問題を解決すべく、用水者協会組織法のような法規範の制定を急ぎ、法人化や業務内容の明確化、水利権の授権制度の構築、水費用の価格決定権や徴収権の付与などを規定すべきことを提言している。

(52) 同上書239頁によれば、唐朝時代には「渠社」と称される民間の水利組織が登場し、元朝時代の北京には「興隆壩」と称される用水組織が存在したという。ただし、こうした古代中国以来の民間による灌漑組織や用水組織に関する研究はほとんどその蓄積がないため、現在の状況に対しては外国の制度を参考にするしかないという指摘もなされている。

(53) 前掲注49 李＝潘＝陶＝周書202頁脚注①の記述参照。

(54) 甘粛省張掖市水利局における聞き取り調査では、張掖市の用水者協会は清代の慣習的水利集団である「龍洞」に由来するという。この龍洞という組織は、水分配を行うだけでなく、農民同士の水利紛争を解決する機能を有していたという。

(55) 前掲注49 李＝潘＝陶＝周書202頁脚注①の記述によれば、水の見張り役は集団から1人が選ばれて、自集団の田畑に灌漑水が達する際に取水口に派遣され、そこで灌漑が完了するまで見張って水の盗取を防いだという。

させることで、土地請負経営と用水管理を同一組織によって合理的に行っていた点である。現在も、張掖市では、土地請負制の基層組織である郷鎮の村民委員会やさらにその下部の受益農民のグループである社や村民小組と用水者協会がほぼ重なり合う形で存立している。そして、張掖市において確立している用水者協会は、水量配分の権限は有さないが、公的管理によって定められた水量を、水票という形で有償配分することを主な業務としている。水票は、農地の請負経営権と連動しており、請負経営権の再配分時には、水票も再配分される。なお、新規取水に関しては、土地請負経営権とは無関係に権利設定の必要が発生し、必要水量、期間、目的や既存取水権者との利益調整等について、環境保護行政部門が環境アセスメントを行い、その評価報告書をもとに水票の発行が検討されるという。水票は5年ごとに更新され、取水量に応じて県または市レベルの地方政府の水行政部門が発行主体となる。ちなみに、水使用量が100万m^3以上の場合は市政府が発行し、100万m^3未満の場合は県政府が発行するという。このように、張掖市の水票制度と用水者協会は、土地請負生産制とリンクすることで、耕作面積に応じた適切な水量が配分され、水をめぐる利害関係の調整も土地問題と同時に行うことが可能になっているといえよう。このことが、張掖市における節水型社会建設が成功事例となり得た理由のひとつなのであろう。もっとも、なぜ、土地の請負経営権と水票をリンクさせることで、配水と節水がうまくいったのかについてはもう少し説明が必要であろう。この点に関しては、行政村の区画とは別途設置された用水者協会を利用した用水管理制度に関して、水を土地から独立させて配水した結果、配水を行う公的機関および農民のいずれにとっても節水動機が働きにくく、結果として水管理システムがうまくいっていない事例研究から、逆説的に、土地の利用権と配水および水利権を連動させる

---

(56) 前掲注39山田論文163頁でも、現地調査の結果として、用水者協会と行政村等の管轄範囲が一致していることを確認している。
(57) 陳菁＝水谷正一＝後藤章＝松井宏之「中国における水管理の現代的展開に関する研究」『農業土木学会論文集』第206号（2000）275頁は、「土地・農業用水は未だに国・集団が所有し、農家自らが水管理を行う制度的条件と内的動機を共に欠いているため、利水者の水利用組織が形成されていないことが統制的水管理の原因の1つである」として、契約的手法による水管理の難しさを指摘する。
(58) 任永懐＝佐藤政良＝楊継富＝郭宗信＝佐久間泰一「節水効果から見た中国河北省石津灌区に

ことで、農民の節水動機が働くのではないかという結論が導き出せよう。もともと、農民は土地請負経営権を有していても、その土地に必要な水を利用する権利を当然に有していたわけではない。農地に必要な水利権は、別途取得する必要があるが、誰にどのくらいの量を配水するのかをめぐって紛争が起きることは日常的であったろう。その点において、張掖市が、土地請負経営権を差配する行政村を基本とする用水者協会を通じて、土地請負経営権とセットにした水票という形式で水利権を分配したことは、農民にとっては耕作意欲が高まるとともに、耕作面積に応じた水量も把握でき、節水動機が十分に働いたものと思われる。水票制度の導入時点において、このような効果が予見可能であったのか否かは不明であるが、結果として非常に優れた節水効果を発揮したことは事実である。

Ⅶ　おわりに

　本稿では、甘粛省張掖市においてパイロット事業として実施されてきた水票および用水者協会という制度に焦点を当て、地方政府が水の利用権を土地の利用権と一体化させて契約的手法を用いて管理することで、国家法による統制型の水管理手法が内在する、実効性に乏しかった部分を補完することに成功した事例を紹介し、その成功の背景にある現象を解明した。その成功の鍵は、慣習法という非公式制度の公式制度化にあったのではないかという問題意識が、本稿の前提となった調査研究の成果である。中国において、慣習法がどの程度認められ、法規範として機能するのかについては議論の多いところである。新中国の建国と同時に、中国共産党は、慣習法を含む全ての旧法との断絶を明示したが、旧法の継承をめぐっての論争が激しく展開され、結果としては継承否定説が支持され、いかなる旧法の継承可能性に関する議論もその後「禁域」として長く触れられることがなかった[59]。中国では、長ら

　　おける水管理システムの分析」『水文・水資源学会誌』第17巻第4号（2004）381～391頁、任永懐＝佐藤政良＝楊継富＝郭宗信「中国河北省石津灌区の水不足時における節水管理の分析」『水文・水資源学会誌』第17巻第5号（2004）515～522頁。
(59)　菊池真純「伝統的村落共同体による森林資源管理」奥田進一編著『中国の森林をめぐる法政策研究』（成文堂、2014）285頁。

く、慣習法とは、国家が認可し、国家的強制力によって実施が保証される習慣を指し、国家が成立する以前の原始的な慣習には法的性質はないと考えられてきた(60)。つまり、慣習法が認められるためには、国家の存在と承認、そして国家による施行が必要最低条件とされていたのであり、慣習法の成立如何は統治者の意向に左右されるきらいがある(61)。しかし、改革開放政策以降は、慣習法の存在を肯定的に捉えている研究が多くみられ、慣習法の継承を肯定する議論も活発化している(62)。とりわけ、中国固有の法体系の存在が研究対象とされ始めると、そこには国家の制定法に加えて慣習法というものが包含されて構成されているべきであり、慣習法を軽視した法学研究は成立し得ないという見解も登場する(63)。また、中国法に特有の法制度として捉えられているものの実態を考察すると、実は慣習法が成文法化されて公式制度化したものであるという研究成果も現れている(64)。

ところで、慣習法の存在およびそれが法規範として機能することが認められるとしても、慣習法と国家法とが矛盾し、慣習法に則る行為が違法ないしは脱法化する場面にいかに対応するのかという問題が必ず生じるであろう。そのような場合に、慣習法がそのままの状態で行為規範や裁判規範になることはなく、何らかのプリズムを通じて公式制度化されて行くことが予定されるであろう(65)。このような状況において、張掖市における水票の公式財産権化という現象を通じて、慣習法が正式なタイトルを与えられて機能し始めるという、大変興味深い法現象を見出すことができた。他方で、公式制度化された水票制度は、今後さらにいくつかの課題を克服しなければならないであろう。とくに水票が土地利用権と一体化したとはいえ、それは私的財産権であ

---

(60) 中国大百科全書編集部編『中国大百科全書 法学（修訂版）』（中国大百科全書出版社、2006）87頁。

(61) 高其才『中国習慣法論』（湖南出版社、1995）2頁。

(62) 同上書、高其才主編『当代中国民事習慣法』（法律出版社、2011）、公丕祥主編『民族習慣司法運用的理論與実踐』（法律出版社、2011）等のほか、前注59菊池論文285頁以下では中国における慣習法研究に係る各種論文が網羅的に紹介されている。

(63) 前掲注61高書17頁。

(64) 渠涛「中国物権法立法における慣習法の位置付け」『比較法学（早稲田大学比較法研究所）』36巻2号（2003）93頁以下では、慣習法が成文法化されて公式制度化された例として、農地請負経営権、典権（わが国の不動産質権に類似する制度）、譲渡担保を挙げる。

(65) 同上101頁。

り、一定の状況下では水票のみが単独で取引対象となることもあろう。また、農業において発生した余剰水に係る水票を、他の産業に取引することに関する問題はないのであろうか。国家の一元管理は法律によって実現したが、地方政府においては結局のところ水利部門、農業部門、環境保護部門という複数の部門が水利調整作業に関与しており、これらの作業を一体化させる必要もまた指摘できる。これらの諸問題については、今後さらに研究を継続させて解明したいと考えている。

＊本稿は、平成27年度科学研究費補助金（基盤研究（B））「総合的流域管理と水資源をめぐる比較法的研究」（課題番号：15H05175、研究代表者：奥田進一）による研究成果の一部である。

中国における営業秘密の保護について

胡　　光　輝
Guanghui HU

Ⅰ　はじめに
Ⅱ　営業秘密に関連する法規定
Ⅲ　営業秘密について
Ⅳ　裁判例
Ⅴ　検討
Ⅵ　結びにかえて

Ⅰ　はじめに

　日本、アメリカなどの先進国における営業秘密侵害事件において、中国大陸（以下「中国」という）の企業や個人に関連するケースが多々ある。米中貿易全国委員会（THE US-CHINA BUSINESS COUNCIL）の中国貿易環境調査報告書によると、近年、中国における営業秘密の保護問題は、中国に投資しているアメリカ企業にとって最も関心のある問題として注目されている。米国通商代表部の2016年版スペシャル301条報告書においても、中国を引き続き優先監視国として位置づけ、営業秘密に対する保護の強化を求めている。

（1）　株式会社三菱総合研究所「諸外国における営業秘密保護制度に関する調査研究報告書」（平成25年参照経済研究委託事業、2014年3月）http://www.meti.go.jp/policy/economy/chizai/chiteki/pdf/H25FYshogaikokuchosa.pdf。Administration Strategy on Mitigating the Theft of U.S. Trade Secrets [R] .February, 2013.　https://www.whitehouse.gov/sites/default/files/omb/IPEC/admin_strategy_on_mitigating_the_theft_of_u.s._trade_secrets.pdf などを参照されたい。
（2）　USCBC 2015 China Business Environment Member Survey.

中国における営業秘密保護制度は、主なものとして、1993年の不正競争防止法がある[4]。当該法律は、初めて営業秘密の概念を設け、営業秘密侵害に関する民事責任及び行政責任に関する規定を設けている。たとえば10条3項は、「営業秘密」とは、「公衆に知られておらず、権利者に経済的な利益をもたらすことができ、実用性を有し、かつ、権利者が秘密保持措置を講じている技術情報及び経営情報をいう」と定めている。つまり、「営業秘密」として、法に基づく保護を受けるために、①当該情報は、公衆に知られていないこと（非公知性）、②当該情報は、権利者に経済的な利益をもたらすことができ、実用性を有すること（実用性あるいは価値性）、③権利者が当該情報について、秘密として管理されていること（秘密管理性）、という3つの要件を具備する必要がある[5]。最高人民法院は、秘密性（非公知性）、［保密性］（秘密管理性）、価値性の三要件説をとる[6]。

　近年、日本では、大型の営業秘密漏えい事件が顕在化し、営業秘密侵害による損害額も高額化する傾向にあるため、より実効的な刑事罰による抑止と民事的救済の実効性の向上が求められてきた[7]。

　中国も日本と同じように営業秘密に対する保護を強化してきており、また、知的財産の秘匿化（営業秘密）の価値がかつてないほど認識されるよう

（3）　2016 Special 301 Report, p.30. Office of the United States Trade Representative, April 2016. https://ustr.gov/sites/default/files/USTR-2016-Special-301-Report.pdf.

（4）　2016年2月25日、国務院法制弁公室は、中華人民共和国不正競争防止法（修訂草案送審稿）（以下「修正案」という）を公表し、同時にパブリックコメントの募集を行った。2016年11月23日に開かれた国務院常務会議において、同法の修訂草案が採択された。これから全国人民代表大会常務委員会の審議に付することになる（中国政府網 http://www.gov.cn/guowuyuan/gwycwhy/20161123C35/index.htm）。

（5）　国家工商行政管理局関于商業秘密構成要件問題的答復（工商公字〔1998〕第109号）（江蘇省工商行政管理局に対する回答内容。）。日本不正競争防止法2条6項は、①秘密として管理されていること〔秘密管理性〕、②生産方法、販売方法その他の事業活動に有用な技術上又は営業上の情報であること〔有用性〕、③公然と知られていないこと〔非公知性〕、という3つの要件に合致する必要があると定めている。

（6）　後述「裁判例⑲」を参照されたい。

（7）　たとえば、①新日鐵住金vsポスコの製鉄技術に関する損害賠償請求事件、②東芝がSKハイニックス（韓国）に対して、NAND型フラッシュメモリ技術の不正流出をめぐって、1,100億円の損害賠償を求めた事件（330億円で和解）、③ベネッセに関する顧客情報漏えい事件（約50社に約3000万件漏えい）などがある。経済産業省知的財産政策室「平成27年不正競争防止法の改正概要（営業秘密の保護強化）」http://www.meti.go.jp/policy/economy/chizai/chiteki/pdf/27kaiseigaiyou.pdf（2016年9月2日アクセス）など参照）。

になってきている。2015年5月、中国は、「中国製造2025」を公表し、「製造大国」から「製造強国」への転換を国家戦略として取り組んでいくことを示した。しかし、高い技術力を要する分野では、依然として外国の技術に依存している部分が大きく、産業構造の転換を図るとともに、「質」の高い成長を実現しなければならない。そこで、激しくなる一方の科学技術の国際競争にさらされながら、自国の技術力、研究能力、ブランド力を高めると同時に、依然として引き続き先進諸国の技術を導入する必要があることは否定できない。このような状況下で、とりわけ研究能力や技術力の弱い中小企業にとって営業秘密の「保護」に対する取り組みは、非常に難しいものがあろう。また、そもそも中国人従業員は、会社への帰属意識が比較的希薄であり、人材の流動性が高く、さらに、情報通信技術の高度化等の社会状況の変化を背景として営業秘密侵害の危険性が高まっていることと相まって、営業秘密侵害事件が多発している。

　本稿では、中国における営業秘密の保護に関する学説・裁判例の動向などを概観し、若干の検討を試みることにしたい。

II　営業秘密に関連する法規定

1　不正競争防止法

　日本の不正競争防止法における営業秘密の保護に関する規定が導入されてから、累次の改正により、営業秘密の保護強化が図られてきた状況とは異なっており、中国の不正競争防止法は1993年施行されてから、一度も改正されておらず、2016年にようやく不正競争防止法（修正案）（以下「修正案」とい

（8）　2015年5月8日、国務院関于印発『中国製造2025』的通知（国発〔2015〕28号）を公表、2020年及び2025年における製造業の主な指標を設け、「製造強国」を実現するための具体的な行動綱領を示している（中華人民共和国国務院公式ホームページ、http://www.gov.cn/zhengce/content/2015-05/19/content_9784.htm）（2016年10月16日アクセス）。

（9）　2015年12月30日、中国工商総局は国務院に不正競争防止法の修訂草案送審稿を提出し、2016年2月25日に公表され、意見募集（パブリックコメント）を行い、2017年2月22日に全国人民代表大会常務委員会に提出し、審議が行われた。本稿の各条文の日本語訳は、日本貿易振興機構（JETRO）、東京本部知的財産課、北京事務所　知識産権部「中国における営業秘密管理」（2012年12月）62頁以下参照。

う。）が作られた。しかし、営業秘密に関する内容は、①営業秘密要件の一つである「価値性」を明確にし、②過料金額は、「情状によって1万元以上20万元以下」から「10万元以上300万元以下」に引き上げられた。③営業秘密侵害が疑われる場合の証明責任規定を新たに設けることにしている（22条2項）。通常、営業秘密の使用行為、損害額などの立証責任はその請求を行う被侵害者側にあるのが、民事訴訟の原則である。しかし、「不正競争」による営業上の利益の侵害による損害は、経済活動を通じて発生するため、（通常侵害者の工場や研究施設などで行われる）使用行為や損害額の立証が非常に困難である。そのため、今回の改正における証明責任の転換によって、被害者（原告）の立証負担は、軽減されることになる。

　また、同法2条は、この法律の適用対象とりわけ不正競争行為の対象を経営者に限定しており、いわゆる「経営者」は、「商品経営又は営利的なサービスに従事する法人、その他の経済組織及び個人」を指すと規定している。この規定における不正競争行為を行った者＝経営者の範囲が非常に狭く、現実とかい離しているとの指摘がある[10]。そこで、後述「1995年工商局規定」2条は、権利者とは、「法により営業秘密に対して所有権または使用権を享有する公民、法人またはその他の組織」を指すと規定し、若干の修正が行われた。今次の不正競争防止法の修正草案は、これらの規定を踏まえ、経営者は、「商品生産・経営に従事又は参加し、サービスを提供する自然人、法人及びその他の組織」をいうとしている。

　現行法10条　事業者は、次の各号に掲げる手段で営業秘密を侵害してはならない。

　（1）窃盗、利益誘導、強迫又はその他の不正な手段を用いて、権利者の営業秘密を取得すること。

　（2）前号の手段を用いて取得した権利者の営業秘密を開示、使用し、又は他人に使用を許諾すること。

　（3）入手した営業秘密を、約定に反し、または権利者の営業秘密保持についての条件に違反して開示、使用し、又は他人に使用を許諾すること。

　前項に掲げる違法行為を明らかに知り、または知るべき第三者が他人の営

---

(10)　楊力「試論商業秘密侵権認定法律制度的完善」雲南大学学報法学版27巻4期、76頁参照。

業秘密を入手し、使用し、又は暴露したときは、営業秘密を侵害したものとみなす。

本条にいう営業秘密とは、公衆に知られておらず、権利者に経済的な利益をもたらすことができ、実用性を有し、かつ、権利者が秘密保持措置を講じている技術情報及び経営情報をいう。

修正案9条は（現行法10条3項のみ修正）……この法律にいう営業秘密とは、公衆に知られておらず、商業的価値を有し、かつ、権利者が秘密保持措置を講じている技術情報及び経営情報をいう。現行法の「権利者に経済的な利益をもたらすことができ、実用性」という文言を、「商業的価値」に改めたのである。

現行法20条　事業者がこの法律の規定に違反し、侵害を受けた事業者に損害をもたらした場合は、損害賠償責任を負わなければならず、侵害を受けた事業者の損害を計算し難いときの賠償額は、権利侵害者が権利侵害期間に権利侵害により取得した利益とし、かつ、侵害を受けた事業者が自身の合法的な権利・利益を侵害する不正競争行為を調査することにより支払った合理的な費用を負担しなければならない。

侵害を受けた事業者の合法的な権利・利益は、不正競争行為により損害を受けた場合、人民法院に対して訴訟を提起することができる。

修正案第17条（現行法20条）　事業者がこの法律の規定に違反し、他人の合法的な権利・利益に損害をもたらした場合は、侵害を停止しなければならない。他人に損害をもたらした場合は、損害賠償責任を負わなければならない。

事業者又は消費者は、不正競争行為により侵害を受けた場合、人民法院に対して訴訟を提起することができる。

現行法25条　この法律第10条に違反して営業秘密を侵害した場合には、監督検査部門は、違法行為の停止を命じなければならず、情状によって1万元以上20万元以下の過料を科することができる。

修正案第22条（現行法25条）事業者がこの法律第9条の規定に違反した場合は、監督検査部門は、違法行為の停止を命じなければならず、情状によって10万元以上300万元以下の過料を科することができる。犯罪を構成した

場合には、法により刑事責任を追及する。

　営業秘密の権利者は、他人が使用している情報と権利者の営業秘密とが実質的に同一であり、又は他人がその営業秘密を取得する条件を有することを証明できる場合、他人がその使用している情報について、合法的に入手したことを証明しなければならない。

2　1995年の国家工商行政管理局の「営業秘密侵害行為の禁止に関する若干規定（修正）[11]」（以下、「1995年工商局規定」という）

　本規定は営業秘密の要件や侵害行為を具体化し、保護の強化を図ったものである。

　第2条　本規定にいう「営業秘密」とは、公衆に知られておらず、権利者に経済的な利益をもたらすことができ、実用性を有し、かつ、権利者が秘密保持措置を講じている技術情報及び経営情報をいう。

　本規定にいう「公衆に知られておらず」とは、当該情報が公開されているルートからでは直接入手することができないことを指す。

　本規定にいう「権利者に経済的な利益をもたらすことができ、実用性」を有することとは、当該情報が確定的な応用性を有しており、権利者に現実的なもしくは潜在的な経済利益または競争上の優位をもたらすことができることを指す。

　本規定にいう「権利者が秘密保持措置を講じる」には、秘密保持協議の締結、秘密保持制度の確立及びその他合理的な秘密保持措置を講じることが含まれる。

　本規定にいう「技術情報及び経済情報」には、設計、工程、製品調製方法、制作技術、制作方法、管理ノウハウ、顧客名簿、商品供給先情報、生産販売戦略並びに入札募集・応募の最低基準価格及び入札書の内容等の情報が含まれる。

　本規定にいう「権利者」とは、法により営業秘密に対して所有権または使用権を享有する公民、法人またはその他の組織を指す。

---

(11)　12か条からなる。1995年11月23日、国家工商行政管理局令第41号発布。1998年12月3日に修正。

また、第3条は、禁止する営業秘密の侵害行為を列挙している（内容略）。

3 最高人民法院「不正競争民事事件の審理における法律適用に関する若干問題の解釈」[12]（以下「2007年司法解釈」という）

当該司法解釈は、2007年1月12日、が公布され、営業秘密の概念に関する具体的な問題の認定基準、訴訟主体、損害額の認定方法などに関する詳細な司法解釈を行った。

第11条　権利者が情報漏洩防止のために講じた商業価値等の具体的な状況に対応する合理的な保護措置は、不正競争防止法第10条第3項に規定する「秘密保持措置」と認定しなければならない。

人民法院は、関連情報の媒体の特徴、権利者の秘密保持の意思、秘密保持措置の識別可能の程度、他人が正当な方法によって入手できる難易度等の要素を考慮し、権利者が秘密保持措置を講じたか否かを認定しなければならない。

以下に掲げる状況のいずれかに該当し、通常な状況下で秘密情報の漏洩を十分に防止できるときは、権利者が秘密保持措置を講じたと認定しなければならない。

(1) 秘密情報の開示範囲を限定し、知る必要がある関連人員のみにその内容を告知している場合

(2) 秘密情報の担体に対し、施錠等の保護措置を講じている場合

(3) 秘密情報の担体上に秘密保持の表示を付する場合

(4) 秘密情報に対しパスワード又はコード等を採用している場合

(5) 秘密保持契約を締結している場合

(6) 秘密に係かかわる機械、工場、作業場等の場所への進入者に対し制限、又は秘密保持を要求している場合

(7) 秘密保持を確保するためのその他の合理的措置

第13条　営業秘密の中の顧客名簿とは、一般的に顧客の住所、連絡先及び取引の習慣、意向、内容等から構成され、関連の公知情報とは区別される

---

(12) 2006年12月30日最高人民法院審判員会第1412回会議採択（法釈〔2007〕2号）、2007年2月1日より施行。

特殊な顧客情報を指し、多数顧客を集めた顧客名簿、及び長期の安定した取引関係を保持する特定の顧客を含む。

顧客が従業員個人に対する信頼から従業員の所属先と市場取引を行い、当該従業員が離職後に、顧客が従業員自身又はその新しい所属先と市場取引を行なうことを自ら進んで選択したことを証明できる場合、不正手段を用いていないと認定しなければならない。ただし、従業員が元の職場との間に別途約定があるときは、この限りではない。

第14条は、立証関連、第15条　営業秘密の侵害行為に対する訴えの受理、第16条は、侵害差止め、第17条は、損害賠償額の算定、第18条は、管轄について詳細な規定を設けている（条文略）。

その他の救済制度として、刑法219条、2004年に「最高人民法院と最高人民検察院による知的財産権侵害における刑事事件処理の具体的な法律適用に関する若干問題の解釈」などがある。さらに、国務院は、国有企業のうちの中央政府による直接的な管理・監督を受けている「中央企業」の営業秘密について、2010年3月25日に営業秘密保護の暫時規定の通知を公表し、[13]「営業秘密の確定」（第3章）、「保護措置」（第4章）など詳細な規定を設けており、34か条からなる。中央企業における営業秘密の保護に関連する実施細則を設けるように促している。

III　営業秘密について

営業秘密［商業秘密］という用語は、1991年4月に頒布された民事訴訟法66条、152条においてはじめて立法によって用いられるようになった。それまで、主に営業秘密の中の技術秘密について規定していた。[14]また、最高人民法院の民事訴訟法の適用に関する若干問題の意見（法発〔1992〕22号）154条は、「民事訴訟法第66条、第120条にいう営業秘密は、主に技術秘密、商業情報及び信息などを指し、たとえば、生産工法、成分及び分量、取

---

[13]　関于印発「中央企業商業秘密保護暫行規定」的通知（国資発〔2010〕41号、国務院国有資産監督管理委員会）。
[14]　単海玲「中美商業秘密保護制度比較研究」政治与法律2004年第5期、82頁

引相手の連絡先、仕入れと販売のルートなど当事者が公開したくない工商業の秘密である。」と規定している。

前述したように、不正競争防止法ははじめて営業秘密の定義を設け「1995年工商局規定」2条、刑法219条も同様な規定を設けている。中国における商業秘密は、その性質から見ると、国家秘密及び一般秘密に分けることができ、前者は、国民経済及び社会発展に関する秘密事項、科学技術に関連する秘密事項を指し、国家秘密保護法の保護を受けるが、後者は、公民、法人及びその他の組織が所有又は使用し、一般的なものとして、営業秘密の関連法規によって調整される[15]という[16]。

不正競争防止法における営業秘密の保護規定（3要件）は、中国がWTO加盟交渉（2001年12月に加盟）において、「知的所有権の貿易関連の側面に関する協定」（TRIPS協定、同39条）に知的財産権関連法制を整合させるために、導入されたものである。営業秘密に関する規定は、同協定を担保する性格を有し、運用には幅があるものの、諸加盟国においても営業秘密を保護する条件となっている[17]。

1999年契約法の43条は、「当事者は契約締結の過程において知るに至った営業秘密は、契約が成立したか否かにかかわらず、漏洩し又は不当に使用してはならない。当該営業秘密を漏洩し、又は不当に使用して相手方に損害を与えた場合、損害賠償責任を負わなければならない。」と規定しており、契約の当事者双方が営業秘密を守る義務を課している。このほか、契約法42条、60条、92条、324条、325条、341〜343条、347〜348条、350〜354条などの関連条文がある。

なお、1986年民法通則第118条は、公民及び法人の著作権、特許権、商標権、発見権、発明権及びその他の科学技術成果権が、剽窃、改竄、冒用等の侵害を受けた場合には、公民及び法人は、侵害の停止、影響の除去及び損害の賠償を請求する権利を有する、と規定している。ここにいう「その他の

---

(15) 中華人民共和国保守国家秘密法（1988年9月5日第7期全国人民代表大会常務委員会第3回会議にて採択、2010年改正）。
(16) 単海玲・前掲注(14)・82頁。
(17) 日本経済産業省「営業秘密管理指針」（平成15年1月30日、平成27年1月28日全部改訂）2頁。

科学技術成果」とは、技術秘密を指すものである。いわゆる技術秘密（know-how）は、企業が科学研究又は実践経験を通じて得たものであり、かつ、秘密にしていることを通じて有している未出願特許、授権されていない特許権又は特許法に規定する特許権を授与しない技術成果であり、技術秘密は、通常、特許あるいは営業秘密に付随しており、主な技術を実施するときに必要な経験的な技巧として存在すると定義されている。

2004年の「最高人民法院による技術契約紛争事件審理の法律適用に関する若干問題の解釈」（以下「2004年司法解釈」という）1条2項は、「技術秘密とは、大衆に知られておらず、商業的価値を有し、かつ、権利者が秘密保持措置を行っている技術情報を指す。」と定めている

営業秘密について、①秘密性、②価値性、③内容の合法性、④無形財産制、⑤時間の制約を受けない、などの特徴があるといわれている。また、営業秘密の侵害行為の主体について、①企業内部の職員、つまり、業務上当該営業秘密に接する機会があり、理解・熟知している上級管理職、技術研究部署の担当者及び営業部門の人員、②契約相手方当事者、つまり契約締結又は履行を通じて営業秘密を把握している相手方当事者、主に秘密保持義務を有する営業秘密を使用する者、共同研究者、共同使用者を含む、③企業内部の職員でなく、契約相手方当事者でない第三者を含むという。

1　非公知性［秘密性］

非公知性は、新規性と及び管理者の相対性（営業秘密の相対性）の両面から考える必要があるという。いわゆる新規性は、人々が享有又は使用できる「公の領域」、「汎用技術」、あるいは「公知の情報」と区別するための根拠である。新規性について、特許法における新規性との程度の差が問題となるが、多くの学者は、営業秘密の新規性は、特許法の範囲よりさらに広く、新

---

(18)　鄭成思『知識産権法通論』（法律出版社、1984年）152頁。
(19)　2004年11月30日最高人民法院裁判委員会第1335回会議採択、2004年12月16日最高人民法院公布（法釈［2004］20号）。
(20)　程宗璋「論商業秘密及其法律保護」華東政法学院学報1999年第4期、42〜43頁。
(21)　程宗璋「論商業秘密及其法律保護」華東政法学院学報1999年第4期、43〜44頁。
(22)　沈同仙「論商業秘密的構成要件」蘇州大学学報2001年4月第2期、38頁。
(23)　沈同仙・前掲注（22）・38頁参照。

規性に求められている技術情報だけではなく、公衆に知られておらず、公知の領域と最低限の違いがあれば、保護対象となることができると主張している(24)。また、特許の新規性は、出願日を判断基準とするが、営業秘密の新規性は、ある時間あるいは時期を判断基準とせず、公衆に知られていなければ、新規性を有する、あるいは有する可能性がある(25)。しかし、特許と営業秘密の保護が区別されており、混乱を避けるために営業秘密において、新規性を用いる必要がないとの反対意見もある(26)。

いずれにしても、営業秘密における「非公知性」の要件は、特許発明の「新規性」との解釈と一致するわけではない(27)。たとえば、新規性の程度が低い情報も営業秘密として保護することができるし、また、新規性が高いものにつき、特許出願せず、営業秘密として保護するものもある(28)。

営業秘密の「秘密」は、相対的なものであって、絶対的なものではないことは、多くの国における共通認識であろう。具体的には、次の3つがあると指摘されている(29)。①「秘密」情報を知っている人員の範囲が相対的であること、たとえば秘密保持義務を負う従業員、契約の相手方当事者、裁判官や鑑定人などがそれをわかっていても、「非公知性」が損なわれるわけではない。②業界領域が相対的であること、いわゆる「秘密」は、当該関連業界内において秘密な状態にあるのであれば足りる。その他の業界の者が当該情報を知っているとしても、当該情報法関連業界内での「非公知性」が損なわれるわけではない。③地域が相対的であると解されている。

「1995年工商局規定」2条は、本規定にいう「営業秘密」とは、公衆に知られておらず、権利者に経済的な利益をもたらすことができ、実用性を有し、かつ、権利者が秘密保持措置を講じている技術情報及び経営情報をいい、ここにいう「公衆に知られておらず」とは、当該情報が公開されているルートからでは直接入手することができないことを指す、と定めている。こ

---

(24) 沈同仙・前掲注(22)・38頁、宋恵玲「浅析商業秘密的新穎性」学術交流173期(2008年8月、第8期)、53頁、同「論商業秘密的構成要件」法学雑誌、2008年第6期、51頁参照。
(25) 宋恵玲「浅析商業秘密的新穎性」学術交流173期(2008年8月、第8期)、53頁参照。
(26) 戴磊「論商業秘密的秘密性」山東審判2005年第1期、103頁参照。
(27) 孔祥俊・劉沢宇・武建英『反不正当競争法』(清華大学出版社、2006年)211~212頁参照。
(28) 同上。
(29) 張耕「人材流動中的商業秘密保護研究」河北法学21巻3期(2003年5月)、58頁参照。

の「公開されているルート」という概念は曖昧であり、また、営業秘密の相対性について、不正競争防止法は、非公知性を規定しているが、その範囲については明確になっていない実務及び学説は、異なる見解を示している。1つは、権利者以外のすべての自然人を指すものであり、いま1つは、すべての自然人ではなく、ある業界又はその業界に参入しようとし、当該営業秘密から経済的な利益を得ることができる者をいう。そもそも、営業秘密は、使用過程においてはじめてその価値を体現することができ、管理者は、必要に応じて社内で一定の範囲において開示する必要があるため、営業秘密の管理は絶対的なものではないといえる。要件③「権利者が当該情報について、秘密として管理していること」から見ると、「権利者の管理下以外では一般的に入手できない状態」であると解することができよう。

いわゆる「公衆に知られておらず」について、新規性と[秘密性]の相対性の両面から解釈する必要があろう。たとえば、パブリックドメイン（public domain）の情報は、営業秘密とすることができず、当事者当該情報は公知の情報であることを知っているか否かにかかわらず、営業秘密とすることができない。

2　価値性

不正競争防止法における営業秘密の要件として、当該情報は、権利者に経済的な利益をもたらすことができ、実用性を有すること」と規定しているが、価値性と実用性が並列されているように見える。そもそも、両者はそれぞれ別々の要件として紹介している学説もある。たとえば、「実用性は、営業秘密の客観的有用性を指すものであり、すなわち営業秘密を用いて所有者

---

(30)　単海玲・前掲注（14）・84頁。
(31)　沈同仙・前掲注（22）・38頁。
(32)　沈同仙・前掲注（22）・39頁。
(33)　沈同仙・前掲注（22）・39頁。
(34)　孔祥俊・劉沢宇・武建英・前掲注（27）・213頁。
(35)　孔祥俊・劉沢宇・武建英・前掲注（27）・213頁。なお、前述「2007年司法解釈」第9条をも参照されたい。
(36)　徐興祥・徐春成「論商業秘密的価値性要件」西南民族大学学報2012年第3期、91頁、孔祥俊・劉沢宇・武建英・前掲注（27）・214～215頁を参照されたい。

のために経済的価値を生み出すことができる。実用性と価値性は、密接に関係しており、実用性は価値性の土台であり、実用性があるからこそ価値性がある(37)」と指摘されている。

営業秘密の「実用性」とは、客観的「有用性」を指すものである。つまり、営業秘密を通じて、技術を改善し、労働生産の効率及び製品の質を高め、企業経営管理の効率化、コストなどの削減にとってメリットがあることと解されている(38)。しかし、この「実用性」は、情報について、その具体性、確定性が求められ、具体化されていないものについて保護できなくなってしまうという問題があるとして、次第に疑問が提示されるようになった。そこで、1995年工商局規定は、「権利者に経済的な利益をもたらすことができ、実用性」を有することとは、当該情報が確定的な応用性を有しており、権利者に現実的なもしくは潜在的な経済利益または競争上の優位をもたらすことができることを指すと規定している。当該規定は国際的な流れに沿ったものであると評価されている(39)。

継続使用できる情報又は一回しか使用できない情報も、価値性があれば、営業秘密となりうるが、賛否両論がある(40)。しかし、情報の使用時間の長さ又は回数は、当該情報の価値性に一定の影響を与えるが、価値性の有無にとって決定的な要素ではなく、やはり、「権利者に現実的なもしくは潜在的な経済利益または競争上の優位をもたらすことができるか」によって判断されるべきであろう(41)。

営業秘密の価値性は、積極的価値と消極的な価値に分けることができ、たとえば、権利者に直接経済的な利益をもたらすものを積極的価値とするが、失敗した実験の報告書やデータ等は、直接的な経済利益をもたらさないかもしれないが、同業者がこのような資料を入手することによって、同様な失敗を避けることができ、コストを抑え、競争の優位に立つことができるため、消極的な価値も価値性に含まれるべきであるという(42)。

---

(37) 孔祥俊・劉沢宇・武建英・前掲注(27)・215頁。
(38) 単海玲・前掲注(14)・83頁。
(39) 沈同仙・前掲注(22)・40頁参照。
(40) 同上、孔祥俊・劉沢宇・武建英・前掲注(27)・214頁参照。
(41) 沈同仙・前掲注(22)・40頁。

前述の2004年司法解釈における技術秘密の定義から見てもわかるように、技術秘密情報について、「商業価値」を有すると表し、実用性を価値性要件に含まれることにしたのであり、不正競争防止法における営業秘密の定義に縛られることがなくなったといえる。この変化は、TRIPs協定の規定と一致しており、営業秘密の実用性と特許の実用性との混乱を避けることができる。後述裁判例を含めて実務では、両者区別せず用いていると思われる。たとえば、2005年3月2日の「河南省高級人民法院商業秘密紛争案件審理的若干指導意見（試行）」1条は「、営業秘密の経営情報を構成しているのは、技術情報以外において権利者に競争上の優勢をもたらすことができ、経営活動に用いることができる各種の情報を指す」と解されている。

3　秘密管理性［保密性］

　営業秘密は、秘密そのものが権利者に経済的な利益をもたらす価値性を有するが、権利者が当該秘密情報について他人に知られないよう管理措置を行わなければ、法律上も当該秘密情報に対する保護も必要ないといえる。[43]また、権利者が技術や経営上の大事な情報を営業秘密として保護する主観的意思がなければならず、それだけでなく、客観的な保護管理措置をもって、当該情報をコントロール下に置き、独占状態にしておくことによってはじめて法的保護を与えることができる。[44]権利者が秘密を守るあるいは管理する意思及び管理措置を行っているか否かは、秘密性を有するかどうかを図る重要な要素である。そもそも、「秘密として管理していないものはインセンティブとして機能していない可能性がある」[45]と思われる。

　この点について、「1995年工商局規定」は、不正競争防止法に規定する、「権利者が秘密保持措置を講じる」には、秘密保持協議の締結、秘密保持制度の確立及びその他合理的な秘密保持措置を講じることが含まれるとしている。

　また、2007年司法解釈11条は、「権利者が情報漏洩防止のために講じた

---

(42)　沈同仙・前掲注（22）・40頁、孔祥俊・劉沢宇・武建英・前掲注（27）・214頁参照。
(43)　沈同仙・前掲注（22）・40頁。
(44)　孔祥俊・劉沢宇・武建英・前掲注（27）・215頁。
(45)　津幡笑「営業秘密における秘密管理性要件」知的財産法政策学研究14号（2007年）209頁。

商業価値等の具体的な状況に対応する合理的な保護措置は、不正競争防止法第10条第3項に規定する秘密保持措置と認定し、人民法院は、関連情報の媒体の特徴、権利者の秘密保持の意思、秘密保持措置の識別可能の程度、他人が正当な方法によって入手できる難易度等の要素を考慮し、権利者が秘密保持措置を講じたか否かを認定しなければならない」など、詳細な内容を設けている。同司法解釈によると、秘密として管理されている、という秘密管理性要件は、①権利者が秘密として管理しようとする意思が明確であり、秘密情報の対象範囲が知る必要のある人員に対して明確化されていることが求められる。②秘密管理性は、秘密であることが客観的に認識できるように必要な合理的な管理措置が行われていることと解することができる。

秘密管理性要件を考えるとき、管理措置の存在、つまり当該秘密情報へのアクセスが一定の制限を受けていること必要であるが、秘密情報であると認識しながら、管理措置がとられていないことを根拠に秘密情報であることを否定することができない。営業秘密の漏えいや紛争予防の観点からみると、従業員が営業秘密であることを主観的に認識しているから問題ない、という安易な考え方は禁物である。秘密情報である以上、やはり客観的に認識できる合理的な管理措置を講じる必要があろう。なお、客観的で認識できる合理的な管理措置については、秘密情報の性質や保有形態、権利者などによって異なる可能性があるため、相対的なものであると理解する必要があると思われる。

Ⅳ　裁判例

以下で紹介する裁判例は、最高人民法院の「中国裁判文書網」（China Judgements Online）に掲載されている最高人民法院と高級人民法院のものである。それぞれの裁判例の下級審の判決日が分かっているものと分からない

---

(46)　この点について、後掲裁判例①を参照されたい。
(47)　鎌田薫「財産的情報の保護と差止請求権（4）」Law&Technology10号（1990年）25頁、田村善之「営業秘密の不正利用行為をめぐる裁判例の動向と法的な問題」パテント66巻6号（2013年）82～83頁など参照。
(48)　2017年1月9日に最高人民法院での検索結果は、内容項目から［民事案件］を選び、［商業

ものがあるため、判決日を掲げているものと掲げていないものがある。また、ほとんどの裁判例の事実概要は、紙数の関係で割愛した。

なお、中国の裁判所における営業秘密に関連する紛争の受理状況について、以下のような特徴があると指摘されている。(49)

①営業秘密の事件数はそれほど多くない。基本的に年間200から250件ぐらいであり、不正競争関連事件の20％を占めている。②営業秘密事件は、主に経済が発達している地域に集中している。③技術情報より経営情報への侵害が多く、全体の60％を占めている。④原告による証明が難しく、多くの場合は元の従業員による侵害であるため、権利侵害行為の実施状況の把握や、証拠収集のハードルが高いのである。

1 営業秘密侵害が認められたケース

裁判例①(50)

Y（被告、上訴人、再審申立人）は、X（原告、被上訴人、再審被申立人）社の従業員として、10年間勤務、X社の関連管理規定及び情報資料の非公開性及び商業的な価値について明らかに把握していたが、離職する際、X社の技術情報及び経営情報関連する資料10,065件を保存していたにもかかわらず、任意にそれを削除しなかっただけでなく、X社から関連資料ファイルの削除要請にも応じなかったため、Xが訴訟を提起した。

裁判所は、およそ次のような判断を示した。

Y個人のパソコンの中の技術情報及び経営情報関連資料の漏えい危険性が存在し、Xの商業的利益にとってリスクとなる。

本件技術情報及び経営情報は、極めて重要な情報であり、X社の核心的な原料配分や配送関連の資料、醤油生産工程、品質の管理、生産技術研究、及び原料供給先の関連資料が含まれている。X社が、本件資料関連ファイ

秘密］（営業秘密）を入力し、14,865件が表示され、そのうち「キーワード選別」として［商業秘密］は2,272件（うち判決書1,751件、裁定書258件）である。
(49) 蒋志培「関于中国商業秘密的法律保護（中英文対照版）」中国知識産権司法保護網（2017年1月17日アクセス）http://www.chinaiprlaw.cn/index.php?id=4530。
(50) 2015年11月13日最高人民法院（2015）民申字第2359号民事裁定、1審、広東省高級人民法院（2015）粤高法民三終字第85号民事判決。

ルにおける「機密か否か」の標記は、会社内部の秘密管理措置の範囲内における自身の情報資料に対する管理標記であり、営業秘密を認定するための要件ではなく、機密と表示していないことを理由にして営業秘密を否定することができない。

裁判例②[51]

本件におけるXらの経営情報は、①G県にある不動産開発プロジェクトと、②当該プロジェクトの利潤分析及び結論であり、コスト、優遇策、販売価格である。経営情報①はすでに新聞によって公開されており、営業秘密に該当しない。経営情報②は、本件不動産開発プロジェクトにおいて最も重要な価値である土地の費用（価格）に関連するものであり、当該土地価格はX2が五原県人民政府との「開発プロジェクト協議書」によって確定した。一定の努力、コストを払ったことによって取得したものであり、また、当該プロジェクトに関連する優遇策についても交渉などの努力によるものである。さらに、利潤総額を計算する際に必要な具体的なコスト、費用、価格については、不動産業界の者にとってそれほど困難なく取得できるが、現地の不動産市場に対する調査あるいは専門家に相談するなどの努力が必要になる。したがって、経営情報②の秘密性を否定することができない。

本件Xらの不動産開発市場における土地の価格、優遇策及び予想利潤等のデータ及び分析情報は、情報所有者が投資先の確定、及び投資するか否かを決定する際の参考となり、また、コストの削減、決定時間の短縮などにとって有利であり、一定の競争上の優位性をもたらすことができるなどの視点から、その「商業的価値性」を判断すべきである。

Xらが主張する情報につき、「合理的な管理措置を採用した」という要件に符合するかについては、XらがYらに不動産開発プロジェクトに関する資料を送った際、具体的な開発場所を特定できないように工夫したと同時に、営業秘密に関連する情報を知った場合に漏えいしないように要求し、さらにXらは従業員との間に秘密保持条項を盛り込んだ労働契約を締結するなど、合理的な秘密管理措置を採用していると認定することができる。

---

(51) 2015年4月29日最高人民法院（2013）民三終字第6号民事判決（1審、江蘇省高級人民法院（2013年5月14日）（2010）蘇知民初字第1号民事判決）

また、Yらは、2007年1月19日から22日の間にXらと接触したが、同年1月27日までにYらと五原県人民政府との間で交渉を行い、Yらが開発プロジェクトの担当者とする契約を締結した。Yらが五原県人民政府との間に当該プロジェクトに関連する開発投資の決定を、これほど短期間で行うことができたことを考えると、Xらの営業秘密を使用したから、迅速に決定・実施を行うことができたと推定するに足りる。

　Yらは開発パートナーの募集広告を見てXらとプロジェクト開発の協力につき交渉するようになったため、営業秘密を獲得する目的で交渉を持ち掛けたと認定することができない。しかし、XらはYらに対して送付した資料の中の営業秘密に関連する情報の秘密を守るように明確にしたため、不正競争防止法10条1項3号「約定に違反し、又は権利者の営業秘密の保持に関する要求に反し、掌握している営業秘密を披露・使用し、及び他人に使用させた場合」に該当するとして、営業秘密への侵害を構成する。

裁判例③[52]

　①本件X（原告、被上訴人、再審被申立人）の製品設計図5セットの記載内容につき、1審裁判所が依頼した技術鑑定の結果によると、公衆に知られていない技術情報であり、営業秘密に該当する。

　②Yら（被告、上訴人、再審申立人）の設計図案の掲載情報は、本件技術の秘密情報と実質上同じである。

　③Yら（Y1（Y2、Y3などが設立した会社、Xと同類の製品を作っている。）は、X社の技術に関連する秘密情報を侵害した。Y2は、X社の社長室長、Y3は販売部門の責任者を担当していたが、在職中に他人とY1社を設立してX社と同類の製品を製造し、かつ、一部の製品をXの業務関係先に販売していた。Y2、Y3が自らの研究開発による設計図であることを証明できず、事実推定の方式でY2、Y3がX社に在職中に不正な方法で技術に関連秘密情報を取得し、Y1に開示（披露）したと認定した。

裁判例④[53]

　Y（被告、上訴人、再審申立人）は、X（原告、被上訴人、再審被申立人）センター

---

[52] 2014年12月17日最高人民法院（2014）民申字第378号民事裁定書（江蘇省高級人民法院（2013）蘇知民終字第70号民事判決に対する再審申立）。

をやめる前に本件技術の開発研究チームの主なメンバーの一人であった。Yは、当該チームにおいて、実験用材料の加工、実験、及び実験の結果やデータの整理などの業務に従事していたため、本件営業秘密に接し、把握する立場にあった。X研究開発センターを辞めた後、関係先工場でXの営業秘密を用いて製品を作り、Xの営業秘密である製品の成分や生産工程との違いについて証明できなかった。そこで、裁判所は、認定事実及び証拠に基づき、YがXの営業秘密を用いて製品を生産していると推定し、Yの営業秘密侵害を認容した。

裁判例⑤[54]

X（原告、上訴人、再審申立人）出版社の書物甲の企画・創意、編集・体裁、内容の選定などは、営業秘密を構成するかについて、

①本件書物甲の企画・創意、編集・体裁は、「公衆に知られておらず」の要件に合致する。確かに、本件書物甲の内容は、鄧小平の関連書物に散在しているが、しかし、当該書物甲の選定過程などについて公開されているわけではない。

②経済的利益をもたらすことができるかについて、本件書物甲は、すでに国の関係部署の審査を経て、出版の許可を得ているとして、実用性を有し、経済的利益をもたらすことができる。

③Xは、職員、書物の原稿編著者及び書物を作る人員と秘密保持契約を締結し、Y1との連絡などは、Y1出版社の社長に限定し、原稿内容の公開範囲を厳しく制限していたとして、秘密管理措置を採用していると認定することができる。

裁判例⑥[55]

本件は、特許に関する営業秘密侵害の証明責任の問題について、特許法

---

(53) 2014年11月27日最高人民法院（2014）民申字第437号民事裁定書（山東省高級人民法院（2012）民再終字第30号民事判決の2審（終審）判決に対する再審）。
(54) 2014年12月8日最高人民法院（2013）民申字第1640号民事裁定書（北京市高級人民法院（2013）高民終字第34号民事判決に対する再審申立）。
(55) 2013年7月17日最高人民法院（2013）民申字第309号民事裁定書（四川省高級人民法院（2012）川民終字第533号民事判決に対する再審申立）。また、最高人民法院（2015）民申字第2035号（2015年12月22日）裁定書（2審、2014年12月24日上海市高級人民法院（2012）滬高民三（知）終字第62号民事判決、1審、上海市第一中級人民法院（2010）滬一中民五（知）

61条1項及び最高人民法院の民事訴訟証拠に関する若干規定4条1項1号によると、同様な製品を生産している被告がその製品の製造方法につき、特許対象製品の製造方法と異なることの証明責任を負う。しかし、新製品でないものの製造方法に関する発明・特許の侵害紛争の証明責任の分配問題について、法律や司法解釈に規定がないため、具体的な製造工程やデータについて生産現場又は生産記録を確認するしかない。特許権者の証拠収集が難しいため、原告が証明責任を負うという原則を採用すると、事実の究明にとって明らかに不利であり、公平の原則にも反する。民事訴訟証拠規定7条は、法律に具体的な規定がなく、本規定及びその他の司法解釈により証明責任の分配を確定できない場合には、人民法院は公平の原則及び誠実信用の原則により、当事者の証明能力などの要素によって証明責任の分配を確定することができる、と規定している。

特許権者は、被告が同様の製品を製造したことを証明できるが、合理的な努力によっても被告が確かに当該特許方法を使用したことを証明できなければ、事件の具体的な状況、認定事実及び日常生活の経験により、当該同様な製品が特許権者の特許方法を用いて製造したと認定できる可能性が高い場合には、裁判所は、民事訴訟証拠規定7条により、証明責任を被告に分配し、つまり、被告（不法行為者）に対してその製造方法が特許の方法と異なる証拠を提出するように要求することができるとしたが、本件Y（被告、上訴人、再審申立人）が関連証拠を提出できなかったため、Yの主張を退け、1審と2審の判決を維持した。

裁判例⑦[57]

裁判例⑥と同じく特許権侵害に関連する事件であるが、本件X社（原告・上訴人）は、自らの「技術情報の秘密を守るため、技術図案のデータを保存するUSBメモリの端子にシールを貼って管理すると同時に、技術者Y（被告・被上訴人）との間に「秘密保持義務、著作権及び技術成果権の帰属承諾書」を結び、秘密保持期限及び営業秘密の範囲を明確に約定した。上告審

初字第183号民事判決）も参照されたい。
(56)「最高人民法院关于民事訴訟証拠的若干規定」（2001年12月6日に最高人民法院審判委員会第1201回会議採択、2002年4月1日より施行）。
(57) 浙江省高級人民法院（2010）浙知終字第88号民事判決書。

は、Xの営業秘密の主張は、不正競争防止法第10条第3項の規定に符合し、法律の保護を受けなければならないとして、原審を維持した。

裁判例⑧[58]

X社（原告、被上訴人）は、Y1（被告、上訴人）との間に2003年2月20日から2006年3月19日までの期限付き労働契約を締結し、秘密保持条項が盛り込まれている。Y1はX社の従業員として、メキシコのA社との間の車用照明器具の取引を担当し、X社に大きな利益をもたらした。2006年3月、労働契約の期間が満了し、Y1は、X社で得た顧客資料を含む営業秘密を保持することを承諾し、同年9月、Y2社に入社した。その後、Y2社は、メキシコのA社との間にLED関連の取引業務を締結し、A社から融資をも受けることになった。

1審は、X社の請求を認め、およそ次のように判示した。

①X社とメキシコのA社との間の業務関係は、営業秘密に属し、Y1は当該営業秘密をよく知っている。X社は、努力及び労力を投じることによってA社に製品を輸出し、安定した販売関係を構築してきた。X社にとって、A社との間の取引情報関係は、公衆に知られておらず、実用性を有し、かつ、経済的利益をもたらしうるものである。また、X社は、当該情報を知っている従業員との間に秘密保持契約を締結し、秘密管理措置をとっているため、XとA社の取引に関連する情報は営業秘密として法律の保護を受ける。

②Y2社は、X社同様にA社との業務関係を有するが、Y2社は自らの人力、財力を投じ努力によって両社の関係を構築したことを証明できなかった。

③Y2社は、Y1の力を借りてA社との業務関係を容易に構築する立場にある。

これに対してYらが上訴した。

2審の判断

X社とA社との間の取引製品、価格、数量、取引方法、決算方法、包装

---

(58) 2008年8月25日浙江省高級人民法院（2008）浙江民三終字第236号民事判決。1審、嘉興市中級人民法院（2007）嘉民二初字第134号民事判決。

関連規格などの合意は、X社が大量な財力や人力を投じたことによって得たものであり、関連領域の経営者たちに知られておらず、ネットなどその他の公開ルードで容易に得られるものではないため、秘密性を有するとした。また、これらの情報は、X社に競争上の優位性をもたらすと同時に、X社は従業員との間に秘密保持契約を締結するなどの方法をもって当該秘密を管理したから、実用性及び秘密管理性を有するとして、X社とA社との間の取引情報は、営業秘密の中の経営秘密に属するとした。

なお、営業秘密に対する侵害の判定は、一般に権利者のものと「相似し（不法行為者が権利者の営業秘密に）接触したことがあり、かつ合法的に入手したことが排除される」という原則を採用しているなどとして、原審の判決を維持した。

裁判例⑨[59]

不正競争防止法10条3項は、秘密性（非公知性）、実用性（価値性）、秘密管理性［保密性］という営業秘密の三要件を規定し、X社の競業禁止及び秘密保持契約において、営業秘密について明確にしている。営業秘密の三要素について、①X社は、技術関連図案に「秘密」の印鑑を押しており、関連人員によって保管され、当該領域の関係者に広く・容易に知られるわけではなく、非公知性の要件に符合し、②実用性（価値性）について、X社は、当該技術図案に基づき、20余年にわたって関連製品を製造し販売してきており、その商業的な価値性は明らかであり、③X社はY1との間に秘密保持契約を締結し、Y1を含めて秘密保持職責を有する関係職員に秘密保持の費用を支払い、実験室に対しても相応の秘密管理措置を採用し、秘密保持職責を有する人員しか出入りさせないと同時に、実験室秘密保持規定、職員手帳を作成するなどの秘密管理措置を採用しており、秘密管理性の要件にも合致している。また、Yらの技術図案について、合法的な方法で入手したことが証明されず、上記技術鑑定に基づき、YらはX社の営業秘密（技術秘密）に対する侵害を構成し、相応の不法行為責任を負わなければならないとした。

---

(59) 2015年12月22日江西省高級人民法院（2015）贛民三終字第22号民事判決書、1審、2015年3月16日江西省吉安市中級人民法院（20114）吉中民三初字第18号民事判決。

裁判例⑩(60)

　本件1審は、X社の固体燃料溶製技術でガラスを製造する方法及び燃料供給システムは営業秘密の三要件に合致し、Yらの営業秘密侵害を認定した。

　営業秘密の三要件のうち、「秘密管理性」について、1審判決は次のように述べている。

　権利者は主観上、当該情報を営業秘密として保護する意思を有しなければならず、客観的に当該情報を知っている者にとって明らかに管理されている措置を採用しなければならない。具体的な措置状況について、①遭遇できず、察せずあるいは予防できないスパイ方式に対する防犯を発明者に求めるのではなく、「合理的な管理」であれば足りる、すなわち通常の状況において営業秘密関連情報の漏えいについて十分な防止策をとったのであれば足りること、②客観的な状況は千差万別であるが、具体的な秘密保持措置を羅列してもしきれないため、相手方が営業秘密を披露するとき、営業秘密であることを十分に認識でき、秘密管理下にある情報が披露されていることを知る理由があったのであれば足りる。本件において、X社は、本件技術情報について、秘密保持規定を設け、秘密保持の範囲及び秘密管理措置を詳細に列挙し、主観的に本件技術情報を営業秘密として守る意思があった。

　Yらの営業秘密侵害行為について

　①不正手段をもって権利者の営業秘密を獲得した。不正手段は、窃盗、利益誘導、脅迫を含むだけではなく、その他の商業道徳に符合しない手段、たとえば商業的な交渉、合作開発、参観学習、視察等の活動を通じて他人の営業秘密を入手した場合をも含む。Y1は、X社と工業製品の売買契約の締結を通じて、Xらが設備購入の目的を知り、生産現場における設備の作動確認などの機械を利用して、X社の設備全体の設置・用途などを把握し、溶製技術でガラスを製造する関連技術パラメータを掌握し、X社の営業秘密を入手した。

　②Y1は、不正の手段でX社の営業秘密を入手し、Y2の名義で他複数の

---
(60)　2014年7月11日山東省高級人民法院（2014）魯民三終字第19号民事判決、1審、山東省威海市中級人民法院（2012）威民三初字第71号民事判決。

ガラス製造工場・企業に転売し、Y1Y2の行為は、X社の営業秘密を披露し、他人に使用させたことに該当する。

裁判例⑪(61)

Yは、X社で勤務している間に、Xの顧客との間に複数の契約を交わしたことがあると同時に、X社の市場部の責任者として、X社の顧客情報に接することができたとして、Yは自ら務める法定代表者の会社にXの営業秘密を漏えいしたと認定することができる。

最高人民法院の不正競争民事事件における法律適用に関する若干問題の解釈13条によると、営業秘密の中の顧客名簿は、一般に顧客の名称、住所、連絡方法及び取引の慣習、意向、内容など、周知の関連情報とは異なる特別な顧客情報を指し、多くの顧客の名簿及び長期にわたって安定した取引関係を維持している特定の顧客を含む。本件では、X（天硯公司）が提出した複数の契約書及び伝票により、訴外A設計院、B社、C社はXの長期顧客であることを証明できる。X社が主張する営業秘密は、長期にわたる経営過程において、ABC三社の管理者や設計担当者の携帯番号、メールアドレス、類型別の図案の金額、決済方法、価格の優遇幅、取引慣習などの情報を含む。これらの情報は、X社が市場競争において優位性及び経済的な利益を得ることができる。また、X社は、これらの顧客情報について限られる関係者しか知ることができず、従業員と秘密保持契約条項を結ぶなど、秘密管理を行っていることを認定することができる。したがって、Xが主張する経営情報は、営業秘密に該当する。

裁判例⑫(62)

本件X社の顧客基本情報、市場の各種取引情報、データなどの経営情報は、「秘密性、実用性、秘密管理性」を有し、営業秘密に属すると認定したうえ、Yは、X社に在職期間中にX社の大量の営業秘密を掌握し、YがX社を離れ、競争関係のあるA社に入社後、X社の顧客が大量にA社との顧客となった。YがX社の秘密保持制度に反し、離職後、X社の顧客の関連

---

(61) 2013年12月19日天津第一中級人民法院（2013）一中民五終字第0055号民事判決、1審、天津市和平区人民法院（2013）和知民初字第0090号民事判決。

(62) 2015年4月22日陝西省高級人民法院（2015）陝民三終字第00012号判決書、1審、西安市中級人民法院（2014）西中民四初字第00185号民事判決。

経営情報を、不法にA社に漏えいしたことは、X社の営業秘密に対する侵害を構成すると認定した。
裁判例⑬[63]
X社は、自社の技術情報を守るため、詳細な秘密管理措置を採用している。

Y1は、2004年2月から2006年11月までの間にX社で勤務していたが、離職直前、X社の営業秘密を離職5年以内に漏えいしない承諾書を提出した。Y2は2004年2月から2008年4月までにX社で勤務していた。Y1はX社から離職後の2009年12月にY3（経営範囲はX社と類似）を設立し、2010年3月に、Y3社は、国家知識産権局に「高速精密リンクプレスの冷却システム」及び「高速精密プレスの型締装置」の実用新案特許の出願を行い、同年12月8日に公告によって授権された。発明者は、Y1とY2を含めて3人である。2010年11月に、Y1は、他人と共同出資して、Y4社を設立した。Y1社の業務内容は、X社に類似し、Y1が代表取締役に就任した。

① 営業秘密の三要件

中級人民法院は、本件鑑定報告により、Xが主張した「リンクプレスの冷却システム」及び「プレスの型締装置」という技術情報は、営業秘密の非公知性（秘密性）、価値性を有すると認定した。秘密管理性について、権利者Xは、情報の漏洩を防止するため、その商業的価値などの具体的な状況に相応しい合理的な保護措置を採用しており、当該情報につき、秘密管理性の要求に符合すると認定しなければならない。たとえば、X社は、職員に対して営業秘密を守る制度を明確なルールをもって規定し、図案の借用台帳制度を設け、関連部屋に、「秘密保持」の警告標識を設置し、取引先に対しても営業秘密を保持するように求めている。また、Y1Y2との間の雇用契約書においても秘密保持条項を交わしているなど、秘密管理性の要件を備わっていると認定しなければならない。

②不法行為を構成するか否かにつき、「実質上同一であり、かつ、（不法行為者が権利者の営業秘密に）接したことがある」という原則に基づいて判断する

---

(63) 2015年4月27日浙江省高級人民法院（2014）浙知終字第60号民事判決、1審、浙江省衢州市中級人民法院（2012）浙衢知初字第56号民事判決。

必要がある。すなわち、原告は、被告が使用する技術情報は原告の営業秘密と同じであり、あるいは実質的に同一であること、かつ、被告が当該営業秘密に接したことがあることを、証明できる場合に、被告が獲得した当該情報の正当性について証明し、証明できなければ、権利侵害を構成すると推定する。本件鑑定によると、Yらの技術情報は、Xの実質上同一であり、当事者双方は鑑定結果についても異議がなかったため、裁判所は鑑定結果通り認定した。

Yらが、Xの製品に対するリバースエンジニアリングによって得た技術上であると主張したが、裁判所は、「最高人民法院の不正競争の民事事件の審理における法律適用に関する若干問題の解釈第12条によると、リバースエンジニアリングとは、技術手段を通じて公開した方法により取得した製品に対する分解、分析などで獲得した当該製品の技術情報を指す。Yらは、不正な手段で他人の営業秘密を入手したうえで、リバースエンジニアリングを行ったと主張しているが、これを認容することができない。上告審は、原審裁判所の判断を維持した。

裁判例⑭[64]

裁判所は、本件X社（原告、被上訴人）の技術情報は、不正競争防止法10条3項に規定する営業秘密の3要件に合致することを認定した。Y1が2006年5月から2010年5日までにX社で勤務している間に、Y1は、X社との間の労働契約、秘密保持契約・承諾書及び保証書のすべてにおいてX社の営業秘密を守る意思を表していた。また、Y1はX社で勤務している期間中に本件営業秘密を入手したことも認容された。X社から離職後の2011年5月に、Y1は妻と共にY2社を成立し、Y1はX社で入手した本件営業秘密を出資分とし、Y2社にX社の本件営業秘密を漏えいしたとして、Y1Y2の不法行為を認定し、1審判決を維持した。

裁判例⑮[65]

Yは2005年1月からX社の製品関連技術評価・審査専門家、技術部門、

---

(64) 2015年12月28日山東省高級人民法院（2015）魯民三終字第311号事判決書、1審、山東省済南市中級人民法院（2014）済民三初字第337号民事判決。
(65) 2013年3月26日甘粛省高級人民法院（2013）甘民三字終第00005号民事判決、1審、蘭州市中級人民法院（2011）蘭法民三初字第45号民事判決。

品質検査部門、販売部門などの責任者を歴任し、2008年1月に、X社との間に営業秘密保持及び競業制限に関する取り決めを交わしたが、2009年8月末に離職手続をとらずにX社を離れた。

経営情報は、技術以外の権利者に競争上の優位性をもたらし、経営活動に用いることができる各類型の情報を指し、そのうち、顧客名簿は経営情報の1つ重要な表現形式を表し、権利者に関連する供給関係及び科学等の具体的な経営情報を表すものである。

本件X社の顧客関連情報は、同業他社が広く知られている情報ではなく、公開ルードから取得できるものでもなく、非公知性を有する。また、顧客資料は、X社の営業販売ルート又は顧客の消費状況が含まれ、X社は、当該情報のために時間、資金及び労力を費やし、X社の生産の安定、市場の開拓、企業競争力の増強のための重要な根拠であり、実用性及び価値性を有する。さらに、X社は本件技術情報及び顧客資料について、秘密保持制度を設け、守るべき秘密について明記し、厳しい秘密管理措置を採用している。さらに、従業員との労働契約書においても、従業員に対して秘密保持義務、秘密保持期間、営業秘密の範囲及び損害賠償などを明記し、できるだけの秘密保管措置を採用したとして、営業秘密を構成すると認定した。

裁判例⑯(66)

裁判所は、「実質上同一であり、かつ、(不法行為者が権利者の営業秘密に)接したことがある」という原則に従い、権利者が証明する必要があるとした。言い換えれば、不法行為者が使用する営業秘密と事件関連営業秘密と同じであるか実質上同じであることを証明でき、かつ、不法行為を行った者が当該営業秘密に接したことがあることを証明できれば、不法行為を行った者が自らの情報の入手経緯について正当であることを証明する必要があるが、証明できない場合に、不法行為を構成すると推定することができる。

裁判例⑰(67)

営業秘密を保護するために求められる秘密管理措置は、非常に厳密で、絶

---

(66) 2016年6月28日安徽省高級人民法院 (2016年) 皖民終172号民事判決書、1審、2015年10月30日安徽省宣城市中級人民法院 (2015) 宣中民三終字第00008号民事判決。

(67) 2015年6月19日広東省高級人民法院 (2015) 粤高法民三終字第150号民事判決書、1審、広東省深圳市中級人民法院 (2012) 深中法知民初字第1235号民事判決。

対問題が生じないような措置を採用しなければならないことが求められているわけではなく、経営者が主観上、経営情報を営業秘密として保護する意思があり、かつ必要な措置を採用しているのであれば、従業員が法定又は約定の秘密保持義務を有すると確定するに足りる。

損害賠償について、不法行為の性質、情状、主観的な過失、不法行為の継続期間、及び被害者が不法行為を制止するために支出した合理的な費用などを斟酌して、賠償金額を確定するとしている。

裁判例⑱[68]

Y1Y2（以下「Yら」という）は、それぞれ2004年、2006年にX社の管理職として勤務し、2009年7月に双方ともX社を辞め、Y3社に入社した。

秘密管理措置は、営業秘密を保持・保護するための手段である。不正競争防止法10条に規定する秘密管理措置に符合するため、権利者に秘密を保持する主観的な意思があり、かつ営業秘密の保護範囲を明確にし、義務者に権利者の秘密保持意思及び当該秘密の客体を理解させ、さらに通常の場合において秘密関連情報の漏えい防止に足りるものでなければならない。

また、本件では、X社は、Yらとの雇用契約において、秘密保持情報を設けていると同時に、秘密保持承諾書、離職時の秘密保持協議書などを交わし、営業秘密の範囲、保管措置、禁止行為及び処罰等についても具体的な規定を設け、さらに、従業員手帳やX社の秘密保持制度を配布し、生産現場の入り口に「生産現場につき、関係者以外立入禁止」のステッカーを貼っており、明らかに関連秘密情報について管理措置を行うという主観的意思を有し、従業員にとっても営業秘密の保護範囲や客体を確認することができるとして、秘密管理性を認容できると判示した。

2 営業秘密の侵害が否定されたケース

裁判例⑲[69]

本件Xは、1審において顧客情報を秘密情報と称し、具体的なものとし

---

(68) 2016年12月7日山東省高級人民法院（2016）魯民終1364号民事判決書、1審、山東省済寧市中級人民法院（2011）済民三初字第165号民事判決。

(69) 2012年8月6日最高人民法院（2012）民監字第253号民事裁定書（1審、蘇州市中級人民法院2009年9月21日民事判決（2009）蘇中知民初字第0103号、2審、江蘇省高級人民法院2010

て取引関係のある NM 社と AC 社の企業名称、メールアドレス及び法定代表者の氏名である。営業秘密における顧客名簿とは、一般的に顧客の住所、連絡先及び取引の習慣、意向、内容等から構成され、関連の公知情報とは区別される特殊な顧客情報を指し、多数顧客を集めた顧客名簿、及び長期の安定した取引関係を保持する特定の顧客情報を含む。しかし、X が主張する顧客の名簿は、シンプルなものであり、名称以外の深い情報があるわけではないため、非公知性を有しない。X は、保護を求めている本件情報は、「公衆に知られていない」情報に属することを証明できなかったとして、請求棄却という一審判決は是認できるとした。

　……契約法の規定によると、当事者は、契約締結の過程、履行過程、あるいは契約終了後のどの段階において、相手当事者の営業秘密について、秘密を保持し、漏えい又は不正使用をしてはならない付随義務を負う。しかし、契約の付随義務と営業秘密の権利者が非公知性を有する情報につき秘密管理を行うこととは異なる概念であり、Y1 が契約上の秘密保持という付随義務により、X が自らの情報に対して秘密管理を行ったと判断することができない。営業秘密は、権利者が秘密管理措置をもって保護する無形財産であり、拡散・移転しやすく、いったん公開してしまうと回復できない特徴があるため、秘密管理措置は、営業秘密の非公知性［秘密性］を守る手段である。営業秘密として保護される情報は、権利者が当該情報を秘密として保護する主観的認識が有しなければならず、客観的な秘密管理措置を有しなければならない。なぜかというと、営業秘密は、自らの秘密管理・保持の方法によって権利を生ずるものであり、権利者が自らの秘密情報について秘密管理措置を講じていなければ、当該情報に対して保護する必要性がなくなり、これは営業秘密の構成における秘密管理措置の価値及び役割の所在でもある。誠実信用の原則から派生した契約の付随義務は、契約の性質、目的及び取引慣習により履行し、主な債務に従属する義務であり、営業秘密の構成要件である「秘密管理性」という積極的な行為とは異なり、営業秘密の権利者が情報に対して講じた秘密管理措置の主観的認識及び客観的措置を体現するわけではない。

　　年 10 月 27 日民事裁定（2010）蘇知民申字第 002 号）。

本件では、Xが救済を請求している情報について客観的秘密管理措置を採用していることを証明できていないだけでなく、秘密管理措置の合理性についても証明していない。

裁判例⑳[70]

最高人民法院の「2007年司法解釈」14条（条文略、前掲参照）は、営業秘密侵害事件における原告の証明責任を明確にしたのであり、すなわち、①営業秘密が法定要件に合致すること、②被告の情報と権利者の営業秘密が同一または実質的に同一であること、③被告が不正手段をもって営業秘密を入手し、あるいは約定に反して営業秘密を漏えいしたこと、の3つを証明しなければならない。つまり、このうちの1つを証明できなければ、営業秘密侵害が成立しない。本件Xは、この証明責任を果たせなかったため、営業秘密侵害を認めなかった1審、2審判決を維持した。

Ⅴ　検討

1　営業秘密の三要件に関する認定

裁判例における営業秘密の認定については、まず不正競争防止法10条3項に規定する、①公衆に知られていないという「非公知性」、②権利者に経済的な利益をもたらすことができるという「実用性あるいは価値性」、③秘密として管理されているという「秘密管理性」という営業秘密の3要件を満たしているかどうかを認定する。

要件①「非公知性」について

たとえば、裁判例②は、不動産開発プロジェクト開発関連情報は、実地調査や専門家に相談したりするなどの努力によって入手したものであること、裁判例③は、技術「関連情報は、同領域の関係者に広く知られておらず、容易に獲得できない情報」であること、裁判例⑤は、「本件書物甲の企画・創意、編集・体裁」と同じものが市場に存在してないなどの理由として、「非

---

(70) 2012年12月25日最高人民法院（2012）民申字第1403号民事裁定書（河北省高級人民法院（2011）冀民三終字第14号民事判決に対する再審申立）。また、高級人民法院の営業秘密が否定された裁判例として、ほかに12件（2016年12月末現在）あるが、紙数の関係から省略する。

公知性」を認定したのである。
　要件②「実用性」または「価値性」について
　ほとんどの裁判例では、2007 年司法解釈 10 条に従って判断されるか、技術情報の場合、技術鑑定の結果に基づいて判断されるようにしている。たとえば、裁判例②は、不動産開発プロジェクトに関連する情報は、投資先の確定、投資するか否かの迅速な決定の参考となり、コストの削減、決定時間の短縮などにとって有利である。裁判例③は、技術鑑定の結果による認定、裁判例⑤書物の出版審査を経て出版許可を得ているとして、「実用性を有し、経済的利益をもたらすことができる」と認定、裁判例④、裁判例⑥、⑦は技術や特許関連問題であり、認定するまでもないと思われるケース、裁判例⑧と裁判例⑪は、顧客関連情報について、競争上の優位性をもたらすと認定している。
　要件③「秘密管理性」について
　これらの要件のうち、とりわけ「秘密管理性」の認定が焦点となる。権利者は、自らの営業秘密について、それを保護する主観的意思が有するかどうか、及び客観的な秘密管理措置を採用しているか否かによって判断される（裁判例⑩⑲など）。この点について、ほとんどの裁判例は、2007 年司法解釈 11 条の規定に基づき、判断を下したのである。
　裁判例①は、元従業員に対する営業秘密侵害を理由として訴えたケースであるが、裁判所は、会社の生産技術の核心の部分に係る情報であって、「機密」という表示がなくても、営業秘密の成立に影響を与えないとした。つまり、長く勤めていた元従業員は、当該情報が会社の「営業秘密」であることを認識できるものであるとした。秘密管理性の要件が緩やかに解されているといえる。妥当な判断であると解される。
　裁判例②は、不動産関連開発に関連する紛争であり、同種事件の処理において大いに参考となると思われる。
　たとえば、「X らの不動産開発市場における土地の価格、優遇策及び予想利潤等のデータ及び分析情報は、情報所有者が投資先の確定、及び投資するか否かを決定する際の参考となり、また、コストを下げ、決定時間の短縮などにとって有利であり、一定の競争上の優位性をもたらすことができるなど

の視点から、その「商業的価値性」を判断すべきである。

　秘密管理性について、XらがYらに不動産開発プロジェクトに関する資料を送った際、具体的な開発場所を特定できないように工夫したと同時に、営業秘密に関連する情報を知った場合に漏えいしないように要求し、さらにXらは従業員との間に秘密保持条項を盛り込んだ労働契約を締結するなど、合理的な秘密管理措置を採用していると認定した。

　裁判例③は、権利侵害者が自ら研究開発によるものであることを証明できず、事実推定の方法で権利者X社に在職中に得た情報を開示したと認定された。

　裁判例④は、権利者の製品との成分や生産工程の違いを証明できなかったため、Xの営業秘密を用いたと推定された。

　裁判例⑤は、本件X出版社の甲書物に関する企画・創意、編集・体裁及び内容の選定過程は「公衆に知られておらず」、また、当該書物の出版について国の関係部署の審査を経て、許可を経ているため、実用性を有し、経済的利益をもたらすことができる。秘密管理性については、X出版社は、自らの従業員との間に秘密保持契約を締結し、Y1出版社とのやり取りの中でも公開範囲を厳しく制限していたとして、秘密管理措置が取られていることが認められた。

　裁判例⑥の場合、裁判所は、原告である特許権者の証拠収集が難しいことを踏まえ、特許権侵害者に対してその製造方法は権利者の特許の方法と異なることを証明するよう命じたが、証明できなかったとして、営業秘密侵害が認められた事例である。

　裁判例⑦における秘密管理性について、原告X社は技術図案のデータを保存するUSBメモリの端子にシールを貼って管理すると同時に、元技術担当者Yとの間に秘密保持義務、著作権及び技術成果権の帰属承諾書を交わし、営業秘密の範囲及び保持期間を明確にしたとして、営業秘密の侵害を認めた。

　裁判例⑧の場合、裁判所は、原告のX社は、本件取引情報を知っている従業員との間に秘密保持契約を締結し、秘密管理措置をとっているため、取引に関連する情報は営業秘密として法律の保護を受けると判示した。また、

本件判決は、被告側が本件取引関係について、自らの努力によって構築したことを証明できず、X社の元従業員Y1が掌握しているX社の取引情報をもって容易にX社の取引先との関係を構築できたことを判断理由とし（1審）、つまり、権利者のものと「実質上同一であり、かつ、（不法行為者が権利者の営業秘密に）接したことがあり、合法的に入手したことが排除される」という原則（2審）に基づき、営業秘密に対する侵害を認定したのである。

裁判例⑨は、当事者間の労働契約において秘密保持条項を締結しているだけでなく、詳細な内容を盛り込んだ競業禁止及び秘密保持契約を締結したのが特徴的である。

秘密管理性について、「X社はY以外の秘密保持職責にある関連職員に対しても秘密保持費を支払い、その実験室に秘密保持職責を有する人員しか入ることができず、主要製品はすべてこの実験室において生産し、組み立てられると同時に、実験室の秘密保持規定、職員手帳などを設け、製品関連の技術図案に「秘密」の印鑑を押すなど」の秘密管理措置を採用していると認定されている。また、裁判所は、Yのものが Xの営業秘密にたいする複製であるとの技術鑑定結果、及びYが合法的な方法で入手したことを証明できなかったことを理由として、本件営業秘密侵害を認めた。

裁判例⑩は、秘密管理性について、詳細な解釈を行っている点は注目に値する。具体的な管理措置について、「合理的な管理」及び関係者が「営業秘密である」ことを十分に認識できるのであれば十分であるとしている。つまり、営業秘密を守るという「主観的要件」及び具体的な管理措置を採用し関係者に認識されるものであるという「客観的要件」に合致していると解されている。

裁判例⑪の裁判所は、本件顧客情報は、取引先担当者の携帯番号、メールアドレス、決済方法、価格の優遇幅、取引慣習などを含むとし、これらの情報について限られる関係者しか知ることができず、秘密保持契約を交わしていること等を理由に、営業秘密に該当すると認定した。

顧客名簿等の情報について、前掲2007年司法解釈13条に詳細な規定を設けている。

裁判例⑫は、X社が元従業員に対して営業秘密の保持義務を課し、離職

後に同種企業に再就職をしないなどの承諾に明らかに反している事例である。

　裁判例⑬は、X社が詳細な秘密管理措置を設けており、参考になる。裁判所は、営業秘密侵害につき、裁判例⑧と同様に、権利者のものと「実質上同一であり、（不法行為者が権利者の営業秘密に）接したことがあり、合法的に入手したことが排除される」という原則に基づき、不法行為を認定したのである。さらに、被告Yが主張したリバースエンジニアリングについての判断を下した。

　裁判例⑭も元従業員による営業秘密の侵害をめぐる事件であり、権利者が元従業員との間に労働契約、秘密保持契約を交わすだけでなく、元従業員から秘密保持の承諾書、保証書を提出させており、営業秘密を守る意思があるとした。

　裁判例⑮は、元従業員による営業秘密（顧客関連情報）の侵害が認容された事件である。

　裁判例⑯は、元従業員による営業秘密の侵害が認められた事件であるが、裁判所は、権利者のものと「実質上同一であり、（不法行為者が権利者の営業秘密に）接したことがあり、合法的に入手したことが排除される」という原則に基づき、元従業員の不法行為を認定したのである。

　裁判例⑰の場合、裁判所は、秘密管理措置について、「非常に厳密で、絶対問題が生じないような措置を採用しなければならないことが求められているわけではなく、経営者が主観上、経営情報を営業秘密として保護する意思があり、かつ必要な措置を採用しているのであれば、従業員が法定又は約定の秘密保持義務を有すると確定するに足りる」と判示している。つまり、従業員が認識しうる合理的な管理措置を採用しているのであれば、秘密管理性を肯定するとしている。

　裁判例⑱は、秘密管理性に関する認定は裁判例⑰と同趣旨の判断を下している。すなわち「権利者に秘密を保持する主観的な意思があり、かつ営業秘密の保護範囲を明確にし、義務者に権利者の秘密保持意思及び当該秘密の客体を理解させ、さらに通常の場合において秘密関連情報の漏えい防止に足りるものでなければならない。」と解されている。

営業秘密が否定された裁判例⑲の場合、最高人民法院は、営業秘密の3要件とりわけ秘密管理性について、「秘密管理措置は、営業秘密の非公知性を守る手段である。営業秘密として保護される情報は、権利者が当該情報を秘密として保護する主観的認識が有しなければならず、客観的な秘密管理措置を有しなければならない。」とし、主観的要件と客観的要件が必要であることを示している。

　このように、裁判例は、営業秘密の3要件に関する認定について、具体的状況に応じて柔軟に判断され、とりわけ「秘密管理性」に関する認定は、緩やかな認定が行われている。秘密管理性の主観的要件と客観的要件を直接言及する裁判例が少ないものの、それぞれ両要件に合致し、情報に接する関係者にとって秘密であることと認識できるものであれば、秘密管理性が認定されると思われる。

2　元従業員による営業秘密の侵害
（1）裁判例からみる元従業員による営業秘密侵害

　これらの裁判例のうち、元従業員すなわち営業秘密に接する立場にある管理業務や設計担当に従事した者による侵害の事例が非常に多い点が特徴的である。このようなケースの場合は、権利者が営業秘密に対してどのような厳しい管理措置を講じたとしても、なかなか営業秘密の侵害を防げることができない。裁判例にあるように、秘密保持契約を締結したり、承諾書・保証書を提出させたり、さらに競業禁止契約を締結したりするなど営業秘密の漏えいを防ぐさまざまな管理措置が採用されていることがわかる。やはり紛争予防という視点から、できるだけ厳格な基準が必要であり、有効であるといえる。また、いったん紛争が発生してしまうときに、損害を最小限にとどめておくことができるとも考えられる。各裁判例における秘密管理の水準に差があるものの、「2007年司法解釈」11条に規定する「合理的な保護措置」を採用しているとして、営業秘密の侵害が認容されたのである。

　これらの裁判例を、次のいくつかの類型に分けることができる。
　①会社の生産技術の核心部分に係る情報を離職後も保持する場合（裁判例①）

②元の勤務先の顧客関連情報を用いて取引ルートを構築した場合

裁判例⑧、裁判例⑪、裁判例⑫、裁判例⑭、裁判例⑮がある。

③技術関連の営業秘密侵害の元従業員は、技術担当者か、部門の管理者である場合

裁判例③、裁判例④、裁判例⑦、裁判例⑨、裁判例⑬、裁判例⑭、裁判例⑯、裁判例⑰、裁判例⑱などがある。

（2）人材の流動化と営業秘密の保護

　元従業員による営業秘密（技術や経営に関連する情報）への侵害は、企業にとって大きな問題となっている。市場経済の深化に伴い、人材の流動性が高まるが、企業にとって営業秘密の漏えいのリスクも高まることになる。しかし、人材の流動によって経済や市場の活性化をもたらすようなメリットもある。中国では、1978年改革・開放までの年間人材流動率はわずか0・87％で、55％以上の人は一度も転職したことがない状況であった。改革開放後、1986年に中国初の人材紹介市場が誕生してから2000年代前半までの間に約400万人の人材がこの市場を通じて転職していた。中国の「国家中長期人材発展規劃綱要（2010-2020年）」は人材流動化を高め、政府による政策誘導及び監督を強化し、産業・地域間おける人材の協調的な発展を推し進め、人材資源の有効配置を促進するなどとしている。

　中途退職者による営業秘密の漏えいが営業秘密侵害事件における割合が高く、前述裁判例にもあるように、多くの中途退職者は、元の勤務先の秘密情報をお土産として再就職先に差し出し、あるいは営業秘密をもって同じようなビジネスを展開するなどの傾向がある。企業にとって、主なポジションに

---

(71)　日本の状況について、三菱UFJリサーチ＆コンサルティング「平成24年度　経済産業省委託調査　人材を通じた技術流出に関する調査研究報告書（別冊）『営業秘密の管理実態に関するアンケート』調査結果」（2013年3月）の調査によると、営業秘密の漏えい経路について、全規模・全業種の集計結果では、漏えい事例に中途退職者（正規社員）による漏えいが含まれていると回答している割合が最も高く50.3％となっており、次いで、現職従業員等のミスによる漏えい（26.9％）、金銭目的等の動機をもった現職従業員等による漏えい（10.9％）となっている（52頁）。なお、流出先として、国内の競業他社が最も多く46.5％、国内の競業他社以外の企業が14.1％、外国の競業他社が10.8％となっている（同62頁）。

(72)　張耕・前掲注（29）・59頁参照。

(73)　張耕・前掲注（29）・59頁参照。

(74)　2010年4月1日、中共中央、国務院による発布、中発［2010］6号、10頁参照。

いる従業員、営業秘密を把握している従業員の中途退職あるいは転職を制限したいが、憲法によって保障されている従業員の職業選択の自由を害するわけにはいかず、つまり、人材の流動化と営業秘密の保護のバランスをいかにとるか、企業にとって難しい課題でもある。[75]

(3) 職務発明と営業秘密の保護

元従業員が自ら研究開発に携わった（職務発明を含む）[76]技術関連情報に対する保護は課題であろう。たとえば、2011 年、中国における特許出願件数のうち、職務発明によるものは 58.9％（58.2％授権）であった[77]。職務発明に対する保護について、特許権を取得して排他的な独占権を取得することが重要であることは言うまでもないが[78]、中国では、先進諸国と比較すると、依然として職務発明による特許出願数は少ないのが現状である[79]。それだけでなく、多くの中小企業にとって、特許出願のハードルとコストが高く、公開された後のリスクが大きいと考えられるため、営業秘密として用いたほうがメリットあると認識する傾向がある[80]。なお、中国では、発明特許権の存続期間は 20年、実用新案および意匠権の存続期間は 10 年である（特許法 42 条）が、営業秘密の場合は、このような存続期間がない。いずれにしても、技術関連情報に対する保護において、特許権と営業秘密は車の両輪のようなものであり、使い分けることは企業戦略の一環として極めて重要である。特に、経済のグローバル化の進展に伴い、国境を越えた企業競争が激化し、知的財産の公開・権利化（特許権取得）、秘匿（営業秘密）、権利化を「一体的な戦略のもと使い分けて効果的に活用する、オープン・クローズ戦略の重要性が増して」

---

(75) 張耕・前掲注（29）・59 頁参照。
(76) 中国特許法 6 条は、「所属機関〔単位〕の職務を遂行し、又は主として所属機関の物質的・技術的条件を利用して完成された発明創造は、職務発明創造とする。職務発明創造の特許出願権は所属先に帰属し、出願が認可された後，当該機関が特許権者となる（同条 1 項）。非職務発明創造の特許出願権は、発明者又は考案者に帰属し、出願が許可された後、当該発明者又は考案者が特許権者となる（同上 2 項）。」と規定している。
(77) 鄭昱・王暁先・黄亦鵬「企業職務発明激励機制法律研究」知識産権 2013 年 8 期 68 頁参照。
(78) 西川喜裕「従業者が自ら作出した情報を利用する行為の営業秘密新ギア該当性：オープン・クローズ戦略時代の職務発明の取り扱いに焦点をあてて」慶應法学 35 号（2016 年 8 月）120 頁参照。
(79) 鄭昱・王暁先・黄亦鵬・前掲注（78）・68 頁参照。
(80) 鄭昱・王暁先・黄亦鵬・前掲注（78）・68 頁参照。

おり、企業が職務発明を含む技術情報を営業秘密として保護する傾向は今後も変わらないと思われる。また、元従業員・従業員による営業秘密侵害も増加していく可能性がある。

（4）競業避止義務契約と予見可能性

元従業員に対して営業秘密の保持義務を課すと同時に、競業避止義務契約を締結しているケース（裁判例⑨、裁判例⑫）もある。中国における競業避止契約の締結状況は不明だが、労働契約法23条2項によると、使用者は労働契約又は秘密保持協議において、競業避止義務条項を設けることができ、かつ、労働契約の終了又は解除後の競業避止期間内に月極で元従業員に補償金の支払いを約定することができる。違反した場合は、元従業員が違約金を支払わなければならない。また、競業避止義務の期間は2年を超えてはならない（同24条か2項）。なお、労働紛争事件の審理における法律適用の若干問題に関する最高人民法院の解釈6条は、従業員の労働契約解除又は終了までの12か月の平均賃金の30%を月ごとに支払うことを元の雇用主に求めた場合は、人民法院はこれを支持すると規定している。

競業避止義務契約を締結する場合には、一定の制限期間を設ける必要があると同時に、どのような情報が規制対象となるのかを明確に示しておく必要があろう。競業避止義務の期間は、競業避止義務契約の必須条項であり、また期間の約定は、競業避止の対象となる営業秘密の性質や存続期間に合わせて設定する必要があるのと同時に、従業員が退職後に生活困難な状況に陥らないような配慮のある合理的な期間でなければならない。特に注意しなけれ

---

(81) 西川喜裕・前掲注（79）・121頁参照。

(82) 日本の場合、三菱UFJリサーチ＆コンサルティング・前掲注（72）・21頁によると、役員と競業避止義務契約を締結していない企業が82.2%、締結している企業が12.7%となっており、また、締結している企業のうち、期間を定めた競業避止義務契約を交わしている企業は7.4%（全体に対する割合）となっている。中小規模の企業で競業避止義務契約を交わしている企業は製造業で7.8%、非製造業で6.0%と、さらに限定される。大規模の製造業では、他の業種、規模の企業に比べて、役員との競業避止義務契約を交わす企業の割合が大きくなっている。

(83) 2007年6月29日、第10期全国人民代表大会常務委員会第28回会議採択、2008年1月1日から施行。ほかの立法として、労働法22条、102条、会社法149条、70条、パートナーシップ企業法30条、契約法92条がある。

(84) 法釈〔2013〕4号、2012年12月31日最高人民法院審判委員会第1566回会議採択、2013年1月18日。

(85) 雷鑫「論商業秘密保護与自由択業権衝突——基于『労働契約法』及相関法規的規定」時代法

ばならないのは、中国憲法42条に規定する職業選択の自由を含む「公民の労働の権利」を害することになりかねないため、期間を含めて契約内容に十分な配慮を行う必要がある。また、民法通則7条、58条5項、契約法7条の規定により、契約の締結状況や、制限期間、範囲などに応じて、契約そのものは無効となる可能性がある[86]。企業が、営業秘密を、従業員に明確に示しておけば、紛争発生時における秘密管理性の認定にとっても有利であり、従業員の退職後における情報の利用にとっても予見可能性が確保されることになる。さらに、人材流動化による人材資源の有効活用にも寄与できると思われる。

Ⅵ 結びにかえて

本稿は、中国における営業秘密の保護について、学説と裁判例を中心に紹介し、若干の検討を加えた。

前述の最高人民法院と高級人民法院の裁判実務からみてもわかるように、営業秘密の認定は、基本的に緩やかである。三要件のうちとりわけ問題となることが多い秘密管理性について、最高裁判所は、「営業秘密は、権利者が秘密管理措置をもって保護する無形財産であり、拡散・移転しやすく、いったん公開してしまうと回復できない特徴があるため、秘密管理措置は、営業秘密の非公知性を守る手段である。営業秘密として保護される情報は、権利者が当該情報を秘密として保護する主観的認識を有しなければならず、客観的な秘密管理措置を有しなければならない。なぜかというと、営業秘密は、自らの秘密管理・保持の方法によって権利を生ずるものであり、権利者が自らの秘密情報について秘密管理措置を講じていなければ、当該情報に対して保護する必要性がなく」（裁判例⑲）なると解している。2007年司法解釈に規定する「権利者が情報漏洩防止のために講じた商業価値等の具体的な状況に対応する合理的な保護措置」（11条）を行う必要があるとの立場と一致して

学14巻3期（2016年6月）62頁参照。
(86) 楊顕濱・侯立偉「論労働法視域下的離職競業限制制度」江蘇社会科学2015年4期、171頁、朱軍「未約定経済補償対離職競業禁止協議効力的影響——基于離職競業禁止案例的整理与研究」華東政法大学学報2012年1期、77頁以下を参照されたい。

おり、決して厳格な絶対的管理基準を求めているわけではない。これを支持することができる。

そもそも事業者とりわけ多くの中小企業に対して厳格な絶対的基準を求めるのは、現実的でなく、酷であるだけでなく、大企業にとっても無駄であろう。それぞれの事業者の状況、営業秘密の性質等に応じた、合理的な管理保護措置が行われているのであれば、秘密管理がインセンティブとして機能しているといえる。

中国は、グローバル化や自由貿易を強調している。しかし、グローバル化の進展に伴い、世界的な人材争奪戦がさらに激しくなると予想されると同時に、人材流出に伴う営業秘密の漏えいをいかに防止するかが大きな課題になる。引き続き、中国の動向に注目したい。

---

(87) 孔祥俊・劉沢宇・武建英・前掲注（27）・216頁、田村善之・前掲注（48）・83頁、津幡笑・前掲注（46）・212〜213頁などを参照されたい。
(89) 田村善之・前掲注（48）・83頁。

日中民事訴訟における実体の問題と
手続の問題およびその判断構造

小 嶋 明 美
Akemi KOJIMA

はじめに
Ⅰ　受理段階における審査
Ⅱ　手続の問題と実体の問題
Ⅲ　当事者論
Ⅳ　まとめとして――審理・判断の不分離について――

はじめに

　当事者は本案たる訴訟物の審理、判断を求めて訴えを提起するのであるが、その前提として、訴えは適法なものでなければならない。訴えの適法性判断における審査事項、実体的問題との関係、訴訟のどの段階で、どの程度の審査がなされるのか。中国の民事訴訟におけるその審理・判断には我が国にも増して混然としたところがみられる。

　訴訟は実体法を実現する過程であり、訴訟法には実体法との連携が求められるが、その独自の要請も働く。訴訟は、国家機関たる裁判所が運営するものであることから、公益（国民全体の利益）の見地からも捉えられなければならない。また、訴訟は、公正のみならず、効率的で実効性を有するものでなければならない。訴訟法独自の要請により、実体法との乖離を要する場合もある。連携を重視し、その齟齬を解消すべき場合もある。民事訴訟理論の展開過程においてはどちらもみられる。

本稿では、実体的問題と手続的問題および手続的問題相互の関係に交錯のみられる中国民事訴訟の理論について、我が国との比較において検討したい。

I　受理段階における審査

1　我が国の訴状の審査
（1）訴状の受付
　我が国では、第一審が地裁であるときは、訴えの提起は訴状の提出による（民事訴訟法 133 条 1 項。以下、133 I と略称する。）。訴えを提起しようとするものは、第一審の管轄裁判所の民事事件係（民事訟廷事務室事件係）に、被告の数に応じた副本（民事訴訟規則 58 条。以下、規 58 と略称する。）、事件により必要とされる添付書類および附属書類とともに訴訟費用の概算額（郵券）を予納し、手数料として訴額に応じた印紙を貼り、訴状を提出する。訴状は裁判所書記官が受領して受付印を押し、受付日付、事件番号、事件名を付し事件記録が作成され、事務分配の定めに従い裁判機関に配転される。

（2）訴状の審査
　訴状の審査は、配転を受けた裁判所の裁判長が行う。簡易迅速な処理のためである。審査の対象は、訴状の必要的記載事項（133 II）と手数料相当額の印紙の貼付（民事訴訟費用等に関する法律 3 条）である。

　訴状の必要的記載事項は、審理のために必須の事項、当事者と審判対象の特定に必要な事項である。原告と被告の特定のためには、自然人であれば氏名と住所、さらに訴訟無能力者の場合には法定代理人の記載を要する。法人であれば商号または名称と本店または主たる事務所の所在地、訴訟追行者たる代表者を記載する。審判対象の特定は、請求の趣旨と原因の記載による。請求の趣旨とは、どのような判決を求めるのか、請求認容判決の主文に対応するものである。請求の原因は、請求を特定するのに必要な事実を他の請求との区別が可能である程度に記載しなければならない。

　訴状に不備がなければ、被告に送達される（138 I）が、不備がある場合には、裁判所書記官を通じて補正を促し（規 56）、原告が応じないときは、裁判長は相当の期間を定め補正を命じ、補正しないときは命令で訴状を却下

する (137)。不備のある訴状による訴えの提起は不適法であり、本来は判決で却下すべきであるが、その不備は形式上のものであり、明白であることから、裁判長の却下命令による簡易迅速な処理を認めている。また、訴状送達後に不備が判明した場合には、口頭弁論を経る必要はないが、判決で訴えを却下する (140)。

我が国における訴状受理段階における審査は、簡易迅速を旨とし、ゆえにその主体は裁判所ではなく裁判長であり、審査対象も限られる形式審査であるといえる。

2　中国の受理審査

(1) 受理手続と立審分立

受理手続は受理審査と立案(1)からなる。中国でも、建国後、80 年代は事件審理に当たる裁判廷が立案も行い、さらに執行も担当したが、現在では専門の受理機関である立案廷を設置している。その後の審理を見越した裁判所の恣意的な立案が問題となり、立案と審理は分立され、審理に当たる裁判廷とは独立した立案廷が受理審査、立案、担当部への事件分配を行う(2)。

(2) 訴え提起の方式と訴状の内容

中国においても、訴えの提起は書面によるのが原則であるが、困難な時は口頭でもよい。当事者の便宜を図る趣旨である。口頭によるときは、法院は記録に記載し、相手方当事者に告知する（中国民事訴訟法 120 条。以下、中国民訴 120 と略称する。）。

訴状には、当事者の基本的情報として、①原告の氏名・性別・年齢・民族・職業・勤務先・住所・連絡方法、法人またはその他の組織の名称・住所および法定代表者または主たる責任者の氏名・職務・連絡方法、②被告の氏名・性別・勤務先・住所等の情報、法人またはその他の組織の名称・住所等の情報、審判の対象につき、③訴訟上の請求およびその根拠とする事実と理由、④証拠および証拠の出所、証人の氏名および住所を記載しなければならない（中国民訴 121)(3)。

---

(1) 訴訟事件として正式に登録することをいう。実務では、受理を立案という。
(2) 姜启波ほか著『案件受理』（人民法院出版社・2005 年) 36 頁以下。

訴状に不備あるときは、原告に期限を定めて補正を命じなければならないが、我が国のような訴状却下という扱いはなく、形式的要件として、次に述べる実質的要件と併せて受理、不受理の裁定がなされる(4)。

(3) 受理要件

実質的要件は、積極的要件としては、①原告が当該事件と直接の利害関係を有する公民、法人およびその他の組織であること、②明確な被告がいること、③具体的な訴訟上の請求および事実・理由があること、④法院の民事訴訟の受理範囲と受訴法院の管轄に属することである（中国民訴119）。

また、消極的要件として、仲裁契約がある場合には、訴訟物たる権利関係が当事者の自由な処分に委ねられるものであるならば、訴えは認められず、受理されない。この場合は、仲裁機関に仲裁を申し立てるよう告知しなければならない（中国民訴124②、最高人民法院《中華人民共和国民事訴訟法》の適用に関する解釈215条。以下、民訴解釈215と略称する。）。また、判決の確定した事件について再び訴えが提起されたときは、裁判監督手続により再審の申立てをするよう裁判所は告知しなければならず（中国民訴124⑤）、法律が一定の期間訴えを認めていない事件について、その期間内に訴えが提起されたとき（中国民訴124⑥）、調停により和睦した離婚事件、訴えを取り下げ、または取下げとして処理された離婚事件、判決・調停により養親子関係が維持された事件は、新たな事情・新たな理由がなく、原告が6ヶ月以内に再度訴えを提起したとき（中国民訴124⑦、民訴解釈214）には受理されない。訴訟時効期間を超えて訴えを提起したときも不受理となる(5)（民訴解釈219）。また、条文には規定はないが、実務では重複訴訟も認められていない(6)。その他、124条では、119条4号の法院の受理範囲と管轄に属さない場合を具体化し、その処理方法として、正しい申立先を告知するよう定められている（中国民訴124①③④）。

---

(3) 訴え提起に際しては、原告は被告の数に応じた副本を提出し、法院は副本を被告に送達し、その応訴、答弁に備えさせる。
(4) 江伟・肖建国主編『民事訴訟法〔第7版〕』（中国人民大学出版社・2015年）279頁、赵刚・占善刚・刘学在『民事訴訟法〔第3版〕』（武汉大学出版社・2015年）247頁。
(5) 受理後に訴訟時効の抗弁が提出されたときは請求棄却となる。
(6) しかし、どのような場合に重複訴訟に当たるのかについては、見解の一致をみていない（张卫平『民事訴訟法〔第2版〕』（中国人民大学出版社・2013年）226頁。

119条の要件を充たし、消極的要件にも当たらないときは、立案しなければならない。その場で判定できないときは、提訴資料を受領し、受領日を明記した受領証を交付しなければならず、資料の補充を要するときは、速やかに当事者に告知し、補充後七日以内に立案するか否かを決定しなければならない。訴え提起の要件を充たさないときは、不受理の裁定をしなければならない（中国民訴123、民訴解釈208ⅠⅡ）。立案後に要件を充たさず、または消極的要件に当たることが判明した場合には、訴え却下の裁定をする（民訴解釈208Ⅲ）。管轄権がない事件について、原告が当該法院での訴えを堅持するときは、不受理の裁定をする。移送しなければならないとされるのは、立案後に管轄権がないことが判明した場合である（民訴解釈211）。なお、事件受理費の予納がないときは、我が国では訴状却下となるが、中国では不受理ではなく、訴えの取下げによる処理の裁定となる（民訴解釈113）。

（4）当事者に対する審査

原告については、当該事件と直接の利害関係を有することが求められている（中国民訴119①）。原告適格を要し、実体的利益の帰属主体または法律の規定に基づき管理処分権を有する者でなければならないと解される[7]。しかし、訴え提起の段階の審査においては、当事者の主張により判断すればよいと解され、紛争との間に利害関係があることで足り、紛争が生じた可能性をわからせるという程度のものでよく、資料としては、資格証明等をみるに止まるとの運用もある[8]。

明確な被告がいること（中国民訴119②）という要件については、被告と他者との区別に足る情報を原告が提供したときに、明確な被告ありと認定できる。訴状に被告の情報が不足し、明確な被告を認定できないときは、法院は

---

(7) 江・肖主編・前掲注4）278頁、趙ほか・前掲注4）242頁。当事者適格の考え方については、後述（Ⅲの2の(3)）参照。
(8) 「最高人民法院人民法院登記立案の若干の問題に関する規定」(2015) では、訴状の記載事項につき民事訴訟法と同様の規定がおかれるほか、訴えに際し提出しなければならない資料として、自然人の場合には、身分証明書の写し、法人またはその他の組織であるときは、営業許可証または組織機構コード番号証の写し、法定代表者または主たる責任者の身分証明書を提出しなければならず、組織機構コード番号を提出できないときは、取り消された事情を説明しなければならない。訴えを委任するときは、委任状、代理人の身分証明書等を提出しなければならないと定められている。

原告に補正を命ずることができ、補正によっても明確な被告が確定できないときは、法院は不受理の裁定をする（民訴解釈209）。被告を特定、具体化し、原告が訴えているのが誰であるかを明確にし、裁判所の訴状の送達等の訴訟行為を有効に実施することができるようにするためである[9]。我が国と異なるところはなさそうである。加害者が特定できない場合に、加害者である可能性がある者を被告とする訴えが受理要件を充たすのか否かについては見解が分かれるが、実務では受理の扱いである[10]。

（5）訴訟上の請求に対する審査

具体的な訴訟上の請求があることが要件とされており（119③）、訴訟物が特定できるものであること、当事者による特定が求められているところは我が国と異ならない。

しかし、さらに、訴訟上の請求の基礎となる事実と理由も求められている（119③）。事実とは、当事者間に争いある民事法律関係の発生、変更、消滅の事実であり、我が国でいうところの要件事実にあたるのであろう。理由とは、そうした事実を証明し、最終的には自己の実体的権利主張を証明するための「証拠」、「関係する法律規定」をいうと解される[11]。

我が国でも、訴訟のできるだけ早い段階から事案を明らかにすべきと考えられており、訴状には必要的記載事項である請求を特定するのに必要な事実のほか、請求を理由づける事実の具体的な記載、それに関する事実および証拠の記載が求められている（規53）。しかし、それらの記載がなくとも、訴え提起の段階で訴状が却下されることはない。それらは口頭弁論終結時までに揃えば足りる。他方、中国では、訴え提起の要件であり、それらを欠くときは不受理の裁定を下すことになる。だが、訴え提起の要件として求められる訴訟上の請求の根拠とする事実と理由については、確実で充分であることを要するわけではなく、訴訟上の請求に全く根拠がないわけではないことを伺い知るものであれば足り、事実が真実であるか、理由が十分であるかは本案の審理により明らかにされることであり、不受理の理由としてはならない

---

(9) 趙ほか・前掲注4）242頁。
(10) 李浩『民事訴訟法学〔第3版〕』（法律出版社・2014年）201頁。
(11) 趙ほか・前掲注4）243頁。

と解される。

　証拠についても同様である。前述のように、訴状には、証拠および証拠の出所、証人の氏名および住所も記載しなければならない（中国民訴121）。具体的には、契約事件であれば、契約書、契約書がなければ受取証、領収書等の書面を提出できればよいが、証拠能力や証明力あるいは最終的に証拠原因となるかどうかは開廷審理後に審査、認定されるものであり、訴え提起時に過度な要求は原告にすべきでなく、そうでなければ訴権行使を妨げることになり得ると指摘される。さらには、ここにいう証拠は、当事者の身分、訴訟能力、管轄権等に関する証拠と解すべきであり、訴訟上の請求の成立に関する証拠が提出できなくても訴えは要件を充たさずとして不受理とすべきではないとの見解もある。

II　手続の問題と実体の問題

1　我が国の訴訟要件

（1）訴訟要件の意義

　訴訟要件とは、原告の被告に対する特定の権利主張（訴訟上の請求）の当否についての判決（本案判決）を下すための前提となる要件をいい、国家機関である裁判所が審理し本案判決をなすに値する訴えであるか否かを選別するために求められ、訴訟要件を欠く訴えは不適法として却下される（訴訟判決）。訴訟要件として、裁判権、管轄権、当事者能力、当事者適格、訴えの利益があること、同じく訴えの利益の問題であるとする見解もあるが、重複訴訟の禁止（142）・再訴の禁止（262 II）・別訴の禁止（人訴25）に反しないこと、不起訴の合意や仲裁契約がないこと、訴え提起や訴状の送達が有効になされていること、そして、訴訟能力や訴訟代理権は個々の訴訟行為の有効要件であるが、訴え提起時にそれらを欠くと訴えは不適法却下となるため、訴訟開始時のみ訴訟要件となるとするのが通説である。

---

(12)　張・前掲注6) 226頁、李・前掲注10) 202頁。
(13)　趙ほか・前掲注4) 245頁。
(14)　李・前掲注10) 202頁。

(2) 訴訟要件の審理と本案の審理

　訴訟要件は、裁判所が審理し、本案判決をなすに値する訴えであるか否かということ選別するものであることからすれば、理論的には、原告の被告に対する権利主張の当否の判断に先立ち、その審理・判断がなされるのであろうが、訴訟要件の有無は容易に判断のつくものばかりではなく、当事者適格、訴えの利益等の訴訟要件の審理と本案請求の審理は渾然一体となって進められる。当事者能力や裁判権のような場合は別として、訴訟要件を欠いたとしても裁判所は本案の審理を進めることができる。訴訟要件は、本案審理ではなく本案判決の前提要件である。

　したがって、訴訟要件を欠くときは、補正が可能であれば補正命令を、管轄違いの場合は移送し、口頭弁論終結までに具備されないときは、訴えは却下される。また、訴訟要件の欠缺を看過して本案判決がなされた場合、訴訟要件を具備しているにもかかわらず訴え却下の判決がなされた場合には、上訴により争うことができる。ただし、判決の確定後は、再審事由（338 I）にあたる場合のみということになる。

(3) 本案判決と訴訟判決

　確定した本案判決には既判力が生ずる。既判力とは、前訴判断内容の後訴に対する拘束力である。確定判決で示された判断は、その後の訴訟で基準となり、前訴で当事者だったものは、前訴確定判決の判断に矛盾した主張はできず、裁判所も、既判力に反した当事者の主張や証拠申出を取り上げることはできない。裁判所は、前訴確定判決の判断に反する判断はできず、既判力の生じた判断を前提に後訴について裁判しなければならない。本案判決、原告の請求の当否についての判断は、一度確定すると覆せなくなる。

　これに対し、訴訟要件を欠く訴えを不適法として却下する判決は訴訟判決であり、訴訟判決についても既判力は認められると解されるが、本案判決とは異なり、請求の当否、訴訟物の存否についての判断は示されない。訴えの適法性に関する判断に生ずるのが訴訟判決の既判力である。そして、この場合の既判力は、本案判決の既判力とは異なり、訴え却下の事由となった訴訟要件の判断にのみ生ずる。また、後にこの訴訟要件を具備、補正すれば、同一の訴訟物につき再度訴えを起こすことは可能となる。

2　中国の訴訟要件

(1) 訴訟要件と受理要件

中国の民事訴訟法の概説書、教科書には、訴訟要件につき特に章を立てる等して説明するものはみあたらない。例えば、我が国では訴訟要件とされる当事者能力、当事者適格については、それぞれ当事者のところに説明があるほか、当事者適格については受理のところで論じられている。扱いとしては、実質審査を要する当事者適格については、受理段階の審査で欠缺が判明したときは不受理の裁定、受理後の審査で欠缺が判明したときは訴え却下の裁定となる。受理段階における審査を初歩的な審査に止め、実質的審査は受理後の審理にということであれば、我が国の訴訟要件の扱いに近づく。

(2) 訴訟要件の審理と本案の審理

後で述べるように、当事者概念についても形式的当事者概念によらず、当事者適格も実質的に捉えるならば、訴訟担当を除いては、当事者の確定も、当事者適格のような訴訟要件も、さらには本案の問題も審査しなければならない事項は同じとなる。それゆえ、訴え却下とすることも請求棄却とすることも可能だとされる。

中国では、手続的問題についての裁判形式は裁定、実体的問題については判決との区別があるが、不受理も訴え却下も裁定の扱いである。判決については、法定の手続に従う審理を要するが、不受理の裁定のように、裁定には審理は必ずしも要しない。しかし、受理では初歩的審査のみ、実質的審査は受理後であり、しかも実質的審査における審理は本案についての審理と一体であるということであれば、我が国の訴訟要件の審理と変わらない。

Ⅲ　当事者論

1　我が国における当事者論

(1) 形式的当事者概念と当事者適格

我が国においては形式的当事者概念が採られている。その名において訴え、訴えられる者は当事者であるとする考え方である。そこには、実体的利益の帰属主体であるか否かという視点は盛り込まれていない。当事者を早期

に確定し訴訟を進めるためにも、また、第三者の訴訟担当における担当者も当事者として広く取り込むためにも、形式的当事者概念による必要がある。形式的当事者概念によれば、実体的法律関係の帰属の問題とは切り離され、訴え、訴えられた者はすべて当事者であると認めることになるから、ここでは絞り込み、排除の機能は働かない。

　しかし、その者に対して判決を下しても紛争の解決に役立たない訴訟は、限りある司法資源の有効活用という見地からも、応訴の負担という当事者の視点からも排除しなければならない。当該事件について訴訟を追行させ、本案判決をすることが紛争の解決に資する者のみを当事者として選び出すことが必要になる。当事者適格は、その選別の役割を果たす。

　当事者適格とは、特定の請求について、当事者として訴訟を追行し、その請求の当否を判断する判決を求めることができる資格をいう。そして、この資格は、訴訟物たる権利または法律関係の存否の確定について法律上の利害の対立するもの、一般には、当該請求に対する勝訴の本案判決によって保護されるべき実体的利益の帰属主体であると自ら主張し、または主張される者に認められる。実体的利益の帰属主体こそが最も訴訟の結果に利害関係を有し、十分な訴訟追行を期待でき、また、この者に本案判決をすることが紛争の解決に資すると考えられるからである。

　しかし、実体的利益の帰属主体であるか否かは本案の審理により明らかになるのであって、当事者適格、訴訟追行権の有無は主張により判断される。給付訴訟の場合には、権利者であると主張する者に原告適格があり（最判平成23.2.15裁判集民236号45頁）、義務者であると主張される者に被告適格がある（最判昭和61.7.10裁判集民148号269頁）。当事者適格も実体的法律関係の帰属の問題からは切り離された訴訟追行権として観念されるのであって、主張する実体的法律関係の帰属主体であるか否かは本案の問題となる。

　例外として、実体的権利義務の帰属主体であると主張し、主張される者以外の者が当事者となる場合もあり、第三者の訴訟担当もその例である。訴訟担当においては、担当者の訴訟追行権は、権利義務の帰属主体であることではなく、訴訟物に対し管理処分権を有することにより基礎づけられる。また、この場合には、管理処分権は、主張のみでなく証明されなければならな

い。管理処分権を欠く者の訴訟行為は、代理権を欠く者による訴訟行為と同じく認めるわけには行かず、当事者適格の欠缺により訴えは却下となる。

(2) 権利能力なき社団と当事者能力、当事者適格、本案の問題

①訴訟法と実体法の乖離

特定の事件や訴訟物の内容に関わりなく、一般に民事訴訟の当事者となり得る資格を当事者能力という。民法上権利能力を有する者はすべて当事者能力を認められる(28)。例外として、権利能力がなくても、団体としての組織性を備えていれば、当事者能力が認められる(29)。取引主体として実在する以上、当事者能力を認めることが訴訟追行上便宜だからである。

通説によれば、29条により当事者能力を認めることは、当該事件に限ってのことではあるが権利能力を認めることになると解される(15)。したがって、金銭給付訴訟であれば、団体に支払えと命ずる判決も可能である。給付訴訟であるから、前述のように、当事者適格も権利者であると主張する限り、当該団体に認められる。

だが、実体法上、権利能力なき社団の資産は構成員全員に総有的に帰属すると解され（最判昭和39.10.15民集18巻8号1671頁）、判例は、29条により当事者能力が認められる団体自体の所有権の確認を求めた訴えについて請求を棄却し（最判昭和55.2.8裁判集民129号173頁。以下、昭和55年最判と略称する。)(16)、登記請求訴訟についても社団自体は登記請求権を有しないとした（最判昭和47.6.2民集26巻5号957頁。以下、昭和47年最判と略称する。)。判例は、29条により当事者能力が認められても、権利主体となり得ない以上、請求の認容は有り得ないと訴訟法と実体法との乖離を貫く。当事者能力は認められても権利能力は認められず、訴えは適法でも請求は棄却となる(17)。

②本案判決による処理に対する疑問

前述のように、判例によれば、権利能力なき社団による所有権確認訴訟や

---

(15) 兼子一『新修民事訴訟法体系〈増補版〉』(酒井書店・1965年) 111頁。
(16) 「権利能力なき社団自体は右のような財産について私法上所有権等の主体となることができないのであるから、その点において右請求はすでに失当である。」とする。
(17) 昭和47年最判は、権利主体たり得ないことを理由に請求を棄却したものではないが、昭和55年最判は、請求を棄却した原判決を是認し上告を棄却しており、当事者能力は否定していないと考えられる。

登記請求訴訟の場合には、固有適格構成では請求は棄却とならざるを得ない。だが、その理由は権利主体たり得ないというところにある。基礎となる事実関係についての審理、判断のうえに権利の存否について判断がなされるわけではない。

さらに、最判平成27.9.18民集69巻6号1711頁（以下、平成27年最判と略称する。）は、マンションの一部の区分所有者が、共用部分を第三者に賃貸して得た賃料のうち、自己の持分割合に相当する部分につき生ずる不当利得返還請求を求めた訴えにつき、この請求権を行使できるのはマンションの区分所有者により構成される団体のみであるとして請求を棄却した。この場合、個々の区分所有者はおよそ「権利主体たり得ない」というのではなく、権利の帰属は認めたうえで、個々に「行使はできない」ということが理由とされている。

昭和55年最判では、構成員全員の総有権の確認をすべきであり、その場合には、構成員全員の授権を要する旨述べられている。では、確定後に、同じ団体が、構成員全員への総有的帰属を主張することは許されるのか。平成

---

(18) 事件限りの権利能力という考え方によれば、請求認容の余地もある。名津井吉裕「法人でない社団の受けた判決の効力」德田和幸ほか編『民事手続法制の展開と手続原則―松本博之先生古稀祝賀論文集』（弘文堂・2016年）594頁、同『民事訴訟における法人でない団体の地位』（大阪大学出版会・2016年）265頁以下（初出：法時85巻9号35頁以下）、高田裕成「民法上の組合の当事者能力」福永有利先生古稀記念・企業紛争と民事手続法理論（商事法務・2005年）1頁以下。

また、事件限りの権利能力という考え方をとらず、実体法上自己に帰属しない請求権を訴訟上行使する場合の固有適格構成における請求認容についても論じられている（勅使川原和彦「他人に帰属する請求権を訴訟上行使する「固有」の原告適格についての覚書」）高橋宏志ほか編『民事手続の現代的使命』（有斐閣・2015年）430頁、名津井吉裕「当事者能力と当事者適格の交錯」法時1101号（日本評論社・2016年）8頁、同・前掲「法人でない社団の受けた判決の効力」602頁。

(19) 「一部の区分所有者が共用部分を第三者に賃貸して得た賃料のうち各区分所有者の持分割合に相当する部分につき生ずる不当利得返還請求権は各区分所有者に帰属するから、各区分所有者は、原則として、上記請求権を行使することができるものと解するのが相当である。」としながら、「区分所有者の団体は、区分所有者の団体のみが上記請求権を行使することができる旨を集会で決議し、又は規約で定めることができるものと解される。そして、上記の集会の決議又は規約の定めがある場合には、各区分所有者は、上記請求権を行使することができないものと解するのが相当である。」「本件マンションの管理規約には、管理者が共用部分の管理を行い、共用部分を特定の区分所有者に無償で使用させることができる旨の定めがあり、この定めは、区分所有者の団体のみが上記請求権を行使することができる旨を含むものと解すべきであるから、」個々の各区分所有者は不当利得返還請求権を行使することができないとする。

27年最判の場合には、確定後の団体による訴訟は排斥されないのか。昭和55年最判の場合には、権利能力なき社団への所有権の帰属の主張を否定したにすぎず、後訴で構成員全員への総有的帰属を主張する場合には、その確定判決の既判力により遮断されることはないと解することができるとしても、平成27年最判の場合には、権利の帰属主体である個々の区分所有者が当事者となり、先に請求棄却判決を受けていることから、帰属主体ではないが、権利行使できる団体が再度同じ訴えを訴訟担当として提起したときに、前訴判決の効力が後訴当事者たる団体に及ばないと当然にいえるかは疑わしいと懸念される[21][22]。

　本案判決によれば、蒸返しは封じられ、紛争は終結的解決をみる。他方で、この場合に既判力の相対効の例外的処理を認めるとすれば、不合理な結果が生じ得る。権利の存否の判断、本案判決で斥けるのではなく、訴訟上の問題として遮断することはできないのであろうか。

　当事者適格について、給付訴訟の場合には主張さえあれば認められるとする判例理論によれば、訴訟要件の絞り込み機能は働かず、本案の問題として処理されることになる。これに対し、主張された法律関係において、実体法上、給付請求権者、給付義務者たり得ない者は、当事者適格を否定すべきであるとする見解もある[23]。この見解によれば、権利能力なき社団の場合には、固有適格構成では当事者適格は否定される。先ほどの懸念解消のためには、給付訴訟の当事者適格の原則に例外を認め、主張自体から権利主体となることのできない請求については当事者適格を否定する見解にも一定の合理性が認められる。しかし、この見解に対しては、紛争の終局的解決ということか

---

(20) 青木哲「給付訴訟における権利能力のない社団の当事者適格と本案の問題について」高橋宏志ほか編『民事手続の現代的使命』（有斐閣・2015年）9頁。
(21) 内海博俊「区分所有マンションにおいて一部の区分所有者が共用部分を第三者に賃貸して得た賃料につき生じた不当利得返還請求権の行使――手続法的視点から」速報判例解説19巻新・判例解説Watch（日本評論社・2016年10月）180頁。
(22) 逆の場合、団体による訴訟の判決確定後の構成員による訴訟が封じられるかどうかについては、訴訟担当構成のみならず、固有適格構成によっても肯定される見解がある（名津井・前掲注18）「法人でない社団の受けた判決の効力」596頁、勅使川原・前掲注18）432頁。）。
(23) 斎藤秀夫『民事訴訟法概論』191頁、小山昇『民事訴訟法〔5訂版〕』（1989年）94頁、中野貞一郎編『現代民事訴訟法入門』55頁、兼子一・松浦馨・新堂幸司・竹下守夫『条解民事訴訟法』113頁。

ら、事例に即し、説得力ある反論が展開されている。既判力による紛争の終局的解決ということが、本案判決による解決を肯定する根拠にも、否定に傾く理由にもなり得る。

　権利能力なき社団の資産は構成員全員に総有的に帰属すると解されるが、マンションの共用部分の侵害に関する給付請求権は法人でない社団である管理組合ではなく、各区分所有者に帰属すると解される。最判平成23.2.15判タ1345号129頁は、団体自らが権利を有すると主張してその給付を求めるものであるとして、給付訴訟の当事者適格の原則的基準により、その当事者適格を肯定したが、原審は、共用部分の侵害を理由とする本件各請求権は区分所有者に属し，区分所有者において行使されるべきものであり、団体は請求権の帰属主体ではなく、行使することもできず、団体による訴訟担当も認められないとした。前述のように、訴訟担当の場合の当事者適格は主張のみでは判断されない。

　これに対し、平成27年最判は、個々の区分所有者は、権利の帰属主体ではあるが行使できず、団体は帰属主体ではないが行使できるとする。実体法の問題として、権利の帰属と行使を分離しているようであり、その権利の性質、根拠については実体法の議論に委ねるが、当事者適格の基礎を論ずるものと解することができまいか。本案の問題として請求を棄却するのではなく、訴訟法上の問題、当事者適格の欠缺を理由として斥けるべきものと考える。

　当事者適格の基礎としては、平成27年最判は、権利の帰属主体は各区分所有者であるとしており、団体に訴訟追行権を認めることは、団体の財産に非ざる他人の権利をその基礎とすることになる。平成27年最判では、当事者適格は権利の帰属主体であると主張するものには認められず、他人の権利

---

(24)　後藤勇「給付訴訟の被告適格」『民事実務の研究』（判例タイムズ社・1996年）431頁（初出：判タ637号7頁以下）、中野貞一郎「当事者適格の決まり方」『民事訴訟法の論点Ⅰ』（判例タイムズ社・1994年）431頁（初出：判タ819号23頁以下）、福永有利「給付訴訟における当事者適格」『民事訴訟当事者論』（有斐閣・2004年）337頁（初出：中野貞一郎先生古希祝賀『判例民事訴訟法の理論（上）』217頁）。

(25)　東京高判平成8.12.26判時1599号79頁は、マンションの共用部分の瑕疵を理由とした不法行為に基づく損害賠償請求権は、共用部分の共有者である各区分所有者に帰属する可分債権であるから、共有持分割合に従って各区分所有者に分割して帰属するとする。

を主張する者に認められることになる。固有適格構成では、給付訴訟の当事者適格の原則的基準に変容を来すことになる。

　この点、訴訟担当構成であれば理解しやすい。しかし、登記請求につき、この判例以前に、同じく権利帰属主体でない団体自体がむしろ訴訟を追行すべきであるとしてその当事者適格を認める判例（最判平成26.2.27民集68巻2号192頁）も現れており、その訴訟追行権の根拠としては、登記の対象である土地は、構成員全員に総有的に帰属し、実質的には当該社団が有しているとみるのが事の実体に即していると述べられている。実体を重視した固有適格構成を志向する判決とみることもできる。また、登記名義人となることを委ねられたのは当該社団の代表者である個人であり、社団は訴訟追行のみを委ねられているが、代表者個人の登記請求権への社団の管理処分権に対する言及はない。これは、不動産登記法は権利能力なき社団を登記申請人としては認めておらず、登記実務上は団体名義による登記も、社団の代表者である旨の肩書きを付した代表者個人名義の登記も認められない。代表者「個人名義」または「構成員全員の共有名義」によるしかない。代表者「個人名義」の登記は実体法と訴訟法との齟齬による苦渋の策である。[26]

　このように、固有の適格の基礎となる実体的権利義務の帰属主体ということを実質的に捉え、原則は維持されているものと解しても、[27]権利者であると主張する者に適格ありと主張のみから形式的に判断することはできない。

2　中国における当事者論

（1）実質的当事者概念と受理における実質的（実体的）審査

　中国民事訴訟理論の伝統的見解によれば、当事者とは、自己の名をもって訴訟を行い、法院の裁判の拘束を受け、事件と直接利害関係を有する者をいう。[28]これは、実質的当事者概念であると解され、当事者適格、本案の問題と

---

(26)　名津井・前掲注18)「当事者能力と当事者適格の交錯」8頁は、「代表者個人名義の登記が実質的に社団名義の登記に代わるものである以上、当該個人に固有の利益はなく、社団に包含されると解すべきである。」とする。また、同・前掲注18)「法人でない社団の受けた判決の効力」603頁でも、「請求の目的の給付先が代表者個人とされた点は、…社団自身への給付を求める場合と実質的に同視できる」とする。

(27)　名津井・前掲注18)「当事者能力と当事者適格の交錯」9頁。

(28)　江・肖主編・前掲注4）108頁。

は区別されていない。

　しかし、この見解の下では訴訟担当を認めることができない。よって、民事上の法律関係の実現、救済の幅を狭めるとして、修正し、より広くとらえる見解がある。当事者とは、自己の名をもって訴訟を行い、民事上の権益を保護するために、民事訴訟手続の発生、変更又は消滅を生じさせることができる者であるとする。この当事者概念によれば、自己の民事上の権益保護のために訴訟を行う者のみならず、他人の民事上の権益を保護するために訴訟を行う者も包含し、争いある民事上の権利に対し管理処分権を有する者は、事件と直接利害関係を有さなくても当事者として訴え、訴えられることができる。[29]当事者は、自らが実体的権利の帰属主体であるか、訴訟物につき管理処分権を有する者でなければならない。[30]

　伝統的見解、修正し広く捉える見解、いずれも当事者概念を実体法上の法律関係と結びつけて考えている。これは、程度に議論はあれ実質審査を行ってから受理するという前述の中国の制度に適合する。[31]しかし、訴え又は訴えられる者が民事上の権利・法律関係の主体であるかどうかは審理によって明らかになるものであって、不明のまま当事者たる地位は認められ、審理は進められる。それゆえ、近年、中国でも形式的当事者概念によるべきとの有力説も主張されている。

（2）当事者能力

　当事者能力とは、民事訴訟の当事者となるために備えなければならない資格をいう。当事者能力は、抽象的に民事訴訟上の権利を有し、義務を負うことができる資格であり、私権の紛争主体が訴えの提起、応訴およびその他の訴訟行為を行うのに必要な前提条件であると解される。当事者適格と異なり、抽象的、一般的な資格であるところは我が国と変わらない。

　権利能力を有する者は当事者能力を有するとするところも同じである。例

---

(29)　例えば、趙ほか・前掲注4) 93・95頁では、この見解が採られている。
(30)　受理の要件としても事件との直接の利害関係が求められており（中国民訴119①）、この要件につき、実体的利益の帰属主体または法律の規定に基づき管理処分権を有する者でなければならないとの前述（Ⅰの2の(4)）の理解は、この伝統的見解を修正し、広くとらえる当事者概念に基づくと考えられる。
(31)　江・肖主編・前掲注4) 108頁。

外として、死者の著作権に関する訴訟（著作権法20、同実施条例15）、死者の遺体・遺骨および姓名・肖像・名誉・プライバシーの侵害に対する訴訟（民訴解釈89）等においては、権利能力はあるが当事者能力は認められず、後述のように訴訟追行権は別の者に委ねられている。また、通説によれば、法人の権利能力は法律と定款による制限を受けるが、当事者能力は制限することができないと解される。

　合法的に成立し、一定の組織機構と財産を有するが、法人格のない組織もまた当事者能力を認められる。例として、法に従い登記し営業許可証を得た個人単独出資企業・パートナーシップ企業・中外共同経営企業・外資企業、法に従い成立した社会団体の支所・代表機関、法に従い設立し、営業許可証を得た法人の支所・商業銀行・政策性銀行および非銀行金融機関の支所・郷鎮企業・町工場等があげられる（中国民訴48、民訴解釈52）。

(3) 当事者適格

①当事者適格の基準

　当事者適格とは、正当な当事者ともいい、特定の訴訟において原告又は被告として訴え、応訴し、本案判決の拘束を受ける法律上の権能又は資格をいい、抽象的な当事者能力の特定の訴訟における具体化であると解される。

　当事者適格の基準は、一般的には、当該当事者が争われる民事実体法律関係の主体であるか否かである。原告は法院に訴えを提起し、法院に訴訟物について裁判するよう求めるが、その訴権行使の根拠は通常は訴訟物に対し実体法上の利害関係を有すること、すなわち、訴訟物に対し実体法上の処分権を有することである。例外として、当事者は争われる民事法律関係の主体ではなくとも、訴訟物たる民事法律関係について管理処分権を有すれば、正当な当事者として認められる。訴訟担当である。

―――――――――――

(32)　一般的には、民事訴訟において、当事者適格の有無は、訴訟物について管理処分権を有するか否かによって判断するが、例外として、中国民事訴訟法55条は、「環境汚染、多数消費者の合法的権益を侵害する等、社会公共の利益を損なう行為については、法律が定める機関および関係組織が人民法院に訴訟を提起することができる。」と定めている。ここにいう法律が定める機関および関係組織は、訴訟物に対し管理処分権を有するものではないが、正当な原告として民事訴訟を提起することができる。このような訴訟を公益訴訟という。

　環境法58条によれば、環境汚染、生態破壊により社会公共の利益を損なう事件における正当な原告は、1）法に従い区の設置された市レベル以上の人民政府民生部門に登記し、2）環境保護

具体的には、給付訴訟では、義務者に対し、給付請求権を有する者が正当な原告であり、実体法上の給付義務を負う者が正当な被告である。形成訴訟では、形成権を有し、訴訟の提起により形成権を行使できる者が正当な原告であり、当該形成権の意思表示の相手方が正当な被告である。確認訴訟では、争われる民事実体法律関係に対し確認の利益を有する者が正当な当事者である。

このように、中国の民事訴訟では、訴訟類型の別なく、当事者適格は実質的に捉えられている。正当な当事者は、特定の訴訟物と事実上又は法律上の関係を有し、当該訴訟物たる権利又は法律関係の主体であり、また、訴訟担当者として、訴訟物について管理処分権を有する者である。よって、当事者適格を欠くときは、訴えは不適法として却下されるだけでなく、理由なしとして請求を棄却することもできると解される(33)。

②当事者適格の法定

当事者能力を有さない者が紛争に巻き込まれた場合に訴訟追行を可能とするために、また、誰を相手とすべきか悩ましい場合について、正当な当事者が法定されている(34)。訴訟担当についても、法定訴訟担当、任意的訴訟担当と

　　公益活動に5年以上継続して専ら従事し、かつ違法記録がない組織でなければならない。また、消費者権益保護法47条は、中国消費者協会および省、自治区、直轄市に設立された消費者協会は、多数の消費者の合法的権益を侵害する事件において正当な原告となることができると定めている。

(33) さらに、当事者の変更も認められる。当事者の変更とは、訴訟の過程で、原告・被告が当事者としての要件を充たしていない、また訴訟に参加すべき当事者が参加していないことが判明した場合に、法院が要件を充たす当事者に訴訟に参加するよう通知し、要件を充たさない当事者を訴訟から脱退させることをいう。受理の要件として、被告適格も要するとする見解によれば、受理の段階で被告適格を欠くことが判明したときは、法院は正当な当事者に替えるよう告知しなければならない。

(34) 民訴解釈は、当事者適格について以下のような規定をおいている。1）法人の法に従い設立していない支所又は法に従い設立しているが営業許可証を得ていない支所は、当該支所を設立した法人を当事者とする（53条）。2）法人又はその他の組織の職員が業務執行により他人に損害を与えたときは、当該法人又はその他の組織を当事者とする（56条）。3）労働を提供する側が労務により他人に損害を与え、被害者が訴訟を提起する場合には、労務を受ける側を被告とする（57条）。4）労務派遣期間に、派遣された職員が業務執行により他人に損害を与えたときは、労務派遣を受けた雇用機関を当事者とする。当事者が労務派遣機関の責任を主張するときは、当該労務派遣機関を共同被告とする（58条）。5）個人商工業者は営業許可証に登記された経営者を当事者とする（59条）。6）法人又はその他の組織がなすべき登記をせず、行為者が法人又はその他の組織の名において民事活動を行った場合には、行為者を当事者とする（62条1号）。法人

もに規定がある。明文規定のない任意的訴訟担当については、我が国では弁護士代理の原則（民訴54）と訴訟信託の禁止（信託10）との関係で問題となるが、中国では、弁護士代理の原則はとられておらず（中国民訴58Ⅱ、民訴解釈

又はその他の組織が消滅後、行為者がその名において民事活動を行った場合には、行為者を当事者とする（62条3号）。7）行為者が代理権を有さず、代理権を超えて又は代理権消滅後に、被代理人の名において民事活動を行った場合には、行為者を当事者とするが、相手方に行為者に代理権があったことを信ずる理由があるときはその限りではない（62条2号）。8）村民委員会又は村民小組が他者と民事紛争を生じたときは、村民委員会又は独立した財産を有する村民小組を当事者とする（68条）。9）死者の遺体、遺骨および姓名、肖像、名誉、栄誉、プライバシー等を侵害する行為に対し訴訟を提起するときは、死者の近親を当事者とする（69条）。

また、企業グループは、登記主管機関の登記審査・許可、企業グループ登記証の公布により成立する（国家工商行政管理局《企業グループ登記管理暫定規定》。1998年。）が、企業グループは法人の連合体であり、法人格を有さず、各グループの構成員が自己の名で経営し、民事責任を独立して負う。企業グループの名称は、宣伝と公告に使用できるが、企業グループの名で経済契約を締結し、経営活動に従事することはできない。ゆえに、企業グループは当事者能力を有さず、契約紛争が生じた場合には、契約を締結した特定のグループ構成員を当事者とし、契約を締結した特定の集団構成員を確定できない場合には、親会社（グループ中核企業）を当事者とする。

商品取引市場の開設機関は、商品取引市場の経営管理者であり、工商行政管理局で市場登記証を取得し開設許可を得る。商品取引市場は開設機関の経営場所であり、民事責任を独立して負う能力を有さない。よって、商品取引市場は当事者能力を有さず、商品取引市場に関連する紛争は、開設機関を当事者としなければならない（工商行政管理局《商品取引市場登記管理便法》。1996年制定、現在は失効。）。

関係部門の承認を経て成立した各種組織委員会は解散にあたって、その存続期間の債権債務を清算しなければならない。清算せずに解散した場合に、債権者は引受人の一部又は全部に訴えを提起できる。当事者となる引受人は、まず、組織委員会の存続期間の債権債務について清算の責任を負い、清算された組織委員会の財産をもって民事責任を負う。清算された財産が債務を返済するに足りない場合又は組織委員会自体に財産がない場合には、組織委員会の各引受人は債務について約定あるときは、約定に従い責任を負う。約定がないときは、連帯責任を負う。また、各種組織委員会に法人格がある場合、例えば、第29回オリンピック運動会組織委員会（北京オリンピック組織委員会）は、当事者能力を有する。

農業・工業・商業本社、郷鎮企業本社、管理委員会等の組織体は、法人営業許可証、政府関係部門の許可文書がある場合には、当該機関が当事者となる。営業許可証も許可文書もない場合には、当該機関を設立した政府部門が当事者となる。

有限責任会社設立中の設立準備委員会は、独立の財産を有さず、独立して民事責任を負うことができず、当事者となることはできない。会社設立準備委員会の行為により生じた民事訴訟は、会社が成立した場合には、会社を当事者とし、会社が成立していない場合には、成立・組織の責任を負う設立準備委員会の創設者又は発起人を当事者とする。

審査・許可、登記を経て社会団体法人格を得た職員持株会は当事者能力を有する。登記を経ていないのに職員持株会の名において資金集め、出資を行った場合には、発起人を当事者とする。

(35) 我が国と異なるところとしては、中国の民事訴訟は当事者恒定主義を採っており、譲渡人は譲受人の法定訴訟担当者となると解される。訴訟中に争われる民事上の権利義務の移転がある場合には、譲渡人の訴訟上の資格・地位に影響はなく、その確定判決・裁定は譲受人に対して拘束力を有する。

85~87)、事件類型によっては、実体的権利義務の帰属主体の近親による訴訟担当も認められており、我が国におけるような問題としては論じられない。

　法人格のない団体について、我が国では、固有適格構成のほかに、訴訟担当構成による訴訟追行が考えられる。29条による法定訴訟担当なのか、任意的訴訟担当なのかについては議論があるが、訴訟担当を認めたとされる判例も複数ある。この点、中国では、例えば、前述のように、法人格はないが当事者能力が認められるパートナーシップ企業につき、全パートナーの授権に基づき、パートナーシップ責任者又はパートナーシップ企業執行者が訴訟担当者となることが法律で定められ、また、我が国ではマンション管理組合の当事者適格については議論があるが、不動産の私有が認められるようになった中国では、地域毎に設けられる所有者大会の決定（全所有者の授権）に基づき、所有者委員会が所有者の共同の権益について訴訟追行権を有する訴訟担当者となるとの定めがある（不動産管理条例15条。ただし、4項までは法定訴訟担当の規定である。）。

（4）当事者概念、当事者能力、当事者適格、本案の問題

　当事者概念についての伝統的見解又は修正する見解によれば、実体的権利の帰属主体ではない者または訴訟物に対し管理処分権を有さない者は当事者ではなく、当事者適格も有さず、請求も棄却となる。前述のように、当事者適格を欠くときには、訴え却下とすることも請求棄却とすることもできる。実体の問題と手続の問題とは不分離である。

　　なお、譲受人が独立した請求権のない第三者の身分で訴訟への参加を申し立てたときは、法院は認めることができる。譲受人が当事者に代わって訴訟を引き受けることを申し立てたときは、法院は事件の具体的状況に基づき認めるか否かを決定することができ、認めない場合には、独立した請求権のない第三者として追加することができる（民訴解釈249条）。法院は譲受人が当事者に代わって訴訟を引き受けることを認めるときは、当事者の変更の裁定をする。当事者の変更後、訴訟手続は譲受人を当事者として続行し、旧当事者は訴訟から脱退しなければならない。旧当事者が行った訴訟行為は、譲受人に対しても拘束力を有する（民訴解釈250条）。

(36)　死者の近親による法定訴訟担当（権利侵害責任法18条1項、名誉権事件審理の若干の問題に関する解釈5条、人身損害賠償事件の審理に法律を適用するにあたっての若干の問題に関する解釈1条、民事権利侵害精神損害賠償責任確定の若干の問題に関する解釈3・7条、渉外海上人身死傷事件の損害賠償審理に関する具体規定（試行）1条、未成年の権利侵害者死亡の場合にその父母を後見人として訴訟主体とすることができるか否かに関する返書等。）、婚姻当事者の近親による訴訟担当（《中華人民共和国婚姻法》適用の若干の問題に関する解釈（一）7条、同（二）5・6条。）、未成年者の父母による訴訟担当（養子縁組法26条）。

抽象的に実体的法律関係の帰属の問題から離れて判断可能なのは当事者能力のみである。当事者能力についてはこの点徹底している。判断の順序としては、当事者能力は受理要件として明記されていないが、民事訴訟の当事者となるために備えなければならない資格、訴えの提起、応訴およびその他の訴訟行為を行うのに必要な前提条件であるとされている。理論的には当事者能力の判断が第一ということであろうか。

Ⅳ　まとめとして──審理・判断の不分離について──

1　中国における受理審査の問題
（1）受理審査の対象
中国の受理審査の対象よりみると、受理の段階で、少なくとも我が国より踏み込んだ審査がなされている。訴え提起の要件、受理審査事項は我が国より広く、本案と密接な関係を有する原告適格や本案の問題である訴訟上の請求についても受理の段階で審理、判断される。証拠の不備によっても不受理となる。実務のバラつき、見解の相違はあるようだが、その解釈と運用によっては、我が国とは大きく異なるものになりそうである。

（2）受理審査の手続
我が国では、訴訟要件とされるものについては、基本的には職権調査、職権探知の方式がとられるが、その判断は、口頭弁論を要する判決による（例外として、87Ⅲ、140。）。当事者適格のような実質審査を要する訴訟要件は、それを欠くことを理由として退ける場合にも、訴状審査の段階では判断されることはなく、判決の形式で行う。

しかし、中国の受理審査は、裁判官（立案廷）が行うとはいえ、非公開（非開廷）で、対席でもなく、職権主義的で、当事者は受動的地位におかれている。そうであるとすれば、手続保障に十分でないことから、受理審査は形式審査に止めるべきである。

審理の重複も指摘される。同一の事項について受理後に再審査がなされる

---
(37) 李卫国・雀磊「试论民事立案审查制度」董开军ほか主編『民事诉讼法修改重要问题研究』（厦門大学出版社・2011 年）129 頁。

(3) 実質審査から形式審査へ

　受理段階における実質審査の程度が問題となる。運用は一様ではなく、同様の事件について受理と不受理の判断が異なることもあるようである。受理審査のハードルが高く、訴権が損なわれているとの指摘もある。「起訴難」といわれるようになってから久しい。しかし、訴権を損なってはならないとの見地から、受理段階では形式審査に止めるべきであるとの指摘に従い、当事者適格も証拠の不備も受理段階では初歩的な審査のみ、その余は裁判廷での審理にということであるのならば、手続保障に欠けることも二段階審査にも合理性を認めることができる。本人訴訟が多く、法的知識も十分でない当事者が訴えを提起するときに、立案廷の裁判官が話を聞き、ある程度の振り分けをすることの必要性は必ずしも否定できない。立案後に要件を充たさず、または消極的要件に当たることが判明した場合には、訴え却下の裁定をする（民訴解釈208Ⅲ）との規定との平仄も合う。しかし、中国の実務においては、受理の手続を詳細化し、釈明を十分にし、それでも要件を充たさないときには自己責任に帰すことで「起訴難」を克服しようとしているとの批判もある。不受理の裁定に対しては不服申立ても認められている（中国民訴123）が、受理も不受理もしない事件につき、「抽斗事件」（抽斗にしまい込んで放っておかれるとの意味）と揶揄される現象も起きてきた。

---

(38)　张卫平「民事訴訟法学：突出規範分析　開展多様化研究」《検察日報・2017年1月5日》〈http://www.legaldaily.com.cn/fxjy/content/2017-01/05/content_6942901.htmlnode=70694〉。
(39)　依然訴えの敷居は高く、受理の前に訴え提起の要件につき厳格に審査をしなければならない状況は変わっていないと指摘される。「最高人民法院人民法院登記立案の若干の問題に関する規定」（2015年）では、法律の規定に合致しない訴えについては、裁判所は釈明しなければならないこと、訴状の見本を提供し当事者の訴状作成のモデルとすることを定め、当事者の訴えの困難への対処とし、また、訴状の補正内容を一度に告げない、立案の引延し・妨害、立案もせず裁定もせずという場合には、受訴法院または上級法院に訴え出ることができ、訴えを受けた法院は15日以内に受理し、事実を明らかにし、状況を当事者にフィードバックしなければならず、違法、紀律違反が判明した場合には関係者の責任を追究するものとされている。こうした規定は受理の道のりの厳しさを物語る（赵刚ほか・前掲注4）247頁。）。
(40)　张・前掲注38）。よって、受理要件と訴訟要件は分離すべきであるとする。

2 実体の問題と手続の問題

　我が国でも、前述のように、法人格なき社団が当事者となる場合については、訴訟要件の問題と本案の問題とが交錯してくる。本案判決と訴訟判決との既判力の対象が異なることから、少なくとも既判力の相対効の例外的処理が認められるような場合には、訴訟要件の問題として処理すべきものもあると考える。

　中国の民事訴訟は、手続上の問題につき、実体の問題から離れて形式的に判断するという仕組みにはなっていない。本案の問題と訴訟要件あるいは受理要件の問題とは不分離である。この点、受理要件とすることに手続保障の視点から問題があることは先に指摘した。

　受理後の審理、判断における訴訟要件と本案との不分離については、手続保障上の問題はなくなるが、訴え却下も請求棄却も可能という処理は、既判力を意識した解決とはなっていないことを示している。中国では、建国後初の民事訴訟法であり、現行法の基となる民事訴訟法（試行）制定の後も、訴訟物、既判力についてはあまり議論されないできた。教科書等にも、この点は他国の民事訴訟法の紹介としての記述、あるいは中国の実務とは離れた学術上の議論がなされてきた。我が国であれば、訴訟物の捉え方も既判力の範囲も曖昧なままでは訴訟を進めることはできないが、中国の民事訴訟は長きに亘り、この点が問題とされたことはなかった。これは我が国とは大きく異なる職権主義的審理方式[41]、再審のあり方[42]に起因するものと考える。しかし、当事者主義へと舵が切られた現在の中国民事訴訟においては、見過ごすことのできない重要な課題である。中国版要件事実による審理も模索されている[43]。今後の展開に期待したい。

---

(41)　小嶋明美「職権探知主義の規整―中国民事訴訟法を素材として―（1）」山形大学法政論叢43号（2008年）1頁以下。

(42)　小嶋明美『再審についての一考察』山形大学法政論叢49号（2010年）1頁以下。

(43)　裁判官によるものとして、鄒碧華『要件審判九歩法』（法律出版社・2010年）、研究者によるものとして、許可『民事審判方法要件事実論』（法律出版社・2009年）等、要件事実についての本も出版されている。また、日本の要件事実論の研究のうえに、中国における要件事実論と裁判方法を論じたものとしては、小林正弘「要件事実論と中国における民事裁判」法律時報1050号（日本評論社・2012年）93頁以下がある。

3 当事者論について

我が国では、当事者能力と当事者適格の交錯が指摘され、精緻な議論がなされている。手続保障や既判力との関りでは少なくとも直接問題となるわけではないが、理論上、実務上の誤謬を招く可能性がある限り解消すべきとの指摘[44]は首肯できる。

中国でも同じことがいえるであろう。訴訟要件相互の境界が曖昧になることは、中国では他の点も相まって、判断の不透明につながり得る。本案の問題と訴訟要件の不分離も重なれば、この懸念はいっそう高まる。判断構造の再構築の必要性は我が国よりも大きい。

---

(44) 名津井・前掲注18)「当事者能力と当事者適格の交錯」4頁。

不動産売買における予約契約の
法的性質をめぐる覚書
―― 商品不動産家屋の予約契約の効力と販売許可の
有無をめぐる事例から考える ――

長　友　昭
Tomoaki CHO

Ⅰ　はじめに
Ⅱ　予約と販売許可をめぐる理論状況の概要
Ⅲ　事例の分析
Ⅳ　むすびにかえて

Ⅰ　はじめに

　日本における中国契約法に関する研究は、その実務上の必要性や実定法の整備とそれにともなう中国での研究の蓄積等の要因もあり、主に実務上の視点からまとまった分析がなされてきた。また、グローバル化に伴う取引法の統一の傾向もあり、契約に関する法は、比較法的研究が進められる一方で、事例分析や中国人研究者を交えた議論の深まりも見られる(1)。その一方で、かなり詳細に規定された契約法であるが、その条文の解釈上の疑問点や規定の欠缺なども少なからず存在している。もっとも、これは法の不備というよりも、むしろ社会の変動の激しさによるものが散見される。例えば、土地ないし不動産に関する法は、相対的に各国の独自性が認められる分野であり、慣習なども根強く残っている分野でありながら、中国の現実社会での取引が活発化しており、現実が制度をリードしている分野といえる。本稿で分析の対

（1）　詳細は、小口彦太およびその研究グループによる早稲田法学ないし比較法学における一連の研究成果を参照されたい。

象とする不動産売買の予約契約も、そのような分野の1つであると言える。

　中国の不動産問題については、経済発展の一因として不動産価格の上昇があり、2000年代からすでに不動産バブルの指摘もなされている。不動産市場は、根強い不安を残しつつも活況を呈している。ところが、本稿で扱う予約契約は、1999年に施行された契約法をはじめとする法律の中には規定がない(2)。にもかかわらず、中国の不動産市場において、予約販売は通常の販売形態として見られるものであるから、不動産取引のルールをさらに整備すべきとする声は少なくない。

　予約契約の法的効力については、その法的性質はもとより、その有効性の有無が議論されていた。また、仮に予約契約が有効であるとしても予約販売の認可が得られていない物件ないし権利を予約販売することが認められるのかという売買の有効性あるいは物権変動の可否の問題がある。さらに、これらの被害者の救済が認められるとして、その救済の範囲はどのようなものか、特に近年の最高人民法院の指導性案例(3)にも見られるように、不動産取引の法的保護を重視する傾向があるなかで、どの程度の賠償が認められるのかが注目されている(4)。これらの点について、主に契約法の視角から、中国固有の不動産事情にも目を配りつつ、学説や最高人民法院の司法解釈を参照しながら検討する。

（2）　同法は1999年に制定され、國谷知史訳「中華民共和国契約法」中国研究所編『中国年鑑2000』創土社2000年499頁以下に日本語訳がある。
（3）　2012年12月20日に、最高人民法院が指導性案例を第1から4を公表したが、その第1号案例が不動産紛争に関する事例であった。本件とは別の事案であるが、不動産紛争が指導性案例の冒頭で取り扱われていることは注目に値する。この点、長友昭「中国における不動産仲介における仲介排除の事例について―指導性案例1号を中心に―」拓殖大学論集法律・政治・経済研究18巻1号を参照。
（4）　長友昭「中国物権法制定以降の不動産をめぐる諸論点―ルビコンのその先に―」早稲田法学92巻3号6頁以下も参照。

Ⅱ　予約と販売許可をめぐる理論状況の概要

1　予約についての理論状況
（1）予約の性質
　契約法などの法律レベルでは、予約契約に関する明文の規定は存在しないことは上述の通りである。そこで、実務上行われている予約の性質が問題となる。学説は、諸外国の実務や学説などを紹介するものも含め多岐にわたるが、概ね①前契約説、②従契約説、③停止条件付本契約説、④独立契約説の4つに分類できる。①前契約説とは、予約契約を本契約締結以前の一段階（非契約）として解するものである。②従たる契約説とは、予約契約を本契約との主従関係をもつものと解するものである。③停止条件付本契約説とは、予約契約を本契約の一部を成すものとしつつも本契約が成立するまで効力が停止されていると解するものである。④独立契約説とは、予約契約と本契約を相互に関連はあるものの別個独立した2つの契約と解するものである。この点についてはⅰ）予約契約の独立性、ⅱ）予約と契約締結意向書の区別、ⅲ）予約契約と本契約の区別の3点から検討する研究がある。

（2）予約契約の法的効力
　予約契約の法的効力については、以下の4つの説が提唱されている。すなわち、①協議必須説、②契約しなければならない説、③内容決定説、④本契約とみなす説である。①の協議必須説は、予約契約後に改めて協議（合意）を必須として、契約法上に明文の規定のない予約契約の効力を制限的に捉える考え方であるが、この説に対しては予約契約がそもそもの趣旨と異なるものになってしまうとの批判がある。②の契約しなければならない説とは、予約契約を締結したからには本契約を締結しなければならないとする説であり、契約法上の明文は欠くものの、当然のこととして、予約契約の効力を認

---

(5) 奚曉明主編、最高人民法院民事審判第二庭編著『最高人民法院関于買売合同司法解釈理解與適用』人民法院出版社 2012年 53頁以下。
(6) 王利明「預約合同若干問題研究―我国司法解釈相関規定述評」法商研究 2014年1期 54頁以下参照。
(7) 前掲注（5）書 54頁以下。

める考え方であり、司法解釈小組はこの見解に立つとされている(8)。また、③の内容決定説は、約定の内容により効力も決まるべきとする考え方であり、④の本契約とみなす説は、予約契約として締結されても本契約と同一の効力を認めるべきとする考え方であるが、いずれの考え方も、契約法上に明文の規定がないことから出発して導かれた考え方である。

(3) 予約契約の違約の救済(9)

まず、違約責任については、その後の履行の継続について否定する説と肯定する説がある。これについては、後述の事例1・事例2では明確にされなかった。

また、損害賠償の範囲については、違約損害の全体的範囲、すなわち信頼利益までとするのが通説とされている(10)。機会の損失の賠償についてはなお争いがあるとされている一方で、得べかりし利益の損害賠償については予約契約には無し、本契約にはありと解されている(11)。

(4) 予約をめぐる理論と実務の展開

不動産をめぐる予約契約については、関連する法制度の整備も行われ(12)、近時は理論的な研究も進められているが(13)、後掲事例1の「最高人民法院公報」掲載と前後して、司法解釈が公表されたことは注目に値する。それが2012年7月1日から施行されている「最高人民法院関于審理買売合同糾紛案件適用法律問題的解釈」(法釈〔2012〕8号)である。

この司法解釈の規定は、後掲の「最高人民法院公報」に掲載された予約に関する2つの事例を考察する中で具体的に指摘するが、契約法を中心とする法律レベルで、予約に関するまとまった規定のない中で生じていた従来の議

---

(8) 前掲注(5)書58頁以下。
(9) 前掲注(5)書58頁以下。
(10) もっとも、信頼利益の内容については諸説あるとされる。さしあたり前掲注(5)書61頁参照。
(11) 関連する論点として、違約金支払いの問題、違約罰〔定金罰則〕の適用の問題、さらに契約の解除、予約契約と優先協議との異同、予約と契約締結上の過失責任との異同などもあるが、本稿の問題関心と紙幅の都合で割愛した。
(12) 例えば、「最高人民法院関于審理商品房買売合同糾紛案件適用法律若干問題的解釈」法釈〔2003〕7号、「最高人民法院印発「関于当前形勢下進一歩做好房地産糾紛案件審判工作的指導意見」の通知」法発〔2009〕42号などがある。
(13) 例えば、王利明による前掲注(4)論文などが挙げられる。

論の多くに答えるものと評価できる。

2 販売許可の有無についての理論状況

(1) 販売許可のない契約を「効力を生じない」とするのか「無効」とするのか

　土地を含む生産手段の公有制を採る中国では、不動産の販売過程において政府部門の許可を要するのが一般的である。もっとも、この販売許可が、政府部門の一種の権益にもなっており、ここでは詳述しないが、その許可の取得に様々な問題ないし障害が伴うことも少なくない。また、中国での不動産販売は、現状の不動産バブルともいえる様相も反映して、建物の建築前の段階、いわゆる青写真に基づいて契約がなされることが多く、法的な慣習といいうるかはさておき、一種の商慣習となっている。そこで締結されるものは、さまざまな呼称が付されているものの、状況としては、予約販売に関する許可が必要な状態でなされているのが一般的である。

　では、必要な予約販売許可を得ていない契約について、どのように考えるべきであろうか。これについては、上述の「最高人民法院関于審理買売合同糾紛案件適用法律問題的解釈」（法釈〔2012〕8号）の2条に規定がある。この問題については、以前から、このような契約の効力をどのように解するかについて議論があった。すなわち、「効力を生じない」とするのか「無効」とするのかというものである。

　この点について、「最高人民法院関于適用「中華人民共和国合同法」若干問題的解釈（一）」（法釈〔1999〕19号）の9条が、契約法44条2項の規定についての解釈を行って「効力を生じない」としているのに対し、「最高人民法院関于審理買売合同糾紛案件適用法律問題的解釈」の規定では「無効」と

---

(14) 紙幅の都合で詳細な議論は別稿に譲るが、この司法解釈の代表的な解説としては、前掲注(5)書のほか、王闖「「最高人民法院関于審理買売合同糾紛案件適用法律問題的解釈」的理解與適用」江必新主編『最高人民法院司法解釈與指導性案例理解與適用（第一巻）』人民法院出版社2013年がある。このほか、中国社会科学院法学研究所、国際法研究所のHPである中国法学網に掲載された梁慧星「預約合同解釈規則─買売合同解釈（法釈〔2012〕8号）第二条解読」https://www.iolaw.org.cn/showArticle.aspx?id=3462 ［2015年10月1日確認］が有益である。
(15) 侯国躍主編『最高人民法院商品房買賣合同司法解釈精釈精解』中国法制出版社2016年5月22頁。

しているのである。前者では効力を生じていないだけで契約の拘束力は存在するのに対し、後者では法的効力が無いとするので、その違いは大きいと言える。

(2) 販売許可のない契約の効力をめぐる議論の変遷

上述の契約の認定の差異について、理論および実務上の議論状況、特に最高人民法院の見解を中心に見てみると、長期にわたり、契約の効力を生じない場合の法的効果として、実質的には無効として処理され、初めから拘束力を生ぜず、違約責任は存在しないということが適用の前提とされていたと解されている[16]。この点、近時、最高人民法院の態度が次第に変化し、最高人民法院名義で発表された各種の文書を時系列で検討すると、その変遷が見て取れる[17]。

まず、「効力を生じない」と「無効」を明確には区分せず、損害賠償時にいずれも実質的には契約締結上の過失責任で処理するというものである。2009年5月13日に施行された「最高人民法院関于適用「中華人民共和国契約法」若干問題的解釈（二）」の8条の解釈として、最高人民法院の裁判官が、同条の責任を実質的に契約締結上の過失責任であるとしている[18]。

その後、「効力を生じない」と「無効」を明確に区分し、「効力を生じない」としても契約にはなお拘束力があり、当事者は自己の義務（特に許可申請義務）を履行しなければならず、そうしないのであれば違約責任を負うものであるのに対し、「無効」の効力は、有効となる補正がなされるまでは、契約に拘束力はないとするとされた。これは上述の2009年5月13日に施行された「最高人民法院関于適用「中華人民共和国契約法」若干問題的解釈（二）」の8条による許可申請義務の履行を拒絶するという誠実信用原則に反する現象に、最高人民法院も態度を変化させてきたものといえる。この流れにはおおむね以下の3段階がある[19]。

まず①実務において見解の変化が示された。「最高人民法院公報」に掲載

---

(16) 同上23頁。
(17) 同上。
(18) 沈徳咏＝奚暁明主編『最高人民法院関于合同法解釈（二）理解与適用』人民法院出版社 2009年75頁。
(19) 前掲注(15)書24-25頁。

された「広州市仙源房地産股份有限公司與広東中大中鑫投資策劃有限公司、広州遠興房産公司、中国投資集団国際理財有限公司股権転譲糾紛案」の再審に関する「最高人民法院民事裁定書」の中で、最高人民法院は、許可の前提は当事者の申請であり、契約の効力発生を促進する許可申請義務は契約成立時に当然に生じるものであり、そうでないならば、当事者は手続きをしない、または手続きの補助をしないということによって契約の効力発生を悪意で阻止することができることとなり、これは著しく誠実信用原則に反するものであるとして、民法の誠実信用の原則から出発して、許可申請義務を有する相手方に許可申請を続行するよう判決した。そして②司法解釈によって明確に規定された。すなわち 2010 年 8 月 16 日に施行された「最高人民法院関于審理外商投資企業糾紛案件若干問題的規定（一）」（法釈〔2010〕9 号）である。この 1 条では、「当事者が外商投資企業を設立、変更等をする過程で締結された契約は、法律、行政法規の規定により外商投資企業の許可機関の許可を得た場合に効力を生じるものとし、許可の日から効力を生じるが、許可を得ていない場合、人民法院は当該契約が効力を生じないと認定しなければならない。当事者が当該契約の無効の確認を請求したとき、人民法院は支持しない。前項に言う契約が許可を得ていないことにより効力を生じないと認定された場合、契約において当事者の許可申請の義務条項の履行および当該許可申請義務によって設定された関連条項の効力には影響しない。」という規定を置いており、両者を明確に区分する方向性を示している。この司法解釈の 5、6、7 条でもこの方向性を具体化する関連規定を置いている。そして③最高人民法院民事審判庭編『民事審判指導與参考』2011 年 4 輯の「民事審判信箱」の欄において、「契約の効力を生じない」と「契約の無効」の区別を 4 つの基準を用いて詳細に解説している。すなわち、予約と本契約では、ⅰ）認識の前提、ⅱ）条項の効力、ⅲ）適用条件、ⅳ）法的効果、という 4 つの基準で差異があると述べられており、このような解釈は一定の評価を得ている。

---

(20) 「最高人民法院民事裁定書（2009）民申字第 1068 号」『中華人民共和国最高人民法院公報』2010 年 8 期参照。
(21) 詳細は、最高人民法院民事審判第一庭編『民事審判指導與参考』2011 年 4 輯、人民法院出版社 256-258 頁。

3 「都市不動産管理法」45条の商品不動産予約販売契約への影響について

　上述の関連規定を総合すると、不動産予約販売において、「都市不動産管理法［城市房地産管理法］」45条の4要件を満たすことの意味が問題となる。この4要件とは①土地使用権払い下げ金の全額を既に交付し、土地使用権証書を取得している、②建設工事計画許可証を有している、③予約販売に提供された商品不動産の計算により、建設開発に投入された資金が工事建設総投資額の25％以上に達しており、施工進度および竣工引渡日時がすでに確定している、④県レベル以上の人民政府の不動産管理部門に予約販売登記の手続きをしており、商品不動産予約販売許可証明を取得している、が挙げられる。

　この点、「商品不動産売買契約解釈」2条は、商品不動産予約販売許可証明を取得しているか否かのみを契約の効力の判断根拠としている。そこで、いかにして予約販売条件をどのように理解するかと契約の効力をどのように認定するかの関係が問題になる。1つの見解は、商品不動産予約販売が許可制の制度で実行されることから、売主が予約販売許可証明を持ってさえいれば、買主との間で締結された予約販売契約は有効であるとする。もう1つの見解は、「都市不動産管理法」の規定する4つの要件は、商品不動産予約販売行為において同時に具備されなければならない法定要件であるとして、具備されなければ予約販売契約は無効であるとする。(22)これについて最高人民法院は、「土地不動産管理法」が行政管理法であり、行政管理部門と関連の深い法律であることから、司法権と行政権の間の衝突を避けるために、商品不動産予約販売契約の効力の認定時に、売主の予約販売の資格については形式上の審査のみを行い、売主が商品不動産の予約販売許可証明を取得せずに締結された予約販売契約について無効と認定しなければならず、売主が商品不動産予約販売許可証明を取得したときは、予約販売を有効と認定できる。その一方で、売主が予約販売の要件すべてを具備しているか否かの実質上の審査は、行政管理部門の権限として、(23)いわば司法と行政の棲み分けをする解釈を採っているようである。

---

(22)　前掲注（15）書26頁。
(23)　同上27頁。

4 小括

このほか、契約の「補正」と称される、約販売許可証明が未取得だったものの、これを後日取得した場合の契約の効力についての議論もあるが(24)、ここでは、上述の理論状況を踏まえて、2つの事例の分析を試みるものとする。

Ⅲ　事例の分析

1 『最高人民法院公報』2012年第11輯掲載事例（事例1）

（1）事例1について

1つめの事例は、建設中の商品家屋の販売において、その売主でもある不動産開発業者が買主に対して予約販売を行ったのであるが、その予約契約の時期が市当局による不動産予約販売の認可前であり、実際にも目的不動産の引渡しが困難となる状況となったため生じた事件である。

【裁判摘要】(25)

予約契約［預約合同］は、一定の契約を将来締結することを約定する契約である。当事者の一方が予約契約の約定に反して、相手方と本契約を締結しない又は予約の内容に照らして相手方と本契約を締結することができない場合は、相手方に対して違約責任を負わなければならない。

商品家屋の売買における［認購］、［訂購］、［預訂］等の合意［協議］が結局のところ予約契約なのかそれとも本契約なのかを判断する際に、最も重要なことは、この類の合意が「商品家屋販売管理弁法［商品房銷售管理弁法］」第16条で規定される商品家屋売買契約の主要な内容を具備していると見られるか否か、すなわち単に当事者双方の氏名または名称、商品家屋の基本状況（部屋番号、建築面積を含む）、総価格または単価、支払い時期、方式、引渡し条件および日時がなければならないと同時に、売主がすでに約定によって家屋販売代金を受領している場合は、この合意［協議］が商品家屋売買契約

---

(24) 詳細は、前掲注（15）書29頁参照。
(25) 「張励奥徐州市同力創展房地産有限公司商品房預售合同糾紛案」『中華人民共和国最高人民法院公報』2012年第11輯、31頁。なお、初出は長友昭「不動産売買における予約契約の認定に関する事例——商品不動産家屋の予約契約をめぐる紛争事例」比較法学49巻3号199頁以下。

の本契約の要件を満たしていると認定することができるが、そうでなければ予約契約と認定すべきである。もし当事者双方が合意の中で商品家屋予約購入の要件を満たした場合に重ねて新たに商品家屋売買契約を締結する必要があることを明確に約定しているとき、当該合意は予約契約であると認定しなければならない。

【事案の概要】[26]

原告：張励（以下X）。

被告：徐州市同力創展房地産有限公司（以下Y）。

　1999年6月、徐州市泉山区奎山辦事処（旧・奎山郷）奎西村の旧村改造工程は、徐州市の関係部門の認可を得て数期に分けて実施されていた。2003年10月、旧村改造工程の二期が始動し、被告Yは当該工程への参与を開始し、なおかつ当該工程の名前を橙黄時代小区と定めた。建設の家屋部分は旧・奎西村の立ち退き住民の代替手配［安置］に用いられ、その他の部分は商品家屋として対外的に売り出された。被告Yが上述の旧村改造工程に参与した後すぐにYが開発して建設した部分の建物が対外的に売りに出された。2004年2月16日、被告と原告Xは「橙黄時代小区彩園組団商品家屋予約書［預訂単］」一式を締結し、当該予約書では以下のように約定されていた。すなわち、原告は被告が開発した橙黄時代小区彩園組団8号楼1単元102室の商品家屋を予約し、当該家屋の建築面積は123平米と予定［預計］されており、双方は家屋単価を2568元／平米として約定し、契約締結時の単価は不変とし、原告は被告に家屋購入代金5万元を予め支払い、契約締結時に残りの代金25.8484万元をさらに支払うものとする。同日、原告は上述の約定により被告へ5万元の家屋代金を支払った。その後、立ち退きが阻止されたことにより、当該工程の進度に遅延が生じたので、被告Yは原告Xに商品家屋売買契約を通知しなかった。

　2006年、国務院は文書を発布して2006年6月1日から新たに審査・認可、着工・建設される商品家屋プロジェクトにおける区画［套型］面積は

---

(26) 滕威「商品房預約協議之認定及違約責任承担」『判解研究』2012年第11期179～182頁参照。なお同『人民司法（案例）』2013年第8期も参照。

90平米以下の住居が開発建設総面積の70%以上に必ず達することを要求した。2007年、徐州市政府は文書を発布して2007年10月から徐州市のすべての各種の居住工程で［現交框架］等の構造体系を必ず採用することと規定した。これによって、被告がこの後に建設する橙黄時代小区の商品家屋の区画面積には変更が生じた。立ち退き過程において、立ち退きの状況と建設の進度に基づくと、被告Yが橙黄時代彩園小区8号楼を立ち退き代替手配家屋として立ち退いた家族を代替手配し、なおかつ2008年3月19日に被告と原告Xが締結した予約書において約定した橙黄時代小区彩園組団8号楼1単元102室（89平米）は立ち退き家族の訴外Aに代替手配された。

2010年1月21日、被告Yは橙黄時代小区彩園組団5、6、7、8号楼の商品家屋事前販売許可証［商品房預售許可証］を取得した。2010年3月、原告Xは訴えを提起して被告が契約（予約書）の履行を継続するよう請求し、後に訴えを取り下げたが、2010年11月16日に再び訴えを提起して、被告は原契約（予約書）の価格により90平米を下回らない家屋1件を賠償し、なおかつその他の損失10万元を賠償するよう請求した。審理の過程において、原告Xは、仮に被告Yの家屋交付が確実に不可能である場合、原告は被告に一回性の給付33万元を請求すると主張した。

江蘇省徐州市泉山区人民法院は審理を経て以下のように認定した。

民事行為は自由意思［自願］、公平、等価有償、誠実信用の原則を遵守すべきであり、国家の法律および政策を遵守すべきである。本案において、原告、被告双方は相応の民事行為能力を具備する行為者として「橙黄時代小区彩園組団商品家屋予約書」を締結した時の意思表示は真実であり、なおかつ内容はかなり具体的であったので、これによって当該予約書は双方の間に相応の権利義務関係を生じさせ、そこにおいて確定された内容は双方の間に拘束力を生じる。しかし、当該予約書締結時にそれにかかる目的物はなお計画中であり、なおかつ被告Yは当時まだ商品家屋事前販売許可を取得していなかったので、まずは当該予約書の性質を確定する必要がある。

①原告、被告双方が締結した「橙黄時代小区彩園組団商品家屋予約書」の性質の問題について

　伝統的な民法理論によれば、当事者の間で締結された契約は予約契約と本契約に分けることができ、予約契約の目的は当事者が将来一定の契約を締結するにあたり関連する事項について計画するものであり、その主な意義は当事者のために公平、誠実信用原則に照らして交渉を行うことによって本契約に至らせる義務を設定することにあるが、本契約とは双方の特定の権利義務について明確に約定するものである。予約契約は本契約の契約締結行為を明確にするものでもあり、本契約の内容について予め設定し、そのなかでは合意により本契約の内容を設定し、将来締結される本契約を予め直接確認しなければならないが、その他の事項は本契約締結の時まで継続して交渉しなければならない。商品家屋売買における予約書［認購書］が結局のところ予約契約なのかそれとも本契約なのかの判断の際に、最も重要なことは、この種の予約書［認購書］が「商品家屋販売管理弁法［商品房銷售管理弁法］」第16条で規定される商品家屋売買契約の主要な内容を具備していると見られるか否か、すなわち単に当事者の名称または氏名と住所、商品家屋の基本状況、商品家屋の販売方式、商品家屋代金の確定方式および総代金、支払い方式、支払い時期、引渡し条件および時期、装飾、設備基準の承諾、水・電気情報セット等の承諾および関連する権利と利益、責任、公共セット建築の財産権帰属などの条項を具備していなければならない。しかし一般的に、商品家屋予約書において上述の内容が完全に明確であることあり得ず、さもなければこれと商品家屋売買契約そのものとに相違がなくなってしまうので、実務の運用過程では、この種の予約書には当事者双方の氏名または名称、商品家屋の基本状況（部屋番号、建築面積を含む）、総価格または単価、支払い時期、方式、引渡し条件および時期さえ具備していれば、この合意書［協議書］が既に商品家屋売買契約の本契約の要件を基本的に満たしていると認定することができる。そうでなければ予約契約と認定すべきである。

　本案において、原告、被告の双方が締結した「橙黄時代小区彩園組団商品家屋予約書」には当事者双方の氏名または名称、商品家屋の基本状況（部屋番号、建築面積を含む）、単価、代金支払い時期について明確な約定がなされて

いるが、双方が当該予約書の締結時に売買目的物となった商品家屋はまだ計画中であって施工もされておらず、被告Yは商品家屋予約販売許可も取得していなかったので、双方が商品家屋の引渡し時期、証書手続き［弁証］時期、違約責任等の双方の権利義務に直接影響のある多くの重要な条項が予約書において明確に約定されていなかったとしても、それは未決条項に属するものであり、売買契約の締結時に合意がなされている必要があるものである。事実、双方は当該予約書において用いた語句では「予約［預訂］」、「予定［預計］」、「（家屋購入代金を）予め支払う」として表現しており、その第5条ではより明確に「甲側（被告）が「商品家屋販売契約」の締結を通知する前であれば、乙側（原告）は随時に家屋からの退去を申し出ることができ……乙側が本条の約定により「商品家屋販売契約」締結の前であっても、甲側は当該家屋を他の者に売却してはならない」と約定しており、双方が当該覚え書き［認購単］を締結した時、当該行為の性質が予約契約であるという認識は明確かつ疑いの余地のないことを説明するものである。よって、法院は、双方が2004年2月16日に締結した「橙黄時代小区彩園組団商品家屋予約書」が将来において商品家屋販売（売買）契約を締結することを目的とする予約契約であり、原告Xが被告に当該商品家屋の予約書を根拠として商品家屋の引渡し義務を請求する主張は成立しないことを確認する。

②予約契約の違反によって負わなければならない法的効果の問題について

　相応の行為能力を具備する人によって意思表示が真実であるという状況のもとで締結された予約契約は、当事者双方の間に拘束力を生じさせるものであり、当事者の合意がなければ更改することはできず、さもなければ予約契約の違約を構成することになる。予約権者は、相手方に本契約を締結する義務の履行または損害の賠償を請求することができる。本案において、原告、被告双方は商品家屋予約書を締結した後、商品家屋の建設用地の立ち退き代替手配問題によって商品家屋建設着工時期が遅延し、この過程において、国務院および徐州市政府が相次いで打ち出した関連する行政法規が新たに建設する商品家屋の建築面積、施工技術および材料について強制的に規定し、それに加えて新たな立ち退き代替手配の状況が生じ、商品家屋建設計画の変

更、面積の変更および建築コストの増加を引き起こしたが、これは予見不可能な状況に属するというべきであり［応属于不可預料的情形］、被告Yが故意によって予約契約に違反したとみなすことはできない。しかし被告が商品家屋販売許可を取得せずに建設未着工の商品家屋の販売を行ったことは関係する法律法規に違反するものであり、その行為には違法性がある。同時に原告Xと商品家屋購入書を締結した時に上述の状況の推測が不十分であり、その後も予約書に列記された部屋番号は他人に代替手配されてしまったので、双方がさらなる合意をして本契約を締結する可能性を失わせ、双方が締結した商品家屋予約書の履行を終了させることとなり、この結果については被告が相応の責任を負うべきである。よって、被告は原告から受領していた5万元を返還し、なおかつ原告に対して違約責任すなわち被告は原告にこれによって生じた損害の賠償責任を負わなければならない。

③原告の損害の確定の問題について

　違約責任において、責任を負う一方は、相手方にもたらした利益の損失を賠償しなければならない。本案において、原告Xは被告Yと予約書を締結した後、被告が約定によって本契約を締結する義務を履行するだろうと信じる理由があり、予約書によって約定された家屋価格に基づいて他人と別の家屋購入契約を締結する機会を失ったので、したがって被告の違約によって原告に生じた損失は予約書締結時の商品家屋の市場動向および現行の商品家屋価格によって確定されるものであるが、被告が開発して建設する家屋が構造であれ建築コストであれいずれも双方が予約書を締結した時とは重大な変化が生じているので、原告が被告の開発建設する家屋の現行販売価格をもって賠償基準とするのもまた著しく公平を失し、法院は採用しない。商品家屋市場の価格変動過程および原告が被告に支払った家屋代金の金額を総合的に考量して、被告が違約により原告にもたらした損害については15万元と確定する。

　上述を総合すると、原告Xが被告Yに90平米を下回らない家屋1件の引渡しを請求する訴訟上の請求は支持しないが、被告には引き渡せる家屋がないから損害を賠償せよという主張に関しては採用し、損失額は15万元と

確定する。よって、徐州市泉山区ft民法院は民法通則第4条、第6条、契約法第42条の規定に照らして、2011年4月2日に以下の通り判決する。
一、被告Yは本判決の効力発生後10日以内に原告Xが予め支払った家屋代金5万元を返還せよ。
二、被告Yは本判決の効力発生後10日以内に原告Xの損害15万元を賠償せよ。
三、原告Xのその他の訴訟上の請求は棄却する。判決言い渡し後、当事者双方はいずれも法定期間内に上訴することがなかったので、一審判決は確定した（法的効力を生じた）。

（2）本件の検討

この事例は幅広い論点を含んでいるが、不動産取引業における実務の視点から見ると、例えば以下のような疑問点が浮かび上がってくる。すなわち①各種の文書の法的性質をどうとらえるか、②本件「予約書」5条の退去［退房］は何を意味するのか、③「予約書によって約定された家屋価格に基づいて他人と別の家屋購入契約を締結する機会を失ったので」の含意はどのようなものか、④販売許可の法的性質はどのようなものか、である。これは、①については、［預訂書］［預購書］［初歩協議（preliminary agreement）］［意向性協議（letter of intent）］などの各種の文書を法的にどのように位置づけるのだろうか、②については、本契約の前であれば退去［退房］できるという趣旨であろうか、③については機会の「喪失」とされるが、何を喪失したのだろうか、④については、販売許可を例えば日本法との比較で見たときに、公法と私法の交錯の問題として議論することが可能か、と敷衍できる。(27)

そして、上述の「最高人民法院関于審理買売合同糾紛案件適用法律問題的解釈」（法釈〔2012〕8号）の第2条は「当事者が締結した［認購書］、［訂購書］、［預訂書］、［意向書］、［備忘録］等の予約契約において、将来の一定の期間内に売買契約を締結することを約定したにもかかわらず、一方が売買契約締結の義務を履行しない場合、相手方が予約契約の債務不履行［違約］責

---

(27) この点については長友昭「建築基準法違反の建物の建築を目的とする請負契約の効力（最二判23.12.16）不動産法上の契約の有効性と公序良俗の視点から」日本不動産学会誌28巻4）号、2015年、134頁以下、同「最近の不動産関係判例の動き」日本不動産学会誌104号2013年6月も参照。

任を負うよう請求し、または予約契約を解除することを求めてなおかつ損害の賠償を主張するときは、人民法院は支持しなければならない。」と規定した。この規定からは、予約に関して、中国の不動産取引契約において用いられる多様な名目の文書を多様なまま把握するという前提に立ちつつ、その名目ではなく、一定の内容を含む契約の意義を認め、法的効力を与えるという司法解釈の姿勢が読み取れるだろう。

また、本件は、商品不動産家屋の売買において、様々な名称をもちうる予約の合意について、その合意が「商品家屋販売管理弁法」第16条で規定される商品家屋売買契約の主要な内容を具備している場合は予約契約としての法的効果を認め、その債務不履行［違約］責任を認めた事例である。そして、本件では、売主が売買代金を受領しているか否かを本契約か予約契約を認定する基準にすべきであるとした。その意味で実務上重要な事例であるといえる。

別の視点から見れば、「公報案例」としてこの時期にこの事例が掲載されたことの意味は見逃せない。当該司法解釈の周知徹底、当該司法解釈の正統性の確保、各司法解釈の整合的適用事例などが考えられるが、私見では、最高人民法院には「最高人民公報」掲載事例を通して①条文の欠缺を埋める必要性を指摘する事例であり、②司法解釈を制定したいわば立法事実としての意味をも持たせ、そのうえで③司法解釈の釈義等も合わせて学説の取り込みを行う、というような一連の意図があるようにも思われる。

2 『最高人民法院公報』2008年第4輯掲載事例（事例2）
（1）事例2について

2つめの事例は、商品家屋の販売において、本契約の前段階で意向書を締結した当事者双方が、意向書の法的性質を争い、その一方で、意向書の締結時期が政府部門の許可の前か後か、それによって契約が無効ないし解除されうるのか、その損害賠償の範囲はどのようなものかが争われた事件である。

【裁判摘要】[28]

予約契約とは、一般に、当事者双方が将来確定的な本契約を締結するため

にする合意を指す。予約契約が効力を生じた場合、当事者双方はいずれも約定によって自己の義務を履行しなければならない。一方当事者が義務を履行しないことで本契約の交渉に至らず、協議が進まないことで、債務不履行［違約］を構成する場合は、相応の債務不履行［違約］責任を負わなければならない。

　原告：仲崇清。
　被告：上海市金軒大邸不動産プロジェクト開発有限公社。
　法定代表人：朱金軒、当該会社代表取締役［董事長］。
　原告の仲崇清は、被告の上海市金軒大邸不動産プロジェクト開発有限公社（以下、金軒大邸会社と略称）との間で生じた商品家屋予約販売契約紛争によって、上海市虹口区人民法院に訴えを提起した。
　原告の仲崇清は以下のように主張した。2002年7月12日、原告と被告の金軒大邸会社は「金軒大邸店舗物件認購意向書」を締結し、原告が被告に2000元の意向金を支払うことで、被告の開発する区画の金軒大邸店舗物件の優先購入許可権を取得し、被告は正式に対外的に購入許可を出す時に、原告に事前に購入許可を通知する。当該意向書は、当該店舗物件の関連物件の平均価格である1平米あたり7000元としつつ、1500元前後の変動がある可能性があるとした。この後、原告は約定により意向金を支払ったが、被告は対外的に店舗物件を販売する時に原告に事前に購入許可の通知をしなかった。原告は、被告が対外的に店舗物件を販売することを被告に知らせるべきで、すみやかに交渉しなければならなかったが、被告は、建物価格の上昇を理由として原告と正式な売買契約を締結することを拒絶した。被告の行為は当事者双方の約定に違反するものであり、被告は105万元の販売価格で原告に当該店舗物件の販売をするよう判決することを人民法院に求め、もし被告が履行できない場合は、被告が原告の経済的損失100万元を賠償するよう判決することを求めた。
　原告の仲崇清は以下の証拠を提出した。

---

(28)　「仲崇清訴上海市金軒大邸房地産項目開発有限公司合同糾紛案」『最高人民法院公報』2008年第4輯。

1.「金軒大邸店舗物件購入許可意向書」一部。原告と被告金軒大邸会社が金軒大邸店舗物件を購入するために購入許可意向書を締結した事実を証明するものとして用いる。

2. 被告が原告に発行した2000元の意向金の領収書。原告が約定により被告に意向金を支払ったことを証明するために用いる。

被告の金軒大邸会社は以下の通り主張した。被告と原告の仲崇清が「金軒大邸商舗認購意向書」を締結した時は2002年7月12日であり、被告は2002年11月4日に家屋取り壊し許可証を取得し、2003年5月29日に建設工程計画許可証を取得したのであり、当事者双方が意向書締結の時は上述の許可を取得する前であった。関係する法律の規定によれば、上述の許可を取得する前に、被告は対外的に家屋を予約販売することはできないので、当事者双方が締結した意向書は無効な契約に属する。このほか、当事者双方が締結した意向書は、単に原告に優先的に店舗物件を購入する権利があることを明確にするのみで、店舗物件の総面積、位置、部屋タイプ、部屋の向き等の具体的事項については明確にしておらず、したがって当該意向書は予約契約に属し、被告が受領した2000元の意向金は手付に相当するものである。仮に予約契約が有効であって、一方当事者の原因により商品家屋の売買契約が最終的に正式に締結できなかったとしても、手付の規定に従って処理されるべきである。地価、工事費等の費用の高騰によって、コストが上昇し、本件店舗物件の正式な予約販売時の価格が原告、被告の意向書中の約定価格に比べてかなり上昇し、これによって、被告が原告との正式な売買契約の締結を望まなかったので、手付による処理を希望する。原告が被告に、この契約の履行利益［預期利益］の損失の賠償を請求する訴訟上の請求には法的根拠がないので、その訴訟上の請求は棄却されるべきである。

被告の金軒大邸会社は以下の証拠を提出した。

被告が開発する不動産物件の家屋房取り壊し許可証、建設工事計画許可証、商品家屋予約販売許可証それぞれ各一部。被告と原告の仲崇清が意向書を締結した時が上述の許可を取得する前、よって、意向書締結の時に被告はまだ対外的に本件店舗物件の予約販売ができなかったことを証明するために用いる。

上海市虹口区人民法院の一審の調査で以下のことを明らかにした。

2002年7月12日、原告の仲崇清と被告の金軒大邸会社は「金軒大邸店舗物件購入意向書」1部を締結し、原告が被告に家屋購入意向金2000元の支払いを約定し、原告はこの後に小区画店舗物件優先購入権を取得し、被告は小区画の正式な購入時に原告へ優先的に通知し、事前に購入する店舗物件を選択させ、予約購入面積は150平米とすることに責任を負い、なおかつ小区画店舗物件の平均価格は1平米あたり7000元（1500元の変動の可能性あり）とすると明確にした。もし原告が約定の期間内に購入しない場合は、優先購入権を放棄したものとみなし、既に支払った家屋購入意向金は無利子で返却する。もし原告が約定に従って購入することを申し出た場合、家屋購入意向金は、自動的に購入金の一部分に組み入れる。意向書では、棟番号、部屋タイプについては具体的に明確な約定はしていない。上述の意向書が締結された後、原告は被告に2000元の意向金を支払った。2002年11月4日に、被告は、家屋取り壊し許可証を取得し、2003年5月29日に建設工事計画許可証を取得し、2003年6月30日に被告は予約販売許可証を取得した。しかしながら、被告は本件店舗物件の販売時に、販売を原告に伝えていなかった。2006年はじめに、原告は販売所を訪れて被告と交渉し、被告が意向書にしたがって正式に売買契約を締結するよう要求した。被告は店舗物件価格の急騰で、元の約定価格について認可されず、意向書で言及された店舗物件は既にすべて売却されてしまっており、契約を履行することはできず、原告が交付した2000元の意向金は全額返却できるとした。これによって当事者双方には争いが生じ、原告が法院に訴えを提起した。

本案一審の紛争の争点は、一、原告の仲崇清と被告の金軒大邸会社が締結した「金軒大邸店舗物件購入意向書」の法的性質、二、本件の意向書は有効か否か、三、仮に本件の意向書が有効の場合、原告が交付した2000元の意向金が手付に属するか否か、である。

上海市虹口区人民法院は以下のように認定した。

本件意向書の法的性質の問題について。原告の仲崇清と被告の金軒大邸会社は「金軒大邸店舗物件購入意向書」を締結し、原告が被告に家屋購入意向金を支払うことを約定し、当事者双方は金軒大邸店舗物件の取引に関する事

項を初歩的に確認し、これにより、当事者双方が金軒大邸店舗物件を正式購入時に、商品家屋予約契約を締結することについて合意に至った。意向書の締結およびその内容については、当事者双方においていずれも異議はなく、これを認定すべきである。本件意向書の中で、取引を希望する店舗物件の棟番号、部屋タイプ、価格について明確な約定がなかったとしても、その主要な内容は将来の家屋売買までに予め約定が進められ、主要な予約事項の内容は整っており、店舗物件の棟番号、部屋タイプ、価格等の内容はいずれも当事者双方が最終的に締結する正式な商品家屋予約契約時までに確認されうるものである。したがって、本件の意向書は、通常の意味の「意向書」ではなく、予約契約の性質を有するものである。

　本件の意向書が有効であるか否かの問題について。被告の金軒大邸会社は、関連の許可を取得する前においては、法により対外的に家屋の予約販売ができず、したがって被告が原告の仲崇清と締結した意向書は無効に属するべきであると主張する。本件の事実に基づくと、本件の意向書は原告、被告の双方がいずれも、被告が関連する許可証を合法的に取得できるという合理な予測がある状況において、原告、被告が将来締結する家屋予約契約に先立って約定するものであるから、本件意向書は、予約販売契約ではなく、法律の商品家屋予約販売契約についての強行規定は予約契約にも適用されない。たとえ金軒大邸会社が種々の原因で最終的に関連する許可を取得しなかったとしても、これによって予約契約自体の効力が否定されるものでもない。このほか、本件の事実では、被告が最終的に開発および不動産販売に関連する許可を取得して、本件店舗物件は実際に販売がなされたのであるから、被告の当該抗弁理由には事実的根拠および法的根拠がなく、成立せず、原告と被告が締結した本件意向書は合法と認定しなければならない。

　原告の仲崇清が被告の金軒大邸会社に交付した2000元の意向金が手付に属するか否かの問題について。「中華人民共和国契約法」(以下「契約法」と略称) 第115条は以下のように規定する。「当事者は、「中華人民共和国担保法」に基づき一方が相手方に手付を交付して債権の担保とする約定をすることができる。債務者が債務を履行した場合、手付は代金と相殺または返還されなければならない。手付を交付した一方が約定した債務を履行しない場合

は、手付の返還を請求する権利はなく、手付を受領した一方が約定した債務を履行しない場合は、手付の二倍を返還しなければならない。」本件の金軒大邸会社は、実際に仲崇清の 2000 元の意向金を受領していたが、当事者双方が本件意向書において約定していたのは、「仲崇清が約定期限内に購入しない場合は、優先購入権を放棄したものとみなし、既に交付した家屋購入意向金は無利息で返還する。もし仲崇清が小区画の購入を申し出た場合は、家屋購入意向金は自動的に購入金の一部に組み入れる。」というものである。原告、被告の双方の上述の約定を見ると、本件意向金は手付の表現形式を満たしていないことは明らかであり、したがって、被告の本件意向金が手付に当たるという抗弁理由は成立しない。

　被告の金軒大邸会社は、本件意向書の約定に基づいておらず、正式な家屋販売時に原告の仲崇清が購入を申し出る通知をしても、当事者双方が正式な商品家屋予約販売契約を締結するさらなる交渉を進めることはできず、債務不履行［違約］を構成するものである。目下、被告は店舗物件すべてを既に販売してしまっており、原告、被告の双方が締結した本件意向書は最早履行を継続することができず、解除しなければならないので、被告は予約契約違反の債務不履行［違約］責任を負わなければならない。以上のことから、本件意向書の予約契約の性質に基づき、被告の過失の程度、原告の履行による支出およびその信頼利益の損失等の要素を結びつけて斟酌すると、被告は、原告の損失 10000 元を賠償し、意向金 2000 元の返還をすべきものと認定する。

　これにより、上海市虹口区人民法院は 2007 年 3 月 22 日に以下の通り判決する。

　一、原告の仲崇清と被告の金軒大邸会社が締結した「金軒大邸店舗物件購入意向書」は解除する。二、被告は原告に意向金 2000 元を返還せよ。三、被告は原告の経済的損失 10000 元を賠償せよ。四、原告のその他の訴訟上の請求は棄却する。

　一審事件を受理した受理費は 15260 元であり、被告の金軒大邸会社が負担せよ。

　仲崇清は一審判決を不服とし、上海市第二中級人民法院提に上訴した。そ

の主要な理由は、本件意向書は合法で有効なものであり、なおかつ完全に実際の履行が可能である。本件の店舗物件の価格に変動があるといえども、意向書では相応の約定を明確にしており、価格の変動は金軒大邸会社の契約破棄の理由にはなりえない。金軒大邸会社は、本件店舗物件を高値で売却するために、実際に店舗物件を販売する時に、当事者双方の約定に違反して、故意に仲崇清に通知しなかったので、過失があり、なおかつ実際に仲崇清は当該意向書に基づいて予見される得べかりし利益を完全に喪失した。このほか、金軒大邸会社が、店舗物件を既にすべて売却してしまったということも事実的な根拠がない。以上のことから、二審法院が原判決を取消し、法により仲崇清が一審に提出した訴訟上の請求を支持するよう判決を改めることを請求する。

仲崇清は、二審法院が、上海市都市建設文書館［上海市城市建設档案館］において以下の証拠を調査するよう申請する。

1. 2001 年 6 月 15 日に、金軒大邸会社が上海市虹口区計画委員会に提出した「上海市建設プロジェクト選定意見書申請書［上海市建設項目選址意見書申請表］」

2. 2001 年 11 月 26 日に、上海市虹口区計画委員会が発出した「四平路新港路ブロック商品住宅プロジェクト建議書に関する回答［関于四平路新港路地塊商品住宅項目建議書的批復］」（虹計投字（2001）第 108 号）

3. 2001 年 12 月 18 日に、金軒大邸会社が上海市虹口区計画委員会に提出した「上海市建設用地計画許可証申請表［上海市建設用地規劃許可証申請表］」および付属の建設工程計画認可文書、国有土地使用権払い下げ契約文書、地形図等の資料

4. 2002 年 4 月 2 日に、上海市虹口区都市計画管理局［上海市虹口区城市規劃管理局］が金軒大邸会社に発出した「関于核発新港路 164 街坊旧住房改造工程建設用地規劃許可証的通知［関于核発新港路 164 街坊旧住房改造工程建設用地規劃許可証的通知］」（虹規建（2002）第 054 号）。

上述の証拠は、当事者双方が自らの意思で本件意向書を締結する前に、金軒大邸会社が既に「金軒大邸」プロジェクトの立案回答、建設用地計画許可証を取得しており、意向書は店舗物件売買契約の主要な条項を備えており、

よって予約契約の法的性質を有するものであり、かつ合法で有効であることを証明するために用いる。仲崇清は約定により意向金を支払ったが、当該行為は、その時点において正式に金軒大邸会社と売買契約を締結する権利を取得させたものである。

仲崇清は、二審法院が、上海市虹口区不動産取引センター［上海市虹口区房地産交易中心］において以下の証拠を調査するよう申請する。

5. 金軒大邸会社が開発した「金軒大邸」店舗物件に対応する「上海市不動産登記簿家屋状況および財産権者情報［上海市房地産登記冊房屋状況及産権人信息］」

6. 金軒大邸会社が「金軒大邸」店舗物件について訴外者とそれぞれ締結した三部の「上海市商品家屋販売契約［上海市商品房出售合同］」、かかる店舗物件の1平米あたりの家屋建築面積の単価がそれぞれ15000元、17000元、20500元であること。

上述の証拠は、本件訴訟時、金軒大邸にはなお一部の店舗物件が未販売であり、関連する予約販売契約の状況から見ると、上述の金軒大邸の店舗物件の1平米あたりの家屋建築面積の単価は15000ないし20500元の間であって、金軒大邸会社は、約定によって仲崇清が事前に正式な店舗物件売買契約を締結するよう通知しておらず、債務不履行［違約］であり、債務不履行責任［違約責任］を負わなければならないことを証明するために用いる。もし意向書を履行しないのであれば、上述の既に販売した店舗物件の価格に基づいて仲崇清の経済的損失を賠償しなければならない。

金軒大邸会社も一審判決を不服として、上海市第二中級人民法院に上訴を行い、以下のように主張した。家屋売買契約の慣習によれば、適時に購入書を締結できない場合、意向書は自然に失効するものであり、一審法院は本件意向書には予約契約の性質が備わっていると認定したが、事実的根拠および法的根拠がない。一審は当事者双方の契約を解除し、金軒大邸会社が仲崇清に意向金等を返還せよとは判決したが、「弁論主義［不告不理］」の原則に反するものである。金軒大邸会社は、不動産開発の実際のコストが大幅に増加したことにより、事情変更の原則に基づき、仲崇清と正式に家屋売買契約を締結しない権利を有するので、これによって、金軒大邸会社は、主観上は過

失が存在せず、客観上も仲崇清にいかなる損失も生じさせていないので、一審法院が信頼利益の損失を理由として、金軒大邸会社が10000元の賠償をせよという判決には法的根拠が不足している。以上のことから、二審法院が原判決を取消し、法により改めて判決することを請求する。

金軒大邸会社は新たな証拠は提出しなかった。

上海市第二中級人民法院は、法により証拠調べを組織した。金軒大邸会社は以下のように主張した。仲崇清が調査を申請した証拠は、いずれも挙証期限を過ぎており、新証拠に属さない。証拠1、2、3、4はいずれも金軒大邸会社の開発、プロジェクト立案に関連する事項であり、本件と無関係である。本件の意向書は予約契約に属さず、当事者双方が購入確認書を締結することができることをわずかに約定したのみで、購入確認契約を締結していない状況においては、約定にいかなる法的責任もなく、支払った意向金は、当事者双方に何らの拘束力もないものである。証拠5、6は店舗物件を分期開発、分期販売することにかかるもので、仲崇清が主張する、一部の店舗物件が売却されていない等の内容を証明することはできない。ゆえに上述の証拠はいずれも本件と関連性のないものである。上海市第二中級人民法院は以下のように認定した。証拠1、2、3、4と本件の訴訟上の争点の関係は密接であり、当該証拠資料を審理せずに裁判をしたことは失当であり、したがって、金軒大邸会社が当該証拠はすでに挙証期限を過ぎており、新証拠に属さないとする抗弁意見は、採用しない。証拠1、2、3、4は以下のことを証明している。当事者双方が意向書を締結する前に、金軒大邸会社は、すでに関係する政府部門のプロジェクト立案許可および建設用地計画許可証を申請して取得しており、すわなち、当該意向書締結の時に、金軒大邸会社は、関係プロジェクトの立案、計画等の主要な手続の後であって、「金軒大邸」不動産予約販売許可証を取得する前であった。当事者双方が意向書の中で指していた店舗物件は虚構ではなく、その取引の意向には現実の履行があることを基礎としていた。したがって、前述の証拠と本件の核心となる事実には関連性があり、その証明の効力を認めることができる。証拠5、6は目下の「金軒大邸」の関連する不動産開発状況を明らかにするのみであって、当該意向書の指す店舗物件の確実な状況を完全に証明することはできておらず、本件

との関連性は不足しているので、認めることはできない。

上海市第二中級人民法院は審理を経て、一審が調査して明らかにした事実を確認した。

本件二審の争点は、一、「金軒大邸店舗物件購入確認意向書［金軒大邸商舗認購意向書］」の法的性質が予約契約に属するか否か、二、金軒大邸会社は債務不履行［違約］にあたるか否か、もし債務不履行［違約］にあたるとすれば、いかに債務不履行責任［違約責任］を負うべきか、である。

上海市第二中級人民法院の二審は以下のように判断する。

予約契約は、一般に、当事者双方が確定的な本契約を将来締結するためにする合意を指す。本件で明らかになった事実によれば、金軒大邸会社と仲崇清が締結した「金軒大邸店舗物件購入確認意向書」は、当事者双方の真実の意思表示であり、法律、行政法規の強行規定に違反するものではなく、その効力は認められなければならない。当事者双方が意向書を締結する前に、金軒大邸会社は、すでに関連する政府部門のプロジェクト立案許可および建設用地契約許可証を申請して取得しており、当該意向書を締結した時には、金軒大邸会社は、関連プロジェクトの立案、計画等の主要な手続の後であって、「金軒大邸」不動産予約販売許可証を取得する前であった。当事者双方が本件意向書において指していた店舗物件は虚構ではなく、約定した家屋売買の意向には現実に履行するという基礎があった。同時に、当該意向書では当事者双方の基本状況を明確にしており、想定される購入店舗物件の面積、価格計算、購入確認時間等がいずれもかなり詳細かつ運用に適した約定がなされていた。これは当事者双方が交渉を経ていたことを明らかにするものであり、条件成就の時に実際に行われる店舗物件の売買の主要な内容について合意しており、将来正式に家屋売買契約を締結することについて、予め手配を行ったものであり、なおかつ書面の形式により、将来の店舗物件の正式な予約販売時に金軒大邸会社が仲崇清と正式な商品家屋予約販売契約を優先的に締結することを明確にするものである。以上のことから、本件意向書は法的拘束力を有する予約契約である。一審法院の本件意向書は有効な予約契約であるとすることに関する認定は正確である。

本件意向書の約定について。金軒大邸会社は、その開発する不動産プロジ

ェクトを対外的に購入確認する時に、仲崇清が約定の期間内に購入確認するよう優先的に通知しなければならない。金軒大邸会社は不動産開発中に立ち退きおよび工程価格等のコスト増加により、事情変更の理由に基づき、仲崇清に店舗物件の購入確認の通知をしなかったと主張しているが、コスト増加の問題について十分な証拠を提供して証明しなかった。故にその上述の抗弁理由を採用することはできない。本件意向書は合法で有効な予約契約であり、当事者双方はいずれも法により意向書の約定を履行しなければならない。契約法第6条は以下のように規定する。「当事者の権利の行使、義務の履行は、誠実信用の原則を遵守しなければならない。」契約の当事者は、誠実信用の原則に照らして契約上の権利を行使するのみならず、契約上の義務を履行する際にも善意の方式で［以善意的方式］、誠実信用の原則に照らして履行しなければならず、契約で約定した義務を逃れてはならない。金軒大邸会社は、その通知義務の約定による履行をせず、店舗物件を売却し切ってしまい、本件意向書の中で当事者双方が約定した、将来正式に店舗物件売買契約を締結するという根本的な目的を実現できなくし、さらには紛争発生時に当事者双方で締結した意向書が無効とまで主張した。その行為は民事活動において遵守されなければならない誠実信用の原則に反するものであり、これを債務不履行［違約］と認定しなければならない。契約法第107条は以下のように規定している。「当事者の一方が契約上の義務を履行しない、または、契約上で約定された義務に適さない履行した場合は、履行の継続、補償救済措置の採用または損害の賠償等の債務不履行［違約］責任を負わなければならない。」第113条は以下のように規定する。「当事者の一方が契約上の義務を履行しないまたは履行契約で約定された義務に適さない履行をして、相手方に損害を与えた場合、損害賠償額は、債務不履行［違約］によって生じた損害に相当するものとし、契約の履行後に獲得する可能性のある利益を含まなければならないが、ただし契約に違反した一方が契約締結時に予見できたまたは予見すべきであった契約違反によって生じる可能性のある損害を超過してはならない。」金軒大邸会社の債務不履行［違約］行為は、契約を遵守する側である仲崇清が、本件店舗物件を優先的に購入確認する機会を喪失させたものであり、これによって契約の根本的な目的を実現不能にしたの

であり、当事者双方が今では既に本件意向書の約定に照らして履行を継続することができないことを金軒大邸会社も認めている。したがって、金軒大邸会社は、相応の債務不履行［違約］責任を負わなければならない。一審の法院は、金軒大邸会社が予約契約の約定の義務に違反し、上訴人の仲崇清の相応の損害を賠償しなければならないと判断したが、妥当である。ただし、一審の判決で確定した10000元という賠償金額では、契約を遵守した側の実際の損失を補償することは難しい。民事主体が善意の方式でその民事上の義務を履行することを促進し、取引の安全および秩序を保護し、契約を遵守した側の民事上の権利と利益を充分に保護するために、上海市の近年の不動産市場の発展の趨勢および当事者双方の実際の状況を総合的に考慮した基礎の上で、金軒大邸会社が仲崇清に150000元を賠償するよう定める。仲崇清は、金軒大邸会社に店舗物件1平米あたりの建築面積15000ないし20500元の価格に照らしてその経済的損害の賠償を請求するが、その提出した証拠によっては本件意向書が指す店舗物件の確定的な状況を完全に証明することはできておらず、なおかつ金軒大邸会社の店舗物件販売に関する訴外人との多数の予約販売契約では、店舗物件の価格が時によって異なり、人によって異なるという状況がある。このほか、仲崇清は約定に従い意向金を支払ったが、当事者双方が締結した予約契約は、正式な売買契約とは法的性質において異なるところがある。故に仲崇清が主張する賠償金額は、完全には支持できない。

これにより、上海市第二中級人民法院は、「中華人民共和国民事訴訟法」第153条の規定により、2007年10月19日に以下の通り判決する。

一、上海市虹口区人民法院（2007）虹民三（民）初字第14号民事判決の第一、二、四項を維持する。

二、上海市虹口区人民法院（2007）虹民三（民）初字第14号民事判決の第三項を取り消す。

三、金軒大邸公司は仲崇清に人民元150000元を賠償せよ。

一審の事件の受理費は人民元15260元であり、二審の事件の受理費は人民元14350元であるが、いずれも金軒大邸会社が負担せよ。

本判決を終審判決とする。

（２）本件の検討

本件については、上述の事例 1 で扱われた論点加えて、「最高人民法院関于審理買売合同糾紛案件適用法律問題的解釈」（法釈〔2012〕8 号）の第 5 条の解釈が問題となる。

本解釈 5 条は「商品家屋の購入確認［認購］、購入締結［訂購］、予約締結［預訂］等の合意が「商品家屋販売管理弁法」第 16 条の規定する家屋売買契約の主要な内容を具備しており、なおかつ売主が既に約定に従って家屋購入代金を受領している場合、当該合意は商品家屋売買契約と認定されなければならない。」と規定している。そして本解釈 5 条が参照する「商品家屋販売管理弁法」16 条は、その 1 項で書面契約を要件とすると同時に、2 項で主要な内容として（1）当事者の名称または氏名と住所、（2）商品家屋の基本状況、（3）商品家屋の販売方式、（4）商品家屋の価格の確定方式および総価格、支払い方式、支払期日、（5）交付使用の条件および日時、（6）装飾、設備基準の承諾、（7）水道、電気、暖房、通信、道路、緑化等の付属インフラおよび公共設備の交付承諾と関連する権利利益、責任、（8）公共付属建築の財産権の帰属、（9）面積誤差の処理方式、（10）財産権登記手続きの関係事項、（11）紛争解決の方法、（12）債務不履行［違約］責任、（13）当事者双方の約定したその他の事項、という 13 項目を挙げている。その一方で、2014 年に住宅家屋と都市農村建設部［住房和城郷建設部］、工商行政管理総局は、区分商品家屋の現物販売および予約販売について「商品家屋売買契約モデル契約書［商品房買売合同示範文本］」を公布して、契約当事者、商品家屋の状況、商品家屋の価格、商品家屋の交付条件と交付手続、面積誤差の処理方式、計画設計の変更、商品家屋の品質および修補責任、契約記録［備案］と家屋登記、事前の［前期］不動産管理等の分野で商品家屋売買契約をより詳細化する規定を進めている。「商品家屋販売管理弁法」は、法的には部門規章に属する法規であるので、強行規定としての拘束力があるのに対し、「商品家屋売買契約モデル契約書」は、関連部門が小規模の不動産オーナーの権利利益を保護するために定めたガイドラインのようなものであるから、いわば任意に採用されるものであるが、両者の意義は認められるだろ

---

(29) 侯国躍主編『最高人民法院商品房買賣合同司法解釈精釈精解』中国法制出版社 2016 年 73 頁。

う。

　本解釈5条の規定の理論的性質については、学説が分かれている。すなわち、ここで締結された約定がどのようなものかについての見解の差異であるが、①転化説(30)（一定の内容を満たすことで本契約に転化する）、②擬制説(31)（本契約と擬制する）、③本契約説(32)（本契約の一部ないしそのものである）、があるとされる。もっとも、実務上、区別の実益はそれほどなく、名前にとらわれず、予約の範囲なのか本契約の範囲なのかを実質的に判断すべきであると解されているようである。むしろ、実務において、本解釈5条の規定が誤解されている点に注意が必要であることが指摘されている。すなわちⅰ）「商品家屋販売管理弁法」16条が規定する商品家屋売買契約の主要な内容を備えていること、ⅱ）売主が既に約定に従って家屋購入金を受領していること、という本解釈5条の規定する2つの要件によって、裁判官が商品家屋の購入確認［認購］、購入締結［訂購］、予約締結［預訂］等を最終的に予約と認定するか、本契約と認定するかについて、有益な判断根拠を提供している一方で、これを唯一の基準としている事例が多く、当事者の真意を探求しない裁判所が散見され、契約法の趣旨に適っていないというものである(33)。本件の直接の範疇ではないが、中国契約法においては、契約自由などの用語を用いず［自願］原則という用語を採用するなど、意思をめぐる古くて新しい議論がある。予約と本契約の区別の本質にも関わりうる、残された課題と言えよう。

Ⅳ　むすびにかえて

　本稿では、最高人民法院公報に掲載された裁判事例を手掛かりにして、商品不動産家屋の売買において、様々な名称をもちうる合意について、予約契約と本契約との区別の視点から、その合意の位相を考察してきた。そこから、契約法などの法律レベルでは予約契約を定める規定はないものの、現実

---

(30)　詳細は陸青「《買売合同司法解釈》第2条評析」法学家2013年3期116頁以下参照。
(31)　詳細は王建東＝楊国鋒「預約合同的効力及判定──以商品房買売預約合同為例」浙江学刊2011年1期153頁参照。
(32)　前掲注（15）書74-75頁。
(33)　同上75頁参照。

には売買契約の本契約以前の段階の合意が存在し、その法的効力を認めることが通説であることを明らかにした。そのうえで、法的効力としてどのような要件・効果が認められるのかについては、学説の議論や最高人民法院の回答ないし司法解釈での展開があったが、今日では「最高人民法院関于審理買売合同糾紛案件適用法律問題的解釈」（法釈〔2012〕8号）が多くの役割を果たしており、その2条および関連規定により、行政許可等を得ていない契約は「都市不動産管理法［城市房地産管理法］」45条の示す4要件を満たさない限りは「無効」とされるが、行政許可のない状態を補正することが認められ、それまでは誠実信用原則に基づく責任により本契約を締結するように行動すべきであるという実務の基準を示している。また、本司法解釈5条では、本契約前の合意のうち、「商品家屋販売管理弁法」に基づいて、同弁法16条1項の規定する書面契約の要件および同条2項で列記される13の要件を具備している合意は、商品家屋売買契約と認定されなければならないとする裁判実務を分析し、近時は2014年に住宅家屋と都市農村建設部、工商行政管理総局が「商品家屋売買契約モデル契約書」を公布して、モデル契約を推奨する流れもあることを指摘した。

　もっとも、理論上・実務上残された課題も少なくない。例えば、本稿で検討された裁判事例は限定的であり、中国において各種の裁判事例が公表されるに至っている今日では、より総合的・網羅的な検討が必要であろう[34]。また、不動産取引に関する契約は、政府機関、特に地方政府の不動産利権などもからみあい、法的な問題を越えて複雑な様相を呈している。この点の解決を不動産登記制度の整備に期待する議論[35]もあるが、不動産登記は、法制度としては、端緒についた段階と言えるし、その道のりとしても、各地方の制度

---

(34) さしあたり、耿利航「預約合同効力和違約救済的実証考察與応然路径」法学研究2016年5期が参考になる。

(35) 例えば、馬竜「関于我国商品房預售登記制度之探析」中北大学学報（社会科学版）2013年3期、2003年、王利明「構建統一的不動産物権公示制度―評《不動産登記暫行条例（征求意見稿）》」政治與法律2014年12期などがある。なお、物権法10条において法律、行政法規による国家の統一的登記制度を定めながら、同法246条において統一までの間の暫定的なものとはいえ地方法規で地方ごとの登記制度を設けることを認めたことへの問題が指摘されていた不動産登記の統一に関して、2014年11月24日に国務院令第656号として「不動産登記暫行条例」が公布され、2015年3月1日から施行されている。

の統一だけを考えても、それほど平たんではないだろう。さらに、最高人民法院が不動産取引に関する事例を指導性案例1号(36)に取り上げたことは上述の通りであるが、不動産取引契約に関する指導性案例は、今後も出されるものと思われる。今日までの中国契約法研究の到達点を踏まえつつ、現在進行形の問題に取り組む今後の研究課題としたい。

* 本研究はJSPS科研費JP26870591の助成を受けた研究成果の一部である。

【追記】本稿脱稿後、「指導案例72号：湯竜、劉新竜、馬忠太、王洪剛訴新疆鄂尔多斯彦海房地産開発有限公司商品房買売合同糾紛案（最高人民法院審判委員会討論通過2016年12月28日発布）」に触れた。本件のキーワードの1つに「商品家屋売買契約［商品房買売合同］」が挙げられ、予約契約も取り上げられている。

---

(36) 指導性案例1号については、長友昭「中国における不動産仲介における仲介排除の事例について―指導性案例1号を中心に―」拓殖大学論集法律・政治・経済研究18巻1号およびそこにおける引用文献を参照。

中国不法行為法における
公平責任についての実証的研究
── 123件の裁判例を素材にして ──

文　元　春
Yuanchun WEN

　Ⅰ　はじめに
　Ⅱ　全体的概要
　Ⅲ　類型別検討
　Ⅳ　結びに

Ⅰ　はじめに

　中国不法行為法における公平責任とりわけ、民法通則132条の公平責任をめぐっては、従来から、過失責任・無過失責任と相並ぶ独立した帰責原理であるとするものと、帰責原理ではなく、民法における公平原則の不法行為法における具体的現れであって、単なる損害分担ルールであるとするものとが、激しく対立していた。同様の状況は、権利侵害責任法の公布施行後にあっても、変わっていない。この問題は、不法行為法の帰責原則をどのように

（1）　ここにいう「不法行為法」とは、民法通則（1986年4月12日公布・1987年1月1日施行、2009年8月27日一部改正・施行。以下、「民通」という場合は、同法を指す）、「最高人民法院の『中華人民共和国民法通則』を貫徹執行する若干の問題に関する意見（試行）」（法（弁）発［1988］6号、1988年4月2日公布施行。2008年12月18日一部改正・一部失効、不法行為関連部分有効。以下、「民通意見」という）、「最高人民法院の人身損害賠償事件の審理において法律を適用する若干の問題に関する解釈」（法釈［2003］20号、2003年12月26日公布・2004年5月1日施行。以下、「人身損害解釈」という）等における不法行為規範、および権利侵害責任法（2009年12月26日公布、2010年7月1日施行。以下、「法」という場合は、同法を指す）を含む広義の不法行為法規範を意味する。
（2）　学説の議論状況に関しては、文元春ほか「中国不法行為法における公平責任研究」早稲田法

考えるかという問題とも深く関わっており、異なる帰責原則論を採る論者によって、その結論もまた、異なってくる。

もっとも、帰責原理としての公平責任を認めるかどうかは別として、現行法において、公平責任が明記されている以上、その存在を無視することはできない。問題は、公平責任の帰責原理性を否認する否定説のように、同説の挙げる様々な不当性を理由に、単にそれを否定または排斥するのではなく、現実における公平責任の実態を明らかにし、その真の存在意義を究明することが、何より重要である。それは、中国における法の在り方にも関わる問題である。実際の裁判実務においては、過失責任を適用すべき事案に、公平責任を適用するような、公平責任の濫用ないし誤用も見られており、公平責任に関する一般規定である民法通則132条と権利侵害責任法24条が、適用要件を明確にしていないこともあり、その具体的な適用要件を明確にすることもまた、重要な課題となっている。このような問題意識は、公平責任の要件論、民法通則132条と権利侵害責任法24条の位置づけ問題、公平責任の適用範囲、公平責任の存在意義へと連なる。(4)

本稿は、公平責任に関する一般条項とされる民法通則132条と権利侵害責任法24条に焦点を当て、権利侵害責任法施行後の裁判例を中心に、(5) 裁判実

学92巻3号（2017年3月刊行予定）を参照されたい。
（3）　民法通則132条（公平責任）は、「損害の発生に対して当事者に過錯がない場合は、実際の状況に基づいて、当事者に民事責任を分担させることができる」と、定める。他方、権利侵害責任法24条（損害の公平な分担）は、「損害の発生に対して被害者と行為者ともに過錯がない場合は、実際の状況に基づいて、双方に損害を分担させることができる」と、規定する。なお、中国不法行為法における「過錯」という用語は、故意と過失を含む概念であり、同用語は、ソビエト法学において、法違反に対する制裁としての責任（刑事、行政、民事のすべてにわたる）をその違反者に課す際に必要とされる、ヴィナー（вина）という主観的責任要件を訳出する際に生まれてきた造語（より正確には、当て字）であると考えられる。以下、帰責原則の場合は「過失」、不法行為の要件を意味する場合は「過錯」を用いることにする。

また、公平責任に関するその他の条文としては、公益又は他人の権利と利益を守るために受けた損害に関する民通109条・民通意見142条・人身損害解釈15条・法23条、自然原因により惹起された危険に対して行った緊急避難において、無過失の緊急避難者または受益者の被害者に対する適切な補償に関する民通129条・民通意見156条・法31条、自身の行為について一時的に意識を失うか又は制御を失うことによって他人に損害を与えたことについて、過錯のない行為者が負う適切な補償責任に関する法33条、不明な投棄物、墜落物による損害について、加害可能な建築物の使用者が負う補償責任に関する法87条などがある。詳しくは、前掲注（2）論文参照。

（4）　これらの問題については、前掲注（2）論文参照。

務における公平責任の実相を明らかにしようとするものである。その際には、公平責任の要件論とりわけ、過錯と因果関係存否の判断基準、事案類型に留意しつつ、検討することにする。結論先取的にいうと、公平責任をめぐる大多数の裁判例においては、結局のところ、過錯とりわけ過失の中身・判断基準に大きく左右されることになっており、一般的不法行為における主観的要件としての過錯という原点に回帰せざるを得ない。つまり、通常の不法行為における過錯の中身・判断基準と比べ、公平責任をめぐる裁判例においては、その判断が厳格に行われておらず、恣意的であること、過錯の中身が異化していることを指摘しなければならない。敷衍すると、中国において過錯の本質をめぐっては、過錯は故意と過失からなる加害者の帰責され得る主観的心理状態であり、過失の有無は客観的判断基準（注意義務違反の有無）によって行われることに関しては、広くコンセンサスが得られている。つまり、過錯の本質とその判断基準を切り離して論じるが一般的である。また、

―――――――――――

(5) 2000 年までの裁判例に関しては、其木提「中国社会の変容と不法行為法：過渡期におけるその多元性（4・完）」北大法学論集 52 巻 2 号 85 頁以下（2001 年）参照。

また、主に 2000 年以降の公平責任に関する実証的研究として、陳科「公平責任一般条款的司法適用：以 100 份侵権案件判決書為分析様本」法律適用 2015 年 1 期 12 頁以下、康欣「公平責任原則在我国的司法適用」私法 2014 年 1 期 160 頁以下がある。本稿とは異なり、両者はいずれも、検討対象にしたとされるすべての裁判例を逐一明示しているわけではない。そのうち、前者は、氏が収集した 100 件の裁判例についての概括的検討に終始しており、具体的裁判例は殆ど取り上げていない。これに対し、後者は、氏が収集した裁判例（その件数は不明）を、競技運動中の人身損害についての補償責任、受益者の補償責任、情誼行為における補償責任、学校側に過錯のない場合における補償責任、安全保障義務者が負う補償責任、交通事故における補償責任、医療紛争における補償責任、国家補償責任という 8 つの類型に分けたうえで、それぞれの類型につき、2 件ほどの裁判例を取り上げつつ検討を行っている。なお、本稿で取り上げる裁判例のうち、後者と重複するものは、「労務提供者の被害」における⑥⑦⑧⑩⑪⑫⑭、「スポーツ事故」における④⑤、「偶発事故」における⑤⑥⑨、「共同飲酒者責任」における①、「安全保障義務関連」における①⑬、「医療過誤関連」における①②の計 17 件となっている。

(6) この点、前掲注 (2) 論文において、瀬川信久教授は、筆者が提起した質問項目およびそれに対する中国側共同研究者の回答についてのコメントにおいて、主に原告と被告の人的関係に着目し、公平責任が適用された事案（その内訳は、中国側参加者が挙げる事案、筆者が整理した56 件の裁判例、同前・其木提論文が挙げる 50 件の裁判例の合計約 100 件となっている）を 7 つの類型に分けたうえで、詳細な検討を行っており（以下、「瀬川コメント」という）、非常に示唆に富んでいる。この点、本稿は、基本的に権利侵害責任法施行後の裁判例かつ損害態様の具体的事案類型に焦点を当てていること、公平責任の要件論に着目している点で、瀬川コメントとは異なるアプローチをしている。

(7) 張新宝『侵権責任法原理』（中国人民大学出版社、2005 年）68-70 頁、中国大百科全書総編輯委員会『法学』編輯委員会＝中国大百科全書出版社編輯部編『中国大百科全書．法学』（中国

過錯には自身の行為による損害結果に対する行為者の認識と態度が含まれているとされる。すなわち、故意とは、行為者が自身の行為による損害結果を予見できたにもかかわらず、当該結果の発生を希望または放任することをいい、過失とは、行為者が自身の行為による損害結果を予見すべきであったかまたは予見できたにもかかわらず、予見しなかったか、または、予見したにもかかわらず当該結果の発生を回避できると軽信したことであるとされる。これに対し、公平責任をめぐる裁判例では、「損害結果」に対する過錯という点が曖昧になったり、予見可能性の存在を承認するも、結果回避義務の違反がないとするかまたはそれを不問にする形で、過錯の不存在を導いたり、被害者救済という価値判断が先行したが故に、過錯の不存在が当然の前提とされたりする。このように、公平責任の要件──①実際に損害が生じていること、②被害者と行為者ともに、損害の発生について過錯が存しないこと、③実際の状況に基づいて損害分担を定めること、④被害者側に全部の損害を負わせることが、明らかに公平を失すること、⑤因果関係の存在──を、真に厳格に適用できるならば、いわゆる「公平責任への逃避」という結果が生じることはなく、その適用可能な事案も自ずと限られることになることが分かる。

以下、筆者が収集検討できた123件の裁判例の全体的概要を概観し（Ⅱ）、類型別の個別的検討を行った（Ⅲ）うえで、存在する問題点を指摘し、今後の展望について触れることにする（Ⅳ）。

Ⅱ　全体的概要

123件の裁判例の出典は、①2015年11月19日現在、中国の法令・判例等検索システムである「Westlaw China」で収集した58件、②2016年8月11日現在、中国最高人民法院が2014年1月1日より正式に開設した「中国裁判文書ネット」で収集した65件となっている。そのうち、1審で結審し

大百科全書出版社、1984年）473頁【陳嘉梁執筆部分】、王利明『侵権責任法研究（上巻）』（中国人民大学出版社、2010年）331-334頁、楊立新『侵権責任法』（法律出版社、2010年）85-86頁など参照。

たものが84件、2審以上で結審したものが39件となっている。また、地域別に見ると、全部で27の省・直轄市・自治区に及んでおり、その内訳は、河南省22件、上海市16件、湖南省10件、広西チワン族自治区9件、遼寧省7件、北京市と湖北省6件、重慶市・陝西省・山東省・広東省・安徽省各5件、江蘇省4件、四川省・福建省・天津市・河北省各2件、新疆ウイグル自治区・吉林省・浙江省・貴州省・内モンゴル自治区・江西省・寧夏回族自治区・甘粛省・山西省・雲南省各1件となっている。

　1審で結審した裁判例84件のうち、①裁判官と同等の職権を有するとされる人民参審員が参加したのは44件（いずれも、3名からなる合議廷であり、そのうち、人民参審員2名参加のものが12件、人民参審員1名参加のものが32件である）、②簡易手続を適用し、裁判官1人による単独裁判を行ったのは、30件であるのに対し、③通常の合議廷は9件しかない。また、①のうち、公平責任を適用して原告の請求を一部認容したものは、実に42件もあり、このことは、人民参審員参加の裁判が、公平責任認容の方向にあることを意味している。そして、1審手続に人民参審員が参加する割合（参審率）は、1審裁判官の人事考課項目の1つとなっており、上記の結果は、裁判官の負担を減らすために、人民参審員の裁判手続への参加を積極的に推進する最近の動向と軌を一にするものでもある。

　公平責任における損害は、直接の損害に限られるとするのが通説であるが、精神的損害賠償を請求した78件のうち、明確に認容したのは22件ある。このように、学説と裁判実務の乖離現象が見られる。また、公平責任を過失責任または無過失責任以外の第三の帰責原理と考えるのであれ、それとも、単なる損害分担ルールと考えるのであれ、各損害項目の積算方式により得られた通常の損害総額を、公平責任における損害総額と同視することには

---

(8)　このほかに、裁判官2名によるものが1件（河南省扶溝県人民法院（2010）扶民初字第1032号民事判決）ある。これは、合議廷の人数が奇数でなければならないとされる民事訴訟法の規定（同法39条、40条参照）に反するものである。
(9)　北京市第三中級人民法院の亓培氷民事一廷廷長の教示による。
(10)　近年の人民参審員制度改革の試験活動に関しては、例えば、「一部の地域において、人民参審員制度改革試験活動を展開させることを授権することに関する全国人民代表大会常務委員会の決定」（2015年4月24日公布施行）、「人民参審員制度改革試験活動実施弁法」（最高人民法院・司法部、2015年5月20日公布施行）などを参照。

違和感を覚える。これは直接には、公平責任をめぐる裁判例の多くにおいて、原告が通常の過失責任に基づく損害賠償請求を行うことと関係している。しかし、公平責任における「損害の分担」という責任は畢竟、賠償責任ではなく「補償責任」であり、このような区別を踏まえると、公平責任における損害概念の再構築が必要であるように思われる。さらにいえば、公平責任における死傷という損害結果に着目した場合、その本人または親族に精神的苦痛を与えている点では、程度の差こそあれ、通常の不法行為における損害結果と何ら変わるところはない。そのため、「精神的損害」を一律に排斥するのではなく――その用語は別として――、むしろ、精神的苦痛に対する慰謝ないし補償として、公平責任における「損害」を捉えたほうがより適切であると考えられる。

損害類型としては、人身損害116件、財産的損害が7件となっており、公平責任における損害の主たる対象は、人身損害であることが見て取れる。そのうち、被害者または被告側に過錯の存することを明確に認定するも、公平責任を適用した裁判例は15件ある（共同飲酒者責任関連事案が多い）。当事者に過錯のないことという、公平責任の要件自体を満たしていない点からいえば、これは、公平責任の誤用または濫用と言わなければならない。また、公平責任を適用した裁判例のうち、主文において、「賠償」という用語を使用した裁判例は、14件（判旨において、「補償」という用語を使用したものを含む）存在しており、基層人民法院を中心に、「賠償」と「補償」の区別が明確にされていない。「賠償」であれ、それとも「補償」であれ、何らかの金銭の出損を伴うという点では、両者は共通しているものの、後者は、過失責任または無過失責任を負わないことを前提に公平責任に基づいて行われるものであり、その性質は本質的に異なる。しかし、上記14件の裁判例をみると、公平責任を適用したその他の裁判例と比べ、その「賠償」額は高額となっている。そして、大多数の裁判例に共通して見られるのは、過錯有無の認定が厳

---

(11) 公平責任における「損害」は、通常の不法行為における「損害」とは異なることを明確に指摘するものとして、遼寧省撫順県人民法院（2014）撫県民一初字第00375号民事判決（個人間の労務関係における自身の体質による労務提供者の突然死事案）、広東省広州市中級人民法院（2011）穂中法民一終字第773号民事判決（精神分裂病に罹患していたAが、入院先のY病院で首吊り自殺した事案）がある。

格でないということである。このことは、公平責任適用の可否に直結する深刻な問題であり、被害者救済という価値判断が先行したが故に、性急に過錯がないと認定するかまたは過錯の存しないことがアプリオリに当然に前提されていることが目立っている。これでは、公平責任を正しく適用することはできず、「公平責任への逃避」という誹りを免れることはできないだろう。しかし、問題は、法院が何故過錯についてこのような処理を行うかである。それには、過錯なしと宣言する代わりに、被告に対して一定の譲歩を迫り、被告から公平責任に基づく補償を引き出そうとする法院の思惑が存在するように思われる。結局のところ、公平責任を適用した裁判例は、判決の形式を採っているものの、その実質は法院主導による調停であるといえよう。

公平責任の要件として、因果関係の存在が必要かどうかおよびその程度をめぐっては、理論上必ずしも統一されていない。この点、実際の裁判例において、因果関係の存在が必須であることを指摘するものは見当たらず、求められている因果関係存否の程度も、一概ではない。その中には、明確な事実的因果関係の存在を必要とするもの、一定の因果的関連で足りるとするもの、因果関係存否の判断自体を行わないもの（これには、因果関係存否の判断が難しい場合も含まれる）、因果関係の存在を不要とするもの（労務従事中における持病による死亡事案などが典型的である）など、多岐にわたっている。ただ、共通して見られるのは、法的因果関係は不要とする点である。なお、123件のうち、多くの裁判例では検死が行われておらず、それによって因果関係の存否の判断を難しくしている面もある。[12]いずれにせよ、公平責任は、中国不法行為法に規定されている法定責任である以上、因果関係が存在して初めて、行為者と被害者を結び付けることができるため、事実的因果関係の存在は、必要不可欠な要件であるといわなければならない。ただし、労務提供者の被害事案に見られるように、行為者の行為が存在しておらず、被害者が損害を受けたことと行為者が利益を得ていることしか存在しないような場合には、その他の要件を充足すれば足り、因果関係は不要である。[13]

---

(12) 検死を行わないことの理由は定かではないが、それは、訴訟をより有利に進めようとする原告側の訴訟戦術であると考えられなくもない。また、それは、当事者の経済状況、文化水準、死体を重んじる中国人の伝統的観念とも関係すると考えられる（王利霞ほか「意外死亡屍検率下降原因分析」中国法医学雑誌2008年2期142-144頁参照）。

また、実際の裁判例において、公平責任を適用する際の「実際の状況」として重視されているのは、被害者の損害の重大さ（死傷のような人身損害）、当事者とりわけ被告の財産状況（被告の財産状況とその補償額は正比例関係にある）、被害者が得られ得るその他の救済手段（例えば、保険給付、被告による金銭給付・医療費の立て替えなど）の有無である。もっとも、全体としては、容易く当事者に過錯がないと認定し、それを強調する傾向にあり、「実際の状況」としての具体的考慮要素について詳細に述べる裁判例は多くない。

　損害発生の実態および法院の事実認定に着目してみると、公平責任をめぐる123件の裁判例は大きく、以下の10種類に分けることができる。すなわち、①労務提供者の被害26件、②スポーツ事故（学校事故を含む）21件、③偶発事故23件、④共同飲酒者責任15件、⑤遊戯または遊泳中の被害9件、⑥安全保障義務関連8件、⑦交通事故8件、⑧利他行為関連6件、⑨医療過誤関連3件、⑩その他13件となっている。なお、各類型の件数には、同時に同じ類型に属する事案もあるため、一部の重複がある。

Ⅲ　類型別検討

1　労務提供者の被害

　これには、以下の裁判例がある。①重慶市第五中級人民法院（2013）渝五中法民終字第04871号民事判決（Y会社に再雇用された元従業員Aが、業務を終えた後、会社に戻る施工車両の中で突然気絶しその後病院で死亡。93,000元余りの補償）、②江蘇省南京市秦淮区人民法院（2013）秦民初字第518号民事判決（Y会社の従業員Aが、砂利の下ろし作業の待機中に突然倒れ、その後病院で脳外傷により死亡。3万元余りの給付）、③湖南省辰渓県人民法院（2012）辰民一初字第558号民事判決（廃棄タイヤの売買契約に伴う同タイヤの積込み作業中の売主の負傷、3万元の賠償）、④陝西省略陽県人民法院（2011）略民初字第00486号民事判決（Y会社に日雇いで雇用されていた退職者Xが、溶鉱炉の煙突内で耐火煉瓦の積み上げ作業に従事中に、ガス栓の締め忘れに起因する火災により負傷＝障害等級2級の大火傷。35万元余りの賠償）、⑤河南省鞏義市人民法院（2011）鞏民初字第2681号民事判決（弁護士で

---

(13)　同旨、前掲注（2）論文における亓培氷裁判官の回答参照。

あったAが、Y会社と委任契約を締結し、モザンビークで作業中に死亡したYの従業員の善後策を講じるため、同従業員の家族に同行してモザンビークに渡航したところ、マラリアに感染し、帰国してから1か月弱で死亡。15万元の補償）、⑥湖南省邵陽市中級人民法院（2012）邵中民一終字第74号民事判決（Aが、Y1会社に臨時に雇用され、Y1会社とY3間で締結された請負契約関連業務＝三輪車での巡回広告に従事中に突然発病し死亡。Y1とY3それぞれ、3万元と1万元の補償）、⑦河南省方城県人民法院（2011）方城民初字第463号民事判決（開業前のホテルのコックとして雇用されたAが、同ホテルのトイレ内で突然死。12万元余りの支払い、精神的損害9,000元認容）、⑧湖南省新蔡県人民法院（2012）新民初字第710号民事判決（Y1の被用者Aが、Y1Y2間で締結されたY2の住宅建築に関する請負契約に基づく塗装工事に従事中に持病（高血圧、冠状動脈硬化による心臓病、脳血管疾病、脳梗塞）が悪化して死亡。Y1による15,000元の補償））、⑨重慶市第三中級人民法院（2011）渝三中法民終字第00629号民事判決（Y会社の元被用者XのYに対する後続損害についての賠償請求、認定損害額の30％＝14,000元余りの負担）、⑩重慶市永川区人民法院（2011）永民初字第03441号民事判決（Yの被用者Aが、就業場所で休憩中に自発性くも膜下出血を発病し、入院治療を受けた後に退院し死亡。2万元の分担）、⑪湖南省耒陽市人民法院（2011）耒巡民一初字第230号民事判決（Aが村民同士のよしみで、Y1Y2の父親の棺桶を担いでいたときに突然転倒し死亡、1万元の補償）、⑫河南省洛陽市老城区人民法院（2011）老民初字第555号民事判決（XY間では、Xが自ら道具を持参してリフォームを終えたY宅の地面清掃を行い、清掃終了後にYが230元を支払うことを内容とする契約が締結された。Xが上記契約に基づいて、Y宅の2階で清掃作業に従事中に2階の手すりから転落し負傷＝障害等級9級。認定損害額の約32％＝27,000元余りの補償）、⑬河南省鞏義市人民法院（2011）鞏民初字第2034号民事判決（Y会社の被用者A＝退職者が、勤務先で自殺、経済補償金3万元の給付）、⑭広西チワン族自治区宜州市人民法院（2010）宜民初字第820号民事判決（Xが、自己所有の電動加工機で同じ村の村民であるYのために鋸を磨いていたところ、砥石片が暴発してXが顔面および左眼球を負傷＝障害等級7級。認定損害額の20％＝8,500元余りの賠償）、⑮広東省広州市中級人民法院（2015）穂中法民一終字第2408号民事判決（パートタイマーであったAが、Yのために家事手伝い業務に従事中に突然死、5万元の補償）、⑯広西チワン族自治区桂林市中級人民法院（2014）桂市民

一終字第312号民事判決（Y1が、Y2から賃借している家具工場の屋根瓦の撤去作業をY3Y4Y5Aに依頼したところ、Aが上記作業に従事中に転落し、当日病院に搬送され、特別重症型頭蓋骨損傷およびそれに伴う脳ヘルニアにより死亡。Y1による13万元余りの賠償、精神的損害28,000元認容）、⑰湖北省黄石市中級人民法院（2014）鄂黄石中民一終字第00015号民事判決（Aが、Y1Y2夫婦の電動シャッターを修理中に突然倒れ、その後死亡。立替費用3万元を除く2万元の給付）、⑱安徽省阜陽市中級人民法院（2015）阜民一終字第01647号民事判決（太陽光湯沸かし器を経営する個人工商業者Yの被用者Aが、Yの指示に従い顧客のために湯沸かし器を設置した後、Yの店舗内で業務の派遣を待っていたところ、突然心臓疾患を発症し病院で死亡。5万元の経済補償）、⑲湖北省宜昌市中級人民法院（2016）鄂05民終1246号民事判決（撮影サービス、民間楽器演奏サービス等を行う個人工商業者Aが、Y1芸術団に雇われ、Y2＝Y1の団長が司会を務めていたある結婚披露宴の席上で、歌を歌っていたときに突然倒れ、その後病院で死亡。Y1Y2による11万元の補償）、⑳河北省唐山市豊南区人民法院（2016）冀0207民初1165号民事判決（Yの日雇い労働者Xが、Yの畑で布の回収積み込み作業中に布を踏んで転倒し右足を捻挫＝障害等級10級。認定損害額の50％＝32,535元の分担、精神的損害5,000元認容）、㉑江蘇省連雲港市贛楡区人民法院（2015）贛民初字第2946号民事判決（Yの被用者Xが、Yの施工現場で鉄筋補充業務に従事中に突然脳梗塞を発症し、入院治療費を支出。認定損害額の50％＝6,767元の補償）、㉒遼寧省本渓市渓湖区人民法院（2015）渓民初字第00338号民事判決（Y2は、Y1建築会社の下請け人＝自然人であり、Aの使用者である。Aが、休憩時間内に工事現場にあったトイレで倒れ、その後病院で特別重傷型閉塞性頭蓋骨損傷、脳ヘルニア、外傷性くも膜下出血等により死亡。Y2による認定損害額の20％＝46,723元の給付）、㉓遼寧省遼河人民法院（2013）遼河基民初字第971号民事判決（Aは、Y1の被用者であり、本件甲車両の運転手である。Y1は、甲車両の所有者であり、Y1とY3建築会社との間では、甲車両をY2建築資材会社の名義下に置くことを条件に、甲車両に関する運転手付きの賃貸借契約が締結され、Aは甲車両を運転してY3会社の従業員の送り迎え業務に従事していた。その後、Aが出勤前にY3の従業員宿舎で洗濯物をしていたときに突然死。Y1による認定損害額の20％＝97,000元余りの補償、Y2による連帯給付）、㉔陝西省紫陽県人民法院（2015）紫民初字第00546号民事判決（Y1Y2が共同経営する甲病院の清掃員Xが、勤務中に突然倒れ脳出血を発症＝障害等級3級。Y1Y2によ

る医療費損害 25,000 元ずつの補償)、㉕遼寧省撫順県人民法院（2014）撫県民一初字第 00375 号民事判決（A が、Y1Y2 夫婦に雇われ、トラクターでトウモロコシ倉[玉米倉] を運搬中に原因不明により突然死。Y1Y2 による認定損害額の 20％ = 46,723 元の賠償)、㉖河南省霊宝市人民法院（2016）豫 1282 民初 1107 号民事判決（Y2 の被用者 A が、Y2 が Y1 から請け負った工事に従事中に持病により突然死。Y1 による 2 万元の補償、Y2 による認定損害額の 20％ = 47,679 元の給付)。

　このように、公平責任関連裁判例 123 件のうち、労務提供者の被害事案が最も多く、権利侵害責任法施行後における新しい事案類型をなしている。この事案類型をめぐっては、（ⅰ）個人間の「労務関係」を規律する法 35 条（過失責任）と、（ⅱ）労災保険に加入していない「狭義の雇用関係」を規律する人身損害解釈 11 条 1 項（無過失責任）、および（ⅲ）人身損害解釈 14 条（無過失責任と公平責任）の関係およびその適用が問題になる。つまり、ⅰにおいて、労務の提供中に労務提供者自身が損害を受けた場合は、その雇用主（労務を受ける者）と労務提供者の過錯の度合いに基づいて各自相応の責任を負うことになっており、雇用主に過錯がなければ権利侵害責任を負うことはないものの、公平責任を適用して一定の補償を与える余地は残されている。これに対し、ⅱは、被用者が雇用活動の従事中に人身損害を受けた場合に、使用者（個人であるか、それとも組織であるかは問わない）が被用者の労災について無過失責任を負うことになる。また、ⅲは、無償労務関係（基本的に個人間）において、無償労務提供者＝手伝い人が人身損害を被った場合、原則として、労務を受ける者＝被手伝い人が、無過失責任を負うほか、①被手伝い人が手伝うことを明確に拒んだとき、②第三者の不法行為によって手伝い人が人身損害を被り、その第三者を確定できないかまたはその者に賠償資力がないときは、被手伝い人が補償責任を負うことになる。このように、労務関係における労務提供者の被害（とりわけ個人間の労務関係）をめぐり、権利侵害責任法は、人身損害解釈と異なる法規範を創設したことが分かる。

---

(14)　最高人民法院民事審判第一庭編著『最高人民法院人身損害賠償司法解釈的理解与適用』（人民法院出版社、2004 年）173 頁〔胡仕道執筆部分〕参照。
(15)　ⅰとⅱⅲの関係については、見解が分かれているが、ⅱⅲがⅰによって取って代わられたとするのが一般的である。なお、ⅰはその文言上、ⅲの無償労務関係について明確に言及していない。

文理解釈によると、iは、個人間の労務関係にのみ適用されるべきであるのに対し、個人と組織間の「労務関係」に法35条を適用した裁判例は10件（これには、退職者の再雇用・雇、臨時雇用事案6件が含まれる）存在する。他方、iiは、個人間だけでなく、個人と組織間の「雇用関係」（臨時雇用を含む）にも適用されるが、人身損害解釈11条1項を適用した裁判例は、⑨事件の1件しかなく、iiiに関する事案3件（③⑪⑭）のうち、人身損害解釈14条を適用した裁判例は同じく、⑭事件の1件しかない。組織に関わる定年退職者の再雇用・雇用事案を「労務関係」として処理することは、従来の裁判実務慣行に沿うものであるが、臨時雇用関係に関しては、人身損害解釈11条1項を適用してきた従来の裁判実務とは異なる。もっとも、上記26件のうちの20件は、労災認定ができない（労務関連性がないかまたは極めて希薄である）事案であり、その20件に共通して見られるのは、雇用主または労務を受ける者が、現に受益していることを理由に、一定の補償責任を負わせているということである。また、個人雇用主に比べ、組織の場合がその補償額が高額になっていること、雇用主の資力の多寡・被害の重大さと補償額は正比例関係にある。

この事案類型は、(1)有償労務関係23件、無償労務関係3件、(2)個人間の労務関係16件、個人と組織間の労務関係10件からなっており、さらに、(3)被害者の体質・持病または自殺などの被害者自身の原因による被害17件（①②⑥⑦⑧⑩⑪⑬⑮⑱⑲㉑〜㉖。以下、類型Ⅰという）、業務遂行に伴う業務関連性を有する被害6件（④⑨⑫⑭⑯⑳。以下、類型Ⅱという）、売買契約などの特定契約の履行に伴う被害3件（③⑤⑰。以下、類型Ⅲという）に分けることができる。

類型Ⅰは、労務提供者の被害と労務との関連性は認められず、また、使用者には過錯（安全保障義務違反）がないとされ、因果関係も存在しないことになる。これに対し、類型Ⅱは、⑭を除き、使用者の過錯を認定できるため、

---

(16) なお、これらの事案は本来ならば、いずれも、人身損害解釈14条の無過失責任によって処理できるものであり、公平責任が適用される2つの場面に当てはまるものではない。

(17) 例えば、「最高人民法院の労働争議事件の審理において法律を適用する若干の問題に関する解釈（三）」（法釈［2010］12号）7条は、すでに法により養老保険待遇を享受している者または退職金を受領している者の雇用に関する紛争は、労務関係として処理すると定める。

公平責任ではなく通常の過錯責任で対処すべきである。類型Ⅲは、当事者間に特定の契約関係が存在する場面であり、買主・委任者・注文者などに過錯がなければ、これらの者に一定の補償を与えることは可能であると考えられる。その際の根拠条文としては、他人の利益または共同の利益のための活動中に受けた損害に関する民通意見157条が考えられる。

2　スポーツ事故（学校事故を含む）

これには、以下の裁判例がある。①上海市閘北区人民法院（2014）閘少民初字第6号民事判決（中学生の体育授業・平行棒運動中の負傷、1万元の補償）、②上海市第一中級人民法院（2013）滬一中民一（民）終字第200号民事判決（中学生の体育授業・跳び箱練習中の負傷＝障害等級10級、認定損害額の40％＝5万元余りの補償）、③上海市長寧区人民法院（2012）長少民初字第12号民事判決（中学生の体育授業・走り高跳びテスト中の負傷＝障害等級9級、認定損害額の35％＝7万元余りの給付）、④河南省鄭州市高新技術産業開発区人民法院（2011）発民初字第3370号民事判決（棄却。中学生の体育授業・砲丸投げにおける負傷、Yが既にXの医療費12,000元を立て替えていた）、⑤広西チワン族自治区梧州市蝶山区人民法院（2011）蝶民初字第73号民事判決（大学のエアロビクスチームに所属していた大学生が組体操の練習中に転落し負傷＝障害等級10級、認定損害額の70％＝4万元余りの賠償・精神的損害3,500元認容）、⑥山東省泰安市中級人民法院（2016）魯09民終561号民事判決（小学生が小学校主催のバスケットボールの練習に参加中に負傷、認定損害額の70％＝1万元余りの賠償）、⑦上海市長寧区人民法院（2012）長少民初字第40号民事判決（Y4小学校の体育授業で行われたハンドボールの練習試合において、その生徒Y1が、同級生Xの解けた靴紐を踏んでしまい、Xが転倒し負傷。Y1およびその両親Y2Y3による認定損害額の33％＝35,000元余りの給付、Y4による同34％＝36,000元余りの賠償）、⑧山東省浜州市中級人民法院（2014）浜中少民終字第37号民事判決（XとY4は、Y1小学校のバスケットボール特技クラスのクラスメートであったが、Y4が練習中に不注意でXの踵を踏んだため、Xが転倒し負傷＝障害等級9級。Y1による認定損害額の40％＝54,000元余りの補償、Y4の両親Y2Y3による同30％＝4万元余りの補償）、⑨湖北省武漢市洪山区人民法院（2014）鄂洪山民三初字第00253号民事判決（Y1大学運動訓練学部の学生XY2が、Y1のサッカー場でサッカ

一試合をしていて、Xがボールをチームメイトに向けてパスしたところ、Y2が走ってきて転ぶボールをカットしようとしたが、ボールがY2の足に当たった後に跳ね返ってXの左目に当たり、Xが左目を負傷=障害等級9級。Y2による認定損害額の40%＝35,000元弱の補償）、⑩湖北省棗陽市人民法院（2013）鄂棗陽民一初字第00121号民事判決（Y2中学校の生徒XY1が、放課後にY2のバスケットボール場でバスケットボール試合を行っていた。Y1が、ボールを持って攻撃してきたとき、ボールが手から滑り落ち、その反動でXの目に当たり、Xが目を負傷=障害等級8級。Y1Y2による8,000元と15,000元の補償）、⑪安徽省宣城市宣州区人民法院（2015）宣民一初字第02282号民事判決（XY2は、Y1高校の生徒であり、Y1の体育授業中に、XY2ら生徒が自発的に組織したサッカー試合において、XがY2に蹴られ負傷=外傷性脾臓破裂・障害等級8級。Y1による認定損害額の40%＝7万元弱の賠償、Y2およびその父親Y3による同35%＝6万元余りの賠償、精神的損害11,250元認容）、⑫上海市宝山区人民法院（2011）宝少民初字第113号民事判決（中学生同士のバスケットボールの練習試合中の接触による負傷、加害者の母親による7,000元の補償）、⑬河南省南陽市中級人民法院（2011）南民二終字第540号民事判決（未成年者同士のバスケットボール競技中の負傷=障害等級9級。接触児童の監護人による認定損害額の30%＝19,000元余りの賠償、ボールの奪い合いに間接的に加わった児童2名の監護人らによる同20%＝12,000元余りの賠償）、⑭上海市徐匯区人民法院（2012）徐民一（民）初字第6304号民事判決（バスケットボール試合中の身体衝突による負傷、25,000元の支払い）、⑮上海市膈北区人民法院（2012）膈民一（民）初字第2036号民事判決（サッカー試合における接触衝突による負傷、認定損害額の20%＝13,000元余りの賠償）、⑯河南省舞陽県人民法院（2009）舞民初字第670号民事判決（バスケットボールの練習試合でXYが跳躍してボールを奪い合い中に、Yの肘がXの頭部に当たり、Xが負傷=障害等級3級。認定損害額の15%＝67,000元弱の補償）、⑰河南省信陽市中級人民法院（2014）信中法民終字第225号民事判決（バドミントンのダブルス試合中に、YのラケットがXの右目に当たり、Xが右目を負傷=障害等級8級。認定損害額の50%＝4万元余りの補償）、⑱遼寧省瀋陽市中級人民法院（2016）遼01民終4875号民事判決（バドミントンのダブルス試合中に、YのラケットがXの口に当たり、Xが歯を負傷。3,000元の補償）、⑲北京市海淀区人民法院（2013）海民初字第5212号民事判決（サッカー試合における身体接触による負傷、認定損害額の約40%＝52,600元弱

の補償)、⑳湖南省永州市冷水灘区人民法院（2016）湘1103民初430号民事判決（バスケットボール試合中の身体接触による転倒負傷、認定損害額の40％＝2万元弱の分担）、㉑北京市西城区人民法院（2014）西民初字第14405号民事判決（バドミントンのダブルス練習試合において、ラケットが目に当たり負傷＝障害等級9級。8万元の補償）。

　この事案類型は、（ⅰ）学校の体育授業中の負傷事案＝学校事故11件（①〜⑪）と、（ⅱ）学校事故以外の自発的に行われたスポーツ活動における負傷事案10件（⑫〜㉑）からなる。前者は、学校の安全保障義務とも関連する（いずれも、同義務の違反はないとされた）ものであり、そのうち、学校のみが被告となっているものが6件（①〜⑥）、学校と加害生徒・学生（その監護人を含む）が共同被告となっているものが5件（⑦〜⑪）存在する。他方、後者は、未成年者同士によるものが2件（⑫⑬）、成人同士によるものが8件（⑭〜㉑）となっている。

　ⅰの学校事故に関しては、在学生が加入する団体学生傷害保険と学校側に過錯が存する場合の責任保険（傷害保険）が広く普及している。しかし、前者に関しては、当該損害が保険項目の対象外の被害であること等を理由に、保険給付を拒否されたり、保険給付を受けることが難しいなどの問題が存在している。また、後者に関しては、近年、スポーツ事故を含む学校事故が急増し、保護者側が学校側に対し理不尽な要求を突き付ける［校闘］も多発しており、大きな社会問題になっていることもあり、学校側が自身の責任を認めると、行政処罰も受けることになるため、自身の利害得失を考えて責任保険を使いたがらないという状況も存在する。(18) 他方、学校側が無過失の場合の傷害保険の普及度はあまり高くなく、同保険によってカバーされる学校事故は未だ少数に止まっており、その普及拡充が大きな課題となっている。(19) ⅱは、ⅰ以外のスポーツ活動における負傷事案であり、その殆どが、素人の成人同士によるものである。なお、この事案類型21件のうち、一定の保険金

---

(18) 劉博智ほか「双保険為什麼不那麼保険」中国教育報2013年12月17日3面、柴蔵ほか「学校何時卸下"無限責任"枷鎖」中国教育報2015年3月10日1面など参照。

(19) 「校方責任険不够、校園足球呼喚更多保険」中国保険報2015年8月13日1面、方磊「足球入校園、須沐保険東風」中国保険報2016年7月13日7面、鄭瑆「校方責任保険取消分档投保設置」福建日報2016年11月8日2面など参照。

が支払われたのは、①⑩⑭の3件しかなく、これらはいずれも、被害者自身の任意傷害保険によるものである。

スポーツ事故においては、過錯とりわけ過失の判断基準が何より問題になる。これには、ⅰにおける学校側の安全保障義務（安全配慮義務）違反の有無と、ⅱにおけるプレーヤーの過失の有無という、2種類の過失有無の判断が含まれる。多くのスポーツにはそれ自体、身体的活動や他人・物との接触を伴うため、不可避的に事故発生の危険性を内包しており、スポーツ事故における過失を判断するには、その多様性に応じて、①競技の内容（他者との接触の有無・程度、動作の激しさ等）、②プレーヤーの属性（年齢、性別、技量、習熟度、体調等）、③事故の状況（天候、場所等）、④事故の態様（行為自体の危険性、ルール・規則違反の有無・程度、過去の類似事故発生の有無等）、⑤当事者の種類（プレーヤー、指導者、競技主催者、施設管理者等）等の要素を個別具体的に検討する必要がある。

この点、21件の裁判例についてみると、これらの裁判例はいずれも、スポーツ活動に存する潜在的危険性およびそれについての当事者の認識可能性を認めており、上記の諸要素は多かれ少なかれ考慮されているが、とりわけ①②④が重視される傾向にある。具体的にみると、ⅰのうち、学校のみが被告となっている裁判例6件（①～⑥）において、学校側が安全上の防護措置を講じ、教育管理上の職責を尽くしたとしてその過錯が否定され、生徒・学生は、学校が組織した正常な体育教学活動に参加中に負傷したとして、その過錯が否定されるのに対し、学校と加害生徒・学生が共同被告となっている裁判例5件（⑦～⑪）においては、後者につきそれぞれ、a）当該損害の発生についての予見可能性がなかったこと（⑦⑨⑪）、b）回避可能性がなかったこと（⑧）、c）故意または過失が存しないこと（⑩⑪）を理由に、その過錯が

---

(20) この点、学校事故において、学校側の安全保障義務違反を理由に、学校側に対して損害賠償請求する場合は、債務不履行責任構成と不法行為責任構成が考えられるが、日本とは異なり、中国の場合、安全保障義務は基本的に不法行為法上の義務としている処理される（人身損害解釈6条、7条、法37条～40条参照）ため、不法行為責任を追及することになる。

(21) 白石紘一「スポーツ事故における法的責任追及の視点」市民と法96号85-86頁（2015年）参照。

(22) ⑪事件において、法院は、原告が被告に故意または過失の存することを証明できていないと指摘する。しかし、原告が被告に蹴られて外傷性脾臓破裂という傷害を受けていることからする

否定された。また、ⅱにおいては、被害者が成人の場合と未成年者の場合を区別し、前者の場合は、いずれもいわゆる「危険の引き受け」があったと認定するものの、過錯が否定される理由としては、a）当該損害の発生自体を予見できなかったこと（⑯㉑）、b）損害の発生は予見できたものの、それを回避することはできなかったこと（⑭）、c）予見可能性はあるものの、悪意によるファウルまたは故意・重過失がなかったこと（⑮⑰⑱⑲⑳）など、その理由は区々である。他方、未成年者の場合はいずれも、「危険の引き受け」の存在を認めておらず、合理的な範囲内の身体接触による負傷には過錯が存しないこと（⑫）、法的意義における認知能力を具備していないこと（⑬）を理由に、その過錯が否定された。

　スポーツ事故における被害の多くは、「許された危険」により起因するものであり、スポーツ事故における過錯の判断は、慎重に行われなければならない。また、当該事故による被害の多くは、決して稀に生じるものでもなく、これらの被害については、公平責任ではなく、各種傷害保険または補償基金によってカバーすべきである。この点、当事者間の過錯の存しないスポーツ事故に公平責任を適用すべきことを明確に指摘するもの（例えば、⑩事件）もあるが、そのような処理方法は、あくまでやむを得ない次善の策としか考えられず、それは、正常なスポーツ活動を不能ならしめ、さらには不法行為法の帰責体系自体を脅かしかねないものでもある。

3　偶発事故

　これには、以下の裁判例がある。①上海市松江区人民法院（2013）松民一（民）初字第5774号民事判決（不法行為と因果関係の不存在を理由に棄却、自動車教習所の学生が休憩中に持病により死亡）、②上海市第二中級人民法院（2013）滬二中民一（民）終字第2062号民事判決（Aが、家政婦をしている妻の雇い主Yの家で、天井扇風機の分解取外し作業中に持病が原因で突然倒れ、入院先の病院で死亡。4万元の給付）、③上海市松江区人民法院（2012）松民一（民）初字第7395号民事判決（X1X2夫婦が雇ったベビーシッターY1が、自宅でXらの生後5か月未満の娘Aにミルクを飲ませベッドに寝かせた後、Aに異変が生じ、その後病院で窒息死。10万元

と、悪質なファウル行為があったと推定できると考えられるため、法院の判断には疑問が残る。

の支払い)、④山東省青島市中級人民法院 (2011) 青民再終字第189号民事判決 (X が2階の自宅前の手すりに布団を干す際に、老朽化した手すりが崩落し、X が転落し負傷。本件公有住宅の管理者 Y による 76,000 元弱の給付)、⑤上海市第一中級人民法院 (2012) 滬一中民一 (民) 終字第899号民事判決 (タクシー運転手 X が、Y 空港でタクシーから降りる際に、左足で駐車分離帯にある石の塊を踏んだところ、それが回転し、その弾みで X が排水溝に転落し負傷。認定損害額の 50％ ＝ 7 万元弱の賠償、精神的損害 2,500 元認容)、⑥湖南省株洲市中級人民法院 (2011) 株中法民一終字第192号民事判決 (バイクで走行中の A が、豪雨による崖崩れによって落ちてきた山石に当たり死亡。なお、AY1 には過失あり、ただし、Y1 が警告標識を設置しなかったことと A の死亡との間には直接の因果関係なしと認定。本件道路の現管理者 Y1 による 94,406 元の補償)、⑦河南省三門峡市中級人民法院 (2011) 三民四終字第344号民事判決 (過失責任適用。Y が、A にリヤカーを返却する際に、A 宅の前にあった木と接触し、後ろでリヤカーを押していた A が、その木の上に生息していた蜂の群に刺され死亡。認定損害額の 55％ ＝ 4 万元余りと精神的損害 5,000 元の賠償)、⑧上海市浦東新区人民法院 (2011) 浦民一 (民) 初字第37253号民事判決 (X が運転所有する乗用車のフロントガラスとボンネットが、前を走っていた Y1 運転の大型バスの後部車輪に跳ね飛ばされた石塊によって損傷。Y1 の使用者 Y2 による 1,600 元弱 ＝ 修理代金の半分の賠償)、⑨河南省舞陽県人民法院 (2011) 舞民初字第28号民事判決 (A が、被告 4 名と一緒に飲酒した後、休憩先のホテルの客室で突然死。Y1Y2Y3 各自 2 万元の補償、Y3 の息子 Y4 による 5000 元の補償)、⑩四川省高級人民法院 (2014) 川民申字第955号民事裁定 (自動車修理店を営んでいた Y が、パンクした X のタイヤを交換中にタイヤのリムが爆発し、XY がそれぞれ、障害等級 3 級と障害等級 4 級の障害を負った。Y による 35,798 元 ＝ XY の障害賠償金の差額の補償)、⑪湖南省永州市中級人民法院 (2016) 湘 11 民終 865 号民事判決 (未成年者同士の遊泳中の溺死・共同遊泳者責任、Y1 の両親 Y2Y3 による 8,000 元の経済補償)、⑫福建省福州市中級人民法院 (2015) 榕民終字第582号民事判決 (Y1Y2 夫婦の家屋建築をめぐり、A が Y らと口論になり、その後自宅で突然死。4 万元の補償)、⑬四川省眉山市中級人民法院 (2016) 川 14 民終 32 号民事判決 (X 運転の車が、本件道路区間を通るとき、Y1 が請け負う林地から巨石が滑落して同車両に当たり、X 負傷。なお、Y1Y2 間では、Y1 が請け負う林地上の Y1 所有の林木に関する売買契約が締結され、Y2 は本件事故の 1 週間前

に既に伐採作業を終えていた。Y2による5万元の給付）、⑭広東省東莞市中級人民法院（2013）東中法民一終字第1118号民事判決（棄却。Xがカラオケ店で不注意で倒れ、同僚Yが助け起こしたところ、XとYがぶつかり、Xが目を負傷＝障害等級4級。なお、Xは本訴前に、会社で加入した団体傷害保険より12,000元の給付を受けたほか、Xが以後Yの責任を追及しないことを約定した和解契約よりYから3,500元の医療費を受領していた）、⑮遼寧省新民市人民法院（2015）新民民三初字第06363号民事判決（Y1Y2と一緒に飲酒したAが、釣り中にダムに転落し溺死。Y1Y2による14,000元ずつの補償）、⑯広西チワン族自治区岑溪市人民法院（2014）岑民初字第11号民事判決（同僚Y2の宿舎でドラマを見ていたXの左目が、突然自爆したワイン瓶の飛び散ったガラスの破片に刺され、X負傷＝障害等級8級。認定損害額に対し、X：Y1（使用者）：Y2＝3：5：2の割合による分担。すなわち、Y1Y2それぞれが84,060元と33,624元を分担）、⑰湖南省桑植県人民法院（2014）桑法民一重初字第381号民事判決（売買契約の履行に伴う機械の解体作業中における売主の死亡、買主による認定損害額の半分＝21万元余りの補償）、⑱湖北省武漢市洪山区人民法院（2015）鄂洪山未民初字第00009号民事判決（未成年者XY1が、順番に自転車に乗る遊びをしていたが、Xが右手だけでハンドルを握っていたところ、Y1が自転車を押し続けたため、自転車がバランスを失って転倒しX負傷。なお、当時、事故現場付近にはXの父親が居合わせていた。Y1の両親Y2Y3による認定損害額の半分＝34,000元余りの賠償）および前出「スポーツ事故」における⑤⑥⑦⑧⑯事件。

　この類型は、〔意外事件・事故〕・〔意外受傷・死亡〕・〔意外情況〕などと称されるものであり、不慮の事故・予想外の事故という意味では、その他の事案類型にも通ずる部分があり、「スポーツ事故」、「共同飲酒者責任」などの事案の中にも偶発事故と認定されたものがある。当事者についていうと、全く予想も付かない損害が生じた場合を偶発事故と認定することは決して不当とはいえない。しかし、偶発事故と認定されたからといって、それらすべてに公平責任を適用できるというわけではない。そもそも、偶発事故の認定自体が厳格でなく、一定の恣意性が見られる。例えば、③④⑥⑪⑮⑰⑱および「スポーツ事故」における⑤⑥⑦⑧⑯事件を偶発事故と認定できるかは疑問である。

　上記23件のうち、公平責任を適用した20件について具体的にみると、②

⑰は、民通意見157条または人身損害解釈14条で処理可能であり、③において、生後5か月未満の娘を他人の家に預けたXらに過錯がなかったと認定したことは不当であり、④は、事実関係が明確でない事案であり、修繕義務を負う管理主体を特定できれば、その者に過錯責任を追及できた事案である。⑤は、営造物の瑕疵によるものであり、人身損害解釈16条1項1号・民通126条（過失推定責任）で処理可能であり、⑥は、自然原因と道路管理者の不作為の競合事案であって、過錯責任を適用できた事案である。⑨は、共同飲酒者責任関連事案であり、その判旨をみると、一方において、Aの過度飲酒・Yらの注意義務違反（相応の勧告と導きを行わず、Aの飲酒を制止しておらず、Y1はさらに安全上の注意義務を尽くさなかったことにより速やかに救急治療を行う時期を逸したと認定）は、Aの突然死の一原因をなすとしながら、他方では、検死が行われなかったため、その因果関係は不明としており、論理矛盾に陥っている。⑪は、被害児童が自ら水深の深いところで遊泳中に溺死した事案であり、その死亡と被告児童との間には因果関係が存在しない。⑮において、法院の認定によると、本件ダムでは、釣り、遊泳などが禁止されていること、Aは、経験豊かな釣り愛好家であり、釣りを行う水環境の危険度について正しい判断を行い得たことからすると、少なくとも、Aには過失があったといえよう。⑱は、被害児童の父親が事故現場付近に居合わせていたことに鑑みると、偶発事故と認定したことは疑問であるが、判決結果は公平責任から著しく逸脱するものではないと考える。なお、「スポーツ事故」の⑤⑥⑦⑧⑯事件に関しては、関連箇所を参照されたい。

　このように見てくると、公平責任本来の適用として妥当な事案は、⑧⑩⑫⑬⑯であり、そのうち、⑧は、偶発事故の典型例だといえよう。結局のところ、偶発事故と認定できるか否かは、予見義務の範囲設定と関わっており、上記の裁判例のように、予見義務の範囲を狭く捉えれば、偶発事故と認定され得る事案が自ずと増え、公平責任の適否へとつながることになるのに対し、一般的不法行為と同様の予見義務を措定するのであれば、偶発事故と認定できる事案も少なくなるのである。

4 共同飲酒者責任

これには、以下の裁判例がある。①河南省扶溝県人民法院（2010）扶民初字第1032号民事判決（小学校教師Aが、Y1の弟の結婚披露宴で同僚Y1〜Y6と共同飲酒後に病院で心筋梗塞により死亡。なお、お酒の勧めはなく、Aはあまり飲まなかった。Y1による3,000元の経済補償、Y2〜Y6による1,000元ずつの経済補償）、②山東省東阿県人民法院（2015）東民初字第711号民事判決（Xが、Y1予約のレストランでY2〜Y5と飲酒した後、階段を降りる際に転倒。Y2らが、XをつれてY1宅で休ませた後、自宅まで送り届けたが、その翌日、Xが病院で長時間昏睡を伴う頭蓋内損傷と診断され、その後転院治療を受け、障害等級2級の障害と認定された。Y2〜Y5による5,000元ずつの分担）、③遼寧省朝陽県人民法院（2015）朝県民羊初字第2486号民事判決（Aが、Y1〜Y6と飲酒した後、乗用車を運転し、B所有の停車中のトレーラーと衝突し即死。Yらによる5,000元ずつの補償）、④河南省洛陽市瀍江回族区人民法院（2014）瀍民初字第644号民事判決（Aが、Y2宅でY1Y2と一緒にお酒を飲んだ後に出勤し、勤務先で倒れ病院で死亡。Y1Y2による5,000元ずつの補償）、⑤広東省恵州市恵城区人民法院（2015）恵城法仲初字第417号民事判決（Aが、友人Y1〜Y4と一緒にお酒を飲んだ翌日にアルコール中毒により死亡。Y1〜Y4による補償金2万元ずつの支払い）、⑥甘粛省天水市中級人民法院（2016）甘05民終107号民事判決（AY1Y2は友人同士であり、Aが、Y1と2回にわたり飲酒した後、独りでY2経営のレストランに入店し、約15分後にY2によってタクシーに乗せられてAの住む団地の前まで送り届けられたが、その後、自宅で死亡。Y1による認定損害額の10％＝4万元余りの補償）、⑦陝西省商南県人民法院（2015）商南民初字第00133号民事判決（Aが、Y1Y2Y3と一緒に飲酒した後、Y1のバイクを無免許運転して帰宅する途中に自損事故を起こし死亡。Y1による認定損害額の15％＝3万元余りの賠償、Y2Y3による公平責任に基づく1万元ずつの補償）、⑧遼寧省開原市人民法院（2014）開民一初字第00246号民事判決（Y2Y3Y4Y5Bと2回にわたり飲酒していたAが、Y2を探しに来たその夫Y1によって頬を2回殴られ、心臓の具合が悪いことを訴え、お店の店員が救心丸を飲ませた後、救急車で病院に搬送されたが、病院で死亡。Y1による認定損害額の20％＝10万元余りの賠償、Y2〜Y5による同2％＝1万元余りの賠償、精神的損害11,200元認容、Bによる和解契約に基づく7,000元の賠償）、⑨山西省定襄県人民法院（2015）定民初字第139号民事判決（Y1Y2と飲酒したAが、バイク運転中に自

損事故を起こし死亡。Y1Y2による2,500元ずつの補償)、⑩雲南省臨滄市臨翔区人民法院(2015)臨民初字第145号民事判決(Y1〜Y5と飲酒したAが、Yらの制止を振り切ってバイクを運転中に自損事故を起こし、その後病院で死亡。Y1Y3Y4Y6による3,750元ずつの補償、本件宴会の組織者Y5による8,000元の補償、途中で合流し殆ど飲まなかったY2は責任なし)、⑪河南省柘城県人民法院(2015)柘民初字第1565号民事判決(Aが、車両購入の際に斡旋してくれたYを招待するための宴会を開き、食事後に徒歩で自宅に戻った後、突然発病して病院に緊急搬送され、心臓・呼吸の突然停止により死亡。15,000元の補償)、⑫山東省沂南県人民法院(2012)沂南民初字第960号民事判決(Xが、AYと飲酒後に無免許運転して交通事故を起こし負傷。Yによる1万元の補償、Aは自発的に16,000元を給付)、⑬安徽省桐城市人民法院(2015)桐民一初字第00936号民事判決(Y1Y2Y3を招待して飲酒したAが、飲酒運転して自損事故を起こし死亡。共同飲酒者Y1Y2による12,000元ずつの補償、飲酒せずに先に離席したY3による6,000元の補償)、および前出「偶発事故」における⑨⑮事件。

　この類型には、死亡事案が多く、損害結果の発生原因としては、持病によるもの、飲酒後の車両運転に伴う自損事故によるものなどが挙げられる。また、15件のうち、被害者または共同飲酒者側に過錯があると明確に認定するも、公平責任を適用したものは6件(③⑥⑦⑩⑫⑬)ある。従来、裁判実務において共同飲酒者責任をめぐっては、過錯の不存在を理由に原告の請求を棄却するもの、被害者と共同飲酒者各自の過錯の程度に基づく分割責任を負わせるもの、共同飲酒者に連帯責任を負わせるもの、公平責任を適用するものとに分かれていた。近年、飲酒による死亡事案は後を絶たず、新聞ニュースなどでも数多く報道されており、その中には、報酬を得て宴会の主催者等に代わって飲酒することを副業ないし生業とするものもある。これは、中国社会の飲酒文化とも深く関わっているといえようが、関係者による自発的な補償ならともかく、あくまで自己責任と過失責任で処理されるべきであり、これらの事案に公平責任を持ち込むことは妥当でないと考える。

　従って、共同飲酒者責任については、不法行為の原点である過失責任で処理すべきであり、過失がなければ免責されることになる。その際には、共同飲酒者の注意義務の射程がどこまで及び得るかという問題が存する。飲酒に伴う死亡事案が多発している中、飲酒者は、飲酒によって生じ得る損害結果

について認識すべきであったといえよう。また、飲酒者同士では、共同飲酒という先行行為により、互いに飲み仲間が飲みすぎないように配慮すること、無理やり酒を勧めないこと、飲酒後の車両運転などの危険な行為を制止すること、異変が生じた場合は、速やかに救護措置を講じ、病院で治療を受けさせることなどの注意義務を負っていると考えられる。これらの作為・不作為義務を尽くしたならば、免責されるべきであり、当該義務を尽くさなかったならば、その態様に応じて、各自の過失に基づく分割責任または連帯責任（共同不法行為）を負わせるべきであろう。そのため、何より過錯の認定を厳格にすべきであり、過錯が存在するのであれば、過錯責任を適用してその過錯の中身（注意義務違反の具体的内容）を明確に指摘すべきである。そうすることにより、飲酒者の予見可能性を高め、法的責任の所在を明確にすることができ、泥沼と化した公平責任の適用問題から抜け出すことができる。飲酒者同士に過錯がない場合に公平責任を持ち込んでしまうと、責任の所在が曖昧になり、陋習ともいうべき飲酒「文化」を断ち切るどころか、それを助長しかねないのである。

5　遊戯または遊泳中の被害

これには、以下の裁判例がある。①上海市浦東新区人民法院（2013）浦民一（民）初字第22398号民事判決（某専門学校の同級生XYが戯れ中に、YがXを背負うことになったが、Xの体重を支えきれずにXYともに転倒し、Xの前歯が2本折れ、義歯の製作費等の費用を支出。損害の50％＝18,000元弱の賠償）、②河南省平頂山市中級人民法院（2014）平民三終字第187号民事判決（Aが、沙河で洗い物を

---

(23) この点、④は判旨において、「本件において、Aは、飲酒後に死亡しており、且つ、死因は、嘔吐物による窒息に伴う呼吸循環器不全であるため、その死亡結果と飲酒との間には因果的関連が存在する。Aは成人として、飲酒が身体に与える損害を認識すべきであったにもかかわらず、依然として酒の量を制御できなかったため、死亡結果の発生について全部の責任を負わなければならない」と指摘し、⑤は、「Aは成人として、自身の酒量について十分に認識すべきであり、自身の飲酒行為による結果を予見しかつそれを制御できたのである。〔中略〕Y1Y2Y3Y4には、お酒を勧める行為がなかったとはいえ、Yらは、Aが過度に飲酒した後、賃借している部屋にAを独りのままにさせておき、援助［幇助］・介護［照顧］の義務を尽くしておらず、よって、Aの死亡という結果をもたらし、XらとYら間の利益のバランスが崩れることになった」と述べる。これらの記述からは、被害者または共同飲酒者に過失があったと考えられるが、それにもかかわらず、公平責任を適用したことは不当である。

していたところ、足を滑らせて川に転落し溺死。本件河川の管理者 Y3 による 2 万元の補償）、③内蒙古自治区通遼市中級人民法院（2014）通民終字第 309 号民事判決（共同遊泳者に対する請求棄却。A が、友人 Y2Y3Y4 と一緒に Y1 経営の池で入浴遊泳中に溺れ、Y2Y3Y4 が速やかに救助措置を行ったが、A を助け出すことができず A 溺死。Y1 による損害の 25％ = 62,267 元の賠償）、④湖南省常徳市鼎城区人民法院（2013）常鼎民初字第 1563 号民事判決（未成年者 AY1Y2 が、一緒にダムで遊泳中に A が水深の深いところに落ちて溺死。Y1Y2 の監護人による 2 万元ずつの分担）、⑤陝西省靖辺県人民法院（2015）靖民初字第 02733 号民事判決（小学生 XY1 が戯れている中で、X が転倒し鎖骨を骨折 = 障害等級 10 級。なお、X 転倒負傷の原因は不明。Y1 およびその両親 Y2Y3 による認定損害額の 30％ = 16,926 元の賠償、5,000 元の精神的損害賠償請求を全額認容）、⑥江西省贛県人民法院（2015）贛民一初字第 57 号民事判決（A が、Y1Y2Y3 と一緒に川で遊泳中に溺死。Y1Y2Y3 による認定損害額の 10％ = 54115.1 元ずつの支払い）、⑦福建省光澤県人民法院（2015）光民初字第 927 号民事判決（棄却。未成年者 AY1Y2 が、竹の筏で川を下っていたところ、筏が川岸の石と接触して転覆。その間、A は、ある石の上に登り、Y1Y2 は、筏に掴まったまま川の下流で救出されたが、A は、2 日後にさらに下流のあるところで、遺体として発見された）、⑧寧夏回族自治区呉忠市利通区人民法院（2014）呉利民初字第 19 号民事判決（未成年者 ABY1Y2Y3 が黄河の近辺で水遊び中に、双子 AB が溺死。Y1Y2Y3 それぞれ、32,000 元、28,000 元、15,000 元の補償）および前出「偶発事故」における⑪事件。

　この類型は、成人同士に関する裁判例 3 件（①②③）と、未成年者同士に関する裁判例 6 件（④〜⑨）からなっている。そのうち、①は、XY ともに、体重を支えきれないことによる転倒負傷を予見できた事案であり、過失相殺による処理が可能である。②において、本件河川の近くで 62 年も生活してきた A が、当該河川の川岸で洗い物をしていたとき、安全な場所を選択しなかったことにより、足を滑らせて川に転落したのであり、A には明らかに過錯が存すると認定する一方、Y3 は、本件河川について管理上の職責を負っているものの、A の死亡については過錯がないとされた。③において、A は、自身の溺死という損害結果について予見可能性と結果回避可能性があったとして過錯があるとされ、共同遊泳者 Y2Y3Y4 は、必要な救助義務を履行したとして過錯がないとされた一方、警告標識の不設置という Y1 の

過錯行為とAの死亡との間には一定の法的因果関係があるとして、Y1のみに過失責任を適用した。④は、Y1Y2は、その年齢および知力と合致する選択を行っていない（助けを呼ぶかまたは電話で通報するなどして、最も有利な救助時間を勝ち取ることができておらず、よって、Aの命を取り戻す最後の機会を逃してしまった）と指摘するも、Yらには過錯なしと認定した。⑤は、因果関係と過錯の存否が不明な事案において、過錯なしと認定し公平責任を適用したものである。⑥は、死亡前に2年間働いていた15歳未満のAが、成人であるYらと泳いでいるときに溺死した事案であり、YらがAと一緒に泳いだことと、Aの溺死との間には因果関係がなく、Yらは救助義務を尽くしており、Aの死亡について、AおよびYらはいずれも過錯がないとされた。⑦は、権利侵害責任法に定める類型以外には公平責任を適用できないとして、原告の請求を棄却した。⑧の具体的事案としては、率先して下流の深いところで泳ぎ始め、冗談めかして自分が水に溺れると称して他の者に救助を求めたY2を救助しようとしたBが、水に溺れ、さらにBを救助しようとしたAが水に溺れてABが溺死し、その間、Y1は何ら救助措置を行わず、Y2Y3は積極的に相応の救助措置を行ったというものである。なお、Xらの賠償請求に対し、Yらの監護人らは、その答弁において異議なしと述べており、原告と被告間では既に一定の合意に達していることが分かる。

　この類型は、共同飲酒者責任とも一定の類似性を有しており、原則として、自己責任と過失責任が適用されるべきである。また、未成年者の場合は、具体的事案と行為の態様（救助措置を含めてその年齢に相応しい行動を採っていたか否かなど）を考慮し、その程度に応じて監護人責任の有無および賠償額を決めることが妥当だと考える。

6　安全保障義務関連

　これには、以下の裁判例がある。①重慶市石柱土家族自治県人民法院(2012)石法民初字第00105号民事判決（Y小学校の生徒Aが、給食時に配布した4袋の牛乳を飲み、翌日の転院中に死亡。なお、検死によって死因は、胃穿孔、急性腹膜炎とされた。2万元の補償）、②広東省広州市中級人民法院(2011)穂中法民一終字第773号民事判決（精神分裂病に罹患していたAが、入院先のY病院で首吊り自殺。

認定損害額の10％＝42,000元弱の賠償）、③上海市浦東新区人民法院（2010）浦民一（民）初字第13776号民事判決（Xが、Y会社経営の店舗前で商品を購入する際に、転倒し負傷。なお、Xの転倒原因は不明。4万元の補償）、④江蘇省南京市中級人民法院（2015）寧民終字第2216号民事判決（AとY1が、Y2経営の養魚池で釣りをしていたところ、Y1の竿が切れ、Aがその竿を拾うために養魚池に入ったところ、溺死。1審の判決結果認容、ただし過失責任適用。Y1Y2による認定損害額の5％＝34,914元ずつの補償）、⑤天津市南開区人民法院（2015）南民初字第5611号民事判決（Xが、Y1経営のスキー場内に設置してあったベルトコンベアの搭乗口付近で転倒し負傷。Y1による認定損害額の50％＝2810.6元の分担、輸送サービスしか行わなかったY2は責任なし）、⑥広東省珠海市香洲区人民法院（2013）珠香法湾民一初字第1000号民事判決（Xが、Y個人が経営する携帯販売店主催の販促キャンペーン活動に参加し、Yの店員Aと腕相撲を行う中で左上腕骨を骨折。認定損害額の20％＝35,000元弱の補償）、⑦北京市延慶県人民法院（2015）延民初字第07054号民事判決（Xが、Y火鍋料理店の個室で食事を終え、立ち上がろうとしたときに転倒し負傷。立替費用1,600元弱を除く2,000元の補償）、⑧広西チワン族自治区宜州市人民法院（2012）宜民初字第785号民事判決（個人工商業者Yの元従業員Aが、Yが呼び掛け組織した野外バーベキュー活動に参加し、自ら川で泳いでいたところ、溺死。1万元の補償）。

　この類型はそれぞれ、小学校、精神病院、食品販売会社、池の所有者、旅行会社、携帯販売店、レストラン、野外活動の組織者の安全保障義務関連の事案であり、そのうち、安全保障義務違反が認められたのは④の1件しかなく、それ以外はすべて、公平責任を適用して被告に対し一定の補償を命じている。そのうち、①②⑧は、因果関係の不存在を明確に指摘し、③⑦は、被害原因を確定できないとしたのに対し、⑤⑥は、因果関係の存否に言及していない。また、過錯の存否をめぐり、⑤は、XY1ともに、相手方に過錯の存することを証明できていないとしつつ、XY1には過錯がないという処理を行っており、⑧は、Aには重大な過錯があると認定するも、野外活動の組織者Y2に補償責任を負わせている。

7　交通事故

　これには、以下の裁判例がある。①新疆ウイグル自治区新疆生産建設兵団

農一師中級人民法院（2013）農一民終字第76号民事判決（車両衝突による車両運転者の死亡事案、保険契約成否の判断基準としての法24条）、②湖北省武漢市武漢東湖新技術開発区人民法院（2012）鄂武東開民一初字第00022号民事判決（車両衝突による車両運転手の負傷事案）、③広西チワン族自治区貴港市港北区人民法院（2011）港北民初字第1195号民事判決（Xが、Y所有運転する乗用車に好意同乗中、Yが交通事故を起こし、Xが障害等級1級の重傷を負った事案、認定損害額の70％＝62万元弱の賠償）、④河南省鄭州市二七区人民法院（2011）二七民一初字第308号民事判決（Xが乗っていた自転車とY運転の電動車が衝突しX負傷、認定損害額の50％＝15,000元余りの支払い）、⑤貴州省遵義市中級人民法院（2014）遵市法民一終字第1104号民事判決（自損事故、その場に居合わせていただけの者に対する請求棄却）、⑥江蘇省南京市鼓楼区人民法院（2014）鼓民初字第666号民事判決（Xが運転しその後部座席にAを乗せた電動自転車と、Yが運転するガス動力車が接触し、AXYが転倒し、X負傷。Yによる5,000元の給付）、⑦北京市海淀区人民法院（2015）海民初字第5301号民事判決（公安機関による車両の差し押さえの原因を作った者に対する休業損害の賠償請求、1,000元の賠償）および前出「偶発事故」における⑧事件。

　車両同士による交通事故の場合は、過失責任が適用され（道路交通安全法76条、法48条参照）、通常、公平責任を適用する余地はない。この点、上記の裁判例について見ると、①は、保険契約の成否をめぐる契約の解釈問題であって、公平責任とは無関係であり、②も、通常の交通事故であり、公平責任とは無縁である。③は、好意同乗者の負傷事案であり、公平責任は、損害賠償額の減額調整事由として用いられており、公平責任本来の適用ではない[24]。④は、XYの過錯存否が不明な事案に公平責任を適用したものであり、⑤は、Yは行為者でなく、Xには過錯があるとして請求棄却したものである。⑥⑦はそれぞれ、Xに明確な過錯が存し、Yの過錯が証明されない事案と、Yに起因する車両の差押えにつき、公安機関とYには過錯なしとし、公平責任を適用したものである。

---

(24)　なお、Yの上訴に対し、広西チワン族自治区貴港市中級人民法院（2012）貴民三終字第38号民事裁定は、③判決を取り消し、貴港市港北区人民法院へ差し戻したが、その後の結果は不明である。

8 利他行為関連

これには、以下の裁判例がある。①広西チワン族自治区梧州市長洲区人民法院（2012）長民重字第3号民事判決（Xが、Yの唆しに従って訴外Aに硫酸を掛けて傷害を与えた後、逃走する際に転倒し負傷。5,000元の補償）、②河南省太康県人民法院（2011）太民初字第023号民事判決（Y2が、隣人の幼児Xを預かって自宅で自分の子供Y1と一緒に遊ばせていたところ、Xが左目を負傷し左眦白膜貫通傷と診断され、その後失明。なお、XY1は事故当時いずれも3歳であり、X負傷の原因は不明とされた。損害額の50%＝36,000元余りの補償）、③上海市奉賢区人民法院（2013）奉民一（民）初字第88号民事判決（Y所有家屋の火災を消し止める際に、X所有家屋が水浸しとなり、Xが財産的損害を被った事案。5,000元の賠償）、④重慶市第四中級人民法院（2011）渝四中法民終字第00181号民事判決（Y1Y2夫婦とAY3Y4Y5との間で、Y1Y2宅の内外壁塗装に関する請負契約が締結され、Aら間ではその代金を均分するという個人組合関係が成立していたという本件において、AらがY1Y2宅の外壁塗装を行っていたところ、上記4名が踏み板の同じ方向に立っていたため、踏み板が跳ね上がり、Aらが踏み板から転落。A即死、Y3Y5負傷。Y1Y2：認定損害額の40%＝58463.8元の賠償責任、Y3Y4Y5：同15%＝21923.93元ずつの賠償、過失責任）、⑤安徽省亳州市中級人民法院（2015）亳民一終字第00828号民事判決（XYは婚約者同士であったが、Xが結婚式の前日に車を運転してYの姉のところに結婚祝い物を受け取りに行く途中、突然脳溢血を発症し50万元余りの医療費を支出。5万元の補償）、⑥河南省郟県人民法院（2015）郟民初字第01746号民事判決（Xらの親族Aが、車にBを乗せて共同の友人であるYに、結婚のお祝い物を送り届けた後、Yが、ABに現地のホテルを用意し、翌日朝に自身の結婚式を手伝うよう頼んでいた。ところが、当日の深夜にAがBを乗せて車を運転中に自損事故を起こし、AB即死。なお、Aが何故当日の夜に車を運転したかは不明。5,000元の補償）。

この類型は、（ⅰ）他人の利益または共同の利益に関わる活動などにより、被害を受ける場合（①②③④⑤）、（ⅱ）他人の利益または共同の利益に関わる活動を契機として、それとは無関係の損害が生じる場合（⑥）に分けることができる。ⅰのような場合に、公平責任を適用することは可能だと思われる[25]

---

(25) そのうち、②は、典型的な隣人訴訟であり、Xが左眦白膜貫通傷と診断されたこと等の状況証拠からは、Y1によってXが負傷したと推認できた事案と考えられるが、法院は、それにつ

が、ⅱのような事案に公平責任を適用することは疑問である。

9　医療過誤関連

これには、以下の裁判例がある。①河南省開封市鼓楼区人民法院（2010）鼓民初字第660号民事判決（Ⅹは、1993年に2度にわたりＹ病院で輸血を受けていたが、2009年になって他の病院の検診で慢性Ｃ型肝炎に罹患していることが判明。そこで、Ⅹは、Ｙの輸血上の瑕疵によって自身が慢性Ｃ型肝炎に罹患したとして、Ｙに対する損害賠償訴訟を提起し、その後の法院調停によりＹから32,000元が支払われた。本件訴訟は、ⅩがＹに対して慢性Ｃ型肝炎の継続治療費と交通費の合計83,000元余りの賠償を求めるものである。4万元余りの支払い）、②広西チワン族自治区都安瑶族自治県人民法院（2011）都民初字第342号民事判決（当時6歳であったⅩらの娘Ａが、Ｙ病院で急性上呼吸道感染および頭蓋内感染の疑いがある頭痛嘔吐と診断され、同病院で入院治療を受けることになったが、入院した翌日に危篤状態となり、上級病院へ転院中に死亡。認定損害額の40％＝37,500元の賠償）、③陝西省延安市宝塔区人民法院（2015）宝民初字第00994号民事判決（Ⅹは、Ａ会社の臨時雇用者であり、同会社の車両を運転中に自損事故を起こし、肋骨骨折によりＹ病院で入院治療を受けた。その後、Ｙ病院で固定物摘出手術を受けたところ、半身不随となり、障害等級2級の認定を受けた。なお、Ⅹは、別訴のＡとの労務提供者被害責任紛争において、Ａから1694174.19元の賠償を受けた。また、Ｙ病院との間では、Ⅹが1年間自宅療養することに関する調停契約が締結され、Ｙが、毎月生活費4,000元と看護費6,000元を貸し出すことなどが合意され、本件係争中まで、実際に270,000元が支給された。その後、Ⅹが、Ｙ病院に対し、精神的損害68,574元を含む合計1678613.8元の賠償を求めて提訴。司法鑑定機関による認定損害額の40％＝40万元余りの給付）。

上記事案3件のうち、①②は、過錯と因果関係の存否が不明な事案に公平

いては触れずにＹ1Ｙ2ともに過錯がないとして公平責任を適用したが、その額は、通常の監護人責任を負わせた場合と変わらない額となっている。また、④のような組合員被害に関しては、無過失のその他の組合員が適切な経済補償を与えるべきことを述べた最高人民法院の関連司法解釈（「個人組合員が経営活動の従事中に不注意によって死亡した場合において、その他の組合員は民事責任を負うべきか否かという問題についての最高人民法院の回答」（〔1987〕民他字第57号、1987年10月10日））が存在しており、現在も有効である。当該回答は実質的に、公平責任の1つの具体的適用場面を明確にしたものである。もっとも、④では、注文者と請負人（個人組合員）に過錯があるため、過失責任が適用された。

責任を適用しており、③は、Yには医療過誤がなく、Yの手術行為とXの半身不随との間には因果関係が存在するとされ、因果関係の寄与度が不明確であることを補完する手段として、公平責任が用いられている。

10 その他

これには、以下の裁判例がある。①河北省廊坊市中級人民法院（2016）冀10民終705号民事判決（環境汚染責任紛争・Y1Y2工場の排水と豪雨による梨園経営者の経済損害、Y1Y2による5万元ずつの給付）、②北京市豊台区人民法院（2014）豊民初字第16018号民事判決（飼育動物損害責任紛争、ブルドッグの飛び出しに驚き転倒負傷、犬の所有者Y1と管理者Y2による5万元の補償）、③上海市崇明県人民法院（2012）崇民一（民）初字第4780号民事判決（Yが耕作地に農薬を散布した当日の夜に、小川を挟んで10m離れていたXの養殖場のエビが不良反応をし始めて数日後に全滅。16万元の賠償）、④広西チワン族自治区防城港市中級人民法院（2012）防市中民一終字第80号民事判決（Aは、タイヤの販売を行っている個人工商業者であり、Yは、タイヤの修復等の業務を取り扱う個人工商業者である。Aが、Yが修復したタイヤを顧客の車輪にはめようとしたとき、タイヤが爆発しA死亡。8万元の支払い）、⑤湖南省益陽市中級人民法院（2012）益法民一終字第44号民事判決（水道と暖房機材の販売設置等を行う個人工商業者Xが、Yのために給水パイプを設置中にY提供の梯子から転落し負傷＝障害等級2級の重傷。認定損害額15％すなわち154888.5元の賠償、精神的損害5,000元認容、過失責任）、⑥吉林省松原市中級人民法院2011年11月30日民事判決（Yの工場内にある簡易住宅に住んでいた季節労働者Xが、原因不明の火災により焼死。認定損害額10％＝18,000元弱の補償）、⑦河南省安陽市中級人民法院（2011）安民一終字第481号民事判決（Y工場の西側塀と隣接していたXの地下養鶏場が、豪雨によって崩落。Y工場は、南塀側に排水溝を掘って排水しており、同排水は同工場の西側に流れていった。3万元の補償）、⑧浙江省寧波海事法院（2011）甬海法温事初字第3号民事判決（Aが、Yと共同で漁船を購入し、カニの共同捕獲作業に従事中に不慮の事故により海に転落し死亡。7万元の補償）、⑨河南省獲嘉県人民法院（2011）獲民初字第157号民事判決（Xの息子Aの原因によって、AYがけんかとなり、AY間で身体の接触があった後、Aが突然倒れ病院で死亡。なお、公安局の捜査によると、Aには明確な外傷がなく、他殺の痕跡はないとされたほか、Xは

Aの検死に同意しなかった。死亡賠償金と被扶養者の生活費の合計額の10％＝約12,000元の補償）、⑩天津海事法院（2013）津海法事初字第16号民事判決（Y1が、Y2から賃借中の漁船を運転してABと一緒に漁に出たが、Aが海に潜って漁をしていた途中に溺死、Y1AB間の関係不明。なお、Xらは本訴前に、Y1Bから1万元ずつの給付を受けた。Y1による5万元の給付）、⑪北京市房山区人民法院（2015）房少民初字第14032号民事判決（当時13歳と19歳のXYが、Yの下宿先で性関係に及んだ後、Xが妊娠し、双方の両親の間で話し合いが行われるも不調に終わる。その後、Xが妊娠中絶を行い、強姦を理由にYを刑事告訴したが、証拠不十分として不受理処分が下された。そこで、Xが、Yに対して精神的損害賠償8万元を含む合計93584.2元の賠償を求めて提訴。医療費3208.9元、栄養費600元、看護費800元の合計4608.9元の給付）、⑫安徽省亳州市譙城区人民法院（2013）譙民一初字第01963号民事判決（XABは未成年者であり、Xの弟AとYの甥Bが遊んでいるときに、Bが腕を負傷したため、Yが、X宅を訪ねて事情を説明した。当時、XAの両親は不在であり、Yが帰った後にXがヒステリーを起こし、精神異常を来して入院治療を受けることになった。認定損害額2275.62元の50％すなわち1137.81元の補償）、⑬河南省開封市人民法院（2013）汴民終字第979号民事判決（原因不明の火災により建物にあった財産が滅失した事案における、同建物の貸主Xの賃借人Yに対する損害賠償請求。なお、Yは入居後に電気工事を行い、一部の照明器具の取り換えと修理を行っていた。財産的損害の50％＝7.5万元の賠償）。

これらの事案は、多岐にわたっている。そのうち、①は、本件豪雨は不可抗力であると認定しつつ、Xの10万元の連帯賠償請求に対し、Y1Y2に5万元ずつの分割責任を負わせており、不可解な結果となっている。②は、飼育動物損害に関する法78条・79条で処理可能であり、公平責任を持ち出すまでもない。⑤は、XY間では給水パイプの設置に関する請負契約が成立したと認定し、XYにはそれぞれ過失がある（過失割合は17：3）として、公平責任を適用した1審判決を取り消した。

また、公平責任を適用したその他の裁判例における判断基準ないし考慮要素は、次の通りである。すなわち、Yの農薬散布行為とXの損害との間には因果関係が存在すること、XYともに過錯がないこと、損害の程度（③）、本件タイヤの爆発原因を特定できないこと、Yのタイヤ修復行為が、Aの死亡結果について過錯を有する行為であることを証明できる証拠がないもの

の、両者間に因果関係が存し得る可能性を排除できないこと、本件タイヤの品質問題の所在を特定できないこと（④）、Ｘらが、Ｙに過錯があることを証明できていないこと、Ｙが、15,000 元の補償を与えることに同意していること、Ｙ工場の休業期間中、ＡＹ間には雇用関係が存しないこと（⑥）、Ｘの地下養鶏場の崩落と、Ｙ工場内の排水との間には一定の因果関係が存すること、Ｙ工場の排水施設の設置が先であり、Ｘの地下養鶏場の建築が後であること、ＸＹともに過錯がないこと、Ｙが、2 万元の援助に同意していること、近隣同士における紛争の適切な解決（⑦）、Ａの死亡によってＸらに生じた経済的損害、ＡＹともに事故の発生について過錯がないこと、本件漁船が漁業相互保険に加入していることおよび漁船による収益状況等の要素（⑧、個人組合関係事案）、Ｙの過錯が証明できていないこと、ＹＡ間の身体接触は、Ａ死亡の誘因であり、ＹとＡの死亡との間には一定の因果関係が存すること、ＹＡ間のけんかは、Ａによって惹起されたものであること（⑨）、Ｙが、Ａの死亡について過錯が存することが証明できていないこと、共同作業者間では、相互に補助し保護すべきであること、双方当事者の経済状況、Ｘらが、既にＹ１Ｂから 2 万元を受け取っていること（⑩）、Ｙの行為は不当であるとはいえ、未だ法的評価における過錯の程度までには達していないこと、未成年者であるＸが、心身に比較的大きい傷害を受けていること、Ｙの行為によってＸの傷害結果が生じたこと（⑪）、Ｘの損害について、ＸＹに過錯が存することを証明できる証拠がないこと、Ｙの行為とＸの損害結果との間には、ある種の事実的関連があること（⑫）、Ｙの施工行為と本件火災との間には「一定の可能性」が存すること、Ｘの損害は比較的大きいこと、ＸＹは、本件火災の発生についていずれも明確な過錯が存しないこと、Ｘに全部の責任を負わせることは、明らかに公平を失すること（⑬）である。

Ⅳ 結びに

これまで見てきたように、公平責任関連の事案類型は多岐にわたっており、公平責任に関する一般規定である民法通則 132 条と権利侵害責任法 24

条は、公平責任に関する現行法上の関連規定以外の事案にも適用されていることが分かる。このことは、公平責任を単なる損害分担ルールとして捉え、公平責任の具体的適用場面を実定法上の関連規定に限局しようとする主張とは相反する結果となっている。

　これらの事案に公平責任を適用できるかどうかを考えるにあたっては、まずもって、当該事案に過失責任または無過失責任を適用できるか否かを見極める必要があり、両者を適用できない場合に初めて、公平責任の適用要件——①実際に損害が生じていること、②被害者と行為者ともに、損害の発生について過錯が存しないこと、③実際の状況に基づいて損害分担を定めること、④被害者側に全部の損害を負わせることが、明らかに公平を失すること、⑤因果関係の存在——を満たしているか否かを判断すべきである。このことは、その他の個別事案にも妥当すると考える。

　しかし、大多数の裁判例においては、被害者救済という価値判断が先行したが故に、性急に過錯がないと認定されるかまたは過錯の存しないことがアプリオリに当然に前提されている。このように、過錯有無の認定が厳格でなく、「公平責任への逃避」がみられる。もちろん、法院がこのような処理を行うことには理由がある。それには、過錯なしと宣言する代わりに、被告に対して一定の譲歩を迫り、被告から公平責任に基づく補償を引き出そうとする法院の思惑が存在するように思われる。結局のところ、公平責任を適用した裁判例は、判決の形式を採っているものの、その実質は法院主導による調停であるといえよう。このことはまた、中国の民事裁判には未だ職権主義が色濃く残っており、当事者主義へ完全に移行できていないことを意味する。

　また、公平責任の要件としての因果関係の存否については、全体として重視されない傾向にある。このことは、過錯存否の認定と同様、裁判実務において、公平責任が正しく適用されない一要因となっている。たとえ、公平責任にあっても、事実的因果関係の存在は必要であり、そうでなければ、公平責任の適用範囲が無限に広がる恐れがある。もっとも、労務提供者の被害事案に見られるように、行為者の行為が存在しておらず、被害者が損害を受けたことと行為者が利益を得ていることしか存在しないような場合には、その他の要件を充足すれば足り、因果関係は不要であると考えるべきであろう。

そして、あらゆる証明手段を尽くしても、過錯または因果関係の存否が真偽不明の状態にあり、且つ、被害者にはその他の救済手段が全く存在しないような事案にも、公平責任を適用できると考えられる。

　今後、中国において、各種保険と社会保障制度の完備により、公平責任の適用範囲は縮小されることが予想される。しかし、それらによって公平責任自体が完全になくなるとは考えにくい。何故なら、これまで公平責任によって処理されてきた損害のすべてを、保険や社会保障によって全部カバーすることはできないからである。また、社会的効果と法的効果の統一という結果の具体的妥当性を重視してきた人民法院の裁判実務慣行、紛争解決・社会の調和安定の維持という司法の役割、中国社会に存する社会連帯の思想および汎道徳主義(26)などにより、公平責任の重要性が減殺されることはないと、考える(27)。

　現在、中国においては、第5度目の民法典編纂作業が再開され、2020年までの制定が目指されている。そうした中、将来の民法典において公平責任の規定が引き続き存置されるか、それとも、削除されるかを含め、今後の動向に注目したい。

＊本稿は、公益財団法人ヒロセ国際奨学財団平成27年度研究助成（助成課題：「不法行為民事責任に関する日中比較法研究」、研究代表者：文元春）による研究成果の一部である。

---

(26) これらは、本稿で取り上げた多くの裁判例においても確認できる。例えば、「YにXの損害の一部を分担させることは、わが国の社会主義によって認められている公平正義、誠実信用、互助友愛、扶貧済困の伝統的美徳と合致し、調和が取れて安定した社会関係の構築に有利である」（労務提供者被害⑭）、「当事者間の利益の均衡を図り、法律上の公平正義を体現し、人道主義的精神を発揚し、社会の調和安定を促進するため」（スポーツ事故⑩）、「傷害があれば責任の負担主体があるという基本的な道理に基づき」（スポーツ事故⑯）、「Yがその遺族に対して適切な補償を与え労わることは、合法的で情に適い合理的である。悲劇は既に起きてしまい、亡くなった者が生き返ることはできず、衝突が再び起きるならば、徒に生きた者の平穏を損なうこととなり、何の役にも立たないだけでなく、親睦をも損ない、誠に取るに足りないのである。紛争を解決し訴訟を抑え、互いに理解し譲歩することこそ、理に適うものである」（その他⑧）などなどが、それである。

(27) 田中信行編『入門中国法』（弘文堂、2013年）52頁〔文元春執筆部分〕参照。

小口彦太先生　略歴

1947 年 1 月 8 日　生於長崎県東彼杵郡川棚町

I　学歴

1953 年 4 月　長崎県北松浦郡鹿町町立神林小学校入学
1959 年 3 月　同校卒業
1959 年 4 月　長崎県長崎市海星中学校入学
1962 年 3 月　長崎県北松浦郡鹿町町立歌が浦中学校卒業
1962 年 4 月　長崎県立佐世保北高等学校入学
1965 年 3 月　長崎県立長崎東高等学校卒業
1965 年 4 月　早稲田大学第一法学部入学
1969 年 3 月　同大学卒業　法学士
1969 年 4 月　早稲田大学大学院法学研究科修士課程入学
1971 年 3 月　同大学大学院修士課程修了　修士（法学）
1971 年 4 月　早稲田大学大学院法学研究科博士課程入学
1974 年 3 月　同大学大学院博士課程満期退学
2001 年 1 月　早稲田大学より博士（法学）を取得

II　職歴

1969 年 4 月　早稲田大学法学部副手（1971 年 3 月まで）
1971 年 4 月　同助手（1974 年 3 月まで）
1974 年 4 月　同専任講師（1976 年 3 月まで）
1976 年 4 月　同助教授（1981 年 3 月まで）
1981 年 4 月　同教授（改組により 2004 年 9 月より法学学術院、2016 年 3 月まで）
1994 年 9 月　同大学法学部教務主任（学生担当、1998 年 9 月まで）
1998 年 11 月　同大学教務部長（2002 年 11 月まで）
2002 年 11 月　同大学理事（2005 年 11 月まで）
2002 年 11 月　同大学国際部長（2005 年 11 月まで）
2005 年 11 月　同大学常任理事（2006 年 11 月まで）

2007 年 4 月　同大学係属早稲田渋谷シンガポール高校長（2016 年 3 月まで）
2010 年 4 月　同大学アジア研究機構長（2015 年 3 月まで）
2016 年 4 月　江戸川大学学長（〜現在）

学外兼担講師

立教大学法学部非常勤講師（1974 年〜現在）
東北大学法学部・法学研究科非常勤講師（1995 年〜2009 年）
一橋大学法科大学院非常勤講師（2009 年〜2010 年）

在外研究ほか

ハーバードロースクール東アジア法研究プログラム訪問学者（1981 年〜1982 年）
中国人民大学名誉客座教授（1998 年）
上海国際商務法律研究会公司法専業委員会高級顧問（2001 年）
内閣府日本・中国青年親善交流事業青年中国派遣団団長（2008 年）

小口彦太先生　主要研究業績

I　著書

i　単著
1. 『法学講義教材』成文堂、1993 年
2. 『中国法講義教材』成文堂、1997 年
3. 『現代中国の裁判と法』成文堂、2003 年
4. 『伝統中国の法制度』成文堂、2012 年

ii　共編著
1. 『中村吉三郎教授還暦祝賀論集』早稲田大学法学会、1974 年
2. 『権威的秩序と国家』東京大学出版会、1987 年
3. 島田正郎博士頌寿記念論集『東洋法史の探究』汲古書院、1987 年
4. 『現代中国の政治世界』岩波書店、1989 年
5. 『アジアの社会主義法』法律文化社、1989 年
6. 『入門中国法』三省堂、1991 年
7. 『中国礼法と日本律令制』東方書店、1992 年
8. 『裁判と法の歴史的展開』敬文堂、1992 年
9. 『法における近代と現代』日本評論社、1993 年
10. 『中国ビジネスの法と実際』（監修、編著）日本評論社、1994 年
11. 『日中文化交流史叢書 2 法律制度』大修館書店、1997 年
12. 『唐令拾遺補』東京大学出版会、1997 年
13. 『法学の根底にあるもの』有斐閣、1997 年
14. 『中国会社法入門』日本経済新聞社、1998 年
15. 『中国の経済発展と法』（編著）早稲田大学比較法研究所、1998 年
16. 『岩波現代中国事典』岩波書店、1999 年
17. 奥島孝康教授還暦記念『比較会社法研究』成文堂、1999 年
18. 『日中律令制の諸相』東方書店、2002 年
19. 『中国の政治―開かれた社会主義への道程』（曾憲義と共編）早稲田大学出版部、2002 年
20. 『現代中国法』成文堂、2004 年（初版）、2012 年（第 2 版）
21. 『徹底図解　中国がわかる本』（監修）扶桑社、2008 年
22. 『日中刑法論壇』早稲田大学出版部、2009 年

23. 『日中民法論壇』早稲田大学出版部、2010 年
24. 奥島孝康先生古稀記念論文集『現代企業法学の理論と動態（第 1 巻下篇）』成文堂、2011 年
25. 『最新 中国ビジネス法の理論と実際』弘文堂、2011 年
26. 『同時にわかる！ 日本・中国・朝鮮の歴史』（監修）PHP 研究所、2012 年
27. 『入門中国法』弘文堂、2013 年
28. 『中国契約法の研究―日中民事法学の対話』成文堂、2017 年 3 月出版予定
29. 『中日比較法講義』（中国）法律出版社、2017 年出版予定

iii 翻訳書

〔中国法学全集シリーズ（全 9 巻）〕
総監修：西原春夫、高銘喧、編集委員：小口彦太、趙秉志

1. 胡錦光＝韓大元共著、小口彦太＝大内毅生＝野沢秀樹共訳『中国憲法の理論と実際』成文堂、1996 年
2. 江偉＝李浩＝王強義共著、小口彦太監訳、斉藤明美＝佐藤七重共訳『中国民事訴訟法の理論と実際』成文堂、1997 年
3. 鄭成思著、國谷知史訳『中国知的所有権法の理論と実際』成文堂、1998 年
4. 皮純協＝馮軍＝呉徳星共著、小口彦太＝周作彩＝加藤千代共訳『中国行政法の理論と実際』成文堂、1998 年
5. 余勁松著、野沢秀樹訳『中国国際経済法の理論と実際』成文堂、1999 年
6. 史際春著、斉藤明美＝佐藤七重共訳『中国経済法の理論と実際』成文堂、2000 年
7. 楊立新著、小口彦太＝大内哲也＝但見亮共訳『中国民法の理論と実際』成文堂、2001 年
8. 程栄斌＝王新清＝甄貞共著、土岐茂＝野沢秀樹共訳『中国刑事訴訟法の理論と実際』成文堂、2003 年
9. 周国均著、野沢秀樹訳『中国弁護士制度と弁護士実務』成文堂、2004 年

II 論文

i 単著

1. 「北魏均田農民の土地「所有権」についての一試論」『早稲田法学会誌』第 23 巻、1973 年
2. 「李覯の思想の一側面」『早稲田法学』第 50 巻第 1・2 合併号、1974 年
3. 「中国土地所有権法史序説：均田制研究のための予備的作業」『比較法学』第 9 巻第 1 号、1974 年

4. 「吐魯番発見唐代賃貸借・消費貸借文書について」『比較法学』第10巻第1号、1975年
5. 「伝統中国法の解体過程に関する一考察（一）（二）：同治期を中心として」『比較法学』第12巻第1号、1977年、『比較法学』第12巻第2号、1978年
6. 「中国古代における法とその担い手達：『史記』列伝を素材として」『歴史評論』331号、1977年
7. 「中国法研究における末弘博士の今日的意義」『早稲田法学』第55巻第2号、1979年
8. 「『中国農村慣行調査』をとおしてみた華北農民の規範意識像」『比較法学』第14巻第2号、1980年
9. 「中国前近代の法と国制に関する覚書」『歴史学研究』483号、1980年
10. 「清朝時代の裁判における成案の役割について：刑案匯覧をもとにして」『早稲田法学』第57巻第3号（杉山晴康教授還暦祝賀論集）、1982年
11. 「A Sketch on the Administration of Justice in Imperial China」『早稲田法学』第58巻第3号（早稲田大学法学部創立百周年論文集）、1983年
12. 「清代中国の刑事裁判における成案の法源性」『東洋史研究』第45巻第2号、1986年
13. 「Some Observations about "Judicial Independence" in Post-Mao China」、Boston College Third World Law Journal, Vol. 7, Issue 2 (Spring 1987)
14. 「中国における『法治』の現状」『法律時報』第62巻第12号、1990年
15. 「中国刑事司法の40年」『比較法研究』52号、1990年
16. 「立法形式及び法適用面からみた現代中国刑法と伝統法との比較」『比較法研究』56号、1995年
17. 「中国の立法観念について：刑法61条累犯規定の関連立法をめぐって」『早稲田法学』第71巻第4号、1996年
18. 「中国民法通則132条公平責任原則の系譜」『東方』198号、1997年
19. 「日本、中国、香港侵権行為法比較」『法学家』（中国人民大学発行）1997年第5期
20. 「中国における刑法改正について：罪刑法定原則の採用を中心にして」『比較法研究』60号、1998年
21. 「日中侵権行為法的比較」『法制与社会発展』（中国・吉林大学発行）1999年第3期
22. 「中国における肖像権侵害をめぐる一訴訟：映画『秋菊の物語』撮影事件をもとにして」『早稲田法学』第75巻第1号、1999年

23.「5大学間単位互換制度の今後の展望」『第7回大学教育研究フォーラム』、2002年
24.「日本統治下の『満州国』の法」『韓国法史学会国際学術大会』、2002年
25.「中国民法における人格権の位置づけについて」『中国民法典草案国際検討会（雲南大学）』、2003年
26.「盗み撮り事件に憲法論議ははたして必要か」『東方』274号、2003年
27.「中国民法典編纂をめぐる論争の一齣」『L＆T』32号、2006年
28.「中国の罪刑法定原則についての一、二の考察」『早稲田法学』第82巻第3号、2007年
29.「中国で裁判官が憲法を適用するということについて：斉玉苓事件を手掛かりにして」『比較法学』第41巻第1号、2007年
30.「ルビコンを渡った中国法：物権法制定をめぐって」『比較法学』第42巻第1号、2008年
31.「中国刑法上の犯罪概念再論」『早稲田法学』第85巻第3号、2010年
32.「中国における改革開放政策のもとでの私有財産権の法的位置づけの変遷（第六回［早稲田大学］総合研究機構研究成果報告会〈中国における経済発展・法整備と日系企業〉）」『プロジェクト研究』第6巻、2010年
33.「中国契約法における危険負担、違約責任及び契約解除の関係について」『比較法学』第44巻第2号、2010年
34.「市場経済化を媒介する中国法の反形式的傾向（特集　変化のなかの中国法）」『社會科學研究』第62巻第5・6合併号、2011年
35.「中国刑法における犯罪概念と犯罪構成要件理論（特集　中国法の諸相）」『中国21』第35巻、2011年
36.「中国的特色を有する民事判決：違約責任も不法行為責任もないのに賠償を命ぜられた事例［広東省高級人民法院2001.11.26判決］」『早稲田法学』第87巻第2号（早川弘道教授追悼号）、2012年
37.「劉涌事件をめぐって：中国刑事手続の一齣」『早稲田法学』第87巻第3号（木棚照一教授　島田征夫教授　中村紘一教授　古稀祝賀退職記念論集）、2012年
38.「中国における債権者代位権の基礎的研究」『早稲田法学』第89巻第1号、2013年
39.「中国における事情変更原則の基礎的研究」『早稲田法学』第89巻第3号（曽根威彦教授　田口守一教授　田山輝明教授　栂善夫教授　堀龍兒教授　古稀祝賀退職記念論集）、2014年
40.「中国における債権者取消権の基礎的研究」『比較法学』第47巻第3号、2014年
41.「中国における同時・先履行の抗弁権の基礎的研究」『比較法学』第48巻第1

号、2014 年
42. 「中国契約法における不安抗弁権小論」『比較法学』第 48 巻第 2 号、2014 年
43. 「中国契約法における危険負担の基礎的研究」『比較法学』第 48 巻第 3 号、2015 年
44. 「中国契約法における債権譲渡の基礎的研究」『早稲田法学』第 90 巻第 2 号、2015 年
45. 「中国法における契約解除の基礎的研究」『比較法学』第 49 巻第 1 号、2015 年

ii 共著

1. 小口彦太＝瀬川信久＝韓世遠＝王成「中国契約法における契約履行中の抗弁権（一）（二）」『早稲田法学』第 88 巻第 4 号、『早稲田法学』第 89 巻第 1 号、2013 年
2. 小口彦太＝瀬川信久＝松岡久和＝韓世遠＝王成「中国契約法における債権者代位権」『早稲田法学』第 89 巻第 2 号、2014 年
3. 小口彦太＝瀬川信久＝松岡久和＝渡辺達徳＝韓世遠＝王成「中国契約法における債権者取消権」『早稲田法学』第 89 巻第 4 号、2014 年
4. 文元春＝小口彦太＝瀬川信久＝長友昭＝王成＝張愛軍＝亓培氷「中国不法行為法における公平責任研究」『早稲田法学』第 92 巻第 3 号、2017 年 3 月出版予定

III その他

i 翻訳

1. ジェーロム・アラン・コーエン著、小口彦太＝國谷知史共訳「中国共産党と『裁判の独立』：一九四九年～一九五九年」『早稲田法学』第 59 巻第 1・2・3 合併号、1984 年
2. 武樹臣著、小口彦太＝斉藤明美共訳「〈講演〉中国の法文化：中国の『法統』と『法体』についての史的考察」『比較法学』第 25 巻第 1 号、1992 年
3. ヒュー T. スコーギン著、小口彦太＝喜多三佳共訳「天と人の間：漢代の契約と国家（1）（2）（3）（完）」『早稲田法学』第 68 巻第 1・2 合併号、『早稲田法学』第 69 巻第 1 号、1993 年、『早稲田法学』第 69 巻第 3 号、1994 年、『早稲田法学』第 71 巻第 1 号、1995 年
4. 董璠輿著「〈講演〉中国の立法事情」『比較法学』第 27 巻第 2 号、1994 年
5. 梁慧星著、小口彦太＝陶雲明共訳「〈講演〉中国の製造物責任法」『比較法学』第 29 巻第 1 号、1995 年
6. 梁慧星著、小口彦太＝加藤千代＝佐藤七重＝首藤三千代共訳「〈講演〉中国の道

路交通事故賠償法」『比較法学』第 29 巻第 1 号、1995 年
7. 王利明著「〈講演〉中国の統一的契約法制定をめぐる諸問題」『比較法学』第 29 巻第 2 号、1996 年
8. 楊立新著、小口彦太＝坂口一成共訳「〈講演〉中国不法行為法の現状およびその主要な学術的観点」『比較法学』第 34 巻第 1 号、2000 年
9. 姚輝著、小口彦太＝大内哲也共訳「〈講演〉中国人格権法の発展および現状」『比較法学』第 34 巻第 1 号、2000 年
10. 小口彦太＝長友昭共訳「中華人民共和国物権法」『早稲田法学』第 82 巻第 4 号、2007 年
11. 張広良著、小口彦太＝胡光輝共訳「中国における知的財産権侵害の民事救済（1）～（12）」『早稲田法学』第 83 巻第 1 号～第 86 巻第 4 号、2007 年～2011 年
12. 馮玉軍著、小口彦太監訳、孔暁鑫＝金森恵那共訳「西洋法の伝来とその学問的自覚：中国における外国法移植研究の横断的考察」水林彪編著『東アジア法研究の現状と将来：伝統的法文化と近代法の継受』国際書院、2009 年
13. 姚輝著、小口彦太監訳、文元春訳「中国の伝統的法文化と欧米（日本）民法の影響：中日両国の民法近代化の比較研究の視角から」水林彪編著『東アジア法研究の現状と将来：伝統的法文化と近代法の継受』国際書院、2009 年
14. 韓大元著、小口彦太＝洪英共訳「中国における憲法と民法の関係：『物権法』の制定過程における学術論争を中心に」『比較法学』第 44 巻第 2 号、2010 年
15. 周江洪著「危険負担ルールと契約解除」『早稲田法学』第 86 巻第 3 号、2011 年
16. 周長軍著、小口彦太＝但見亮＝長友昭＝文元春共訳「中国刑事訴訟法の改正およびその特徴」『早稲田法学』第 87 巻第 4 号、2012 年
17. 王成著、小口彦太＝徐慧共訳「最高法院司法解釈の効力に関する研究」『比較法学』第 48 巻第 1 号、2014 年

ii 書評、資料、その他
1. 「書評：堀敏一著『均田制の研究―中国古代国家の土地政策と土地所有制』」『法制史研究』26 号、1976 年
2. 「書評：堀敏一著『均田制の研究―中国古代国家の土地政策と土地所有制』『駿台史學』第 38 号、1976 年
3. 「書評：尾形勇著『中国古代の「家」と国家―皇帝支配下の秩序構造』」『法制史研究』30 号、1982 年
4. 「書評：滋賀秀三著『清代中国の法と裁判』」『法制史研究』35 号、1985 年
5. 「書評：伊藤洋二著『清代における秋審の實態』」『法制史研究』38 号、1988 年
6. 「中国の動向（含 コメント）」〔シンポジウム：社会主義はいま〕『法の科学』18

号、1990 年
7. 「資料：中国刑法典修正関係法規・司法解釈文書集成（総則編）」『早稲田法学』第 69 巻第 1 号、1993 年
8. 「資料：中国刑法典修正関係法規・司法解釈文書集成（各則編 1）」『早稲田法学』第 69 巻第 3 号、1994 年
9. 「資料：中国刑法典修正関係法規・司法解釈文書集成（各則編 2）」『早稲田法学』第 71 巻第 3 号、1996 年
10. 「座談会：『早稲田法学の峰々』(1) 島田信義先生を囲んで」『早稲田法学』第 72 巻第 2 号、1997 年
11. 「資料：中華人民共和国新・旧刑法典対照一覧 (1)」『早稲田法学』第 73 巻第 1 号、1997 年
12. 「座談会：『早稲田法学の峰々』(3) 中村英郎名誉教授を囲んで」『早稲田法学』第 73 巻第 2 号、1997 年
13. 「〈事例紹介〉他大学単位互換協定の今後の展望：f-Campus 事務局開設にあたって」『大学と学生』第 435 号、2001 年
14. 「早稲田大学・新しい教養教育への挑戦」『大学時報』第 281 号、2001 年
15. 「［早稲田大学］大学史資料センターの役割と今後の活動」『早稲田大学史記要』第 35 巻、2003 年
16. 「〈事例紹介〉アジア太平洋地域における『知の共創』」『留学交流』第 16 巻第 1 号、2004 年
17. 「アジア太平洋地域における知の共創：早稲田大学の国際化への取り組み」『学術月報』第 58 巻第 1 号、2005 年
18. 「座談会：国際化時代に大学は何をできるか」『三田評論』1083 号、2005 年
19. 「早稲田大学の国際戦略」『IDE』482 号、2006 年
20. 長友昭・インタビュー「アジア研究最前線 小口彦太教授 法研究から中国の今に迫る 法制史から現代中国法まで」『ワセダアジアレビュー』1 号、2007 年
21. 「東アジア共同体の形成と大学の役割：早稲田大学の取り組みを通して」『ワセダアジアレビュー』3 号、2007 年
22. 「座談会：それぞれの体験から中国の大学とどう付き合うか（特集 本格化する日中大学交流）」『カレッジマネジメント』第 25 巻第 2 号、2007 年
23. 「素晴らしき先生たち」『せこらせらたん』（早稲田大学渋谷シンガポール高校報紙）第 49 号、2007 年 7 月 20 日
24. 「書を読みて世界へ出ていこう」同 50 号、2007 年 12 月 19 日
25. 「生徒諸君 "汝のザッヘに仕えよ"」同 51 号、2008 年 3 月 20 日

26. 「三つの「力」—体力と集中力、そして努力—」同 52 号、2008 年 7 月 21 日
27. 「自調自考を考える—授業を参観して—」同 53 号、2008 年 12 月 19 日
28. 「書評：宮川基著『満洲国刑法の研究』」『法制史研究』58 号、2008 年
29. 「書評：星野英一・梁慧星監修／田中信行・渠濤編纂、商事法務、『中国物権法を考える』」『中国研究月報』第 63 巻第 5 号、2009 年
30. 「自調自考を考える—「修身斉家治国平天下」はかび臭い議論か—」『せこらせらたん』（早稲田大学渋谷シンガポール高校報紙）第 54 号、2009 年 3 月 17 日
31. 「「教育研究」か、それとも「研究教育」か、はたまた「教育即是研究」か」同 55 号、2009 年 3 月 17 日
32. 「「功過格」と「幸禍格」」同 56 号、2009 年 7 月 23 日
33. 「代価があれば非常に保護し、その他には保護が薄いというような風の主義は吾吾は考えて居りませぬ考」同 57 号、2010 年 3 月 17 日
34. 「鎮魂」同 58 号、2010 年 7 月 22 日
35. 「何故法律学はノーベル賞の対象にならないのか」同 58 号、2010 年 12 月 22 日
36. 「ところ変われば品変わる—日中相互理解のむずかしさ」（機構長コラム）『ワセダアジアレビュー』8 号、2010 年
37. 「パネルディスカッション：中国における経済発展・法整備と日系企業（第六回［早稲田大学］総合研究機構研究成果報告会〈中国における経済発展・法整備と日系企業〉）」『プロジェクト研究』第 6 巻、2010 年
38. 「憐れ劉涌は刑場の露と消えた」（機構長コラム）『ワセダアジアレビュー』9 号、2011 年
39. 「現代アジアの光と影」同 10 号、2011 年
40. 「懐疑の精神を養おう」『せこらせらたん』（早稲田大学渋谷シンガポール高校報紙）第 60 号、2011 年 3 月 17 日
41. 「この国のかたち」同 61 号、2011 年 7 月 21 日
42. 「無題」同 62 号、2011 年 12 月 21 日
43. 「自己の不覚を恥ず」同 63 号、2012 年 3 月 17 日
44. 「アジア時代の到来」同 64 号、2012 年 7 月 20 日
45. 「郵便番号とジップコード」同 65 号、2012 年 12 月 21 日
46. 「姿かたちは見えねども」（機構長コラム）『ワセダアジアレビュー』11 号、2012 年
47. 「毛沢東支配のパラドックス」同 12 号、2012 年
48. 「法律認識のギャップはかくも恐ろしい」同 13 号、2013 年
49. 「村井吉敬先生、さようなら」同 14 号、2013 年

50. 「二〇一二年問題の解は一八六八年によっても一八四〇年以前によっても得られない」『せこらせらたん』（早稲田大学渋谷シンガポール高校報紙）第 66 号、2013 年 3 月 17 日
51. 評論「船舶差押え事件は異常ではない—中国における法治の現状」読売新聞ネット版 2014 年 6 月 2 日「オピニオン・国際」http://www.yomiuri.co.jp/adv/wol/opinion/international_140602.html
52. 「君たちに望むこと」『せこらせらたん』（早稲田大学渋谷シンガポール高校報紙）第 67 号、2013 年 7 月 20 日
53. 「中国憲法の話兼私のジレンマ」同 68 号、2013 年 12 月 21 日
54. 「諸君とともに考えてみたいこと」同 69 号、2014 年 3 月 17 日
55. 「君達は歴史上の人物として誰が好きですか」同 70 号、2014 年 7 月 19 日
56. 「ねじれのねじれ」同 71 号、2014 年 12 月 20 日
57. 「戦争責任と我妻栄先生」（機構長コラム）『ワセダアジアレビュー』15 号、2014 年
58. 「"先進的" 中国社会から立憲主義が生まれてくるか」同 16 号、2014 年
59. 「こんな筈ではなかった」同 17 号、2015 年
60. 「正解は何ですか」せこらせらたん』（早稲田大学渋谷シンガポール高校報紙）第 72 号、2015 年 3 月 17 日
61. 「知識偏重よりもっと困るのは知識偏少」同 73 号、2015 年 7 月 18 日
62. 「所変われば 品＝法 変わる—紙上での模擬講義—」同 74 号、2015 年 12 月 19 日
63. 「断片的章句」同 75 号、2016 年 3 月 17 日

執筆者紹介

王　　　　前（WANG Qian）	東京大学教養学部東アジアリベラルアーツイニシアティブ（EALAI）特任准教授
川 村　　康（KAWAMURA Yasushi）	関西学院大学法学部教授
喜 多 三 佳（KITA Mika）	四国大学経営情報学部教授
水 間 大 輔（MIZUMA Daisuke）	中央学院大学法学部准教授
劉　　　　迪（LIU Di）	杏林大学総合政策学部教授
田 中 信 行（TANAKA Nobuyuki）	東京大学名誉教授
丁　　相　順（DING Xiangshun）	中国人民大学法学院教授
坂 口 一 成（SAKAGUCHI Kazushige）	大阪大学大学院法学研究科准教授
但 見　　亮（TAJIMI Makoto）	一橋大学大学院法学研究科准教授
聞　　志　強（WEN Zhiqiang）	華東政法大学法学院博士課程
韓　　世　遠（HAN Shiyuan）	清華大学法学院教授
梁　　慧　星（LIANG Huixing）	中国社会科学院法学研究所教授
牟　　憲　魁（MOU Xiankui）	山東大学法学院教授
王　　　　成（WANG Cheng）	北京大学法学院教授
王　　利　明（WANG Liming）	中国人民大学法学院教授
奥 田 進 一（OKUDA Shinichi）	拓殖大学政経学部教授
胡　　光　輝（HU Guanghui）	北陸大学経済経営学部教授
小 嶋 明 美（KOJIMA Akemi）	創価大学大学院法務研究科教授
長 　友 　昭（CHO Tomoaki）	拓殖大学政経学部准教授
文　　元　春（WEN Yuanchun）	早稲田大学法学学術院准教授

中国の法と社会と歴史
——小口彦太先生古稀記念論文集——

2017年5月20日 初版第1刷発行

編集委員　但見　亮　昭　一
　　　　　見　光　昭　春
　　　　　胡　友　元
　　　　　長　文

発行者　阿部　成一

〒162-0041　東京都新宿区早稲田鶴巻町514
発行所　株式会社　成文堂
　　　　電話03(3203)9201代　FAX03(3203)9206
　　　　http://www.seibundoh.co.jp

製版・印刷　シナノ印刷　　　　　製本　弘伸製本
　©2017　但見、胡、長、文　　　Printed in Japan
　　　☆乱丁・落丁本はおとりかえいたします☆
　　　ISBN978-4-7923-3362-1 C3032　　検印省略

定価（本体15,000円＋税）